全国双拥工作年鉴

QUANGUO SHUANGYONG GONGZUO NIANJIAN

2011

全国双拥工作领导小组办公室编

中国社会出版社

编　辑　说　明

一、本年鉴是全国双拥工作第八部年鉴，起讫时间为2011年1月至2011年12月。

二、本年鉴分领导讲话、全国双拥工作领导小组文件、政策法规选编、理论研究和调研报告、重要会议、年度工作总结、组织机构、命名表彰决定、大事记九个部分。

三、本年鉴收录文稿力求做到权威性、实用性相统一。基础材料由全国及各省区市双拥工作领导小组办公室提供，部分文稿由年鉴编辑人员整理编写。

四、为便于各地开展工作和相互交流，本年鉴收录了部分内部资料，请妥善保管。

五、本年鉴在编辑过程中得到军地各级双拥组织的大力支持和帮助，谨表示诚挚的谢意。

六、由于编辑工作量大，编者水平有限等原因，错讹和纰漏之处在所难免，恳请广大读者批评指正。

《全国双拥工作年鉴》编辑部

二〇一三年五月

目　录

全国双拥工作领导小组文件

全国双拥工作领导小组办公室文件

各省（区、市）领导出席双拥工作会议讲话

政策法规

工 作 总 结

组织机构

命名表彰决定

大 事 记

全国双拥工作领导小组文件

全国双拥工作领导小组关于印发《回良玉副总理在全国双拥工作领导小组第二十三次全体会议上的讲话》和《二〇一〇年全国双拥工作情况》《二〇一一年全国双拥工作要点》的通知

国拥〔2011〕1号

各省、自治区、直辖市双拥工作领导小组，全国双拥工作领导小组各成员单位：

2011年1月25日，全国双拥工作领导小组在北京召开第二十三次全体会议，回顾总结了二〇一〇年双拥工作情况，研究部署了二〇一一年双拥工作任务。现将《回良玉副总理在全国双拥工作领导小组第二十三次全体会议上的讲话》和《二〇一〇年全国双拥工作情况》、《二〇一一年全国双拥工作要点》印发你们，望结合实际，认真贯彻执行。

全国双拥工作领导小组

二〇一一年二月二十三日

回良玉副总理在全国双拥工作领导小组第二十三次全体会议上的讲话

（2011年1月25日）

每年春节前夕，我们都要召开全国双拥工作领导小组全体会议，总结回顾工作，安排部署任务，共谋双拥工作创新发展大计。刚才，民政部部长李立国代表领导小组总结了2010年的全国双拥工作，总政治部副主任贾廷安代表领导小组提出了今年全国双拥工作要点，大家进行了认真讨论，发表了很好的意见。会后，请办公室根据讨论情况修改完善，尽快报批下发。

2010年，是全国军民深入学习实践科学发展观，有效应对复杂多变的国内外经济环境、各类重大自然灾害取得丰硕成果的一年，也是双拥工作不断发展、再创佳绩的一年。面对大部分省（区、市）遭受历史罕见的水旱灾害、青海玉树强烈地震、甘肃舟曲特大山洪泥石流灾害，全国军民同心同德、攻坚克难，书写了我国抗击重大自然灾害历史上新的壮丽篇章；面对筹办上海世博会、广州亚运会、亚残运会艰巨繁重的任务和挑战，军地广大参与人员齐心协力、顽强奋战，共同创造了无愧于祖国、无愧于人民、无愧于时代的业绩；结合建设社会主义核心价值体系和培育当代革命军人核心价值观，深入开展形式多样的双拥宣传教育，在全社会营造了爱国拥军、爱民奉献的浓厚氛围；适应维护国家安全和发展利益需要，加强军地各个领域的相互支持与协作，服务经济社会发展和军事斗争准备的成效更加明显；围绕提高双拥工作质量和水平，认真贯彻落实新公布的《双拥模范城（县）创建命名管理办法》和《全国双拥模范城（县）考评标准》，兴起了创建双拥模范城（县）活动的热潮；着眼维护广大军民的切身利益和合法权益，采取多项措施解决双拥工作的热点难点问题，在完善和落实双拥政策法规、帮助军人军属和优抚安置对象排忧解难等方面，取得了新的突破和进展。双拥工作取得的显著成就，为经济社会又好又快发展，实现国家和军队“十一五”规划目标任务提供了有力保障。

尤其让我们印象深刻的是，人民解放军和武警部队官兵大力弘扬拥政爱民光荣传统，自觉践行全心全意为人民服务的宗旨，在遂行多样化军事任务中又创造了新的业绩。从玉树抗震救灾到舟曲抢险，从抗旱送水到抗洪救灾，从沿海地区抗御台风到四川道孚扑灭山火，从重点地区维稳到亚丁湾护航，从服务上海世博到支援广州亚运，人民子弟兵坚决响应党和人民的召唤，冲锋在前，勇挑重担，不畏牺牲，连续作战，勇于承担最紧急、最艰难、最危险的任务，突破生理极限、突进生死地带，用赤胆忠诚、钢铁意志和血肉之躯，保卫了人民生命财产安全和改革开放成果，充分展示了我军威武之师、文明之师、胜利之师的良好形象。借此机会，我代表党中央、国务院，代表全国双拥工作领导小组全体成员，向英勇的人民解放军和武警部队官兵，致以崇高的敬意！向为加强军政军民团结作出重要贡献的各级党政军领导和广大人民群众，表示衷心的感谢！向辛勤工作在双拥战线上的同志们，表示亲切的慰问！

2011 年是中国共产党成立 90 周年，是国家和军队实施“十二五”规划的开局之年。做好今年的双拥工作，对于弘扬党的光荣传统，巩固军政军民团结，为国家和军队实施“十二五”规划开好局、起好步提供服务保障，具有十分重要的意义。下面，我就做好今年的双拥工作，讲几点意见。

一、深刻认识新形势下做好双拥工作的重要性，更加坚定自觉地抓好这项事关全局的战略任务

双拥工作是我们党动员广大军民相互支持、团结奋斗的一项重要工作，在中国革命、建设、改革各个历史时期发挥了重要作用。面对国际国内形势正在发生的新的深刻复杂变化，面对“十二五”时期经济社会发展、国防和军队现代化建设的新任务新要求，深入扎实地做好双拥工作，意义更为重要，作用更加凸显。

首先，做好双拥工作，充分发挥军政军民团结的政治优势，是维护我国发展重要战略机遇期的必然要求。当前和今后一个时期，我国仍处于可以大有作为的重要战略机遇期，既面临难得的历史机遇，也面对诸多风险挑战。双拥工作形成的坚强军政军民团结，是我们党积极应对挑战、从胜利走向胜利的政治优势，也是国家长治久安和中国特色社会主义事业兴旺发达的政治保证。新中国成立 60 多年来特别是改革开放 30 多年来，每当遇到关系国家主权、安全和统一的严峻挑战，每当经受各种政治风浪的重大考验，每当抗御严重自然灾害、处置群体性突发事件的紧急关键时刻，我们都是依靠坚如磐石的军政军民团结，战胜各种艰难险阻，争取了和平发展的良好国际国内环境，保证了各项建设和改革的顺利进行。事实充分说明，只要做好双拥工作，把军政军民团结的政治优势充分发挥出来，无论遇到什么风险和挑战，出现什么复杂情况，我们都能从容应对，牢牢抓住历史机遇，有效化解各种矛盾，不断推进改革开放和社会主义现代化建设。

其次，做好双拥工作，加快推进军民融合式发展，是实现富国和强军相统一的重要途径。坚持围绕大局、服务中心，是双拥工作必须遵循的基本原则。党的十七大和十七届五中全会明确提出，要统筹经济建设和国防建设，坚持军民融合式发展路子，在全面建设小康社会进程中实现富国和强军的统一。这是建设中国特色社会主义的重大战略目标和任务，也是双拥工作服务国家和军队改革建设大局的新标准新要求。近些年来，各地各部队各部门在双拥工作中，积极探索和大力推进经济、科技、教育、人才等各个领域的军民融合，取得了良好的军事效益和经济社会效益。在国家加快转变经济发展方式的新形势下，做好双拥工作，加快推进军民融合式发展，更加有利于科学统筹、合理运用国家和社会资源，支持军队信息化建设，拓展和深化军事斗争准备；有利于整合军队各方面优势和力量，富有成效地支援国家各项建设，促进经济平稳较快发展。要进一步加大双拥工作力度，深入探索推进军民融合式发展的新思路新办法，军地共同谋发展、合力建国防，在全面建设小康社会进程中推进富国和强军统一。

最后，做好双拥工作，形成军地团结协作的整体合力，是促进社会和谐稳定的现实需要。稳定是改革发展的前提和基础。目前我国社会大局总体保持稳定，但深化改革和利益关系调整带来的深层次矛盾和问题并没有完全解决，涉军纠纷和群体性上访明显增多，维护社会稳定的任务十分繁重。近年来军地共同开展平安创建、和谐创建活动，妥善处理涉军纠纷和群体性上访等方面的实践说明，做好双拥工作，形成军地团结协作的整体合力，无论是对防范、打击敌对势力的分裂破坏活动和暴力恐怖活动，还是对化解社会矛盾、促进社会和谐，都具有极其重要的作用。我们要把做好双拥工作与促进社会和谐稳定联系起来思考，既要加强军地团结协作，为社会大局稳定提供强大的力量支撑，又要通过开展形式多样的双拥共建活动，以坚强的军政军民团结促进社会和谐稳定。

总之，做好新形势下双拥工作意义深远、责任重大。我们要从党、国家和军队事业发展全局的高度，切实把双拥工作作为一项长期的战略任务抓得更加扎实有力、更加富有成效。

二、紧紧围绕党和国家、军队的中心任务，不断提高双拥工作的质量和效益

今年是“十二五”规划的开局之年，也是深化改革开放、加快转变经济发展方式和推进军队改革建设的关键之年。各地各部队各部门要着眼国家和军队改革建设的新任务新要求，坚持围绕中心、服务大局，突出重点、主动作为，切实把双拥工作做深做实。

一要在支持国防和军队改革与建设上有新成效。建立强大军队和巩固国防，是政府和社会的共同责任。各级各部门要站在维护国家主权、安全和发展利益的战略高度，把支持部队信息化建设、拓展和深化军事斗争准备作为拥军重点，切实抓出成效。要深化科技、教育和智力拥军，搞好地方支前潜力信息核查，协助建设信息化基础设施，培养新型军事人才队伍，开展技术革新和攻关，运用成熟的民用先进技术促进部队信息化建设。有关部门和单位要在政策、资金和技术等方面，为部队信息化建设提供支持。要运用国家资源、发动社会力量，帮助部队解决基础训练、联合训练中遇到的实际问题，保障部队完成各项演习任务，推进军事斗争准备不断拓展和深化。要积极支持军队的各项改革，及时跟进做好涉及地方的有关工作，把爱国拥军的热情转化为支持军队建设的实际行动。全国双拥办要总结宣扬一批事迹过硬的拥军典型，在全社会进一步形成关心支持国防和军队建设的浓厚氛围。

二要在支援国家经济社会发展上有新建树。军队作为建设中国特色社会主义的重要力量，多年来在支援国家经济建设和社会发展中取得了显著成绩。要继续运用人才、装备、技术、基础设施等方面的资源和优势，围绕国家“十二五”规划确定的目标任务做好支援国家建设工作。要按照军委、总部的部署要求，进一步加大支援西部地区开发建设力度，把支持地方保障和改善民生放在更加突出的位置。要在支援基础性、长远性建设项目上下功夫，大力援建交通、能源、生态、水利、信息等基础设施重点工程，为促进区域经济协调发展作贡献。要顺应广大群众对发展的关切和期盼，积极参加社会主义新农村建设，扎实做好扶贫帮困、抢险救灾和支援社会公益事业等工作，集中力量办一些解民忧、惠民生的好事实事，以实际行动为国家和人民造福兴利。

三要在破解双拥工作热点难点问题上有新作为。双拥工作热点难点问题涉及军地双方，事关广大军民切身利益。各级各部门对此高度重视，及时制定政策，出台措施，每年都解决了一大批军民关注的热点难点问题。今年，要在继续落实各项优抚安置政策的基础上，重点解决好广大军民期盼的三个方面的问题。一是认真落实好退役士兵职业教育和技能培训政策。为促进退役士兵充分就业，前不久，国务院、中央军委印发了《关于加强退役士兵职业教育和技能培训工作的通知》（国发〔2010〕42号），明确了相关支持政策。各级各部门要采取有力措施，按照职责分工，认真做好招生录取、教学管理、经费保障、推荐就业等工作，把这件利国利军利民的大事办好办实。二是要帮助解决部队的特殊困难。特别是边海防官兵长年驻守在偏远的高原高寒地区和海岛，相比其他部队付出更多、困难更大，有关部门和地方要在随军家属安置、军人子女入学等方面，给予关心和帮助。三是认真抓好零散烈士纪念设施保护工作。党中央、国务院、中央军委高度重视这项工作，各地各有关部门要加强配合，密切协作，对零散烈士纪念设施认真普查，科学规划，扎实搞好搬迁修缮和保护管理，充分体现党和政府、全社会对革命先烈的缅怀和褒奖。

四要在推动创建活动深入发展上有新举措。今年，将命名新一届双拥模范城（县）。各地各部队各部门要以此为契机，采取有效措施大力推动创建活动深入发展。要精心做好命名表彰的有关工作，严格按照新公布的《双拥模范城（县）创建命名管理办法》和《全国双拥模范城（县）考评标准》的规定，搞好命名对象的考评、公示和推荐，确保公开公平公正，以高质量的命名表彰带动高标准的创先争优，兴起新一轮创建活动热潮。要扩大创建的覆盖面，积极引导新经济组织、社会团体、民办机构和中介组织，结合自身特点参与创建，推动创建活动向社会各界延伸，夯实双拥工作更广泛的群众基础。要根据双拥工作面临的新任务新要求，不断拓展领域范围，改进方式方法，完善激励机制，使创建活动更加具有时代特色，更加富有吸引力和影响力，始终保持蓬勃生机和旺盛活力。

三、切实加强组织领导，确保双拥工作有力有序有效开展

双拥工作是一项政治性、社会性、实践性很强的工作。各级要以很强的政治意识、大局意识和使命意识，加强组织领导，采取有力措施，扎实有序推进，使双拥工作在服务军地改革建设中取得新的更大成效。

一要进一步明确和落实组织领导责任。双拥工作涉及领域广，参与部门多，明确和落实领导责任及工作要求尤为重要。各级双拥工作领导小组要加强对双拥工作的组织领导，定期分析形势，及时研究确定重要事项、解决重大问题，在制定出台政策、安排部署工作、筹划开展活动等各个方面、各个环节，切实履行好组织、协调、指导的基本职能。各级双拥工作领导小组成员单位大多是党委、政府的重要职能部门，要充分发挥自身优势，按照各自职能分工，扎实做好职责范围内的工作，确保双拥各项任务在本部门、本系统、本行业的落实。各级双拥办作为领导小组的办事机构，要积极主动履职尽责，加强与军地有关部门和单位的沟通联系，认真做好组织协调和联络服务工作，在推动双拥工作广泛开展和落实中发挥好职能作用。各级双拥工作领导小组、成员单位及其办公室，都要各司其职、各负其责，齐抓共管、形成合力，不断提高双拥工作的质量和水平。

二要加强双拥工作的科学指导。近年来双拥工作有效服务国家和军队中心任务的一条重要经验，就是坚持以科学发展观为指导。双拥工作更好地围绕中心、服务大局，必须坚决贯彻落实科学发展观。各级要运用取得的成果和经验，按照科学发展观的要求，进一步加强和改进对双拥工作的指导。要围绕促进军地共同发展，指导各地各部队不断加大相互支持、互办实事的力度，不断增强双拥工作的政治效益、社会效益和军事效益。要坚持以人为本，把双拥工作的着力点放在解决广大军民关注的热点难点问题上，使之充分体现军民意愿，满足军民需求，维护军民利益。要始终坚持在抓基层抓落实上下功夫见成效，把各项任务在基层落实作为衡量工作、评选先进的基本标准，确保双拥工作整体推进、协调发展。

三要积极推进双拥工作创新发展。创新是党的各项事业兴旺发达的不竭动力，也是推动双拥工作深入开展的必由之路。要着眼时代条件和社会环境等各方面的发展变化，在改进创新上继续探索实践，使双拥工作不断适应新形势、实现新发展。要适应社会日益信息化的趋势，注重运用新兴媒体和现代科技手段开展宣传教育，不断激发广大军民做好双拥工作的政治热情。要围绕军地改革建设的新要求，进一步丰富内容、改进形式、创新载体，充分发挥双拥工作的服务保障效能。要紧跟国家和军队改革进程，完善和落实涉及军民切身利益的法规政策，切实维护军人军属和优抚安置对象的合法权益。要着眼维护社会大局稳定的需要，建立完善军地维稳工作协调机制和维稳行动指挥机制，做好随时应对和处置各种突发事件的准备。要采取有效措施，进一步提高双拥战线工作人员的素质能力特别是创新能力，推动双拥工作在新的起点上不断发展进步。

推进双拥事业大发展，巩固军政军民大团结，既需要各级党政军领导的高度重视、大力支持，更需要广大军民的积极参与、共同努力。让我们紧密团结在以胡锦涛同志为总书记的党中央周围，高举中国特色社会主义伟大旗帜，抓住机遇，开拓创新，扎实工作，不断开创军政军民团结的新局面，以优异成绩迎接中国共产党成立90周年！

二〇一〇年全国双拥工作总结

2010年，各地各部队各部门坚持以邓小平理论和“三个代表”重要思想为指导，深入贯彻落实科学发展观，紧紧围绕中心、服务大局，以推进军民融合式发展为牵引，以创建双拥模范城（县）活动为主线，深入扎实开展拥军优属、拥政爱民工作，为实现经济平稳较快发展、维护社会和谐稳定、推动国防和军队现代化建设作出了积极贡献。

一、深入进行双拥宣传教育，军爱民、民拥军的社会氛围更加浓厚。各地各部队各部门着眼加强军政军民团结，采取多种形式开展双拥宣传教育。一是大力加强舆论宣传。军地各级普遍利用元旦、春节、“八一”等时机开展双拥宣传活动，运用广播电视、报刊网络等媒体广泛宣传双拥光荣传统和先进典型，营造了军爱民、民拥军的浓厚氛围。中宣部、广电总局在中央电视台推出14期军民团结战胜自然灾害的专题报道，吉林、湖南、云南、青海等省在当地主要媒体开辟双拥专栏，山西省和驻军开展“双拥活动月”活动，进一步扩大了双拥工作社会影响。二是广泛开展主题教育。军地各单位充分发挥自身优势，开展特色鲜明的双拥主题教育活动。中宣部、民政部、文化部、广电总局、总政治部和全国妇联先后举办《科学发展谱新篇》、《军嫂颂》双拥文艺晚会，全国总工会利用各级工会文化宫、俱乐部开展双拥文艺演出，铁道部在运输生产一线进行爱国主义电影展播，用精彩的文艺节目培育全民国防观念和双拥意识。江西、重庆、陕西等省（市）和南京、成都军区依托当地红色资源开展双拥传统教育，激发了广大军民做好双拥工作的使命感责任感。三是充分运用典型引导。团中央在中国共青团网开设双拥先进单位和个人的专题网页，国家民委会同有关部门举办军地民族团结模范报告会和英模代表座谈会，新疆维吾尔自治区在当地党报党刊开设“双拥模范城（县）巡礼”专栏，沈阳军区组织力量深入抗洪一线采访报道军民团结抗洪抢险的感人事迹，宣扬了一大批具有时代特色的双拥先进典型。全国双拥办先后总结推广山东省开展社会化拥军、上海市军民“同学创新理论、同树文明新风、同建和谐平安”、浙江省支持国防和军队建设的经验做法，发挥了典型的导向效应。

二、有效应对一系列大事难事的重大挑战和考验，军政军民团结的强大力量得到彰显。一年来，全国军民在党中央、国务院、中央军委和胡主席的坚强领导下，砥砺奋进，共克时艰，在战胜重大自然灾害、成功举办国际重大活动中，谱写了军民同呼吸、共命运、心连心的新篇章。一是全力协同开展玉树抗震救灾。玉树地震灾害发生后，北京、兰州、济南、成都军区和空军、二炮、武警部队奉命紧急出动官兵，搜救被压埋群众 1564 人，救治伤员 10 多万人次，搭建救灾帐篷 5100 顶，运送救灾物资 11 万吨，清理废墟 281 万平方米，抢修道路 309 公里。全军官兵还踊跃捐款 3.75 亿元，帮助灾区群众恢复重建、共渡难关。交通运输部会同武警交通部队迅速组织力量抢修通往灾区的 4 条道路，青海省和各级铁路、公路、民航、地震、通信、气象等部门积极配合部队抗震救灾，在铁路、公路和航空运输、抗震救灾器材供应、通信技术支持、气象服务等方面，及时提供了有力保障。二是齐心协力进行舟曲特大山洪泥石流抢险救援。兰州军区、空军和武警部队在灾害发生后第一时间派出兵力，与灾区广大干部群众并肩战斗，快速展开人员搜救、堰塞湖排险、河道疏通、城区清淤等救援工作，搜救幸存者 53 人、遇难群众 674 人，成功疏通白龙江淤堵河道，抢运物资 2355 吨，抢修道路 85 公里，清挖淤泥 229 万立方米，防疫洗消 142 万平方米，军地合力夺取了抗御严重自然灾害的又一次重大胜利。三是团结一心抗击干旱、洪涝、暴雪、台风和山火等自然灾害。面对频发的自然灾害，广大军民齐心协力，攻坚克难，奋力抢险救灾，共转移群众 270 多万人，巡诊救治伤员 20 多万人次，抢运物资 10 多万吨，挖掘土石 100 多万立方米，疏通道路 5900 多公里，加固堤坝 2000 多公里，运水送水 35 多万吨，浇灌农田 50 多万亩，挖水窖和打井 1100 多个，体现了军民共克时艰的强大力量。四是合心合力筹办上海世博会和广州亚运会。军队和武警部队在支援上海世博会中出动官兵，安检游客 7000 多万人次、箱包 2300 多万个、车辆 80 多万辆，发放“文明观博”宣传资料 200 多万份；在支援广州亚运会中广大官兵出色完成了安保、开闭幕式表演仪式和车辆驾驶、颁奖升旗、物资搬运等服务性支援任务，为上海世博会和广州亚运会的成功举办作出了重要贡献。上海市、广东省及有关地市和区县党政主要领导，多次到部队走访慰问，大力提供执勤、训练和物质文化生活保障。广州亚组委和广州市领导深入部队现场办公，解决官兵的住房、军粮供应等问题，为部队完成任务创造了良好条件。

三、加强军地相互支持合作，服务经济社会发展和军队现代化建设的成效更加明显。各地各部队各部门充分整合军地资源，加大了相互支持与合作的力度。一是各地大力保障部队训练演习。围绕推进军事斗争准备，铁道部加大军事运输能力建设，建立完善铁路军运保障机制，优先保障部队完成训练演习任务。各级交通部门在军事演习区域开辟专用通道，为部队快速机动提供有力保障。在“使命行动——2010”跨区部队机动演习中，内蒙古、吉林、四川、重庆、陕西、甘肃、宁夏等7省（区、市）迅速成立拥军支前机构，出动警力3万多人次为部队疏导交通，组织民兵4万多人次守桥护路、巡逻警戒，开设装备、车辆维修等保障点近700个，再现了部队练打仗、地方练支前的生动场面。二是中央国家机关充分发挥优势支持部队建设（略）。三是军队和武警部队积极支援国家经济社会发展。一年来，全军和武警部队共投入义务劳动日920多万个，出动机械车辆70余万台次，支援城市和农村重大工程建设项目350个，成片造林、飞播造林和绿化荒山荒滩荒地150多万亩，资助6.8万名贫困学生完成学业，为灾区和贫困地区群众捐款4.57亿多元，建立扶贫联系点3500个，帮助5万多名贫困群众走上致富道路。驻西部地区部队认真落实军委确定的9项援建举措，在对口帮带贫困县县级医院、援建“八一爱民学校”等方面取得了显著成效。四是军民合力维护社会和谐稳定。各地加强军警民联防联治，维护社会大局稳定。新疆军区派工作队进户入庙，宣传教育各族群众300余万人次。兰州、成都军区和武警部队执行维稳任务官兵坚持文明执勤、依法执勤，广泛参与驻地平安社区、平安乡镇、平安寺庙等创建活动，促进了西藏及四省藏区、新疆社会和谐稳定。武警部队大力支持驻地社会治安综合整治，参加打黑除恶及整治行动1600多次，抓捕犯罪嫌疑人1937人，缴获管制刀具2814把，为确保一方平安贡献了力量。

四、认真贯彻《命名管理办法》和《考评标准》，创建活动不断深入持续发展。各地各部队采取有力措施，认真抓好新公布的《双拥模范城（县）创建命名管理办法》、《全国双拥模范城（县）考评标准》贯彻落实。一是组织指导及时有力。各省（区、市）双拥工作领导小组普遍结合实际制定实施细则，河南、贵州、吉林、广西等省（区）专门下发通知，对学习贯彻新办法新标准、高质量开展创建活动提出明确要求；江苏、天津、内蒙古等省（区、市）分别召开省（区、市）委常委会、双拥联席会，按照新办法新标准研究部署创建工作；江西、安徽、湖北、四川、新疆等省（区）组织工作组，对按照新办法新标准开展创建工作进行跟踪指导，促进了创建活动深入开展。二是试点工作成果显著。全国双拥办从4月上旬至7月下旬，在北京、黑龙江、福建、山东、广东、广西、重庆、甘肃8个省（区、市），依据新办法新标准进行了全国双拥模范城（县）考评工作试点。各试点省（区、市）及时成立领导和工作机构，精心选择试点城（县），科学制订试点方案，周密组织实施，不断完善考评机制，为新一轮全国双拥模范城（县）考评工作探索了方法路子。全国双拥办在全国省（区、市）双拥办主任会上推广了试点经验，对试行的《考评标准》作了修改完善，经全国双拥工作领导小组批准正式公布施行。三是创建活动深入推进。黑龙江、河北、陕西、江苏、浙江、安徽、湖南、海南、四川、云南等省（区）先后召开命名表彰大会，命名新一轮省级双拥模范城（县），激发了广大军民参与创建活动的政治热情。西藏自治区以“促团结、促发展、促和谐、保平安”为主题，引导军民在创建活动中推进小康、平安、和谐西藏建设，产生了广泛的社会影响。安徽、海南、山东省充分调动非公经济组织和社会组织拥军热情，吸引270多家民营企业和100多万名拥军志愿者参加创建活动，形成了社会各阶层、各行业共同创建双拥模范城（县）的生动局面。

五、着力解决广大军民关注的热点难点问题，双拥工作整体水平进一步提高。各地各部队各部门坚持以人为本的理念，普遍在解决军民关注的热点难点问题上下功夫见成效。一是进一步建立完善双拥政策法规。国务院、中央军委下发《加强退役士兵职业教育和技能培训工作的通知》，对建立教育培训制度、搞好就业指导和服务等作了明确规定。中组部会同国务院军转办、总政治部制定《关于进一步改进计划分配军队转业干部安置办法的若干意见》，进一步完善了军队转业干部安置的有关政策措施。北京、河北、山西、贵州、福建、江西等省（市）和新疆生产建设兵团在优抚对象救助、随军家属就业、军人子女入学入托等方面出台优待政策，为解决广大军民关注的热点难点问题提供了政策支持。二是扎实做好转业复员退伍军人和随军家属安置工作。各级民政部门会同军地有关单位成立伤病残军人退役安置工作协调小组，建立军地联席会议、现场办公、“一人一卡”等20多项工作机制，全年共安置伤病残退役军人7000多名，比往年增长近6倍。中组部和国务院军转办改进转业干部安置办法，重点安置9000多名师团职转业干部，照顾安置3000多名功臣模范和长期在艰苦边远地区及特殊岗位工作的转业干部，较好解除了转业干部的后顾之忧。税务总局对转业干部自主择业、城镇退役士兵和随军家属自谋职业实行税收优惠，全国总工会、全国工商联和北京、天津、宁夏等市（区）采取不同形式组织退役军人、随军家属就业招聘会，河南省出台师团职领导干部转业安排实职的政策规定，促进了转业复员退伍军人和随军家属安置工作落实。三是大力提高优抚对象的服务保障质量。中央财政大幅度提高重点优抚对象抚恤补助标准，全年共落实生活、医疗补助等经费200多亿元，首次下拨专项经费为在乡抗日老战士发放一次性慰问金。民政部在全国推行优抚对象医药费报销“一站式”结算机制，北京市实现优抚对象抚恤补助标准城乡并轨，云南省划拨2400多万元解决优抚对象住房困难，为优抚对象提供了良好的生活和医疗保障。为做好烈士褒扬工作，民政部将全国100多万座零散烈士墓列入烈士纪念设施集中保护体系，国家发改委安排专项经费支持133处全国重点烈士纪念设施保护改造，辽宁、河北、江苏等省加大经费投入开展“慰问烈属工程”，充分体现了党和政府对革命烈士的褒奖。

一年来，全国双拥工作有了很大发展和进步，但也存在一些问题和薄弱环节：一是创建双拥模范城（县）活动发展不够平衡，重荣誉、轻工作现象在有的地区还不同程度存在；二是个别地区双拥政策法规落实不够好，一些涉及军人军属和优抚安置对象切身利益的实际问题没有得到及时解决；三是部分双拥组织机构特别是省级双拥办的自身建设需要进一步加强，充分发挥好职能作用。在新的一年里，要采取有效措施，认真解决好这些问题，不断提高双拥工作质量和水平。

二〇一一年全国双拥工作要点

2011年，各地各部队各部门要全面贯彻党的十七大和十七届三中、四中、五中全会精神，高举中国特色社会主义伟大旗帜，以邓小平理论和“三个代表”重要思想为指导，深入贯彻落实科学发展观，紧紧围绕党和国家工作大局，深入做好拥军优属、拥政爱民工作，不断巩固军政军民团结，为国家和军队改革建设发展提供重要的政治保证。

一、结合纪念中国共产党成立90周年，广泛开展拥军优属、拥政爱民光荣传统宣传教育。按照中央的决策部署，紧密结合双拥工作实际，组织开展以弘扬拥军优属、拥政爱民光荣传统为主要内容的宣传教育。注重发挥主流媒体和互联网、手机报等新兴媒体的作用，集中宣传中国共产党团结带领全国军民战胜各种艰难险阻的光辉历程，宣传新中国成立以来特别是改革开放以来广大军民团结奋斗的伟大成就，宣传新时期双拥工作的重大意义和双拥先进典型的生动事迹，唱响共产党好、社会主义好、改革开放好、伟大祖国好、各族人民好、人民军队好的时代主旋律。利用重要节庆日和军地共同举办重大活动等时机，采取举办报告会、座谈会、演讲竞赛、参观见学等形式，组织进行特色鲜明的双拥主题教育，发动广大军民参与双拥、推动双拥。充分运用国防教育基地、部队军史馆和各类红色资源开展宣传教育，进一步强化全民国防观念和双拥意识，推动社会主义核心价值体系建设。抓好双拥宣传教育在城市社区、农村、企业、学校和连队等基层单位的落实，广泛开展群众性双拥文化活动，在全社会营造爱国拥军、爱民奉献的浓厚氛围。

二、围绕实施“十二五”规划，加大军地相互支持力度。准确把握“十二五”时期发展的目标任务，着眼实现富国和强军的统一做好双拥工作。积极适应维护国家主权、安全和发展利益需要，按照军民融合式发展的要求，大力支持国防和军队建设。加大科技、教育、智力拥军力度，支持部队加快信息化建设，深入推进人才战略工程，拓展和深化军事斗争准备，促进提高以打赢信息化条件下局部战争能力为核心的完成多样化军事任务能力。充分运用社会资源，支持部队完成训练、演习、维稳、护航等多样化军事任务，帮助驻边防、海岛官兵解决执勤、工作和生活中遇到的实际困难，为部队改革建设创造良好条件。全军和武警部队要自觉服从服务党和国家工作大局，根据国民经济和社会发展“十二五”规划研究制定支援国家建设的办法措施，有计划有重点地开展援建行动。认真贯彻落实军委批转的四总部《关于深入推进军队参加和支援西部大开发工作的若干意见》，大力支援西部地区开发建设，突出保障和改善民生这个重点，做好扶贫帮困、捐资助学、医疗帮扶和参加社会主义新农村建设等工作。围绕国家实施区域发展总体战略，积极支援东北地区等老工业基地振兴、中部地区崛起、东部地区率先发展，不断提高支援国家建设的整体水平。健全抢险救灾军地协调机制，坚决完成各种抢险救灾任务，保护人民群众生命财产安全。

三、以命名表彰全国双拥模范城（县）为契机，提高双拥工作整体水平。全国双拥工作领导小组、民政部、总政治部拟于适当时机命名新一轮双拥模范城（县）。各地各部队要以此为契机，进一步激发广大军民的热情，把创建双拥模范城（县）活动不断引向深入。认真贯彻新公布的《双拥模范城（县）创建命名管理办法》、《全国双拥模范城（县）考评标准》，结合双拥工作面临的新形势新任务，制定实施的具体办法措施，提高创建活动质量和水平。严格按照命名管理办法和考评标准，做好命名表彰对象的考评工作，确保双拥模范城（县）的先进性。全国双拥办将组织力量，适时对各地各部队推荐的命名表彰对象进行抽查考核。命名表彰大会召开后，各地各部队要抓好会议精神的学习贯彻，认真总结经验，查找薄弱环节，大力宣扬先进典型，激励广大军民学先进、赶先进，推动双拥工作更加深入扎实开展。

四、注重研究新情况解决新问题，推动双拥工作创新发展和有效落实。适应国家加快转变经济发展方式的新形势，认真研究解决双拥工作遇到的新情况新问题。进一步完善和落实双拥政策法规，推动烈士褒扬条例、退役士兵安置条例的审议出台，军人抚恤优待条例、军人残疾等级评定标准等法规的修订，以及军休干部服务管理办法、伤病残军人退役安置工作流程等政策规定的制定下发，促进广大军民关注的热点难点问题解决。健全各级双拥工作联席会议制度，为军地协商解决问题、共同完成重大任务搭建平台。全国双拥办拟于适当时机，总结推广部分不同类型城市建立双拥工作联席会议制度的经验做法。坚持以人为本的理念，综合运用法律、政策、经济、行政等手段，协调做好转业复员退伍军人安置、随军随调家属就业及社会保障和劳动关系接转、军人子女入学入托、大学生士兵学费补偿和助学贷款代偿、重点优抚对象生活和医疗保障等工作，配合启动境外和零散烈士纪念设施保护工程，切实维护军人军属和优抚对象的合法权益。加强各级双拥组织机构特别是省级双拥办建设，落实编制、人员和经费，建立目标责任制和奖惩机制，确保双拥工作有序开展和高效落实。

全国双拥工作
领导小组办公室文件

全国双拥工作领导小组办公室关于“全国双拥模范城（县）领导话双拥”网络征文情况的通报

国拥办〔2011〕1号

各省、自治区、直辖市双拥工作领导小组办公室，新疆建设兵团双拥工作领导小组办公室：

2010年5月以来，全国双拥办在中国双拥网开设“全国双拥模范城（县）领导话双拥”专栏，向2007年12月命名的全国双拥模范城（县）广泛征集稿件。各省（区、市）双拥办对这次网络征文活动高度重视，按照全国双拥办的通知要求，认真做好稿件征集、审查和报送等工作，保证了应征作品的数量和质量。广大双拥模范城（县）的军地领导踊跃参与征文活动，以饱满的政治热情开展调查研究，亲自撰写稿件，形成了领导带头研究双拥、推动双拥的浓厚氛围。

这次网络征文活动收到344篇稿件，既有对多年来双拥实践经验的总结概括，也有研究解决双拥工作热点难点问题的对策措施，还有推动双拥工作创新发展的理性思考，理论性和实践性都很强，为做好新形势下双拥工作提供了有益借鉴。为鼓励先进，树立典型，进一步调动全社会参与双拥、支持双拥、推动双拥的积极性，全国双拥办邀请有关院校的专家教授组成论文评审组，对应征稿件进行了评审。评出一等奖10篇，二等奖20篇，三等奖30篇，优秀奖40篇。同时，全国双拥办还根据各省（区、市）报送征文作品的数量、质量及活动的组织情况，评出组织奖10个。希望获奖单位和个人，珍惜荣誉，再接再厉，在推动双拥工作创新发展的实践中不断取得新的成绩。

当前，全国军民正在深入贯彻党的十七届五中全会精神和全国“两会”精神，为“十二五”时期发展开好局、起好步而努力奋斗。实现全面建设小康社会的宏伟目标，离不开亿万军民的广泛参与和相互支持，离不开军政军民的坚强团结和共同奋斗。让我们更加紧密地团结在以胡锦涛同志为总书记的党中央周围，高举中国特色社会主义伟大旗帜，以邓小平理论和“三个代表”重要思想为指导，深入贯彻落实科学发展观，大力弘扬双拥光荣传统，以新一轮全国双拥模范城（县）命名表彰为契机，紧紧围绕大局、服务中心，开拓创新、狠抓落实，努力把双拥工作提高到一个新水平，不断巩固和加强军政军民团结，为促进经济社会又好又快发展、推动国防和军队现代化建设作出新的更大贡献。

附件：“全国双拥模范城（县）领导话双拥”网络征文获奖名单

全国双拥工作领导小组办公室

二○一一年五月十一日

附件：

“全国双拥模范城（县）领导话双拥”网络征文获奖名单

一、组织奖10个

1. 北京市双拥办
2. 天津市双拥办
3. 河北省双拥办
4. 内蒙古自治区双拥办
5. 辽宁省双拥办
6. 江苏省双拥办

7. 浙江省双拥办

8. 河南省双拥办

9. 广东省双拥办

10. 四川省双拥办

二、一等奖 10 篇

1.《新形势下开展法律拥军的实践与思考》

作者：北京市大兴区委常委、武装部部长　朱家林

2.《构建新型军民关系应把握的几个问题》

作者：天津市河东区委副书记　吕德林

3.《探寻双拥工作新路子 谋求双拥工作新发展》

作者：河北省秦皇岛市委书记　王三堂

4.《全力开创双拥工作新局面　深入推进军民融合式发展》

作者：辽宁省委常委、沈阳市委书记　曾　维

5.《在新起点上深入推进双拥创建 不断谱写宿迁和谐发展新篇章》

作者：江苏省宿迁市委副书记、市长　缪瑞林

6.《以创新彰显作为》

作者：浙江省台州市市长　吴蔚荣

7.《军地携手共筑闽南和谐飞行环境 推进国防和特区建设共同发展》

作者：福建省厦门市市长　刘赐贵

8.《继承光荣传统　创新工作机制　深入扎实地做好新形势下双拥工作》

作者：山东省济宁市委副书记、市长　梅永红

9.《军分区系统做好双拥工作的几点思考》

作者：广东省江门军分区政委　顾基勇

10.《在构建和谐社会进程中构筑新型军政军民关系的理性思考》

作者：重庆市渝中区委书记　刘　强

重庆市渝中区区长　唐英瑜

重庆市渝中区人武部部长　邓少雄

重庆市渝中区人武部政委　何智标

三、二等奖 20 篇

1.《弘扬海军特色资源优势　打造蓝色双拥文化品牌》

作者：海军政治部秘书长　李道明（驻北京市海淀区）

2.《军民共建工作应努力克服四种不良倾向》

作者：武警北京总队第二师政委 陈祥建（驻北京市丰台区）

3.《坚持正确处理四个关系 确保双拥工作协调发展》

作者：天津市蓟县县长　肖　松

4.《浅谈用科学发展观指导做好当前双拥工作》

作者：山西省长治市委副书记　席小军

5.《不断深化军民“三同”活动　努力推动浦东双拥工作迈上新台阶》

作者：上海市委常委、浦东新区区委书记　徐麟

6.《积极适应双拥共建新要求 努力为驻地跨越式发展作奉献》

作者：江苏省镇江市委常委、军分区政委　王树均

7.《深化认识 提高绩效 不断开创双拥工作新局面》

作者：江苏省泰州市委副书记　王守法

8.《牢牢把握新形势下特点规律　着力增强双拥工作质量效益》

作者：中国人民解放军 63680 部队政治部主任孙建新（驻江苏省江阴市）

9.《弘扬双拥文化 推进军民融合　实现海洋经济与国防建设协调发展》

作者：浙江省舟山市委书记　梁黎明

10.《打开新型经济组织双拥的新空间》

作者：安徽省淮南市市长　曹　勇

11.《充分发挥民营企业优势　积极推进拥军优属社会化》

作者：福建省泉州市委书记　徐　钢

12.《健全机制 创新模式　构建双拥工作新格局》

作者：江西省赣州市委常委、副市长　潘昌坤

13.《与时俱进 扎实工作　加快构建“四位一体”拥军工作社会化新格局》

作者：山东省济南市委副书记　殷鲁谦

14.《在融合聚力中实现双拥共建工作新发展》

作者：河南省洛阳军分区司令员　陈凤辉

河南省洛阳军分区政委 万功民

15.《以改革创新精神推动双拥工作科学发展》

作者：湖北省武汉市委副书记　胡曙光

16.《狠抓“四强”举措　做足“四新”文章》

作者：湖南省会同县委书记　赵婉玉

17.《军地携手谋发展 双拥鼎力促和谐》

作者：广东省湛江市委书记　陈耀光

18.《对做好新形势下双拥工作的几点思考》

作者：广西壮族自治区梧州军分区政委 黄跃军

19.《新形势下警备区系统双拥工作要把握的三个方面》

作者：海南省三亚市委常委、警备区政委　张纯力

20.《针对民族地区特点　做好拥政爱民工作》

作者：中国人民解放军63615部队政委　曾启兵（驻新疆维吾尔自治区库尔勒市）

四、三等奖30篇

1.《积极探索资源整合新模式　稳步推进社区双拥工作新发展》

作者：北京市昌平区委常委、武装部政委　王双武

2.《充分发挥人武部在双拥工作中的重要作用》

作者：天津市南开区人武部政委　丁登山

3.《以创新精神指导和推进双拥工作深入发展》

作者：天津市河东区委书记　张建星

4.《创新发展 务实进取　扎实做好新时期双拥工作》

作者：河北省承德市委书记　杨　汭

5.《新形势下推动双拥工作深入开展的几点体会》

作者：内蒙古自治区包头军分区政委　李迎会

6.《适应多样化军事行动任务要求　推动科技拥军活动深入开展》

作者：吉林省长春市市长　崔　杰

7.《科学发展 和谐共进 实现军地企发展新跨越》

作者：黑龙江省大庆市市长助理、市民政局局长　尹小平

8.《在城区功能调整和转型中开创双拥工作的新局面》

作者：上海市杨浦区委副书记、区长　金兴明

9.《军民融合发展 开创双拥新局面》

作者：江苏省徐州市委书记　曹新平

江苏省徐州市市长　张敬华

10.《坚持高标准 提高准入度　不断推进双拥工作深入开展》

作者：江苏省委常委、无锡市委书记　杨卫泽

11.《立足海岛抓双拥　军民齐心促和谐》

作者：浙江省嵊泗县委书记　周　艳

12.《走黄山特色的军民“八个融合”发展之路》

作者：安徽省黄山市委书记　王福宏

13.《英雄热土上飘扬着双拥的旗帜》

作者：福建省泉州市委常委、南安市委书记　骆国清

14.《吉安市引导“双新组织”拥军步入快车道》

作者：江西省吉安市委常委、副市长　杨群宝

15.《创新双拥工作机制 实现军地发展共赢》

作者：山东省莱芜市委书记　于建成

　　　山东省莱芜市市长　马平昌

16.《以“四动”促“四化”　构建双拥工作社会化新格局》

作者：山东省临沂市委书记　连承敏

17.《创新载体 丰富内涵　推动双拥工作再上新台阶》

作者：河南省郑州市市长　赵建才

18.《以创建全国全省双拥模范城为载体　全面促进我市双拥工作再上新台阶》

作者：湖北省孝感市委书记　黄关春

19.《依托“两型社会”建设平台　大力推进军民融合式发展》

作者：湖南湘潭军分区政委　吴长生

20.《巩固和发展新型军政军民关系　高标准创建全国双拥模范城》

作者：广东省惠州市市长　李汝求

21.《新时期双拥工作的机遇与挑战》

作者：广西壮族自治区南宁市人大常委会主任　谢寿堂

22.《在建设国际旅游岛的大局中赋予双拥工作鲜明的时代特色》

作者：海南省委常委、海口市委书记　陈辞

23.《拓展军民共建机制　推进军民融合式发展》

作者：重庆市南岸区委书记　夏泽良

24.《平昌县探索建立新时期优抚对象服务管理新机制》

作者：四川省平昌县委书记　李映

　　　四川省平昌县县长　张根生

　　　四川省平昌县人武部政委　王义忠

25.《新形势下如何进一步加强和促进军政军民团结》

作者：中国人民解放军 95746 部队政委　田力（驻四川省邛崃市）

26.《立足实际 创新举措 推动边疆民族地区双拥工作深入开展》

作者：云南省临沧市委常委、政法委书记　郭金富

27.《多措并举 夯实基础　深入推进军民融合式发展》

作者：陕西省渭南市委书记　梁凤民

28.《认清形势 把握机遇　推进双拥创建工作新发展》

作者：甘肃省白银军分区政委　任志诚

29.《以人为本　开创双拥工作新局面》

作者：青海省大通县副县长　张纪青

30.《以争创全国双拥模范城“七连冠”为目标推动双拥工作新发展》

作者：宁夏回族自治区银川市市长　王儒贵

五、优秀奖 40 篇

1.《积极预防和正确处理军（警）民纠纷之我见》

作者：装甲兵工程学院副政委　芦积才（驻北京市丰台区）

2.《发挥人武部在双拥共建中的职能作用》

作者：北京市东城区人武部部长　左海星

　　　北京市东城区人武部政委　张凤亮

3.《坚持文化双拥 促进军地融合　努力创建有特色、高品质的全国双拥模范区》

作者：北京市西城区委书记　王宁

4.《积极打造良好环境引导企业开展拥军工作》

作者：天津市东丽区副区长　轧乃利

5.《落实科学发展观是提高双拥工作整体水平的根本途径》

作者：天津市河东区委副书记、区长　王福山

6.《坚持全面协调发展　不断提升双拥工作整体水平》

作者：天津市河西区副区长　张金英

7.《弘扬优良传统　再创双拥佳绩》

作者：河北省保定市委书记　宋太平

8.《以科学发展观引领双拥工作创新发展》

作者：河北省邯郸市委书记　崔江水

9.《继承优良传统 争取更大光荣　把双拥创建工作不断推向新水平》

作者：山西省左权县委书记、县长　王　兵

10.《不断创新形式和内容　保持双拥模范城旺盛活力》

作者：山西省晋中市委副书记、市政协主席　张春生

11.《关于做好新形势下双拥工作的思考》

作者：内蒙古自治区赤峰市委书记　杭桂林

12.《同心同德 再接再厉　奋力开创双拥工作新局面》

作者：内蒙古自治区额济纳旗委副书记、旗长　陈成荣

13.《实现双拥工作融合式发展　军分区系统应做到“三个兼顾”》

作者：辽宁省锦州军分区政委　李德民

14.《深入贯彻落实新的〈双拥模范城（县）创建命名管理办法〉继续推进教育拥军优待工程》

作者：吉林省四平市副市长　柴　伟

15.《推进双拥工作创新发展应把握的几个重点问题》

作者：黑龙江省佳木斯市委书记　林秀山

16.《坚持以科学发展观为统领　推进双拥工作向纵深发展》

作者：上海市虹口区委副书记、区长　俞北华

17.《着力构建军民融合发展新格局　提升双拥工作整体效益》

作者：江苏省扬州市委常委、政法委书记　陈卫庆

18.《不断加大改革创新力度　推进双拥工作的新发展》

作者：江苏省南通市委副书记　黄利金

19.《弘扬张家港精神　谱写新时期双拥工作新篇章》

作者：江苏省张家港市委书记　徐美健

20.《继承传统　重在创新　努力共创平安和谐军地环境》

作者：中国人民解放军73131部队副政委　周杰（驻福建省漳州市）

21.《在新的起点上推进双拥工作跨越发展》

作者：福建省莆田市委书记　杨根生

22.《扬足优势　做足特色　进一步拓宽“双拥”工作社会化范围》

作者：江西省贵溪市副市长　方洪海

23.《围绕发展抓双拥 抓好双拥促发展》

作者：江西省萍乡市常务副市长　张和平

24.《对形势下双拥工作创新发展的思考》

作者：河南省商丘军分区司令员　宋存杰

河南省商丘军分区政委　鲁超亮

25.《以新理念推动双拥工作新发展》

作者：河南省信阳市委书记　王　铁

26.《加强双拥工作　促进军地发展》

作者：湖北省石首市委书记　余红星

27.《坚持军民融合发展　续写特区双拥新篇》

作者：广东省深圳警备区司令员　钟志坚

28.《以科学发展观引领双拥工作　协调发展创新发展规范发展》

作者：广东省佛山市委书记　陈云贤

29.《统筹兼顾 与时俱进　加强和改进新形势下双拥工作》

作者：广东省博罗县委书记　王　胜

30.《以创建“全国双拥模范城”为带动　促进优抚安置工作新发展》

作者：广西壮族自治区贺州市副市长　刘雪萍

31.《因地制宜　与时俱进　走出富有地方特色与时代风采的“双拥”之路》

作者：广西壮族自治区百色市委书记　刘正东

32.《围绕发展抓双拥 抓好双拥促发展》

作者：重庆市江津区委书记　王银峰

33.《新形势下双拥工作的思考与探索》

作者：重庆市沙坪坝区委书记　李剑铭

重庆市沙坪坝区区长　方海洋

重庆市沙坪坝区人武部政委　姜元柱

34.《秉承红军精神 奏响“双拥”强音》

作者：四川省广元市委书记　罗　强

35.《以“四化”推进双拥工作大发展》

作者：四川省乐山市副市长　黄若建

36.《西昌市退役士兵安置工作中遇到的问题及对策》

作者：四川省西昌市副市长　戴　琼

37.《巩固成果 发展创新　不断提升双拥工作整体水平》

作者：贵州省六盘水市委书记　刘一民

38.《抒写名城双拥的时代篇章》

作者：云南省建水县委书记　李　烨

39.《军民同心 融合发展　努力开创双拥工作新局面》

作者：陕西省宝鸡市委书记　唐俊昌

40.《不断丰富创新内容和形式　提高双拥工作的整体水平》

作者：甘肃省兰州市委常委、副市长　杨志武

全国双拥工作领导小组办公室关于全国双拥模范城（县）创建工作检查考核的情况通报

国拥办〔2011〕3 号

各省、自治区、直辖市，新疆生产建设兵团双拥工作领导小组：

按照《双拥模范城（县）创建命名管理办法》和年度工作安排，全国双拥办会同部分全国双拥工作领导小组成员单位和军地有关部门，组成5个检查组，于6月下旬至8月下旬，对各省（区、市）、新疆生产建设兵团和驻军部队近几年创建全国双拥模范城（县）情况进行了检查考核。现将有关情况通报如下：

一、各级高度重视，普遍把双拥工作作为“一把手”工程来抓。各级地方党委、政府和驻军部队认真贯彻党中央、国务院、中央军委和胡主席关于加强军政军民团结的重要指示，自觉站在维护国家主权、安全和发展利益的高度，坚持科学发展，坚持军民融合，坚持富国与强军的统一，把双拥工作纳入经济社会发展和部队建设总体规划，普遍成立由党政军领导挂帅的双拥工作领导机构，建立完善工作机制，明确和落实工作职责，实施了强有力领导。北京、天津、上海、重庆、广东、四川等省市主要领导亲自担任双拥工作领导小组组长，重要工作亲自筹划推动，重大事项亲自协调解决。浙江省建立年度双拥工作目标考核机制，每年以省委、省政府名义对省双拥工作领导小组成员单位履行职责情况进行通报。辽宁、山西、山东、广西等地建立省、市、县、乡、社区五级双拥工作组织机构，健全了双拥工作组织领导体系。内蒙古、新疆、宁夏、广西、西藏、云南等省（区）和新疆生产建设兵团把双拥工作作为重要政治任务和政治责任，结合边疆和民族地区特点有针对性地开展创建活动，增强了军政军民团结和民族团结，促进了当地的繁荣发展与和谐稳定。各地各部队普遍落实党委议军会、军地联席会、军地合署办公等制度，广泛

开展社会化拥军和学人民、爱人民、为人民活动，形成了党委政府主导、军地双向互动、军民广泛参与的工作格局。

二、宣传教育普及深入，双拥社会氛围更加浓厚。各地各部队普遍利用重要节庆日和举办重大活动等时机，广泛进行双拥宣传教育；在广播、电视、报刊开辟专栏，大力宣传拥军优属和拥政爱民先进典型；利用网络、手机等新兴媒体发布信息，扩大双拥宣传的覆盖面。北京、河北、内蒙古、上海、江苏、福建、湖南、海南、云南、贵州等省（区、市）各级党校普遍开设领导干部国防教育课程，大中小学以多种形式进行双拥和国防知识教育。天津、上海、河北、福建、安徽、河南、新疆等地采取举办报告会、座谈会、演讲竞赛、参观见学等形式，组织开展各具特色的双拥主题活动，强化了广大军民的国防观念和双拥意识。江西、湖南、四川、云南、贵州等省市依托当地红色资源开展双拥宣传教育，激发干部群众的爱国拥军热情。广西结合地域特点，先后在边海疆一线建立了1041个“国旗工程点”。宁夏、青海、西藏等省（区）立足本地社情民情，创造性地开展军警民共建文明清真寺与和谐寺庙活动。四川、吉林、湖北等省组织双拥文艺会演，广东省拍摄双拥题材电视连续剧《国事家事》，山西、新疆、西藏等省（区）坚持每年开展“双拥月”活动，大多数城（县）还在公共场所悬挂双拥宣传标语、设置永久性双拥标牌，通过打造双拥一条街和建设双拥主题公园、双拥文化墙等手段，进一步扩大了双拥工作社会影响，兴起了群众性创建活动热潮。

三、坚持军民融合式发展，支持部队建设力度不断加大。各地认真贯彻胡锦涛同志关于推进军民融合式发展的重大战略思想，大力支持部队军事重点工程建设、武器装备研发、人才培养和训练演习，促进了部队现代化建设和拓展深化军事斗争准备。海南、江西、山西、河南、湖北等地先后划出数十万亩土地，全力支持国防重点工程建设。山东着力健全拥军工作社会化体系，形成了覆盖全省的拥军服务保障网络。江苏省每年组织地方专家“部队行”，为部队加快转变战斗力生成模式提供人才智力支持。吉林省建立重大军事项目投资协调机制，3年来军地共同完成军民两用码头、机场等重大项目建设79个。浙江省积极引导高新技术企业参与国防军工科研生产，实施军民合作项目350多项。辽宁省先后购买1万余台电脑送到基层连队，帮助部队修建了一批局域网、电脑学习室。四川、甘肃、青海在灾后恢复重建、财政压力比较大的情况下，仍想方设法地帮助驻军改善训练、生活和办公条件。2008年以来，各地累计为部队培养人才18万多名，解决科技练兵等保障性难题3000多个，有力促进了部队信息化建设。在“和平使命——2009”中俄联合反恐、“使命行动——2010”跨区演习等重大演训活动中，辽宁、吉林、黑龙江、内蒙古、陕西、甘肃、宁夏等省（区、市），全力做好粮秣水电供应、交通道路保障、训练场地征用等工作，形成了部队练打仗、地方练支前的生动局面。

四、忠实践行我军宗旨，拥政爱民工作深入扎实。各部队继承发扬拥政爱民光荣传统，按照军委、总部的指示要求，积极支援重点工程、生态环境建设和社会主义新农村建设，广泛开展捐资助学、扶贫帮困、医疗帮扶活动，奋勇参加抢险救灾，进一步密切了同呼吸、共命运、心连心的军政军民关系。驻天津部队集中使用义务劳动日，先后支援中新生态城、京津塘高速公路建设等62项重点工程。福建省军区支援海峡西岸经济建设重点工程项目160多个。重庆警备区牵头开展集团式扶贫，累计援建扶贫项目34个，帮助10万多名群众脱贫致富。宁夏军区援助中小学校127所，资助贫困学生1万多人。驻西藏部队所属医疗单位对口支援30所县级医院、120多个乡村卫生所，指导受援医院开展高原病防治新业务、新技术130多项。各部队广泛开展军民共建活动，传播文明道德新风；积极参加驻地的文明创建、平安创建、和谐创建活动，配合地方加强社会管理，不断夯实社会和谐稳定的基础。近年来，全军部队参加抗震、抗洪、抗台风、抗泥石流和雨雪冰冻等抢险救灾行动600多次，抢救转移群众1200多万人次，充分发挥了主力军和突击队作用。在北京奥运会、上海世博会、广州亚运会、国庆60周年庆典等重大活动中，任务部队官兵全力以赴、倾情奉献，以优异的表现圆满完成各项支援任务，受到各级地方党委、政府和人民群众的高度赞誉。

五、加强政策法规建设，解决重难点问题取得显著成效。针对社会利益关系调整变化，各地制定了一系列双拥政策法规并狠抓落实，积极为部队官兵和广大优抚对象排忧解难。北京市研究出台征兵和退役大学生士兵就业安置新政策，为激励优秀适龄青年踊跃参军、促进退役士兵安置工作落实提供了重要政策保障。河南省师团职领导干部转业全部安排相应实职，做到了部队、用人单位和转业干部“三满意”。辽宁、吉林、黑龙江省36个大中城市与部队建立军人子女入学协调机制，解决边防官兵子女进城上学难问题。河北省172个区县全部建立义务兵优待金自然增长机制。重庆市义务兵家庭优待金标准年平均增长10%以上。浙江省为60周岁以上复退军人全部建立社会养老保险优待制度。为进一步改善优抚对象的生活、医疗、住房条件，天津、江苏、浙江、安徽、湖南、广东、海南、青海、新疆等地普遍建立重点优抚对象抚恤补助标准自然增长机制，推行住院费结算“一站式”服务，广泛开展“送温暖、献爱心”活动，得到广大优抚对象普遍赞誉。各地各部队还依据《考评标准》“一票否决”的有关规定，重点抓好伤病残退役军人移交安置、退役士兵职业教育和技能培训等政策落实。广东、江苏、重庆等地参加培训的退役士兵实现了全员（额）毕业和全部安排工作。云南省下大力推进退役士兵安置改革，退役士兵安置工作连续17年受到国家表彰。山东省宣传推广地方有关部门主动到待移交伤病残军人家庭和部队做工作的成功经验，有力推动了全省伤病残军人移交安置工作。海南、江西、陕西等省部队按计划移交的伤病残军人，接收安置率达到100%。仅去年一年，各地安置伤病残退役军人7000多人，比往年增长6倍。

六、严格依据标准要求，组织开展创建工作更加科学规范。各地严格按照《命名管理办法》和《考评标准》指导开展创建活动，结合实际制定地区性考评标准和实施细则，用各项标准和相关规定逐一衡量、分类督导，使创建工作逐步走上了科学化、制度化、规范化轨道。北京、黑龙江、福建、山东、广东、广西、重庆、甘肃等省（区）认真做好全国双拥模范城（县）考评试点工作，科学制订试点方案，完善考评机制，周密组织实施，为考评工作探索了方法路子。上海、江西、湖南、湖北、陕西等地依据《考评标准》，制定出符合本地实际的考评标准和实施细则，使考评工作更具针对性。河北省先后对77个城（县）进行了全面考核，认真总结经验，深入查找问题，抓好整改落实。安徽省各级双拥工作领导小组与成员单位逐一签订创建责任书，通过评比“双拥合格单位”等形式，调动成员单位参与的积极性主动性。一些省（区、市）还将创建工作纳入机关作风效能建设考评内容，由双拥办协调党委办、政府办督察室，定期进行检查，确保了各项工作落实。

总的看，全国的创建工作形势很好，各地双拥工作整体水平有了新的提高，但发展还不够平衡，存在一些薄弱环节。主要是：一是个别军地领导对双拥工作的认识上还有差距，对创建双拥模范城（县）活动重“牌子”轻工作，重形式轻内容，重“评时”轻平时，没有把着力点放在经常性、基础性工作上。二是一些地区拥军优抚安置政策落实不够到位，伤病残退役军人移交安置工作不及时、随军家属就业难等问题不同程度存在。三是有的地方对军事设施保护不够，经济开发影响军事目标安全、占用军事用地的现象时有发生。四是少数部队领导和官兵对拥政爱民工作的重要性认识不足，在双拥工作上要求地方多、自身做得少。五是一些地方双拥组织机构还不够健全，缺少专职工作人员，军地合署办公制度坚持不够。

创建双拥模范城（县）活动是新形势下推动双拥工作落实的有效载体，是密切同呼吸、共命运、心连心新型军政军民关系的重要途径。各地各部队要以新一轮双拥模范表彰为契机，紧紧围绕国家与国防和军队建设主题主线，更加深入扎实地开展创建活动，不断提高双拥工作质量和水平。要进一步深化对创建工作的认识，针对存在问题和薄弱环节，认真研究制定改进措施，特别是对拟推荐命名表彰的双拥模范城（县）对象，要逐条对照检查，采取有效措施切实加以改进，防止影响命名表彰。要充分发挥军地双方优势，进一步加大相互支持、互办实事的力度，促进地方经济社会发展和驻军部队建设。要广泛开展形式多样的群众性创建活动，把拥军优属、拥政爱民光荣传统发扬光大，在全社会形成军爱民、民拥军，军民团结一家亲的浓厚氛围。要按照新颁布的命名管理办法和考评标准，认真做好全国双拥模范城（县）、双拥模范单位和个人考评推荐工作，切实把考评推荐过程作为推动双拥工作落实的过程，不断巩固和加强军政军民团结，为促进经济社会建设、国防和军队科学发展作出新的更大贡献。

全国双拥工作领导小组办公室

二〇一一年九月十三日

全国双拥工作领导小组办公室
关于转发江苏省海门市双拥工作经验的通知

国拥办〔2011〕4号

各省、自治区、直辖市双拥工作领导小组，全国双拥工作领导小组各成员单位，各军区、各军兵种、各总部、军事科学院、国防大学、国防科学技术大学、武警部队政治部：

现将江苏省海门市《坚决贯彻富国强军战略思想，携手谱写科学发展崭新篇章》的双拥工作经验转发你们，望认真学习借鉴。

海门市是革命老区，有着拥军优属、拥政爱民的光荣传统，1984年在全国首创“军人家庭服务中心”，其经验在全国推广；1993年被命名为“全国双拥模范县”。近年来，全市军民深入贯彻落实富国强军重大战略思想，积极适应新的形势和任务要求，坚持把双拥工作作为巩固党的执政之基、推动发展的基础工程来抓，把促进社会生产力和部队战斗力提升作为双拥工作的着力点，地方在支持部队重点军事工程和基础设施建设、开展科技文化拥军、引导两新组织拥军、军转干部安排、家属随军安置、退役士兵培训就业、服务在役官兵、维护军人合法权益和征兵工作等方面，驻军部队在支援当地经济社会建设、联创先进党组织、共建平安社会、同树文明新风等方面，作出了突出成绩，进一步密切了同呼吸、共命运、心连心的新型军政军民关系，有力促进了海门经济社会发展和驻军部队全面建设。

当前和今后一个时期，是全面建设小康社会的关键时期，也是推进军队建设、改革和军事斗争准备的关键时期。深入做好新形势下双拥工作，不断巩固和发展军政军民团结，对于推动经济社会建设、国防和军队建设科学发展，具有十分重要的意义。各地各部队要坚持以邓小平理论和“三个代表”重要思想为指导，深入贯彻落实科学发展观，按照党中央、国务院、中央军委关于加强军政军民团结的指示要求，认真借鉴海门市双拥工作经验做法，紧紧围绕国家及国防和军队发展的主题主线，同心同德，锐意进取，更加深入扎实地做好双拥工作，为全面建设小康社会、构建社会主义和谐社会，为推进国防和军队现代化建设作出新的更大贡献。

全国双拥工作领导小组办公室

二〇一一年十月二十四日

全国双拥工作领导小组办公室
关于转发长春市锦程街道拥军工作经验的通知

国拥办〔2011〕5号

各省、自治区、直辖市双拥工作领导小组，全国双拥工作领导小组各成员单位，各军区、各军兵种、各总部、军事科学院、国防大学、国防科学技术大学、武警部队政治部：

现将长春市锦程街道《践行“三好”承诺，真情服务官兵》的拥军工作经验转发你们，望认真学习借鉴。

长期以来，锦程街道立足基层实际，把“选拔好入伍的、服务好在伍的、安置好退伍的”作为义不容辞的政治责任，坚持连续20年为官兵服务，探索出役前培育、军营解惑、家庭服务、役后引导一整套跟踪教育和服务官兵的经验做法，架起了部队、家庭和社会共管共育官兵的桥梁，促进了部队战斗力提升和社会和谐稳定。该街道的经验做法，是做好新形势下基层双拥工作的成功实践，是军地协作加强和创新社会管理的有益探索，对于进一步密切同呼吸、共命运、心连心的新型军政军民关系，推动经济社会建设、国防和军队建设科学发展具有重要意义。

军政军民团结的基础在基层。各地要坚持把双拥工作的重心放在基层，积极适应形势发展和任务变化，探索深入做好基层双拥工作的新途径新办法，做到工作从基层抓起、任务在基层落实、活动在基层开展、效果在基层体现。要充分发挥地方优势，着眼于国家安全发展的大局和军队建设全局，切实“选拔好入伍的、服务好在伍的、安置好退伍的”，为部队加强全面建设和完成多样化军事任务创造良好条件。各部队要主动与社会、家庭紧密配合，真情爱兵、带好兵，切实做到促进官兵健康成长与部队科学发展的有机统一，推动军队各项改革建设有力有序有效开展。

全国双拥工作领导小组办公室

二〇一一年十一月二十四日

各省（区、市）领导出席双拥工作会议讲话

中共中央政治局委员、北京市委书记刘淇在2011年首都军政座谈会上的讲话（摘要）

（2011年1月28日）

2010年是全面落实“十一五”规划的收官之年。“十一五”期间，在党中央、国务院的坚强领导下，全市上下深入贯彻落实科学发展观，认真落实首都职能，全力做好“四个服务”，扎实推进“人文北京、科技北京、绿色北京”战略，在全国人民和社会各界的大力支持下，我们成功举办了奥运盛会、圆满完成了国庆60周年庆祝活动筹办工作两大历史性任务，战胜了国际金融危机的挑战，保持了首都经济社会平稳较快发展的势头，取得了首都经济社会发展的历史性成就。经济总量、人均地区生产总值、地方财政收入比“十一五”初期均翻了一番，消费、投资、进出口的规模也都实现了翻番的增长。去年全市地区生产总值达到13777.9亿元，增长10.2%；地方财政一般预算收入达到2353.9亿元，增长16.1%；城乡居民收入扣除价格因素后，实际增长6.2%和8.1%；并且提前一年完成“十一五”节能减排任务，空气质量二级和好于二级的天数达到78.4%，创造历史最高纪录。这些成绩的取得，归功于党中央、国务院的坚强领导，归功于全国人民的大力支持和全市人民的团结奋斗，归功于驻京解放军、武警部队广大官兵的积极参与、全力配合。

“十一五”期间，驻京解放军、武警部队深入贯彻落实科学发展观，认真履行人民军队的宗旨使命，围绕建设“人文北京、科技北京、绿色北京”战略和中国特色世界城市目标，大力践行“忠诚于党，热爱人民，报效国家，献身使命，崇尚荣誉”的当代革命军人核心价值观，积极开展“驻守首都、热爱首都、建设首都”专题教育实践活动，广泛实施“文明创建、绿色援建、乡村共建”主题爱民工程，在圆满完成以军事斗争准备为龙头的各项任务的前提下，利用军队人才、装备、技术等方面的资源和优势，发扬人民军队特别能吃苦、特别能战斗、特别能奉献的革命精神，积极参与和支援首都各项建设事业，为推进首都科学发展作出了重要贡献。在成功举办奥运盛会活动中，广大官兵以良好的军事素质、昂扬向上的精神风貌，胜利地完成了各项任务，得到中央领导同志高度评价，受到社会各界广泛好评。在新中国60华诞盛大庆典活动中，陆、海、空、武警部队和预备役、女民兵组成的受阅部队，出色完成了党和人民赋予的神圣使命，奉献了一场具有中国特色、富有中国气派、振奋民族精神、展现时代风采的阅兵盛典，并且出色完成了承担的群众游行、联欢晚会的任务，受到全国人民的广泛赞誉，在国际上引起强烈反响。在绿化美化、推进绿色北京建设中，军委领导亲自率领四总部、驻京部队各大单位的近百名将军，带头参加植树绿化活动。在精神文明建设中，驻京部队积极与驻地单位，采取军（警）民结对子、联片共建等形式，倡导广大军民讲文明，树新风，引领首都人民的文明素质大幅提升。在平安北京建设中，广大官兵牢记神圣职责，勇于承担急难险重任务，哪里有最紧急、最艰难、最危险、最繁重的任务，哪里就有人民解放军和武警官兵，全力维护社会安全稳定，为首都经济社会发展注入了活力，作出了贡献。

今年是建党90周年，也是落实“十二五”规划的开局之年。市委十届八次全会和刚刚胜利闭幕的市“两会”，按照十七届五中全会、中央经济工作会议精神和中央对北京工作的重要指示精神，提出了“十二五”规划的建议，确定了“十二五”规划纲要，绘就了“十二五”期间首都科学发展的宏伟蓝图，确立了首都经济社会发展的奋斗目标。概括起来，主要就是强调在新的发展阶段，要坚持一个主题、一条主线，即以科学发展为主题、以加快转变经济发展方式为主线；实现“两个率先”，即率先形成创新驱动发展格局、率先形成城乡经济社会一体化发展格局；实施“三个北京”，即“人文北京、科技北京、绿色北京”战略；做好“四个服务”，即为中央党、政、军领导机关的工作服务、为国家的国际交往服务、为科技教育发展服务、为改善人民群众生活服务；建设“五个之都”，即建设国际活动聚集之都、世界高端企业总部聚集之都、世界高端人才聚集之都、中国特色社会主义先进文化之都和和谐宜居之都，在建设中国特色世界城市道路上迈出坚实步伐。实现这一宏伟目标，离不开首都军政军民团结，离不开驻京解放军和武警部队的大力支持与配合。我们衷心希望驻京解放军、武警部队充分发挥优势，一如既往地参与首都经济建设，关心支持首都的发展事业，军民同心，军地携手，共同推进人文北京、科技北京、绿色北京建设，为首都经济平稳发展和社会祥和稳定，为建设繁荣、和谐、文明、宜居的首善之区作出新的更大的贡献，以优异的成绩向建党90周年献礼。

全市各级党委、政府要充分认识双拥工作的重要地位和作用，关心支持国防和军队现代化建设，依法维护军事设施安全，着力解决驻京部队在教育训练、战备执勤、科研实验、维护军人军属合法权益等方面遇到的实际困难。要深入开展国防教育，进一步增强全民国防观念，提高履行国防义务的自觉性。大力推进经济、科技、教育、人才等领域的军民融合，为军队现代化建设提供有力支撑。要认真落实各项拥军优抚政策，着力解决军转干部安置、随军家属就业、军人子女入学入托等问题。要扎实搞好复转军人的安置工作，特别要做好伤病残军人接收安置工作、军队离退休干部接收安置工作，实施军队离退休干部服务保障工程，更好地为部队建设搞好服务。要扎实做好军民共建工作，推动社会主义精神文明建设，提升军民文明素质，努力在全市营造热爱子弟兵、军民一家亲的良好氛围，进一步密切同呼吸、共命运、心连心的新型军政军民关系。

天津市只升华副市长在优秀复员退伍军人表彰大会上的讲话

（2011年7月26日）

这次全市优秀复员退伍军人表彰大会是近20多年来首次召开，市委书记张高丽、市长黄兴国等市领导同志会前亲切接见了与会代表，充分体现了市委、市政府对复退军人的深切关怀，对复退军人工作的高度重视。4位代表的发言使人深受教育，先进人物的事迹令人十分感动。在此，我谨代表市委、市政府向获奖的同志和全市复员退伍军人表示崇高敬意。下面我讲3点意见。

一、功不可没，复员退伍军人为天津发展作出了巨大贡献

复员退伍军人是党和国家的宝贵财富，是推进社会主义建设事业、维护改革发展稳定大局的重要力量。实践表明，天津发展取得的成就凝结着复员退伍军人的辛勤劳动，获得的荣誉记录着复员退伍军人的拼搏历程。当前，天津已经成为举世瞩目的创业宝地，呈现出又好又快发展的强劲态势。广大复员军人昼夜战斗在各条战线，为天津的发展作出了突出贡献，创造了令人瞩目的社会财富。他们当中有诚实守信、吃苦耐劳、为社会默默奉献爱心的下岗工人；有扎根基层、保一方安宁、富一方百姓的村党支部书记；有身残志坚、挑战极限，为祖国争光的奥运冠军；有白手起家、艰苦创业，致富不忘回报社会的企业家。还有许许多多普通但不平凡的工人、农民、干部。他们无论在部队还是在地方，无论在什么岗位、从事什么工作，都始终坚持履职尽责、踏实苦干，充分体现了忠诚于党、忠诚于祖国、忠诚于人民的政治品质；充分体现了自强不息、报效祖国、致富人民的拼搏精神；充分体现了顾全大局、甘于奉献、促进和谐的高尚情操。这是复员退伍军人永远的光荣，应有的本色，必将成为促进天津又好又快发展的巨大力量。

二、机遇难得，复员退伍军人要在广阔舞台发挥更大作用

当前，天津正处于又好又快发展的关键时期，滨海新区开发开放全面推进，构筑“三个高地”、打好“五个攻坚战”，既是艰巨繁重的任务，也是大显身手的广阔舞台。广大复员退伍军人拥有政治觉悟高、法纪观念强、百折不挠、勇于拼搏的精神品格，具有积极进取、无私奉献、经历特殊、影响广泛的优势。各区县、各部门、各单位要创造一切条件，充分发挥他们的作用，使之成为脱贫致富的“领头雁”、重点工作的“突击手”、急难险重的“冲锋队”、推动发展的“生力军”、维护社会稳定的骨干力量，为天津的发展建功立业。要支持他们大胆工作、积极创新，遇到挫折给予热情鼓励，出现失误能够理解宽容，为促进发展、维护稳定、构建和谐作出应有贡献。我们欣逢改革开放盛世，际遇时代发展大潮。希望广大复员退伍军人以先进人物为榜样，牢记党和人民的重托，倍加珍惜军人荣誉，倍加珍惜良好机遇，退役不褪志、退伍不褪色，自觉服从党和人民事业的需要，自觉投身于经济社会发展实践，自觉理解支持改革，做创业的先锋、致富的骨干、守法的模范，以实际行动践行当代革命军人的核心价值观，为天津又好又快发展再立新功。

三、责任重大，要全力营造关爱复员退伍军人的社会氛围

关爱最可爱的人，帮助最可爱的人，宣传最可爱的人，推动复员退伍军人工作深入开展，是各级政府的神圣职责，是全社会的共同义务。要进一步做好复员退伍军人安置工作。各区县、各有关部门和用人单位务必高度重视安置工作，切实加大安置力度，坚决按时完成安置任务。要狠抓安置计划的落实，确保退伍军人及时上岗，并享受相关待遇，严禁各单位以种种借口拒绝接收，防止出现退伍军人刚上岗就变相下岗的现象发生。要制定更加优惠的政策，有针对性地搞好职业技能培训，鼓励复员退伍军人自谋职业、自主创业。要帮助解决复员退伍军人的实际困难。复员退伍军人在部队奉献出了青春，回到地方后在经济社会变革时期，有些人在生产生活上遇到一些实际困难。各区县和有关部门要从政治高度，怀着深厚感情，带着强烈责任抓落实。要在政治上多关心，增强他们的政治荣誉感；在生活上多照顾，尽最大努力解除他们的生活困难，特别对伤病残退伍军人要妥善安排好生产生活，不让一人一户过不去；在就业上多扶持，使有劳动能力、有就业愿望的力争尽快实现就业，特别是家庭成员零就业的要给予重点帮扶。要大力宣传优秀复员退伍军人的事迹。充分利用各种媒体，广泛宣传复员退伍军人中的优秀人物和先进事迹，形成学习先进的热潮，努力营造尊重、关心、爱护复员退伍军人的良好社会氛围。

同志们，荣誉是褒奖和激励，更是责任和期望。希望大家发扬成绩、再接再厉，勠力同心、锐意进取，用心血和汗水谱写更加优美的篇章，用智慧和毅力创造更加辉煌的业绩。

山西省委副书记、省双拥工作领导组组长金道铭在省双拥工作领导组全体会议上的讲话

（2011年1月29日）

同志们：

今天召开双拥领导小组会议，主要任务是要审定双拥模范城（县）和双拥模范单位个人的建议名单，研究召开全省双拥模范城（县）命名表彰大会有关事宜。

下面，进行第一项议程，请省双拥领导组副组长、省民政厅厅长周明定通报近年来全省双拥工作情况和双拥模范城（县）考核验收情况。

下面，进行第二项议程，审议全省双拥模范城（县）和双拥模范单位、个人建议名单。请大家发言。

下面，进行第三项议程，审定全省双拥模范城（县）命名表彰大会有关事宜。

同志们，刚才明定同志对近年来全省双拥工作情况作了一个很好的总结，通报了双拥模范城（县）的考核验收情况，并提出了新一届双拥模范城（县）的建议名单和全省双拥模范单位和个人的建议名单。与会人员经过认真讨论，审议通过了新一届双拥模范城（县）和模范单位个人的建议名单，议定了筹备召开全省双拥模范城（县）命名表彰大会相关事宜。希望省双拥领导组各成员单位密切配合，精诚合作，共同做好全省双拥模范城（县）命名表彰会议的筹备工作。

下面，我就做好今年的双拥工作讲点意见：

2011年是落实“十二五”规划的开局之年，是推进转型跨越发展的关键之年，是国家资源型经济转型综合配套改革试验区的起步之年。双拥工作要着眼于全省经济社会发展全局，以新一届省级双拥模范城（县）命名表彰为新起点，以创建新一届国家级双拥模范城（县）为契机，不断创新工作形式、完善工作机制、健全政策法规、提升工作水平，进一步巩固和加强军政军民团结，全力推进军民融合式发展。

（一）结合纪念建党90周年，广泛开展拥军优属、拥政爱民光荣传统的宣传教育活动。今年是中国共产党成立90周年。各地各部队各部门要按照省委、省政府、省军区的决策部署，紧密结合我省双拥工作实际，广泛组织开展以弘扬拥军优属、拥政爱民光荣传统为主要内容的宣传教育活动。要注重发挥报纸、电视、广播、网络等媒体和爱国主义教育场所的作用，通过举办报告会、座谈会、演讲竞赛、红歌传唱等形式，集中宣传中国共产党的光荣历史，宣传新中国成立60多年来特别是改革开放30多年来全国军民在党的坚强领导下团结奋斗的伟大成就，宣传新时期双拥工作先进典型，宣传军政军民团结奋进的丰功伟绩，激发广大军民参与双拥、支持双拥的热情，在全社会营造爱国拥军、爱民奉献的浓厚氛围。

（二）围绕全省转型跨越发展大局，大力推动军民融合式发展。全省各地各部门要站在维护国家主权、安全和发展利益的高度，积极支持国防和军队建设。要做好拥军保障工作，研究建立遂行重大任务中军地协调机制，确保部队平时能应急、战时能迎战。要继续加大科技、教育、智力拥军力度，加强军队信息化基础设施建设，深入推进人才战略工程，为驻晋部队提高基于信息系统作战能力创造

良好条件。要充分运用社会资源，支持部队完成训练、演习、维稳等多样化军事任务，帮助部队官兵解决工作、学习和生活中遇到的实际困难。驻晋部队指战员和武警部队全体官兵要自觉服从服务于山西工作大局，研究制定支援地方建设的办法措施，积极参加和支援地方建设。要有计划有重点地开展援建行动。要突出支持保障和改善民生这个重点，积极参加驻地基础设施、重点工程和生态环境建设，在社会主义新农村建设、紧急自然灾害救助、突发事件处置、维护社会治安等方面发挥更大作用。

（三）巩固和深化双拥模范城（县）创建成果，进一步提升双拥工作整体水平。全省各地各部队各部门要以新一届省级双拥模范城（县）命名和国家级双拥模范城（县）创建为契机，适应国家加快经济发展方式转变的新形势，研究解决双拥工作面临的新情况和新问题。要积极探索建立符合科学发展要求、能够持续发挥作用、具有长久效力的双拥工作体制机制，进一步完善党政军齐抓共管、广大军民积极参与的工作格局。要把双拥工作纳入经济社会发展和驻晋部队建设总体规划，列入党政军领导政绩考核范围。要进一步健全完善双拥政策法规体系，提高双拥工作法制化、规范化水平。要坚持以人为本，综合运用、政策、经济、行政等手段和教育、协商等办法，协调做好转业复员退伍军人安置、随军随调家属就业、军人子女入学入托、重点优抚对象生活保障等工作，切实维护军人军属和重点优抚对象的合法权益。要健全完善县级以上城市双拥工作联席会议制度，落实各级双拥工作机构、编制、人员和经费，完善监督制约、目标责任考核和奖惩机制，确保双拥工作有序开展。关于下一阶段的双拥工作，领导组还要在命名表彰大会上进行具体安排。今天就不展开讲了。

同志们，新时期的双拥工作任务光荣，责任重大。在新的一年里，让我们继续高举邓小平理论和“三个代表”重要思想伟大旗帜，认真落实科学发展观，进一步巩固和发展军政军民团结的大好局面，为实现全省转型发展、跨越发展、再造一个新山西，作出新的更大的贡献！

山西省委副书记、省双拥工作领导组组长金道铭在山西省第八届双拥模范城（县）命名暨双拥模范单位和个人表彰大会上的讲话

（2011年5月25日）

同志们：

今天，我们隆重召开全省第八届双拥模范城（县）命名暨双拥模范单位和个人表彰大会，总结工作、交流经验，表彰先进、共谋发展，这对于进一步巩固和发展我省军政军民团结的大好局面，推动全省双拥工作在新的起点上不断发展进步，具有十分重要的意义。首先，我代表省委、省政府、省军区，向获得命名表彰的双拥模范城（县）、双拥模范单位和先进个人，表示热烈的祝贺！向驻晋部队、武警官兵、烈军属、老红军、革命伤残军人、转业复员退伍军人、军队离退休干部，以及关心支持国防和军队建设的社会各界，表示亲切的问候和

崇高的敬意！

拥军优属、拥政爱民是我们党在革命战争年代形成并长期坚持的一贯思想，是我们团结动员广大军民战胜困难、夺取胜利的重要法宝。山西是革命老区，历来有着拥军优属、拥政爱民的光荣传统。在革命、建设和改革的各个时期，山西军民为地方经济社会发展和部队建设发挥了积极作用，作出了重要贡献。近年来，我省各级党委、政府和驻晋部队坚持以邓小平理论和“三个代表”重要思想为指导，深入贯彻落实科学发展观，按照党中央、国务院、中央军委关于做好新时期双拥工作的部署和要求，紧密结合军地实际，在经济社会和国防军队建设中通力合作，在维护社会稳定中密切配合，在完成急难险重任务中并肩战斗，推动双拥工作在继承中创新、在巩固中提高、在落实中深化、在改革中发展，实现了国防建设和经济建设的良性互动，进一步巩固和发展了“同呼吸、共命运、心连心”的新时期军政军民关系，开创了我省军政军民团结奋进的新局面。

当前，我省已经进入了全面实施“十二五”发展规划，加快转型跨越发展、加快综改试验区建设，努力实现再造一个新山西宏伟目标的新的发展阶段。面对世界经济政治格局的深刻变化，面对全国兄弟省份的竞相发展，面对我省加快转型跨越的紧迫任务，面对广大人民群众对过上更美好生活的新的期待，全省各级党委、政府和驻晋部队，一定要站在战略和全局的高度，充分认识新形势下加强军政军民团结的极端重要性，广泛凝聚和调动全省广大军民的积极性、主动性和创造性，共同谋发展、合力建国防，真情办实事、切实解难题，进一步提高双拥工作的质量和效益，以坚强的军政军民团结为山西经济社会发展和部队现代化建设提供有力保障。

第一，始终坚持富国强军相统一的发展目标。胡锦涛总书记在党的十七大报告中指出：“必须站在国家安全和发展战略全局的高度，统筹经济建设和国防建设，在全面建设小康社会进程中实现富国和强军相统一。”富国与强军相统一，既是新时期加强国防和军队建设的指导思想，也是对我们做好新时期双拥工作提出的目标要求。我们要深刻领会胡锦涛总书记提出的这一重要战略思想，紧紧抓住经济建设这个中心不动摇，始终把发展作为第一要务，作为解决经济社会所有问题的关键，紧紧围绕转型跨越这个事关我省经济社会发展的全局性、战略性、关键性的重大任务，牢牢抓住转型综改试验区建设的重大机遇，以更加开阔的思路、更加坚强的决心、更加务实的举措，进一步加快经济发展方式转变，加快推进工业新型化、农业现代化、市域城镇化、城乡生态化建设步伐，着力提升发展的质量和效益，以经济实力的不断增强为开展双拥工作创造更加良好的条件，为国防后备力量建设提供更加坚强有力的物质支撑和发展后劲。

第二，深入落实军民融合式发展的战略举措。走中国特色军民融合式发展路子，是我们党总结长期以来军民结合、寓军于民成功经验得出的重要结论。我们要深刻理解和准确把握推进军民融合式发展的重大意义、理论价值和实践作用，坚持把经济社会发展与国防和军队现代化建设有机结合起来，强化融合发展意识，拓宽融合发展途径，实现更高层次、更大范围、更深程度的军民融合式发展。各地各部门要把支持国防和军队现代化建设作为义不容辞的责任，进一步加强拥军优属工作，一如既往地为部队的建设和发展提供支持、创造条件、搞好服务，为军人及其家属排忧解难，在破解双拥工作热点难点问题上主动作为、务求实效。驻晋部队要继续发扬拥政爱民的优良传统，一如既往地支持参与地方建设，踊跃参加社会公益事业，主动承担急难险重任务，加强军警民联防联治，推进平安三晋建设。通过军地双方共同努力，不断开创军民融合式发展新局面。

第三，积极营造全社会更加关心、支持、参与双拥工作的良好氛围。双拥工作的主体是军民，根基在军民。只有调动、保护和发挥好全社会参与双拥工作的积极性、主动性和创造性，才能为双拥工作科学发展注入不竭动力。要加大教育力度，把国防教育纳入全民教育规划和部队教育计划，引导广大军民认真学习国防法、兵役法等法律法规，进一步打牢依法履行国防义务、做好双拥工作的思想基础。要加大宣传力度，充分利用各种媒体特别是互联网、手机等新兴媒体，大力宣传双拥工作中涌现出的先进人物和典型事迹，使拥军优属、拥政爱民的光荣传统更加深入人心、不断发扬光大。要加大共建力度，广泛开展军警民共建社会主义精神文明活动，深入开展创建双拥模范城（县）和基层军民共建活动，使双拥工作永葆生机和活力。当前特别要结合庆祝建党 90 周年，集中宣传我党我军的光荣历史，宣传改革开放的伟大成就，宣传新时期双拥工作的先进典型，激发广大军民参与双拥、支持双拥的热情。

第四，着力完善双拥工作科学发展的长效机制。双拥工作涉及部门多、涵盖领域广，是一项社会工程、系统工程。各级党委、政府和驻晋部队机关要切实加强对双拥工作的领导，真正把各方面力量组织起来、凝聚起来，形成促进双拥工作良性发展的合力。要进一步完善领导机制，各级党政军领导、各有关方面负责同志要亲自挂帅，切实把双拥工作纳入本地区、本单位、本行业的总体规划，纳入年度目标责任制考核，健全制度，落实责任，及时研究解决双拥工作的重大问题。要进一步完善工作机制，各级双拥组织机构和领导小组成员单位要认真履行职责，发挥自身优势，切实加强军地之间、部门之间、行业之间的沟通和联系，相互支持，密切协作，形成齐抓共管、协调推进的良好局面。要进一步完善激励机制，坚持随机检查、定期检查和命名检查相结合，严格落实双拥模范城（县）动态管理制度，对各地双拥工作情况进行全程监督和具体指导，积极推广好的经验和做法，充分发挥先进典型的示范带动作用，不断提高双拥工作的整体水平。

同志们，做好新时期的双拥工作，任务艰巨、责任重大、使命光荣。让我们更加紧密地团结在以胡锦涛同志为总书记的党中央周围，高举中国特色社会主义伟大旗帜，以邓小平理论和“三个代表”重要思想为指导，深入贯彻落实科学发展观，不断巩固和发展军政军民团结，为加快转型跨越发展、实现再造一个新山西的宏伟目标作出新的更大贡献，以优异成绩迎接中国共产党成立 90 周年！

北京军区政治部副主任廖可铎
在山西省双拥模范城（县）命名表彰大会上的讲话

（2011 年 5 月 25 日）

各位领导、同志们：

今天，山西省委、省政府、省军区在这里隆重集会，召开全省双拥模范城（县）命名表彰大会，总结经验、部署任务，表彰先进。这对于进一步把双拥工作引向深入，巩固和发展军政军民团结的大好局面，必将起到很好的鼓舞和推动作用。在此，我代表军区房司令员、刘政委和军区领导机关，向荣获双拥模范称号的市县及受到表彰的先进集体和个人表示热烈的祝贺！向关心支持军队和国防建设的山西省各级党委、政府和人民群众表示衷心的感谢！

山西是著名的革命老区，有着拥军优属的优良传统。抗日战争时期，八路军三大主力挺进山西，开辟了敌后抗日根据地，山西成为华北抗战乃至全国抗战的战略支点。解放战争时期，山西作为支援全国解放的战略基地，人民群众积极参战支前，为中国革命作出了重大贡献。和平建设时期特别是改革开放以后，山西坚持把国防和军队建设纳入经济社会发展的总体规划，在推动生产力发展的同时，千方百计为提高部队战斗力服务。近几年来，山西各级党委、政府大力支持军事斗争准备，在指挥手段建设、训练场地征用、基础设施配套、硬件设备购置等方面，先后为部队投入巨额资金。支持省军区系统“双应一体化”建设，帮助预备役部队和人武部实施训练基地搬迁新建，对训练演习等大项军事活动进行补助，为驻军部队及时解决道路交通、水电后勤保障等难点问题。山西大力加强国防动员建设，每年都要组织一次大的国防动员综合演练，在华北五省市带了好头。山西积极探索军民融合式发展的方法路子，研究出台了《山西省推进军民融合式发展的意见》，特别是坚持交通战备跨越式发展，推广大运高速公路模式，实现了“五大国防功能”，走在了全国前列。山西各级党委、政府秉承革命老区拥军优属的优良传统，在军区部队执行国庆阅兵、跨区机动演习等重大任务，省委省政府和有关地市领导亲自率队慰问；在政府机构改革、企业改组改制、人员精减分流的情况下，各级千方百计做好复转军人的安置工作；在财政紧张的情况下，积极筹措资金，提高优抚标准，解决优抚对象的重点难点问题；在解决官兵家属就业、子女入学等问题上，坚持特事特办，克服各种困难，想方设法予以安排。同时，注重加强双拥政策法规建设，先后出台了一批操作性很强的拥军优属政策法规，为部队建设创造了良好的环境和条件。可以这样说，驻晋部队建设所取得的每一项成绩，都倾注着地方党委、政府和人民群众的心血和汗水。山西各级党委、政府和人民群众的关心支持，极大地激发了广大官兵爱军习武和拥政爱民的政治热情。驻晋部队牢记军队宗旨，积极参加驻地“三个文明”建设，在抢险救灾、扶贫帮困、捐资助学、支持重点工程建设等方面做了大量好事实事，为促进山西的经济社会发展作出了积极贡献。实践证明，坚强的军政军民团结，是维护国家安全，保持社会稳定，推进改革开放和社会主义现代化建设事业的强大动力，是顺利实现全面建设小康社会目标的重要保证。

当前，我国发展仍处于可以大有作为的重要战略机遇期。做好新形势下双拥工作，必须站在维护改革发展的高度，紧紧抓住难得的战略机遇，进一步凝聚广大军民意志，积极投身到国家经济建设和国防现代化建设之中。军区驻晋部队要认真向受表彰的先进典型学习，努力践行当代革命军人核心价值观，驻在山西、热爱山西、建设山西。要把双拥工作作为开展争先创优活动的具体行动，保持和发扬拥政爱民的光荣传统，视人民如父母，把驻地当故乡，多为人民群众做好事办实事。要增强大局意识，发挥部队优势，积极参加地方重点工程建设和抢险救灾等急难险重任务，为驻地经济社会和谐发展贡献力量。要虚心向地方领导和人民群众学习，把地方党委、政府和人民群众的关怀鼓励，化作不断进取的强大动力，献身国防、干好本职，为保卫祖国、建设祖国再立新功！

最后，衷心祝愿山西省在党中央、国务院的坚强领导下，经济发展、社会和谐、人民幸福，早日实现转型发展、跨越发展，再造一个新山西的建设目标！让我们紧密地团结在以胡锦涛同志为总书记的党中央周围，深入学习实践科学发展观，紧紧围绕党的中心任务，深入扎实地做好双拥工作，同呼吸、共命运、心连心，为全面建设小康社会，实现中华民族的伟大复兴而努力奋斗！

内蒙古自治区党委副书记、自治区政协主席、自治区双拥工作领导小组组长任亚平在自治区双拥模范城（旗、县）和双拥模范单位及个人命名表彰大会上的讲话

（2011年8月26日）

同志们：

今天，自治区党委、政府、内蒙古军区隆重召开全区第八次双拥模范城（旗县）和双拥模范单位个人命名表彰大会，表彰先进，交流经验，部署任务，这对于进一步做好新形势下全区双拥工作，巩固和发展军政军民团结的大好局面，推动自治区经济社会又好又快发展和驻区部队现代化建设，具有十分重要的意义。首先，我代表自治区党委、政府，向受到命名表彰的双拥模范城（旗县）、双拥模范单位和个人表示热烈的祝贺！向驻区人民解放军指战员和武警部队官兵，向全区烈军属、革命伤残军人、转业复员退伍军人、军队离退休干部，表示亲切的慰问！

刚才，双拥模范单位和个人代表作了典型发言，听了很受教育和鼓舞。内蒙古军区副政委、自治区双拥工作领导小组副组长周宝莹同志作了重要讲话，各地区各部门要认真贯彻落实。下面，我讲几点意见。

一、进一步提高思想认识，切实把双拥工作作为一件事关全局的重大任务来抓

拥军优属、拥政爱民是我党我军我国人民的光荣传统，是我们团结动员广大军民战胜困难、夺取胜利的重要法宝。内蒙古是革命老区，历来有军政军民团结的优良传统，在革命、建设和改革开放的各个时期，全区广大军民始终患难与共、团结奋斗，有力推动了各项事业的发展。近年来，全区各级党委、政府和驻区部队认真贯彻落实党中央、国务院、中央军委关于做好新时期双拥工作的要求部署，紧密结合军地实际，深入推进军民共建，全区双拥工作取得了显著成绩，为推动自治区经济社会发展和驻区部队建设作出了重要贡献。特别是在配合神舟系列载人航天飞行、应对国际金融危机冲击、抵御重大自然灾害、处置维护社会稳定突发事件等各种急难险重任务中，军地军民同心同德、众志成城、合力攻坚，经受住了一次又一次严峻考验，夺取了一个又一个重大胜利，充分显示了军政军民团结的强大力量。

“十二五”时期是我区加快推进富民强区进程、全面建设小康社会的关键时期，也是驻区部队积极适应中国特色军事变革、扎实做好军事斗争准备、大力推进部队现代化建设的关键时期。从新的历史起点出发，推动全区经济社会又好又快发展，实现“十二五”发展的目标任务，离不开驻区部队和广大官兵的鼎力相助；加快推进驻区部队现代化建设，不断提高部队的战斗力，也离不开地方党委、政府和各族群众的大力支持。面对新的形势和任务，我们比以往任何时候都更加需要加强军政军民团结，更加需要广大军民的共同奋斗。我们要从全局和战略的，充分认识加强军政军民团结的重要性，坚持不懈地做好双拥工作，为推动我区经济社会发展和驻区部队建设提供有力保障。

二、坚持走军民融合式发展之路，努力促进我区经济建设和国防建设协调发展

胡锦涛总书记在庆祝中国共产党成立90周年大会上重要讲话中指出：“我们必须统筹经济建设和国防建设，走中国特色军民融合式发展路子，在

全面建设小康社会进程中实现富国与强军的统一。”这是我们党着眼全面增强国家战略能力、实现中华民族伟大复兴作出的重大战略决策，也是做好新时期双拥工作必须坚持的重要指导方针。各地区各部队一定要强化融合发展意识，拓宽融合发展途径，进一步推动更高层次、更大范围、更深程度的军民融合式发展，努力实现地方生产力和部队战斗力共同提高。从地方来说，各级党委、政府和有关部门要始终把支持国防和军队现代化建设作为义不容辞的责任，积极配合驻区部队完成训练演习、战备执勤、科研试验和重点国防工程建设，支持部队建立和完善军民结合、寓军于民的装备科研生产体系、人才培养体系、军队保障体系和国防动员体系，切实为部队建设提供有力支撑。要充分利用教育、科技、信息资源开展拥军活动，帮助部队培养新型军事人才，搞好装备器材革新、维修和技术保障，加快信息化建设步伐。要进一步加大拥军优属工作力度，认真落实国家和自治区的有关政策，全面做好军队转业干部、离退休干部和退役士兵安置工作，认真解决随军家属就业、军人子女入学等现实问题，切实安排好烈军属的生产生活，努力消除部队和军人的后顾之忧。从驻区部队来讲，要继续发扬优良传统，在完成战备、训练、执勤、处突等任务的前提下，着眼于促进驻地经济社会又好又快发展，积极参与和支援地方各项建设。要充分发挥部队组织严密、作风扎实、突击力强的优势，大力支持驻地生态建设、基础设施建设、新农村新牧区建设等方面的重大项目和重点工程，帮助地方党委、政府大力保障和改善民生，努力为推动内蒙古实现科学发展、富民强区作出新的贡献。

三、着眼于维护边疆安宁与社会稳定，大力推进平安内蒙古建设

内蒙古作为边疆少数民族地区，地处反分裂、反颠覆、反渗透的前沿，是祖国北疆的安全稳定屏障和首都北京的“护城河”。当前和今后一个时期，我们既处于大有作为的重要战略机遇期，同时也处于人民内部矛盾凸显、刑事犯罪高发、对敌斗争复杂的时期，维护国家安全和社会稳定的任务艰巨繁重。自治区党委、政府反复强调，要正确处理发展与稳定的关系，统筹抓好发展与稳定两件大事，确保内蒙古长治久安。各地区各部队要把维护社会和谐稳定作为双拥工作的重要任务，进一步加强军地团结协作，强化维护力量建设，提高维稳处突能力，不断巩固和发展我区民族团结、社会稳定、边疆安宁的大好局面，切实筑牢祖国北疆安全稳定屏障。要建立健全军地一体的社会治安防控体系，进一步加强军警民联防联治，及时有效处置各种突发事件和群体性事件，依法严厉打击各种犯罪活动，严密防范境内外敌对分子的渗透破坏，扎实推进平安内蒙古建设，确保边疆安宁与社会稳定。

四、以深入开展双拥模范城（旗县）创建活动为载体，推动全区双拥工作扎实有力开展

深入开展创建双拥模范城（旗县）活动，是做好双拥工作、加强军政军民团结的重要载体和有效途径。我们要认真总结近年来开展双拥创建活动的好经验、好方法，进一步加大创建力度，提高创建水平，增强创建实效，不断推动双拥工作创新发展。要坚持以人为本、利军惠民，立足于实现好、维护好、发展好广大军民的根本利益开展创建活动，把广大军民欢迎不欢迎、满意不满意、拥护不拥护作为衡量和检验双拥工作成效的根本标准，努力扩大双拥工作的群众基础，真正使双拥创建活动成为深受广大军民欢迎的民心工程。要不断拓宽创建领域，丰富创建内容，充分调动社会资源和力量，积极探索开展双拥工作的新途径，广泛开展丰富多彩的双拥共建活动，深入推动双拥工作进工厂、进乡村、进机关、进学校、进社区、进连队。要改进创建方式，创新出更多富有时代特色、群众喜闻乐见、能够吸引广大军民参与的活动载体，不断增强双拥工作的吸引力和感召力。要进一步建立健全考评办法，依据国家《双拥模范城（县）创建命名管理办法》，细化考核指标，完善激励机制，加强动态管理，做到能上能下，不搞终身制。要大力宣传双拥模范城（旗县）、双拥模范单位和个人，充分发挥典型的示范带动作用，大力倡导爱国拥军、爱民奉献的良好风尚，进一步调动全社会参与双拥工作的积极性，推动群众性双拥活动蓬勃开展。

五、加强组织领导，确保双拥工作的各项任务落到实处

双拥工作是一项带有全局性、战略性的工作，涉及面广，任务繁重。各级党委、政府和部队领导机关要切实增强政治意识、大局意识和使命意识，把双拥工作摆在重要位置，纳入经济社会发展和部队建设总体规划，进一步加强组织领导，明确目标任务，完善保障措施，全面抓好工作落实。各级双拥工作领导小组要定期分析形势、部署任务，及时研究解决双拥工作中的重大问题。领导小组各成员单位要把双拥工作与业务工作结合起来，各司其职、各负其责，保证双拥工作各项任务在本部门、本系统、本行业得到有效落实，努力形成齐抓共管双拥工作的合力。各级双拥办要充分发挥职能作用，沟通军地联系，搞好工作筹划，加强工作协调。各级要不断健全双拥工作机制，进一步完善党委议军会议、军地联席会议、双拥领导小组会议等工作制度，建立健全双拥议事协调机制，推动双拥工作广泛深入持久的开展。

同志们，做好新形势下的双拥工作责任重大，使命光荣。让我们高举中国特色社会主义伟大旗帜，以邓小平理论和“三个代表”重要思想为指导，深入贯彻落实科学发展观，振奋精神，扎实工作，不断开创全区双拥工作新局面，努力为自治区经济社会又好又快发展和驻区部队现代化建设作出新的更大贡献！

辽宁省委书记王珉在全省双拥表彰大会上的讲话

同志们：

今天，我们在这里隆重集会，命名全省双拥模范城，表彰双拥模范单位和个人。在此，我谨代表省委、省人大、省政府、省政协、省军区，向取得优异成绩，受到表彰的双拥模范单位和个人致以崇高的敬意！借此机会，也向为辽宁经济建设和社会发展作出突出贡献的驻辽人民解放军指战员、武警部队官兵和民兵预备役人员表示亲切的慰问！向全省烈军属、革命残疾军人、军队离退休干部、转业复员退伍军人致以诚挚的问候！

创建双拥模范城活动作为新时期开展双拥工作的一项重要内容和举措，对进一步密切党政军关系，加强军政军民团结，进而形成合力为振兴辽宁老工业基地，全面建设小康社会，做好各项军事斗争准备具有十分重要的意义。辽宁是驻军大省，也是一片拥军的热土。近年来，全省双拥工作在省委、省政府和省军区的领导下，与时俱进，开拓进取，在支持部队做好军事斗争准备和支持地方经济发展等方面取得了重要进展和令人瞩目的成绩，赢得了社会各界群众和部队官兵的广泛赞誉。当前，全省双拥工作呈现出积极、健康、向上的发展态势，党政军高度和谐团结，军政军民关系高度稳定融洽，大家心往一处想，劲往一处使，政通人和，心齐气顺。我们要倍加珍惜来之不易的大好局面，一定要保持好、发展好双拥工作的大好形势，把全省4300万人民对子弟兵的热爱和驻辽部队官兵对第二故乡的感情，转化成我们工作的动力，努力拼搏，埋头苦干，扎实推进全省双拥工作深入开展，取得更加辉煌的成绩。

近年来，在党中央、国务院的亲切关怀下，在省委、省政府的坚强领导下，全省军民坚持以科学发展观为统领，以改革开放为动力，全面实施东北老工业基地振兴战略，统筹推进经济和社会建设又好又快发展，综合经济实力显著提升，发展势头强劲有力，主要经济指标实现了历史性跨越。到2010年年底，全省生产总值翻了一番，达到1.8万亿元，年均增长14%，人均超过6000美元，地方财政一般预算收入突破2000亿元，比2005年增加两倍，主要经济指标增速持续超过东部地区平均水平。这些成就的取得是党中央、国务院正确领导的结果，是全省军民团结奋斗的结果，更是驻辽部队广大指战员和武警官兵积极参与、大力支持、无私奉献的结果。这里，我们绝不能忘记子弟兵对辽宁经济发展和社会稳定所作出的卓越贡献。驻辽部队广大官兵牢记人民军队宗旨，在自然灾害面前，不怕苦、不怕累，冲锋在前，勇担重任，为人民百姓流血流汗，甚至献出了年轻宝贵的生命；在支援经济建设中，充分发挥部队特别能吃苦、特别能战斗的优势，动用大量人力、物力、设备，积极参与辽宁沿海经济带、沈阳经济区、突破辽西北等重点经济建设，主动承担了大量的急难险重任务，作出了积极的、突出的贡献；在维稳处突紧要关头，以大局为重，竭尽全力保护好人民利益和社会安全稳定，在关键时刻发挥了重要作用。没有驻辽部队的主动参与和鼎力支持，就不可能有辽宁今天的大好局面和形势，为此，辽宁人民将永远铭记在心！请允许我再一次代表全省4300万人民，向驻辽部队全体指战员和武警部队全体官兵表示最衷心的感谢和最崇高的敬意！

今年是实施“十二五”规划开局之年，也是辽宁进入全面振兴老工业基地的决胜时期和建设小康社会的关键时期。在刚刚闭幕的省第十一次党代会上，明确了辽宁未来五年要建设富庶文明幸福新辽宁的宏伟目标。这是全省人民和广大官兵的共同心愿和期盼，也是历史赋予我们辽宁难得的发展机遇。抓住机遇、乘势而上，实现我们的宏伟目标和壮丽蓝图，不仅需要我们要为之而努力奋斗，奋发图强，更加需要国家的安全稳定和安定、和谐的社会环境。辽宁地处东北亚关键地带，是我国重要的沿海、沿边省份，具有极为重要的战略地位。目前，国家安全形势面临着挑战和压力，周边不稳定因素仍然存在，部队军事斗争准备任务仍然十分艰巨。历史经验告诉我们，在经济和社会发展的关键时期和紧要关头，我们永远都离不开人民子弟兵的鼎力支持，永远都离不开人民军队这个坚强的后盾。为此，各级党委、政府要站在民族振兴、人民幸福和国家长治久安的高度，坚决贯彻落实党中央、国务院、中央军委有关加强双拥工作的指示精神，按照省委、省政府和省军区的统一部署，全力做好支持部队做好军事斗争准备。把部队建设好、发展好，这是省委、省政府和各地党委政府以及全社会义不容辞的责任和义务。我们一定要讲政治、顾大局，努力加强和巩固党政军团结，把部队建设过程中遇到的新情况、新问题、新需求纳入我们的视线和范围，要把部队的事情作为我们的头等大事，高看一眼、厚爱一分，认真研究和解决好部队战备训练、重大演习；要强化全民忧患意识和国防观念，大力宣传军爱民、民拥军的光荣传统，在全社会营造尊重军人、关心和支持国防与军队建设的浓厚氛围，不断完善国防动员体系；要进一步调动社会方方面面的积极性，推动双拥工作进机关、进企业、进校园、进社区、进村镇，扩大群众拥军基础，广泛开展科技、文化、法律拥军活动，在全社会形成军民“同呼吸、共命运、心连心”的浓厚氛围；要以新一轮创建双拥模范城活动为载体，动真情、办实事、解难题，全力支持国防和军队的大项目建设，支持军队保障社会化建设；发挥辽宁国防工业的优势，支持军队武器装备更新改造；认真做好部队干部转业、退伍士兵、伤病残退役人员、退休干部、无军籍退职退休职工的安置，随军家属就业、军人子女就学入托等各项工作，解除他们的后顾之忧；要充分发挥各级双拥机构作用，为部队支持地方经济建设、政治建设、文化建设和社会建设方面创造有利条件。

同志们，让我们更加紧密地团结在以胡锦涛同志为总书记的党中央周围，高举邓小平理论和“三个代表”重要思想的伟大旗帜，深入贯彻落实科学发展观，军民齐心协力团结奋斗，进一步开创全省双拥工作的新局面，为建设富庶文明幸福新辽宁伟大目标而努力奋斗。

辽宁省委副书记陈希在全省双拥工作领导小组成员会议上的讲话

同志们：

现在开始开会。参加会议的是省双拥工作领导小组各成员单位。会议日程有四项。一是总结2010年全省双拥工作，安排2011年工作任务；二是总结第七轮全省双拥模范城评选活动和安排2011年双拥模范城评选工作；三是讨论今年工作安排；四是就做好今年双拥工作我讲几点意见。

下面，进行会议第一项，请省双拥办主任，省民政厅厅长铁南总结双拥工作，安排今年工作任务。

下面，进行会议第二项，请省双拥办主任，省军区政治部康晓晖主任总结全省第七轮双拥模范城评选情况和安排今年双拥模范城评选工作。

下面，进行会议第三项，请各成员单位就今年双拥工作安排发表意见。

今天会议主要是回顾2010年工作，部署安排2011年任务。刚才，铁南厅长对2010年全省双拥工作作了全面回顾，对今年双拥工作作了安排；康晓晖主任总结了去年全省开展双拥模范城评选活动的情况，对今年双拥模范城评选活动作了具体安排。各成员单位也发表了很好的意见。总的讲，我感到去年全省双拥工作很好地贯彻落实了省委意图和决心，军地双方都能站在讲政治、讲大局的高度，真抓实干，步伐很大，成效不错。特别是在军地双方关注的重点、难点和热点问题上，大家下足了功夫，想了很多办法，也创新了一些载体和手段，推动军地互相实实在在地办了很多实事、好事和大事。尤其是在急难险重和自然灾害等重大事件中，军民高度一致，积极配合，互相支持，战胜了困难，赢得了胜利。省委领导很满意，军区首长也很满意，广大官兵和社会群众反响也很好。在此，非常感谢大家在过去的一年里辛勤工作。下面，我就做好今年双拥工作再强调几点意见。

一、深刻认识当前双拥工作面临的新形势，进一步增加做好双拥工作的自觉性和主动性

当前，国际形势复杂多变，影响国家安全不稳定因素越发凸显，部队保卫国家安全，做好军事斗争准备任务十分艰巨。今年也是“十二五”规划开局之年，各项社会经济发展任务将十分繁重。我们要深刻分析当前双拥工作面临的新形势，站在讲政治、讲大局的高度，增进做好双拥工作的自觉性和主动性，切实有效地做好双拥工作。

一是抓住战略发展机遇，实现辽宁腾飞的宏伟目标，是新形势对双拥工作提出的新要求。当前，辽宁处于发展的重要战略机遇期。抓住机遇，实现腾飞，是全省人民共同的任务，也是新形势下对我省双拥工作提出的新要求。双拥工作所特有的政治优势和所形成的军民团结的巨大力量，是我们应对挑战，战胜困难的制胜法宝。我省驻军多、兵种全是辽宁的政治优势，驻军是辽宁的主要组成部分，谋划双拥工作要与辽宁“十二五”经济发展规划结合起来，要同军队编制体制改革、推进军事斗争准备结合起来，紧紧抓住部队官兵最直接、最现实的切身问题，真心、真情、真意为他们办实事，解难题。

二是推进军民融合发展，提升部队战斗力和完成遂行多样化任务能力，是新形势对双拥工作提出的新任务。树立军民融合式发展理念，走军民融合式发展路子是新形势下双拥工作服务国家和军队改革建设大局的新任务。我省通过双拥工作这个载体和手段，整合资源优势，在科技、教育、人才等各个领域实行军民融合，支持部队完成了各项军事斗争准备工作。同时，驻军部队注重提升执行遂行任务的能力，在支持地方经济建设和抢险救灾、急难险重等任务中发挥了不可替代的作用。当前，辽宁面临着加快经济发展的难得机遇，需要我们进一步加大双拥工作力度，探索新形势下推进军民融合式发展的新思路和新办法，支持军队信息化建设，拓展和深化军事斗争准备，增强和提高部队执行遂行任务的能力，有效地支持辽宁经济平稳较快发展。

三是充分发挥军民整体合力，维护辽宁社会和谐稳定，是新形势下对双拥工作提出的新需要。目前，辽宁社会稳定形势仍然面临许多新情况和复杂因素。深化改革和利益关系调整带来的深层次矛盾和问题越发凸显，军地历史遗留问题没有得到完全解决，涉军纠纷案件和复员干部群体性上访明显增多，维护社会稳定的任务仍然十分艰巨和繁重。辽宁要抓住机遇实现大发展，就需要有一个稳定的社会环境，就需要充分发挥军民整体合力，维护辽宁的和谐稳定，这是实现我们工作目标的前提和基础。双拥工作是形成军民整体合力的桥梁和纽带，只有加大力度开展双拥工作，才能形成合力，更有效地化解社会矛盾、促进社会和谐，为辽宁经济发展提供一个强大的支撑。

二、进一步振奋精神，努力拼搏，脚踏实地，真抓实干，全面完成双拥工作任务

今年全省双拥工作任务仍然十分繁重，需要我们进一步振奋精神，努力拼搏，脚踏实地，真抓实干，圆满完成今年工作任务。一是要宣传造势，形成氛围。今年是建党 90 周年，省委要安排一系列庆祝纪念活动。这是一个很好的造势机会，我们要紧紧抓住这一有利契机，广泛宣传双拥工作，让全社会了解双拥，参与双拥，支持双拥。特别是要抓好各级机关领导干部、大中小学生、基层社区人员以及“两新组织”人员的宣传教育，以喜闻乐见的宣传形式，大力宣传国防意识，爱国主义精神和拥军典型，形成浓厚的军爱民、民拥军的社会氛围，为我们的工作打基础、创条件、造氛围。二是要做好第七轮双拥模范城评选推荐工作。今年全国和省都要命名表彰双拥模范城，各地把争创双拥模范城作为当地党委、政府和驻军的政治荣誉来看待。去年经过省双拥办的努力，全省的评选推荐程序已经过半，近期还将进行各成员单位和职能部门推荐工作，各位成员要确实关心双拥工作，客观评价各地的工作，公正地进行投票，坚决杜绝人情票、关系票、照顾票。省双拥办要按照工作安排做好准备，确保省双拥模范城命名表彰大会圆满召开。三是调查研究，创新发展。要加大工作调研力度，总结和归纳各地好的做法和好的经验，把它提升到政策和制度层面上来，不断完善政策，拿出更好的办法和措施，要通过创新来解决新老问题。当前，转业干部安置、随军家属就业、滞留部队伤病残人员移交、部队住房社会化保障等工作一直都是双拥工作的热点、难点问题。今年国家要修改兵役法，实行兵役制度改革，将带来征兵和退役士兵安置两大难题，统筹解决好这两个问题，需要深入调研、创新思路、更新观念，军地有关部门要从辽宁的实际出发出台相关政策，引导和调动大学毕业生参军的积极性，加大退役士兵的职业技能培训，保障他们得到有效就业安置。

三、发挥成员单位综合优势和作用，推动拥军工作广泛、深入、持续开展

近年来，省双拥工作领导小组各成员单位参与双拥工作，办了很多部队满意的实事，发挥了很好的带头作用。今后还要发挥如下作用。一是要发挥好行业拥军的引领作用。去年年初，根据部队需求，益民同志召集了部分省直单位和部队驻军一线师旅级部队单位，调整和新增加了11家省直单位共建对子。现在看，效果非常好，甚至超出了预期。地方很尽力，部队很满意。这说明了我们省直成员单位，具有大局观念，政治观念。各单位要继续保持良好工作态势。每个部门都代表了一个行业，每个单位都有共建的部队，各单位要带头推动整个行业双拥共建活动的开展。二是要发挥好政策优势的保障作用。拥军各项工作落实都离不开政策的支持，各部门都有双拥工作的职能，要结合本部门实际，出台部队受益、官兵欢迎的拥军政策，鼓励官兵安心部队工作，解除他们的后顾之忧。重点解决官兵关注的“后路”、“后院”、“后代”这“三后”问题，各单位能出政策的要出政策，不能出政策的也要带头接收军转干部、退役士兵和随军家属。三是要发挥好资源优势的协调作用。各单位要结合本单位的特点，围绕部门“十二五”发展建设规划，从支持军民融合式发展出发。重点在人才培养、装备制造、科技创新、文化教育、信息技术等方面发挥行业系统的资源优势，配合部队的训练演习，武器装备更新，支持军队革命化现代化正规化建设，提高以打赢信息化条件下局部战争能力为核心的完成多样化军事任务的能力。

四、加强领导，科学筹划，规范有序地做好双拥工作

做好新形势下双拥工作，必须要进一步加强领导，科学筹划，规范有序，稳步推进，确保双拥工作发挥出更大作用，取得更大成效。

一是建立健全机制，加强组织领导。要进一步加强双拥工作的组织领导，建立健全党政军联合一体的领导机制，完善党委议军会制度、党政军主要领导参加重大活动制度、定期走访慰问部队制度。各地要建立健全双拥工作政绩考核制度，把双拥工作作为重要考核内容。各成员单位领导要把双拥工作纳入议事日程，纳入本部门年度工作计划，明确责任、目标和措施，认真全面地抓好各项拥军工作的落实。驻军各单位也要按照省双拥工作领导小组统一安排和部署，在完成军事训练、战备等任务的前提下，加强各项拥政爱民活动的组织领导和制度机制建设，集中人力、物力，广泛参加支持地方经济建设，积极承担抢险救灾、急难险重等任务。

二是注重科学筹划，强化分类指导。坚决贯彻落实科学发展观，以人为本，科学筹划，把双拥工作的着力点放在解决广大军民关注的热点难点问题上，最大限度地维护军民利益。要针对全省地区发展的不平衡性，坚持区别对待，分类指导，因地制宜，实事求是，做到形式多样，内容丰富，特点突出，注重实效。要善于总结经验，培育不同行业、不同层次、不同地区的双拥典型，发挥示范引领作用，带动本行业、本地区的双拥工作深入开展。要积极扩大双拥工作的社会基础和参与广度，引导社会“两新组织”和社区、学校、连队、企业积极开展各项双拥活动，确保全省双拥工作整体推进、协调发展，具有可持续性。

三是抓好自身建设，规范开展工作，各级双拥办，特别是省双拥办要认真抓好自身机构建设，建立健全工作机制和军地合署办公制度，进一步发挥组织协调沟通作用，在军地重大情况反馈上，重要问题处理上要做到情况清楚、反映及时，沟通顺畅，处理得力。要注意培养和带好双拥工作队伍，选派政策水平高、服务意识好、协调能力强的同志从事到双拥工作岗位上来，增加政策水平和解决实际问题的能力，提高办事效率，更好地为部队服务。要确保双拥机构各项工作经费、设备的落实，为规范做好双拥工作创造一个好的条件。

同志们，双拥工作任重而道远。让我们紧密团结在以胡锦涛同志为总书记的党中央周围，高举邓小平理论和“三个代表”重要思想伟大旗帜，深入贯彻落实科学发展观，在新的起点上，开拓进取，扎实工作，不断提高双拥工作的质量和水平，努力开创我省双拥工作的新局面，为振兴辽宁，发展辽宁作出积极贡献。

吉林省副省长王化文在全省申报全国双拥模范城（县）汇报会上的讲话提纲

（2011 年 10 月 17 日）

同志们：

双拥模范城（县）创建活动是新形势下促进军政军民团结的成功实践，是推动双拥工作深入开展的有效载体。自 1991 年国家首次命名全国双拥模范城（县）以来，各级政府和民政等部门围绕吉林经济社会发展和国防军队建设大局，广泛深入开展双拥模范城（县）创建活动，有效凝聚了全省广大军民的智慧和力量，在服务经济发展、维护社会稳定、促进部队建设等方面，发挥了特殊的推动作用。截至目前，全省有 11 个市、县 46 次被评为全国双拥模范城（县），其中长春、吉林、通化和延吉市实现了 6 连冠。

回顾近年来的工作，我省坚持富省与强军的统一，双拥工作扎实推进、创新发展，取得了丰硕的成果，突出表现在以下几个方面：

一是在融合发展方面，各地把双拥工作纳入经济社会发展和部队建设总体规划，坚持国防建设与经济建设同步谋划、协调发展。各级党政军主要领导挂帅抓双拥，党委议军会、党政军领导座谈会、军地联席会已经形成制度、常态化运转，军政军民团结不断巩固和加强。全省组织开展的“万台微机进军营”活动，有力地支持了驻吉部队现代化、信息化建设；延边、白山、通化等边境地区开展的“军警民共建基层组织”活动，在推进“强基富民固边”工程中发挥了重要作用。

二是在破解难题方面，省委、省政府先后制定出台了《关于支持吉林省驻军和武警部队建设的若干意见》、《吉林省军人抚恤优待办法》。各地在此基础上制定出台了一系列配套的政策法规，在军转干部安置、退役士兵培训、随军家属就业、军人子女教育、伤病残军人接收安置、重点对象优抚等方面落实了一系列优惠政策，全省在为军人军属和重点优抚对象排忧解难方面做了大量卓有成效的工作。

三是在宣传教育方面，各地各部队不仅重视主流媒体的阵地作用，还采取多种形式普及双拥政策和国防知识，省里组织开展了“共和国功臣看吉林”、“烈士家属疗养”等活动，榆树市组织了“拥军优属十大模范”评选颁奖、白山市组织了“感动雪域边关十佳兵妈妈”评选、通化市组织了“红故事进军营”活动、敦化市组织了“双拥节”活动等，使全省广大军民的国防观念和双拥意识进一步增强，爱国拥军、爱民奉献的社会氛围更加浓厚。

四是在创新实践方面，各地适应新形势，立足新实践，不断拓展工作领域、创新活动载体，在保持原有双拥特色基础上实现了新的发展和突破。长春市锦程街道真情服务官兵的先进事迹被《人民日报内参》跟踪报道，中央军委副主席徐才厚对此两次作出重要批示。另外，《解放军报内参》以《退休干部张义军花甲之年不辞辛劳为兵维权事迹感人》为题，刊发了退休干部张义军的先进事迹，中央政治局常委李长春、徐才厚副主席都批示了重要意见。这些先进典型既是我省双拥工作的缩影，也必将对下一步开展双拥工作起到良好的导向和示范作用。

需要特别强调的是，近年来我省驻军和武警部队在参与和支援地方经济建设中发挥了重要作用。省军区连续5年支援边境地区新农村建设、连续6年开展“万亩民兵林”活动；十六集团军连续3年集中出动兵力开展大规模的民生工程援建、连续4年与我省开展以“联合预防、联合治理、联合建设”为内容的“三联”活动；其他驻吉部队在积极参与驻地经济建设的同时，还组织开展了“扶贫帮困”、“捐资助学”等活动，为群众做了大量好事实事，在维护社会和谐稳定中发挥了重要作用。特别是去年，我省遭遇了历史罕见的特大洪水灾害，危急关头人民子弟兵义无反顾地冲锋在抗洪抢险第一线，保卫了人民群众的生命财产安全，为我省夺取抗洪抢险斗争的胜利作出了重要贡献。

“十二五”期间，我省改革、发展、稳定的各项任务十分艰巨繁重，要完成好既定目标，需要全省广大军民的共同努力和通力协作。新形势下，双拥工作的优良传统不能丢，军政军民的紧密团结不能松，军地协作的力度不能减，具体就是要做到“三个坚持”：

第一，坚持高起点、高站位，始终把双拥工作作为加强党的执政能力建设的重要内容和事关全局的战略任务突出抓好。一是要注重党委统揽、政府主抓。全省各级政府要充分认清新形势下做好双拥工作的重大意义，着眼于国家安全和发展全局，始终站在讲政治、讲大局的高度，研究、部署、推进双拥工作，不断加强政策法规研究，不断健全完善体制机制，切实抓好舆论宣传，着力构建依法双拥格局。二是要注重军地协作、共谋发展。各级政府和有关部门要大力支持部队军事斗争准备，及时破解部队建设发展面临的矛盾和问题，配合部队完成多样化军事任务，不断加大支持国防和军队现代化建设的力度。希望驻军部队关注吉林经济社会发展大局，充分发挥人才、装备、技术等方面优势，积极支持地方发展。三是要注重社会拥军、全民参与。要大力推进社会化拥军，积极动员、引导和组织社会力量参与到双拥工作中来，特别是要深入抓好基层双拥工作落实，切实使双拥工作扎根基层、面向各界、服务军民，始终保持双拥工作的生机与活力。

第二，坚持动真情、办实事，始终把双拥工作的着力点放在实现、维护和发展广大军民切身利益上。一是在解决官兵现实问题上下功夫。要切实把官兵的冷暖放在心上，一方面积极帮助基层部队改善训练执勤条件、加强文化设施建设，为官兵创造一个良好的工作、学习和生活环境。另一方面着力解决官兵的切身利益问题，关心他们的婚恋、家庭等实际困难，切实解除他们的后顾之忧。二是在不断提高重点优抚对象保障水平上下功夫。要严格执行国家有关规定，建立重点优抚对象抚恤金自然增长机制，真心实意为重点优抚对象提供医疗和基本生活保障，帮助他们解决生活中遇到的各类难题，使他们切实感受到党和政府的温暖和关爱。三是在妥善处理军地关系上下功夫。对于军地之间、军民之间发生的矛盾纠纷，各方必须在自觉维护团结大局的前提下，兼顾各方实际利益，及时稳妥处理，不断加深军地感情，密切军民关系。

第三，坚持求创新、谋发展，始终用有效的载体推动双拥工作不断向纵深迈进。一是要不断深化和拓展特色拥军工作。在开展科技拥军、教育拥军、文化拥军和民企拥军等活动中，赋予时代元素和科学内涵，使这些特色拥军工作始终紧跟时代步伐，不断适应部队现代化建设和军事斗争准备需要。二是要努力探索适应社会发展的双拥工作新模式。深入学习借鉴并不断丰富发展长春市锦程街道经验，根据国家和军队建设面临的新形势、新任务，注重把拥军优属与拥政爱民有机统一起来，把支援经济社会建设与落实国防和军事需求结合起来，不断探索有利于社会创新管理、有利于协调军民利益关系的新模式、新载体，使双拥工作真正成为深受广大军民欢迎的民心工程。三是要大力弘扬各地的“创城”精神。各地在双拥模范城（县）

创建工作中，要立足本地实际，坚持用时代理念引领发展方向，用品牌效应聚合创新动力，用典型示范激发群众热情，努力做到“一城一特色、个个有亮点”。省双拥办要对各地涌现出的创建典型及时总结，扩大宣传，推动全省双拥工作不断创新发展。

总之，全省各地和有关部门要以新一届双拥模范城（县）创建为契机，深入贯彻落实科学发展观，扎实推进军民融合发展，紧密团结全省党政军民，为促进经济社会平稳较快发展、推进国防和军队现代化建设作出新的更大的贡献！

吉林省委副书记巴音朝鲁在吉林省纪念抗战胜利66周年暨九一八事变80周年大会上的讲话

（2011年9月18日）

同志们：

今天，我们在这里隆重集会，纪念中国人民抗日战争胜利66周年暨九一八事变80周年，缅怀在抗日战争中牺牲的革命先烈和死难同胞，讴歌中国人民反抗侵略取得的光辉业绩，感悟中华民族的伟大抗战精神，激励全省各族干部群众自强不息、艰苦奋斗、万众一心推动我省改革开放和现代化建设伟大事业。在这个庄严的时刻，我首先代表省委、省政府和全省各族群众，向在抗日战争中英勇牺牲的先烈们表示深切的怀念，向参加抗日战争和为抗战胜利作出贡献的老战士、老同志、烈士家属致以崇高的敬意和诚挚的问候！

80年前的今天，日本关东军以“柳条湖事件”为借口，大举进攻中国东北军驻地北大营，悍然发动了震惊中外的九一八事变。九一八事变标志着日本帝国主义侵华战争的开始，也是中国抗日战争的起点。从此，中国人民展开了一场慷慨悲壮的、挽救民族危亡的民族解放战争。在这场波澜壮阔的全民抗战中，吉林大地涌现出了杨靖宇、魏拯民等一大批杰出抗日将领，他们带领英勇的吉林儿女与全国各族人民一道，同仇敌忾，共赴国难，在白山黑水间同日本侵略者进行了长达14年的浴血奋战，谱写了抗敌御侮、保家卫国的壮丽史诗，为夺取抗日战争的全面胜利作出了不可磨灭的贡献。他们的事迹可歌可泣，他们的壮举彪炳千秋，他们的精神永放光芒。我们将永远铭记他们！

此时此刻，我们更加深刻地感受到，伟大的民族精神给予我们的信念和力量。在艰苦卓绝的抗日战争中，英勇的中华儿女面对残酷的环境百折不挠，面对敌人的炮火勇往直前，面对死亡的威胁义无反顾，以气吞山河的英雄壮举，展现了中华民族天下兴亡、匹夫有责的爱国精神，万众一心、共御外侮的大局意识，百折不挠、愈挫愈奋的必胜信念，不畏强暴、血战到底的英雄气概。这种精神和气概，不仅成为激励中国人民抗战到底的坚实思想基础，也成为引领中国革命和建设的强大精神动力。今天，抗战的烽火硝烟已经逝去66年，但这种伟大的抗战精神和气魄历久弥坚，始终成为中华民族取之不尽、用之不竭的巨大精神力量。在全面建设小康社会新的历史时期，我们要继续发扬抗日战争中焕发出来的伟大民族精神，不为任何风险所惧，不被任何干扰所惑，以更加坚定的信念、更加顽强的意志、更加奋发进取的精神，沿着中国特色社会主义道路奋勇前进，为全面建设小康社会、实现中华民族伟大复兴而努力奋斗。

此时此刻，我们更加深刻地感受到，人民群众是我们夺取胜利的坚强后盾和根本保证。抗日战争中，中国共产党放手发动群众，紧紧依靠群众，开辟了广大的敌后战场，使日本侵略者陷入了人民战争的汪洋大海。抗日战争的胜利充分证明，人民群众是真正的英雄，是抵御外辱的铜墙铁壁，是我们党的力量源泉和胜利之本。在新的历史条件下，我们必须牢记，以人为本、执政为民是我们党的性质和宗旨的集中体现，是指引、评价、检验我们党一切执政活动的最高标准。我们必须始终把人民群众的利益放在第一位，把实现好、维护好、发展好最广大人民群众的根本利益作为一切工作的出发点和落脚点，真情关心群众疾苦、真诚倾听群众呼声，真心实意为群众办实事、尽心竭力为群众解难事、坚持不懈为群众做好事，始终保持党同人民群众的血肉联系，团结带领广大人民群众共同创造自己的幸福生活和国家、民族的美好未来。

此时此刻，我们更加深刻地感受到，加快推进吉林振兴发展肩负的时代使命和历史重任。落后就要挨打，这是中国人民从近代以来屡遭外敌入侵的悲惨经历中得出的刻骨铭心的教训。纪念九一八事变80周年，再次警醒我们勿忘国耻，振兴中华。吉林是一块曾被革命烈士鲜血染红的英雄土地，那些感天动地的英雄事迹、气壮山河的先烈精神薪火相传，激励着一代又一代吉林人民艰苦奋斗、顽强拼搏，在改革开放和现代化建设的伟大征程中取得了一个又一个辉煌业绩。当前，吉林正站在振兴发展新的历史起点上，开创吉林更加美好未来的时代重任历史地落在了我们这一代人的肩上。我们要紧紧围绕“科学发展，努力让城乡居民生活得更美好”主题，牢牢抓住“发展”和“民生”两个关键，统筹推进“三化”，实施“三动”战略，努力走出一条符合吉林实际、具有吉林特色的科学发展道路。这是我们对抗战胜利66周年的最好纪念，也是对曾在这片热土上保家卫国、浴血奋战的革命先烈的最好祭奠。

同志们，历史如镜，丰碑不朽。中国人民抗日战争的伟大胜利永远镌刻在中华大地上，中华民族的伟大抗战精神将永远激励我们奋勇前进。让我们永远铭记历史教训，始终不忘神圣使命，在党中央、国务院和省委、省政府的正确领导下，励精图治，发愤图强，为实现吉林老工业基地全面振兴而努力奋斗！

黑龙江省副省长孙永波在军地“三联”工作领导小组会议上的讲话

（2011年3月30日）

同志们：

在这春暖花开、万物复苏的美好季节里，我们迎来了第十六集团军和吉林省军地领导相聚在松花江畔，共同举办“三联”工作领导小组会议，对于“三联”工作开展更加务实、运行更加顺畅、影响更加深远具有重要意义。

刚刚过去的2010年，黑龙江省委、省政府大力推进“八大经济区”和“十大工程”建设，经济社会发展取得显著成就，全省地区生产总值达到10235亿元，地方财政收入达到1073.3亿元，如期实现“双一”目标，分别比上年增长12.6%和21.2%，比“十五”期末增长75.6%和1.7倍。

粮食总产突破 1000 亿斤大关，成为全国第二个超千亿斤的省份。城镇居民人均可支配收入达到 13856 元，农村居民人均纯收入达到 6210.7 元，分别比“十五”期末增长 67.5% 和 92.8%。全省区域发展日趋协调，经济结构不断优化，对外开放进一步扩大，人民生活显著提高，龙江大地呈现出了发展之势、振兴之势和崛起之势。这些成绩的取得，离不开驻黑龙江省各部队对平安稳定和经济建设的大力支持，离不开我们的好邻居、好兄弟吉林省的鼎力相助，在此，我谨代表黑龙江省政府向各位领导及同志们的到来表示热烈的欢迎！对十六集团军官兵一直以来为黑龙江省经济社会发展给予的大力支持和作出的突出贡献表示衷心的感谢！向始终关心、支持我省经济社会发展的好兄弟、好邻居吉林省政府领导表示衷心的感谢和诚挚的问候！

刚才，两省民政、公安、交通、安全、司法、人力保障等有关单位与十六集团军机关领导结合业务部门职能，围绕年度“三联”进行了工作对接。会议对 2010 年“三联”工作先进单位和先进个人进行了表彰，审议并原则通过了 2010 年度“三联”工作报告和 2011 年度“三联”工作计划，军地首长就“三联”工作下一步的深入开展交换了意见，黑龙江省将按照这次会议精神认真抓好贯彻落实，共创“三联”工作新局面。

下面，就我省“三联”工作下步打算和工作建议谈几点意见：

一、“三联”工作在黑龙江省成效明显

“三联”工作开展三年以来，通过军地双方的共同努力，已经成为增进军政军民团结的有效途径，成为促进军地共同发展的重要平台，成为维护安全稳定大局的鼎力之基。三年来，我省实施了以平安龙江工程等“六项工程”为主要内容的行动计划，“三联”工作在龙江大地展现出勃勃生机，为构建平安龙江、和谐龙江、幸福龙江作出了积极的贡献。

二、2010 年黑龙江省“三联”工作的总体安排

2011 年是我省“十二五”的开局之年，也是将“三联”工作扩展到沈阳军区和东北三省的起步之年。我省将以中央领导同志关于平安建设和“两个维护”① 的重要指示精神为指导，坚持军民融合，深入贯彻落实此次会议精神，军地携手共进，勠力同心，再创“三联”工作新佳绩。

一是强化组织领导，全面推开“三联”工作。我省将以双拥工作为载体，把“三联”工作对象延伸至驻省所有军警部队，以“巩固政权、维护稳定、确保安全、促进和谐”为主题，以解决军地共同关注的突出问题为重点，深入开展平安建设，确保社会稳定、部队稳定、边防稳定，共同构建和谐社会。按照这个指导方针，省政府、省军区已联合下发了《关于开展平安建设“联合预防、联合治理、联合建设”的工作意见》，并将于近期召开全省“三联”工作动员部署会议，进一步统一思想，部署任务，在全省全面推开“三联”工作，形成上下联动、齐抓共管、军地共谋平安发展的良好局面。

二是坚持主动服务，全方位支持部队建设。我省将牢固树立“重在地方”的观念和主动服务的意识，坚持主动服务、上门服务、保障服务的原则，在人力、物力、财力上给予驻地军警部队切实有力的支持。特别是在驻军部队执行演习、驻训任务和重要军事活动时，力争做到特事特办、急事急办，确保各项任务的圆满完成。对协作书已经明确的工作任务，我们将进一步细化、分解，把协助部队保护军事秘密、维护军人军属合法权益、整治部队营区周边环境等作为重点，工作落实到部门，责任落实到人，全方位支持部队建设。

三是积极沟通协调，全领域搭建共建平台。在

① 为维护东北地区安全稳定提供有力的军事力量支撑，为维护我国战略全局稳定作出应有的贡献。

新的形势下，我省将紧紧围绕经济社会发展的中心工作，进一步加强与驻军部队的协调沟通，建立有效机制，为驻地军警部队全领域搭建参与地方经济建设和平安建设的工作平台，使驻地军警部队继续在抢险救灾、重点工程建设等急难险重任务中当先锋、打头阵；在精神文明建设中树新风、当样板；在开展社会公益活动中树形象、当标兵；在参与地方平安建设中，当好群众安危的“守护神”、党委政府的“好帮手”。

三、新时期“三联”工作发展的几点建议

新时期，我们建议“三联”工作应进一步强化创新意识、互补意识、统筹意识，实现提档升级，实现军地互利共赢，共同发展。

第一，应强化创新谋发展，紧扣主题写新篇。与时俱进才能不断发展，开拓创新才能提档升级。当前，军民融合式的发展理念，就是“三联”工作应紧扣的时代脉搏。为此，新时期，“三联”工作应紧紧围绕军民融合式发展战略思想，着眼于军地发展共受益、军民共同得实惠的出发点和落脚点，深入研究新形势下军民融合式发展的特点和规律，积极创新工作思路，创新工作方式和方法，科学谋划工作重点，确保“三联”工作与时俱进，创新发展。

第二，应强化互补谋优势，求真务实抓重点。资源共享、优势互补是“三联”工作优势所在和努力方向。在下一步工作开展中，军地应强化互补意识，充分发挥军地两个优势，科学整合军地两个资源，全力调动军地两个积极性；应针对军地双方的优势和需求，建立工作沟通机制，定期对接工作计划，根据军地需求制订支持方案，有的放矢地去开展工作。当前，建议科学整合十六集团军和吉林、黑龙江两省军区在开展“三联”工作中的组织领导体系和工作部署计划，进一步推动工作的科学、有序、顺畅开展，进一步发挥“三联”工作平台的实效性。

第三，应强化统筹谋共赢，激发活力促发展。“三联”工作是一项系统工程，需要军地携手共建，也需要社会各界的积极配合和支持。如爱国主义教育、民生工程建设、遂行多样化军事任务等很多方面，都需要广大人民群众及有关部门的理解和支持。应充分利用广播、电视、报刊、网络等新闻媒体，大力宣传“三联”工作的非涉密内容和运行机制，引导广大人民群众充分认识“三联”工作的重要意义，努力形成全社会参与的浓厚社会氛围。

总结过去，展望未来，机遇与挑战并存，困难与希望同在，平安建设任重而道远。我们坚信，在军地双方的共同努力下，“三联”工作必将迸发出强大的生命力，取得更加令人瞩目的成绩。黑龙江省也将进一步增强责任意识，创新合作方式，发挥服务作用，为实现军地互利共赢作出新的努力，为确保军地和谐平安作出更大的贡献。

最后，希望大家借此机会多在黑龙江停留，多到龙江各地去看一看。春季是黑龙江最孕育生机和活力的季节。好客的龙江人民将竭诚欢迎各位。

祝大家在龙江工作顺利、身体健康！

中共中央政治局委员、上海市委书记俞正声同志在上海市庆祝中国人民解放军建军 84 周年座谈会上的讲话

（2011 年 7 月 31 日）

在全党、全军和全国人民深入学习贯彻胡锦涛总书记“七一”重要讲话精神之际，今天我们欢聚一堂，热烈庆祝中国人民解放军建军 84 周年，共叙军民鱼水之情。首先，我代表上海市委、市人大、市政府、市政协和 2300 万上海人民向驻沪解放军、武警部队全体官兵，以及全市广大民兵预备役人员致以节日的祝贺！向本市军队离退休干部、转业复员退伍军人、残疾军人以及烈军属表示诚挚的慰问！

刚才，韩正同志通报了一年来上海双拥工作的主要情况，部队领导也介绍了部队一年来各项工作取得的新进展。下面，我再简要谈几点意见：

一、要进一步弘扬人民解放军的好传统、好作风。驻沪陆海空三军和武警部队坚决贯彻党中央、中央军委和胡主席的各项指示和决策，始终牢记党和人民的重托，自觉服从服务于国家安全和地方发展需要，不仅圆满完成了各项军事训练任务，而且积极投身和支援地方建设，为上海经济社会发展作出了突出的贡献。在去年世博会期间，解放军和武警官兵参加世博安保工作，作出了巨大的努力，取得了显著的成绩，发挥了主力军的作用，得到了广大群众和世博参观者、参展者的一致好评，实现了胡主席提出的“确保世博安保工作万无一失”的要求。在这次世游赛期间，解放军和武警官兵也作出了积极的努力，1000 多名官兵直接提供了坚强有力的保障。同时，长期以来在部队建设中涌现出了一大批先进模范人物，特别是“模范医学专家”吴孟超、“世博卫士”张少锋、“世博安保钢铁战士”吴伟等同志，不仅是部队官兵的楷模，也是上海人民学习的榜样，地方同志尤其要学习部队同志特别能吃苦、特别能战斗、特别能奉献的优良传统和作风，将其转化为上海实现创新驱动、转型发展和做好各项工作的强大动力。

二、要进一步推进军民融合式发展。军民融合式发展，是实现富国强军的必由之路。其前提是军民合作、军地携手；关键是要结合上海实际，加快建立和完善军民结合、寓军于民的武器装备科研生产体系、军队人才培养体系、军队保障体系，着力完善国防动员体系，逐步形成军民结合、寓军于民的经济社会发展体系。当前上海正处在转型发展的关键时期，社会矛盾增多，城市公共安全问题凸显，执政考验、改革开放考验、市场经济考验、外部环境考验严峻复杂，精神懈怠、能力不足、脱离群众、消极腐败的危险更加尖锐地摆在面前，所以我们比以往任何时候都更加需要部队官兵的支持。希望驻沪部队在应对多种安全危险、完成多样化军事任务的同时，继续关心上海经济社会发展，继续发挥支援上海应急处突六支力量的作用，继续发挥保障城市安全突击队的作用。全市各级党委、政府也要全力支持和服务部队的军事斗争准备，围绕部队战斗力的提高，主动与驻地部队沟通，进一步发挥上海人才、技术、装备等方面的资源和优势，从人才的培养、信息交流、技术攻关等方面为部队提供各种必要和急需的服务。

三、要进一步推动上海双拥工作的深入开展。今年是国防教育法颁布 10 周年，4 月份中共中央、

国务院和中央军委又下发了《关于加强新形势下国防教育工作的意见》。我们要以此为契机，进一步拓展国防宣传教育形式和内容，努力把国防教育，双拥工作宣传教育与社会教育结合起来，与重大纪念日、重大活动结合起来，与军民共建活动结合起来，引导广大党员、干部、群众和部队官兵牢固树立国防建设与经济建设协调发展的观念，深刻认识富国与强军、发展和稳定的关系，不断激发广大军民参与双拥工作的热情，切实做到思想上认同，观念上融合，行动上自觉。上海双拥工作有很好的基础，多年来探索和积累了一些好的经验和做法，但面对新形势、新任务，还有很大的提升空间。要立足贴近基层，贴近群众，贴近官兵，大力开展科技拥军、教育拥军、法律拥军、文化拥军等活动，认真研究、积极探索新形势下双拥工作的新思路、新办法，努力促进双拥工作的社会化、制度化、常态化。只有在更高的起点上谋划双拥，更高的标准上推动双拥，才能不断巩固和发展军政军民团结的大好局面。要讲真情、办实事，努力做好军转干部、退役士兵和军队离退休人员的接收安置，做好随军随调家属就业、军人子女入学入托、重点优抚对象生活保障等工作，切实解决部队官兵的后顾之忧。

同志们，让我们紧密团结在以胡锦涛同志为总书记的党中央周围，高举中国特色社会主义伟大旗帜，坚持以邓小平理论和“三个代表”重要思想为指导，深入贯彻落实科学发展观，开拓进取、扎实工作，不断巩固发展军政军民团结，不断推进军民融合式发展，为加强国防现代化建设、促进上海经济社会又好又快发展作出新的更大的贡献。

上海市委副书记、市长韩正同志在上海市庆祝中国人民解放军建军 84 周年座谈会上的讲话

（2011 年 7 月 31 日）

今天，我们在这里聚会，庆祝中国人民解放军建军 84 周年。首先，我代表 2300 万上海人民，向驻沪三军、武警部队全体官兵和民兵预备役人员致以节日的祝贺，向全市军队离退休干部、转业复员退伍军人、残疾军人以及烈军属表示亲切的问候！

长期以来，驻沪三军和武警部队广大官兵大力弘扬人民军队优良传统，在圆满完成各项军事任务的同时，积极支持和参与上海经济社会发展各项工作，充分展现了人民子弟兵“威武之师”、“文明之师”的光辉形象，赢得了全市人民的爱戴和赞誉，我们一直感念在心。

在过去的一年里，驻沪三军和武警部队广大官兵在支持上海举办重大活动、维护社会稳定、开展扶贫帮困以及承担“急、难、险、重”的任务中，奋勇争先、勇挑重担、乐于奉献，很好地完成了上海世博会和世游赛等重大活动的安保任务。

一是出色完成了重大活动的安保任务。在长达 184 天的世博会举办期间，各任务部队广大官兵以高度的政治责任感、昂扬的精神状态、严明的组织纪律、严谨的工作作风，全力以赴投身上海世博会安保任务，完成了数万批次中央首长、重要外宾的警卫和国家馆日、省市区活动周、各类演出活动的保卫工作，共安检游客 7300 多万人次，经受住了 20 次 50 万人以上“大客流”考验，成功应对了 103 万人“超大客流”等突发情况。今年以来，各部队大力弘扬世博精神，不断加强处突反恐演练，

积极支援上海各项重大活动安全保障。尤其是在世游赛期间，各任务部队广大官兵战高温、斗酷暑，努力践行“为世游赛添彩，为党旗增辉”，筑起了世游赛安保的铜墙铁壁，确保了世游赛精彩圆满。

二是深入开展军民共建促和谐活动。结合庆祝建党 90 周年一系列活动，各部队大力开展同过党日、同上党课、同学党的创新理论等多种形式的实践活动，促进军地共建、共同提高。很多部队依托军地理论宣讲团、“东方讲坛”和部队文化活动中心等平台，广泛开展“进社区、进军营”的“双进式”宣讲活动。1500 多个军地基层党组织结成互学对子，创新开展“军徽映夕阳”、“军徽照晨曦”等为民服务活动，重点帮扶 2400 多户烈军属、1300 多个贫困家庭、1800 多名贫困学生和 1200 多户孤老家庭，做到生活上解难、经济上资助、心理上抚慰。各部队积极支持地方开展国防教育，共派出军训教官 7066 人次、军训学生 26 万多人。军警民联防联治进一步加强，在上海警备区牵头下，驻沪部队各单位组建了支援上海应急处突“六支力量”，在维护治安环境、处置突发事件和群体性事件、保障城市运行安全等方面发挥了重要作用。

三是积极支持上海经济社会建设。据不完全统计，去年以来，驻沪部队各大单位共派出官兵 13 万多人次，支持上海经济社会建设。累计出动机械、车辆 8576 台次，完成义务劳动 4063 天次，投入抢险救灾 7.9 万人次，抢救疏散遇险群众 1.2 万多人次，抢运各类物资 6.5 万多吨，挽回各类经济损失 19 亿余元。广大官兵还积极参加向贫困地区和灾区人民“送温暖、献爱心”活动，共捐款 1000 多万元，捐赠衣物 9.6 万余件。

过去的一年里，在市委、市政府和上海警备区的领导下，上海军民携手共进，团结奋斗，使上海双拥工作有了新的进展。

一是以庆祝中国共产党成立 90 周年活动为契机，开展一系列国防教育和双拥宣传活动。本市先后组织了庆祝建党 90 周年大会、大型歌会、大型主题展览、百名将军合唱红歌等活动，推出原创双拥沪剧《军礼》，组织上海双拥艺术团演出了 181 场广场文艺节目，开展了“红旗飘飘，心系国防”主题教育宣传活动，“赞颂光荣历程，建设强大国防”全市大学生国防教育主题演讲比赛等活动；组织编纂了《上海市民国防和双拥知识手册》，促进国防和双拥知识的普及；组织编纂了《上海市烈士英名录》，并在全市开展了烈士纪念设施普查工作，对部分烈士陵园和烈士建筑设施进行了维护和修缮。此外，还深入开展“军民同心促和谐”主题实践活动，一年来，全市已有 1.6 万多人次的处以上领导干部参加了“军营一日”活动，22 万多人次的市民群众走进军营参观，105 万多人次的青少年学生接受了各种形式的国防教育。

二是以组织开展双拥模范城（县）创建活动为载体，着力提高全市双拥工作整体水平。按照全国《双拥模范城（县）创建命名管理办法》和《双拥模范城（县）考评标准》，结合本市实际，修订了《上海市双拥模范（先进）创建命名实施细则》等规范性文件，促进双拥模范（先进）创建命名表彰工作向科学、规范、公开、公正、有序方向发展，引导双拥模范创建活动重平时、重基层、重实效、重创建。各区县、各部门和驻沪部队各大单位密切配合，通力协作，形成了“军地齐动、上下联动、整体推动”的良好工作格局。今年 7 月初，全国双拥办在上海检查考核双拥模范城（县）创建工作时，对上海双拥工作给予了高度评价。本市还以考评活动为契机，会同驻沪部队全面提升双拥工作水平。在认真梳理总结四年来双拥模范创建工作的基础上，对考评标准固强补弱，逐项抓落实，并着重做好退役士兵、军队离退休干部、伤病残退伍军人接收和安置工作，加强退役士兵职业和技能培训、军休干部服务管理，落实随军随调军队干部配偶就业和生活保障、军人子女就学等政策，努力解决部队官兵后顾之忧。

三是大力弘扬世博精神，不断创新双拥工作机制。军地双方以世博双拥为抓手，开展一系列内容丰富、形式多样的双拥共建活动，全市共有599个机关、企事业单位、“两新”组织和群众团体与世博任务部队结对共建，建立了“流动图书室”、“网络学习室”、“心理咨询室”、“文体活动室”、“医疗服务站”等“四室一站”，为任务部队完成世博安保任务提供了有力保障。各区县以总结提炼世博双拥工作经验为基础，探索建立双拥工作新机制、新模式，与武警部队建立对口支持、共同建设的关系，着力构建区县层面“大安保”格局，并深入开展军警民联建联防。目前，全市200多个街道、乡镇建有700多个军警民联系点，拥有各种军警民联防队，义务参与社区巡防、重点目标巡查和驻点守护，重大活动期间适时进行安全检查和防护，为“平安上海”构筑了一道安全屏障。各区县、各部门以搭建社会化拥军平台为重点，动员社会力量参与双拥工作，着力发挥国有企业参与拥军的带头作用，积极鼓励“两新”组织加入到拥军行列，不断探索社区双拥新路子，充分挖掘、整合、利用社区的双拥资源，使社区的双拥活动由过去的单一走访慰问向实施科技拥军、智力拥军、文化拥军、法律拥军的方向发展。

通过全市军民的共同努力，本市双拥工作取得了显著的成效。特别是深入开展的“世博双拥”工作，是军民融合式发展的一次重要实践，得到了军委总部以及全国双拥办、总政治部群工办等领导充分肯定。这既是对我们的鼓励和鞭策，也为我们进一步做好双拥工作明确了方向、增添了动力。我们要继续努力，再接再厉，推动双拥工作再上新台阶。

让我们更加紧密地团结在以胡锦涛同志为总书记的党中央周围，高举中国特色社会主义伟大旗帜，坚持以邓小平理论和“三个代表”重要思想为指导，深入贯彻落实科学发展观，牢牢抓住发展机遇，紧紧围绕服务和推进军民融合式发展这个大局，大力推进双拥共建工作，巩固和发展军政军民团结的大好局面，弘扬世博精神，不断开拓进取，为更好地服务军队的现代化建设，为上海加快实现“四个率先”，加快建设“四个中心”和社会主义现代化国际大都市作出更大的贡献。

上海市委副书记、市长韩正在上海市双拥工作领导小组第十二次全体（扩大）会议上的讲话

（2011年5月4日）

今天，我们召开上海市双拥工作领导小组第十二次全体（扩大）会议，总结过去一年本市双拥工作，就新形势下创造性地开展好全市双拥工作作出部署。刚才，吴志明同志作了本市双拥工作报告，马伊里同志通报了新一轮上海双拥模范评选命名表彰工作的具体安排，希望大家按照要求抓好落实。

上海是一座有着双拥工作良好传统的城市，历届市委、市政府和部队的领导对双拥工作高度重视，上海的双拥工作有特点，有成效。如何在新形势下把双拥工作做得更好，是摆在我们面前的一个课题。我们的目标是：上海应当成为全国双拥工作做得最好的城市之一。刚才，朱争平政委提了一个很好的建议，就是市双拥工作领导小组每年召开一次会议。我们应该每年召开一次市双拥工作领导小组会议，分析一下上海双拥工作面临的新形势，研

究适应新形势的一些新举措，解决一些新问题。只有这样，才能不断地把上海的双拥工作推向前进。新形势、新情况要求我们解决的新问题每年都有所突破，推动上海的双拥工作上新台阶，创造新成绩。下面，我就如何创造性地开展好新时期的双拥工作讲三点意见。

一、着眼服务和推进军民融合式发展需要，科学谋划双拥工作

党的十七大和十七届五中全会明确提出，要统筹经济建设和国防建设，坚持军民融合式发展路子，在全面建设小康社会进程中实现富国和强军的统一。双拥工作作为凝聚军民、联系军地的重要纽带和桥梁，必须聚焦到服务和推进军民融合式发展这个大局上来，主动按照军民融合式发展的要求开展各项工作。去年上海世博会，我们创造了很多军民共建、双拥共建的经验和好的做法，其中不少需要制度化，以利下一步双拥工作的开展。当前，我们要按照中央的要求，把握好三个方面。

一要牢固确立服务和推进军民融合式发展的时代理念。这是建设中国特色社会主义的重大战略目标和任务，也是双拥工作服务国家和军队改革建设大局的新标准、新要求。我们要站在战略和全局的高度，充分认识加强军政军民团结的极端重要性，运用多种形式广泛进行宣传，强化广大军民国防观念和双拥意识，进一步激发大家建设祖国、保卫祖国的政治热情，更加自觉地投身于军民融合式发展的洪流中。

二要牢牢把握服务和推进军民融合式发展的重点。军民融合式发展的核心就是整合军地资源，实现军地资源共享、信息互通，协调联动，从而充分发挥军地各自优势，促进推动国防和经济建设协调发展。在服务和推进军民融合式发展过程中，我们要找准上海经济社会发展与驻沪部队全面建设相配套、相协调的结合点，找准上海双拥工作服务和推动军民融合式发展的结合点，进一步加强和巩固军政军民团结，努力实现军地发展的共赢。

三要深入探索服务和推进军民融合式发展的新思路新办法。走中国特色军民融合式发展的路子，必须进一步解放思想，更新观念，创新工作思路，转变领导方式和工作方法。要健全军地协调机制，畅通军地联席渠道，严格落实党委议军会、军地联席会等制度，完善信息通报、定期走访等措施，着力构建党政主导、社会支持、全民参与的社会化拥军格局。要认真做好双拥工作“十二五”规划编制工作，并把编制工作与贯彻军民融合式发展的要求结合起来，与创新体制机制结合起来，与总结推广以往特别是世博双拥工作的成功经验和做法结合起来，力争在探索富有时代特色的方式方法上有新的进展，在解决重点、难点问题上有新的突破，在完善政策制度上有新的举措。

二、着眼提高双拥工作整体水平，深入推进双拥模范创建活动

创建模范城（区）、城（县）活动，涉及拥军优属、拥政爱民各项工作，是新时期我国双拥工作的重大创举，是加强军政军民团结的有效途径。今年是双拥模范城（县）的命名表彰之年，我们要把创建模范城（县）活动摆在更加突出的位置，砥砺奋进、扎实工作，力争取得更好成绩。要把服务和推进军民融合式发展的要求自觉贯彻到创建活动之中。

在思想指导上，要紧紧围绕军民融合式发展的战略思想，去思考、去谋划、去落实，始终把有利于军民融合、有利于军民一致、有利于军民一体、有利于平战结合贯穿于双拥创建活动的全过程。

在工作实践上，要根据新形势下军民融合式发展的特点，积极探索创建活动的新思路、新方法，更加注重促进经济建设和国防建设协调发展，更加注重拥军优属和拥政爱民相互促进，更加注重政府主导与社会参与整体推进，更加注重军民团结与军地共同发展。

在绩效目标上，要把促进军民融合式发展作为双拥创建活动的根本出发点和落脚点，作为检验衡量双拥创建活动成效的重要尺度和标准，努力实现军地发展共受益、军民团结共实惠。要以创建活动考核为契机，着力提高双拥工作的水平和质量。新一轮评选命名表彰活动即将展开，各区县一定要高度重视评选工作，把创建活动的评选作为各部门、各地区提升双拥工作质量和水平的重要机遇，加大推进力度。

三、着眼破解广大军民普遍关注的热点、难点问题，大力提升双拥工作整体合力

做好双拥工作，需要军地双方密切配合、共同努力，需要立足于经济社会发展全局通盘考虑。各级、各部门特别是地方上各区县、各有关部门，都要树立全市“一盘棋”的观念，不断推进上海的双拥工作上新水平。上海双拥工作的关键，是地方各级领导真正把双拥工作放到重要议事日程。

一是要聚焦军民普遍关心的热点、难点问题，加大突破力度。地方各级党政领导要把军转干部安置、随军随调家属就业、军人子女入学入托等普遍关心的热点、难点问题放在更加突出的位置，切实解决好。要不断完善和全面落实双拥工作政策规定，主动关注广大官兵和优抚对象，解决实际困难。这方面，各个区县创造了很多好方法，市双拥办要加强经验总结，不断推广。可以发些简报，把各区县的好做法介绍给大家借鉴。各区县都非常重视双拥工作。特别是驻军比较集中的几个区县，区县党委书记和区县长每年都研究这方面的问题。市教育、卫生部门和市双拥办等单位也都是这样。形势在发展，情况在不断变化，需要我们不断地去研究、解决新的问题。有的时候是要有“文本”的，有的时候“文本”不可能回答现实中很多的新情况、新问题，就要靠我们主动工作，根据党中央、国务院、中央军委的要求来解决。从工作实践上，凡有利于推进军民融合式发展，有利于双拥工作上新水平的，就要主动地去做。

二是要把握国防和军队建设的新需求。地方要尽最大的努力做好服务保障工作。要大力支持中国特色的军事变革、部队信息化建设、人才战略工程等，帮助部队搞好重点军事工程建设和军事设施保护，配合部队完成教育训练、战备执勤、科研试验和多样化军事任务，落实好各项优抚安置政策，为国防和军队现代化建设提供强大后盾。要主动为部队着想，关心部队建设，主动做好后盾。

三是要以完善制度和机制为保障，着力形成齐抓共管的工作格局。各级各部门要始终把做好双拥工作，服务和推进军民融合式发展看作职责所系，分内之事，加强纵向指导和督促。在做好本职工作的同时，要加强横向协调，相互支持、密切配合，提高工作合力。各级双拥工作部门要切实发挥组织协调能力，加强各方协调指导，在促进部门合作上发挥更大作用。

深入开展创建活动，服务和推动军民融合式发展，是军地双方的共同责任，地方要为部队的建设与发展创造更好的条件和环境，这是我们的职责。我们要紧密地团结在以胡锦涛为总书记的党中央周围，深入贯彻落实科学发展观，大力弘扬军政军民团结的优良传统，开拓奋进、真抓实干，不断开拓上海双拥工作的新局面，为加强国防和现代化建设，推进上海经济社会发展作出更大的贡献。

上海市政协副主席、市委政法委书记、市双拥工作领导小组副组长吴志明同志在上海市双拥工作领导小组第十二次全体（扩大）会议上的讲话

（2011年5月4日）

近年来，在市委、市政府和上海警备区的直接领导下，在各地区、各部门和驻军单位的共同努力下，本市双拥工作着力破解驻军官兵和优抚对象关注的重点问题，不断完善双拥工作运行机制，推动军民融合式发展，进一步巩固和发展了军政军民团结的大好局面。具体来讲，可以概括为以下三个方面。

一、坚持科学统筹谋划，构建双拥工作新格局

上海是一座有着拥军优属、拥政爱民优良传统的城市，历届市委、市政府和驻军领导机关都十分重视双拥工作。在各级党委、政府强有力的领导下，全社会力量共同投入到双拥这项系统工程建设中，形成了全社会齐抓共管的生动局面，双拥工作为实现经济社会建设和驻军部队建设融合发展作出了应有的贡献。

一是领导高度重视，高起点高标准谋划双拥工作。市委、市政府每年召开专题会议，研究国防后备力量和部队建设；党政军领导从全局和政治的高度认识、思考和谋划双拥工作，始终把双拥工作作为加快经济发展、促进社会和谐、提升部队战斗力的一项重要内容。“两会”期间，主要领导都要到部队代表团直接听取意见，协调解决部队建设中的困难；各级党委、政府把双拥工作当作“一把手”工程，主要领导亲自协调，督促落实重大问题，及时为部队排忧解难。特别是上海世博会期间，俞正声、韩正同志经常深入部队走访调研、参加军地重大活动，了解部队的实际要求。市四套班子领导利用上海世博会试运行、开幕、闭幕等重要节点，在不同时机、场合带队慰问世博任务部队。

二是加强组织领导，形成健全高效的运行网络。普遍建立了由党政军共同参与的市、区（县）、街道（乡镇）三级双拥工作领导小组，成立了区县、街镇两级双拥专门机构，形成了组织有领导、办事有队伍、工作有目标、管理有制度、经费有保障、活动有阵地的双拥工作体系。各级各部门把做好双拥工作作为政治任务摆上了议事日程，纳入经济社会发展和部队建设的总体规划，纳入各级领导干部政绩考核，纳入全民国防教育体系，形成了职能部门各司其职，各行各业共同参与的良好局面。

三是创新双拥活动载体，丰富双拥工作社会化内容。组织引导“两新”组织参与双拥共建活动，有效地拓展双拥工作的开展空间，推动了双拥工作进一步向社会和社区延伸，形成了一批以拥军优属为主旨的社会组织、新经济组织，如拥军行业协会、拥军优属协会、拥军优属促进会等。市、区县两级还积极探索建立优抚社工队伍，将专业社工引入优抚工作之中，探索服务优抚对象的新模式。有的区县建立了优抚社工服务站、“优抚驿站”、实行了“优抚对象关爱工程”。

二、深入开展宣传教育，营造双拥工作的好氛围

一是以重大活动为契机，广泛开展国防教育

和双拥宣传。各区县、各部门、各部队借纪念新中国成立60周年、上海解放60周年和建军80周年之际，在公共场所普遍设立了双拥宣传标牌，大力宣传双拥工作的典型事迹，弘扬爱国主义精神和军民团结的社会风尚。为庆祝建军80周年，市政府、上海警备区联合举办了文艺晚会《我们的队伍向太阳》，军民同台演出，共同演绎了“军爱民、民拥军”的鱼水深情。上海世博会期间，市双拥办、市拥军优属基金会围绕“服务世博大局，共筑军地和谐平安”主题，在《解放日报》开展了“世博双拥情”征文活动，在《文汇报》开辟专栏报道世博双拥工作。《解放日报》还连载了《我的父辈》一书，以革命前辈后人撰写回忆文章的形式，缅怀先辈伟业。同时，充分发挥军地文艺团体的作用，开展军营文化进社区，社区文化进军营的活动，大力宣传军营文化和双拥典型。世博期间，上海文艺团体共慰问演出320余场次。

二是以创新发展为动力，着力打造“军民同心促和谐”的双拥品牌。大力推进国防教育“十百千万”活动。5年来，全市参加“军营一日”活动的处级以上领导干部超过10万人次，进军营参观的人民群众累计达到120万余人次，接受国防教育的青少年，大、中、小学生达到了971万余人次。从2006年起，市双拥办每年组织驻沪部队师团干部看上海活动，在介绍上海城市发展的新成果、新亮点，帮助师团干部深入融入上海，奉献上海。组织驻沪部队英模代表和本市重点优抚对象疗休养活动。2002年以来，共组织1.5万人次参加疗休养。

三是以世博双拥为抓手，全力抓好任务部队服务保障。按照“以点带面、全面覆盖”的思路，市双拥办组织了宝钢集团等15家大中型企业与世博任务部队签约结对共建，全市共有599个机关、街道乡镇、企事业单位与世博任务部队结对共建，一大批“两新”组织主动参与到拥军行列之中，为任务部队提供了有力保障。开展了“军民同心，奉献世博”“军民携手，情牵世博”“鱼水情深，世博梦圆”等为主题的联谊、联欢和演出活动，举办各类球类、棋类等文体比赛。积极拓展和丰富智力、文化、科技、医疗等多种形式的拥军活动，活跃官兵业余文化生活，帮助官兵缓解安保压力，有效激发了官兵服务世博、奉献世博的热情。

三、开展模范（先进）创建活动，实现双拥工作快发展

一是贯彻全国文件精神，有序开展双拥模范（先进）创建活动。全国《双拥模范城（县）创建命名管理办法》和《全国双拥模范城（县）考评标准》颁布后，本市结合地方实际，修订了相关的规范性文件，引导了创建活动重平时、重基层、重实效、重创新，进一步促进双拥模范（先进）评选命名表彰工作向科学、规范、公开、公正、有序方向发展。

二是完善政策法规落实，破解驻军和优抚对象关注的难点问题。2007年，本市出台了《关于进一步做好随军随调军队干部配偶就业和生活保障工作的若干意见》及实施细则，具体落实“重点对象指令性安置，困难对象托底就业，一般对象通过市场实现就业”的扶持原则；制定了《上海市维护国防利益和军人军属合法权益工作机制的若干规定（试行）》，首次建立了针对军人及优抚对象的专门的司法救助制度；创造性地建立了“三属”补差、“老复员军人”补差、农村老退伍军人生活补助，进一步完善了优抚政策。

三是坚持主动靠前服务，为部队官兵和优抚对象排忧解难。在纪念上海解放60周年活动期间，市双拥办会同拥军优属基金会筹资400万元，慰问了全市6000余名新中国成立前牺牲烈士的遗属及部分的重点优抚对象。市政府每年在“春节”、“八一”期间向驻沪部队赠送500万元慰问金，用于改善官兵节日期间的伙食补贴，各区县也投入了大量资金，帮助改善官兵的生活环境和文化生活设施。2010年市委、市政府办公厅下发了《关于做好世博期间本市双拥工作的意见》，为入驻世博任务部队落实屯兵点、营房和训练场地，并投入了大量资金改造配套设施。落实了每天300辆大巴的交通保障以及饮食、医疗、服装等后勤服务保障。有关委办局、各区县赠送了价值8945万余元的电脑、电视机、洗衣机等慰问品，建立了“流动图书室”、“网络学习室”、“心理咨询室”、“文体活动室”、“医疗服务站”等“四室一站”，累计投入各类经费1.98亿元。

四是深入开展军民“同学创新理论、同树文明新风、同建和谐平安”活动。世博期间，驻沪部队自觉立足世博大局，把爱上海、迎世博融入到实际行动中，为世博安全把好各道防线，有力保障了世博会平稳有序运行，出色地完成了支援地方建设中的“急、难、险、重”任务，促进了军地融合发展。

在今后一个时期，要着力抓好三个方面的工作。

（一）加强国防双拥宣传，提高全民国防观念和双拥意识。要充分发挥《上海市民国防和双拥知识手册》的作用，广泛开展内容丰富、形式多样的国防和双拥宣传教育活动，进一步培育全民双拥意识，不断增强全民国防观念。各级双拥工作部门要依托新闻媒体、各种宣传阵地、双拥简报和上海双拥艺术团，广泛开展“军民同心促和谐”主题实践活动，大力发挥典型示范作用，不断强化广大干部群众爱国拥军意识。

（二）广泛动员社会力量，推动军民融合式发展。要继承和发扬拥军优属拥政爱民的光荣传统，促进本市双拥工作再上新台阶。进一步研究包括“两新”组织在内的社会各方参与双拥共建的活动，不断拓展双拥工作领域。要大力开展智力拥军、文化拥军、科技拥军、法律拥军活动，妥善地解决好军队转业干部、复员退伍军人和离退休干部安置、随军家属就业、军人子女入学入托、伤病残人员移交、重点优抚对象医疗保障等重点问题，维护好军人军属和优抚安置对象的合法权益，切实解决好军民普遍关心、涉及官兵利益的热点、难点问题。

（三）以考评促创建，推动双拥工作深入开展。要通过即将开展的新一轮双拥模范（先进）的评选命名表彰工作，确保双拥模范（先进）的质量，使考评工作成为加强军政军民团结、推进双拥工作的巨大动力，促进各区县切实把创建和考评的重点放在基层、放在平时，切实帮助部队和广大优抚对象解决实际问题。

双拥工作是一项事关大局，涉及长远的战略任务。我们要坚持军政军民同心同德，共同努力的优良传统，搞好规划安排，进一步推动双拥工作的开展，为构建和谐社会、为上海加快建设“四个中心”和社会主义现代化国际大都市而不懈努力。

浙江省委副书记、省长、省双拥工作领导小组组长吕祖善在省双拥领导小组全体会议上的讲话

（2011 年 3 月 30 日）

过去一年来，在各地、驻浙各部队的共同努力下，双拥工作取得积极成效。特别是长期以来，浙江的发展得到了驻浙部队的大力支持，任何急难险重关头，我们的子弟兵总是冲在前头、无私奉献。为进一步巩固和发展良好的双拥工作局面，我再讲三点意见：

一是增强两种意识。就是进一步增强机遇意识和忧患意识。改革开放以来，我们把握住和平、发展与合作这个时代潮流，紧紧抓住重要战略机遇期，加快推进以经济建设为中心的现代化进程，综合国力迅速跃升，特别是“十一五”这五年不仅保持国民经济持续平稳健康发展，而且也大力推进军队现代化建设，实现了富国与强军的统一，有力地推进了中华民族的伟大复兴。虽然西方敌对势力绝不愿意看到中国强大起来，总是制造种种借口，阻挠中国发展，但中华民族的复兴是不可阻挡的历史潮流，这也说明我们的复兴之路并不平坦。落后就要挨打！所以，我们既要进一步强化机遇意识，紧紧抓住并且用好战略机遇期，加快发展自己，继续富国强军；又必须保持清醒的头脑，进一步强化忧患意识，充分认识当前形势的复杂性，加快推进国防现代化建设。浙江作为一个沿海经济大省，我们必须扎实推进富民强省，全面建成惠及全省人民的小康社会，为全国大局多作贡献，这离不开部队的支持和强大的安全保障。我们要战胜前进道路上的种种困难和风险，完成祖国统一大业，实现中华民族伟大复兴，比以往任何时候都更需要亿万军民齐心协力、不懈奋斗。因此，我们必须站在国家长治久安、民族兴旺发达的高度，充分认识加强军政军民团结的重大政治意义，切实把双拥工作作为一项事关全局的战略任务，重视双拥、支持双拥、推动双拥！

二是坚持一条路子。就是坚持军民融合式发展，推动国防建设和经济建设的良性互动，实现军民共建、军地共赢。我们一定要站在国家安全和发展战略全局的高度，更好地顺应世界新军事变革发展的大趋势，紧紧围绕军民融合式发展，更好地发挥人民战争传统优势，为我军履行使命提供雄厚的物质基础和力量保障。各级党委、政府要按照“部队练打赢，地方练支前”，把关心支持国防和军队建设作为义不容辞的政治责任，全力支持驻浙部队完成训练演习、战备执勤、科研试验、国防工程建设等任务，推动国防和军队现代化发展。

人民解放军是保卫祖国的钢铁长城，也是现代化建设的重要力量。军队要按照中央军委部署，充分发挥军队人才、科技资源集中的优势，积极参与和支持地方经济建设，尤其要充分利用双拥这个重要载体，把国防和军队现代化建设与地方经济社会发展结合起来，全面推进经济、科技、教育、人才等各领域的军民融合，实现更广范围、更高层次、更深程度的军民融合发展。比如在社会化拥军方面，推动更多的企业特别是民营企业开展拥军活动；在军事任务多样化方面，发挥部队完成危难急险任务的机动优势，帮助地方应对台风、洪涝等重特大自然灾害，为地方经济社会发展提供安全保障；在联合培养人才方面，发挥浙江人才、教育、

科技资源优势，特别是加强高校与部队结对共建，培养一批军民两用的技术人才；在新农村建设方面，像“百连结对百村”等共建方式就非常好，希望在这些方面继续加以探索，加快农村地区致富奔小康的步伐。

当前，我省正在加快调整转型、转变发展方式、构筑现代产业体系。现代海洋产业、航空航天、信息科技、新材料等方面，既是军队科技建设的重要领域，也是我省战略性新兴产业的重点。希望军地按照“市场运作、军民兼容”的思路，围绕这些关键领域合力攻关，在推动军民两用技术发展上多做文章。特别是我省海洋经济发展示范区上升为国家战略，不仅要打造成沿海地区的重要经济增长点，而且还要辐射带动长江流域经济发展，发展潜力很大。围绕“三位一体”港航物流服务体系、舟山群岛新区、现代海洋产业这三个重点，军地之间、军民之间如何共建一些合作平台，创新一些融合发展的新路子，需要我们继续深入探索和推进。

三是完善一个机制。就是进一步完善双拥工作的长效机制，实现双拥工作长效化、规范化、科学化。一是着力完善双拥政策。新形势下，双拥工作的任务和所处的环境已发生变化，必须科学研判双拥工作面临的机遇与挑战，把握双拥工作的趋势，特别是结合最近中央出台的双拥工作意见和法律法规，进一步修订完善双拥政策，以适应新时期国防和军队现代化建设的需要，维护广大军民的合法权益。二是着力完善双拥联动机制。进一步健全双拥工作领导机制，凡涉及军政军民关系、拥军优属的重大问题，必须由主要领导亲自过问、亲自处理。各成员单位要按照职责分工和任务要求，充分发挥自身优势，尽心尽责地做好本职工作。各地要积极支持双拥工作，特别是驻军较多的地区，要在坚持定期走访、信息通报等制度基础上，进一步完善党委、政府议军和军地联席会议制度，不断提升协作开展双拥工作的能力。积极探索社会化拥军新形式，广泛开展科技拥军、文化拥军、教育拥军、智力拥军，深入推进民营企业拥军。三是着力完善绩效评估方法。要以“双拥模范城（县）”等评比标准为基础，坚持双拥模范城（县）动态管理制度，加强对创建活动的检查指导，进一步提高创建全国、全省双拥模范城（县）的质量和水平。四是切实为部队办好实事。认真落实拥军优抚安置政策，做好军转干部和退役士兵培训安置工作，妥善解决随军家属就业、子女入学入托等现实问题。要关心帮助转业复员退伍军人、烈军属、残疾军人等优抚对象，想方设法为他们排忧解难，消除部队的后顾之忧，为军队建设创造良好的环境。

浙江省委常委、常务副省长、省双拥工作领导小组副组长
陈敏尔在全省征兵工作电视电话会议上的讲话（摘要）

一、进一步提高做好征兵工作的思想认识。征兵是国防和军队建设的一项基础性工程，是党、国家和人民赋予地方各级政府的一项重要职责。当前，我国正处在发展的重要战略机遇期，国家安全和国内发展的环境日趋复杂，面临的挑战和风险明显增多，维护国家安全和稳定的任务十分繁重。我们要清醒地看到，一些西方国家始终没有放弃对我国进行战略遏制的图谋；我们要清醒地看到，维护我国海洋权益特别是南海问题，面临着严峻的挑战；我们要清醒地看到，中东、北非局势持续动荡，世界经济形势持续低迷；我们也要清醒地看到，我国正处在经济社会发展的转型期，经济方式发生深刻变革，社会管理难度加大，各种社会矛盾日益凸显，群体性事件也时有发生，维护社会稳定的任务更加繁重；我们还要清醒地看到，台湾问题的复杂性和不确定性，解决台湾问题依然任重道远。历史反复证明，国富必须强军，没有巩固的国防和强大的军队，国家安全、社会安宁、经济发展都难以得到有效保障。当前，我军围绕“建设信息化军队、打赢信息化战争”的目标，不断加快现代化建设步伐，对兵员素质要求越来越高。但是，去年出现了全国性的“当兵冷”、“征兵难”局面，虽然我省较好完成了任务，但也感受到前所未有的工作压力，兵员素质有下降、退兵数量有增加，还发生了一起责任退兵。从前期的调研看，今年征兵形势仍然不容乐观，相当一部分县（市、区）预征对象数量不足，大约有1/6的乡镇（街道）自我估计难以完成任务。因此，各级政府和有关部门必须充分认清形势，提高对征兵工作重要意义的认识和严峻挑战的认识，保持清醒头脑，增强忧患意识、责任意识、使命意识，切实采取有效措施，确保今冬征兵任务的圆满完成。

二、进一步增强做好征兵工作的责任意识。确保新兵质量，是做好征兵工作的关键。要不断增强征兵工作的责任意识、质量意识，扎实细致地开展工作。一是关口把握好。特别是要把严体检关，挑选责任心强的医务人员组成体检队伍，规范体检流程，严密组织体检，既要防止不合格的蒙混过关，也要防止合格的自我淘汰，特别要防止把患有传染病、器质性病变、有精神或心理障碍的青年征入部队。要严把政审关，进一步加强对接协调，准确把握今年新出台的政审规定，特别是对在校大学生的政审，应重点查考掌握应征青年的现实表现，严防把政治不合格甚至有劣迹的青年征入部队。要严把学历关，认真查验应征青年学历，确保文化程度符合要求，防止发生学历造假等问题，尽可能多征集高学历青年入伍。二是引导管理好。采取走访调查、集中教育、发放资料等形式，介绍部队工作、训练、生活常识，教会青年入伍后可能遇到各种问题的处置办法，帮助他们提高对部队的了解，打好“预防针”，有条件的还可以开展一些基本军事技能训练。要重视出兵前的管理教育，告知青年和家长注意事项，建立责任制，有效掌控青年思想行为，防止合格青年出兵前发生问题，这方面我们也有一些工作上的教训。三是回访协调好。针对接兵改为领兵、送兵的实际，注重与补兵部队的沟通协调，建立对接联系机制，及时掌握新兵入营后的适应情况，特别是在新兵入营20天左右，县（市、区）政府和兵役机关要有组织地到补兵部队回访，协助部队做好新兵思想稳定工作，帮助他们顺利度过适应期，防止因气候、饮食、训练等因素引发思想波动，尽最大限度地减少和杜绝退兵。

三、进一步凝聚做好征兵工作的整体合力。征兵工作涉及军地多个部门，涉及社会方方面面，是一项复杂的系统工程，是军地各级各部门的共同责任。特别是在今年征兵形势不容乐观的大环境下，各地区各有关部门更需加强组织领导，加强统筹协调，加强政策衔接。要把征兵作为加强新形势下党管武装工作的重要内容，实行政府主要领导负责制，主要领导亲自抓，分管领导具体抓，切实解决征兵工作中的矛盾问题。兵役机关要充分发挥牵头作用，组织筹划好各项活动、各项政策和各个方面的工作。教育部门要把好应征青年文化关，会同兵役机关抓好高校武装部建设，突出对大学生的宣传发动，协助有关部门落实应征入伍的大学毕业生、在校生学费补偿代偿。公安部门要组织好征兵政审，落实县乡村三级政审、区域联审和“谁签字、谁负责”的制度，特别要做好人户分离、外出务工青年和异地就读学生的联审工作，确保新兵纯洁可靠。卫生部门要认真组织好体检工作，切实加强体检队伍、设施和业务建设，规范方法程序，强化责任心，严把标准条件，确保人人合格。民政部门要落实优抚安置政策，维护士兵及其家属的合法权益，并根据新的情况，不断研究改进优抚安置政策，按规定提高优待金、安置金标准。财政部门要及时足额保障征兵工作经费，针对常规体检项目增多、接兵改为领兵送兵、提高大学生征集比例等实际需要，适当增加工作经费。人力社保部门要及时为退役士兵办理养老保险，协调组织好职业技能教育培训。交通运输部门要科学制订运输计划，严密组织新兵运送，确保按时安全把新兵送达部队。纪检监察部门要加强对征兵工作的监督，加大预防职务犯罪和查处违规违纪的工作力度。

四、进一步营造做好征兵工作的良好环境。要加强宣传教育。充分发挥宣传、文化、教育、新闻出版部门和工、青、妇等人民团体的作用，深入开展爱国主义教育、国防知识教育，大力宣传先进事迹典型，动员各方力量深入开展拥军优属活动，形成全社会关系支持国防和军队建设的良好氛围。采取政府领导发表电视讲话、兵役机关领导答记者问、开展广场宣传咨询活动、播放电视公益广告、群发征兵短信等形式，掀起宣传热潮。要全面解读征兵政策、规定。把面上舆论宣传与面对面的思想工作结合起来，既要宣扬参军很光荣、部队锻炼人、当兵能成长的好处，又要帮助青年及家长算好参军入伍的政治账、前途账、亲情账，引导其自觉履行兵役义务。要落实优抚政策。安置好退伍士兵对于征集好入伍新兵具有积极引导作用。各地要采取切实有效的措施落实优抚对象的待遇，科学确定义务兵优待标准，确保不低于当地平均生活水平。要关心军属的生产生活，积极为他们排忧解难，切实把“一人当兵、全家光荣”的口号转化为拥军优属的实际行动，让广大军属充分感受到党和政府的温暖。要认真贯彻落实省政府《关于加强退役士兵职业技能教育培训工作的意见》，确保培训经费、教学机构、考核评估等各项工作的落实，不断提高退役士兵的就业竞争力。要有效调动和发挥机关、团体、企事业单位吸纳退役士兵的积极性，充分运用法律、市场、行政等多种手段，因地制宜、分类指导，有效推进退役士兵就业工作。要强化依法征兵。要宣传普及现有兵役法规，利用征兵期间人民群众普遍关注征兵工作的有利时机，宣传我国兵役制度，讲清公民服兵役的义务和权利，讲清个人逃避、拒绝兵役和单位拒不完成兵役任务应负的法律责任，增强兵役法规意识。要修订完善地方性兵役法政策调整改革的良机，与时俱进地研究制定新的政策措施，调动广大适龄青年参军入伍的积极性。要抓好兵役执法督察，对违反兵役法规、拒绝或逃服兵役的公民，对拒不完成征兵任务的单位，对阻止和妨碍征兵工作的单位和个人，要坚决查处、责令整改，努力营造依法征兵的良好氛围。

做好新形势下征兵工作责任重大，各地区各有关部门要以高度的政治责任、扎实的工作作风，改革创新、开拓进取，努力做好今年的征兵工作，确保圆满完成国务院、中央军委赋予我省的征兵任务。

浙江省副省长陈加元在全省 2010 年冬季退役士兵安置工作电视电话会议上的讲话

（2011 年 1 月 21 日）

同志们：

省政府、省军区召开这次会议，主要任务是贯彻落实国务院、中央军委以及民政部、总参谋部有关文件精神，回顾总结去年我省退役士兵安置工作，研究部署今年工作。刚才，省民政厅副厅长李立定同志代表退伍军人和军队离退休干部安置领导小组办公室对去年退役士兵安置工作进行了总结，并就今年的工作提出了意见，我都同意。省军区副司令员徐乃飞同志宣读了省政府、省军区关于浙江省2009年冬季退役士兵安置工作的表彰通报。在此，我首先代表省政府对受表彰的先进单位和个人表示热烈的祝贺！下面，我就做好今年退役士兵安置工作讲三点意见：

一、一如既往地高度重视退役士兵安置工作

刚刚过去的2010年，是很不平凡的一年。在党中央、国务院和省委、省政府的正确领导下，全省各地认真贯彻落实科学发展观，深入实施“八八战略”和“创业富民、创新强省”总战略，扎实推进“全面小康六大行动计划”，在巩固和发展应对国际金融危机成果，保持经济平稳较快增长，推进经济发展方式转变，深化改革开放，保障和改善民生等各方面都取得了新的成效。这些成绩来之不易，离不开驻浙人民解放军指战员和武警部队官兵的积极参与和大力支持，也离不开广大退役军人的不懈奋斗和共同努力。广大退役军人继承和发扬部队的优良传统，做到退伍不退军人本色，积极投身“创业创新”伟大实践，为我省经济建设和社会稳定作出了重要贡献。而这些成绩的取得，是与我们高度重视做好退役士兵安置工作息息相关、紧密联系的。在去年我省退役士兵安置工作中，各地坚持依法安置、严格落实政策，拓宽就业渠道、扶持自谋职业，圆满完成了退役士兵接收安置任务。与此同时，各地继续积极稳步推进以自谋职业为主的城乡一体化退役士兵安置改革，也取得了明显成效。如长兴县结合当地全民创业的大环境，出台了鼓励转业士官自主创业的若干意见，推出了一系列鼓励转业士官“敢创业、会创业、能创业、快创业”的助推创业服务，对帮扶转业士官自主创业工作进行了有益的探索。再比如，江山市建立了复退军人、军地两用人才培训基地，一年多来，对300名复退军人、随军家属、军地两用人才进行了培训，取得了相应的职业技能等级证书，就业率达100%。在这方面，我省其他一些地方也都有各自的工作特色和创新做法，应该说各地都做了许多工作。总之，去年的退役士兵安置工作在改革、发展和稳定中得到有力推进，为解除退役士兵后顾之忧、使他们安心服役，为激发优秀青年应征热情、增强全民国防意识，为发挥退役士兵优势、促进经济社会发展起到了非常积极的作用，应当给予充分肯定。在此，我代表省政府，对辛勤工作在退役士兵安置工作一线的同志们表示崇高的敬意和衷心的感谢！

但是，我们也要清醒看到，受各方面条件的制约，目前退役士兵安置工作中仍存在一些困难和问题。如政府指令性安置空间日益缩小与安置对象就业期望值过高之间的矛盾日渐突出；个别地方宣传教育工作不够到位，工作方式过于简单，导致安置对象不理解、不配合；退役士兵安置补助金标准地区间差异仍然较大，存在相互攀比现象；等等。对此，各地各部门要高度重视，并在下一步工作中切实予以改进、努力加以解决。

当前，我们正处在一个新的历史发展时期。党的十七届五中全会和省委十二届八次全会为我国和我省今后五年发展描绘了宏伟蓝图，为我们进一步前进指明了方向，这同时也对包括退役士兵安置工作在内的各项工作提出了新的更高的要求。特别是今年是中国共产党成立90周年，是“十二五”的开局之年，做好今年退役士兵安置工作，妥善安置退出现役的士兵，对于团结带领包括广大退役士兵在内的全省人民，深入贯彻落实科学发展观，推进国防和军队现代化建设，促进经济社会发展，保持社会和谐稳定，为“十二五”开好局、起好步，有着十分重要而特殊的意义。各地各部门一定要从全局和战略的高度，紧扣科学发展这一主题，加快转变经济发展方式这一主线和富民强省、社会和谐这一根本目的，充分认识做好退役士兵安置工作的重要性和必要性，采取切实有效措施，把退役士兵接收好、安置好、使用好。

二、认真细致地抓好退役士兵安置政策的落实

这里我着重强调五个方面的工作：

一是确保重点对象得到妥善安置。重点对象的安置，是我省退役士兵安置工作的重点和难点。这里讲的重点对象是指服现役满12年以上的士官，获个人二等功以上奖励的士兵，战时获三等功以上奖励的士兵，因战致残的5级至8级残疾士兵等，他们为国防和部队建设作出了重要贡献。近些年，这部分退役士兵每年分配到我省安置的有1000余人。要妥善安置好他们的工作，我们面临着不少压力。一方面，随着企事业单位用人制度改革的不断深化，客观上压缩了指令性安置的空间；另一方面，一部分重点安置对象长期在部队服役，刚退出现役不能完全适应地方工作的需要，加上就业观念陈旧，对政府指令性安置抱有过高的期望。这两方面原因相互作用造成了一些重点对象安置难问题。因此，各地各有关部门一定要针对重点对象服役时间长，对国防建设贡献大以及年龄偏大等实际，坚持以人为本，进一步加大安置力度，千方百计挖掘岗位潜力，周密制订安置计划，把重点对象安置难的问题估计得更加充分一些，把工作做得更加深入细致一些，确保重点对象都能得到顺利妥善安置。与此同时，我们要认真落实复学复工复职退役士兵有关安置政策。

二是进一步加大退役士兵自谋职业扶持力度。自谋职业是新形势下安置城镇退役士兵的主要方式，有利于人力资源的优化配置。要高度重视退役士兵的思想教育工作，进一步加大政策宣传力度，使他们正确认识国家和军队改革发展的大局，全面理解现行安置政策，积极转变就业观念，鼓励引导他们走自主择业、自主创业的就业之路。要进一步加大退役士兵自谋职业的扶持力度，认真贯彻国务院有关文件精神，确保国家扶持退役士兵自谋职业有关税收、信贷、工商、社会保障、教育等各项优惠政策的落实，为退役士兵自谋职业创造良好的环境。

三是深入做好退役士兵职业技能教育培训工作。加强退役士兵职业技能教育培训，是促进其实现就业的有效途径。这项工作，中央和省委、省政府高度重视，国务院专门下发文件进行部署。去年，我省制定出台了《浙江省人民政府关于加强退役士兵职业技能教育培训工作的意见》（浙政发〔2010〕36号），并召开了全省电视电话会议进行了全面部署，省级有关部门也相继制定了具体实施办法。可以说，这是一项利国、利民、利军的大好事。我省这项工作走在全国前列，接下来，重点是要紧密结合各地实际，在广泛动员报名、规范教学组织、严格教育管理、完善就业服务上下功夫，促进退役士兵更好地实现就业创业。各级民政和人武部门要做好退役士兵教育培训的宣传发动和报名工作；各级人力社保、教育部门要从各自所属的教育培训机构中精选师资力量强、教学设施好的单位，作为退役士兵教育培训的承训机构；各级财政部门要对退役士兵教育培训工作所需各项经费予以及时足额保障，确保教育培训工作顺利进行。

四是进一步深化城乡一体化退役士兵安置改革。实现退役士兵城乡一体化安置是改革的必然趋势。各地要按照统筹城乡发展、实现城乡基本公共服务均等化的要求，结合户籍制度改革和当时实际，不断总结完善，进一步深化城乡一体化退役士兵安置改革。在制定农村退役士兵安置补助金标准时，要综合考虑农村土地制度、农村集体经济及相关收益分配、城乡生活成本差异等因素，具体标准可按上年度农村居民人均生活消费支出的一定比例确定，并保持周边地区的大体平衡和逐年稳步提高。要把农村退役士兵作为建设社会主义新农村的重要人才人力资源，切实加大培养、开发和使用力度，充分发挥他们在发展现代农业、加强农村基础设施建设和公共服务、促进城乡一体化发展中的生力军作用。要结合当地实际，采取有效措施，加强现代农业科技和市场经济知识的培训，在生产服务、技术指导、农用物资供应、农副产品销售等方面对农村退役士兵给予支持，鼓励和扶持有专长的退役士兵创办经济实体、兴办第三产业。要注重选拔优秀退役士兵充实到农村基层组织，鼓励他们参与农村社区建设和服务。各企事业单位在农村招聘人员时，应优先录用退役士兵。对到城镇就业和创业的农村籍退役士兵，各地可结合各地实际，积极研究相关优惠扶持政策，帮助他们实现就业。

五是切实维护退役士兵的合法权益。退役士兵群体稳定是社会和谐稳定的重要基础。各地各部门要高度重视退役士兵维稳工作，着力解决退役士兵在生产生活中的实际困难。要积极做好退役士兵养老、医疗等社会保障的接续工作，切实维护他们的合法权益。要加强退役士兵的再就业工作，对因企业破产、倒闭或停产半停产而下岗失业的退役士兵，应作为再就业的重点扶持对象，优先推荐其再就业，并及时提供失业保险等待遇。要继续做好退役士兵信访工作，及时化解矛盾和问题，同时要加大检查督促力度，确保现有安置政策不折不扣落实到位。要加强调查研究，科学合理制定安置补助金标准，不擅自开政策口子，防止因地区间差异过大以及与不同社会保障群体间的不平衡而引发新的矛盾。

三、为退役士兵安置工作提供有力保障

各级政府要加强对退役士兵安置工作的组织领导，切实把退役士兵安置工作作为一项政治任务，摆到重要议事日程。一要坚持领导挂帅。政府主要领导要亲自关心过问，分管领导要具体抓好落实。各地要采取各种形式，认真做好退役士兵安置工作的宣传，在全社会形成重视、关心、支持退伍士兵安置工作的良好氛围。二要形成部门合力。各级民政、财政、公安、人力资源和社会保障、教育、卫生等部门要积极协调、密切配合，充分发挥好各自的职能作用，及时解决安置工作中遇到的矛盾和问题，共同做好退役士兵接收安置工作。三要严肃安置纪律。各地要严格执行国务院、中央军委和省政府、省军区有关政策规定，严肃退役士兵安置工作纪律。各类机关、团体、企事业单位，不分所有制性质和组织形式，都有依法接收退役士兵的责任和义务。各用人单位要积极配合做好安置工作，不得以任何理由拒绝或变相拒绝接收退役士兵。对安排退役士兵确有特殊困难的单位，要严格落实安置任务有偿转移金制度。四要严明工作奖惩。对积极完成安置任务的单位和退役士兵先进典型，要及时予以表彰。没有完成安置任务的地区，不得评为双拥模范城（县），实行一票否决。

同志们，做好退役士兵安置工作，事关人民群众的切身利益，事关改革发展稳定的大局。我们要始终牢记“全心全意为人民服务”的宗旨，以对退役士兵无比深厚的感情和高度负责的态度，扎实有效地做好退役士兵安置工作，为建设惠及全省人民的小康社会，促进国防和军队现代化建设，维护社会和谐稳定作出新的更大的贡献。新春佳节即将来临，借此机会，我谨代表省政府，向驻浙部队广大官兵、军队离退休和复员转业干部、退役士兵以及军烈属致以亲切的问候，向全省退役士兵安置部门的全体干部职工致以新年的祝福！

谢谢大家！

浙江省副省长、省双拥工作领导小组副组长陈加元同志在全省优秀复退军人代表座谈会上的讲话（摘要）

（2011 年 8 月 1 日）

在庆祝中国人民解放军建军 84 周年之际，我们召开全省优秀复退军人座谈会。在此，我首先代表浙江省人民政府向驻浙中国人民解放军和人民武装警察部队全体官兵，向全省烈军属、革命伤残军人、军队离退休干部、复员退伍转业军人表示诚挚的慰问和崇高的敬意！

84 年来，在中国共产党的领导下，中国人民解放军为了中华民族和中国人民的根本利益，前仆后继，英勇奋战，为民族独立和人民解放建立了不朽的功勋，为捍卫国家主权、统一、领土完整和安全，支援和参加国家建设，作出了巨大的贡献。

广大驻浙部队也一样。长期以来，驻浙部队全体官兵认真贯彻党中央、国务院和中央军委指示，努力践行当代革命军人核心价值观，全面加强部队建设，圆满完成了各项军事任务，军队革命化、现代化、正规化建设不断取得新的成效。同时，驻浙部队始终牢记全心全意为人民服务的宗旨，继承和发扬拥政爱民的光荣传统，在支持地方建设、加快经济发展中勇挑重担、不遗余力，在抢险救灾、保护人民生命财产安全中奋不顾身、善打硬仗，在弘扬新风正气、建设社会主义精神文明中躬身实践、争做表率，以高尚的品格和先进的事迹，生动诠释了“特别能吃苦、特别能战斗、特别能奉献”的优良作风，为浙江经济社会发展作出了重大贡献，赢得了全省人民的高度赞誉和衷心爱戴。借此机会，我代表浙江省人民政府向驻浙部队全体官兵表示衷心的感谢！

下面，我讲三点意见：

一、充分肯定我省复退军人的重要贡献

复退军人是党和国家的宝贵财富。无论在战争年代、在和平建设时期，还是在改革开放的今天，他们都是国家和军队建设发展的重要力量。广大复退军人始终珍惜军人荣誉、时刻牢记历史使命、无限忠于党的事业，在部队服役期间，把青春无悔地献给了军旅、献给了国防；退役回到地方后，继续发扬革命军队的优良传统和作风，做到退役不褪志、退伍不褪色，自觉融入地方经济社会建设实践，表现出了良好的思想境界、道德情操和精神风貌。大批复退军人在社会主义现代化建设中发挥才干、奋发有为，成为了创业致富的带头人、基层政权的建设者、精神文明的排头兵、社会和谐的促进派、国防建设的后备军。特别是近些年来，广大复退军人与全省人民一道，积极响应中央和省委、省政府的号召，认真贯彻落实科学发展观，深入实施“八八战略”和“创业富民、创新强省”总战略，在巩固和发展应对国际金融危机成果，保持经济平稳较快增长，推进经济发展方式转变，深化改革开放，保障和改善民生等方面，扎实工作、不断进取，勇于开拓、走在前列，取得了新成绩、作出了新贡献，充分展示了当代革命军人的本色。

在座的各位是复退军人中的杰出代表。你们来自不同战线、不同行业、不同岗位，都作出了不平凡的业绩，成绩来之不易。应该说，从你们的身上集中体现了复退军人坚强的意志和昂扬的精神状态，充分反映了“求真务实、诚信和谐、开放图强”的浙江精神。实践证明，你们是过硬的、是经

得起考验的。你们的模范行动为广大复退军人树立了榜样，你们坚定信念、顾全大局，自强不息、坚忍不拔，艰苦奋斗、乐于奉献，开拓进取、争创一流的优秀品质和崇高精神值得全省人民学习，你们所作的贡献党和人民不会忘记！

二、认真总结我省复退军人工作

长期以来，全省各地各有关部门高度重视做好复退军人工作，始终将其作为支持军队和国防建设的重要行动、增进军政军民团结的重要途径、维护社会稳定和国家安全的重要保证摆上重要议程，时刻关心复退军人的生产生活，及时解决复退军人的后顾之忧，全省复退军人工作得到有效推进。

一是健全完善复退军人安置服务体系。全面落实退伍安置政策，平稳推进城乡一体退役士兵安置改革，鼓励退役士兵自谋职业。近四年来，全省共接收退役士兵8.8万人，其中接收转业士官3600余名，累计发放自谋职业补助金7.81亿元。不折不扣做好伤病残军人退役安置工作，出台了《浙江省伤病残退役军人接收安置办法》，确保工作正常有序开展，退役伤病残军人安置率达到100%。

二是健全完善退伍军人培训服务体系。省委、省政府高度重视退役士兵职业技能教育培训工作，出台了《浙江省人民政府关于加强退役士兵职业技能教育培训工作的意见》，确保退役士兵想读书有机会、想学技能有渠道、想提升学历有平台，全力帮助退役士兵提高职业技能、增强综合素质、实现就业创业。一年来，通过建立领导机构、广泛宣传发动、周密组织实施，所有符合条件并有意愿参训的退役士兵都得到了相应的培训，真正做到一个不漏、一个不缺、一个不少。为此，全省落实了1亿多元的教育培训预算经费，遴选了4所国家示范性高职院校作为试点，采取单独划线、单独录取的办法鼓励退役士兵参加学历教育。同时，选择了全省200多家师资力量强、教学质量好的职业学校和培训机构承担退役士兵职业技能培训任务，确保参训退役士兵取得结业证书和技能资格证书，力求做到培训一人、就业一人。

三是健全完善重点优抚对象生活保障体系。全省各地建立了优抚标准自然增长机制，每年及时调整各类重点优抚对象抚恤补助标准，确保优抚对象共享经济社会发展成果。建立了优抚对象城乡基本医疗保险、医疗补助、医疗机构优惠减免和医疗救助“四位一体”的医疗保障体系和优抚对象医疗“一站式”即时结算系统，各类重点优抚对象的总体保障水平基本达到或接近城镇职工基本医疗保障水平。国家重点保障的一至六级残疾军人基本医疗费用保障达到100%，烈属、红军失散人员、抗战复员军人基本医疗费用保障达到90%以上，其他重点优抚对象的基本医疗费用保障均达到70%以上。

四是健全完善复退军人养老优待体系。养老问题一直是在乡复退军人比较关注的问题，省政府也非常关心。2010年，我省结合国家新型农村社会养老保险政策的推行，出台了《关于建立城乡居民社会养老保险制度的实施意见》，对参保复退军人“军龄视作缴费年限”、“加发优待养老金”等问题作了特别的制度性安排，率先在全国建立起城乡一体的复退军人社会养老保险优待制度。目前，全省复退军人领取城乡居民养老金人数已超过15万人。最近，省委、省政府又研究决定，并将作出部署，即对具有本省户籍的复退军人，可以参加职工基本养老保险，其军龄视同缴费年限。这些养老保障政策的实施进一步提高了复退军人的待遇，较好地改善了优抚对象生活。

与此同时，我省于2007年起开展了“关爱功臣，永葆光荣”活动，积极帮助重点优抚对象排忧解难，组织优抚对象体检、巡诊和短期疗养等活动。据统计，先后为7万多优抚对象家庭增挂新的光荣牌，发放抚恤优待证20余万本，为优抚对象体检10万余人次，巡诊3万余人次，短期疗养近8000余人次。通过上述这些活动，进一步增强了全社会的荣军意识，同时，也提高了复退军人的社会地位。

总的来看，目前国家和省里的各项优抚安置政策在各地得到了全面落实，复退军人的基本生活得到了较好保障、发展环境得到了持续改善、合法权益得到了有效维护，全省复退军人工作成绩显著、应予充分肯定。但是，我们也要看到，随着经济体制深刻变革、社会结构深刻变动、利益格局深刻调整、思想观念深刻变化，复退军人工作也遇到一些新情况、新问题，特别是部分复退军人生活还存在一些困难，就业仍然面临一定的压力。同时，由于长期的和平环境，一定程度上也减弱了社会上一些地方、一部分人拥军优属的意识和热情，这些都直接关系到复退军人工作的进一步推进。对这些问题，各地各有关部门要引起足够重视，全面分析并充分认清复退军人工作面临的形势，从政治和全局的高度，从维护广大复退军人最关心、最直接、最现实的利益出发，采取切实有效措施，认真加以解决。

三、努力推动新时期复退军人工作深入发展

新的时期，对做好复退军人工作提出了新的要求。各地各有关部门一定要全面贯彻落实中央和省委的决策部署，适应社会主义市场经济发展的需要，着眼国防和军队现代化建设，认真做好复退军人安置工作，充分发挥复退军人的积极作用，帮助解决复退军人的实际困难，在政治上给予他们更多的关心，在生活上给予他们更多的照顾，在就业上给予他们更多的扶持，努力推动我省复退军人工作深入开展。

一要进一步统一思想认识，切实增强做好复退军人工作的责任感。人民子弟兵是保家卫国的钢铁长城，关心、重视复退军人是各级领导政治觉悟的重要体现。做好复退军人的各项工作，有利于解除现役士兵后顾之忧，使他们安心服役；有利于激发优秀青年应征热情，增强全民国防意识；有利于退役士兵各展所长，积极投身地方经济社会建设。这对于深入贯彻落实科学发展观，加强国防和军队现代化建设，促进地方经济发展，保持社会和谐稳定都有着非常重要的意义。各地各有关部门要进一步统一思想、提高认识，将做好复退军人工作摆到重要的议事日程和更加突出的位置，不断增强工作的主动性、针对性和有效性，切实把复退军人接收好、安置好、使用好，把复退军人积极性保护好、引导好、发挥好。

二要进一步完善政策法规，努力提高复退军人的保障水平。要妥善处理好退伍军人安置工作，做好伤病残军人移交接收安置工作，解决好他们的生活、住房、医疗等方面的困难，依法维护他们的合法权益。要高度重视优抚对象和军队退役人员就业再就业工作。继续加大退役士兵职业技能教育培训工作力度，充分利用现有的教育培训机构，针对退役士兵自身情况和就业创业需求，大力开展多层次职业技能教育培训。鼓励相关用人单位与开展退役士兵职业技能教育培训工作的机构合作，采取订单式培训方式，使退役士兵结束培训后即可上岗就业。进一步加大退役士兵自谋职业的扶持力度，确保国家扶持退役士兵自谋职业有关税收、信贷、工商、社会保障、教育等各项优惠政策的落实。进一步完善双拥政策法规，落实现有的各项优抚政策，及时调整各类优抚对象抚恤补助标准。深化优抚对象医疗保障制度，根据优抚对象就医特点和实际需求，加强优抚对象门诊就医和老年病、慢性病医疗救助的力度。在现行政策框架范围内，充分利用政府优待、社会救济等手段，想方设法、多措并举帮助解决重点优抚对象的实际困难，扩大优抚政策覆盖面和受益面。继续实施“关爱功臣、永葆光荣”活动，积极动员包括新经济组织、新社会组织在内的社会各界积极捐款捐物、共建帮扶、志愿服务，为优抚对象和军队退役人员献爱心、办实事、解难事。同时，各地要重视做好退役士兵信访工作，加大督促检查力度，及时化解矛盾和问题，使广大退伍军人真切感受到党和政府的关爱。

三要进一步注重宣传教育，大力营造全社会优抚荣军氛围。各地各部门要采取积极措施，为优抚对象和军队退役人员在经济社会发展中充分发挥作用创造有利条件，进一步在全社会形成尊重、关爱、支持、帮助优抚对象和军队退役人员的浓厚氛围。要结合社会主义荣辱观教育和社会主义核心价值观建设，在全社会大力弘扬革命军人自强不息、勇往直前、顾全大局、珍惜荣誉、无私奉献、全心全意为人民服务的优良品质和革命精神。要采取多种形式开展国防教育和爱国主义教育，大力宣传优抚对象和军队退役人员为国防和军队现代化建设作出的突出贡献，进一步增强全民国防观念和拥军优属意识，不断激发社会各界关爱、帮助优抚对象和军队退役人员的热情，营造拥军优属的良好环境，使优抚荣军成为全体公民的自觉行动和全社会的共识。

同志们，当前我省正处在全面建设惠及全省人民小康社会的攻坚时期，处在加快经济发展方式转变、推进经济转型升级的关键时期。省委十二届八次全会为我省描绘了“十二五”时期宏伟蓝图——“科学发展走在前列、小康社会全面建成”。要实现这一目标，必须紧紧依靠包括全体复退军人在内的全省人民的共同努力。特别是今年是“十二五”的开局之年，“十二五”规划纲要全面启动实施，浙江海洋经济发展示范区建设、舟山群岛新区建设、义乌国际贸易综合改革试点三大国家战略加快启动实施，保持经济运行平稳、推动产业结构调整、推进城乡区域协调发展、推进节能减排、保障和改善发生、推进改革创新等任务非常繁重。浙江今天的成就离不开全省复退军人的顽强拼搏、无私奉献，浙江未来的发展更需要全体复退军人的开拓创新、不懈奋斗。希望广大优秀复退军人，继续深入贯彻落实科学发展观，认真学习领会胡锦涛总书记在建党90周年庆祝大会上的讲话精神，按照省委赵洪祝书记对大家提出的殷切希望，谦虚谨慎、珍惜荣誉、抢抓机遇，进一步发挥先锋模范、示范表率、骨干带头作用，继续引领全省广大复退军人积极投身浙江改革开放和社会主义现代化建设的伟大实践，为浙江经济社会发展和驻浙部队全面建设作出新的更大的贡献，以无愧于历史、无愧于时代、无愧于人民、无愧于军人这一神圣称号。

浙江省委常委、省军区政委、省双拥工作领导小组副组长林恺俊在全省征兵工作电视电话会议上的讲话（摘要）

一、深入贯彻胡主席“七一”讲话精神，在准确把握形势中增强做好征兵工作的责任感。胡主席“七一”重要讲话，全面分析国内外形势的新变化，深入诠释党和国家事业发展的新要求，对我们做好今冬征兵工作具有重要的指导意义。纵观前不久全国征兵工作电视电话会议精神和省征兵办检查调研情况，今冬征兵面临的形势更加严峻，适龄青年基数持续下降、高考入学比例继续攀升、就业形势回暖好转、不良社会思潮影响增大等矛盾问题更加突出地摆在我们面前。各级务必要保持清醒的头脑，正确判断当地征兵形势，进一步增强使命感责任感，奋发有为地抓好今冬征兵工作。在具体实施中，要看到优势所在，坚定信心。浙江是我们党的诞生地之一，历来具有拥军尚武的优良传统。今年6月份，省委、省政府、省军区召开了全省党管武装工作会议，赵书记、吕省长、夏省长亲自到会讲话，深化了各级思想认识，营造了全省上下管武装抓武装的浓厚氛围。这是我们做好征兵工作的根本优势，只要我们因势利导、措施有力，一定能够完成年复一年的、牵动国防建设全局的征兵任务。要充分预测困难，未雨绸缪。在今年的工作当中，我们不能因为新矛盾、新困难的出现而缺乏信心，更不能因为去年我省征兵形势的不错而盲目乐观，要把别人的教训当作自己的教训，以积极主动的姿态破解征兵难题，以更大的决心、更高的标准来抓好今冬工作。要加强组织领导，做实工作。征兵作为各级地方党委、政府贯彻落实党管武装要求的重要内容，也是兵役机关的重要职责。各级党委、政府要注意借鉴以往组织领导上的成功做法，加大征兵工作力度。各级兵役机关要把征兵作为季度性中心任务，当好地方政府的参谋助手，建立军政主官负责制，加强工作协调，狠抓检查督导，妥善处理工作矛盾，共同抓好征兵落实。

二、紧紧围绕重点征集对象聚焦用力，在积极主动作为中提高新兵的整体质量。征兵领域新情况、新矛盾的出现，昭示着征兵工作的机遇与挑战相伴而生。各级领导机关要围绕提高新兵征集的整体质量这个核心问题，化危求机、冷中求热，多为部队输送优秀青年。一要巩固深化大学生征集。大批量征集大学生入伍，是今冬征兵工作的重点任务，也是衡量各单位征兵绩效的重要标志。要扎实抓好高校征兵宣传活动，组织媒体和利用校园网络，突出宣传军队现代化建设对人才的新需求、近期出台的大学生毕业士兵直接提干等新政策、部队拓展不同层次大学生士兵发展空间的新措施，激发大学生的入伍热情。要在积极贯彻落实省里激励大学生入伍七条意见的基础上，立足自身实际，制定出台更加具体实在的政策，加大与地方有关职能部门的协调沟通，健全完善政策制度和工作机制。要继续为大学生征集开辟绿色通道，巩固预征成果，坚持落实优先征集，确保所有合格大学生都能入伍。二要突出抓好高中毕业生征集。高中毕业生是主要的征集群体。我省虽然高考录取率较高，但仍有一定数量的青年落榜，要把这部分潜力充分挖掘出来。通过认真细致的工作，准确掌握高考落榜生动态，扎实搞好兵役登记，把高等院校接受无学籍、在高复班复读、自费就读高校的应届高中毕业生全部纳入征集视野，增大兵员选择空间。大力宣传我省退伍军人职业技能免费教育培训、从退伍军人中选拔基层干部、优先报考司法、人武学院等特殊政策，调动广大适龄青年参军的积极性。三要继续抓好女兵面向社会公开征集。女兵征集虽然数量少，但社会关注度高，必须作为兵役机关的形象工程来抓。要对照总部明确的征集对象、条件标准和网上报名方法，结合前两年女兵公开征集实践，细化具体措施，使女兵征集更加科学合理。今年，国家明确规定的这几个重点对象，是推进军队现代化建设的有力举措。军分区（警备区）、人武部要积极靠上去工作，加强舆论引导，坚决落实规定，切实把这项基础性工作做好。

三、切实强化纪律意识，在严格落实政策规定中规范征兵的工作秩序。征兵工作是一项严格的政治任务，按政策规定办事，是完成任务的根本保证。要严格执行政策。综合各方面的情况，今冬征兵的调整面不小，退役士兵安置将进行改革、体检政审标准作了调整、接兵方式和退兵处理也有很大变化，这些对做好今冬征兵工作提出了新的要求。各级要强化命令意识和政策观念，坚决执行征兵命令和政策规定，特别是加强对基层执行政策情况的监督。要规范组织实施。刚才通报的退兵情况特别是一起责任退兵，深刻地暴露了我们思想、工作、监管等方面存在的问题和不足，严重违背了我们一贯强调的规范征兵要求。各级要认真落实省里规范落实征兵工作的意见，严格按规定的程序和要求组织实施，最大限度地避免工作疏忽和错漏，以规范求细致，以细致保质量。要突出政审把关。紧紧抓住体检、政审、走访调查、审批定兵等关键环节，加大审查把关力度。要加强体检、政审等征兵工作队伍建设，在精心挑选人员、层层组织培训、提高业务素质的同时，突出思想政治建设，增强他们为国防建设高度负责的责任感。要进一步完善岗位责任制，坚持原则，坚持标准，出了问题就要追究责任。

四、站在讲政治的全局高度，在防止不正之风中加强征兵工作的廉政建设。征兵中的不正之风，事关党的执政基础、事关军队战斗力建设，要从讲政治的全局高度来看待。近年来，我们狠抓了廉洁征兵，没有发生大的问题。但要看到接兵方式调整后，廉洁征兵的重点转到了兵役机关和基层武装部，廉洁征兵的任务不是轻了而是重了；要看到我省廉洁征兵形势总体不错，但仍有个别问题的出现和苗头的显现，讲廉洁征兵的问题不是没有必要而是很有必要；要看到经济社会快速发展的意识形态斗争对征兵工作带来的消极影响，廉洁征兵不是容易了而是更难了。各级要立足主动，防患未然，确保征兵成为廉洁工程。要加强思想教育。采取各种形式，认真组织学习党中央、国务院、中央军委关于加强党风廉政建设、搞好廉洁征兵的思想防线。要加强制度建设。采取各种方法，增强征兵工作的透明度，建立完善廉政教育、末端管控、监督检查、廉洁考评、责任追究等制度，努力形成按制度办事、靠制度管人的良好局面。要加强督促检查。廉洁征兵既要靠自律，也要靠他律。在历年征兵工作中，我省军地各级纪检监察部门较好地发挥了职能作用，这个作用今年仍是不可或缺的。要加强检查督促，注重完善规范性措施，加大对发现问题的查处力度。

今年的征兵工作，是围绕国际局势动荡多变、维护国家主权任务更加繁重、我国经济社会持续快速发展的重要历史时期展开的。我们军地各级都要从维护国家安全统一、推进军地现代化建设、巩固党的执政地位的战略高度，来认识征兵工作的重大意义，切实以创先争优的高标准，圆满完成年度征兵任务，继续实现我省征兵工作走在全国前列的目标。

浙江省军区副政委蓝荣崇在全省优秀复退军人代表座谈会上的讲话（摘要）

（2011 年 8 月 1 日）

今天，我们在这里隆重召开全省优秀复员退伍军人代表座谈会，共同庆祝中国人民解放军建军84周年。借此机会，我谨代表省军区党委向全省军队转业干部、复员退伍军人及其家属表示节日的祝贺和亲切的慰问！刚才，6名优秀复员退伍军人代表作了很好的发言，介绍了各自精彩的创业经历和体会，我们听后很受教育，深受鼓舞。他们的成就令人敬佩，他们的事迹感人至深，他们的精神催人奋进。他们当中有自学成才、自主创业的优秀企业家，有倾心教育25载、桃李满天下的中学校长，有扎根海岛、矢志不渝建武装的基层干部，有敢打敢拼、带领村民走上致富路的村党委书记，还有许许多多像在座各位一样，普通但不平凡的工人、农民、教师、医生和警察，无论在什么岗位、从事什么工作，他们都积极适应从“战场”到“市场”的转变，用激情和梦想，勤劳和智慧，意志和毅力，展现了革命军人不屈不挠、奋勇争先的豪情壮志，谱写了一曲曲澎湃激昂的创业之歌。

从他们身上，我们深切感受到复退军人信念坚定、严于律己的军人本色。广大复退军人把青春年华奉献给了国防和军队建设，为捍卫国家领土完整和维护主权统一，为保卫国家和人民生命财产安全作出了突出贡献。军队优良的传统教育，培养了他们高尚的思想境界和强烈的责任感；艰苦紧张的军营生活，锤炼了他们坚强的意志；军人特有的职业要求，铸就了他们敬业守法、求实奉献的价值追求。6 名优秀代表的先进事迹充分证明，复退军人在经济建设领域，保持作风严谨、听从指挥、服从命令的军人本色，照样能吃苦耐劳、敢打硬仗，为经济社会发展作贡献。深切感受到复退军人自强不息、勇于进取的意志品质。军人职业注定要与艰苦为伴，要经受各种艰难困苦的磨炼，要有百折不挠的意志和顽强进取的精神。刚才 6 位同志都讲到，取得成功的一条重要经验，就是得益于军旅生涯中培养的吃苦耐劳、坚忍顽强的意志品质。陈汉康、储吉旺同志白手起家，发展成为今天进军国际市场的知名企业，凭借的也正是在部队造就的挫折面前不屈服的顽强意志。许卫明同志带领村民历经磨难，战胜挫折，把一个穷困村建设成为产值超 26 亿元的富裕村，同样依靠的也是军人那种狭路相逢勇者胜、永不服输的拼搏精神。正是因为有了军旅生涯的磨砺，他们才能从容面对人生道路上的种种困难和挑战。深切感受到复退军人珍惜荣誉、恪尽职守的执着追求。他们把军人荣誉作为宝贵财富，不争职位高低，不计个人得失，无论安排到什么岗位，都始终脚踏实地，辛勤耕耘；无论经历多少磨难，都始终坚守着自己的精神家园，锲而不舍。徐天青同志把为民办学，使每一个穷困家庭的孩子都能上学作为自己的理想追求，省吃俭用办起了我省第一所由退伍军人创办的私立学校，成为“贫民学校里的新摇篮”。正是有了这样一批不为名利、甘于奉献的优秀复员退伍军人，我们社会建设才更加具有生机和活力，才深深烙下了人民军队优良传统的印记。深切感受到复退军人雷厉风行、坚忍果敢的工作作风。广大复退军人以一种“等不起”的紧迫感、“坐不住”的责任感、“慢不得”的危机感，只争朝夕，真抓实干。鲍军同志为抓好基层武装工作，率先垂范，坚持调查研究到一线，部署工作到一线，检查督导到一线，解决问题到一线，足迹踏遍嵊山岛的每条道路、每个山头、每个港口码头，努力践行着一名退役老兵为国防事业鞠躬尽瘁的誓言。正是这种好学上进、雷厉风行的优良作风，坚忍不拔、吃苦耐劳的坚强性格，使其成为一名新时期的优秀专武干部。深切感受到复退军人服务社会、心系全局的精神风尚。致富思源，感谢党恩，奉献社会，是每名复员退伍军人的强烈心声。他们富裕不忘群众，急群众所急，想群众所想，为群众办实事，成为发家致富的带头人；他们发展不忘国防，通过成立拥军协会，创新科技拥军，用实际行动回报国家、回报军队。江南控股集团的黄作兴从一个被优抚的对象，转向拥军优抚事业，坚持拥军优属 20 多年不间断，他在企业成立民兵连，建立武装部，并大力推进军企交流合作，走出了一条军民融合、互促共进的发展路子。这充分展示了一名企业家深邃的战略眼光，更体现了一名复退军人的政治胸怀和社会担当。

优秀复员退伍军人的先进事迹和高贵品质，是我们时代弥足珍贵的精神财富，是我们奋勇前进的不竭动力，值得大家学习借鉴，值得在全社会发扬光大。我们学习优秀复员退伍军人，就是要动员全社会以他们为榜样，坚定信心、振奋精神、扎实工作，推动社会主义现代化建设不断前进；我们学习优秀复员退伍军人，就是要营造关爱复员退伍军人的浓烈氛围，增强全社会爱军拥军意识，推动拥军优属拥政爱民工作的深入发展；我们学习优秀复员退伍军人，就是要学习他们坚定的政治信念，自强不息的奋斗精神，无私奉献的道德情操，在全社会营造积极向上、奋发有为、团结和谐的时代新风。

近年来，省委、省政府十分重视复员退伍军人工作。省委赵书记、吕省长亲自过问，亲自部署，刚才还亲切接见了优秀复退军人代表，勉励支持大家自主创业、造福人民。各级始终坚持把退役士兵就业安置作为一项重要工作来抓，先后制定出台了一系列优惠政策措施，在全国率先建立完善自谋职业补助金制度，为复退军人创业发展提供了政策、资金支持。特别是去年，省政府把退役士兵职业技能培训纳入《浙江省中长期人才发展规划纲要(2010—2020年)》，写入政府工作报告，专门出台《关于加强退役士兵职业技能教育培训工作的意见》，并结合浙江经济转型发展需求，选择部分高职院校定向招收退役士兵，目前，全省近万人报名参训，5000多名退役士兵从中受益，190人进入高职院校免费学习。军委徐才厚副主席十分关注我省加强退役士兵职业技能培训工作，先后在衢州视察和中办每日汇报中多次作出重要批示，给予了高度肯定，中央电视台《新闻联播》、《解放军报内参》刊发了我省的经验做法。这些有力举措，无疑为广大复员退伍军人提供了创业发展的广阔空间和坚实平台。

希望广大复员退伍军人把握时机，积极投身省委“创业富民、创新强省”总战略，发扬“听党指挥、服务人民、英勇善战”的优良传统，努力践行“忠诚于党、热爱人民、报效国家、献身使命、崇尚荣誉”的当代革命军人核心价值观，始终保持革命军人“特别能吃苦、特别能战斗、特别能奉献”的优良作风，倍加珍惜军人荣誉、倍加珍惜良好机遇，退役不褪志、退伍不褪色，自觉理解改革、支持改革、参与改革，做守法的模范、创业的先锋、致富的骨干、社会和谐稳定的基石，为加快我省经济发展方式转变、全面建设小康社会再创辉煌。

安徽省政协主席、省委副书记王明方同志在省暨合肥市党政军负责同志座谈会上的讲话

（2011年1月29日）

同志们：

值此新春佳节即将来临之际，省暨合肥市党政军负责同志欢聚一堂，互致新春祝福，共话军地发展，畅叙鱼水情谊，这对于进一步巩固军政军民团结的大好局面，加速安徽崛起进程，具有重要意义。

刚刚过去的2010年，是我省深入贯彻落实科学发展观，攻坚克难，砥砺奋进，各项事业蓬勃发展的一年。面对复杂多变的宏观环境和多重自然灾害，我们认真贯彻中央决策部署，巩固扩大了应对金融危机冲击成果，继续保持了经济社会平稳较快发展的良好态势，全面完成了“十一五”规划确定的目标任务。2010年，全省地区生产总值增长14.5%，增速在全国列第8位，中部列第2位，经济总量达到12263亿元，是2005年的2倍多；财政收入2063亿元，增长33%，是2005年的3倍多；全年固定资产投资达到11849亿元，增长33.6%，五年累计完成固定资产投资36500亿元，是“十五”时期的4.6倍；城镇居民人均可支配收入15788元，农民人均纯收入5285元，分别增长12.1%和17.3%，是2005年的1.86倍和2倍；全年社会消费品零售总额4150亿元，增长19.2%；粮食总产达到616.1亿斤，再创历史新高。纵观“十一五”时期，安徽经济社会发展取得了令人鼓舞的巨大成就，是改革开放以来综合实力提升最快、城乡面貌变化最大、人民群众得益最多的一个

时期，已经跃上了科学发展、全面转型的崭新平台，开启了加速崛起、兴皖富民的崭新时代。这些成绩的取得，是党中央、国务院正确领导的结果，是全省人民团结一心、奋力拼搏的结果，其中也离不开驻皖解放军、武警部队广大官兵的支持帮助与作出的重要贡献。

去年也是我省双拥工作扎实推进、取得显著成绩的一年。全省各级党委、政府积极支持军队现代化建设，满腔热情为部队办实事、解难题，共投入资金1.4亿元，物资折款7000多万元，军嫂就业、子女入学工作进一步推进，军转干部、退役士兵安置工作顺利完成。驻皖部队、武警官兵和民兵预备役人员始终把驻地当家乡、视人民为父母，继承和发扬人民军队优良传统，广泛开展拥政爱民系列活动，全年共投入抢险救灾17万余人次，捐助灾区和贫困地区1700多万元，圆满完成了第四届全国体育大会、上海世博会安保工作等重大任务。特别是在我省部分地区遭受严重洪涝灾害的关键时刻，广大官兵挺身而出、冲锋在前，为保卫人民生命财产安全不畏艰险、奋勇拼搏，充分展示了人民子弟兵特别能吃苦、特别能战斗、特别能奉献、特别能打胜仗的良好形象，赢得了全省人民的信赖和赞誉。

今年是中国共产党成立90周年，是“十二五”开局之年，也是深化部队改革、加速提升大规模作战能力的关键一年。我们一定要深入贯彻落实科学发展观，紧紧围绕我省“两会”和“十二五”规划提出的各项任务，切实增强责任感和使命感，坚持军民融合式发展，推动国防建设和经济建设良性互动，以改革创新精神推进双拥工作，进一步巩固军政军民团结的良好局面，为实现经济繁荣、人民富足、生态良好的发展目标，为促进驻皖部队现代化建设提供有力保障。

第一，积极适应新形势新要求，着力推动新一轮双拥创建活动深入开展。创建双拥模范城（县）活动，是新时期双拥工作的重大创举，是加强军政军民团结的有效途径。今年是新一届全国双拥模范城（县）创建命名年，我们要以此为契机，制订完善创建规划，建立健全工作机制，认真组织开展创建活动。要以更高的标准做好工作，把功夫下在平时，把重点放在基层，把效果定在促进生产力发展和战斗力提高上，在全社会掀起新的创建热潮。要积极探索新思路、新办法，不断丰富创建内容和形式，大力开展富有安徽特色的创建活动。要更加注重拥军优属与拥政爱民整体推进，更加注重政府主导与社会参与相互促进，更加注重军民团结与军地共同发展，充分发挥双拥创建凝聚军民、联系军地的作用，进一步提高我省双拥创建工作整体水平。

第二，大力加强双拥宣传教育，着力营造拥军优属、拥政爱民的浓厚社会氛围。要把双拥宣传教育纳入干部学习培训、国民教育体系及部队的年度教育计划，广泛开展以爱国主义为核心的国防和双拥宣传教育，引导广大军民增强国防观念和双拥意识，提高参与双拥工作的热情。要结合建党90周年庆祝活动，积极开展形式多样、生动活泼的双拥文化活动，充分发挥新闻媒体的主渠道作用，发挥学校、革命纪念地的主阵地作用，大力宣传中国特色社会主义理论体系，宣传我们党的执政理念和执政成就，宣传军政军民团结一心、共渡难关的鱼水深情，宣传具有时代特色和地方特点的双拥工作典型，切实打牢军政军民团结的思想基础，营造爱国拥军、爱民奉献的浓厚社会氛围，巩固和发展军政军民“同呼吸、共命运、心连心”的大好局面。

第三，不断深化拓展军民融合，着力促进国防建设和经济建设协调发展。军民融合式发展的战略思想，核心内容是发挥军地两个优势、整合军地两种资源、调动军地两个积极性，实现国防建设和经济建设良性互动。各级党委、政府要把国防和军队建设的任务纳入经济社会发展“十二五”规划，统筹谋划，统一部署，同步落实。要按照军需与民用一体、平时与战时衔接、经济与战备兼容的要求，积极贯彻国防和军事需求，不断深化经济、科技、教育、人才等各个领域的军民融合，大力支持部队提升遂行多样化军事任务能力，实现兴皖富民与兴武强军的有机统一。希望驻皖部队继续发挥人才、装备、技术等方面的优势，积极参加和支援安徽建设，当好抢险救灾的突击队、思想道德建设的排头兵、和谐社会的捍卫者，为保持安徽经济平稳较快发展、维护社会大局稳定贡献力量。

第四，切实维护广大军民的根本利益，着力在破解双拥工作难题上有所作为。双拥工作作为党的群众路线的重要体现，其主体在军民，根本在军民，只有坚持以人为本、利军惠民，才能充分调动广大军民参与双拥工作的积极性主动性。要不断加强双拥政策法规建设，充分考虑军民需求，体现军民意愿，为做好新形势下双拥工作，实现、维护和发展好军民利益提供政策保障。要重视解决军民广泛关注的热点难点问题，切实做好转业退伍军人安置、随军家属就业、军人子女入学入托、重点优抚对象生活保障等工作。要关注军民关系中出现的新情况新问题，兼顾各方的实际利益，积极协调，妥善处理，不断加深军民感情，密切军民关系。

第五，坚持改革创新，着力提高双拥工作成效。创新是双拥工作的活力之源。军地各级要积极适应新形势，立足新实践，坚持以创新精神推进双拥工作，深化理论研究，拓展工作领域，创新活动载体，进一步提高双拥工作成效。要不断拓展新时期双拥工作空间和双拥渠道，扩大双拥工作的社会基础，增强双拥工作活力，特别是要重视发挥新经济组织和新社会组织在双拥工作中的生力军作用，因势利导，搭建平台，积极开拓双拥工作的新领域。要坚持把双拥工作重点放在基层，进一步健全基层群众性双拥组织，完善服务网络，创造和坚持群众喜闻乐见的双拥共建活动，充分调动基层群众中蕴含的巨大拥军热情，推动双拥工作持续健康发展。

同志们，坚强的军政军民团结是我们抵御经济社会发展风险、战胜各种困难、夺取各项事业全面胜利的重要法宝和可靠保证。让我们更加紧密地团结在以胡锦涛为总书记的党中央周围，开拓创新，扎实工作，不断开创双拥工作新局面，为加强国防和军队建设，推进安徽科学发展、全面转型、加速崛起、兴皖富民作出新的更大贡献，以优异的成绩迎接中国共产党建党90周年！

最后，祝同志们新春愉快，工作顺利，阖家幸福，万事如意！

安徽省政协主席、省委副书记王明方同志在省双拥工委第二十五次全体会议上的讲话

这次双拥工委会议十分重要，在纪念建党90周年的日子里召开，更具特殊意义。我们党90年干了三件大事，双拥在其中起到了非常重大的作用。过去战争年代，军队打胜仗，人民是靠山。今天人民得安宁，军队是靠山。特别是在重大灾害面前，没有部队的支持，我们很难渡过难关。深入地想，共产党的性质、社会主义国家的性质、人民军队的性质，决定了在我们中国必须有一项双拥工作。双拥要是丢了，说明我们党、国家、军队的性质可能就变了。这是我在纪念建党90周年的特殊日子里的新的感受。

去年以来，各地各部队各部门深入贯彻落实科学发展观，坚持推进军民融合式发展，以创建双拥模范城（县）活动为主线，深入扎实地开展拥军

优属、拥政爱民工作，取得了新的成绩和进步。各级党委、政府和广大人民群众发扬拥军优属的光荣传统，积极配合部队完成多样化的军事任务，千方百计解决部队后顾之忧，对部队建设给予了热情支持。驻皖部队牢记人民军队宗旨，大力支持地方经济社会发展。特别是在长江、淮河流域抗洪抢险等斗争中，广大官兵舍生忘死，冲锋在前，用赤胆忠诚、钢铁意志和血肉之躯，保卫了人民群众的生命财产安全，谱写了军民同呼吸、共命运、心连心的崭新篇章，彰显了军政军民团结的强大力量。

今年是中国共产党成立 90 周年，是“十二五”开局之年，也是创建双拥模范城（县）的冲刺之年。做好今年的双拥工作，任务特别繁重，意义特别重大。下面，我就做好今年双拥工作，讲几点意见。

一、要从事关党、国家和军队工作全局的高度，进一步增强做好新形势下双拥工作的责任感和使命感

双拥工作是我们党动员广大军民相互支持、团结奋斗的一项重要工作，历来与国际国内形势密切相关，与党、国家和军队各项事业密切相关。当前国家和军队建设处在关键时期，提高我军履行新世纪新阶段历史使命的能力、捍卫国家主权安全和领土完整，建立与国家地位相适应的强大军事力量、有效维护国家发展利益，促进社会大局和谐稳定、保持经济平稳较快发展，都对双拥工作提出了更高的要求。

同时我们还要看到，近期国际安全形势出现新的变化，我国周边安全环境不稳定、不确定因素增加，安全问题的范围和领域不断扩大，人民军队应对多种安全威胁、遂行多样化军事任务日益繁重。我们更要看到，西方敌对势力亡我之心不死。他们借助民主政治之名极力鼓吹“军队非党化、非政治化”、“军队国家化”，妄图使我军脱离党的领导，改变我军性质。并且想尽办法恶意炒作涉军事件，企图丑化我军形象，离间军民关系。他们认为，只要离间了这种关系，中国的灭顶之灾就会到来。我们一定要站在国家长治久安、民族兴旺发达、人民幸福安康的高度，充分认识做好双拥工作的重要意义，进一步增强政治意识、大局意识、忧患意识，把双拥工作作为一项长期战略任务，抓得更加扎实有力、更加富有成效。

二、要紧紧围绕党委、政府和部队的中心任务，不断提高双拥工作质量和效益

一是深化军民融合，努力实现兴皖富民与兴武强军的有机统一。各级党委要积极探索军民融合的新思路新办法，按照军需与民用一体、平时与战时衔接、经济与战备兼容的要求，全面推进经济、科技、教育、人才等各个领域的军民融合，大力支持部队提升遂行多样化军事任务能力。驻皖部队要紧紧围绕各地“十二五”规划确立的目标任务，继续发挥组织严密、突击力强的优势，做好援建重大工程、扶贫帮困、捐资助学和维护稳定等工作，为推进兴皖富民大业作出新的贡献。

二是着力破解难题，切实维护广大军民的切身利益。始终坚持把广大军民合法权益的保障程度、正当要求的满足程度作为检验双拥工作的重要尺度，不断加大双拥政策法规的落实力度，进一步解决好军转干部安置、军人子女入学入托、重点优抚对象生活保障、贫困群众生产生活等方面的实际困难和问题。随军家属转岗安置是当前一个难点问题，我们过去有文件，但落实不够有力。这次双拥模范城（县）创建要作为硬性指标，不完成的不得参评。人社厅、民政厅要密切协调，与相关的市和部门沟通协商，争取早日解决。刚才提出的公开考试考核竞争上岗的办法，也可以积极探索。

三是适应形势变化，不断推动双拥工作创新发展。要拓展工作领域，坚持把推进社会主义核心价值体系建设和培育当代军人核心价值观，作为双拥宣传教育的根本目标，用中国特色社会主义伟大旗帜凝聚广大军民。要改进方式方法，采取军民喜闻乐见的方式和载体，增强双拥工作的吸引力感染力。要扩大覆盖范围，深入探索行业拥军、社区拥军、新经济组织和新社会组织拥军的办法路子，广泛开展多层次、宽领域的群众性双拥活动，不断扩大军政军民团结的社会基础。

三、要认真抓好双拥模范城（县）评选推荐各项工作，掀起新一轮创建活动的热潮

一是要始终坚持正确方向。双拥模范城（县）是一项很高的政治荣誉，是一个地方经济繁荣、社会进步和军民和谐的重要标志。各地要紧紧围绕服务和推动军民融合式发展，谋划创建活动，始终把有利于军民一致、有利于军民一体、有利于平战结合贯穿于创建活动全过程，进一步加强军政军民团结，不断开创军地现代化建设的新局面。

二要不断加大创建力度。各级对创建工作都非常重视，要利用评比表彰这个机会进一步推动工作，使各部门各单位都清楚必须承担什么样的责任，必须做好哪些工作。同时，也要给予一定的选择性空间，明确还要做好哪些事情，从而推动双拥模范城（县）创建工作不断提高到新的层次。

三要认真组织考核评比。坚持质量第一、平时为重，把经常性、基础性工作作为考核评比的重点，坚决防止不到节日不做、不搞评比不动的现象。坚持公开公平公正，规范实施程序，严格审查把关，广泛接受监督，真正把那些工作基础扎实、综合成绩突出、具有示范作用的先进评选出来，进一步提高创建工作的质量。

四、要切实加强组织领导，努力开创双拥工作的新局面

一要摆上重要位置。人民军队创造的安全环境由全体人员共享，双拥在我们国家、广大人民群众以及社会各个方面，都有强大的内在动力，党委政府要加强组织引导，鼓励动员全社会积极参加。各有关部门要一如既往地关心支持双拥工作，给予必要的条件保障。尤其今年是评比的大年，应保证双拥工作经费得到落实。各级双拥办也要适应新形势新情况，切实抓好自身建设，不断提高工作效能和服务水平。

二要健全工作机制。刚才进一步完善了成员单位的工作责任，制定了考核办法，各成员单位都要更加热情、更加主动地承担起应尽职责，切实做到双拥的责任更明确、双拥的任务更清楚、双拥的工作更有力、双拥的成效更良好。

三要营造浓厚的氛围。要结合纪念建党 90 周年、建军 84 周年，扎实推进双拥宣传教育，广泛宣传人民军队维护国家安全稳定、保卫人民群众生命财产安全的光辉业绩，让广大群众明白我们的安宁环境从哪里来、支持服务往哪里去，不断增强拥军优属的自觉性。驻皖部队要深入发展“爱人民、学人民、为人民”的教育，使军民之间永远保持血肉相连、水乳交融的亲密关系，打牢全省军民团结奋斗的思想基础。

安徽省委副书记孙金龙在双拥工委主任会议上的讲话

（2011 年 11 月 10 日）

刚才，如强同志汇报了申报全国双拥模范城（县）考核情况，对有关事项提出了初步建议，大家就推荐我省全国双拥模范城（县）、爱国拥军模范单位和个人进行了认真讨论，发表了很好的意见，听了很受启发。按照全国双拥模范城（县）的评选条件和标准，根据我省申报的情况，结合考评结果，在与会人员充分讨论的情况下，原则同意推荐上报合肥、马鞍山、蚌埠、铜陵、滁州、黄山、池州、六安、淮南、宿州、芜湖、岳西县、绩溪县为全国双拥模范城（县），同意推荐繁昌县民政局、金寨县民政局为全国爱国拥军模范单位，同意推荐广德县县委书记吴爱国同志、铜陵市双拥办专职副主任郑国同志为全国爱国拥军模范个人。请双拥办按照有关要求认真做好后续工作。

近年来，各地各部队深入贯彻落实科学发展观，围绕中心，服务大局，创造性地开展双拥工作，取得了显著成绩。以爱国主义为核心的国防教育深入人心，军民共建和创建双拥模范城（县）活动蓬勃开展，一些事关军民切身利益的实际问题得到有效解决，军地在各个领域的相互支持协作更加有力，军爱民、民拥军的鱼水情谊不断得到新的巩固和发展。特别是各级双拥工委成员单位和双拥办，认真履行职责，充分发挥组织、协调和指导作用，紧紧围绕双拥工作做好事、解难事、办实事，为推动双拥工作深入开展作出了积极贡献。

下面，我就做好当前和今后一个时期的双拥工作，讲几点意见。

一、认真学习贯彻党的十七届六中全会和省第九次党代会精神，进一步巩固发展军民团结奋斗的思想根基。党的十七届六中全会和省第九次党代会不久前胜利闭幕，学习好、宣传好、贯彻好这两次大会精神，是当前全省各级党组织的一项重要政治任务。要把学习贯彻这两次大会精神与我省双拥共建工作紧密结合起来，采取群众喜闻乐见的形式，组织开展有声势、有深度、有特色的宣传教育活动，努力使会议精神深入军心民心。要充分发挥双拥工作凝聚军民、联系军地的优势，广泛开展军地共同参与的学习实践活动，扎实推进社会主义核心价值体系建设，大力加强军地思想道德和文化建设，进一步巩固全省军民团结奋斗的共同思想基础，为推动经济社会发展、加强军队现代化建设和维护社会稳定提供坚强思想保证和强大精神动力。

二、积极深化军民融合，努力实现兴皖富民与兴武强军的有机统一。服务和推进军民融合式发展，是党中央赋予双拥工作的新任务，是军地双方的共同责任。各地各部门要切实增强发展意识、国防意识和双拥意识，把支持部队信息化建设、加强军事斗争准备作为拥军重点，全面推进经济、科技、教育等各个领域的军民融合，大力支持部队提升遂行多样化军事任务能力。驻皖部队要充分发挥人才、装备、技术、基础设施等方面的资源和优势，积极参加和支援地方经济社会建设，扎实做好援建重大工程、扶贫帮困、捐资助学和抢险救灾等工作。军民融合式发展是一篇大文章。各地各部队要深入研究新形势下军民融合式发展的特点规律，积极探索军民融合的新思路新办法，努力走出一条具有安徽特色的军民融合式发展新路子，在我省全面转型、加速崛起的进程中实现富民和强军的统一。

三、推动基层双拥工作落实，着力维护广大军民的切身利益。深入开展双拥共建活动，重在实效，贵在经常，关键在基层。要按照“工作从基层抓起，措施在基层落实，活动在基层开展，效果在基层体现”的工作思路，大兴求真务实之风，深入基层、深入实际，认真开展调查研究，及时发现和解决工作落实中遇到的矛盾和问题。要认真对照双拥模范城（县）标准，加强督促检查，弥补薄弱环节，提高整体工作水平。要进一步加大双拥政策法规在基层的落实力度，切实做好转业退伍军人安置、随军家属就业、军人子女入学入托、重点优抚对象生活保障等工作。要以这次争创活动为新的起点，坚持高标准、高层次、高水平、高质量，持续深入地开展双拥共建工作，进一步密切军政军民“同呼吸、共命运、心连心”的血肉联系。

四、适应新形势新要求，大力推进双拥工作创新发展。当前，我省已经迈入推进兴皖富民、建设美好安徽的新的历史阶段，这对双拥工作科学发展、创新发展提出了新的更高要求。双拥工作要坚持解放思想，与时俱进，在拓展工作领域上下功夫，深入探索行业拥军、社区拥军、新经济组织和新社会组织拥军的途径和路子，广泛开展多层次、宽领域的群众性双拥活动，进一步打牢社会化拥军的群众基础。要在改进工作方法上下功夫，综合运用行政、经济、法律等手段，妥善解决双拥工作遇到的突出矛盾和问题，实现政府行为和社会行为、以情双拥和依法双拥的有效结合。要在完善工作机制上下功夫，进一步健全军地沟通协调机制，完善党委议军会议、军地联席会议、军地定期走访制度，推动双拥工作在新的起点上不断发展进步。

五、切实加强组织领导，确保双拥工作有力有序开展。新一届全国双拥模范城（县）推荐工作已基本完成，但做好双拥工作永无止境。各地各有关部门要从事关党、国家和军队工作全局的高度，充分认识做好双拥工作的重要意义，进一步增强责任感和使命感，把双拥工作作为一项长期的战略任务，列入重要议事日程，纳入经济社会发展总体规划，一同部署、一同落实。要一如既往的关心支持双拥工作，在国防教育、经费保障和人力物力投入等方面，加大支持力度，积极创造良好的工作条件。各级双拥工作领导小组要进一步明确和落实组织领导责任，定期分析形势，及时研究确定重要事项、解决重大问题。各级双拥办作为领导小组的办事机构，要积极主动履职尽责，加强与军地有关部门和单位的联系沟通，充分发挥组织协调和联络服务的职能作用，把各方面的力量组织起来，把各方面的积极性调动起来，着力构建分工合作、齐抓共管的工作格局，不断提高工作效能和服务水平。

安徽省军区司令员许伟同志在省暨合肥市党政军负责同志座谈会上的讲话

（2011 年 1 月 29 日）

尊敬的张书记、王省长、王主席，各位领导、同志们：

今天，我们安徽省暨合肥市党政军负责同志欢聚一堂，共话军地发展，共叙鱼水情谊，共庆新春佳节。我代表驻皖部队、武警官兵和民兵预备役人员，向长期以来关心支持国防和军队建设的地方各级党委政府、省市领导和全省人民表示崇高的敬意！

刚刚闭幕的省“两会”通过的《政府工作报告》和“十二五”规划纲要，描绘了安徽发展的宏伟蓝图，掀开了兴皖富民的崭新篇章，刚才又听明方主席介绍了安徽经济社会发展形势，让我们仿佛看到大江南北、淮河两岸，一幅经济繁荣、人民富足、生态良好的锦绣画卷正在徐徐展开，很受鼓舞、很受教育。生活在安徽、驻守在安徽，我们耳闻目睹了安徽这些年综合实力的大跨越、城乡面貌的大变化、人民群众幸福指数的大提升，直接共享了安徽这些年经济社会发展的丰硕成果，特别是看到未来五年安徽全面转型、加速崛起的美好前景，让我们更加真切地领略到科学发展观在江淮大地上的生动实践，更加深刻地领悟到党的创新理论精髓内涵和无穷魅力。这些骄人成绩的背后，凝聚着6800 万江淮儿女团结奋斗的汗水，更得益于安徽省委坚强有力的核心领导。尤其是面对科学发展全面转型的关键时期，省委省政府提出“加速崛起、兴皖富民”的发展主线，充分体现了十七届五中全会精神与安徽省情的有机结合；坚持全面扩大开放与增强内生动力紧密结合，更加重视战略平台打造，充分体现了强烈的机遇意识和创新观念；注重皖江崛起和皖北振兴互动发展，持续加大区域统筹力度，充分体现了又好又快、协调发展的战略思维和科学决策；坚持把“做大蛋糕”与“分好蛋糕”有机统一，着力加强社会建设，充分体现了民生为重、富民为本的执政理想信念和人本情怀。工作和生活在这样的环境中，我们坚定的是理想信念，提升的是工作标准，振奋的是精神状态，学到的是思路方法，更新的是思想观念，强化的是科学发展的政治责任，的确受益匪浅。

过去的一年，驻皖部队坚决贯彻党中央、中央军委和胡主席的指示要求，着眼有效履行我军历史使命，扎实推进军事斗争准备，部队建设稳步发展、全面加强。

96151、94669、73091、92095 等任务部队，积极推进训练模式转变，完成多项重大军事演训任务，核心军事能力进一步提升；炮兵学院、电子工程学院等驻皖军事院校，在培养造就新型军事人才、推进科研转化战斗力上取得了许多新成绩；武警安徽省各部队，在维护社会稳定、保护人民生命财产安全方面发挥了重要作用。同时，驻皖各部队积极开展拥政爱民活动，尤其是在参与安庆、池州等地区抗洪抢险战斗中，在参与第四届全国体育大会组赛和安保任务中，在开展接力结对扶贫帮困助学活动中，在共建精神文明、维护社会稳定中做了一些工作，省委省政府多次给予表扬。

一年来，我们深切感到，省委省政府站在战略全局高度，用更加宽广的战略眼光审视经济社会建设与国防建设协调发展，把支持驻皖部队和后备力量建设作为长期战略任务来抓，体现了很强的政治责任；省市各级领导对驻皖部队非常关心，每年都要到部队走访慰问，看望基层官兵，解决实际问题，为驻皖部队抓准备谋打赢、搞建设谋发展创造了良好环境；全省社会各界热情参与拥军优属工作，军政军民团结的社会基础进一步扩大，展现了革命老区人民世代传承的光荣传统、永远不变的革命本色。可以说，驻皖部队遂行多样化任务能力的提升，军事斗争准备各项任务的完成，各项建设与发展成绩的取得，都离不开全省各级党委政府和人民的大力支持。这一切，我们倍加感激，铭记在心！

新的一年里，我们驻皖部队一定会把安徽各级党委政府和人民的关心支持转化为高昂的练兵热情，转化为顽强的战斗精神和作风，转化为过硬的核心军事能力，确保一旦党和人民需要，我们这些在安徽大地上成长起来的部队能够不辱使命，坚决捍卫国家的核心利益；一定会把为驻地、为群众保平安、保稳定、保幸福作为义不容辞的政治责任，确保一旦安徽人民需要，我们这些驻守在安徽大地上的部队能够按照省委省政府要求，坚决保护人民群众生命和财产安全；一定会继续弘扬我党我军特有的政治优势，继承服务人民的光荣传统，大力开展拥政爱民活动，密切军政军民关系，为安徽加速崛起，为军地融合式发展作出新的更大贡献。我们也真切希望各级党委、政府一如既往地对部队和后备力量建设给予关心和支持！

春节即将来临，借此机会，我代表驻皖部队、武警官兵和广大民兵预备役人员，向全省人民拜年。祝安徽各项事业蒸蒸日上、再创辉煌！祝全省人民安居乐业、幸福安康！祝各位领导和同志们工作顺利、身体健康！

江西省委书记苏荣同志在走访慰问南京军区时的讲话

尊敬的赵司令、陈政委，尊敬的南京军区各位首长：

在2011年新春佳节即将来临之际，我们“江西人民慰问团”，带着4400万江西人民的深情厚谊，来到南京军区走访慰问。感谢南京军区首长对江西的厚爱，感谢人民子弟兵为江西的各项建设作出的突出贡献。在此，我代表省委、省人大、省政府、省政协和江西4400万人民，向你们表示衷心的感谢！

江西这块红土地与伟大的人民解放军有着特殊的关系和感情。从八一军旗在英雄城南昌升起，到第一个农村革命根据地——井冈山革命根据地的创立；从三湾改编确立了党指挥枪的原则，到“三大纪律、八项注意”铁的纪律的确立；从红军出发长征，到解放军挥师渡江。人民解放军的创军史，总是与江西紧密相连。在血雨腥风的革命战争年代，人民军队与江西革命老区工农群众在并肩战斗中建立了深厚的军民鱼水深情。进入新的历史时期，南京军区广大指战员继承和发扬拥政爱民的光荣传统，视人民如父母，把驻地当故乡，为促进我省经济建设、政治建设、文化建设和社会建设作出了重要贡献。一直以来，你们与江西人民同呼吸、共命运、心连心。在1998年抗洪抢险、2008年抗击低温雨雪冰冻灾害等最危急、最困难、最关键的时候，你们都是在第一时间奔赴一线，冲锋在前，勇挑重担。特别是2010年6月抚州唱凯决堤，你们以“特别能吃苦、特别能战斗、特别能奉献”的精神，用血肉之躯为江西人民筑起了安全的家园，谱写了一曲曲惊天动地的抗洪壮歌：48小时紧急转移10万人，创造了无一人死亡的奇迹；两天时间妥善安置5万多受灾群众，把党和政府的温暖送到群众中；军民携手奋战三昼夜，提前3天完成堵口任务，充分展示了威武之师、文明之师的良好形象。你们这种无私无畏的奉献精神，体现了人民军队全心全意为人民服务的宗旨，体现了人民子弟兵坚韧不拔的意志，体现了军政军民鱼水深情。官兵们英勇善战、克难攻坚的精神风貌，群众视官兵为亲人、官兵视江西如故乡的军民鱼水深情，再次感动江西，成为我们永恒的记忆。你们这种不畏艰难、勇于奉献、吃苦耐劳、团结拼搏的精神，必将成为我们构建成和谐社会，实现江西科学发展、进位赶超、绿色崛起的强大动力。

刚刚过去的2010年，是极不平凡的一年。面对极为复杂的经济社会发展环境和历史罕见的特大洪涝灾害，在党中央、国务院的坚强领导下，全省上下坚持以科学发展观为指导，以鄱阳湖生态经济区建设为龙头，坚定不移实施重大项目带动战略，着力深化改革、扩大开放，加快推进新型工业化和城镇化，大力促进县域经济超常规发展，全省经济社会发展取得显著成就。成绩的取得，是党中央、国务院坚强领导的结果，是全省党政军民努力奋斗的结果，也是南京军区首长和军区部队关心、支持的结果。

2011年是“十二五”规划的开局之年。在新的一年里，我们要全面贯彻落实党的十七大和十七届三中、四中、五中全会和中央经济工作会议精神，以科学发展为主题，以加快转变经济发展方式为主线，以鄱阳湖生态经济区建设为龙头，深化改革开放，统筹城乡发展，做大经济规模，做强经济实力，优化生态环境，保障和改善民生，着力推进新型工业化、城镇化和农业现代化，着力推进社会各项事业协调发展，着力提升人民群众的幸福指数，为顺利实现“十二五”规划目标打下坚实基础。有着拥军优属光荣传统的江西人民，一定会一如既往地支持部队建设，坚持党管武装原则，抓经济不忘国防，促稳定坚持拥军，广泛开展拥军优属活动，认真落实各项优抚安置政策，积极做好转业干部、退伍士兵和随军家属安置工作，深入扎实做好双拥工作，不断增进军政军民团结，共同创造江西更加美好的明天。

为表达江西人民对南京军区的敬意，中共江西省委、省政府决定向你们赠送慰问金 300 万元人民币。

最后，我再一次地代表全省人民，向常年来一直关心、支持江西改革发展事业的军区首长表示衷心感谢！向常年为江西各项建设作出突出贡献的人民子弟兵表示衷心的感谢！

祝各位首长身体健康、万事如意！

山东省委副书记、省政协主席刘伟
在省双拥工作领导小组第二十六次全体会议上的讲话

（2011 年 5 月 12 日）

同志们：

刚才，省政府张传亭副秘书长传达了全国双拥工作领导小组会议精神，省军区政治部王楠同志总结了去年全省双拥工作情况，省民政厅石贤芹同志汇报了今年全省双拥工作要点，张国琛同志通报了全省新一届双拥模范城（县）创建和检查评比情况，与会同志进行了认真讨论，提出了很好的意见建议，南兵军政委作了重要讲话。一会儿，郭兆信副省长还要讲重要意见。对大家提出的意见建议，省双拥办要认真梳理，吸收、落实到评比方案和今年工作之中；对南政委、郭省长的重要讲话精神，大家要抓好落实。

去年以来，全省坚持以科学发展观为指导，加快转变经济发展方式，积极保障改善民生，维护社会和谐稳定，全面推进党的建设，经济文化强省建设迈出了坚实步伐。在这个过程中，各级各部门认真贯彻中央和省委、省政府关于双拥工作的部署要求，全省双拥共建工作取得了新进展。主要有这样几个特点。

一是各级党委政府高度重视双拥工作、广大干部群众热情参与双拥工作的氛围日益浓厚。坚持把双拥工作作为一项重要政治任务、作为一件大事来抓，思想统一、认识到位、措施有力。广大人民群众在支持部队训练和建设方面发扬爱国拥军的优良传统，不讲条件、不计代价、积极配合，全省双拥工作的思想基础、群众基础、社会基础更加牢固。

二是坚持把创新的精神贯穿到了双拥各项工作之中。积极探索科技拥军、法律拥军、文化拥军、社区拥军和行业拥军等灵活有效的方式和途径，认真做好转业干部、复退军人、随军家属的安置工作，做好维护军人军属合法权益的工作，做好“小散远”部队官兵生活保障的工作，创造出了双拥工作社会化、费县经验、临沭经验等亮点和品牌，在实践中产生了很好的效果。

三是驻鲁部队为全省经济社会发展作出了重要贡献。广大官兵视驻地为故乡、把人民当亲人，积极支持地方经济社会发展，在平安山东建设、新农村建设、城乡环境整治、重点工程项目建设、抢险救灾等方面做了大量工作，哪里有困难就出现在哪里，哪里有需要就冲向哪里，哪里有危险就战斗在

哪里。特别是去冬今春，我省遭遇严重旱情，济南军区范司令、杜政委等部队首长高度重视，亲自部署，出动1000多官兵到商河县疏浚引黄河道；济南军区空军出动14架次飞机开展人工增雨作业，有力缓解了旱情；省军区组织广大民兵预备役人员积极投身抗旱一线，主动承担急难险重任务；济南军区首长还积极向中央军委领导汇报山东的旱情，协调北京军区和兰州军区派出给水工程团跨区驰援我省抗旱打井，目前已成功打井140多眼，不但有力支援了抗旱，而且从根本上解决了我省部分山区群众祖祖辈辈吃水难的问题；省武警部队认真做好执勤、处突等各项工作，积极参与抗旱、扑灭山林火灾等应急任务，维护了人民群众的生命财产安全。一年来，部队为山东的改革发展稳定作出了重要贡献，也使全省广大干部群众受到了深刻而生动的双拥教育，切身感受到解放军不愧为人民的子弟兵、不愧为新时期最可爱的人。山东作为革命老区，这种军爱民、民拥军的好传统、好形势、好局面，既是各项事业发展的重要保证，也是一笔弥足珍贵的精神财富，值得我们始终牢记、坚持和发扬。

今年是中国共产党成立90周年，是“十二五”开局之年。回良玉副总理在全国双拥工作领导小组会议上的重要讲话，对做好今年的双拥工作提出了明确要求。省委、省政府高度重视双拥工作，姜异康书记和姜大明省长多次强调，要把关心支持国防和军队建设作为义不容辞的政治责任，带着深厚感情开展拥军优属工作，认真解决部队官兵关注的突出问题，不断密切军民关系。这次会议通过的2011年全省双拥工作要点，对今年的工作作了具体部署。我们一定要认真贯彻回良玉副总理重要讲话精神，落实好异康书记、大明省长的要求，落实好工作要点提出的各项任务，努力把我省双拥工作提高到一个新水平。

下面，我讲几点意见：

一、对双拥工作重要性的认识要再加强、再提高。双拥工作事关国防和军队建设，事关改革发展稳定大局，事关党和国家根本利益。坚强的军政军民团结，历来是我们战胜困难、应对挑战、夺取胜利的重要保证和力量源泉。今后五年，我们要实现“十二五”时期经济社会发展的目标任务，离不开一个和平安定的国际环境，离不开一个强大的国防和人民军队。虽然说现在和平、发展、合作是国际形势的主题，但西方敌对势力对我西化、分化和颠覆的图谋从来都没有放弃，概括起来讲就是“七句话”：战略上围堵，思想上渗透，安全上威胁，发展上牵制，统一上阻挠，责任上施压，形象上丑化。毛主席讲，“没有一个人民的军队，就没有人民的一切”、“军民团结如一人，试看天下谁能敌”。有备才能无患，和平才能发展，团结才能前进，在任何时候、任何情况下，这个观念都不能有丝毫的动摇，这种忧患意识不能有丝毫的放松，这种军爱民、民拥军的光荣传统不能有丝毫的丢弃。

二、要把功夫下在抓落实、解难题、办实事上。去年，我们对全省创建双拥模范城（县）的情况进行了检查，从检查的情况看，各地在双拥共建方面做了大量工作，收到了明显成效，但也发现，有些地方落实政策还不到位，有些新情况新问题亟待解决，工作中还有不平衡的问题。这说明我们的双拥工作还要继续加大力度。一要加大政策落实的力度。创建双拥模范城，这个“模范”首先应当成为落实政策的模范，在贯彻落实中央和省委、省政府拥军优属的各项政策上，要全面到位、不打折扣。包括转业干部安置、退役士兵安置、随军家属就业和社会保障等方面的政策，中央和省委、省政府的要求都很明确，要抓好落实；农村义务兵家属优待金政策，省里要求优待金不能低于上年度农民人均纯收入的70%，有的地方落实得很好，达到80%或100%，但也有的地方打了折扣。如果我们连落实政策这个最基本的要求都做不到，再谈“七连冠”、“八连冠”又有什么意义呢？所以，凡是中央和省里有明确政策规定的，不管有多大困难，都要千方百计创造条件，尽最大努力抓好落实。要建立抓落实的长效机制，对应该落实而没有落实的，省双拥办要建立台账，加强督察；属于全省面上的问题，要完善政策，推动解决。二要加大攻坚克难的力度。对工作中遇到的困难和新情况新问题，要注意作些分析，作些调查研究，看看问题出在哪里，普遍存在的问题要从决策上找原因，反复出现的问题要从规律上找原因，投入很大效果不理想的要从思路上找原因，对于老问题、老地方、老解决不好的要多方找原因，综合施治，用创新的办法解决。比如，过去一直是“当兵难”，现在是“征兵难”，这个问题不光我们省去年遇到，其他省也有。省委、省政府高度重视，及时召开会议，研究提出了几条硬措施，才完成了任务。这里面既有适龄青年减少、高校扩招、就业渠道增多的客观因素，也有工作上的原因。在新形势下怎样做好征兵工作，怎样增强军营对青年的吸引力，怎样完善征兵工作，确实需要好好研究。再比如，退役军人安置是个老大难，但也不是没有办法。临沭县就做得很好，通过加强对退役军人的培训，把优秀的同志选进村班子，既安置了退役军人，又加强了基层组织。还包括费县、蒙阴，他们的退役军人安置、优抚对象医疗保障等工作走在了前面，创造了很好的经验。这些地方经济条件在全省不是最好的，甚至还属于欠发达地区，但双拥工作做得很好。这就说明，只要认识到位、感情到位、工作到位，真正用心思、动脑筋、想办法，就没有克服不了的困难。三要加大办实事的力度。要坚持不懈地抓好“米袋子”、“菜篮子”以及水、电、路等拥军工程，着力改善“小散远”部队官兵的学习、工作和生活条件。对官兵亲属的就业、上学和生活困难等问题，要高度重视，尽最大努力给予帮扶和救助，满腔热情帮助部队官兵解除后顾之忧，安心国防事业。在这方面，争取每年每个地方、每个单位都要有计划、有项目，一件一件地做，做一件成一件，这样长期积累下来，部队保障上的困难和问题就会逐步解决。

三、认真做好双拥模范城（县）的评选表彰和创建工作。今年是全国、全省双拥模范城（县）四年一度的命名表彰年。这既是对我省双拥创建工作的一次集中检阅，也是推动双拥工作发展到更高水平的重要契机。要在前段检查评比的基础上，周密细致地做好下一步的各项工作。一要努力实现“八连冠”的目标。上一届，我省拥有国家命名表彰的双拥模范城（县）数量全国第一，取得了“七连冠”的好成绩，这是很不容易的。现在，全国各地都在加大争创力度，我们能不能实现“八连冠”的目标，任务还很重，还需要做大量的工作。我们报上去名单之后，全国双拥办还要组织来我省进行抽查。我们要以创建和检查为动力，努力把双拥的各项工作做深入、做细致、做扎实、做充分，力争在上一届的基础上，继续发扬成绩，保持荣誉，实现“八连冠”。二要做好省级双拥模范城（县）的命名表彰工作。与上一届相比，这次准备命名表彰的我省省级双拥模范城（县）139个，比上届多32个，既体现了我们省双拥工作水平的整体提高，也体现了对各地双拥创建热情的鼓励和保护。虽然名额扩大了，但标准决不能降低、要求不能放松。要按照省级双拥模范城（县）的命名办法和考评标准，坚持实事求是，严把质量关，严把政策关，确保评出的单位在各个方面真正是先进、真正是模范，确保评出活力、评出干劲。三要以评比表彰为契机进一步提高双拥创建水平。评比表彰不是目的，目的是通过评比进一步推动双拥工作的开展，推动双拥政策的落实，推动各地在双拥工作上创先争优。要引导大家正确对待检查评比结果，评上的要珍惜荣誉，再接再厉，不能自满和放松；暂时没有评上的要找准差距，明确努力方向，继续把双拥创建的工作做好。特别要注意加强对平时工作的指导、监督和考核，引导大家进一步把精力用在平时，把功夫下在抓基层打基础上，通过连续、不间断、踏踏实实地创建工作，让广大部队官兵和人民群众长期受益，使全省双拥创建工作的质量和水平不断提高。

四、要进一步推动双拥工作社会化。这是我省双拥工作的一个创新，去年全国双拥办在我省召开现场会进行了推广。双拥工作社会化，比较好地适应了经济社会发展的新趋势，有利于调动社会方方面面的力量共同做好双拥工作，有利于丰富双拥工作的内涵、拓展双拥工作的领域，有利于提升双拥工作的整体水平。要进一步总结经验，创新思路，持之以恒地抓下去。一要在拓宽双拥渠道上下功夫。要积极探索行业拥军、社区拥军、“两新组织”拥军的新路子，为社会各方面参与双拥工作搭建好平台、创造好条件，充分调动各个方面的积极性主动性，让更多的力量、更方便地参与双拥工作。二要在建立长效机制上下功夫。要注意加强双拥工作有关制度建设，使大家在参与双拥时“做什么、怎么做”有明确的遵循、有科学的依据，防止一阵风、走过场，努力推动双拥工作社会化不断规范、有序有效、深入发展。三要在总结推广典型上下功夫。要认真总结各地各部门在推进双拥工作社会化方面的新鲜经验和做法，及时选树和推广一批先进典型，发挥好典型的示范引导作用，推动双拥社会化的工作在面上更好的开展。

五、努力把军地沟通协作的工作做得更好。这些年来，我们省双拥工作之所以开展得比较好，很重要的一条就是，军地之间的沟通协作工作做得好，有什么事情能够积极主动地相互通报、相互支持、密切配合，把沟通的工作、协商的工作做在前面，形成了团结协作的良好局面。省委、省政府和济南军区、省军区的领导同志经常沟通，各级党委、政府与驻地部队也是常走动、常联系，有什么工作、有什么问题都能够发挥军地两方面的力量，得到及时有效的处理。像这些年我们承办奥帆赛、清理浒苔、处理“4·28”铁路事故、举办第十一届全运会，包括今年我们抗旱、组织扑灭莱芜、长清山林火灾等等，可以说每有重大紧急任务，我们驻鲁部队都迅速反应、主动支援，省军区积极做好协调工作，与地方的同志并肩作战、密切配合，发挥了重要作用。要进一步健全完善联席会议、军地互访、现场办公等工作制度，定期互通情况、交换意见、研究问题，逐步实现军地沟通协商的制度化、规范化和常态化。特别要注意做好情况信息的互相沟通，对涉及部队上的事情、需要部队支持配合的工作，要及时进行通报，确保第一时间得到妥善处置。要积极主动地听取部队的意见建议，及时了解官兵的所思所想所忧所盼，以更好地改进我们的工作。要在抓好部队与地方领导机关沟通交流的同时，进一步加强基层党政组织、企事业单位与部队基层单位多层次、多渠道的联系。要注意发挥部队在人才、信息、技术、装备等方面的优势，加强部队和地方在产业融合发展、国防宣传教育、基础设施建设、突发事件处置等方面的协作，最大限度地整合军地资源、发挥军地优势，努力实现地方生产力、社会凝聚力和部队战斗力的同步提高。

六、切实加强对双拥工作的领导。各级党委、政府要把双拥工作纳入重要议事日程，纳入经济社会发展总体规划，纳入干部考核和精神文明建设的重要内容，主要领导亲自抓，分管领导靠上抓，落实好党委议军、第一书记述职等工作制度。双拥工作领导小组各成员单位要把双拥工作与业务工作结合起来，认真履行职责，充分发挥优势，加强协作配合，确保各项任务落到实处。双拥办要进一步加强自身建设，健全完善制度，提高能力水平，切实做好调查研究、协调沟通、督导检查等方面的工作，及时向党委、政府和驻军领导机关反映情况、提出建议，当好参谋助手。要加强双拥工作的舆论宣传，运用群众喜闻乐见的形式，在全社会广泛开展国防教育和双拥宣传，深入开展群众性双拥文化活动，进一步形成关心双拥、支持双拥、参与双拥的浓厚氛围。

我们要深入贯彻落实科学发展观，认真扎实抓好双拥工作任务的落实，努力实现我省双拥工作

“十二五”开好局、起好步，为加快推进经济文化强省建设、国防和军队现代化建设作出应有贡献，以优异成绩迎接建党 90 周年。

山东省委常委、省军区政委南兵军同志在省双拥工作领导小组第二十六次全体会议上的讲话

同志们：

刚才，省政府张副秘书长传达了全国双拥工作领导小组会议精神，省军区政治部王副主任、民政厅石副厅长通报了去年双拥工作情况和今年重点工作安排，张厅长介绍了全省双拥模范城（县）检查评比情况。一会儿刘伟副书记还要作重要讲话，我们要认真抓好贯彻落实。

去年以来，我省双拥工作在省委、省政府的正确领导下，通过各成员单位的共同努力，保持了优良传统，巩固了已有成果，形成了新的亮点，军政军民团结的氛围进一步浓厚，军地融合发展的思路逐步清晰。主要有这样几个特点：一是大事多。抓重点、谋大事、促发展是我省双拥工作的优良传统和成功经验。去年以来，我们高标准完成全国创建双拥模范城（县）考评试点任务，研究制定了《命名管理办法》、《考评标准》和《检查手册》三个文件，为全国提供了经验；扎实开展创城检查考评活动，在全省掀起了新的双拥热潮；精心筹备召开全国双拥办主任会议，受到民政部和总政群工办领导好评；联合召开全省维权工作表彰会、组织民兵预备役人员带头参加社会主义新农村建设暨推广“单县经验”现场观摩交流会和加强民兵预备役基层建设暨推广“临沭经验”现场观摩会，其中，“临沭经验”受到军委徐才厚副主席、总参陈炳德总长、总政李继耐主任的批示肯定。二是实事多。针对去年出现的“当兵冷、征兵难”问题，异康书记、大明省长和刘伟副书记高度关注，郭副省长靠上指挥，各级加强组织领导，加大工作力度，制定出台政策，积极破解难题，确保了年度征兵任务圆满完成；在支援保障“联合—210”战役集训、四个集团军海训、一二七师跨省机动演练等任务过程中，民政厅领导和双拥办的同志，以强烈的事业心责任感，抓好具体筹划和组织协调，各级党委政府和交通、铁路、公安、粮食、电信等部门积极靠前保障，发挥了很好的职能作用；在扑灭今年“4·18”长清山林大火中，姜异康、姜大明、刘伟等省领导与军区范长龙、杜恒岩等军区领导一起亲临一线指挥，军民团结一致、共同奋战，真实地体现了山东军政军民亲密无间的关系；转业干部安置在总部调整时间、变动计划的情况下，省有关部门严格按照时间节点，圆满完成了 3028 名干部和 250 名随调家属安置工作，受到总政通报表彰。特别是在省军区机关新营区建设和搬迁过程中，省委、省政府和济南市的领导同志多次亲临指导、现场办公，协调解决一系列重点难点问题，省发改委、财政厅等厅、委、局、办都提供了大量的财力物力支持，确保了省军区机关新营区顺利入驻。去年以来，济南军区组织建制部队和发动民兵预备役人员全力支援地方抗旱救灾、灭火救灾，北海舰队参加支援胶州湾海底隧道和流亭机场扩建等重点工程建设，济空深入开展结对共建活动，省武警总队大力开展“武警爱心援建工程”，省边防总队深入开展“爱民固边大走访”活动，为地方经济社会发展作出了突出贡献。三是亮点多。省委、省政府、省军区联合出台《关于加强县（市、区）人民武装部建设的意见》，研究提出武装工作“六个纳入”的

具体措施，有效提高了党管武装工作的质量；双拥工作社会化格局逐步形成，经验做法在全国推广；制定出台《关于进一步做好随军家属就业安置工作的意见》，提出随军家属就业安置率（含货币化安置）达100%的要求，走在了全国前列。现在看，双拥工作已经成为部队全面建设中的重要组成部分，成为推进部队建设科学发展的有力保证，成为凝聚军心、激励士气的有效手段。在此，我代表驻鲁部队，对全省各级党政领导和广大人民群众给予部队、民兵预备役建设的关心支持表示衷心感谢！借此机会，就进一步做好双拥工作，谈几点看法：

一、要在认清形势任务中增强做好双拥工作的责任感使命感。当前，国际上影响和平与发展的不确定因素不断增加，恐怖主义、霸权主义和强权政治有新的表现，中东、北非地区局势持续剧烈动荡，都给我们敲响了警钟；在国内，随着我国进入经济转轨、社会转型的加速期和社会矛盾的凸显期，各类社会热点问题叠加出现，意识形态领域的斗争日趋严峻复杂，社会管理和稳定的形势不容乐观。做好双拥工作，加强军政军民团结，对于凝聚党心民心军心，维护国家安全和社会稳定，实现国家和军队建设的发展目标都具有十分重要的意义。从我省的实际情况看，落实我省国民经济和社会发展“十二五”规划，实现建设经济文化强省奋斗目标，更需要全省军民的共同奋斗。我们一定要站在讲政治、讲大局的高度，充分认清新形势下双拥工作的重要性，切实增强紧迫感、责任感和使命感；一定要时刻保持清醒头脑，坚持思想认识求深化，开展工作求细化，解决问题求具体化，扎扎实实抓好双拥工作落实；一定要坚持与时俱进，奋发有为，在继承中求发展，在发展中求创新，以更加昂扬的精神状态，努力开创我省双拥工作的新局面。

二、要在巩固成果中推动双拥工作向基层拓展延伸。双拥工作的基础在基层，活力在基层。双拥工作要创新发展，必须把立足点和着力点放在基层，多做一些看得见、摸得着、效果好的工作。当前，双拥工作“重上轻下”、“上热下冷”的现象还不同程度地存在，有的单位上层活动开展得非常好，但基层工作很薄弱，特别是在国防教育、党管武装、士兵优抚和转业干部、随军家属安置，包括调动驻军参加经济建设、参与急难险重任务的积极性等方面，还有很多欠细致、欠扎实的地方。要按照“组织健全、政策落实、活动经常、关系融洽”的要求，进一步健全和完善基层双拥组织，发展群众性服务网络，推动双拥工作进工厂、进乡村、进机关、进学校、进社区、进连队。要在全社会广泛开展以爱国主义为核心、以双拥光荣传统为主要内容的国防教育，不断增强广大军民的国防观念和双拥意识，调动全社会力量，共同推动双拥工作的深入开展。要充分发挥各级双拥工作领导小组和成员单位的带头作用，促进新经济组织和新社会阶层双拥工作的开展。

三、要在解决重难点问题中提升双拥工作层次质量。我省的双拥工作无论过去还是现在，都走在了全国的前列，创造出了许多“山东模式”的典型经验，在全国全军有着重要地位和影响。但用辩证和发展的眼光看双拥，我们还有不足之处，没有理由故步自封；社会在不断发展，双拥工作必须与时俱进，争创“八连冠”绝不能局限于“七连冠”的标准。传承和弘扬好“山东双拥”这个品牌，还需要付出更多的艰辛和努力。当前，要关注好以下几个问题：兵员征集问题。军队的基础在基层，基层的基础在士兵，士兵的基础在新兵，新兵的基础在征集。近年来，我省兵役登记和报名数量逐年递减、应征者报名入伍热情降低、优质兵员选择余地进一步缩小，对我省征兵工作造成不利影响。山东作为革命老区、双拥大省、兵员大省，完成好新兵征集任务，不仅具有重要的引领作用，而且具有很强的政治意义。征兵工作是双拥工作的“窗口”，是检验双拥工作的重要标志。当前，我省征兵工作除要深入开展国防教育，强化全民依法服兵役的国防观念，做好“一季征兵、全年准备”的工作以外，很重要的是从政策层面解决“征兵难”的问题。突出的有两点：一点是要提高义务兵优待金，现在不少地方当兵优待金赶不上青年外出打工挣钱多，加上“招工荒”等原因，参军入伍对适龄青年的吸引力肯定减弱，我们山东的经济总量位于全国头几位，从我们省走出去的义务兵优待金应与我省城市和农村的人均收入相适应，这也是政策规定的基本要求，但是现在看做到这一点不容易，我们有些成员单位在出台这方面政策时就感到很难；另一点是对退役士兵的安置，出台安置好退役士兵的政策，对吸引适龄青年入伍很关键，特别是吸引大学生入伍，更是需要有相应的退役安置政策，现在，有些地市像淄博近几年每年拿出几百个事业编指标用到大学生士兵退役安置上，对调动大学生入伍起到很大作用，大学生入伍比例始终占20%以上。但是在讨论这项政策出台时，就遇到了一些困难。希望各成员单位要认真贯彻新颁发的《退役士兵安置条例》，结合自身职能任务，进一步完善优抚机制、维护官兵权益、拓宽退伍军人就业渠道，着力解决参军吸引力不足、优抚政策落实不好的问题。今年，省军区在两个单位进行了征兵改革试点，上半年省政府、省军区还要召开专门会议，对有关问题作进一步明确。利益矛盾问题。应该讲，军地之间在根本利益上是一致的，但随着市场经济的深入发展，在一些具体事务上，讲条件、讲代价的现象开始增多，这些现象如不及时纠正，势必影响军政军民关系的健康发展。当前尤其要妥善处理地方开发开放与军事设施保护的矛盾，解决好房地产等军地历史遗留问题和训练演习群众损失赔偿问题。政策落实问题。应该说，从国家到地方，各项拥军优属的政策规定已经比较配套、比较完善了，关键的问题是要抓好落实。我省兵员多、驻军多、优抚对象多，客观上给落实优抚政策带来了一定的难度。越是有困难，越需要我们认真履行职责，以更大的决心抓好落实。不能强调情况特殊，而随意变更政策规定。各级要自觉强化依法开展双拥工作的意识，不断加大优抚政策的落实力度，对转业退伍军人安置、随军家属就业、重点优抚对象生活保障、离退休干部移交安置等重点难点问题，进行深入研究，寻求根本的办法和措施，以推动各种实际问题的解决，为官兵解除后顾之忧，为军事斗争准备提供坚强有力的支持。3 月 12 日，国务院、中央军委批转公安部、总参、总政、总后《关于调整军人家属随军政策的意见》，部队干部家属随军条件与以往相比明显放宽。我省作为驻军大省，随军家属数量多，办理随军工作量大，任务十分繁重。希望地方各级人民政府、各有关部门站在维护国家安全、构建社会主义和谐社会的高度，认真落实军人家属随军政策，在家属随军落户、随军家属就业保障、无工作随军家属基本生活、基本养老和医疗保险、子女入学等相关政策方面，进行配套跟进，切实把这方面政策贯彻落实好。涉军维权问题。随着市场经济的深入发展和法制社会的不断完善，官兵涉法问题范围越来越广，维护权益要求越来越高，协调处理难度越来越大，已经成为影响部队安全稳定的重要问题。为解决这些问题，2008 年，军地 11 部门联合制定下发了《山东省维护国防利益和军人军属合法权益工作规定》，去年，召开推广“青岛经验”10 周年经验交流会。但就目前来看，“青岛经验”只是点上开花，还没有在面上形成规模声势。下一步，建议省有关部门对各地贯彻落实情况进行一次督导检查，推动各地涉军维权工作走上制度化、经常化轨道。

四、要在服务经济文化强省建设中比作为讲奉献。紧紧围绕地方改革、发展、稳定大局开展工作是新时期党和国家赋予军队的一项重要使命，也是部队拥政爱民工作持续深入发展、始终保持旺盛生机与活力的一条基本经验。我们部队驻守在齐鲁大地上，各级党政领导和广大人民群众多年来对部队建设非常支持，对驻鲁部队官兵非常厚爱。身处拥军的热土，我们更应该处处尊重地方党委政府，热爱人民群众；更应该在搞好军队建设的同时，以主人翁的姿态，为建设经济文化强省多作贡献。驻鲁部队要坚持用党中央、中央军委的决策部署统一思想，增强服务保障改革开放和现代化建设的使命感、责任感。要抓住半岛蓝色经济区、黄河三角洲高效生态经济区上升为国家战略这一契机，组织发动部队官兵和民兵预备役人员积极投身重点区域建设，在振兴地方经济中发挥重要作用。要积极参加和支援社会主义新农村建设，充分发挥部队自身优势，帮助农村发展经济、提高农民生活水平，千方百计、尽心尽力为群众办几件看得见、效果好、影响大的实事。要积极参加地方组织的“慈心一日捐”、“扶老助残”、“希望工程”等社会公益事业，积极传播社会主义新道德、新风尚，切实树立起文明之师的良好形象。要发扬我军特别能吃苦、特别能战斗的大无畏精神，随时准备遂行抢险救灾等急难险重任务，履行好保卫国家和人民群众生命财产安全的神圣职责，为我省改革发展和现代化建设创造安全稳定的社会环境。

河南省政协主席叶冬松在省双拥工作领导小组第十八次全会上的讲话

（2011 年 4 月 20 日）

同志们：

今天，我们召开全省双拥工作领导小组全体会议，主要任务是深入学习贯彻全国双拥工作领导小组第二十三次全体会议和全国双拥办主任会议精神，总结回顾 2010 年的工作，安排部署今年的任务，这对于推动全省双拥工作创新发展，为军地“十二五”发展和中原经济区建设提供服务保障，具有十分重要的意义。

过去的一年，全省各级双拥工作领导小组、双拥工作部门和广大双拥工作者，紧紧围绕全省和驻豫部队建设大局，开拓进取，团结拼搏，做了大量卓有成效的工作，特别是各级各部门大力开展双拥模范城（县）创建活动，创造性落实优抚安置政策，积极支持部队训练演习等各项军事任务，帮助解决建设经费、子女入学、家属就业等实际问题；驻豫部队深入开展“五个一”援建工程支持中原经济区建设，主动参加地方重点工程建设和重大活动开展，积极参与平安建设、抗洪救灾等行动，推动了各个领域的军民融合，为实现全省经济社会发展和驻豫部队现代化建设作出了积极贡献。在此，我代表省委、省政府，代表省双拥工作领导小组，向在双拥战线上无私奉献的军地同志表示亲切的慰问，向关心、支持双拥工作的广大军民表示衷心的感谢！

拥军优属、拥政爱民，是我党我军我国人民的优良传统和特有的政治优势，也是一项带有全局性、战略性的工作，事关党和国家的长治久安，事关中华民族的伟大复兴，事关小康社会的全面建设，中央和省委历来高度重视。胡锦涛总书记在中央政治局第 15 次集体学习时强调，要走出中国特色军民融合式发展路子，推动国防建设和经济建设良性互动。年初召开的全国双拥工作领导小组全体会议提出，要切实把双拥工作作为一项长期的战略任务抓得更加扎实有力、更加富有成效。卢展工书记多次指出，做好新时期双拥工作必须树立“转业干部是人才，不是转业是转岗，不是安置是交流”等新理念，持续提升认识，持续服务全局，持续创新拓展，持续求实求效。郭庚茂省长也对双拥工作提出了明确要求。我们一定要切实做好新形势下的双拥工作，为建设中原经济区、加快中原崛起河南振兴提供强有力的战略支撑。

2011 年是中国共产党成立 90 周年，是军地实施“十二五”规划的开局之年，是中原经济区建设的起步之年，做好今年的双拥工作十分重要。刚才，江河同志宣读了调整省双拥工作领导小组组成人员及办公室负责同志的通知，杨云同志简要汇报了去年工作情况和今年工作安排，同志们认真审定了《河南省双拥模范城（县）创建命名管理办法》和《河南省双拥模范城（县）考评标准》，提出了不少建设性意见，会后请省双拥办认真修改完善，按照程序报批下发。颜纪雄政委结合河南双拥工作实际作了重要讲话，讲得很好，我都赞同，希望大家认真贯彻落实。下面，我讲三点意见。

第一，注重运作，不断提高双拥工作的实际效果。关于今年双拥工作，全国双拥工作领导小组全体会议和全国双拥办主任会议已提出了明确要求，省双拥办制定了我省双拥工作要点，下一步关键是突出运作、科学运作、有效运作，确保各项部署转化为实实在在的工作效果。要抓好目标任务落实，紧密结合自身实际，在支持部队建设、推进中原经济区建设、完善双拥工作机制等方面，切实制定出扎实有效措施，确保今年双拥工作目标全面落实。特别是要认真总结创建双拥模范城（县）的成功经验，努力完成新一届全国双拥模范城（县）创建任务。要抓好优抚政策落实，在全面落实转业退伍军人安置、随军家属就业、军人子女入学等政策的同时，突出贯彻落实好中央关于加强退役士兵职业教育和技能培训、零散烈士纪念设施集中保护管理的部署要求，真正把中央对退役士兵的关怀和对革命先烈的褒奖落到实处。要抓好工作责任落实，建立健全双拥工作责任制，把双拥任务分解到单位，明确到岗位，落实到人员，确保各级双拥领导小组成员单位都有任务、都有责任，进一步形成党政军齐抓共管、广大军民积极参与的工作格局。

第二，开拓创新，始终保持双拥工作的生机活力。根据经济社会发展的新变化和双拥工作的新需要，按照“继承传统的，融入时代的”要求，使其不断适应新形势、实现新发展。要创新工作领域，把支援以改善民生为重点的社会事业建设、支持部队完成多样化军事任务作为双拥工作的重要内容，把社会团体和非公有制经济组织作为双拥工作的重要力量，拓展双拥覆盖范围，推动社会化拥军活动深入开展。要创新方式方法，以纪念中国共产党成立 90 周年为契机，进一步丰富内容、改进形式、创新载体，积极推动双拥进工厂、进乡村、进机关、进学校、进社区、进连队，不断扩大双拥工作影响力，充分发挥双拥工作的服务保障效能。要创新体制机制，准确把握新形势下双拥工作的特点规律，积极探索符合科学发展要求、具有河南特色的双拥工作机制，逐步建立健全协调协作机制、监督制约机制、表彰激励机制和经费保障机制，切实提高我省双拥工作的科学化、制度化水平。

第三，搞好服务，努力提升双拥工作的层次水平。各地各部门、各驻豫部队要始终围绕服务地方和部队的改革发展，突出重点，主动作为，着力实现经济社会发展和国防建设的融合发展、互促双赢。一方面，各地各部门要积极为驻豫部队建设搞好服务，认真落实卢展工书记“每年都要研究解决几件实事”的要求，充分利用国民教育资源、科技资源和人才资源，深化智力拥军、科技拥军活动，积极配合军队建立人才培养体系和军队保障体系，大力支持配合部队完成教育训练、战备执勤和多样化军事任务，配合部队搞好各项改革和重点军事工程建设、军事设施保护工作，把爱军拥军的热情转化为支持军队建设的实际行动。另一方面，驻豫部队要积极为中原经济区建设献计出力，积极发扬优良传统，发挥组织优势，加大对地方重点项目建设支援力度，开展科技、教育、文化、卫生等富民扶贫活动，参加社会救助、帮困助残、捐资助学等社会公益事业，支持“平安河南”建设，加强军警民联防联治，主动承担重大抢险和应急救援任务，配合搞好突发性事件处置，为加快地方经济社会发展再立新功。

双拥工作是一项政治性、社会性、实践性很强的工作，必须切实加强组织领导，坚持科学指导，确保有序有效开展。各级双拥工作领导小组要落实领导责任，定期分析形势，及时研究确定重要事项、重大问题，履行好组织、协调、指导的基本职能；各级双拥工作领导小组成员单位要按照各自职能分工，扎实做好责任范围内工作，确保双拥各项任务在本部门、本系统、本行业真正落实；各级双拥办要切实履职尽责，加强与军地有关部门和单位的沟通联系，积极做好联络服务工作。

各级各部门要认真贯彻中央和省委各项部署，大力弘扬军政一致、军民一心、军地一体的优良传统，努力开创军民融合式发展新局面，以优异的成绩迎接中国共产党成立90周年！

河南省委副书记、组织部部长、省双拥工作领导小组组长邓凯同志在省双拥工作领导小组第十九次全会上的讲话

（2011年11月22日）

同志们：

这次会议，主要任务是讨论审定我省推荐上报的全国双拥模范城（县）、双拥模范单位和爱国拥军模范，研究部署进一步做好全省双拥工作。刚才，杨云同志汇报了推荐工作的有关情况，同志们对推荐名单发表了很好的意见建议。会后，省双拥办要根据讨论情况，尽快整理经省委、省政府、省军区审定后，正式上报全国双拥工作领导小组。周和平政委就做好当前和今后一个时期的双拥工作作了重要讲话，希望大家认真学习领会，抓好贯彻落实。

河南是著名的革命老区，是驻军大省、兵员大省，有着拥军优属拥政爱民的光荣传统。在历届省委、省政府高度重视和正确领导下，双拥工作创造并积累了丰富的经验。卢展工书记来河南后，认真贯彻中央精神，提出要持续探索走出一条具有河南特色的军民融合式发展路子，建立完善了“进入决策层面、进入政策层面、进入执行层面”的双拥工作机制，受到了中央军委和济南军区的充分肯定和高度赞扬。11月7日，《解放军报》以整版篇幅刊登了《大战略下的新探索——解读军民融合式发展的“河南样本”》，在全国引起了强烈的反响。多年来，驻豫各部队坚持把地方经济社会建设的“主战场”作为用兵练兵的“演兵场”，为河南经济社会发展作出了积极贡献，尤其是在省委持续、延伸、拓展、深化中原崛起战略，提出建设中原经济区的战略构想后，各部队主动融入，给予极大的关注和支持，制定并实施了助推中原经济区建设的“五项行动”，发挥了重要作用。

当前，全省上下正在深入学习贯彻国务院《指导意见》和省九次党代会精神，全面推进中原经济区建设、加快中原崛起河南振兴。这对做好双拥工作、促进军民融合发展提供了难得机遇，也提出了新的更高要求。我们要从战略和全局高度，充分认识做好新时期双拥工作的重大意义，进一步增强做好双拥工作的政治责任感和使命感，紧紧围绕军民融合式发展这一重大战略思想，围绕中原经济区建设这一发展大局，不断拓展双拥工作领域范围，改进双拥工作方式方法，创新双拥工作体制机制，持

续提升双拥工作的质量和水平。下面，我就做好新形势下的双拥工作，讲三点意见，供同志们参考。

一、主动服务，有效服务，努力在支持驻豫部队建设上取得新成效。关心支持国防和军队建设是各级党委、政府义不容辞的政治责任。我们要紧密结合本地本单位实际，找准服务和保障部队建设的切入点、结合点，创造性地开展工作，全力支持驻豫部队完成各项军事任务，推动国防和军队现代化发展。一要突出重点。支持部队信息化建设、拓展和深化军事斗争准备是当前拥军工作的重点。要广泛开展科技、信息和教育拥军活动，帮助部队加强信息化基础设施建设，统筹平战结合、资源共享的信息平台建设，搞好技术革新攻关，为军队加快推进信息化建设创造良好条件。要建立健全支前保障体系和军地协调机制，积极配合部队进行训练演习，协助抓好战场建设和军事设施保护，不断深化战时支前工作的各项准备。二要落实政策。近年来，为解决长期困扰部队建设发展的矛盾和问题，我省先后出台了关于进一步做好军队转业干部、退休干部和伤病残军人移交安置、随军家属就业、驻豫部队官兵住房保障、军事设施保护以及征兵工作等一系列政策措施，在全省乃至全国产生了积极影响。我们要把落实政策列入重要议事日程，坚持说到做到，说好做好，加大工作力度，增加资金投入，制定有效办法，确保这些政策落到实处、见到实效。三要多办实事。要高度重视军队转业干部安置工作，特别是团以上转业干部安置，用好用足政策，尽力做到转业干部满意。要积极推进退役士兵安置改革，完善各项保障措施，加大技能培训力度，落实各项经费保障，确保退役人员思想稳定。要进一步拓宽随军家属安置渠道，通过上岗培训等办法提高随军家属职业技能，为随军家属就业创造条件。

二、发扬传统，发挥优势，努力在助推中原经济区建设上展现新作为。驻豫部队是建设中原经济区、加快中原崛起河南振兴的重要力量。希望驻豫部队一如既往地关心支持河南经济社会发展，大力弘扬优良传统，充分运用部队人才、装备、技术、组织等方面的优势，主动融入、主动作为，为全面推进中原经济区建设助力添力。一要在重大项目建设上当好主力军，紧密结合部队实际，着力帮助地方发展科技、教育、文化、卫生等事业，大力援建中原经济区发展急需的交通、能源、水利、信息等基础设施重点工程，为构建功能配套、安全高效的现代化基础设施体系作出贡献。二要在急难险重任务上当好突击队，加强部队应急力量建设，健全完善应急反应机制，不断提升应对复杂局面的能力，配合地方党委政府科学有效处置重大自然灾害、事故灾难等突发性公共事件，切实维护社会安全稳定和群众生命财产安全。三要在为民惠民活动上当好排头兵，顺应群众期待，广泛开展扶贫帮困、社会救助、捐资助学等公益性活动，配合搞好社会管理综合治理，集中力量办一些解民忧、惠民生的好事实事，以实际行动为民造福兴利。四要在广泛凝聚力量上当好宣传员，依托部队点多、面广、组织性强的有利条件，通过各种平台载体，大力宣传中原经济区的战略地位、历史使命以及我省促进军民融合式发展的生动实践，使广大部队官兵了解、关心、支持中原经济区建设，推动更多的资源力量向河南集聚，从而为中原经济区建设营造良好环境。

三、持续巩固，持续深化，努力在开展创建活动上实现新提升。实践证明，创建双拥模范城（县）活动，是新形势下加强军政军民团结的有效途径，是我们持续探索走出一条具有河南特色的军民融合式发展路子的重要平台。要积极适应新形势新要求，拓展工作思路，持续丰富内涵，创新开展形式，不断提升创建活动的吸引力和影响力。一要坚持正确方向。要始终把促进军民融合式发展作为创建活动的出发点和落脚点，更加注重促进地方发展与国防建设相协调，更加注重拥军优属与拥政爱民相促进，更加注重军民团结和军地发展相统一，从而在全面推进中原经济区建设的进程中实现地方生产力、社会凝聚力和部队战斗力的同步提高。二要强化基层创建。创建双拥模范城（县），活力在基层，关键在基层。在发挥党政军机关模范带头作用的同时，要更加重视抓基层创建、抓群众参与、抓环境营造，开展丰富多彩、形式多样的宣传活动，推动创建活动进机关、进企业、进社区、进乡村、进学校、进连队，动员社会群众广泛参与，努力使创建活动成为广大群众的自觉行动。三要注重求实求效。要着眼军地发展共受益、军民共同得实惠，以创建活动为契机，切实解决好部队官兵和广大群众关心关注的实际问题，特别是要着力抓好民生工程中的“爱兵行动”、新型城镇化中的“国防考量”、现代产业体系中的“民转军”和中原文化中的“红色记忆”，从而整合军地两种资源，实现资源共享、良性互动、融合发展。四要健全长效机制。创建双拥模范城（县）是一个动态的、长期的过程。要摒弃“牌子到手、创建到头”的观念，认真总结、大力宣传各地创建活动中探索出的好经验好做法，把这些经验做法上升为深化创建活动的制度，逐步形成推动创建活动深入发展的制度体系，从而使创建活动成为一个持续提升的过程，成为广大部队官兵和地方群众持续受益的过程。

同志们，做好新时期的双拥工作，推进军民融合式发展，责任重大，使命光荣。我们一定要认真落实中央和省委各项决策部署，开拓创新，扎实工作，深入开展双拥创建活动，努力开创我省双拥工作新局面，以优异成绩迎接党的十八大胜利召开！

河南省委常委、省军区政委颜纪雄同志在省双拥工作领导小组第十八次全体会议上的讲话

（2011年4月20日）

我们今天的双拥领导小组会议内容非常重要，传达了全国双拥领导小组会议和全国双拥办主任会议精神，总结部署全省双拥工作，特别是研究通过了《河南省双拥模范城（县）创建命名管理办法》和《考评标准》，这对于进一步统一思想，明确任务，推动全省双拥工作创新发展具有重要意义。下面，我先发个言，而后请叶书记作重要指示。

去年以来，在省委、省政府的正确领导下，全省广大军民认真贯彻党中央、国务院和中央军委关于做好新形势下双拥工作的一系列指示精神，团结一心，开拓进取，使双拥工作跨入了一个新阶段，迈上了一个新台阶，有力促进了河南经济社会发展和驻豫部队全面建设。一是做好双拥工作的认识起点高、导向鲜明。全省上下从贯彻落实胡总书记关于军民融合发展战略思想的高度，认识和看待新形势下双拥工作，各级党委、政府坚持把服务保障国防和军队建设作为“一把手”工程，高站位认识，高起点运作，高标准落实，在社会各界形成了关心支持国防和军队建设的良好导向。驻豫部队牢记我军宗旨和使命，弘扬拥政爱民优良传统，大力开展学人民、爱人民、为人民活动，塑造了人民子弟兵的良好形象。二是围绕中心任务抓双拥的力度大、举措实。地方各级坚持把支持部队做好军事斗争准备作为义不容辞的责任，这两年军委、总部先后在我省组织全军战略战役集训、军民通用装备征用动员试点观摩等重大军事活动，从省委、省政府到相关市县的主要领导亲自筹划、亲自部署、亲自协调，保证了军事活动顺利进行。驻豫部队充分发挥

优势，积极支援地方经济社会建设。特别是去冬今春河南省遭遇特大旱情，广大官兵和民兵预备役人员集中支援地方做好抗旱打井、引水清淤、运水送水等工作，完成了大功引黄灌溉疏通工程，为打赢抗旱浇麦攻坚战作出了积极贡献。三是军地双向服务更加注重办实事、求实效。地方各级党委、政府从部队最需要、官兵最期盼的事情做起，动真情、办实事、解难题，并且做一件成一件，做一件制度化一件，形成长效机制。尤其是省委、省政府研究出台的转业干部安排和退休干部、伤病残军人移交安置《意见》，使困扰部队的老大难问题得到很好解决。驻豫部队积极参与平安创建、和谐创建、文明创建，深入开展扶贫帮困、助学兴教和学雷锋为民服务活动，集中办了一些有影响、得民心的好事实事，在促进社会和谐稳定中发挥了积极作用。四是双拥工作成果在全国全军影响好、反响大。全省双拥工作在继承中发展，在发展中创新，积极探索新路子，不断推出新举措，取得了丰硕成果。特别是省委卢书记关于转业干部安排的“三句话”享誉全国全军，在今年的全国人大会议期间，军队代表反映全国都要推广河南的经验，都要有卢书记的这种政治姿态。信阳市开展军地互办实事活动、宣扬濮阳市范县复转军人李文祥同志先进事迹等，受到军委、总部和济南军区首长的充分肯定，产生了非常好的政治影响和社会影响。

今年是中国共产党成立90周年，是实施“十二五”规划的开局之年，是中原经济区建设的展开之年，是国防和军队建设向纵深发展、军事斗争准备拓展深化的关键一年。面对新的形势和任务，更加需要发扬军民“同呼吸、共命运、心连心”的优良传统，巩固和发展军政军民团结的大好局面，共谱中原崛起、河南振兴的新篇章。围绕适应形势任务要求，进一步做好双拥工作，我讲几点意见。

一、着眼推动军民融合式发展，进一步强化做好双拥工作的使命感责任感。胡总书记在十一届全国人大四次会议解放军代表团全体会议上强调，要深入推进军民融合式发展，形成国防建设和经济建设相互促进、协调发展的良好局面。省委卢书记到河南工作后，围绕贯彻胡总书记军民融合式发展战略思想，提出一系列大思路、新理念，有力推动了双拥工作向更高层次发展。军地各级要深刻认识新形势下做好双拥工作，对于推进军民融合式发展的重大现实意义，以强烈的政治责任感和使命感支持双拥工作、推动双拥工作。一是要把双拥工作作为增强军政军民团结、凝聚军民共同奋斗的重要途径。军民融合式发展，最核心、最根本就是军政军民的大团结、大融合、大凝聚。这些年，正是因为全省军政军民的同心同德、同舟共济，我们才经受住了国际金融危机的冲击，战胜了各种重大自然灾害，实现了全省各项改革和建设的发展进步。面临新的形势任务，我们要大力弘扬我省双拥优良传统，通过深入扎实地做好双拥共建工作，把党心、军心、民心有力凝聚起来，把军政军民团结的伟大作用充分发挥出来，把广大军民的积极性最大限度地调动起来，为推进融合式发展奠定坚实的群众基础。二是要把双拥工作作为整合军地资源、推动科学发展的重要载体。推进军民融合式发展，实际上就是军地之间、军民之间要在更大领域、更广范围开展相互支持和合作，为经济社会发展和部队战斗力提升创造更好的环境和条件。河南是驻军大省、优抚大省、兵员大省、安置大省，整合军地资源优势，推进军民融合式发展的责任重大，潜力雄厚。在全面实施“十二五”规划，大力推进中原经济区建设的关键时期，我们要通过加强双拥工作，进一步整合军地资源、发挥双方优势、促进共同发展，努力为中原崛起河南振兴服务、为国防和军队建设服务、为河南广大军民服务。三是要把双拥工作作为维护安全稳定、促进社会和谐的重要平台。推进军民融合式发展，离不开安全稳定的环境作支撑。特别是当前国际国内形势继续发生复杂深刻变化，影响社会和谐稳定的因素不断增多。特殊时期，特殊环境，对双拥工作提出了特殊要求，双拥工作更应发挥特殊的作用，通过更加深入地开展双拥共建活动，大力推动惠及民主、促进和谐的各项工作，及时妥善处置各种应急突发事件，努力维护社会大局和谐稳定。

二、以创建双拥模范城为载体，高标准抓好各项工作落实。今年，全国将命名表彰新一届双拥模范城（县），我们要抓住这个有利时机，以创建带共建，积极推动各项双拥工作落实。一是进一步抓好双拥政策法规落实。双拥法规制度落实好了，就能推进双拥工作上质量、上台阶。去年召开的全国省（市、区）双拥办主任会议，把伤病残退役军人移交安置、退役士兵职业技能培训和城镇退役士兵安置遗留问题作为这次全国双拥模范城（县）评选的“硬件”，工作不落实的不能推荐、申报。这几个问题也是目前上下比较关注的热点难点问题，尤其是退役士兵职业技能培训，是胡总书记亲自推动实行的一项具有深远意义的重要决策，国务院、中央军委专门下发了《关于加强退役士兵职业教育和技能培训工作的通知》，对这项工作作出规范和部署。我们河南省每年有 4 万多名退役士兵，按要求组织大规模培训落实难度很大，面临着场地、经费、管理、安置等一系列矛盾问题，各级一定要引起高度重视，牢固树立大局意识、责任意识，采取有效措施，积极克服困难，切实抓好落实。二是进一步加大为部队办实事解难题力度。省委卢书记提出，每年“八一”前都要集中帮助部队研究解决一两个实际问题，逐步形成制度、形成体系。去年，省委、省政府研究出台了转业干部和退休干部、伤病残军人移交安置的两个《意见》，对解决制约部队建设的重难点问题起到很好的推动作用。目前看，转业干部和伤病残军人移交安置落实比较好，主要是师职退休干部医疗保障问题落实还不够到位。部队一些退休师职干部不愿移交，一个重要原因就是医疗待遇落实不够。今年，要继续抓好两个《意见》落实，重点推进师职退休干部医疗保障制度的落实。在此基础上，继续组织联合工作组到驻豫部队进行专题调研，征求官兵意见，向省委、省政府提出合理化意见建议，“八一”前再为驻豫部队解决一两个实际问题。三是进一步研究解决双拥工作的新矛盾新问题。当前，经济社会和军队建设的深刻变革，使双拥工作遇到了许多新矛盾新问题，比如去冬部分地区出现的当兵冷、征兵难问题，就是一个急需研究解决的问题。河南作为兵员第一大省，兵员征集任务完成得好不好直接关系国防和军队建设大局。前段时间，省政府、省军区专题召开加强和改进征兵工作座谈会，分析矛盾问题，研究提出了改进动员模式、改善优抚优待条件等具体措施。各级要在双拥模范城创建过程中积极探索实践，认真研究措施办法，不断健全完善机制，切实把征兵宣传教育落实到位，把优抚安置政策落实到位，把跟踪服务保障到位，确保征兵工作有效落实。四是进一步促进双拥工作向基层延伸拓展。双拥工作的基础在基层，活力在基层。要解决“领导热”、“基层冷”的问题，按照组织健全、政策落实、活动经常、关系融洽的要求，进一步完善基层双拥组织，发展群众性服务网络，推动双拥工作进工厂、进乡村、进机关、进学校、进社区、进部队，切实把广大军民的积极性主动性调动起来。结合这次创建全国双拥模范城和庆祝建党 90 周年等重大时机，要深入开展双拥宣传、知识竞赛、双拥晚会等系列活动，激励和促进全社会关心、支持和参与双拥工作。

三、加快领导方式转变，推动双拥工作创新发展。省委卢书记提出“用领导方式转变加快发展方式转变”的重要思想，对加快转变经济发展方式和战斗力生成模式具有重要指导作用，也为推进全省双拥工作科学发展、创新发展指明了方向。各级要认真学习理解、准确把握这一重要思想理念，并自觉贯彻到推动双拥工作的实践中去，形成围绕转变抓双拥，抓好双拥促发展的良好局面。一是紧贴中心，服务大局。当前，我省经济社会建设发展的中心和大局就是建设中原经济区，促进中原崛起、河南振兴。双拥工作一定要紧紧围绕这个中心、这个大局来部署、来展开、来落实。作为驻豫部队来说，在完成教育训练任务的同时，要充分发挥战斗队、工作队、宣传队作用，主动呼应、主动对接、主动融入中原经济区建设。前段时间，我们省军区对这项工作进行了动员部署，围绕支援社会主义新农村建设、重点工程和生态环境建设、保障和改善民生、促进精神文明和先进文化建设、维护社会和谐稳定等重点任务，大力实施支援中原经济区建设“五项行动”。希望我们驻豫部队也要充分发挥优势，选准切入点，积极主动作为，努力为推进中原崛起、河南振兴作出更大贡献。另外，我们省军区去年还动员组织南水北调中线工程沿线的军分区、人武部大力支援丹江口库区移民迁安工作，目前库区第二批 8.6 万人的大规模移民迁安工作全面展开，任务非常艰巨，我们驻豫部队也要大力支援。年初以来，我们省军区还全力协调保障宁夏军区给水工程团到三门峡、洛阳市支援抗旱打井工作，目前已打井出水 25 眼，全年计划打井 102 眼，这对解决我省西部山区群众饮水用水问题具有重要意义。从目前看，主要是成井后的饮水配套设施跟不上，群众还是吃不上水，有关单位要注意协调做好保障工作，切实把好事办好、实事办实。二是载体牵引，典型带动。这些年，河南创造了不少在全国、全军有影响的双拥共建典型和经验，像“三好”活动、“汤阴经验”、靳月英、徐洪刚、武文斌等，有力地推动了双拥工作的创新发展，特别是去年以来总结宣扬了复转军人李文祥这个先进典型，在全国全军产生了很大反响。为更好地发挥先进典型的示范带动作用，下一步，要在全省范围内掀起向先进典型学习的活动。要组织转业退伍军人学习李文祥先进事迹，引导和激励他们自觉服从大局、发挥作用，促进社会和谐稳定。今年，省军区政治部将联合省委宣传部、省人力资源和社会保障厅、省民政厅开展优秀复转军人年度新闻人物评选表彰活动，形成鲜明导向，各单位要注意发现、总结更多的新经验、新典型，促进双拥工作深入开展、蓬勃发展。三是真抓实干，务求实效。双拥工作是一项政治性、政策性很强的工作，必须以求真务实重干的精神和作风抓落实。河南的双拥工作之所以能够得到上级认可和广大群众、官兵的拥护，在许多方面走在全国的前列，就是因为我们扎实务实，讲求实效。各成员单位要从本部门、本行业、本系统的实际出发，发扬好传统、好作风，以扎实的举措持续用力，持续推动，抓好双拥工作落实。特别是要认真坚持双拥模范城考评标准和原则，坚持把经常性、基础性工作作为考核评比重点，把广大人民群众和部队基层官兵的满意度作为首要标准，坚持客观公正、质量第一，形成好的风气，不断提升双拥模范城创建活动的质量和实效，推动双拥工作创新发展。

湖北省委常委、副省长、省双拥工作领导小组组长张岱梨在省双拥工作领导小组全体会议上的讲话（摘要）

我就做好新形势下的全省双拥工作讲几点意见。

一、深化思想认识，进一步增强做好双拥工作的责任意识

拥军优属、拥政爱民是我党我军我国各族人民在长期的革命斗争和社会主义建设实践中形成的优良传统，是团结动员广大军民战胜困难、夺取胜利的重要法宝，也是我党我军特有的政治优势和力量源泉。胡锦涛总书记在党的十七大报告中明确指出：“要坚持拥军优属、拥政爱民，积极开展军民共建，巩固军政军民团结。”当前，我省双拥工作正处在一个新的历史起点上，贯彻落实科学发展观、构建社会主义和谐社会、构建促进中部地区崛起的重要战略支点，实现湖北跨越式发展，对新时期的双拥工作赋予了新的内涵，提出了更高的要求。我们要从战略高度和全局角度，充分认识新形势下双拥工作的重大意义，进一步增强做好双拥工作的政治责任感和使命感。

（一）做好双拥工作，是构建社会主义和谐社会的需要。构建社会主义和谐社会，是我们党从中国特色社会主义事业总体布局和全面建设小康社会全局出发作出的重大战略部署，是全党全军全国各族人民的共同目标和任务。通过密切军政军民关系、巩固军政军民团结，凝聚广大军民团结奋斗，可以为构建社会主义和谐社会提供可靠的政治保障，创造融洽和睦的社会环境，提供强大的精神动力。

（二）做好双拥工作，是维护国家长治久安的需要。当今时代，国际国内形势正发生复杂而深刻的变化。世界多极化、经济全球化深入发展，国际形势总体稳定。同时，霸权主义和强权政治依然存在，局部冲突和热点问题此起彼伏，世界和平与发展仍面临许多难题和挑战。我国社会正处在深刻的变革之中，改革发展稳定和改善民生的任务艰巨繁重。做好双拥工作，不断加强军政军民团结，构建和谐的军政军民关系，形成无往而不胜的伟大力量，对于推动经济、政治、文化、社会、国防等各项事业全面发展，维护国家长治久安具有重要意义。

（三）做好双拥工作，是构建促进中部地区崛起的重要战略支点的需要。促进中部地区崛起，是党中央、国务院作出的重大战略决策，是我国社会主义现代化建设总体布局的重要组成部分。胡锦涛同志对湖北的发展寄予厚望，要求把湖北建设成为促进中部地区崛起的重要战略支点。做好双拥工作，形成军地资源共享、优势互补的团结协作机制，可以为发展社会生产力、把湖北建设成为促进中部地区崛起的重要战略支点提供有力保障和强大动力。

（四）做好双拥工作，是实现湖北经济社会跨越式发展的需要。实现“十二五”跨越式发展，是省委、省政府确定的旗帜性、纲领性目标，既是党中央对我省的要求，也是全省人民的期待，是当前湖北最紧迫的中心任务。要实现这个目标，需要全省军民同心同德，合力推进。我省有丰富的教育、科技、文化、交通等资源，驻鄂各部队有人才、装备、技术等方面的优势，因此，建立军地互动、军民融合的发展平台，可为我省实现经济社会跨越式发展提供有力支撑。

二、努力推进新形势下双拥工作创新发展

随着经济社会的快速发展和中国特色军事变革的加快推进，双拥工作所处的环境、面临的任务、遇到的问题都发生了很大变化。做好新形势下的双拥工作，必须深入贯彻落实科学发展观，按照胡锦涛总书记提出的“坚持军民融合式发展，推动国防建设与经济建设良性互动，确保在全面建设小康社会进程中实现富国和强军的统一”要求，开拓创新，扎实工作，不断提高我省双拥工作水平。

（一）认真贯彻军民融合式发展的战略思想。走军民融合式发展的路子，是胡锦涛总书记着眼维护国家安全发展利益，顺应国际国内形势深刻变化，立足我国国情，统筹经济建设与国防建设作出的重大战略举措。军民融合式发展的战略思想，核心内容是发挥军地两个优势、整合军地两种资源，调动军地双方积极性，推动国防建设与经济建设协调发展。我们要牢固确立与军民融合式发展要求相适应的时代理念，紧紧围绕军民融合式发展的战略思想，思考、谋划、落实和推动双拥工作，始终把有利于军民融合、有利于军民一致、有利于军民一体、有利于平战结合贯穿于双拥工作，始终把推进军民融合式发展作为军地双方的共同责任，统一谋划，统一部署、同步落实。要进一步强化融合发展意识，把促进军民融合式发展作为双拥工作的根本出发点和落脚点，统筹运用社会资源支持国防和军队现代化建设，建立健全军民一体化保障体系，全面推进各个领域的军民融合。要深入研究新形势下军民融合式发展的特点规律，积极探索双拥工作的新思路，新办法，着眼军地发展共受益、军民共同得实惠，进一步完善融合机制，丰富融合形式，拓宽融合领域，提升融合层次，切实走出一条具有湖北特色的军民融合式发展的路子。

（二）始终坚持利军惠民的双拥工作理念。双拥工作的主体在军民，根基在军民，与广大军民的切身利益息息相关。只有坚持以人为本、利军惠民，才能充分调动广大军民参与双拥工作的积极性主动性。各级党委政府和驻鄂各部队要立足实现好、维护好、发展好广大军民的根本利益开展双拥工作，把广大军民欢迎不欢迎、满意不满意、拥护不拥护作为衡量和检验双拥工作成效的根本标准，让广大军民共享双拥成果。要坚持以人为本的思想，进一步加大优抚安置工作力度，着力解决官兵普遍关心的重点和难点问题，认真解决随军家属就业、军人子女入学入托、官兵家庭涉法等问题，切实维护军人及其家属的正当权利和合法权益，解除他们的后顾之忧。要认真做好转业退伍军人的安置，抓好计划落实、重点安置、管理服务等关键环节和重点工作，真正做到地方、部队、本人“三满意”。要通过落实政策、落实待遇、落实责任，确保重点优抚对象老有所养、病有所医、住有所居，以充分体现党和国家对转业退伍军人的关怀。

（三）不断完善落实双拥政策法规。依法双拥是依法治国的重要内容，也是双拥工作深入、持久、健康发展的客观要求。双拥工作涉及军队和地方，关联经济和国防，政治性和政策性都很强。近年来，我省先后出台了《湖北省军人抚恤优待实施办法》、《湖北省优抚对象医疗保障办法》、《湖北省维护国防利益和军人军属合法权益工作机制若干规定（试行）》、《湖北省双拥模范城（县）创建命名管理办法》和《湖北省双拥模范城（县）考评标准》等政策法规，为双拥工作提供了政策支持和制度保证。各级党委政府和驻鄂部队要从省情和军情出发，围绕构建新型军政军民关系，高度重视并切实加强双拥政策法规建设，按照坚持已有的，完善不足的，填补空白的原则，加快建立和完善与市场经济体制相衔接，与法律规范相协调，与行政行为相一致，与优良传统相承接的双拥政策法规体系。同时，要加强对政策法规执行情况的监督检查，增强制度的执行力，推动双拥工作规范化、制度化建设，确保双拥工作健康有序发展。

（四）积极推动双拥工作不断创新。双拥工作是一项传统工作，是在我国革命和建设的实践中探索建立和发展起来的。只有根据经济社会的发展需要不断创新，才能使双拥工作始终充满生机和活力。一要创新双拥工作理念。要树立统筹谋划、科学决策的理念，统筹推进经济、科技、教育、人才等各个领域的军民融合，使军民结合面更广、融合度更深、路子更宽。要树立职责明晰，共同担当的理念。地方党委政府要明确各相关部门、相关单位双拥工作职责和义务，真正使双拥工作与部门业务工作有机结合。要树立团结协作、密切配合的理念。军地双方在工作思路上多沟通，在工作运行中多交流，在工作协调上多配合，真正做到相互借鉴、优势互补、协调一致，共同推进双拥工作。二要创新双拥工作载体。要适应形势发展需要，广泛开展军民共建活动，充分调动社会资源和力量，组织开展行业拥军、社区拥军、团体拥军活动，积极探索在社会组织中开展拥军活动的途径和办法，不断扩大双拥工作的群众基础，努力形成以创建双拥模范城（县）活动为主体，军民共建点为依托，多种活动形式并举，党政军民齐参与的双拥工作格局。三要创新双拥工作手段。要坚持政府主导，部门支持，全社会广泛参与，不断推进双拥工作社会化。要将双拥工作落实到各部门、各行业、各社区，赋予双拥工作新的生命力。要综合运用行政、经济、法律手段，认真研究解决双拥工作遇到的矛盾和问题，实现政府行为与社会行为、以情双拥和依法双拥、行政调节和市场调节有机结合。

三、切实加强新形势下双拥工作的组织领导

双拥工作是一项带有全局性、战略性的工作，涉及面广，政治性强，任务繁重。各级党委政府要切实加强对双拥工作的组织领导，党政主要领导要亲自过问，真正把各方面的力量组织起来、凝聚起来，形成促进双拥工作不断发展的强大合力。

（一）进一步加强领导。推动双拥工作创新发展，组织领导是关键。各级党委、政府和驻鄂各部队要把双拥工作纳入经济社会发展和部队全面建设的总体规划，加强组织领导，健全符合科学发展要求、具有长久效力的双拥工作运行机制。各级党政军领导既是双拥工作的组织者，又是双拥工作的实践者，要切实履行职责，从讲政治和顾全局的高度正确看待和处理军政军民关系，主动热情地关心支持双拥工作，带头参加双拥活动，帮助解决实际问题，努力形成主要领导亲自抓、分管领导具体抓、成员单位带头抓、部门配合共同抓、上下结合层层抓的良好局面。

（二）进一步健全机制。双拥工作是一项社会系统工程，涉及军地各个方面，必须有完整的工作体系，顺畅的工作程序、高效的运行机制。要在进一步完善党委议军、军地联席会议、双拥领导小组会、走访慰问等行之有效的工作制度基础上，进一步建立完善与社会主义市场经济体制相适应的双拥工作议事协调、组织建设、信息交流、决策执行监督等工作机制，推进双拥工作常态化、制度化、规范化发展。要进一步抓好双拥办的组织机构建设，落实人员编制，配齐配强工作队伍，解决开展工作所需经费。建立完善年度检查考评制度，把日常的考评成绩作为评选双拥模范城（县）的重要依据，以推动双拥工作广泛、持久、深入开展。

（三）进一步形成合力。省双拥工作领导小组各成员单位要继续重视双拥、支持双拥，认真履行双拥工作职责，结合自身业务，切实抓好双拥工作在本部门、本系统、本行业的落实，形成部门通力协作，齐抓共管，社会全方位、全要素参与的工作格局。要充分发挥职能作用，注重借助行业和系统的优势条件，积极推进双拥工作的创新和发展，尤其要在制度创新和解决热点难点问题上下功夫，研究制定一批本行业、本系统拥军优属的优惠政策和措施，大力开展行业拥军、部门拥军，为双拥工作创新发展提供有力支撑。

湖北省军区副政委张仲会在省双拥工作领导小组全体成员会议上的讲话（摘要）

拥军优属、拥政爱民，是中国共产党领导下我国亿万军民的伟大创造，是我党我军我国人民的优良传统和特有的政治优势。早在延安时期，毛泽东同志就亲自倡导和推动了双拥运动，提出了“兵民是胜利之本”的精辟论断。邓小平同志提出“军民一致，这个原则不能变”，倡导军民共建社会主义精神文明和创建双拥模范城（县）活动。江泽民同志要求“要像爱护眼睛一样，爱护军政军民的团结”。站在新的历史起点上，胡主席多次强调“要不断巩固和发展同呼吸、共命运、心连心的军政军民关系”。党的历届领导人之所以高度重视双拥工作，说明军政军民团结无论是在战争年代，还是和平建设时期，始终都是我们战胜困难、夺取胜利的重要法宝。

湖北是中国革命重要的发祥地和著名的革命老区，有着拥军优属拥政爱民的光荣传统。近年来，全省军地各级以争创“双拥模范城”为动力，深入扎实地开展双拥共建活动，军爱民、民拥军的鱼水情谊不断得到巩固和发展。双拥工作所形成的坚强的军政军民团结，对于湖北经济社会建设和驻鄂部队全面建设都发挥了重要作用。特别是在 2008 年抗击雨雪冰冻灾害和去年特大洪涝灾害中，广大军民密切配合，奋勇拼搏，共同夺取了征服自然灾害重大胜利。“十二五”时期是全面建设小康社会的关键时期，也是实现国防和军队现代化建设“三步走”发展战略第二步目标的重要时期，做好双拥工作对于凝聚广大军民团结奋斗、齐心协力推进社会主义和谐社会建设，深化拓展军事斗争准备，开创国防和军队建设科学发展新局面，尤其具有重要意义。下面，结合新的形势任务，我就驻鄂部队如何深入开展拥政爱民工作，谈三点意见。

一、强化政治意识，切实增强做好拥政爱民工作的使命感责任感

拥政爱民工作事关军政军民团结和改革发展稳定大局。我们必须站在战略全局和时代发展的高度，充分认识拥政爱民工作的重要地位和作用，进一步增强做好这项工作的使命感责任感。一是做好拥政爱民工作是保持人民军队性质、本色和作风的内在要求。我军是党绝对领导下的人民军队，是人民利益的忠实维护者和捍卫者。拥政爱民是我军性质宗旨的内在要求，反映了我军的本质特征。长期以来，我军之所以被人民群众看成自己的军队，成为人民的子弟兵，就是始终保持了同人民的血肉联系。新世纪新阶段，国际国内环境发生了重大变化，军政军民关系也面临一些新情况新问题。在这种情况下，只有扎实做好拥政爱民工作，巩固和发展同呼吸、共命运、心连心的军政军民关系，才能使我军更好地坚持人民军队的性质、宗旨，永葆子弟兵本色。二是做好拥政爱民工作是推进军事斗争准备的有效途径。军队打胜仗，人民是靠山；军队搞建设，人民是后盾。这是被我国几十年革命和建设实践反复证明了的真理。新的历史时期，我军肩负着“三个提供，一个发挥”的历史使命，从建设信息化军队、打赢信息化战争，深化拓展军事斗争准备，加快转变战斗力生成模式，提高完成多样化军事任务能力，到部队基础设施建设、后勤社会化保障、转业退伍安置、子女入学入托等，每一样都离不开地方党委、政府和人民群众的大力支持。做好拥政爱民工作，有利于进一步加强军政军民团结，有利于在全社会形成关心支持军队建设的良好局面，从而推动部队建设科学发展，为促进军事斗争准备提供坚强有力的保障。三是做好拥政爱民工作是促进地方经济社会建设的现实需要。人民军队不仅是保卫祖国的钢铁长城，也是社会主义现代化建设的重要力量。胡主席强调指出：“军队要自觉服从服务于党和国家工作大局，积极参加和支援地方经济、社会、生态环境建设，支持加快转变经济发展方式，勇于承担抢险救灾等急难险重任务，以实际行动为民造福，为国兴利。”今年，是“十二五”起步开局之年，省委省政府提出，以速度高于全国平均、高于中部平均业绩，实现跨越式发展。要实现这一宏伟目标，任务十分艰巨，需要全省军民的共同努力。我们一定要站在战略和全局的高度正确认识和处理国防建设与经济建设的关系，以科学发展观为指导，努力在新的起点和更高层次上，谋划拥政爱民工作，紧贴我省经济社会发展实际，积极争取更大作为，切实把这项工作不断引向深入。

二、积极主动作为，努力为构建和谐湖北多办实事好事

胡主席多次强调，“军队要积极参加和支援国家经济社会建设，为国家和人民造福兴利”、“军队要充分发挥战斗队、工作队、宣传队作用，努力为维护社会大局稳定提供强大力量支持”。学习好、领会好，特别是落实好这些要求，必须紧紧围绕构建促进中部崛起重要战略，进一步理清思路，明确目标，突出重点，更加积极主动地参加支援地方经济社会建设，为建设湖北、发展湖北、稳定湖北作出新的贡献。一是在支援地方经济建设中求作为。这是我军服务大局、践行宗旨的实际行动。驻军各部队要按照科学发展观的要求，坚持从实际出发，紧紧围绕《湖北省经济和社会发展第十二个五年规划》的总体部署，着眼自身优势，完善规划措施，加强政策研究，实施具体指导。着眼国防建设与经济建设相互促进、协调发展，把参加支援地方经济建设作为和平时期部队战斗力生成的重要途径，成建制组织官兵和民兵预备役人员，参加和支援武汉城市圈、鄂西生态文化旅游圈、仙洪新农村试验区、城乡一体化建设，积极做好定点帮扶脱贫奔小康试点县工作。围绕援建工作中遇到的矛盾和问题，探索与社会主义市场经济相适应的办法的措施，不断创新模式、拓展内容、丰富方法，打造富有区域特色、单位特色的参建品牌。二是要在完成急难险重任务中挑重担。这几年，我们驻鄂部队各级勇敢承担2008抗击雨雪冰冻灾害、奥运国庆安保、2010特大洪涝灾害等急难险重任务，既锤炼了部队官兵和民兵预备役人员的战斗作风，检验了部队战斗力，也彰显了军队在和平时期的重要地位和作用。今后，我们驻军各部队要继续发挥部队组织严密、战斗力强的优势，主动承担急难险重任务，积极参加平安社会建设。要按照既定的方案和预案，做好遂行非战争军事行动任务的各项准备，开展针对性演练，确保一声令下，能够拉得出、用得上、起作用。三是要在弘扬社会主义文明新风中走前列。宣传群众、教育群众是我军的优良传统和特有优势。各部队要切实按照“军队精神文明建设要走在全社会前列”的要求，充分发挥做群众工作的优势，利用训练基地、部队军史馆、连队荣誉室和“青年民兵之家”，广泛传播社会主义先进文化，大力宣传党的路线方针政策，切实增强广大群众对党的信赖、对中国特色社会主义的信心。要继续坚持以军民共建、和谐创建等活动为载体，以创建文明城市、文明村镇、文明行业、文明社区为抓手，带头践行社会主义荣辱观，弘扬社会公德、家庭美德和职业道德，建设社会主义核心价值体系，为构建社会主义和谐社会贡献力量。

三、加强组织领导，积极为拥政爱民工作提供有力支持

加强对拥政爱民工作的组织领导，是增强军政军民团结，促进双拥工作向深层次发展的重要保证。我们应当以这次会议为新的起点，进一步加大领导力度，科学统筹，真抓实做，推动拥政爱民工作不断向前发展。一要加强领导，切实把拥政爱民工作作为长期任务来抓。各级党委要把拥政爱民工作摆上重要位置，纳入党委的议事日程，纳入部队和民兵预备役建设的年度工作，纳入班子政绩考评范畴，切实负起领导责任，定期分析研究解决拥政爱民工作中存在的问题。主要领导要对拥政爱民工作负总责，做到亲自部署、亲自协调、亲自督促、亲自检查、亲自讲评。各级群工部门，要认真履行组织、协调、指导职能，加强对重大问题的研究，为党委谋划开展拥政爱民工作服务好。各级党委和领导要关心群工部门建设，按编制配齐配强群工干部，加强群工干部的骨干的业务培训，提高他们的理论素养、政策水平和协调办事能力。二要搞好协调，形成拥政爱民工作的整体合力。拥政爱民工作涉及面广、组织实施比较复杂，加强军地之间、部队之间的沟通协调十分重要。驻军部队群工部门，要发挥综合协调的作用，既要加强与地方双拥办公室的联系沟通，也要加强与友邻部队的联系沟通，协调解决涉及拥政爱民工作的全局性问题。省军区系统要树立起牵头就是带头、协调就是服务的思想，自觉摆正位置，充分发挥桥梁纽带作用，凝聚军地力量，及时向部队通报有关情况，争取地方政府支持。特别是在援建地方重点工程建设，参加抢险救灾、处突维稳、参建扶贫等任务上要主动协调。去年，襄阳军分区在组织驻军部队参加新农村建设中，成立联合参建工作领导小组，把驻军部队划分了10个联组，集中力量对口帮扶一个村，收到了较好效果。这种做法应当肯定，各部队可以借鉴。三要健全机制，确保拥政爱民工作规范有序。健全有效的工作机制，是保证工作持久健康发展的重要条件。我感到，应建立完善四种工作制度。一是联席会议制度，省军区系统要坚持定期召开驻军拥政爱民工作协调会，统一筹划，集中组织，同步开展双拥活动；二是情况通报制度，地方双拥部门要及时通报地方的经济社会发展动态，驻军要及时反映拥政爱民工作的成绩、想法和需求；三是联络员制度，定期召开联络员碰头会，保持驻军间的固定联系，确保各部队联系渠道畅通；四是定期走访制度，每逢重大节假日，各级要采取走出去、请进来的办法，走访慰问地方有关政府和驻地群众，邀请地方领导到部队，共商双拥大计，广泛征求意见，改进工作方法，在动态中促进拥政爱民工作的落实。

中共中央政治局委员、广东省委书记汪洋在广东省双拥模范城（县）命名暨双拥模范单位和个人表彰大会上的讲话

（2011年12月26日）

同志们：

今天，省委、省政府、省军区在这里隆重召开全省双拥模范城（县）命名暨双拥模范单位和个人表彰大会。这对于进一步巩固和发展我省军政军民团结的大好局面，推动全省双拥工作在新的起点上不断发展进步，具有十分重要的意义。在此，我代表省委、省政府、省军区，向被命名的双拥模范城（县）以及受表彰的双拥模范单位和个人，表示热烈的祝贺！向为推动我省经济社会又好又快发展作出突出贡献的驻粤人民解放军和武警部队全体官兵、烈军属、残疾军人、转业复员退伍军人和军队离退休干部，表示亲切的慰问！向关心支持国防和军队建设的各级党委、政府和广大人民群众，表示衷心的感谢！刚才，受表彰的3位代表的发言讲得很好。希望各行各业都向他们学习，在全社会进一步发扬拥军优属、拥政爱民的光荣传统。希望获得命名、表彰的单位和个人把荣誉作为新的起点，戒骄戒躁、再接再厉，在今后的双拥工作中再立新功！借今天这个机会，我就进一步做好新形势下的双拥工作、巩固和发展军政军民团结的大好局面讲三点意见。

一、提高认识，增强做好双拥工作的责任感和紧迫感

拥军优属、拥政爱民是我党我军我国人民在长期革命斗争和社会主义建设实践中形成并一贯坚持的优良传统，是我们团结动员广大军民战胜困难、夺取胜利的重要法宝，也是我们特有的政治优势和力量源泉。面对国际国内形势正在发生的深刻复杂变化，面对我国和我省“十二五”时期经济社会发展、国防和军队现代化建设的新任务新要求，深入扎实地做好双拥工作，意义更为重要，作用更加凸显。

第一，做好双拥工作，充分发挥军政军民团结的政治优势，是维护稳定发展重要战略机遇期的必然要求。新中国成立60多年来特别是改革开放30多年来，每当遇到关系国家主权、安全和统一的严峻挑战，每当经受各种政治风浪的重大考验，每当抗御严重自然灾害的紧急关键时刻，我们都是依靠坚如磐石的军政军民团结，战胜各种艰难险阻，争取了和平发展的良好国际国内环境，保证了各项建设和改革的顺利进行。当前和今后一个时期，我国仍处于重要战略机遇期，既面临难得的历史机遇，

也面对诸多风险挑战。双拥工作促进形成的坚强军政军民团结，是我们党积极应对挑战、从胜利走向胜利的政治优势，也是国家长治久安和中国特色社会主义事业兴旺发达的政治保证。

第二，做好双拥工作，加快推进军民融合式发展，是实现富国和强军相统一的重要途径。统筹经济建设和国防建设，坚持军民融合式发展路子，在全面建设小康社会进程中实现富国和强军的统一，这是建设中国特色社会主义的重大战略目标和任务，也是双拥工作服务国家和军队改革建设大局的新标准新要求。近些年来，各地各部门各部队在双拥工作中，积极探索和大力推进经济、科技、教育、人才等各个领域的军民融合，取得了良好的军事效益和经济、社会效益。在加快转变经济发展方式的新形势下，做好双拥工作，加快推进军民融合式发展，更加有利于科学统筹、合理运用国家和社会资源，拓展和深化军事斗争准备；更加有利于整合军队各方面优势和力量，富有成效地支援国家及广东的各项建设，促进经济社会平稳较快发展。

第三，做好双拥工作，形成军地团结协作的整体合力，是促进社会和谐稳定的现实需要。实践一再证明，做好双拥工作，形成军地团结协作的整体合力，无论是对防范、打击敌对势力的分裂破坏活动和暴力恐怖活动，还是对化解社会矛盾、促进社会和谐，都具有极其重要的作用。目前我国社会大局总体保持稳定，但西方敌对势力对我国的渗透、分化、颠覆活动一直没有停止，深化改革和利益关系调整带来的深层次矛盾和问题不断出现。尤其是广东，改革开放早、社会转型快、外来人口多，社会矛盾暴露得更多更充分，加之毗邻港澳，地处对敌斗争的前沿，维护国家安全和社会和谐稳定的任务十分艰巨。我们要把做好双拥工作与促进社会和谐稳定联系起来思考，既要加强军地团结协作，为维护社会大局稳定提供强大的力量支撑，又要通过开展形式多样的双拥共建活动，以坚强的军政军民团结促进社会和谐稳定。

二、总结经验，坚定做好双拥工作的信心和决心

2008年以来，在党中央、国务院、中央军委的正确领导下，我省双拥工作在继承中前进、在巩固中提高、在创新中发展，取得了显著的成绩，军政军民团结的大好局面得到进一步巩固和发展。突出表现在以下五个方面：

一是坚持站在促进经济社会又好又快发展和巩固国防的战略高度对待双拥工作，把双拥工作摆在更加突出的位置。省委、省政府明确要求全省各级党政部门把双拥创建工作作为贯彻落实科学发展观的一项重要任务抓紧抓实，把创建“双拥模范城（县）”作为“一把手”工程纳入经济社会发展和部队建设规划。全省各级党委政府和军队机关形成了定期报告工作、军地联席会议、合署办公、节日慰问等20多项制度，有力推动了双拥工作科学有效开展。在创建双拥模范城（县）活动中，各地认真研究制订创建双拥模范城（县）的工作方案和任务分解表，并通过召开党委常委会和双拥联席会，定期分析创建形势，查找薄弱环节，对存在的问题及时进行整改，保障了双拥工作的落实。

二是全力配合驻军完成多样化军事任务，支持国防和军队现代化建设的力度不断加大。2008年以来，全省各级政府投入资金40多亿元，帮助部队加强训练场地、战备公路、自动化指挥设施和信息化建设，支持部队建设2500多个项目。广州亚运会期间，广州、佛山、汕尾、东莞等地组织开展了一系列活动，为任务部队建立“拥军医疗站”、“网络学习室”、“流动图书馆”，积极帮助官兵解决看病、学习、娱乐等实际问题。深圳市为大运会制订了完备的拥军计划和方案，在资金、生活等方面全力配合部队完成大运会安保等各项任务。

三是驻粤部队视驻地为故乡，为我省现代化建设作出的贡献更加突出。驻粤部队和民兵预备役人员发扬“爱人民要胜过自己、为人民要舍得自己”的精神，组织广大官兵在参建维稳中作模范，在救灾抢险中打头阵，在扶贫帮困中当先锋，为“加快转型升级、建设幸福广东”发挥了生力军和突击队的重要作用。全力支持地方抢险救灾，在战胜百年一遇的低温雨雪冰冻灾害、抵御粤西“凡亚比”罕见风灾、抗击汶川特大震灾过程中，广大官兵付出了巨大的努力。积极支援广州亚运会、亚残运会和深圳大运会，圆满完成了安保警戒和人员支援各项任务。热心参与地方公益事业，积极参与扶贫开发“双到”工作，大力支持新建乳源县“八一”瑶族新村，在我省贫困地区援建了一批“八一希望学校”，充分展现了省军区的执行力、战斗力和创造力。

四是全面落实双拥优抚安置政策，切实保障广大优抚对象合法权益。在全国率先开展深化退役士兵安置改革、实施退役士兵免费职业技能培训工作，有效提高了退役士兵的就业安置率。2008 年以来，我省共接收退役士兵 9 万多人，安置转业干部 1 万多人，安置随军家属 7000 多人，安排子女入学 1.4 万多人，城镇退役士兵安置率 100%。建立新型优抚医疗保障制度，将重点优抚对象全员纳入医保、医疗机构优惠减免、政府适当补助，优抚对象“医疗难”问题得到有效解决。

五是围绕时代主旋律，双拥工作的形式和内容更加丰富多样。全省各地各部队按照“扬强项、创特色、求发展”的思路，坚持解放思想、先行先试，以改革促双拥，以双拥促发展，积极探索具有时代特征、地方特色的拥军优属、拥政爱民新路子。在双拥共建方面，大力拓展双拥工作领域，率先成立了省爱国拥军促进会，各市（县）也相继成立了 20 余个爱国拥军组织，进一步夯实了双拥社会基础。在宣传教育方面，各地充分运用广东丰富的历史文化资源、革命传统资源、时代精神资源，加大国防教育平台建设力度，加大爱国拥军先进模范宣传力度，充分调动了群众支持、参与双拥工作的积极性和主动性。在理论创新方面，坚持把创新双拥理论作为推动双拥工作科学发展的强大动力，多次召开理论研讨会和经验交流会，推动双拥工作永葆生机与活力。

三、突出重点，不断提升双拥工作的能力和水平

全省各级党委政府和驻粤各部队，要从讲政治、讲大局的高度，积极适应双拥工作面临的新形势、新任务、新要求，切实把思想认识和行动统一到党中央、国务院和中央军委的战略决策和省委、省政府的工作部署上来，进一步提高双拥工作的质量和效益，推动双拥工作在新的起点上不断发展进步。重点抓好以下四方面工作：

第一，围绕推动双拥工作科学发展，进一步明确和落实组织领导责任。各级党委、政府和部队领导机关，要把双拥工作纳入经济社会发展和部队建设的总体规划，摆上重要议事日程，做到组织机构健全、目标任务明确、工作制度完善、服务网络齐备，努力形成“军地齐动、上下联动、整体推动”的良好工作局面。党政军主要领导要以身作则、率先垂范，以实际行动影响和带动双拥工作。各级双拥工作领导小组要加强对双拥工作的组织领导，定期分析形势，及时研究确定重要事项、解决重大问题，在制定出台政策、安排部署工作、筹划开展活动等方面切实履行好组织、协调、指导的基本职能。各级双拥工作领导小组成员单位要充分发挥自身优势，按照各自职能分工，扎实做好职责范围内的工作。各级双拥办要加强与军地有关部门和单位的沟通联系，认真做好组织协调和联络服务工作。

第二，围绕“两个服务”，加大双拥工作力度。军地双方要牢固树立经济建设与国防建设统筹兼顾、协调发展的思想，牢固树立相互支持、同步增强的观念，围绕服务“加快转型升级、建设幸福广东”这个核心任务，围绕服务部队应对多种安全威胁、完成多样化军事任务需要开展双拥工作，加强工作继承创新，推动双拥工作开创新局面。各地要全面落实各项优抚安置政策，切实维护好广大官兵的根本权益，切实解决好广大官兵关心的热点、难点问题；要不断探索在深化改革、扩大开放和大力发展社会主义市场经济条件下开展双拥工作的形式和内容，推进拥军工作由为部队提供一般性的服务向为战备行动解难题转变，由解决一般实际困难向保障提高部队“打赢”能力转变，由靠行政领导推动向依靠法规政策开展工作转变。驻粤各部队要发挥组织严密、突击力强和科技人才优势，积极投身到地方经济建设的大潮中去，加大定点扶贫、集团扶贫、开发式扶贫和科技、教育、医疗扶贫力度，大力支持我省革命老区、山区和经济欠发达地区的经济建设；进一步增强抢险救灾工作的预见性和操作性，主动承担重大自然灾害抢险救援等急难险重任务，切实做好抢险救灾工作。

第三，围绕贯彻中央加强新形势下国防教育工作部署，更加深入持久地开展国防和双拥宣传教育。全省各地各部队要全面落实中共中央、国务院、中央军委《关于加强新形势下国防教育工作的意见》，以建设社会主义核心价值体系、凝聚军政军民团结为着力点，把国防教育和双拥宣传纳入全民教育体系，使人民群众爱国拥军、情系国防，人民军队听党指挥、服务人民、英勇善战的优良传统牢牢扎根在广大军民的思想中。要大力宣传军政军民团结在有效应对各种突发事件、保稳定保民生促发展中的重要作用，进一步激发广大群众和部队官兵的热情和斗志。要认真总结在双拥工作中涌现出的先进典型和成功经验，引导群众牢固树立“没有一个人民的军队，便没有人民的一切”的思想，把支持国防和军队建设作为每一个公民义不容辞的责任。要引导官兵牢固树立“军队打胜仗，人民是靠山”的思想，充分认识人民军队源于人民、服务人民的本质，爱人民、学人民、为人民。

第四，围绕提高双拥共建整体水平，扎扎实实推进创建双拥模范城（县）活动。要按照巩固成果、完善机制、提高质量、务求实效的要求，建立健全动态管理制度，进一步完善激励机制，推动双拥模范城（县）创建活动广泛深入开展。要突出实践特色，把功夫下在平时，把重点放在基层，不断创新活动载体，不断拓宽工作领域和范围，不断扩大双拥工作基础。要推动双拥工作进企业、进乡村、进机关、进学校、进社区、进连队，继续探索行业拥军、社区拥军、新经济组织和新社会组织拥军的新路子、新办法。要注重培育体现时代精神的共建典型，大力宣传双拥模范和先进典型的优秀事迹，充分发挥他们的引领示范作用，引导各行各业向他们学习，进一步调动全社会的积极性。

同志们，做好新时期的双拥工作，任务艰巨责任重大、使命光荣。让我们更加紧密地团结在以胡锦涛同志为总书记的党中央周围，高举中国特色社会主义伟大旗帜，以邓小平理论和“三个代表”重要思想为指导，深入贯彻落实科学发展观，加强团结，开拓进取，扎实工作，不断谱写双拥工作科学发展新篇章，为巩固和发展同呼吸、共命运、心连心的新型军政军民关系，为贯彻落实“加快转型升级、建设幸福广东”核心任务和推动军队现代化建设作出新的更大的贡献！

同志们，再过 5 天就是元旦，再过 27 天就是春节，在这里，我代表省委、省政府、省军区祝大家“两节”快乐，工作顺利，阖家幸福！

广东省省长黄华华在2011年军政迎新春茶话会上的讲话

（2011 年 1 月 29 日）

尊敬的汪洋书记、徐粉林司令员、张阳政委，各位领导、同志们：

值此新春佳节即将到来之际，广东省委、省政府在这里隆重举行军政迎春茶话会，同叙鱼水深情，共商双拥大计。在此，我谨代表省委、省政府，对参加茶话会的部队领导和同志们，并通过你们向驻粤人民解放军、武警部队、民兵预备役部队全体官兵和全省烈军属、残疾军人、转业复员退伍军人、军队离退休干部，致以崇高的敬意和节日的问候！

刚刚过去的“十一五”时期，是我省发展史上极不平凡的五年，也是我省改革开放和现代化建设取得新的重大成就的五年。面对国际金融危机的严重冲击，面对超强台风、特大暴雨洪涝、低温雨雪冰冻等自然灾害的严重影响，在党中央、国务院的正确领导下，省委、省政府团结带领全省人民深入贯彻落实科学发展观，全面实施珠三角《规划纲要》，大力推进“三促进一保持”，坚定不移调结构，脚踏实地促转变，扎扎实实惠民生，办成了一系列大事，办好了一系列喜事，办妥了一系列难事，推动经济社会平稳较快发展，圆满完成“十一五”和2010年的各项目标任务，在科学发展轨道上迈出新的可喜步伐。2010 年全省生产总值达45473亿元，比上年增长12.2%，是2005年22557亿元的2倍，先后超过了新加坡、中国香港和中国台湾。人均生产总值达46821元，折合约7000美元，进入中等收入国家地区行列。财政总收入达11842亿元，比上年增长30.8%，是2005年4432亿元的2.7倍，年均增长1482亿元。地方一般预算收入4516亿元，增长23.8%，是2005年1807亿元的2.5倍，年均增长542亿元。城镇居民人均可支配收入和农村人均纯收入分别达23898元和7890元，分别比上年增长10.8%和14.2%，五年年均保持两位数增长。五年新增就业986万人，城镇登记失业率控制在3%以内。人民福祉不断增强，社会保持和谐稳定。特别是在去年圆满成功举办广州亚运会和亚残运会，实现了办一届具有“中国特色、广东风格、广州风采”亚运会、亚残运会的目标，展示了我国我省改革开放成就和良好国际形象，增进了与亚洲各国各地区的了解和友谊。

在保持经济社会平稳较快发展的同时，我们积极推进国防建设，认真做好双拥工作，取得了显著成效。一是拥军优属工作扎实有效。五年来，全省各级政府支持军队建设资金近50亿元，帮助部队改善训练场地、生活设施、自动化指挥设施和信息化建设，支持部队建设项目3000多个。其中2010年各级政府支持军队建设资金18亿元，安置随军家属2000多人，安排子女入学5000多人。广泛开展了科技、文化、智力、法律拥军等活动，为做好军事斗争准备培养了一批高素质新型军事人才。二是优抚安置保障体系逐步完善。认真落实各项拥军优抚安置政策，军队转业干部、退役士兵、军休人员得到妥善安置。根据中央要求，进一步提高我省各类重点优抚对象的抚恤补助标准，全面建立将重点优抚对象全员纳入医保、医疗机构优惠减免、政府适当补助的新型优抚医疗保障制度，普遍实行优抚医疗费“一站式”结算服务。深入开展“十百千万关爱功臣”行动，免费为全省重点优抚对象开展“关爱功臣送医送药”活动。在全国率先对退役士兵实行不分城乡免费安排接受2年以上职业技能培训、促进就业的安置改革。五年来，全省共接收退役士兵12万多人，安置军休人员3000多人，安置转业干部1.8万多人，退役士兵参加技工学校、中等职业技术学校培训总人数达4万多人，得到党中央、国务院和中央军委领导的充分肯定。三是宣传教育广泛深入。以庆祝“八一”建军节、国庆节等重大节庆日为契机，广泛开展双拥宣传和国防教育，营造了浓厚的双拥工作氛围。2008年省双拥办组织摄制的表现改革开放以来我省双拥工作实践的电视纪实专题片《红棉红、长城长》，在军地各基层单位播放后，深受广大军民欢迎。目前，我省与八一电影制片厂、中央电视台等单位联合摄制的国内首部双拥题材20集电视连续剧《国事家事》已全面完成摄制工作。四是共建活动成果丰硕。深入开展创建双拥模范城（县）活动，进一步提高双拥工作的整体水平。全省有15个城市（县）被评为全国双拥模范城（县）、90个城市（县）被评为省双拥模范城（县）。完善社会化拥军体系，扩大非公组织参与双拥共建活动的覆盖面，军民共建领域不断拓展，共建活动的规模和质量不断提升。全省军民共建点发展到6000多个，90%以上被县级以上党委、政府评为先进单位。去年双拥模范城（县）评比试点经验被全国双拥工作领导小组推广。

广东经济社会发展取得的成绩，与驻粤人民解放军、武警部队、民兵预备役部队的关心支持是密不可分的。长期以来，驻粤部队在完成战备、训练和执勤任务的同时，始终牢记全心全意为人民服务的宗旨，继承和发扬拥政爱民的光荣传统，视人民如父母、把驻地当故乡，自觉服从和维护改革发展稳定大局，积极支持和参与我省的经济社会建设，在重点工程建设、抢险救灾、扶贫帮困、维护治安、新农村建设等方面作出了重要贡献。特别是在抗击低温雨雪冰冻灾害、超强台风和暴雨洪涝灾害、支援四川汶川抗震救灾、参与广州亚运会和亚残运会安保等重大关键时刻，人民子弟兵勇挑重担，冲锋在前，以实际行动展现了特别能吃苦、特别能战斗、特别能奉献的顽强作风和英雄形象，充分发挥了主力军和突击队的作用，谱写了新时期拥政爱民的动人篇章。实践充分证明，广大官兵无愧为地方经济社会建设的生力军、抢险救灾的先锋队、社会稳定的守护神。在此，我代表省委、省政府和全省人民，再次向驻粤人民解放军、武警部队、民兵预备役部队官兵表示衷心的感谢和崇高的敬意！

“十二五”时期是我省全面建设小康社会、率先基本实现社会主义现代化的关键时期，也是我省深化改革开放、加快转变经济发展方式的攻坚时期。我们将在党中央、国务院的正确领导下，高举中国特色社会主义伟大旗帜，深入贯彻落实科学发展观，以科学发展为主题，以加快转变经济发展方式为主线，抓住加快转型升级、建设幸福广东这个核心，解放思想、改革创新、先行先试，积极实施扩大内需战略、自主创新战略、人才强省战略、区域协调发展战略、绿色发展战略、和谐共享战略，全面实施珠三角《规划纲要》，推动率先全面建成小康社会、率先基本实现社会主义现代化取得决定性进展，朝着建设提升中国国际竞争力的主力省、探索科学发展模式的试验区、发展中国特色社会主义的先行地的目标迈出重大步伐，真正当好推动科学发展、促进社会和谐的排头兵。今年全省生产总值增长预期目标为9%左右，人均生产总值增长8%左右。在具体工作中，我们将做到“六个突出”：突出加强经济结构调整、突出提升自主创新能力、突出统筹城乡区域协调发展、突出加强以改善民生为重点的社会建设、突出提升文化软实力、突出深化改革开放。

各位领导、同志们：实现上述目标任务，需要全省人民的共同努力，需要驻粤人民解放军、武警部队、民兵预备役部队一如既往的关心支持。我们将继续加强国防建设，加大对做好军事斗争准备的支持力度，广泛开展科技拥军、智力拥军、文化拥军、教育拥军等活动，协助培养高素质新型军事人才，促进部队战斗力的提高。与此同时，继续抓好拥军优抚安置政策的落实，切实解决好转业复员退伍军人安置、随军家属就业、军人子女入学入托、重点优抚对象生活保障等问题，维护军人和优抚对象的合法权益。继续深入开展创建双拥模范城（县）和军（警）民共建社会主义精神文明活动，进一步巩固和发展军政军民团结的大好局面，谱写我省双拥工作科学发展的新篇章。

让我们更加紧密地团结在以胡锦涛同志为总书记的党中央周围，深入贯彻落实科学发展观，充分发扬拥军优属、拥政爱民的光荣传统，解放思想，携手并肩，开拓创新，扎实工作，为加快转型升级、建设幸福广东，加快促进国防和军队现代化而努力奋斗！

最后，我代表省委、省政府给大家拜个早年，祝大家春节愉快、身体健康、工作顺利、阖家幸福！

谢谢大家！

广西壮族自治区党委书记郭声琨在自治区党政军迎春座谈会上的讲话

（2011 年 1 月 28 日）

同志们：

今天，我们在这里举行自治区党政军迎春座谈会，大家欢聚一堂，共庆新春佳节，共叙军民鱼水情谊，共绘双拥工作蓝图，共谋军地携手发展。首先，我谨代表自治区党委、政府，向驻桂人民解放军和武警部队全体官兵，向全区烈军属、革命伤残军人、军队离退休干部、转业复员退伍军人以及预备役军人，致以亲切的问候和良好的祝愿！祝大家新年好！

刚刚过去的 2010 年，是我区实施“十一五”规划和“科学发展三年计划”的决胜之年，也是战胜困难和挑战、收获丰硕成果的喜悦之年。面对错综复杂的内外形势，面对国际金融危机和严重自然灾害的严峻考验，全区各族人民在党中央、国务院的正确领导下，沉着坚定、奋力开拓，攻坚克难、锐意进取，夺取了抗击严重旱涝等自然灾害斗争和改革发展的双胜利，保持和扩大了经济社会发展的良好势头。据初步统计，2010 年全区实现生产总值9502.39 亿元，增长 14.2%，高于全国平均水平 3.9 个百分点；财政收入 1228.75 亿元，增长 27.1%；全社会固定资产投资 7859.07 亿元，增长 37.7%，高于全国平均水平 13.9 个百分点；社会消费品零售总额3271.81 亿元，增长 19.0%，高于全国平均水平 0.6 个百分点；招商引资实际到位资金 3600 亿元，增长 47%；外贸进出口总额 177.06 亿美元，增长 24.3%；城镇居民人均可支配收入 17064 元，增长 10.4%；农民人均纯收入 4543 元，增长 14.1%。在经济社会加快发展的同时，生态环境保护也得到进一步加强，全区森林覆盖率达到 58%，居全国第 4 位；14 个设区城市环境空气质量达到二级标准以上的天数平均达 353 天以上，集中式饮用水源地水质达标率平均值达到 98.8%；65 个河流断面中，有 63 个断面的水质达到或优于Ⅲ类水标准，占断面数的96.9%；沼气池入户率达 46.4%，居全国第 1 位。去年改革发展取得的重大成就，为“十一五”规划和“科学发展三年计划”

画上了圆满句号，使我区在“十一五”期间实现了地区生产总值、人均生产总值、财政收入、工业增加值、服务业增加值、规模以上工业企业利润总额、全社会固定资产投资、社会消费品零售总额、外贸进出口总额、实际利用外资、金融机构存款余额、金融机构贷款余额“十二个翻番”，综合实力跃上了一个新台阶。全区各族人民用勤劳和智慧、用激情与拼搏，谱写了我区改革发展稳定的新篇章。当今的广西，北部湾畔千帆竞发，西江水道百舸争流，红色土地活力迸发，千里边疆安如磐石，各族人民团结和睦，正以崭新的面貌崛起于祖国南疆！这一成绩，来之极为不易，这是党中央、国务院正确领导的结果，是全区各级党委、政府和各族干部群众艰苦奋斗的结果，也是驻桂部队广大官兵大力支持帮助的结果。

在过去的一年里，驻桂人民解放军和武警部队官兵坚决贯彻执行党中央、中央军委和胡主席的重要指示精神，在圆满完成各项军事任务、全面加强自身建设的同时，大力支持和参与地方建设。特别是在我区遭受历史罕见的严重旱涝以及台风、泥石流等自然灾害的关键时刻，驻桂人民解放军和武警部队官兵迅速调集力量奔赴抗灾救灾第一线，冲锋在前，吃苦在前，奉献在前，发挥了中流砥柱的作用，展现了忠诚之师、文明之师、威武之师、胜利之师的良好形象。在此，我代表自治区党委、政府和全区各族人民，向驻桂人民解放军和武警部队官兵，表示衷心的感谢和致以崇高的敬意！

回顾过去，我们无比自豪；展望未来，我们信心百倍。当前，广西已进入加快发展的“黄金期”，特别是今年是中国共产党成立90周年，是全面实施“十二五”规划开局之年，也是广西实现生产总值跃上万亿元大关的攻坚决战之年，做好今年的工作，意义重大、责任重大。在新的一年里，我们将紧紧抓住重要战略机遇，深入贯彻落实科学发展观，牢牢把握科学发展这个主题和加快转变经济发展方式这条主线，更加奋发有为地推进改革开放和现代化建设，确保实现生产总值超万亿元，努力开创科学发展、和谐发展、跨越发展新局面。实现既定发展目标，需要全区上下同心同德、携手奋进，也需要驻桂人民解放军和武警部队官兵一道团结协作、并肩战斗。我们衷心希望驻桂人民解放军和武警部队一如既往地关心支持广西经济社会发展。全区各地各部门要坚持动真情、办实事、解难题，带着感情、带着责任、带着优良作风认真做好拥军工作，继续巩固心连心、同呼吸、共命运的军政军民关系，为推动驻桂部队全面建设、为加快“富民强桂”新跨越而共同努力！

广西壮族自治区党委书记郭声琨在自治区双拥模范城（县、区）命名暨双拥模范单位和双拥模范个人表彰大会上的讲话

（2011年7月29日）

在中国人民解放军建军84周年即将到来之际，我们在这里隆重举行自治区双拥模范城（县、区）命名暨双拥模范单位和个人表彰大会。首先，我代表自治区党委、政府和广西军区，向荣获表彰命名的双拥模范城（县、区）以及双拥模范单位和个人表示热烈的祝贺！向驻桂人民解放军和武警部队、民兵预备役广大官兵，以及烈军属、革命伤残军人、转业复员退伍军人、军队离退休干部表示诚

挚的问候！向长期以来关心支持我区双拥工作的全国双拥工作领导小组、民政部、广州军区以及社会各界人士表示衷心的感谢！

我区历来有着拥军优属、拥政爱民的光荣传统。近年来，全区各级党委、政府和驻桂部队深入贯彻落实科学发展观，坚持经济建设与国防建设协调发展，以服务改革发展大局和军事斗争准备为中心，以争创“双拥模范城（县、区）”为动力，深入推进军民共建，双拥工作实现了在继承中创新、在巩固中提高、在改革中发展，有力促进了我区政治稳定、经济发展、边疆安宁、社会和谐，有力促进了驻桂部队现代化建设和战斗力提高。特别是今年4月13日，柳州、河池、来宾三地干部群众合力营救受伤空军飞行员的感人事迹，谱写了新时期军政军民团结的动人凯歌，生动体现了“军爱民、民拥军、军民团结一家亲”的军政军民关系。驻桂部队广大官兵视驻地为故乡、把人民当亲人，为广西改革发展稳定作出了重要贡献，特别是在重点工程项目建设、抢险救灾等方面发挥了中流砥柱作用，全区各族人民切身感受到部队广大官兵不愧为人民的子弟兵，不愧为新时期最可爱的人。实践充分证明，坚如磐石的军政军民团结，始终是我们战胜困难、应对挑战、夺取胜利的重要保证和动力源泉。

在新的形势下，我们要进一步充分认识做好双拥工作的重要意义。双拥工作事关国防和军队建设，事关改革发展稳定，事关边疆巩固安宁。胡锦涛总书记在“七一”重要讲话中强调指出：“我们必须统筹经济建设和国防建设，走中国特色军民融合式发展路子，在全面建设小康社会进程中实现富国和强军的统一。”要求巩固和发展军政军民团结。胡锦涛总书记这一重要讲话，为做好新时期双拥工作指明了前进方向，提出了明确要求。我们一定要站在全局和战略的高度，充分认识加强军政军民团结的极端重要性，切实增强发展意识、国防意识和双拥意识，坚持以科学发展观统领双拥工作，推动双拥工作深入开展，巩固发展心连心、同呼吸、共命运的军政军民关系，推动形成“围绕发展抓双拥、抓好双拥促发展”的工作格局，努力实现富民强桂和兴武强军的有机统一。

在新的形势下，我们要不断推进军民融合式发展。各级党委、政府和有关部门要把支持国防和军队现代化建设作为义不容辞的责任，把经济社会发展与国防和军队现代化建设有机结合起来，坚持军地互动、军民兼容、平战结合，充分发挥军地双方优势，强化融合发展意识，拓宽融合发展途径，在更高层次、更大范围、更深程度上实现军民融合式发展。驻桂部队要牢固树立“人民军队为人民”的思想，在完成战备、训练和执勤任务的前提下，继续发挥组织严密、作风扎实、突击力强的优势，大力参与地方建设，主动融入地方改革发展。

在新的形势下，我们要在抓落实、解难题、办实事上下功夫。各级党委、政府和有关部门要紧紧围绕军地中心任务，坚持不懈为部队办实事、解难事，尤其要进一步做好拥军优属工作，落实和完善军队转业干部、离退休干部和退役士兵安置等各项政策，积极解决随军家属就业、军人子女入学、优抚对象政策待遇、现役军人涉法维权等现实问题，主动帮助部队解决实际困难，减轻官兵后顾之忧，为部队的建设与发展创造良好的外部环境。驻桂部队要主动在完成急难险重任务中发挥突击作用，在构建和谐社会中发挥带头作用，在增进军政军民团结中发挥纽带作用，在加强精神文明建设中发挥示范作用。

在新的形势下，我们要切实加强对双拥工作的领导。各级党委、政府和驻桂部队领导机关，要加强和改进对双拥工作的领导，把双拥工作纳入经济社会发展和部队建设的总体规划，党政军主要领导要以身作则、率先垂范，带头参加双拥活动。各级双拥工作领导小组和双拥工作领导小组成员单位要充分履行职能，发挥各自优势，加强协作配合，形成做好双拥工作强大合力。要进一步推动双拥工作社会化，广泛动员社会各方面力量积极参与双拥共建，深入开展群众性双拥工作活动，加强双拥工作舆论宣传，在全社会营造关心双拥、支持双拥、参与双拥的浓厚氛围，形成“党政一把手亲自抓，分管领导具体抓，各部门齐抓共管，全社会共同参与”的双拥工作新格局。要继续抓好双拥模范城（县、区）创建工作，提高创建工作整体水平。

同志们，做好新形势下双拥工作使命光荣、责任重大。让我们紧密团结在以胡锦涛同志为总书记的党中央周围，深入贯彻落实科学发展观，发扬成绩，开拓进取，扎实工作，努力开创我区双拥工作新局面，为实现富民强桂新跨越和推动驻桂部队新发展作出新的更大贡献！

广西壮族自治区主席陈际瓦在全区双拥模范城（县、区）命名暨双拥模范单位和个人表彰大会上的讲话

（2011 年 7 月 29 日）

这次全区双拥模范城（县、区）命名暨双拥模范单位和个人表彰大会的主要任务是总结经验、表彰先进、部署工作。等一会儿，郭书记将对做好下一步双拥工作提出明确要求，我们要认真学习，抓好贯彻落实。下面，我就 2008 年以来全区双拥创建工作开展情况作如下报告。

近年来，我区各级党委、政府和驻桂部队深入贯彻落实科学发展观，认真贯彻落实党中央、国务院、中央军委关于加强军政军民团结的一系列决策部署，紧紧围绕全面建设小康社会、做好军事斗争准备和部队现代化建设这个中心，以争创双拥模范城（县、区）为动力，坚持在继承中发展，在创新中提高，统筹规划，扎实推进，双拥工作协调发展、整体推进、全面提高，巩固和发展了新型和谐的军政军民关系，有力维护了我区改革发展稳定的大好局面，有力促进了部队现代化建设。

一、高度重视，精心部署，双拥创建工作形成新格局

各级党委、政府和驻军始终把双拥创建工作作为一项事关全局的战略任务，作为“一把手”工程纳入经济社会发展和部队建设的总体规划，摆上重要议事日程。自治区、市、县、乡镇、社区均成立了双拥工作领导机构，形成了以双拥工作领导小组为核心，以有关职能部门为骨干，以基层群众性双拥服务组织为基础，上下贯通、运转灵活、办事高效、落实有力的双拥工作组织网络。各级领导、各有关方面负责同志切实加强对本地区本单位双拥工作的领导和指导，协调解决军民普遍关注的热点难点问题。工作机制进一步健全，党委议军、军地联席会、双拥领导小组会、走访慰问、命名表彰等工作制度以及双拥议事协调机制进一步完善。各级双拥工作领导小组切实履行职责，加强组织协调，加强工作指导。领导小组各成员单位把双拥工作与业务工作结合起来，保证双拥各项任务在本单位、本系统落到实处。各级双拥办切实加强自身建设，提高具体协调落实能力，推动双拥工作广泛、持久、深入开展。

二、强化宣传，达成共识，双拥创建工作再造新氛围

各级党政军机关高度重视国防双拥宣传教育，建立健全国防教育领导机构，把国防双拥宣传教育纳入国民教育体系和部队教育计划，有针对性地开

展以爱国主义为核心的国防教育和双拥光荣传统教育。充分发挥阵地优势，充分利用新闻媒体，充分利用重大节日，广泛开展双拥宣传教育活动。突出宣传教育的全民性、针对性、多样性、灵活性，利用领导干部参加“军事日”活动、学生和企业员工参加军训、驻军官兵参观爱国主义教育基地以及在党校开设国防课等形式，采取邀请军事院校专家学者集中授课、将双拥法规政策编入学校教材、组织中小学生参观军营、慰问烈军属、举办国防教育书画展、加强爱国主义教育基地建设、开展形式多样的主题教育系列活动等办法，进一步创新宣传教育形式，丰富双拥宣传内容，广大军民的国防知识和国防观念大大增强，拥军优属、拥政爱民的思想观念进一步深入人心。全区共有 5 万多名军地领导干部参加“军事日”活动，刊发国防双拥文章 4300 多篇，举办国防知识竞赛 900 多场次，英模报告会、传统教育报告会 2100 多场次，双拥图片（摄影）展览 300 多次，累计受教育达 580 多万人次。全区先后建立爱国主义和国防教育基地 2000 多个，投入 7000 多万元，改造 11 个边境烈士陵园。柳州市投入 1300 多万元，建成我区唯一一个集国防和军事知识传播、武器装备展示的综合性双拥国防教育园——柳州军事博物园，自 2011 年 5 月 31 日揭牌以来，接待游客 10 多万人次，已成为广大市民特别是青少年学生接受国防教育的新载体。

三、双向服务，互助共建，双拥创建工作再注新内容

各地坚持用科学发展观统领双拥工作，把创建工作与军民共建有机结合起来，不断赋予共建工作新的时代内涵。全区军民共建活动主题鲜明，内容丰富，从传统的走访慰问、来往共建，发展成为包括思想共建、政治共建、科技文化共建等多种形式的全面共建，建成了一批“双拥”街道、“双拥”列车、“双拥”公交线、社会主义新农村、文明社区、平安校园等双拥示范新亮点。特别是在开展军民共建社会主义精神文明活动中，摸索出了“宣传教育联抓、公益事业联做、人才培养联手、文体活动联谊”等共建形式，有力地推动了军民共建工作的创新发展。全区共有 3150 个军民共建对子，75% 以上的共建对子受到县（团）以上单位的表彰。全区 450 个援建单位（或个人）为 180 个连级（中队）赠送了共计 90000 多册图书，促进了争做学习型军人、创建学习型军营、共建学习型社会等活动的深入开展。驻桂部队在创建“右江百里文明河谷”、“千里文明山川”、“一江三路”和军民共建社会主义新农村等军民共建活动中，充分发挥部队官兵和民兵的模范带头作用，驻地群众的思想素质和文明素养得到了不断提高。特别值得大书特书的是，今年“4·13”柳州、河池、来宾三地干部群众全力营救空军飞行员的英雄壮举，充分体现了我区双拥创建工作的良好成效，是“人民军队人民爱，人民军队为人民”优良传统在新时期的升华。

四、整合资源，加大投入，拥军优属工作再现新亮点

各级党委、政府把加强国防和军队建设、不断提高部队战斗力作为双拥工作的重要内容，统筹各方力量，整合社会资源，加大投入力度，在支持部队完成军事训练、战备执勤、营区建设、后勤保障等方面做了大量卓有成效的工作，有力地推进了部队的正规化建设。2008 年以来，全区共投入国防和部队基础设施建设经费近 6.5 亿元，帮助驻桂部队解决营房改（扩）建、军事训练、战备值勤和生产生活等方面的实际困难；安排 4095 万元补贴驻桂部队的粮油和水电气支出，划拨“菜篮子”工程、基建用地 3000 多亩支持部队建设。各大中专院校、科研院所充分发挥自身优势，大力开展科技拥军、智力拥军，支持部队实施科技强军战略，积极为部队培养储备高素质人才。2008 年以来，为部队开办各类科技培训班 1200 多个，培训部队官兵近 2 万名，培养本科以上各类急需人才 800 多名，军地科研协作 30 多项。积极配合部队体制、编制调整改革，及时制定完善相关配套政策，千方百计挖掘安置资源，高质量地安置好军转干部；不断深化退役士兵安置改革，积极引入市场竞争机制，大力推进城镇退役士兵自谋职业和农村退役士兵自主创业；移交地方安置管理的军队离退休干部和无军籍退休退职职工政治生活待遇得到较好落实；全区绝大部分市（县、区）建立了重点优抚对象抚恤补助标准自然增长机制，将符合条件的优抚对象全部纳入城市居民最低生活保障范围，较好地保障了优抚对象的生活；开展“爱心献功臣”行动，募集资金6000多万元，帮助近万名重点优抚对象解决了生活、住房和医疗困难等问题；对未就业的随军家属给予适当生活补助；对优抚对象通过提高生活补助标准、实施困难救助、实行医疗费用减免、补助改造危旧房等优抚安置政策，解决了他们的实际困难，得到了优抚对象的充分肯定。

五、情系驻地，心系群众，拥政爱民工作再创新局面

驻桂部队官兵坚持“把驻地当故乡、视人民为父母”，结合创建文明城市、文明村镇、文明行业等活动，积极投身广西改革开放和现代化建设。驻桂部队深入发动官兵，积极参与我区社会主义新农村建设，完成援建、共建项目25类105个，协调、投入资金500多万元。2008年以来，全区6万多部队、民兵预备役人员参加了“城乡清洁工程”活动，为创建文明城市作出了积极贡献。驻贵港75130部队在保证部队训练、建设不受影响的情况下，主动划出部队用地支持南广高速铁路建设。贵港军分区积极动员广大民兵预备役人员参加南广高速铁路、贵港至梧州高速公路等重大项目建设，为加快项目建设进度，促进地方经济发展作出了应有的贡献。主动承担急难险重任务，在2008年年初的抗击雨雪冰冻灾害、“5·12”汶川特大地震抗震救灾和2010年抗击百年不遇的旱灾中，驻桂部队共出动兵力42746人次，车辆11983辆次，飞机41架次，发射增雨弹100多枚，救助群众232万人次，送水和各类救灾物资27300吨，修建水渠149.61公里，灌溉农田3.1万亩，捐款861.36万元，扑灭山火65起，打赢了雨雪冰冻灾害投送物资、唐家山堰塞湖导流明渠开挖作业和防洪抗旱帮助受灾群众排忧解难等一场又一场漂亮仗，为保护人民群众生命财产安全作出了突出贡献。积极投入我区重大活动安保工作，圆满完成了历届中国—东盟博览会及商务与投资峰会、中越青年大联欢活动、北部湾和泛珠论坛等重大活动安全保卫任务。大力开展扶贫帮困、捐资助学活动，驻桂部队建立挂钩扶贫点134个，扶贫帮困小组557个，帮扶贫困群众3.7万多户，为扶贫点联系扶贫项目139个。深入开展“一帮一”、“多帮一”活动，直接资助8350多名失学儿童重返校园，为32所希望小学捐赠了价值47.6万元的教学设备。积极参与社会治安综合治理，特别是在巩固边疆、维护社会稳定方面，驻地军警部队积极参与联防联控，严厉打击跨境走私、贩毒、赌博等活动，严防境外敌对势力“闯关”。尤其是在北京奥运会、残奥会、国庆60周年大庆、自治区成立50周年大庆等重大活动、敏感时期，广大官兵坚守岗位、不辞劳累、日夜巡逻，积极履行“保护神”的职责，为确保边疆安宁、社会和谐稳定作出了贡献。驻防城港、百色、崇左等边海防部队针对边境勘界立碑出现的新情况，对边境实施军警民联建、联管、联控、联防，加大了对边境的管控力度，有效维护了边境的稳定和边民生产生活安全。

在充分肯定我区双拥工作取得显著成绩的同时，也要看到存在的不足和困难。主要是，双拥工作发展还不够平衡，“重拥军、轻优属”的现象还不同程度存在；在创建工作上重“评时”，轻“平时”；在组织上，少数地方双拥机构、人员还不健全，有的经费投入还不到位；等等。对这些问题和不足，在今后的工作中我们要采取更有针对性的措施，切实加以解决。

下一步，各地要以这次命名表彰为契机，以现有的成绩为起点，以取得的荣誉为动力，认真贯彻落实郭声琨同志的讲话精神，进一步端正对创建双拥模范城（县）活动的认识，把军地发展共受益、军民共同得实惠，促进军民融合式发展作为双拥工作、创建活动的根本出发点和落脚点，把握国防和军队建设及地方发展的新需求，尽最大努力做好服务保障工作，真正把功夫用在经常性的工作上，切实抓好各项双拥工作任务落实。一要强化领导意识、责任意识和宣传意识这“三种意识”，切实加强组织领导，落实工作责任，做好舆论宣传，营造良好的双拥氛围。二要突出做好群众性拥军优属工作，推动双拥工作社会化；广泛开展军民共建活动，推动双拥工作在基层的发展；建立完善双拥政策法规，推动双拥工作制度化、法制化这“三个重点”，提高双拥工作整体水平。三要协调好军政关系、军民关系、国防建设和经济建设关系这“三种关系”，促进军政军民团结。

同志们，我们一定要以这次命名表彰大会为新的起点，开拓进取，扎实工作，力争在新一轮全国双拥模范城（县）创建中再创佳绩，推动我区双拥创建工作再上新台阶！

广西壮族自治区主席陈际瓦在自治区双拥工作领导小组第二十一次全体会议上的讲话

（2011年5月10日）

同志们：

这次自治区双拥工作领导小组全体成员会议的主要任务是，总结回顾2010年我区双拥工作情况，审议新一轮自治区双拥模范城（县）和双拥模范单位、个人候选名单，研究部署今年的双拥工作。刚才，广西军区政治部副主任、自治区双拥办副主任黄善国同志就2010年我区双拥工作进行了总结，并提出了今年的工作要点；自治区人力资源和社会保障厅、自治区财政厅以及武警广西总队、空军南宁指挥所进行了工作述职；自治区民政厅厅长、自治区双拥办主任陈利丹同志对2010年我区作为全国双拥模范城（县）考评试点以及自治区双拥模范城（县、区）和双拥模范单位、个人检查评比工作的情况作了说明；大家认真审议并原则通过了新一轮自治区双拥模范城（县）和双拥模范单位、个人名单，下一步我们将专门召开大会进行表彰。这次会议的内容非常丰富，也十分重要，希望大家结合实际认真贯彻好会议精神，尽职尽责抓好落实。

2010年，我区双拥工作按照全国双拥工作的要点要求，在自治区党委、政府的坚强领导下，以全国双拥模范城（县）考评试点和创建新一轮自治区双拥模范城（县、区）为主线，广泛凝聚军民力量，积极克服各种困难，以爱国主义为核心的国防教育和双拥宣传日益深入人心，军民共建活动和创建双拥模范城（县、区）活动不断深入开展，各项双拥政策得到较好落实，双拥组织机构和工作机制得到加强，军地双方在各个领域的相互支持协作更加有力，军爱民、民拥军的鱼水情谊进一步巩固，党政军民同心同德，团结协作，融合发展，军政军民团结的大好局面不断巩固发展。

双拥工作是我党我军和我国各族人民在长期革命和建设实践中形成的优良传统，是我们党特有的政治优势，也是我们战胜困难、夺取胜利的法宝。

今年是中国共产党成立 90 周年，也是全面实施“十二五”规划的开局之年。做好今年的双拥工作，意义深远、责任重大。各地各部门要认真贯彻落实党中央、国务院、中央军委关于加强军政军民团结的一系列重要指示精神和推进军民融合式发展、加强军队和国防建设的重大战略思想，广泛开展国防和双拥宣传教育，深入开展双拥创建活动，切实维护社会大局稳定，努力提高部队战斗力，为推动我区经济社会又好又快发展和部队全面建设作出新贡献。

下面，我就进一步做好今年的工作，讲几点意见。

一、统筹服务好经济建设和国防建设，进一步提升服务和推动军民融合式发展水平

最近，胡锦涛总书记多次强调，要站在国家安全和发展战略全局的高度，坚持军民融合式发展，推动国防建设和经济建设良性互动，确保在全面建设小康社会进程中实现富国和强军的统一，确保军队有效履行新世纪新阶段历史使命。胡总书记的重要论述高瞻远瞩，内涵丰富，思想深刻，是我党我军着眼维护国家安全与发展利益，顺应国际国内形势深刻变化，立足我国国情，统筹国防建设和经济建设提出的重大战略思想、重大战略部署、重大战略举措。我们一定要认真学习、深刻领会、准确把握，紧密结合我区双拥工作、创建活动实际，创新理念，拓展思路，改进办法，扎实工作，更好地为促进军民融合式发展服务。

首先，要在深化对服务和推动军民融合式发展的认识上下功夫。服务和推进军民融合式发展，是党中央赋予双拥工作、创建活动的新任务，是新世纪新阶段对双拥工作、创建活动提出的新要求，是双拥工作、创建活动永葆活力的新举措，是军地双方的共同责任。推进军民融合式发展，实际上是在新的历史条件下进一步做好双拥工作，促进军政军民团结，使军地之间、军（警）民之间在更大领域、更广范围开展相互支持和合作，为经济社会的发展和部队战斗力的提升创造更好的条件。反过来说，军民融合式发展将为深化新的历史条件下的双拥工作开辟更为广阔的领域，增添更为现实的内容，提升更为有益的效果。新的历史条件下的双拥工作，应以推进军民融合式发展为牵引、为抓手。当前，我区正处于发展的关键时期。实现自治区党委九届十三次全会提出的“富民强桂”新跨越目标任务，迫切需要进一步凝聚全区军民力量，尤其离不开军民融合式发展，离不开军政、军民的坚强团结。各级党委、政府和驻桂部队要切实增强发展意识、国防意识和双拥意识，坚持不懈地做好双拥工作，进一步巩固心连心、同呼吸、共命运的军政军民关系，为服务和推动军民融合式发展作出新的更大贡献。

其次，要在把握服务和推动军民融合式发展的重点上下功夫。军民融合式发展的战略思想内涵十分丰富，其核心内容是发挥军地两个优势、整合军地两种资源、调动军地两个积极性，推动国防建设与经济建设协调发展。要突出重点，提升质量，拓宽军民融合发展领域，加快推进科技、经济、教育、人才等各个领域的合作，推动国防动员建设和经济建设深度融合、协调发展。一是要着眼经济发展大局，齐心协力维护社会和谐稳定。要整合军（警）地部队优势和力量，不断强化“随时准备遂行任务”的意识，以实战状态落实责任、过细工作，保证在关键时刻能够有效发挥作用。要在经济建设发挥生力军作用，踊跃参加和大力支持重点工程、重大项目等建设，积极投身公益事业，为经济社会发展献计出力。要在完成各种急难险重任务中发挥突击队作用，进一步完善各种预案，随时做好应急准备，确保人民群众生命财产安全。要全力配合地方做好打击各类犯罪、加强社会治安综合治理等方面的工作，把各种不稳定因素消除在萌芽状态，把突发问题处置在事发之前，努力维护社会稳定和边境安全。二是要着眼部队战斗力提高，进一步加大服务保障力度。要发挥地方科研人才优势加大科技拥军力度，围绕“强军、打赢”目标，把工作着力点转移到支持部队信息化建设上来。要加大支持部队演训力度，进一步健全拥军支前保障体系，完善支前工作预案。搞好场地、交通、通信等保障工作。要按照平战结合原则在基础设施建设中贯彻落实国防需求，加强军事设施保护工作和军供站建设等。三是要着眼军民军政团结，积极营造军民融合发展氛围。要广泛开展国防教育和双拥宣传，大力宣传胡锦涛总书记军民融合式发展的重要论述和精神实质，宣传好军（警）民在经济建设、政治建设、文化建设、社会建设、生态文明建设等方面取得的伟大成就，宣传军（警）民团结的好传统、好经验、好做法，不断强化军民融合观念和意识。

最后，要在健全服务和推动军民融合式发展运行机制上下功夫。要着眼长远，进一步健全军民融合发展运行机制。要着眼现实，拓宽军地沟通渠道，整合军地资源，拓展职能任务，规范各级双拥办机构设置，切实加强军民融合发展的组织领导。要严格依照新修订颁发的《双拥模范城（县）创建命名管理办法》和首次制定颁发的《全国双拥模范城（县）考评标准》，坚持“公平公正、平时为重、质量第一”的原则，建立健全双拥考核评比良性机制。要积极引导、培养树立我区军民融合发展的先进典型，创新军民融合发展的新路子、新经验、新模式，拓展融合范围，提升融合层次，提高双拥工作的总体水平。

二、以拥军社会化为突破口，推动我区双拥工作创新发展

推进拥军社会化是新形势下双拥工作适应政府职能转变和军队使命任务拓展的时代要求，是党委、政府，非公有制经济组织、社会组织和军队共同学习实践科学发展观的实际举措，是新的历史起点上推动军地团结，巩固、丰富和发展军政军民关系的现实需要，是大力弘扬双拥传统，把人民群众中蕴藏的巨大爱国拥军热情激发出来的有效途径。这些年来，我区社会化拥军工作得到了长足发展，但还存在一些新情况、新问题。比如，政策法规没有随着政府机构改革和社会新型组织的出现而及时调整完善；双拥工作社会化程度不高，群众参与双拥的积极性没有真正调动起来；激励机制不到位，一些部门、行业拥军优属工作简单化、物质化；随军家属安置落实难，涉军上访有所增加，一些问题还相对突出，等等。这些新情况、新问题都不同程度制约着我区社会化拥军工作的健康发展。我们要认真研究，拿出改革的精神和勇气，以拥军社会化为突破口，开拓创新，与时俱进，将我区社会化拥军工作推向深入。要统筹继承与创新，在巩固城市社区双拥工作站和服务网络的基础上，发展农村社区双拥工作站和服务网络；要统筹部门行业与非公组织的拥军工作，既要发挥部门行业优势，又要调动非公组织的积极性；要统筹军地基层的双拥工作，既要巩固发展部队的学雷锋小组、爱民工作队等队伍，又要推动地方拥军优属送温暖小组等军地基层组织发展。要坚持因地制宜，突出特色，立足军情、民情、社情，确定双拥工作社会化的载体、阵地、活动方式、运行模式；组织社会化双拥活动，要从军地最迫切需要解决的问题和能办到的事情入手，确定双拥重点，当前特别要通过思想观念、工作内容和工作方式的创新，不断创新解决双拥法规制度不完善、优抚安置政策难落实、问责激励机制不健全等重点、难点问题，以此推动我区双拥工作健康发展；要坚持发挥部门、行业、社团的专业优势，突出各自特色。要坚持多办实事、务求实效，力戒形式主义，多办军民看得见、摸得着的实事好事，多为军民谋福利；地方要针对军营和官兵的多种需要，广泛开展为部队及官兵解难的“暖军工程”；部队要根据社会群众需求多样化的情况，多办为民分忧的“爱民工程”。总之，要通过社会化拥军工作实践，促进军队现代化建设和军事斗争准备水平的提升，扩大一批社会组织的社会影响，增强双拥工作的政治效益、经济效益、军事效益和社会效益。

三、以创建活动为主线，全面提升双拥工作的质量水平

创建双拥模范城（县）活动是改革开放后双拥工作的一个历史性创造，是加强军政军民团结的有效途径和成功实践，是军民融合式发展的重要载体。多年来，我区各级党政军领导对创建双拥模范城这一载体高度重视，按照“巩固提高、创新发展”的方针，认真总结经验，不断丰富内容，努力拓宽领域，积极强化机制，充分调动广大军民参与的积极性，极大地推动了我区双拥工作的开展。特别是去年我区结合全国双拥模范城（县）考评试点，组织开展了创建新一轮自治区双拥模范城（县、区）检查验收评比工作，极大地调动了各级各部门参与双拥工作的积极性，进一步促进了机关与基层、部队和地方的双向交流，军地携手创先争优，有力推动了双拥工作向基层延伸，提升了双拥工作质量。去年在山东召开的全国省（区、市）双拥办主任会议暨拥军工作社会化现场交流会上，我区介绍了双拥模范城（县）考评试点的经验做法，得到了全国双拥办的高度肯定。但我们也要清醒地看到，我区双拥工作虽然取得了很大的成绩，但还存在许多问题，还有许多热点、难点问题需要我们去研究解决。比如，如何按照要求配齐配强双拥干部，建立顺畅、高效运行的双拥工作机制，以适应日益繁重的双拥工作任务需要；如何正确处理国防建设与经济建设的关系，适应新军事变革，支持部队搞好战场建设和军事演练；如何面对社会变革带来的利益关系调整，认真研究落实拥军优抚安置政策，做好转业复员退伍军人安置、随军家属就业安置、军人子女入学入托、重点优抚对象生活保障等方面的工作，及时化解不稳定因素；等等。这些问题都需要我们去认真研究解决。

今年是四年一届的全国双拥模范城（县）的命名表彰之年。这既是对我区双拥工作的一次全面检验，更是推动我区双拥科学发展的重大契机。军地各级各部门要高度重视，密切关注，共同关心，切实做好考核评比推荐工作，以抓创建活动为动力，真正把各项经常性双拥工作落到实处。要端正对创建双拥模范城（县、区）活动的认识，特别要深刻认识到创建双拥模范城（县、区）活动的最终目的是为了密切军政军民关系，增强军政团结，维护社会政治稳定，为提高生产力和战斗力提供坚强有力的保障，正确处理荣誉和工作的关系，明确荣誉和牌子要靠扎实的工作和优异的成绩去获得，靠形式主义、表面文章、不正当手段去获取荣誉、牌子，那是不可取的，也是十分有害的。要着眼军地发展共受益、军民共同得实惠，把促进军民融合式发展作为双拥工作、创建活动的根本出发点和落脚点，作为检验衡量双拥工作、创建活动成效的重要尺度和标准。要着眼破解广大军民普遍关注的热点、难点问题，大力提升双拥工作整体合力。要不断完善和全面落实双拥工作政策法规，帮助广大官兵和优抚对象解决实际困难。要把握国防和军队建设的新需求，尽最大努力做好服务保障工作。要以完善制度和机制为保障，着力形成齐抓共管的工作格局。

同志们，面对新形势新任务，我区双拥工作要紧紧围绕“富国强军相统一”的时代主题，以军民融合式发展的思路为指导，鼓足干劲，创新思路，拓宽领域，努力在支持国防和军队改革与建设上有新成效，在支援国家经济社会发展上有新建树，在破解双拥工作热点难点问题上有新作为，以优异的成绩向建党90周年献礼！

谢谢大家！

贵州省委书记栗战书在贵州省第七次双拥模范城（县）命名表彰大会上的讲话

（2011年3月31日）

尊敬的成都军区刘长银副政委，各位领导、同志们：

在全省党政军（警）民深入学习贯彻全国“两会”精神、全力以赴做好“十二五”开局之年各项工作的新形势下，今天省委、省政府、省军区隆重召开全省第七次双拥模范城（县）命名表彰大会，总结2007年以来全省双拥工作的经验，部署当前和今后一个时期我省双拥工作，新命名表彰一批双拥模范城（县）、双拥先进单位和先进个人。首先，我代表省委、省政府、省军区，向这次大会命名表彰的双拥模范城（县）、双拥先进单位和先进个人表示热烈的祝贺！向驻黔人民解放军、武警、边防、消防、警卫等部队官兵，以及全省烈军属、残疾军人、转业复员军人、军队离退休干部和广大民兵预备役人员表示亲切的慰问！

刚才，成都军区副政委刘长银同志作了重要讲话，对我们进一步做好全省双拥工作具有重要的指导意义，我们一定要认真学习、领会，切实贯彻落实。维光同志、武忠同志分别宣读了有关表彰决定，工作人员宣读了上级贺电，遵义市代表作了发言。富玉同志就全省双拥工作情况作了很好的报告，石晓同志代表驻军、武警等部队作了讲话，我完全赞同。下面，我着重就做好新的历史条件下的双拥工作、服务和推动军民融合式发展，讲三点意见：

一、深化对服务和推动军民融合式发展的认识，进一步重视做好双拥工作

坚持走军民融合式发展路子，是中国共产党总结我国长期以来推进军民结合、寓军于民历史经验得出的重要结论。早在新中国成立不久，毛泽东同志就明确提出了“军民结合、平战结合、以军为主、寓军于民”的重要思想。改革开放初期，邓小平同志在总结“寓军于民”实践经验的基础上，提出了“军民结合、平战结合、军品优先、以民养兵”的重要思想。20世纪90年代，面对国际国内出现的新情况、新问题，江泽民同志强调国防建设要与经济建设协调发展，要做到“两头兼顾、相互促进”，并提出了“军民结合、寓军于民、大力协同、自主创新”的重要思想。进入新世纪新阶段，胡锦涛总书记着眼维护国家安全与发展利益，顺应国际国内形势深刻变化，立足我国国情，提出“坚持军民融合式发展，推动国防建设和经济建设良性互动，确保在全面建设小康社会进程中实现富国和强军的统一”的重大战略思想。这一重大战略思想，是毛泽东、邓小平、江泽民三代中央领导集体军事战略思想的继承发展和创新，是新的历史条件下军队现代化建设的正确方向和必由之路，是科学发展的重要组成部分、题中应有之义，深刻体现和准确把握了人类社会在特定历史阶段的经济社会发展规律和军事斗争变化规律，高瞻远瞩，高屋建瓴，是极有创意和富有远见的。

军民融合，就是把军队、武警部队现代化建设融入到经济社会发展体系之中，全面推进军队、武警部队和地方在经济、科技、教育、人才等各领域的融合，在更广范围、更高层次、更深程度上把国防建设与经济建设结合起来，为实现军队、武警部队现代化提供丰厚的资源和可持续发展的基础。推进军民融合式发展，既有利于国防和部队现代化建设从经济社会建设中获得强劲的“助推器”，也有利于经济社会建设从国防和部队现代化建设中获得更加有力的安全保障和支持，确保国防建设与经济建设相互兼顾、相互促进、协调发展。

服务和推进军民融合式发展，是党中央赋予双拥工作的新任务，是新世纪新阶段对双拥工作提出的新要求，是双拥工作永葆活力的新举措，是军地双方的共同责任。推进军民融合式发展，实际上是在新的历史条件下进一步做好双拥工作，促进军政军民团结，使军地之间、军（警）民之间在更大领域、更广范围开展相互支持和合作，为经济社会的发展和部队战斗力的提升创造更好的条件，为富国强军不断提供强大的动力，为维护社会和谐稳定营造良好的环境。反过来说，军民融合式发展将为深化新的历史条件下的双拥工作开辟更为广阔的领域，增添更为现实的内容，提升更为有益的效果。新的历史条件下的双拥工作，应以推进军民融合式发展为牵引、为抓手。

贵州是革命老区，历来有着拥军优属、拥政爱民的光荣传统，无论是在革命战争年代，还是在社会主义现代化建设新时期，军地军民相互支持，团结奋斗，都是我们战胜困难、夺取胜利的重要法宝。在中国共产党的革命武装斗争最艰苦危难的岁月里，贵州各族人民群众积极拥护人民军队，送亲人参加红军，为支援红军胜利完成二万五千里长征作出了重要贡献，从此播下了军民“鱼水情”的种子。在社会主义建设时期，贵州各族干部群众和人民军队始终围绕党的中心工作，相互团结、相互支持，集成和发扬拥军优属、拥政爱民的优良传统，发挥了双拥工作不可替代的重要作用。改革开放以来，尤其是进入新世纪新阶段以来，全省军（警）民认真执行各项双拥政策法规，深入开展创建双拥模范城（县）活动和军（警）民共建社会主义精神文明活动，双拥工作社会化程度不断扩大，人民群众爱国拥军意识不断得到强化，党、政、军（警）、民同心同德，团结协作，融合发展，军政军民团结的大好局面不断巩固发展。特别是在与各种自然灾害作斗争和应对各种急难险重任务中，全省军民同心协力，众志成城，顽强拼搏，经受了一次又一次考验，取得了一个又一个重大胜利，谱写了新时期军政军民团结的壮丽凯歌。

现在，我省发展正处于为与全国同步建成小康社会打下具有决定性意义基础的关键阶段。面对新形势新任务，我们要高举“发展、团结、奋斗”的旗帜，牢牢把握加速发展、加快转型、推动跨越的主基调，重点实施工业强省和城镇化带动战略，扎实推进十大民生工程，分离实现经济社会发展的历史性跨越。胜利完成“十二五”发展的目标任务，迫切需要进一步凝聚全省军民力量，尤其离不开军民融合式发展，离不开军政军民的坚强团结。各级党委、政府和驻黔部队要站在国家长治久安、民族兴旺发达、人民幸福安康的高度，从加速发展、加快转型、推动跨越的大局出发，切实增强发展意识、国防意识和双拥意识，把经济社会发展与国防和军队现代化建设有机结合起来，坚持不懈地做好双拥工作，进一步巩固心连心、同呼吸、共命运的军政军民关系，为服务和推动军民融合式发展作出新的更大贡献。

二、充分发挥军地双方优势，全面推进军民在各个领域的融合

近年来，省委、省政府、省军区结合我省实际出台了一系列加强军地融合发展的制度和政策措施，明确了军民融合式发展的目标、任务、思路、举措。譬如，省委、省政府和省军区联合制定出台了《关于加强民兵应急队伍骨干分队建设的意见》，省委、省政府下发了《关于进一步加强和支持省武警部队建设的意见》等，为实现军（警）民融合式发展提供了重要制度保障。在去年省委议军会议上，我就如何推进军民融合式发展提出过六方面的要求，即国防动员融合、科学研究和技术融合、资源共享融合、应急救灾和经济建设特别是西部大开发工作的融合、后勤保障融合、精神文明共建融合。为深入推进军民融合式发展，这里我再强调几点：

第一，要进一步加强对新形势下军民融合式发展的学习研究和统筹谋划。各级党委、政府和驻军领导机关要紧密结合双拥工作实际，认真学习军民融合式发展、加强军政军民团结的理论和政策法规，坚持用融合式发展、军地共赢的理念武装头脑、指导实践、推动工作。要深入研究新形势下军民融合式发展的特点规律，创新理念，拓宽思路，坚持学、用结合，身体力行双拥实践活动。要把做好双拥工作、服务和推动军民融合式发展纳入当地经济和社会发展的“十二五”规划，纳入“十二五”国防动员建设规划，研究出台推进军民融合式发展的办法和措施，进一步明确军民融合式发展的目标、任务、要求，切实做到一起部署、同步落实。要着眼军地发展共受益、军民共同得实惠，把促进军民融合式发展作为双拥工作的根本出发点和落脚点，作为检验衡量双拥工作成效的重要尺度和标准。

第二，要进一步营造军民融合式发展的浓厚氛围。要广泛开展国防教育和双拥宣传，把重大节日的宣传和平时的经常性军（警）民创建、共建活动有机结合起来，健全双拥宣传的机制和制度。各级报刊、广播、电视、互联网等要积极主动参与，开辟专题、专栏，大力宣传胡锦涛总书记军民融合式发展的重要论述和精神实质，宣传好军（警）民在经济建设、政治建设、文化建设、社会建设、生态文明建设、抢险救灾等方面取得的伟大成就，宣传军（警）民团结的好传统、好经验、好做法，尤其是宣传好双拥创建、共建活动中的先进事迹。通过坚持不懈的宣传，不断强化军民融合观念和意识，在全社会形成关心支持经济建设和国防建设、维护军民团结的良好局面。

第三，要进一步建立健全军民融合式发展的保障机制。军地双方要切实转变军地各自封闭、自我发展的传统观念，统筹社会资源支持国防和军队、武警部队建设，开创军民融合式发展的新局面。要加强军民融合式发展的组织领导和综合协调，制定有利于调动军民融合式发展积极性的制度政策，强化军民融合式发展的法制保障。要注意区分主次先后、轻重缓急，重点抓好推动科技资源体系的融合，用好信息资源，确保军（警）民在国防科技和民用科技的互动发展；抓好推动军队人才培养教育体系的融合，完善依托国民教育培养军队人才的体制机制，拓宽利用国民教育资源和国家人才资源，为部队输送高层次人才；抓好军队后勤保障体系的融合，完善军民结合、寓军于民的保障体系，全面建设军队现代后勤，积极稳妥地推进保障方式向社会化拓展，保障手段向信息化迈进，后勤管理向科学化转变；抓好推动国防动员体系的融合，强化国防动员应急功能，完善军民结合、平战一体的工作格局，广泛发动和组织社会力量，扎实做好支持部队建设和军事斗争准备的各项工作；抓好经济社会发展和西部大开发建设体系的融合，广泛发动和组织驻黔解放军和武警部队参与地方建设，共同为全省改革开放和现代化建设贡献力量。驻黔解放军、武警部队要发扬“特别能吃苦、特别能战斗、特别能奉献”的光荣传统，大力实施新一轮西部大开发援建工作，积极参加重大项目和重大工程建设，搞好重大突发事件和自然灾害事故应急抢险救援，在实践中用兵练兵强兵，不断提高部队战斗力。

三、深入开展创建双拥模范城（县）活动，服务和推进军民融合式发展

创建双拥模范城（县）活动是新时期双拥工作的创举，是加强军政军民团结的有效途径，是双拥工作服务和推动军民融合式发展的重要载体。我们要坚持正确的方向，突出实践特色，着眼解决实际问题，深入开展创建双拥模范城（县）活动，推动军民融合式发展取得更大进展。

一是切实加强对创建活动的组织领导。要着眼军民融合的现实需要，畅通军地联系渠道，严格落实党委议军会、军地联席会等制度，形成军民融合式发展的联系纽带、沟通渠道、工作程序和协调机制，真正使融合工作在制度范围下合力推进、高效运行。各级党委、政府和驻黔部队要坚持双拥工作领导小组全体会议制度，切实发挥好双拥工作议事机构的重要作用；要坚持领导干部双拥工作联系点制度，经常过问双拥创建工作、参与双拥创建工作，把双拥创建工作纳入重要议事日程和重要考核目标内容。要加强各级双拥办建设，进一步规范各级双拥办机构设置，为有利、有序、有效推进军民融合提供组织保证。

二是切实加强双拥模范城（县）的质量管理。双拥模范城（县）是一个城市、一个县（区）整体双拥工作的典范，是当地军民共同的政治荣誉，是军政军民团结的重要标志，是全省军（警）民学习的榜样，对推进军民融合式发展具有重要的、不可替代的作用。因为如此，各地各部队非常重视，争创的积极性非常高，这说明这项活动具有很强的生命力，得到了广大军（警）民的欢迎和拥护。但创建双拥模范城（县），是军政军民长期的、不懈的工作积累结出的硕果，不可能一蹴而就。为了确保质量，双拥模范城（县）必须有一个数量的限制，否则，双拥模范城（县）就会过多、过滥，就会失去榜样的示范作用。今后，我省的双拥模范城（县）将实行严格的质量管理，以形成你追我赶，能进能出的动态管理、激励竞争机制。各地各部队要认真总结取得的经验，高度重视并切实抓好经常性、基础性工作，坚决防止“重评时”、“轻平时”的现象，共同提高双拥模范城（县）的整体质量，奋力开创军政军民团结奋进、融合发展的新局面。

三是认真抓好双拥各项政策法规落实。双拥创建活动是一个系统工程，创建的质量主要是依靠落实双拥各项政策法规来支撑。实践证明，凡是双拥政策法规都落实得好，广大干部群众、部队官兵和优抚对象都满意、拥护；反之，双拥政策法规落实不到位，广大干部群众、部队官兵和优抚对象就会有意见。全省各地各部门各单位要认真贯彻落实好双拥优抚的法律法规和政策。一要重点落实好烈军属、残疾军人、老复员军人、参战和参核退役人员的抚恤、补助和优待问题。尤其对居住在贫困地区、生活困难的重点优抚对象，要保障好他们的生活、住房、就医问题，决不能出现优抚对象因为政策落实不到位而引发的群体性上访。二要重点落实好转业军官、退役士兵、军队离退休干部和无军籍退休职工的安置政策，落实好军队离退休干部的“政治、生活”两个待遇。解决好驻军、武警、消防等部队的营房建设和训练场地建设，完善民兵预备役部队建设各项制度，保证民兵预备役工作的正常开展。各地各部门各单位一定要带着感情、带着责任去落实政策，使创建活动更加富有成效，更好地服务和推进军民融合式发展。

四是坚持以创建带共建、以共建促创建，进一步深化双拥共建活动。军（警）民共建社会主义精神文明活动，是加强基层双拥工作的重要形式。要按照“组织健全、政策落实、活动经常、关系融洽”的要求，深入开展机关、企业、事业单位、学校及街道、社区、镇（乡）村等单位和部队基层团、营、连（中队）的共建活动。军地间相互订立“共建协议”或“共建公约”，明确共建目标，制定共建规划和活动制度，不断规范共建的形式，不断丰富共建的内容。通过军（警）民共建，开展军民联欢、联谊活动；开展共同帮扶贫困群众、贫困优抚对象活动，不断深化双拥政策法规在基层的落实，推动军民融合发展。

同志们，做好新形势下双拥工作意义重要、责任重大。让我们更加紧密地团结在以胡锦涛同志为总书记的党中央周围，进一步加强军政军民团结，在更高层次上推进军民融合式发展，开拓进取，扎实工作，为完成“十二五”的奋斗目标、实现富国和强军的统一作出新的更大的贡献！

贵州省委副书记王富玉在第七次双拥模范城（县）命名表彰大会上的工作报告

（2011年3月31日）

同志们：

现在我代表省双拥工作领导小组，向大会报告2007年全省第六次双拥模范城（县）命名表彰大会以来，全省双拥工作情况和下一步工作打算。在报告之前，我代表省双拥工作领导小组要特别感谢全国双拥办、解放军总政治部、武警总部为大会专门发来贺信贺电，成都军区刘长银副政委和省委栗战书书记亲临今天的会议，这是对我省双拥工作的最大支持。

一、2007年以来我省双拥工作情况

2007年全省第六次双拥模范城（县）命名表彰大会以来，全省双拥工作以邓小平理论和“三个代表”重要思想为指导，深入贯彻落实科学发展观，认真贯彻党的十七大，十七届三中、四中、五中全会和省委第十次党代会精神，按照胡锦涛总书记关于“走军民融合式发展路子”的要求，以创建双拥模范城（县）活动为载体，以推进构建社会主义和谐社会和部队全面建设为重点，以密切军政军民关系为核心，继承和发扬双拥工作优良传统，创新工作体制机制，着力解决军地普遍关心的重点、难点问题，保持和发展了军爱民、民拥军、军民团结一家亲的浓厚氛围，巩固和发展了军政军民“同呼吸、共命运、心连心”的大好局面，为实现我省经济社会又好又快、更好更快发展作出了突出贡献。

第一，全社会支持双拥工作的氛围更加浓厚。四年来，中央军委副主席郭伯雄、徐才厚，中央军委委员梁光烈、陈炳德、常万全先后到我省调研指导双拥工作，各级党委、政府和驻军领导机关牢固树立“围绕发展抓双拥，抓好双拥促发展”的理念，切实加强领导，形成了全社会关心和支持双拥工作的浓厚氛围。

一是领导进一步加强。坚持把双拥工作纳入当地经济社会发展和部队建设总体规划，纳入党政军领导干部政绩和成员单位年度工作目标考核范围。各级党委、政府主要领导深入部队现场办公，听取双拥工作情况汇报，及时掌握了解双拥工作中出现的新情况、新问题，解决双拥工作的困难和问题。各地党委或政府领导担任组长、副组长的双拥工作领导小组不断健全。领导小组定期召开全体成员会议，研究制定和落实双拥工作措施。各级双拥办机构得到加强，军地合署办公落实，能够有效发挥“组织、指导、协调、参谋”作用。机关、企业、事业单位，各乡镇、街道办事处、社区、居委会和部队基层连队都建立了双拥服务网络或服务体系，形成了党政军主要领导亲自抓，分管领导具体抓，成员单位主动抓，双拥办和基层双拥服务组织负责落实的工作体制机制，为双拥工作扎实有效开展奠定了坚实的组织基础。

二是制度进一步完善。建立健全了党委议军、议警会议制度和党管武装制度、主要领导双拥工作联系点制度和成员单位年度工作报告等制度。省委、省人大、省政协、主要领导坚持每年率拥军优属慰问团，到省军区、省武警总队、省消防总队、公安现役等部队和优抚对象家中进行走访慰问，送去党和政府对人民子弟兵和烈军属等优抚对象的问

候，解决部队建设问题，深受官兵的赞扬。2007年8月，由省委、省人大、省政府、省政协、省军区领导组成贵州省拥军优属慰问团，代表全省各族人民，赴西藏拉萨、林芝等地，慰问驻藏部队，3000多黔籍官兵备受鼓舞。

三是氛围进一步浓厚。各地各部队坚持把拥军优属、拥政爱民作为重要内容纳入国防教育体系及部队教育规划，纳入当地宣传、教育、文化、广播影视、新闻出版等部门的年度工作计划，采取多种形式普及国防和双拥教育知识。各级新闻宣传媒体开辟专栏、专题，有重点、有计划地宣传报道双拥活动的开展情况，宣传双拥工作的典型事迹。各级采取在主要风景名胜区、城市主要街道和广场、高速公路入口、部队营区等地，设置大型双拥宣传标语，修建双拥标志性建筑等形式，大力营造双拥宣传氛围。各地各部队坚持把经常性的双拥活动与重大节日纪念活动结合起来，在“八一”、元旦、春节期间，广泛开展走访慰问烈军属等优抚对象和部队活动，组织开展大型双拥文艺演出、国防知识讲座、知识竞赛等活动。结合纪念建军80周年、改革开放30周年和新中国成立60周年等活动，通过举办双拥图片展、双拥晚会，传唱革命歌曲、发表纪念文章、召开座谈会等形式，广泛开展双拥宣传教育活动，激发广大军警民积极创建双拥模范城（县）和建设“和谐贵州”的政治热情，进一步强化国防观念和双拥意识，营造了全社会关心和支持双拥工作的浓厚氛围。

第二，军民融合式发展不断推进。各地各部门始终从维护国家安全和发展战略全局的高度，统筹经济和国防建设，注重在经济建设中统筹考虑部队全面建设的需求，整合资源，积极配合部队完成多样化军事任务，支持驻黔部队后勤保障社会化改革。驻黔各部队牢记宗旨，大力支援地方经济社会建设，带头参加创建活动，出色完成了各种急难险重任务，为促进贵州经济社会发展、维护社会稳定作出了重要贡献。

一是大力支持部队基础设施建设。四年来，各级党委、政府坚持从政策、资金、项目等方面加大对部队建设支持力度，并在规划审批、土地征用、设施配套等方面给予优先优惠。2007年以来，省委议军会安排资金1亿多元支持省军区和国防后备力量建设。2009年省委、省政府专门出台《关于进一步加强和支持省武警部队建设的意见》和《贵州省地方各级党委议警会议规则》。贵阳市先后投入3亿多元，支持省武警总队、贵阳警备区、市武警支队、市消防支队和新入驻贵州的96217部队在金阳新区的建设、搬迁，并拿出1亿多元支持贵阳市国防后备力量建设。普安县作为一个国家级贫困县，先后拨款1300万元，用于驻县部队营房建设、网络信息化建设和购置运兵车辆等。兴仁县投入5000多万元，修建黔西南州消防教导大队。

二是广泛开展拥军活动。四年来，省委、省政府、省军区及各有关部门按照服务和推动军民融合式发展的要求，制定出台了《关于加强民兵应急骨干分队建设的意见》，省政府和省军区为深化我省退役士兵职业教育培训工作，出台了《关于加强退役士兵职业教育和技能培训工作的意见》。为充分保障军人军属合法权益，全省各地制定了维护国防利益和军人军属合法权益法律保障工作规定，对涉及国防利益和军人军属合法权益的案件做到快立、快审、快结，对经济确有困难的军人军属诉讼费实施缓、减、免。贵阳市出台了《贵阳市预防和处理军（警）民纠纷暂行办法》。六盘水市开展了“科技、法律、健康、社区服务、军嫂职介、待业慰问、迎春联谊、新闻媒体、文艺宣传、新经济组织服务”为主要内容的“十进军营”系列活动，社区拥军服务志愿队伍达1820支，为部队解决官兵文化生活设施、法律援助和子女入学入托等方面的困难问题，深受人民群众和指战员的欢迎。

三是拥政爱民再创佳绩。驻黔解放军、武警、消防等各部队官兵发扬“听党指挥、服务人民、英勇善战”的优良传统，在圆满完成自身战备、教育、训练等任务的同时，主动承担抢险救灾等急难险重任务，积极参加当地经济建设，维护社会和谐稳定。四年来，驻黔解放军、武警、边防、消防、警卫等部队和民兵预备役人员投入兵力 100 余万人次，积极参加和支援西部大开发，做到“西部大开发多少年，军队就支持多少年”，参与重点工程建设、生态文明建设、水利工程建设等。各部队还坚持大力开展扶贫帮困活动。省军区系统先后建立扶贫联系点 667 个，选派 500 多名现役干部驻点帮扶，实施各类援建项目 4500 多个，捐款 3000 余万元。省军区帮扶的织金县官寨乡麻窝村新农村建设被评为“全国生态家园建设先进示范村”。子弟兵视灾情为命令，冲锋在抗灾救灾第一线，先后完成了 2008 年和今年抗击冰雪凝冻灾害、汶川大地震抢险救灾、关岭“6·28”山体滑坡救援等重大任务。铜仁军分区组织 10 万民兵投入水利扶贫的经验在全军推广，遵义军分区组织参与“四在农家”建设受到解放军四总部表彰，思南县人武部部长孟和平被人力资源和社会保障部、国家发改委联合表彰为“国家西部大开发突出贡献个人”。省武警总队先后有 62 个单位和 610 名个人受到省以上表彰，黔西南州武警支队分别被国务院、中宣部、总政治部表彰为“全国民族团结进步模范集体”、“警民共建社会主义精神文明先进集体”、“抗旱救灾先进单位”。省消防总队被国务院授予“全国民族团结进步模范集体”，被中央精神文明办评为“全国精神文明建设工作先进单位”，充分展示了人民军队驻一方热土，保一方平安，促一方发展的良好形象。

四是双拥共建蓬勃发展。以军警民共建点为载体，军地双方大力开展双拥共建。目前，双拥共建的内容已从走访慰问等一般性活动，拓展为思想道德共建、科技文化共建、普法共建、形象共建等，内涵不断丰富。全省武警军民共建点充分发挥基层部队和地方优势，在军警民共同学习科学发展观，支持贫困地区群众脱贫致富、发展生产、培育“四有新人”、维护社会治安、抗击严重自然灾害等方面发挥了重要的作用，对军民融合式发展起到了重要的推动作用。

第三，优抚对象合法权益进一步得到保障。全省各级多措并举，认真解决广大优抚对象普遍关注的困难和问题。

一是进一步解决重点优抚对象生活、住房、就医“三难”问题。全省 9 个市、州、地和 88 个市（县、区、特区）都出台了重点优抚对象医疗保障办法。结合建立城镇职工基本医疗保险、城镇居民基本医疗保险和新型农村合作医疗等城乡基本医疗保障网络，优先将优抚对象纳入城乡医疗保障体系。通过设立优抚医院、优抚门诊、优抚病房和城乡医疗救助、减免等措施，有效缓解广大优抚对象“医疗难”问题。今年在完成试点任务的基础上，全省将全面建立优抚对象就医“一站式”即时结算系统，将极大方便重点优抚对象医疗结算，避免出现优抚对象“住院两三天，报销跑半年”的现象。2007 年以来，我省连续四年提高了优抚对象抚恤补助标准，现我省在乡老复员军人的最低补助标准从 2007 年 1862 元提高到 2010 年 4270 元。同时将生活困难的重点优抚对象全部纳入城乡低保救助范围，确保了优抚对象的生活与当地人民群众平均生活水平同步增长。农村义务兵家庭优待金普遍达到当地上年农民人均纯收入水平。在解决“住房难”方面，各地结合农村“危房改造工程”，采取政府补贴，群众帮助等形式，有效解决重点优抚对象“住房难”问题。

二是为残疾军人和烈军属办实事解难题。四年来，省级投入 800 余万元，举办了旨在抚慰残疾军人、老复员军人等重点优抚对象的“温暖贵州·关爱功臣”福利彩票公益金系列活动，受到了广大优抚对象的欢迎。省荣誉军人康复医院和遵义荣誉军人康复医院组织医疗卫生专家小组分赴黔南州、遵义市、铜仁地区等地，开展为重点优抚对象医疗巡诊服务活动，为他们体检，建立健康档案、送医送药。遵义荣军康复医院和遵义光荣院大力开展以残疾军人和在乡老复员军人为服务对象的医疗巡诊和短期疗养活动，举办优抚对象短期疗养活动，举办优抚对象短期疗养班10多期，为610多名一至六级残疾军人和在乡老复员军人进行短期疗养。2009年，省军区政治部、省民政厅下发了《关于进一步落实好烈士遗属优待抚恤工作的通知》，协调有关部门共同出台了《关于开展“不忘烈士亲属、关爱革命功臣”活动的意见》，军地各级结对实施“三百工程”（资助100名烈士后代上学读书、帮助100户烈士家庭脱贫、为100户烈士家庭送温暖办实事），革命功臣和革命烈士更加受到全社会的关心和尊重。

三是努力拓宽退伍转业军人安置渠道。从2007年起，省财政每年安排1000万元退役士兵自谋职业一次性经济补助经费，确保自谋职业补助经费足额、及时兑现到位。为提高退役士兵就业竞争能力，各地普遍开展了退役士兵待安置期间职业技能培训和政策教育培训工作，退役士兵职业培训率逐年增长，2010年达到了95.5%。四年来，全省共妥善安置转业军官1417名，接收安置退役士兵、转业士官47055人，其中符合安置政策应安置14840人，实行退役士兵自谋职业8155人，自谋职业率占应安置总数的55%，各级累计发放一次性自谋职业经费1.7亿多元。

四是进一步建立健全优抚政策法规。四年来，为认真贯彻《军人抚恤优待条例》，我省积极开展立法调研活动，于去年年底制定出台《贵州省军人抚恤优待办法》（省政府令122号），并于2011年3月1日正式施行。出台实施《贵州省优抚对象医疗保障实施办法》，更好地实现依法优抚，使优抚对象的合法权益得到了保障。

第四，双拥模范城（县）创建水平不断提高。积极开展以创建双拥模范城（县）为龙头的双拥各项活动，推动双拥工作整体水平不断提高。

一是更加重视开展创建双拥模范城（县）活动。全省第六次双拥模范城（县）表彰大会以来，各地各部队把创建双拥模范城（县）活动作为重大政治任务，视为社会和谐稳定的标志，大力营造创建双拥模范城（县）宣传氛围。很多市、县、区把争创全国、全省双拥模范城（县）作为重要工作目标，纳入年度目标考核内容。党委、政府主要领导听取双拥工作汇报，对照国家和省的《双拥模范城（县）创建命名管理办法》规定的标准，查找争创工作中存在的问题，狠抓落实，极大地促进了双拥优抚安置工作等任务的落实，促进了军政军民更加团结。

二是及时修订我省双拥模范城（县）命名表彰管理办法。根据全国双拥工作领导小组新修订的《全国双拥模范城（县）创建命名管理办法》和颁发的《全国双拥模范城（县）考评标准》，2010年省双拥工作领导小组修订颁发了《贵州省双拥模范城（县）和双拥先进单位及个人命名表彰管理办法》、《贵州省双拥模范城（县）考核评比办法》，对创建命名双拥模范城（县）的数量比例，拟命名表彰单位及个人的公示期、量化考评办法和考评标准及命名后的管理作了明确规定。

三是进一步加强对创建双拥模范城（县）活动的指导。针对少数双拥创建基础条件薄弱地区领导重视程度不够，政策法规落实不到位，创建积极性不高等问题，省双拥工作领导小组率工作组到基层第一线给予指导，并限期要求整改；对经济条件好，驻军较多的地方，省双拥办结合创建全国、全省双拥模范城（县）检查，提出创建高质量全国双拥模范城（县）的要求。贵阳市深化创建活动，完善创建机制、体制，先后制定出台了《贵阳市非公有制经济组织和社会组织开展双拥共建（拥军）活动实施意见》、《贵阳市预防和处理军（警）民纠纷暂行办法》、《贵阳市创建双拥模范城（县）群众满意度调查方案》等一系列争创新一轮全国双拥模范城（县）的规范性文件，并狠抓落实，得到了部队和人民群众的高度赞扬。

四年来，双拥工作成效明显。这是党中央、国务院、中央军委亲切关心的结果，是全国双拥办、解放军总政治部、武警总部、成都军区大力支持和指导的结果，是省委、省政府、省军区正确领导的结果，是全社会各界广泛支持的结果，也是全省双拥工作干部职工辛勤努力的结果。在看到成绩的同时，我们也清醒地认识到，当前双拥工作仍然存在着一些困难和问题。一是个别地方领导重视不够，双拥工作组织机构不健全。二是工作中有重评比、轻创建，重数量、轻质量的现象，平时创建工作不够。三是军政军民团结的宣传氛围需要进一步加强。四是个别地方和单位对军民融合式发展的规律、特点认识不够，工作的办法、措施不多等。这些困难和问题，需要在下一步工作中，通过大家共同努力，认真研究解决。

二、下一步的双拥工作

当前和今后一个时期，全省双拥工作要坚持以邓小平理论和“三个代表”重要思想为指导，深入贯彻落实科学发展观，认真贯彻落实党中央、国务院、中央军委关于加强军政军民团结的一系列重要指示精神和推进军民融合式发展的要求，加强军队和国防建设的重大战略思想，认真贯彻落实李长春同志全国“两会”期间在贵州代表团审议时的重要讲话、李克强同志在贵州考察工作时的重要讲话精神，坚持围绕贯彻落实省委、省政府“加速发展、加快转型、推动跨越”的要求，实施西部大开发和工业强省、城镇化带动战略、“三化同步”、旅游大省建设的目标、思路、举措，促进经济社会发展，维护社会稳定大局，提高部队战斗力，为推动贵州经济社会又好又快、更好更快发展和部队全面建设作出新的贡献。

一是深化认识，把双拥工作放在大局中谋划。军政军民团结是我党我军特有的政治优势，是中国革命和建设事业不断取得胜利的重要法宝。各级党委、政府和驻军领导机关要结合正在开展的“创先争优”、“三个建设年”、“四帮四促”、“十大民生工程”等活动，充分认识做好新形势下双拥工作，服务和推动军民融合式发展的重要意义，切实把这项工作作为一项长期的战略任务，纳入“十二五”规划，纳入国防教育发展规划，纳入党政军领导干部政绩考核范围。坚持党委议军会议、议警会议、军地联席会议、成员单位述职报告等双拥工作制度。各级双拥办要切实发挥好“组织、指导、参谋、协调”的职能作用，为党委、政府当好参谋、助手。各级双拥工作领导小组成员单位要结合本单位本部门职能，根据部队和广大优抚对象的实际需求，大力解决部队建设和优抚对象在生活、医疗、住房等方面的问题。驻黔各部队要牢固树立人民利益至上的观念，广泛开展“学人民、爱人民、为人民”活动，以实际行动践行宗旨，不断推进双拥工作规范化、制度化建设。

二是广泛开展国防和双拥宣传教育，进一步激发广大军民的爱国拥军热情。各地各部队要认真贯彻《中华人民共和国国防教育法》和《贵州省国防教育条例》，坚持把以爱国主义为核心，以拥军优属、拥政爱民为重要内容的国防教育纳入国民教育体系及部队教育规划，列入宣传、教育、文化、广播影视、新闻出版等部门的年度工作计划。要坚持结合元旦、春节、“八一”等重大节日开展走访慰问驻军、武警等部队和优抚对象活动。深入开展基层军警民共建活动，进一步借助新闻媒体和行之有效的宣传方式，大力营造军爱民、民拥军、军民团结一家亲的良好社会氛围，推进军民融合式发展的理念更加深入人心，增强广大军警民热爱国防、献身国防的光荣感和自觉履行国防义务的责任感，增强全省军警民爱国、拥军、拥政的热情和自觉参与双拥活动的积极性。

三是按照军民融合式发展的目标要求，推动双拥工作各项任务的全面落实。军地双方要进一步相互支持与合作，共同研究解决双拥工作中面临的新情况和热点、难点问题，探索军民融合式发展的规律、特点。各级发改、财政、经信、交通、住房、和城乡建设、供电、供水、通信等部门和单位，要把国防建设需求与基础设施建设、城镇化建设等有机结合起来，确保国防建设与经济监督同步推进，协调发展。要从驻军官兵和广大优抚对象普遍关心的问题入手，依托教育、法律、科技、农业、卫生等部门，建立双拥工作长效机制，制定和落实好政策法规。继续采取有效措施，妥善解决好军队转业干部、复员退伍军人、离退休干部就收安置和随军家属就业、军人子女入学入托、伤病残人员移交以及退役士兵职业技能培训等工作，切实维护好军人军事和优抚安置对象的合法权益。认真贯彻落实好《军人抚恤优待办法》和《贵州省军人抚恤优待办法》，按规定比例增加贫困地区生活困难重点优抚对象的生活补助标准，确保他们的生活达到当地平均生活水平。加快推进军地历史遗留问题的处理，妥善解决地方开发开放与军事设施保护的矛盾，积极预防和处理军警民纠纷，消除影响军警民团结的因素，进一步密切军政军民关系。

四是充分调动社会各界积极因素，深入开展基层性双拥创建活动。全国双拥工作领导小组今年将启动新一轮的全国双拥模范城（县）申报活动，希望各地各部队按照《全国双拥模范城（县）创建命名管理办法》和《全国双拥模范城（县）考评标准》的要求，认真做好申报推荐工作。要以争创全国和省级双拥模范城（县）为契机，拓宽双拥工作社会化路子。要进一步组织和发动机关团体、学校、街道、社区、连队等基层单位和拥军优属服务组织参与双拥活动，把创建活动与军警民共建社会主义精神文明活动结合起来，使双拥创建活动和军警民共建活动更加富有时代特色、更加富有成效，切实把创建的过程作为促进军民融合式发展，促进政策法规落实、促进军政军民团结的过程。

西藏自治区党委书记、西藏军区党委第一书记陈全国在自治区第十次双拥模范城（县）命名表彰大会上的讲话

（2012 年 1 月 6 日）

同志们：

新年伊始，我们在这里隆重召开自治区第十次双拥模范城（县）命名和双拥模范单位、先进个人表彰大会。这是一次全区双拥工作的群英盛会，也是一次认真学习贯彻党的十七届六中全会精神、深入贯彻落实胡锦涛总书记在庆祝中国共产党成立 90 周年大会上的重要讲话和关于西藏工作的一系列重要指示精神、贯彻落实中央第五次西藏工作座谈会和习近平副主席出席西藏和平解放 60 周年庆祝活动时的一系列重要讲话精神、落实自治区第八次党代会和全区经济工作会议精神，进一步做好西藏双拥工作的誓师会、动员会。在此，我代表自治区党委、政府、西藏军区，向被命名表彰的双拥模范城（县）、双拥模范单位和先进个人，表示热烈的祝贺！向驻藏人民解放军、武警部队全体官兵和广大民兵预备役人员，全区烈军属、革命伤残军人、转业复员退伍军人和军队离退休干部，表示亲切的慰问！向所有关心支持我区双拥工作的单位和个人，表示衷心的感谢！

拥军优属、拥政爱民，是我党我军我国人民在长期革命斗争和社会主义建设实践中形成的光荣传统，是我们团结动员广大军民战胜困难、夺取胜利

的重要法宝，也是我们特有的政治优势和力量源泉。近年来，在党中央、国务院、中央军委的坚强领导下，在自治区党委、政府、西藏军区的组织推动下，我区双拥工作在继承优良传统的基础上不断改革创新，广大军民在推进西藏跨越式发展和现代化建设的进程中，在促进全区和谐稳定和长治久安的实践中，在维护祖国统一和国家安全的斗争中，在应对各种严重自然灾害的挑战中，同心协力、众志成城，顽强拼搏、艰苦奋斗，创造了辉煌业绩，作出了突出贡献。这次受到表彰的模范城（县）、模范单位和先进个人，就是全区双拥工作的优秀代表，是全区广大军民学习的榜样。

要以双拥模范城（县）、模范单位和先进个人为榜样，广泛开展学习实践活动。全区党政军警民、各行各业，都要积极响应自治区党委、政府、西藏军区的号召，紧密结合岗位工作实际，迅速掀起学习双拥模范城（县）、模范单位和个人先进事迹的热潮。要学习他们讲政治、顾大局、维护军政军民团结的政治本色，始终在政治上、思想上、行动上与以胡锦涛同志为总书记的党中央保持高度一致，坚定政治方向和政治立场；学习他们军爱民、民拥军、军民团结一家亲的优良传统，进一步密切血肉相连、水乳交融的军政军民关系；学习他们同呼吸、共命运、心连心、推动军民融合式发展的精神境界，自觉实现好、维护好、发展好各族人民群众的根本利益。希望被命名表彰的全区双拥模范城（县）、模范单位和个人继承发扬优良传统，珍惜荣誉、戒骄戒躁，再接再厉、再创辉煌，为党和人民再立新功。

要以开展向双拥模范城（县）、模范单位和先进个人学习活动为契机，切实提升全区双拥工作水平。“军民团结如一人，试看天下谁能敌。”做好双拥工作，加强军政军民团结，是一项带有战略性、全局性的工作。各级党委、政府一定要高度重视，充分认识双拥工作的重大意义，牢固树立国防建设与经济建设协调发展的思想，把关心支持国防和军队建设作为义不容辞的政治责任，把双拥创建活动纳入经济社会发展的总体规划，积极支持军队搞好调整改革、教育训练、战备执勤、科研实验等任务，推进经济、科技、教育、人才等领域的军民融合，认真落实好拥军优属的各项政策，切实维护军人、军属和优抚对象的合法权益，积极主动地为部队和复转军人、军队离退休干部、烈军属排忧解难，满腔热情地为驻藏部队办实事、解难题，形成“围绕发展稳定抓双拥、抓好双拥促进发展稳定”的工作格局。各级驻藏部队是保卫祖国西南边疆、促进西藏发展稳定的重要力量，希望广大官兵牢记党的宗旨、发扬光荣传统，牢固树立人民利益至上的思想，更好地履行维护国家安全、保障人民安居乐业的职责，积极参与地方经济建设，全力推动西藏社会稳定，深入开展军民共建活动，千方百计为各族群众办好事、办实事，谋幸福、保安康，为西藏的跨越式发展和长治久安作出新的更大的贡献。

要通过开展学习双拥模范城（县）、模范单位和先进个人活动焕发新动力，推动全区跨越式发展和长治久安。各级党委、政府、广大党员干部和驻藏部队官兵，要紧紧围绕以胡锦涛同志为总书记的党中央明确的“一个中心”、“两件大事”、“四个确保”，继续广泛深入持久地开展好双拥创建活动，着力营造全区上下聚精会神搞建设、一心一意谋发展的浓厚氛围，以科学发展观为指导，以加快转变经济发展方式为主线、以稳中求快为总要求，在科学发展的轨道上推动全区经济更好更快更大发展。着力维护边境安全、促进社会大局和谐稳定，牢固树立稳定压倒一切的思想，把维护稳定作为硬任务和第一责任，立足抓早抓小抓快抓好，谋长久之策、行固本之举，下好先手棋、打好主动仗，全面落实自治区党委、政府近期出台的一系列维稳措施，构建维护稳定的长效机制，努力实现大事不出、中事不出，力争小事也不出；深入开展反分裂斗争，严密防范、坚决打击敌对势力和达赖集团的渗透破坏活动，彻底粉碎一切破坏西藏稳定、危害祖国统一的图谋。

同志们，做好新形势下的双拥工作，意义重大、使命光荣。让我们更加紧密地团结在以胡锦涛同志为总书记的党中央周围，高举中国特色社会主义伟大旗帜，以邓小平理论和“三个代表”重要思想为指导，深入贯彻落实科学发展观，求真务实、开拓进取，以更加有力的措施、更加扎实的作风，推动双拥工作深入开展，进一步巩固发展军政军民团结的好局面，为建设团结民主富裕文明和谐的社会主义新西藏提供坚强保障！

陕西省委副书记王侠在全省双拥工作领导小组全体会议上的讲话（摘要）

（2011 年 3 月 29 日）

今年是实施“十二五”规划的开局之年。我们要在党中央、国务院领导下，以科学发展、富民强省为主题，以转变经济发展方式为主线，抢抓机遇加快发展，调整结构转型发展，统筹兼顾协调发展，以人为本和谐发展，解放思想创新发展，努力实现经济综合实力、人民生活水平和质量、生态环境保护“三个上台阶”，推动双拥工作不断迈上新水平，为实现“十二五”规划目标打下坚实基础。双拥工作要紧紧围绕中心，服务大局，促进全省经济社会又好又快发展。

一、各级各部门都要高度重视双拥工作

拥军优属、拥政爱民是我党我军特有的政治优势，军政军民大团结是我们战胜困难、夺取胜利的重要法宝。面对新的形势和任务，全省各级党委、政府和领导小组各成员单位，要站在推进中国特色军事变革和科学发展、富民强省的战略高度，继承发扬优良传统，一如既往地重视做好双拥工作。

第一，发扬双拥优良传统是我们的政治责任。大规模的双拥运动兴起于抗日战争相持阶段的最艰苦时刻。为了战胜侵华日军对中国共产党领导的各抗日根据地的疯狂“扫荡”和国民党顽固派的政治、经济、军事封锁，党中央、毛主席深刻总结我党、我军克敌制胜的革命斗争经验，决定开展双拥运动，实现军政军民大团结、渡过难关、夺取抗战胜利。1943 年 1 月，双拥运动率先在延安兴起，此后迅速扩展到全国。60 多年来，在党的几代中央领导集体的高度重视下，拥军优属、拥政爱民的优良传统不断得到继承和发扬，并成为我党我军增强革命团结、战胜一切困难的有力武器。双拥运动兴起于陕西，继承发扬这一优良传统，把双拥工作做得更好，是我们义不容辞的政治责任。

第二，做好双拥工作是实现“十二五”规划目标的重要保障。省上的“十二五”规划对转变发展方式、调整经济结构、扩大内需、加强基础设施和生态环境建设、加大城乡统筹、保障改善民生、推进改革开放等都制定了目标措施，特别提出 2015 年要进入全国中等发达省份行列的目标，改革发展任务十分繁重。双拥的目的就是要凝聚党心军心民心，加强军政军民团结，做到围绕发展抓双拥、抓好双拥促发展。可以说，新的任务和要求为双拥工作开辟了新的空间。我们只有把双拥工作放在实施“十二五”规划的实践中来谋划，紧扣既定目标任务来推进，才能把地方所需、群众所盼和部队所能有机结合起来，形成促进国防和军队建设跨越式发展的合力，形成军地共同推进西部强省建设的强大力量。

第三，做好双拥工作是构建和谐陕西的必然要求。今年是中国共产党成立 90 周年，4 月份，西安还将举办世界园艺博览会，改革发展任务重，大事多、喜事多。目前，我省人均 GDP 已超过 4000 美元，经济综合实力的增强，必然带来人们多元化、更高层次的物质文化需求；全省城乡居民收入低，贫困面大，发展不平衡、不协调、不可持续的问题仍比较突出，保障和改善民生压力加大，社会矛盾凸显。维护全省社会大局和谐稳定，需要军地共同配合，坚持不懈地搞好平安创建活动，通过扎实深入地双拥工作，弘扬人民群众爱国拥军、情系国防的优良传统，弘扬人民军队听党指挥、服务人民、英勇善战的良好作风，有效化解各种社会矛盾，防止发生军政军民纠纷，有利于营造爱国拥军、爱民奉献的良好氛围。

二、扎实做好新形势下的双拥工作

陕西是双拥运动的发祥地。我们要大力发扬光荣传统，适应中国特色军事变革的新要求和我省经济社会发展的新形势，努力把双拥工作做得更好。

（一）坚定不移地走军民融合式发展道路。坚持军民融合式发展，推动国防建设和经济建设良性互动，是党中央提出的明确要求。军地各级要进一步强化融合发展意识，完善融合机制，丰富融合形式，拓宽融合范围，统筹运用社会资源支持国防和军队现代化建设，建立健全军民一体化保障体系，全面推进多个领域的军民融合。从我省实际看，要在三个领域重点推进：一是推进科技融合。加快国防科技和民用科技的转型对接和相互支持，发挥国防科技工业对国民经济的促进作用，推进国防领域和民用领域的交流融合，形成国民经济对国防建设的强大支撑力、国防科技对经济发展的强大牵引力。二是促进人才共育共享。把军队人才培养纳入中长期人才发展规划，依托国民教育体系和社会人才资源，加大军队人才培养和引进社会高层次人才力度。发挥军队院校、科研机构等资源，积极为地方培养输送通信、机械、医疗卫生等军地通用领域的人才。三是推进后勤保障联动。加快实施军队后勤保障和其他保障社会化，充分利用社会资源，不断提高军队保障效益。发挥军工企业突击力强、产品质量优、储备量大等优势，及时为抗震救灾、抗洪抢险等重大事件提供充足的物资保障。

（二）维护好广大军民的切身利益和合法权益。双拥工作主体是军民、根基在军民。只有坚持以人为本，实现利军惠民，才能充分调动广大军民参与双拥工作的积极性和主动性。陕西是驻军大省、优抚大省，要重视解决军民广泛关注的热点、难点问题，把实现好、维护好、发展好广大军民的根本利益放在双拥工作的首位，落实各项优抚安置政策，全面开展退役士兵职业技能教育培训，做好转业退伍军人就业安置、伤病残退役军人接收安置和重点优抚对象生活、医疗、住房保障等工作，帮助退役军人解决实际问题。要认真做好随军家属就业、军人子女入学入托、军队后勤保障社会化改革工作，帮助现役军人解决实际困难。要切实维护军人军属合法权益，认真解决官兵涉法问题，解除部队官兵后顾之忧。要正确处理军地利益矛盾，着眼于维护军民团结大局，及时稳妥处理各种纠纷，兼顾各方利益，不断加深军民感情，密切军民关系。

（三）进一步提升双拥创建的质量和水平。创建双拥模范城（县）活动，是拥军优属、拥政爱民优良传统的继承和发展，是做好双拥工作的重要载体。今年，国家将组织开展新一届双拥模范城（县）命名表彰工作，各地要高度重视，早谋划、早准备，按照《全国双拥模范（县）创建命名管理办法》和《全国双拥模范（县）考评标准》，认真查找不足，落实改进措施，全面提升双拥工作的整体质量。要加大宣传，树立典型，积极营造创建全国双拥模范城（县）的良好氛围，促进国防建设与经济建设协调发展。

三、努力形成双拥工作协调发展的整体合力

双拥工作涉及部队、地方的方方面面，涵盖领域广，必须军地密切配合，加强统筹协调，构建齐抓共管、整体推进的工作格局。

在组织领导上，各级双拥组织机构要以对国家和军队建设高度负责的精神，认真履行好组织、协调、指导的基本职能。领导小组各成员单位要各司其职，全力抓好本部门、本系统、本行业的双拥工作，切实把各自的职责尽到位、把承担的任务落实好。

在工作筹划上，要根据国家和军队建设面临的新形势新任务，把双拥作为"为民服务、为兵服务、创先争优"的重要内容，注重把拥军优属与拥政爱民有机结合起来，把支援经济社会发展与落实国防和军事需求结合起来，区分不同地区、不同情况确定双拥的目标任务，引导军民在拥政爱民中争先进、在拥军优属中创一流。

在工作协调上，要建立完善顺畅的工作机制，发挥各级双拥组织机构的职能作用，加强军地之间、部门之间、行业之间的沟通和联系，在抓基层抓落实上下功夫，在改革创新上见成效，促进双拥工作有序开展。

做好"十二五"开局之年的双拥工作，意义重大。我们要立足当前，着眼长远，继承优良传统，锐意改革创新，充分发挥谋划、指导和协调的作用，推动双拥工作适应新形势、实现新发展，为驻陕部队现代化建设和我省经济社会又好又快发展作出新贡献，以优异成绩迎接中国共产党成立90周年。

甘肃省委书记陆浩在庆祝"八一"建军节座谈会上的讲话

（2011年7月29日）

同志们：

今天，我们在这里召开座谈会，共同庆祝"八一"建军节。首先，我代表中共甘肃省委、省人大常委会、省政府、省政协和全省各族人民，向驻甘人民解放军全体指战员、武警官兵、预备役人员和广大民兵致以节日的祝贺和崇高的敬意！向军队离退休干部、革命伤残军人、转业复退军人以及烈军属致以诚挚的问候和良好的祝愿！

中国人民解放军自从诞生之日起，已经走过了84年的光辉历程。在党的领导下，人民解放军紧紧依靠全国各族人民的大力支持，经过土地革命战争、抗日战争、解放战争的艰苦岁月，战胜了国内外敌人，为夺取新民主主义革命的胜利建立了不朽的功勋。新中国成立后，人民解放军继承和发扬战争年代的革命精神，为我国社会主义建设和改革开放事业，为捍卫国家独立、主权和尊严，保卫边疆、维护祖国统一和社会稳定，作出了不可磨灭的历史贡献，赢得了党和人民的高度信赖和赞誉。历史和现实充分证明，"没有一个人民的军队，便没有人民的一切"。

人民军队爱人民，军队和人民心连心。多年来，驻甘部队和武警官兵充分发扬听党指挥、服务人民、英勇善战的优良传统，在致力于国防和军队现代化建设的同时，自觉服从和服务于经济社会发展大局，在支援地方重点工程建设、扶贫帮困、生态治理、兴学助教和军民共建中勇挑重担、无私奉献，发挥了不可替代的重要作用。据统计，仅去年以来，驻甘部队和武警官兵在支援地方建设中投入兵力达45万人次，车辆7000多台次，植树造林1100多万棵，援建希望小学174所，投入大量兵力和机械装备，支援兰州新区绿化和重点工程建设。同时，部队与驻地建立起了多种形式的共建关系，开展了各具特色的“双拥一条街”、“双拥进社区”、“双拥进企业”、“双向服务、双向奉献”等群众性创建活动，涌现出了一批先进典型，有力地支援了我省经济社会发展。在抗击舟曲特大山洪泥石流灾害的日日夜夜里，广大官兵充分发挥主力军和突击队的作用，舍生忘死、冲锋陷阵，连续作战、攻坚克难，先后投入兵力达 6 万多人，救治伤员 2244 人，转移安置受灾群众 9852 人，向灾区捐款 4599 万元，为抢险救灾和灾后重建作出了重要贡献。在危难时刻和重大关头，人民军队表现出的高度的政治觉悟、大无畏的英雄气概和顽强不屈的战斗作风，甘肃人民永远不会忘记，永远值得我们学习。与此同时，全省各级党委政府把支持国防和军队建设当作义不容辞的责任，深入进行以爱国主义为核心的全民国防教育，积极配合军队做好军事斗争准备，全面落实优抚安置政策，帮助部队解决实际困难，军政军民团结的良好局面得到进一步巩固和发展。

今年是实施“十二五”发展规划的开局之年。在国际国内发展形势复杂多变的情况下，我们努力克服各种不利因素的影响，积极应对前进道路上的风险和挑战，紧紧抓住新一轮西部大开发和国家出台支持甘肃发展政策的重大历史机遇，以科学发展为主题，以转变经济发展方式为主线，深入实施区域发展战略，不断完善和细化工作措施，突出重点，突破难点，在推动经济社会又好又快发展上想办法、出实招，解难题、抓落实，继续保持了经济快速发展、社会和谐稳定的良好局面。1—6 月，全省完成生产总值 1934.65 亿元，同比增长 13.3%；完成全社会固定资产投资 2090.68 亿元，增长 47.59%；大口径财政收入 520.31 亿元，增长 36.38%；一般预算收入 260.11 亿元，增长 52.97%；城镇居民人均可支配收入 7329.47 元，增长 13.69%；农民人均现金收入 2049.9 元，增长 27.4%，经济建设、政治建设、文化建设、社会建设、生态文明建设以及党的建设方面都取得了新的成绩。这些成绩的取得，是党中央、国务院正确领导的结果，是全省人民顽强拼搏、团结奋斗的结果，也凝结着驻甘部队广大官兵的辛勤劳动和汗水。

站在一个新的历史起点上，推动各项事业取得新成就，需要全省人民的共同奋斗，也离不开驻甘部队的大力支持和帮助。希望驻甘部队继续发扬优良传统，一如既往地关心甘肃、支持甘肃，积极投身甘肃改革发展的伟大实践，为推动科学发展、促进社会和谐作出新的更大的贡献。

我们要深入学习贯彻胡锦涛总书记“七一”重要讲话精神。在庆祝中国共产党成立 90 周年大会上，胡锦涛总书记发表了重要讲话。讲话站在历史高度和时代高度，精辟概括了 90 年来党的奋斗历程和伟大成就，提出提高党建设科学化水平的目标任务，全面阐述了在新的历史起点上把中国特色社会主义伟大事业推向前进的大政方针，是新形势下指导我们党的各项事业继往开来的纲领性文献。胡锦涛总书记还对国防和军队建设作了重要论述，提出了新的要求，这对于大力加强军队思想政治建设和党的建设，确保党对军队的绝对领导，在新的起点上推动国防和军队建设科学发展，有效履行新世纪新阶段军队历史使命，具有重大而深远的意义。我们一定要以高度的政治责任感，深刻领会讲话精神实质，深入理解讲话提出的一系列重大理论观点，切实把思想和行动统一到讲话精神上来，贯彻落实到各项工作中去，努力推动经济社会与国防现代化建设协调发展。

我们要扎实推进军民融合式发展。走中国特色军民融合式发展之路，是实现富国强军的战略举措。要进一步增强责任感和紧迫感，围绕建立和完善军民结合、寓军于民的武器装备科研生产体系、军队人才培养体系和军队保障体系，完善国防动员体系，着力促进国防领域和民用领域科技成果、人才、资金、信息等要素的交流融合，形成既有利于经济建设，又有利于国防建设的军民融合式发展的新局面。要加强军地协调，调动各方面的积极性，落实责任，强化措施，着力消除妨碍军民融合式发展的思想观念，改革体制机制，制定完善政策，扎实推动各项目标任务的实现。要深入研究新形势下军民融合式发展的特点和规律，积极探索新思路新办法，走出一条投入较少、效益较高的发展道路。

我们要全力保障军队完成多样化军事任务。支持国防和军队现代化建设，是各级党委、政府义不容辞的重大政治责任。要进一步加大投入，支持部队开展训练演习、加强基础设施和重点军事工程建设，积极为推进中国特色军事变革和军队现代化建设创造条件。要加强国防后备力量建设，重视加强巡逻执勤、反恐维稳、抢险救援、要害目标防护等专业力量建设，建设好民兵和预备役队伍，努力提高应对突发事件和复杂局面的本领。要认真落实党管武装责任制，正确把握武装工作面临的形势和任务，积极研究解决基层武装工作中的重大矛盾和问题。要深入开展全民国防教育，增强全民国防观念，在全社会营造关心支持国防和军队现代化建设的良好氛围。

我们要进一步巩固水乳交融的军政军民关系。拥军优属、拥政爱民，是我们党和军队的光荣传统和特有的政治优势。要把部队参与重点工程建设、精神文明建设、灾后恢复重建等作为深化双拥共建的重要平台，深入实施军地援建“双十工程”，抓好各类项目建设，巩固和发展军民共建成果。要全面落实各项优抚政策，切实解决好退役军人安置、随军家属就业、军人子女入学以及生活、住房、医保等方面的问题，千方百计为部队办实事、办好事，送温暖、解难题。要重视做好优抚对象和军队退役人员的就业再就业工作，加强就业培训，提供就业服务，充分发挥他们在推动经济社会发展中的作用。要广泛宣传双拥典型的先进事迹，不断激发广大军民的爱国拥军热情，在全省上下形成军爱民、民拥军的良好社会风尚。

同志们，不断巩固和发展新型军政军民关系，推动经济社会与国防现代化建设协调发展，是党和人民赋予我们的神圣职责和光荣使命。让我们紧密地团结在以胡锦涛同志为总书记的党中央周围，深入贯彻落实科学发展观，与时俱进，开拓创新，为推动国防和军队现代化建设、促进我省经济社会又好又快发展而努力奋斗！

兰州军区政治部主任苗华在甘肃省双拥模范城（县）命名暨双拥工作先进单位先进个人表彰大会上的讲话

（2011 年 10 月 12 日）

尊敬的陆书记、刘省长，各位领导、同志们：

在全党全军全国各族人民深入学习贯彻胡总书记“七一”重要讲话、纪念辛亥革命 100 周年之际，甘肃省委、省政府、省军区在这里隆重召开甘肃省双拥模范城（县）命名暨双拥工作先进单位先进个人表彰大会。这次大会，既是一次甘肃双拥战线的群英盛会，也是一次推动双拥工作深入开展的动员部署会，对进一步巩固军政军民和民族团结，促进甘肃经济社会科学发展和驻甘部队全面建设，具有十分重要的意义。我代表兰州军区党委、首长机关和全区广大官兵，对大会的胜利召开表示热烈祝贺！向受到命名表彰的先进单位和先进个人表示崇高敬意！向长期以来关心支持部队建设的甘肃各级党委、政府和各族人民群众表示衷心感谢！

山川秀美、历史悠久、文化灿烂的甘肃，是一个多民族和谐共处的大家庭，也是一片具有双拥光荣传统的热土，从黄河之滨到祁连山麓，从甘南藏乡到河西走廊，从繁华城镇到农村牧区，从厂矿企业到基层连队，到处盛开着鲜艳的双拥之花。近年来，各级党政军领导坚持以科学发展观为统领，牢固树立“围绕发展抓双拥、抓好双拥促发展”的先进理念，坚持把双拥工作纳入地方经济社会发展和部队改革建设的总体规划，积极构建党委统抓、机关大抓、军民齐抓的良好格局，推动双拥工作步入了一个新的历史发展阶段。尤其是省委陆书记、省政府刘省长，每当部队执行重大任务，都亲自组织指挥，全力提供保障；每当部队遇到困难，都亲自调查研究，及时排忧解难；每逢重大节日，都率团慰问部队，鼓舞官兵士气。省军区陈司令员、傅政委对双拥工作也非常重视，抓得很实。各级军地机关紧紧围绕推进甘肃跨越式发展的奋斗目标，加强组织领导，狠抓工作落实，广泛开展“河西千里双拥模范走廊”、“双十工程”、“双向服务、双向奉献”和双拥模范城（县）创建等活动，积极落实复转军人安置、随军家属就业、军人子女入学等法规政策，始终保持双拥工作的良好势头。各族军民在推进甘肃经济社会发展的生动实践中，特别是在“3·14”事件、“5·12”汶川地震、舟曲泥石流灾害等危急时刻，同心同德，众志成城，经受住了一次又一次严峻考验，夺取了一个又一个伟大胜利，谱写了一曲曲军爱民、民拥军的壮丽诗篇。历史雄辩地证明：军民同心，其利断金！只要不断巩固发展坚强的军政军民和民族团结，就没有克服不了的困难，就没有战胜不了的敌人，我们的事业就会无往而不胜！

甘肃“东蔽关中，西通西域，南应巴蜀，北控朔漠”，战略地位非常重要。当前，甘肃经济发展、社会进步、民族团结、宗教和谐、民生幸福，要维护这一蓬勃向上的难得机遇，要发展这种欣欣向荣的大好局面，要实现跨越式发展的宏伟蓝图，比以往任何时候都更加需要军政军民和各民族的紧密团结，比以往任何时候都更加需要广大军民的齐心协力和不懈奋斗。驻甘部队各级党委领导和广大官兵，要自觉站在国家安全和发展全局的战略高度，充分认清做好新形势下双拥工作的极端重要性，以服务经济建设、维护社会稳定、构建和谐社会为着眼点，以促进社会生产力、提高部队战斗力、增强民族凝聚力为落脚点，始终保持双拥工作的正确方向。要紧紧围绕主题主线开展双拥工作，牢记我军根本宗旨，紧贴“两个确保”使命，推进军民融合发展，全面提升部队遂行抢险救灾、反恐维稳等多样化军事任务的能力，为甘肃经济发展、社会稳定、民族团结提供有力支撑。要大力推进“十个100工程”，办实事、做好事、解难事，使各族人民群众充分享受双拥共建成果。要不断拓宽双拥工作新领域，进一步巩固发展“同呼吸、共命运、心连心”的新型军政军民关系，努力为持续推进甘肃开发建设、实现中华民族伟大复兴作出新的更大贡献。

我们坚信，有甘肃省委、省政府的坚强领导，有全省各级领导、各族群众和驻军广大官兵的共同努力，甘肃的双拥之花一定会枝繁叶茂、更加绚丽！甘肃的明天一定会繁荣昌盛、更加美好！

青海省委书记强卫在全省双拥模范城（县）命名暨双拥模范单位和个人表彰大会上的讲话

（2011 年 7 月 28 日）

同志们：

在“八一”建军节即将来临之际，我们在这里隆重召开全省双拥模范城（县）命名暨双拥模范单位和个人表彰大会，对于进一步弘扬我党我军优良传统，巩固和加强军政军民团结，促进青海改革发展稳定和部队全面建设，动员全省军民积极投身青海经济社会发展，都具有十分重要的意义。首先，我代表省委、省政府、省军区，向命名表彰的双拥模范城（县）、模范单位和个人表示热烈的祝贺！向驻青解放军指战员、武警官兵和民兵预备役人员，向全省军烈属、老红军、残疾军人、转业复员退伍军人、军队离退休干部表示亲切的慰问！向热情关心和支持双拥工作的各级领导及社会各界表示衷心的感谢！

拥军优属、拥政爱民，是我党我军我国人民在长期革命斗争和社会主义建设实践中形成的优良传统，是我们团结动员广大军民战胜困难、夺取胜利的重要法宝，也是我们特有的政治优势和力量源泉。青海作为经济欠发达地区，在长期的生产实践中，全省军民患难与共，团结奋斗，谱写了一曲曲可歌可泣的壮丽诗篇。特别是 2007 年全省双拥工作会议以来，各级党委政府和驻青各部队坚持以邓小平理论和“三个代表”重要思想为指导，深入贯彻落实科学发展观，按照党中央、国务院、中央军委关于做好新时期双拥工作的部署和要求，紧密结合军地实际，推动双拥工作在继承中创新、在巩固中提高、在改革中发展，取得了新的显著成绩。

一是双拥组织体系健全，组织领导坚强有力。各级党政军领导高度重视双拥工作，始终把双拥工作作为事关国防和稳定的大事来抓，坚持把双拥工作纳入各级党委政府的重要议事日程、纳入经济社会发展和部队建设总体规划、纳入部门和单位目标管理责任制、纳入各级领导干部政绩考核内容、纳入全民国防教育体系，周密部署、狠抓落实。进一步健全了双拥工作领导机构和组织体系，建立健全各级双拥领导机构 195 个、城乡双拥服务组织 4300 多个，初步形成了覆盖全省的双拥工作组织体系。完善了党委议军会议、军地联席会议、走访慰问、党政领导参加军事日活动、检查评比表彰、军地合署办公等制度，推动了全省双拥工作的制度化建设。各地、各部队坚持从实际出发，及时研究分析双拥形势，科学部署双拥任务，做到了双拥工作年初有安排、年中有检查、年末有总结。涉及双拥重大活动和重要事项，党政军主要领导亲自过问、亲自参与、亲自协调解决。特别是在我省藏区维稳、玉树抗震救灾、格尔木抗洪抢险等工作中，各级领导亲临一线慰问官兵、鼓舞士气，具体指导双拥工作。各级双拥工作领导小组成员单位分工协作、密切配合，充分发挥行业优势，狠抓双拥工作落实，形成了党政主导、军地互动、社会支持、群众参与的双拥工作组织体系和服务网络。二是双拥宣传教育深入扎实，拥军爱民氛围浓厚。各地、各部队坚持把以拥军优属拥政爱民为内容的国防教育纳入国民教育体系和部队教育规划，把国防理论和国防法制作为军地领导和各级干部的教育内容，把以爱国主义为核心的国防教育作为群众教育的主要内容，做到国防教育与政治思想教育同步提高，国防建设与经济建设协调发展。紧紧抓住重大节日纪念活动等有利时机，充分利用报刊、广播、电视、网络等宣传媒体，大力宣传双拥工作先进典型，深入开展主题教育和纪念活动，使双拥国防知识进学校、进社区、进乡村、进连队、进机关、进企业，有效增强了全民国防观念。目前，全省8个州（市、地）均建立了国防教育领导机构，全省已建成少年军校15所，85%以上的中小学校开设了国防教育课程，每年近50多万大中专院校和中学学生接受国防教育和军事训练，全民国防教育达到95%。同时，进一步加强了宣传教育阵地建设，全省40多个烈士纪念建筑单位，每年有近百万群众参观瞻仰英烈事迹、接受革命传统教育，有效发挥了爱国主义教育基地的主阵地作用。近年来，格尔木市投资近亿元修建的将军楼主题公园，成为新的国防教育、爱国主义教育和革命英雄主义教育基地。三是双拥政策全面落实，拥军保障能力持续提升。各级党委、政府把支持国防和军队建设作为义不容辞的政治责任，带着感情做工作、带着使命抓落实、千方百计解难题。近几年，省财政共投入资金近4亿元，帮助部队解决基础设施建设中存在的实际困难；投入450万元对青藏铁路沿线军供站的基础设施进行了维修改造，提高了军供应急保障能力；先后安排资金2150万元，慰问藏区维稳、玉树抗震救灾的一线官兵和驻军部队，有力地鼓舞了部队官兵的斗志。会同有关部门进一步完善了优抚保障制度和退伍安置政策，形成了优抚安置工作政策法规体系。累计安排优抚安置资金5.8亿元，逐年提高重点优抚对象抚恤补助和农村义务兵家庭优待金标准，重点优抚对象抚恤补助标准比“十五”翻了一番，农村牧区义务兵家庭优待金平均标准达到4300元。先后三次修改完善重点优抚对象医疗保障制度，逐年提高医疗救助标准，扩大救助范围，稳步推进住院费结算“一站式”服务，较好地解决了优抚对象看病就医问题。结合农村（牧区）困难群众危房改造，优先将重点优抚对象纳入危房改造和保障性住房建设范围，累计投入建房补助资金2600余万元，帮助1600余户重点优抚对象新建或维修住房、改善了住房条件。进一步深化退役士兵安置改革，加大退伍军人安置力度，共计接收安置转业干部1084人、城镇退役士兵3478人，安置率分别达到100%和93%以上，达到了转业退伍军人满意、家长满意。全面完成了530名军队离退休干部的接收安置任务，并落实了相关待遇。认真贯彻落实中央“五项政策”，结合青海省情实际，研究出台了一系列政策措施，基本解决了军队退役人员养老、医疗、生活、住房等实际困难和问题。认真做好随军家属就业培训工作，先后为300多名随军干部家属解决了就业问题，极大地稳定了部队官兵的思想情绪，使他们安心在部队工作，全心投入部队建设。四是支持地方建设力度加大，拥政爱民成绩突出。近几年，我省各种自然灾害频发、藏区维稳形势严峻。全省军民同心协力、顽强拼搏、共克时艰、夺取胜利。2010年，我省相继发生了“4·14”玉树强烈地震、格尔木洪涝等严重自然灾害，驻军部队官兵迅速赶赴灾区，以最快的速度搜救生命、抢救伤员、抢运物资和维护秩序。各部队共出动兵力近5万人次、机械车辆6000多台次，救出被掩埋群众2700人，转移运送伤员和受灾群众近2万人，装卸运送物资2万多吨、保障油料691吨，扑救因地震引发的火灾50余起，搬运沙石9.7万多方，加固堤坝100公里，开挖泄洪渠320米，最大限度地减少了灾害损失，保护了人民群众的生命财产安全。在抗震救灾的日日夜夜，在抗洪抢险的关键时刻，广大官兵不顾余震频发、不畏高寒缺氧，发扬连续奋战、不怕疲劳、不怕牺牲的奉献精神，用赤胆忠诚、钢铁意志和血肉之躯，谱写了人民军队为人民的英雄赞歌，涌现出了用生命拯救生命的陆军第四医院女军医何敏、抗震抗洪英雄段磊等模范人物和一大批英雄群体。拉萨“3·14”事件发生后，驻军官兵按照中央军委的统一部署，迅速开赴藏区执行维稳任务，通过政策宣传、思想教育等群众工作，出色地完成了各项维稳任务，确保了我省藏区社会政治稳定。驻青各部队积极投身地方“生态环境保护、重点工程建设、驻地扶贫育人”三大工程建设，四年来共计出动官兵10.2万人（次）、车辆5600台（次），先后参加了青藏铁路复线建设、河道整治、山川绿化、重点地区环境保护和生态治理等10多项重点工程建设。每年投入劳动日近20万个，完成了长江、黄河上游防护林区植树造林工程等绿化任务，植树150万株、退耕还林还草60万亩、成片造林12万亩。各部队采取定点挂钩、结对帮扶、重点援建等形式，深入开展教育、科技、医疗卫生扶贫活动，积极捐款捐物支援受灾群众和贫困地区，先后捐资援建希望小学13所，救助失学儿童2055余名，特别是在玉树抗震救灾期间，解放军和武警部队官兵累计为灾区捐款3.58亿元，并出资修建玉树藏族自治州孤儿学校、职业技术学校和玉树县八一医院。驻青各部队充分发挥自身优势，努力在军民共建共育、民族团结进步创建、创先争优活动、精神文明建设等方面发挥引领示范作用，带动了文明村镇、文明社区、文明单位创建活动，为构建和谐青海作出了重大贡献。五是双拥创建带动军民共建，双拥工作成效显著。省双拥工作领导小组高度重视全省双拥创建工作，制定印发了《青海省双拥模范城（县）创建命名管理实施办法》、《青海省双拥模范城（县）考评标准》，有效指导了各地区的创建活动规范、科学、深入地开展。全省广大军民继承和发扬“五个特别”的青海高原精神和“大爱同心、坚忍不拔、挑战极限、感恩奋进”的玉树抗震救灾精神，紧紧围绕“以线带点创建，发挥特色双拥”的工作思路，坚持把点线创建活动作为加强军政军民团结和民族团结，促进军地共同发展的重要载体，广泛开展了跨地域、跨行业、辐射面广的军民共建千里高原文明线、文明青藏公路运输线、警民共建文明青藏铁路线活动。通过横贯全省境内的青藏公路、青藏铁路，再向沿线纵深辐射，共建立了700多个军民共建点。这些共建点从当地实际出发，突出了以坚强的军政军民团结带动和促进民族团结，脱贫致富建设小康的目标，以文明行车带动“窗口”行业提高服务水平，在全省基本形成了以创建双拥模范城（县）为龙头，以军民共建、军地互办实事为基础，多种形式并举的双拥工作新格局。

当前，青海已经站在了开启“十二五”伟业新的历史起点上。今天的大会，既是总结会、表彰会，也是在新的起点上把双拥工作提高到新水平的动员会。全省各级党委政府和驻军各单位要充分认识加强军政军民团结的极端重要性，推动双拥工作不断适应新形势、实现新发展。今后一个时期全省双拥工作的总体要求是：深入贯彻落实党的十七届五中全会和省委十一届九次全体会议精神，紧紧围绕建设富裕文明和谐新青海的奋斗目标，坚持以科学发展为主题，以维护社会稳定、促进经济发展、推进军事斗争准备为重点，以保障广大军民合法权益为基本任务，以双拥模范城（县）命名表彰为动力，进一步拓展思路，夯实基础，突出重点，狠抓落实，不断创新双拥工作内容和形式，努力提高双拥工作整体水平，为全省经济社会发展和部队全面建设提供有力保障。

一是要始终坚持双拥工作的正确方向。胡锦涛总书记在党的十七大报告中指出：“要坚持拥军优属、拥政爱民，积极开展军民共建，巩固军政军民团结。”回顾历史，我们可以看到，青海作为西部城市，以其特有的魅力焕发出勃勃生机，这既是全省军民团结一心、合力奋斗的结果，也为推动国防建设与经济建设协调发展打下了坚实基础。现在，我省已进入全面发展的重要时期，正处在加快经济转型升级的关键阶段，深化改革开放、推动科学发展、促进社会和谐，任务艰巨而繁重，需要全省军民同心同德、不懈奋斗。我们要站在国家长治久安、民族兴旺发达、人民幸福安康的高度，从推动科学发展、建设大美青海的大局出发，切实增强忧患意识，扎实推进双拥工作，不断巩固和发展同呼吸、共命运、心连心的新型军政军民关系，努力促进地方经济社会和军队现代化建设又好又快发展。

二是要广泛发动社会力量支持部队建设。没有人民的军队，就没有人民的一切，各级党委、政府和社会团体要在做好自身工作的同时，积极为驻军部队解决实际困难，想部队之所想、急部队之所需，不断拓展双拥领域，充分调动社会资源和力量，组织开展行业拥军、社区拥军、团体拥军活动，积极探索在非公有制经济组织、新社会组织中开展拥军活动的途径和办法，不断扩大双拥工作的群众基础；要着眼军事斗争准备的需要，进一步健全拥军支前服务保障体系，完善支前工作预案，按照经济建设与国防建设协调发展的要求，把军事设施保护、国防公路建设、应急通信保障纳入“十二五”规划，有计划地抓好落实，努力做好部队遂行任务中的场地征用、物资供应、交通运输、军供保障、通信联络、战备动员等拥军支前工作，为部队军事行动提供有力保障。

三是要坚定不移地走军民融合式发展之路。驻青各部队，在完成自身军事任务的同时，要继续发扬优良传统，充分发挥自身优势，按照胡锦涛主席走军民融合式发展道路的指示要求，努力在维护社会稳定、保护生态、改善民生“三大任务”中作出新贡献。继续抓好以支援重点工程建设、三江源生态保护、驻地扶贫育人为主要内容的“三大工程”建设，进一步强化融合发展意识，完善融合机制，丰富融合形式，拓宽融合范围，统筹运用军民通用装备、技术、人才等优势，广泛开展科技、信息和教育培训活动。坚持把平时应急、战时应战紧密结合起来，健全军民一体化保障体系，实现应急应战一体、指挥协同一体、力量运用一体、军地保障一体的目标，不断推进各个领域的军民融合。以实际行动支持和参与双拥共建各项活动，促进地方经济社会又好又快发展。

四是要不断巩固和加强军政军民团结。稳固的军政军民关系是提高军事斗争准备的重要因素。青海既是未来西北边疆反击作战、屯兵储物的重要后方基地和实施战略机动的重要通道，又是与境外反华势力进行反渗透反分裂斗争的前沿阵地，战略位置十分重要，维稳任务艰巨繁重。各级党委政府和驻军各部队要以双拥创建活动为载体，综合运用行政、经济、法律等手段，不断丰富活动形式，完善活动办法，强化竞争激励机制，继续巩固“军民共建高原千里文明线”、“军民共建文明青藏公路运输线”和“警民共建青藏铁路文明线”活动成果的同时，进一步开展一系列具有时代特色、高原特点的双拥共建活动，并将创建活动与创建文明城市、文明村镇、文明社区紧密结合起来，以双拥创建促进军民共建，推动双拥工作水平提升，从而加强军政军民团结深入、持久、健康的发展。

五是要广泛开展国防教育和双拥宣传活动。继续组织全省军民深入开展学习实践科学发展观活动，自觉运用科学发展观指导双拥实践，凝聚军心民心，实现经济社会又好又快发展。围绕建设社会主义核心价值体系和当代革命军人核心价值观，充分运用报刊、广播、电视、互联网等大众传媒，集中宣传拥军优属、拥政爱民的光荣传统，宣传军民一致、相互支持的伟大成就，宣扬“大爱同心、坚韧不拔、挑战极限、感恩奋进”的玉树抗震救灾精神，宣扬我省双拥工作的先进集体和模范人物，不断增强广大军民的国防观念和双拥意识，不断增强民族凝聚力和向心力，切实把广大军民的思想统一到加快“四个发展”上来，为建设富裕文明和谐新青海贡献力量。

双拥工作是一项带有全局性、战略性的工作，涉及面广，任务繁重。各级党委政府要切实加强对双拥工作的领导，真正把各方面的力量组织起来、凝聚起来，形成促进双拥工作不断发展的强大合力。一要摆上重要位置。坚持把双拥工作纳入经济社会发展总体规划，摆上重要议事日程，做到有明确的目标任务，有具体的实施计划，有完善的保障措施。各级领导、各有关方面负责同志要进一步强化重视双拥、支持双拥、推动双拥的责任意识，加强对本地区本单位双拥工作的领导和指导，协调解决军民普遍关注的热点难点问题，促进双拥工作的各项任务落到实处。二要健全工作机制。进一步完善党委议军、军地联席会、双拥领导小组会、走访慰问、命名表彰等工作制度，建立健全双拥议事协调机制。双拥工作领导小组要切实履行职责，结合地区实际制订计划，组织协调，加强工作指导。领导小组各成员单位要把双拥工作与业务工作结合起来，各司其职、各负其责，保证双拥各项任务在本单位、本系统落到实处。各级双拥办要切实加强自身建设，提高具体协调落实的能力，通过健全顺畅高效的工作机制，推动双拥工作广泛、持久、深入开展。三要解决机构问题。前不久，全国双拥办对我省双拥创建工作进行了全面的检查考评，给予了充分的肯定，这和全省军民紧密团结，密切合作的工作是分不开的。但是，我们在肯定成绩的同时，也应该认识到自身的不足，全国双拥办对参加受全国表彰的城县实行“五个一票否决制”，其中有一条就是参评城县必须有双拥办的机构编制和经费保障。就这一点，我省做得还很欠缺，各级党委政府要高度重视这个问题，以务实的工作状态、求真的工作作风、高效的工作节奏，认真研究并指导相关部门尽快落实这项工作。

同志们，做好新形势下的双拥工作，巩固和发展军政军民团结，责任重大，使命光荣。让我们更加紧密地团结在以胡锦涛同志为总书记的党中央周围，高举中国特色社会主义伟大旗帜，深入贯彻落实科学发展观，继承和发扬双拥优良传统，振奋精神、开拓创新、扎实工作，努力推动全省双拥工作深入开展，不断巩固和发展军政军民团结的大好局面，为建设富裕文明和谐新青海作出新的更大的贡献！

兰州军区政治部副主任李炳仁在青海省双拥模范城（县）命名暨双拥模范单位和个人表彰大会上的讲话

（2011 年 7 月 28 日）

在全党全军和全国各族人民深入学习贯彻胡总书记“七一”重要讲话、喜迎建军 84 周年之际，青海省委、省政府、省军区在这里隆重召开第七届双拥模范城（县）命名暨双拥模范单位和个人表彰大会。这次大会，既是一次总结经验、展示成果的盛会，也是一次推动双拥工作深入开展的动员部署会，对于进一步巩固军政军民和民族团结，促进青海的稳定发展和驻青部队的全面建设，必将起到十分重要的推动作用。值此，我代表兰州军区党委、首长机关和全区广大官兵，对大会的胜利召开表示热烈的祝贺！向受表彰的模范单位和个人表示崇高的敬意！向长期以来关心支持部队建设的青海各级党委、政府和各族人民群众表示衷心的感谢！

山川秀美、地大物博、历史悠久的青海，是一个多民族和谐共处的大家庭，也是具有双拥光荣传统、到处盛开双拥之花的一片热土。从人民解放军进军青海的那一刻起，青海各族人民踊跃支前，与人民子弟兵紧密团结、并肩战斗，将五星红旗插遍了雪域高原，迎来了建设青海、保卫青海的新时代。在 60 多年的风雨历程中，青海广大军民携手并肩、同心同德，谱写了一曲曲军爱民、民拥军的壮丽诗篇，树起了一座座军政军民团结和民族团结的历史丰碑。进入新的历史时期，各级党委、政府和部队领导机关，坚持把双拥工作纳入经济社会发展和部队建设的总体规划，摆上议事日程，加强组织领导，采取有力措施，广泛深入地开展拥政爱民、拥军优属和双拥模范城（县）创建活动，续写了加强军政军民团结、推动经济社会发展、加快军队现代化建设的壮丽诗篇，涌现出了一大批爱国拥军、拥政爱民的先进典型。喜看今日大美青海，从昆仑之麓到三江源头，从雪域高原到辽阔草原，从繁华城镇到农村牧区，从厂矿企业到基层连队，到处盛开着鲜艳的双拥之花，到处回荡着军民鱼水情深的时代颂歌，到处呈现出繁荣发展、社会和谐的崭新气象，它将永远载入青海双拥工作和建设发展的光辉史册。

回顾60多年的奋进历程，特别是近年来青海军民开展双拥活动的生动实践，我们深深感到，青海双拥工作所取得的丰硕成果，来自于省委、省政府的坚强领导，来自于各族人民的积极参与，来自于广大军民的共同奋斗。特别是近几年，在省委强卫书记和省政府骆惠宁省长的带领下，各级党政领导时刻把军政军民团结挂在心上、把部队建设挂在心上、把官兵利益挂在心上，每当部队执行抢险救灾、军事演训等重大任务，各级党政主要领导亲赴一线，看望部队官兵，协调各方力量，搞好服务保障；每当部队遇有实际问题、具体困难，驻地党政领导亲自调查了解，及时进行研究，热情帮助解决；每逢重大节日，省委、省政府和各地州、县（区）领导，亲自到部队走访慰问，听取意见建议，共商双拥共建大计。所有这些，都充分体现了青海各级党政领导维护国家主权、安全和统一，关心支持国防和军队建设的政治智慧，体现了各族人民强烈的拥军意识和国防观念。青海双拥工作的生动实践，创造了军爱民、民拥军的光辉业绩，提供了双拥互利、双拥共赢的宝贵经验。

当前，青海经济发展、社会进步、文化繁荣、民生改善、民族团结、宗教和谐，正处在历史上最好的发展时期。要维护这一难得的历史机遇和良好局面，实现“建设富裕文明和谐新青海”的宏伟目标，比以往任何时候都更加需要军政军民和各民族紧密团结，比以往任何时候都更加需要广大军民的齐心协力、不懈奋斗。我们要站在政治和战略全局的高度，充分认清做好新形势下双拥工作的极端重要性，坚持用科学发展观统领双拥工作，把促进社会生产力发展和部队战斗力提高作为双拥工作的根本出发点，始终确保双拥工作的正确方向。要紧紧围绕主题主线开展双拥工作，努力形成“围绕发展抓双拥、抓好双拥促发展”的工作格局，进一步推进军地建设科学发展、融合发展。要着眼实现和维护广大军民的根本利益做好双拥工作，坚持多办实事、多办好事，使广大军民共享双拥成果。要紧贴使命任务抓好双拥工作，全面提升部队遂行抢险救灾、反恐维稳等多样化军事任务的能力，为青海经济发展、社会稳定、民族团结提供有力支撑。要坚持以改革创新的精神和求真务实的作风推进双拥工作，不断拓宽双拥工作的领域和范围，巩固和发展军政军民同呼吸、共命运、心连心的大好局面，为实现中华民族的伟大复兴作出新的更大贡献。

各位领导、同志们，我们坚信，在青海省委、省政府的坚强领导下，在全省各级领导、各族群众和驻军广大官兵的共同努力下，青海的双拥之花一定会枝繁叶茂、更加绚丽！青海的经济社会发展一定会成就卓著、更加辉煌！青海的明天一定会繁荣昌盛、更加美好！

青海省军区司令员张书领在青海省双拥模范城（县）命名暨双拥模范单位和个人表彰大会上的讲话

（2011年7月28日）

在全国全军热烈庆祝中国人民解放军建军84周年的喜庆日子里，青海省委、省政府、省军区隆重召开第七届双拥模范城（县）命名暨双拥模范单位和个人表彰大会，对于进一步巩固和发展青海军政军民和民族团结的大好局面，必将产生积极的推动作用。在此，我代表驻青解放军和武警部队广大官兵，向被命名的双拥模范城（县）和受到表彰的模范单位、模范个人表示热烈的祝贺！

近年来，在省委、省政府的正确领导和全省军民的共同努力下，青海经济实现了跨越发展，综合实力显著增强，社会事业全面进步，人民群众生活水平日益提高，对外形象明显提升。可以说，世界的目光正在向青海这块热土聚焦，发展的强音正在青海奏响。在青海经济社会快速发展的进程中，省委、省政府高度重视双拥工作，始终把双拥工作作为一项重要政治任务，列入重要议事日程。省委常委会每年都召开一次议军会，研究解决支持部队建设的重大问题；省委、省政府领导定期或不定期听取双拥工作汇报，及时研究解决重点和难点问题；各级党委、政府对双拥工作坚持齐抓共管、合力推动，“视部队为长城、把军人当亲人”，千方百计为部队办实事、解难题。特别是玉树“4·14”强烈地震发生后，各级党委、政府和广大群众对拥军优属认识进一步深化，“同呼吸、共命运、心连心”的新型军政军民关系得到进一步巩固和发展，军政军民团结所产生的巨大力量，为推进部队现代化建设提供了强有力的动力和支持。驻青部队建设取得的每一项成绩和进步，都凝结着地方党委、政府和各族人民群众的关怀与厚爱。广大官兵深切地感受到，我们赶上了青海经济社会大踏步迈进的最好时期，赶上了青海军政军民关系更加紧密团结的最好时期，青海不愧是拥军的热土，不愧是具有拥军优属优良传统的地方，能够战斗工作在大美青海，我们感到自豪和骄傲！在此，我代表驻青解放军、武警部队，向长期关心支持部队和民兵、预备役建设的各级党委、政府和各族人民群众表示衷心的感谢并致以崇高的敬意！

待会儿，兰州军区政治部李副主任和省委强书记还要作重要讲话，我们一定要认真学习，抓好落实。下面，我就驻青解放军、武警部队如何深入做好拥政爱民工作讲三点意见。

一、要进一步增强新形势下做好双拥工作的政治责任感

胡总书记指出：“一定要从民族振兴、人民幸福和国家长治久安的战略高度，充分认识加强军政军民团结的重要性，把双拥工作摆在事关全局的重要位置，坚持不懈地抓紧、抓实、抓好。”当前，随着推进青海实现跨越发展、绿色发展、和谐发展、统筹发展的战略进程，驻青部队也迎来了跨越式发展的重要战略机遇期，因为部队的发展与驻地的发展息息相关、密不可分。各部队要进一步增强做好新形势下双拥工作的政治意识、大局意识和责任意识，努力把思想和行动统一到党中央、国务院和中央军委的指示要求上来，更加清醒地认识做好拥政爱民工作，是贯彻落实科学发展观的必然要求，是维护国家安全和社会稳定的重要举措，是推

进军民融合式发展的客观需要。巩固和发展密不可分的新型军政军民关系，不仅是我军的优良传统，而且也是新形势下各部队义不容辞的责任，切实增强“双拥双进步，共建共提高”的观念，统一思想，深化认识，整合力量，形成拳头，切实把双拥工作摆到重要位置，抓紧抓好，抓出成效。

二、要紧紧围绕军地发展主题主线推动工作落实

省委、省政府围绕科学发展这个主题，以加快转变经济发展方式为主线，确定了建设富裕文明和谐新青海、与全国同步进入全面小康社会的战略目标。围绕这一目标，是我们驻军、武警部队在今后一个时期拥政爱民工作的根本着力点。我感到，要突出抓好三个方面的工作：一是高标准做好军事斗争准备。认真落实胡主席主题主线的重大战略思想，着眼使命任务，提升“打赢”能力。特别是要立足青海实际，努力锻造部队遂行多样化任务的能力，确保圆满完成省委、省政府赋予的各项“急难险重”任务。二是积极参加驻地经济社会建设。要以为党分忧、为国兴利、为民造福的政治责任感，自觉在参加和支援驻地开发建设中当先锋、打头阵。要积极支援基础性、公益性建设项目，大力参与生态绿化建设。当前，要突出抓好玉树灾后重建援建和运输保障任务，把“两校一院”打造成灾后重建的示范工程、体现军民鱼水深情的亮点工程、展示军队形象的民生工程。三是要进一步深化军民共建工作。广泛开展形式多样的军地共建共育活动，深入做好扶贫帮困、捐资助学、医疗帮扶和支援社会主义新农村建设等工作，按照“地方所需、群众所盼、部队所能”的原则，多办惠民生、暖民心、解民忧的好事实事。要继续推广近年来我们开展“平安寺院”、“平安村镇”、“平安社区”的经验做法，不断夯实维护青海社会稳定的基础。

三、要不断推进拥政爱民工作的改进创新

拥政爱民工作作为我军特有的政治优势，是在不断创新中与时俱进的。从延安时期的军民大生产到十一届三中全会后的“三大创建”，到今天双拥模范城命名表彰，我军拥政爱民工作正是在不断丰富内容、拓展领域、活跃形式中充满活力而生机勃勃。要坚持把创建双拥模范城（县）与驻地经济社会发展和部队建设的各项工作紧密结合起来，与部队开展的争先创优活动紧密结合起来，与军民共创文明城市、文明村镇、文明社区活动紧密结合起来，使双拥工作与经济发展、部队建设相互促进、相得益彰。这次大会命名了双拥模范城（县），表彰了先进单位和个人，他们的先进经验为我们深入推进拥政爱民工作提供了很好的借鉴。各部队要切实抓好这些典型的宣扬推广，发挥示范导向作用，提升拥政爱民工作的质量效益。

同志们，双拥工作是一项宏大的社会工程，也是一项长期的战略任务，目的在双赢，活力在互动，关键在领导。我相信，在省委、省政府的正确领导下，党政军民团结一心，真抓实干，双拥工作就一定能够取得新的更大成绩。

宁夏回族自治区党委书记张毅在自治区第八次双拥工作命名表彰大会上的讲话

（2011 年 12 月 7 日）

今天，我们隆重召开自治区第八次双拥工作命名表彰大会，这既是集中展示双拥工作成果的群英盛会，也是进一步加强军政军民团结，努力开创全区双拥工作新局面的动员大会，这次大会意义重大，影响深远。在此，我代表自治区党委、政府、宁夏军区，向命名表彰的双拥模范城（县）、模范单位和先进个人表示热烈的祝贺！并借此机会，向驻宁人民解放军、武警官兵和民兵预备役人员，向全区军烈属、老红军、革命伤残军人、转业复员退伍军人和军队离退休干部，表示亲切的慰问！全国双拥办、中国人民解放军总政治部和兰州军区对这次表彰大会很重视，全国双拥办、总政治部、兰州军区专门发来了贺电，兰州军区政治部王文杰副主任专程来参加会议并发表了重要讲话，我们要认真学习领会，用以指导工作。自治区党委常委、政府副主席刘慧同志作了双拥工作报告，自治区党委常委、军区政委王志宏同志宣读了命名表彰决定，各地要结合实际抓好贯彻落实。

拥军优属、拥政爱民，是我党我军我国人民的优良传统，也是时代赋予我们的光荣使命。长期以来，我区军政军民同呼吸、共命运、心连心，拥军优属、拥政爱民的光荣传统在宁夏这片热土上深深扎根，并不断发扬光大，已成为促进宁夏改革发展稳定的强大政治优势。2007 年全区第七次双拥工作命名表彰大会以来，全区各级党委、政府和驻宁部队深入贯彻落实科学发展观，按照中央关于做好新时期双拥工作的部署要求，坚持在继承中创新、在巩固中提高、在创新中发展，紧密结合军地实际，相互支持、团结协作，军民共建和双拥创建活动蓬勃开展，军爱民、民拥军的鱼水情谊得到进一步巩固和发展，打造形成了具有民族地区特色的双拥工作品牌，呈现出军地互助、军民携手、共创辉煌的崭新局面，双拥工作取得了新成绩，迈上了新台阶。各地各部门全面落实双拥政策，支持部队和国防建设，拥军保障能力持续提升。驻宁部队和广大官兵坚决响应党和人民的召唤，把驻地当家乡、视人民为亲人，参与发展，服务人民，维护稳定，充分发挥了人民军队抢险救灾主力军、急难险重突击队、安定人心主心骨的重要作用，展示了我军威武之师、文明之师、胜利之师的良好形象。我们相信，在党中央的坚强领导下，只要军政齐心协作，军民同心同德，就没有克服不了的困难，就没有战胜不了的敌人，我们的事业就会无往而不胜！

现在，我区发展已站在新的历史起点上，面临着前所未有的重大机遇，呈现出更加美好的前景。同时，我们也清醒地看到，我区仍是一个经济欠发达省区，加快发展保障民生、维护稳定的任务繁重而艰巨，面临着不少突出矛盾和问题。开拓进取，科学发展，建设和谐富裕新宁夏，与全国同步进入全面小康社会，我们更加需要军队和地方紧密团结、合力攻坚，更加需要军民齐心协力、不懈奋斗。各级党委、政府和驻宁部队一定要站在国家长治久安、民族兴旺发达、人民幸福安康的高度，充分认识加强军政军民团结的极端重要性，切实把双拥工作作为一项事关全局的战略任务，重视双拥、支持双拥、推动双拥，努力把双拥工作做得更加扎实有力、更加富有成效。

要用中国特色社会主义伟大旗帜引领双拥工作。中国特色社会主义伟大旗帜，是当代中国发展进步的旗帜，也是引领双拥工作、凝聚军民共同团结奋斗的旗帜。要深入推进社会主义核心价值体系建设，坚持不懈地用中国特色社会主义理论教育军民、武装头脑、推动实践，加强全民国防教育、双拥教育，引导各族干部群众牢固树立“没有一个人民的军队，便没有人民的一切”的思想，引导广大官兵牢固树立“军队打胜仗，人民是靠山”的意识，大力弘扬人民群众爱国拥军、情系国防的优良传统，大力弘扬人民军队听党指挥、服务人民、英勇善战的优良作风，永远保持军民血肉相连、水乳交融的亲密关系，更加自觉地投身于中国特色社会主义伟大事业。

要用军民融合式发展理念推进双拥工作。人民军队是保家卫国的钢铁长城，也是建设全面小康社会的重要力量，军政军民团结历来是我们保障各项事业发展、促进社会和谐稳定的重要法宝。要积极适应加紧推进军事变革的必然趋势和建设和谐富裕新宁夏的现实需要，坚持走中国特色军民融合式发展道路。驻宁部队要继续发扬优良传统，充分发挥自身优势，围绕实施“十二五”规划，积极参与和支持全区加快转变经济发展方式、沿黄经济区建设、特困地区扶贫开发攻坚、生态环境保护等重点建设工作，主动承担抢险救灾、维稳处突、打击犯罪等急难险重任务，以实际行动为宁夏经济社会发展立功、为人民群众造福。建立强大军队、巩固国防建设是政府和社会的共同事业、共同责任。各级党委、政府要牢固树立国防建设与经济建设协调发展的思想，把关心支持国防和军队建设作为义不容辞的政治责任，着眼于做好军事斗争准备需要，积极组织开展科技拥军、教育拥军、智力拥军，大力支持部队完成训练演习、战备执勤、科研试验和国防工程建设等任务，进一步健全拥军支前服务保障体系，为推进国防和军队现代化建设、跨越式发展提供有力保障。

要用维护广大军民利益的成效检验双拥工作。双拥工作是党的群众路线的重要体现，与广大军民的切身利益息息相关。要坚持全心全意为广大军民谋利益的思想，体现军民意愿，满足军民需求，使双拥工作成为广大军民共享共建的自觉行动。驻宁部队要牢固树立人民利益至上的思想，发扬人民军队爱人民的光荣传统，深入开展拥政爱民活动，模范遵守国家法律法规和群众纪律，切实维护人民群众利益。各级党委、政府要把功夫下在平时，把重点放在基层，综合运用经济、行政、法律等手段，认真解决广大军民普遍关心的热点难点问题，切实做好转业退伍军人安置、随军家属就业、军人子女入学、重点优抚对象生活保障等工作，帮助农村军属贫困户增收致富，关心生活困难复转军人，解除军人后顾之忧。

要以改革创新的精神丰富双拥工作。双拥工作要永葆生机与活力，必须适应新形势，创造新经验，开创新局面。要继续深化双拥创建活动，结合我们民族地区实际，打造军民便于参与、具有时代特色的工作载体和平台，改进方式方法，完善激励机制，不断拓展领域范围，特别是要积极引导“两新”组织结合自身特点参与创建，推进创建活动向社会各领域延伸，不断提升创建活动的吸引力、影响力和感召力。要积极推进双拥工作制度化、规范化发展，加强政策法规建设，完善协调处理军民关系的有效机制，探索政府与社会、城市与农村、节日与平时相结合的双拥工作新机制，不断推进双拥工作规范化、经常化、社会化水平。

要以强有力的组织领导落实双拥工作。双拥工作是一项政治性、社会性和实践性很强的工作。各级党委、政府和部队领导机关，要把双拥工作纳入地方发展和部队建设的总体规划，摆上重要议事日程，加强领导，常抓不懈，确保双拥工作目标任务明确、实施计划具体、保障措施有力、责任落实到位，不断完善军地军民共商双拥、共谋双拥、共建双拥的工作格局。各级党政军主要领导要始终把双拥工作放在心上、抓在手上，带头参加双拥工作重要活动，及时研究解决双拥工作中的困难和问题，切实在推进军地发展、促进军民团结上出实招、办实事、求实效。各级双拥工作领导小组要进一步强化组织协调、加强指导服务、推进工作落实，切实履行好职责，发挥好作用。各部门各单位都要立足本职，积极入位，主动尽责，密切配合，形成双拥工作各负其责、齐抓共管的强大合力，不断提高双拥工作的水平。广大干部群众和部队指战员要以双拥先进为榜样，参与双拥、支持双拥，以自己的实际行动为开创全区双拥工作的新局面尽一份责、出一份力，作出积极贡献。

军民同心，其利断金！做好双拥工作意义重大、使命光荣。让我们更加紧密地团结在以胡锦涛同志为总书记的党中央周围，高举中国特色社会主义伟大旗帜，深入贯彻落实科学观，巩固和发展军政军民团结的大好局面，谱写新时代军爱民、民拥军、军民团结一家亲的新篇章，以优异的成绩迎接党的十八大和自治区十一次党代会胜利召开！

宁夏回族自治区主席王正伟在自治区第八次双拥工作命名表彰大会上的讲话

（2011 年 12 月 7 日）

同志们：

今天，自治区党委、政府、宁夏军区在这里隆重召开自治区第八次双拥工作命名表彰大会，主要任务是总结 2008 年以来全区双拥工作，部署下一阶段任务，命名表彰在双拥创建活动中涌现出的模范城（县）、模范单位和先进个人。全国双拥办、中国人民解放军总政治部、兰州军区发来贺电，兰州军区政治部副主任王文杰莅临大会指导，让我们表示热烈的欢迎和衷心的感谢。

刚才刘慧同志向大会作了双拥创建工作报告，志宏同志宣读了命名表彰决定，命名表彰了在双拥创建活动中涌现出的双拥模范城（县）、模范单位和先进个人，兰州军区政治部王文杰副主任讲了很好、很重要的意见，对于我们进一步做好双拥工作具有十分重要的指导意义。张毅书记作了重要讲话。张毅书记的讲话，充分肯定了近年来双拥工作所取得的成绩，深刻分析了双拥工作面临的形势任务，强调要用中国特色社会主义伟大旗帜引领双拥工作，要用军民融合式发展推进双拥工作，要用维护广大军民利益的成效检验双拥工作，要用改革创新的精神丰富双拥工作，要以强有力的组织领导落实双拥工作。希望各级党委、政府和驻宁各部队一定要认真学习，深刻领会两位领导的讲话精神，进一步增强政治意识、大局意识和责任意识，在军民融合式发展道路上迈出更加坚实的步伐。

一要充分挖掘军民融合式发展的内在潜力。双拥工作是我党我军在长期的革命斗争实践中形成的光荣传统和优良作风，是政治优势，也是政治责任。站在国家安全和发展战略全局的高度，走军民融合式发展的道路，是新的历史时期赋予双拥工作的一项新任务、新要求。各级党委、政府和驻宁各部队要认真传达好、学习好、贯彻好这次会议精神，特别是要学习好张毅书记、王文杰副主任的讲话精神，充分认识做好双拥工作的重要意义，把思想和行动统一到这次会议精神上来，坚持用融合式发展的“共赢”理念武装头脑，用融合式发展的视角审时度势，用融合式发展的思路破解难题，充分挖掘军民融合式发展的内在潜力，大胆探索创新，勇于锐意进取，深化双拥工作。要切实加强对双拥工作的领导，强化责任意识，明确工作职责，完善体制机制，加大指导协调和督察力度，充分激发各级各部门做好双拥工作的热情，充分调动广大军民参与双拥工作的积极性和创造性，以“一团火”的激情，再掀双拥工作新高潮。

二要切实发挥双拥先进典型的示范引领作用。双拥创建活动是走军民融合式发展道路的重要载体，涌现出的先进典型是促进全区经济与国防建设协调发展的宝贵财富。推进军民融合式发展，充分发挥先进典型示范引领作用尤为重要。这次命名表彰的模范代表，在新一轮创建中，要进一步发挥典型引领和示范带动作用，树好“旗帜”，当好“标杆”，不断增强感召力和辐射力，在推动军民融合式发展中作出新贡献。同时，各地各部队要注重发现、培养和弘扬新的先进典型，不断增强先进典型的示范效应，在培养典型中不断加大双拥工作的宣传力度，在宣传典型中不断增强国防观念和爱国意识，在形成更加浓厚的双拥宣传氛围中，实现中国特色社会主义文化的改革与发展。

三要着力提升全区双拥工作的质量和水平。新时期、新阶段给双拥工作带来了新机遇、新挑战，提出了新课题、新要求，同样也面临着新情况、新问题。做好双拥工作，有效推进军民融合式发展，要把握好军地双方融合的切入点，找准具体工作融合的结合点，在提升各级双拥机构履责能力上下功夫。要提升调查研究的能力，开展双拥政策、理论和实践的研究探索，解决好新形势下双拥工作遇到的热难点问题；要提升组织协调的能力，发挥密切军政军民关系的桥梁纽带作用，完善军地协作共建的长效机制；要提升服务保障的能力，加大军地信息互通力度，综合运用经济、行政、法律等手段，跟踪落实各项服务措施；要提升开拓创新的能力，积极探索适应自治区和驻地部队改革建设需要、满足广大军民需要的双拥工作新途径、新方式，进一步提升我区双拥工作的质量和水平，努力开创双拥工作新局面。

宁夏回族自治区副主席刘慧在自治区第八次双拥工作命名表彰大会上的工作报告

（2011 年 12 月 7 日）

各位领导、同志们：

现在我就全区四年来双拥工作情况和下一步工作的主要任务向大会作报告。

一、四年来双拥创建工作回顾

拥军优属、拥政爱民，是我党我军我国人民在长期革命斗争和社会主义建设实践中形成的优良传统，也是我们特有的政治优势和力量源泉。做好双拥工作，加强军政军民团结，对于增强我国的经济实力和国防力量，实践我党我军全心全意为人民服务的宗旨，具有十分重要的意义。实践充分证明，不论是在革命战争时期，还是在社会主义建设以及改革开放、全面建设小康社会的和平时期，双拥工作都是一项全局性、战略性的工作，是我们团结动员广大军民战胜困难、夺取胜利的重要法宝。2008 年全区第七次双拥命名表彰大会以来，在自治区党委、政府、宁夏军区的正确领导下，新一轮双拥创建工作以科学发展观为统揽，把发展社会生产力、提高部队战斗力、增强民族凝聚力作为重要抓手，军地共同谋发展，合力建国防，真情办实事，切实解难题，扎实有力地推动了双拥工作的大发展，为自治区经济社会的新跨越作出了重大贡献。

全区双拥工作的主要做法及特点是“拓宽两条渠道、完善三个机制、实现四大创新、增强五种实效”。

——拓宽两条渠道。一是拓宽双拥宣传的渠道。各地通过举办国防知识竞赛和国防形势报告会，开辟电视专栏、国防专刊，开展“感动绿色军营、感动第二故乡”双“十佳”评选活动，在城市地标建筑或醒目位置设立永久性双拥宣传牌，在公共服务场所设置“军人优先”、“军人优惠”服务标志，创建“双拥桥”、“双拥路”、“双拥林”、“双拥广场”、“双拥墙”、“双拥街”等平台，扩大了双拥工作的社会影响，营造人人关心国防、人人支持军队建设及爱党爱国爱军队的社会舆论氛围。二是拓宽政策落实的渠道。各地结合实际制定了一系列政策规定，逐步构建与市场经济相衔接、与国防建设相适应、与法律规范相协调、与优良传统相传承的政策法规体系。认真贯彻《军人抚恤优待条例》和《拥军优属若干规定》，协调机关、企事业单位为部分随军家属安排公益性就业岗位，解决随军家属就业问题；降低现役军人子女升学分数段，放宽幼儿园入园条件等措施，解决了军人子女入学问题；制定出台《自治区退役士兵职业教育和技能培训工作实施意见》，免费为退役士兵和随军家属进行职业技能培训，举办就业招聘会，提供小额担保贷款，拓宽退伍军人安置渠道和鼓励就业创业；加大重点优抚对象社会保障力度，制定优抚对象医疗救助相关政策，开展优抚对象危房改造、医疗“一站式”服务等，着力解决优抚对象在住房、看病、生活方面的实际困难。

——完善三个机制。一是完善组织机制。各地都成立了由政府主要领导任组长，党委、政府相关部门为成员的双拥工作领导小组，各乡镇、街道、企业、社会组织和非公经济组织成立了双拥工作机构或服务组织，配备了专兼职工作人员。各地还在乡村、社区、学校、厂矿、连队中配备了双拥工作联络员，全区形成了党政军三位一体，群团组织广泛参与的双拥工作组织体系。二是完善工作机制。坚持军地联席会议制度、坚持把重点工作放在基层、坚持把双拥工作特事特办、坚持把优抚政策落实到位，形成改革发展和双拥意识同步增强、地方生产力和部队战斗力同步提升、人民生活水平和优抚水平同步提高的运行机制，进一步完善双拥工作例会、党委议军会、双拥工作领导小组会等“十项制度”，保障了双拥工作的协调有效运行。三是完善考评机制。修订了《自治区创建双拥模范城考评标准》，细化了考评内容，调整了指标，扩大了双拥创建的范围，使双拥工作目标更加明确，任务更加具体，措施更加到位，为各地把双拥工作纳入经济社会发展和部队建设的总体规划提供了依据。

——实现四大创新。一是创新促进民族团结的新途径。驻宁部队结合我区实际，把清真寺作为宣传政策、维护稳定、推动发展的桥梁和纽带，作为凝聚群众、带动群众、感召群众的重要阵地，积极开展“一部一寺”、“一队一寺”军民共建文明清真寺活动，发挥一所清真寺就是一道“维稳墙”的作用。军寺共建工作，搭建起了民族团结的新平台。二是创新推动民生工程的新方法。把双拥工作与民生工程结合起来，围绕自治区党委、政府实施生态移民、打造“黄河善谷”的战略部署，制订实施《支持生态移民打造黄河善谷“6+6”行动计划》。对有生态移民搬迁定居任务的市、县，在已有政策的基础上，对重点优抚对象每户一次性补助建房款，把农村退役士兵列入政府指导性计划安置范围，提供免费职业教育、技能培训和就业指导。全区各部队积极与新农村建设联系点开展“联建共促”活动，构建了和谐的军民关系。三是创新“两新”组织拥军的新路子。驻宁大型企业和新兴社会组织，积极接收复转军人，成立企业民兵应急分队，实行“兵”、“民”结合，加强预备役建设，促进了企业的全面发展。贺兰县在德胜和暖泉两个工业园区分别成立了企业家拥军协会，协调解决退伍军人及家属的安置就业问题。吴忠市在民营企业设立了官兵学习成才基金和成才室，中卫市沙坡头旅游公司为参加抗震救灾的英模颁发终身免费旅游证书等，在双拥工作社会化方面做出了有益探索。四是创新法律拥军工作的新领域。各地成立“司法拥军”组织，设立“涉军法庭”等，积极维护和保障军人军属的合法权益。贺兰县检察院开通“老兵服务热线”，为军人军属及复退军人提供法律咨询和援助，受到全国双拥考评组的好评。

——增强五种实效。一是增强了国防教育的实效。各地发挥革命烈士陵园、爱国主义教育基地作用，深入开展党政领导军事日、周末讲坛、红歌咏唱、军民联欢、走访慰问和“情系国防”征文比赛等活动，还开展了电教设备配到、宣传资料发到、宣传展板办到、政策教育送到、国防知识讲到、国防征文写到、国防杂志订到、教育基地建到清真寺的“八到寺”活动，双拥宣传和国防教育实现了全覆盖。二是增强了走访慰问的实效。各级领导和社会各界以不同形式开展走访慰问活动。“跨越 2009”及中巴“和平使命 2010”军事演习期间，固原市、中卫市、青铜峡市等地开展热烈浓重的慰问活动，使参演官兵备受鼓舞。银川市在重大节日，远赴黄海之滨慰问“银川舰”官兵。石嘴山市连续三年开展南方籍复退老兵“请回第二故乡看一看”活动，加深了双方感情，并达成投资置业意向约 15 亿元。三是增强了拥军爱兵的实效。各地把驻地官兵当亲人，大力开展“文化拥军进军营、就业岗位进军营、心理服务进军营、排忧解难进军营”活动，深受官兵欢迎。各级党委、政府在财力比较困难、建设用地十分紧缺的情况下，加大支持部队建设力度，先后投入 4 亿元资金，无偿划拨上千亩土地，为部队修路架桥、筑营房、建训练基地和信息网等，还购置消防、抢险救灾器材、开通公交班车等，使驻宁部队官兵的办公、训练、生活条件得到极大改善。四是增强了拥政爱民的实效。驻宁各部队视驻地为故乡，积极支援地方经济建设，累计出动官兵上万人次，机械车辆 5000 多台次，主动参与生态绿化、帮困助学、抗旱打井、抢险救灾、维护稳定等任务。宁夏军区在实施“百井支农富民”工程中为南部干旱山区和鲁豫大地群众打井 330 余眼，受到了胡锦涛总书记的褒奖勉励。武警、消防官兵先后奔赴汶川、玉树震区展开救援工作，彰显了我区军爱民的真诚情怀。五是增强了典型示范的实效。树立了宁夏军区某给水部队、某集团军出国维和部队、“全民国防教育先进单位”吴忠市、“首届全国创建和谐寺观教堂先进集体”银川南关清真寺以及驻宁某部何健总工程师等一大批双拥创建的先进单位和个人，推动全区双拥创建活动不断深入。

四年来，经过广大军民不懈努力，我区双拥创建工作取得了新成绩，为自治区经济社会发展和提高部队战斗力增添了活力，成为加强民族团结、维护社会稳定、实现军民融合式发展的有形载体。同时，也为今后工作积累了宝贵的经验。一是领导重视、全民参与是做好双拥工作的基础。双拥创建工作是一项系统工程，涉及方方面面，只有强化组织领导，高起点谋划、全方位动员、“一把手”推动，才能把双拥工作置于党委、政府工作大局中去谋划、去开展，才能夯实工作基础，形成齐抓共管的氛围，更好地推动工作进一步创新发展。二是围绕中心、服务大局是做好双拥工作的关键。双拥工作是一项服务和保障性工作，只有紧紧围绕党和国家、军队的中心任务，服从和服务于社会团结稳定的大局，走军民融合式发展的道路，才能有效促进经济社会协调、健康、全面发展。三是落实政策、互办实事是做好双拥工作的抓手。双拥工作不仅要带着感情去做，更要在抓好工作的规范化、制度化上做文章，在落实政策、互办实事上见成效。只有落实好政策，凝聚军心民心、形成“军民团结如一人，试看天下谁能敌”的强大合力，才能有效提升双拥工作的整体水平。四是与时俱进、开拓创新是做好双拥工作的动力。观念创新、机制创新、方法创新，工作才能有所突破。双拥工作只有着眼加强和创新社会管理，着眼军民融合式发展，及时顺应形势变化，把握时代脉搏，才能不断赋予新内涵，创造新经验，走出新路子。

这些成绩和经验的取得，凝聚着各级党委政府、全区广大官兵和各族干部群众的共同努力和真情奉献。今天受到表彰的先进集体和个人，是全区在加强军政军民团结、推动经济社会发展、加快军队现代化建设进程中涌现出的典型代表，既有全力支持驻辖区部队各项建设的市、县，也有认真做好退役军人接收安置任务的企事业单位；既有奋力参与抢险救灾、抗旱打井、新农村建设的驻宁部队，也有积极开展捐资助学、双拥创建的军地个人。在这里，我代表自治区双拥工作领导小组，向长期以来关心支持我区双拥工作的社会各界和辛勤工作在一线的广大双拥工作者表示衷心的感谢和崇高的敬意！

在肯定成绩的同时，还要看到，我区双拥工作发展还不平衡，一些同志在认识上不到位，个别地方双拥机构不健全，专兼职人员不落实，缺少经费保障，影响了工作的深入开展和落实。这些问题，我们要认真研究，加以解决。

二、今后一个时期双拥工作主要任务

当前，面对“十二五”时期经济社会发展及国防和军队现代化建设的新任务、新要求，推动双拥工作科学发展，更好地服务国家经济发展和军队建设大局，是全面建设小康社会的必然要求，是建设和谐富裕新宁夏的重要内容。我们一定要从构建和谐富裕新宁夏和实现融合式发展的战略高度，充分认识新形势下做好双拥工作的重要意义，围绕中心、服务大局，不断创新双拥工作理念，坚持用党的创新理论成果武装军民，用民族精神和时代精神凝聚军民，以坚强的军政军民团结促进社会和谐稳定，更加自觉地投身于推进宁夏跨越式发展的伟大实践之中，进一步巩固和发展军政军民同呼吸、共命运、心连心的大好局面。

我区双拥工作的总体要求是：以迎接党的十八大为契机，深入贯彻落实党的十七大和十七届六中全会精神，紧紧围绕建设和谐富裕新宁夏的目标，以科学发展为主线，以维护社会稳定、促进经济发展、推进军事斗争准备为重点，以创建双拥模范城为动力，进一步拓展思路，在创新和发展中打造我区双拥工作的新品牌。重点在以下“四个方面”下功夫。

一要进一步强化双拥工作的氛围，在创新发展上下功夫。要紧紧围绕自治区“十二五”规划，贴近时代要求，丰富教育内容，活跃教育方式，调动人人双拥的积极性和主动性，使军爱民、民拥军的思想深入人心。要适应社会结构、经济成分和劳动方式的变化，健全党委政府主导、社会大力支持、全民广泛参与的社会化拥军优属新格局，引导各类经济组织、社会组织和城乡社区居民自治组织等社会力量参与双拥工作，推动社会化双拥活动深入发展。要扎根基层、深入群众，进一步拓展领域、丰富内容、创新形式，促进双拥工作深入、持久、有效、富有活力地开展。

二要进一步强化互办实事的氛围，在解决问题上下功夫。坚持以人为本的理念，进一步解放思想、更新观念，在解决重难点问题上有新突破，在完善政策制度上有新举措，进一步探索解决军队转业干部、复员退伍军人和离退休干部安置、随军家属就业、军人子女入学入托、伤病残人员移交、重点优抚对象医疗保障等现实问题的新方法，正确处理好军政军民关系，维护好军人军属和优抚安置对象的合法权益。充分发挥双拥工作的政治保证和助推催化作用，组织动员社会各界、各个阶层和广大军民积极参与，主动投身地方经济建设，加大军地互办实事力度，推动双拥工作提层次、上水平。

三要进一步强化融合发展的氛围，在提质增效上下功夫。经济建设和国防建设统筹兼顾、协调发展，关系宁夏跨越式发展，关系民族地区和谐稳定。要紧紧围绕“促进发展抓双拥、抓好双拥促发展”的主题，注重在思想感情上求融合，在思路方法上求融合，在各个领域上求融合，形成军民融合式发展的氛围。要大力开展双拥模范城创建活动，积极探索双拥工作新的方法和途径，着力提高双拥工作的质量。

四要进一步强化民族双拥的氛围，在打造品牌上下功夫。充分发挥双拥工作的政治优势，积极搭建军地合作平台，实现共建共享、互利双赢，以双拥促“双力”，夯实军政军民团结的政治基础。要进一步突出民族地区双拥工作的特色，完善共建工作的制度和措施，赋予双拥工作新内容，在实施我区“十二五”规划等重点工作任务中发挥新作用、创造新亮点。围绕“共学创新理论、共树文明新风、共保社会稳定、共促军地发展”的目标，创建双拥品牌。

同志们，做好新形势下的双拥工作是一项政治性很强的长期战略任务，让我们在自治区党委、政府的正确领导下，解放思想、齐心协力，努力开创我区双拥工作新局面，为建设和谐富裕新宁夏和军队现代化建设作出新的更大贡献，以优异成绩迎接党的“十八大”胜利召开！

兰州军区政治部副主任王文杰在宁夏回族自治区第八次双拥工作命名表彰大会的讲话

（2011年12月7日）

尊敬的张书记、王主席，各位领导、同志们：

在全党全军和全国各族人民认真学习贯彻党的十七届六中全会精神、深入推进小康社会全面建设之际，宁夏回族自治区党委、政府和宁夏军区在这里隆重召开第八次双拥工作命名表彰大会。这次大会，既是一次总结经验、展示成果的盛会，也是一次推动双拥工作深入发展的动员部署会，对进一步巩固军政军民和民族团结，促进宁夏经济社会建设和驻宁部队全面建设的科学发展，具有十分重要的意义。值此，我代表兰州军区党委、首长机关和全区广大官兵，对大会的胜利召开表示热烈的祝贺！向受表彰的模范单位和个人表示崇高的敬意！向长期以来关心支持部队建设的宁夏各级党委、政府和各族人民群众表示衷心的感谢！

宁夏位于丝绸之路古道，黄河纵贯八百里，风光秀丽，历史悠久，是具有双拥光荣传统的革命老区，也是一个多民族和谐共处的大家庭，从黄河之滨到贺兰山麓，从厂矿企业到基层连队，到处盛开着美丽鲜艳的双拥之花，回荡着鱼水情深的时代颂歌，呈现着繁荣和谐的崭新气象。特别是近年来，各级党委、政府和部队领导机关，坚持把双拥工作纳入经济社会发展和部队建设的总体规划，摆上议事日程，加强组织领导，采取有力措施，广泛深入地开展拥政爱民、拥军优属和双拥模范城（县）创建活动，宁夏广大军民携手并肩、同心同德，谱写了一曲曲加强军政军民团结、推动经济社会发展、加快军队现代化建设的壮丽诗篇，涌现出了一大批爱国拥军、拥政爱民的先进典型，树起了一座座军政军民团结和民族团结的历史丰碑。

回顾60多年的奋斗历程，总结宁夏双拥活动的生动实践，我们深深感到，宁夏双拥工作取得的丰硕成果和独有的特色亮点，来自于自治区党委、政府的坚强领导，来自于各族人民的积极参与，来自于广大军民的共同奋斗。特别是近几年，在自治区张毅书记和王正伟主席的带领下，各级党政领导时刻把军政军民团结挂在心上、把部队建设挂在心上、把官兵利益挂在心上，每当部队执行抢险救灾、军事演训等重大任务，各级党政领导亲赴一线，看望慰问官兵，协调各方力量，搞好服务保障，每当部队遇到实际问题、具体困难，驻地党政领导亲自调查了解，及时进行研究，热情帮助解决；每逢重大节日，自治区党委、政府和各市县领导，亲自到部队走访座谈，听取意见建议，共商双拥大计。所有这些，都充分体现了宁夏各级党政领导关心支持国防和军队建设的政治智慧和战略眼光，体现了各族人民强烈的拥军意识和国防观念。宁夏双拥工作的丰富实践，构建了“围绕发展抓双拥、抓好双拥促发展”的良好格局，创造了“双拥双发展、共建共提高”的宝贵经验，将永远载入和谐宁夏的发展史册。

宁夏地处西北华北两大战区结合部，是关中之屏障、河陇之咽喉，在抵御外敌侵略、维护国家安全上有着特殊重要的战略地位。驻宁部队各级党委领导和广大官兵，要自觉站在政治和战略全局的高度，充分认清做好新形势下双拥工作的极端重要性，坚持用科学发展观统领双拥工作，把促进社会生产力、提高部队战斗力、增强民族族凝聚力作为双拥工作的根本出发点，始终保持双拥工作的正确方向。要紧紧围绕主题主线开展双拥工作，服务党和国家建设大局，不断推进军民融合式发展。要着眼维护西北地区的繁荣稳定，持续推进“十个100工程”建设，使各族群众共享双拥成果。要紧贴使命任务抓好双拥工作，全面提升部队遂行抢险救灾、反恐维稳等多样化军事任务的能力，为宁夏经济发展、社会稳定、民族团结提供有力支撑。要坚持以改革创新精神和求真务实作风推进双拥工作，不断拓宽双拥领域范围，巩固发展“同呼吸、共命运、心连心”的新型军政军民关系，为继续推进新宁夏建设，为实现中华民族的伟大复兴作出新的更大贡献。

各位领导、同志们，我们坚信，在宁夏回族自治区党委、政府的坚强领导下，在自治区各级领导、各族群众和驻军广大官兵的共同努力下，宁夏的双拥工作一定会硕果累累！宁夏的经济社会发展一定会繁荣昌盛！宁夏的各项事业一定会蒸蒸日上！

[illegible]

[illegible]

[illegible]

政 策 法 规

北京市委、北京市人民政府、中国人民解放军总政治部关于深入做好新形势下北京市双拥工作的意见

京发〔2001〕30号

（2011年12月31日）

为认真贯彻落实党中央、国务院、中央军委关于加强军政军民团结的重要指示精神，紧紧围绕国家及国防和军队建设的主题主线，着眼推进军民融合式发展，加大军地相互支持力度，进一步密切“同呼吸、共命运、心连心”的军政军民关系，促进北京市经济社会发展和驻京部队全面建设，现就深入做好新形势下北京市双拥工作提出如下意见。

一、深刻认识做好新形势下北京市双拥工作的重大意义

拥军优属、拥政爱民是我党我军的优良传统和特有政治优势，军政军民团结是加强国防和军队建设的重要政治保证，是促进经济发展和保持社会和谐稳定的重要政治基础。深入做好北京市双拥工作，对于巩固和发展军政军民团结，建设社会主义和谐社会首善之区，加强驻京部队建设具有重大意义。

近年来，全市各级党委、政府和驻京部队坚决贯彻党中央、国务院、中央军委的重要指示精神，大力弘扬双拥光荣传统，坚持围绕全市经济社会发展大局和部队中心任务，扎实做好双拥工作，取得了显著成效。当前，北京正处在发展的重要战略机遇期，维护国家主权、安全和发展利益，对双拥工作提出了新的要求；围绕实施“人文北京、科技北京、绿色北京”战略和建设中国特色世界城市目标，走军民融合式发展的路子，加快驻京部队现代化建设，赋予了双拥工作新的任务；贯彻中央关于加强和创新社会管理的决策部署，保持首都和谐稳定，需要军政军民更加紧密团结奋斗。各级党委、政府和驻京部队要站在政治和全局的高度，充分认清做好新形势下北京市双拥工作的重大意义，更加深入扎实、富有成效地推动双拥工作发展。

做好新形势下北京市双拥工作总的要求是：高举中国特色社会主义伟大旗帜，以邓小平理论和“三个代表”重要思想为指导，深入贯彻落实科学发展观，紧紧围绕国家及国防和军队建设的主题主线，坚持为经济社会发展服务、为部队战斗力建设服务、为广大军民服务、为保持社会和谐稳定服务，不断拓展领域、丰富内容、创新方法、完善机制，努力增强双拥工作的时代感和主动性、实效性，为巩固和发展军政军民团结的大好局面，促进北京市经济社会和驻京部队建设科学发展作出新的贡献。

二、发挥军地优势积极推进军民融合式发展

推进军民融合式发展是双拥工作的一项重要任务。要充分利用北京市经济、科技、教育、人才等方面的丰厚资源，为驻京部队现代化建设提供强大支撑；同时，积极发挥驻京部队现代化建设对北京市经济社会发展重要拉动作用。

（一）坚持把驻京部队现代化建设融入北京市经济社会发展体系之中。以北京市重大科技项目和部队武器装备研发工程为平台，加强军地资源、信息、技术、科技成果的交流融合，充分发挥民用高

科技资源对部队武器装备科研、生产、保障的支持作用。依托首都国民教育体系加大培养军事人才力度，做好国防生选拔、教育和管理工作，为部队建设输送优秀人才；高等院校、科研院所、高新技术企业要积极协助部队对官兵开展学历教育，开展以信息化为主要内容的知识和技能培训，促进新型军事人才成长和官兵素质提高。充分利用社会资源，有效运用市场机制，大力支持部队推进后勤保障和其他保障社会化，探索将军人社保、医疗、住房等纳入北京市社会公共服务体系的路子，不断提高部队保障效益。

（二）在城乡基础设施建设中落实国防和军事需求。交通、通信、能源等基础设施建设，要按照平战结合、军民兼容的方针，积极完善国防功能，提高战备建设水平。适应战时首都防空需要，加快人民防空体系建设。在经济开发建设中统筹军事设施保护，建立健全市、区（县）军事设施保护机构，严格执行《军事设施保护法》并制定地方性政策规定，做好军事禁区、军事管理区勘界划定工作，控制在其周边兴建涉外项目，对影响核心、重要军事目标安全和军用机场净空等违法违规建筑和设施进行清理整治，依法保护各类军事设施安全和使用效能。

（三）坚持军民兼容互利。驻京部队建设要兼顾北京市经济社会发展需要，科研院所、部队院校和专业技术部队可采取技术咨询、合作研发、科技成果转让等办法，推动军用技术向民用转化，充分发挥国防科技对北京市经济尤其是高技术发展的牵引力。大力支持中关村国家自主创新示范区等新兴产业发展区（带）建设，按照部队建设需要和遵循市场规律，做好相关军用物资采购工作。积极为地方企事业单位参与军队生活服务、工程建设、军事物流、装备维修等创造条件。

三、大力支持驻京部队建设和完成多样化军事任务

全市各级党委、政府要把关心支持国防和军队建设作为义不容辞的责任，更加积极主动地做好各项拥军工作，为驻京部队全面建设和完成多样化军事任务提供有力保障。

（一）支持部队加快信息化建设。发动和组织高等院校、科研院所和高新技术企业等，广泛开展科技拥军活动，帮助驻京部队完善指挥信息化系统和相关局域网络建设，培养信息化人才，进行科技练兵、技术攻关，解决信息化建设中遇到的实际问题。组织开展“送电脑、送图书、送科技、送信息进军营”活动，集中支持建设一批基层连队电脑室、图书室、学习室，提高部队信息化建设水平。

（二）配合部队完成训练演习和多样化军事任务。适应拓展深化军事斗争准备和加快转变战斗力生成模式的新要求，大力配合驻京部队做好训练演习中的交通、场地、食宿、通信、医疗、安全警卫和军供等保障工作，保证训练演习任务圆满完成。做好部队遂行抢险救灾、安保、维稳和应急处突等任务中的保障工作，开展多种形式的拥军慰问活动，为部队完成各项任务创造良好条件。

（三）帮助部队改善战备训练和工作生活条件。支持军事工程和驻京部队基础设施建设，将部队指挥所、训练基地、战备公（铁）路等工程和营区水、电、气、暖等设施建设，列入城乡建设规划，在项目审批、土地征收等方面优先安排。大力支持新组建部（分）队营区选址和营房建设，完善配套设施。研究制定将部队随军家属住房纳入社会保障性住房范畴的办法，采取多种形式帮助解决驻京部队官兵住房困难，重点帮助解决新增随军家属的住房问题。

四、驻京部队积极参加和支持北京市经济社会建设

驻京部队要在完成以军事斗争准备为龙头的各项任务同时，积极参加和支持北京市各项建设事业，以实际行动践行我军根本宗旨，为北京建设中国特色世界城市贡献力量。

（一）积极支援基础设施重点工程和生态环境

建设。根据北京市建设需要，发挥部队组织严密、突击力强等优势，做好支援首都新机场、南水北调等重点工程和配合城市规划建设工作，勇于承担急难险重任务。集中使用义务劳动日，参加京津风沙源治理和“山区绿屏、平原绿网、城市绿景”三大绿色生态体系建设，为把北京建成生态良好、环境优美的宜居城市作出新的贡献。

（二）突出做好支持保障和改善民生工作。在团以上干部中继续开展“1+1”助学活动，帮助贫困学生完成学业。组织部队医疗卫生机构结对帮扶乡镇、街道、社区卫生院（所），帮助改善医疗条件、培养技术骨干，定期派出医务人员开展义务巡诊，协助做好重大传染病监测与防控，提高群众医疗健康水平。积极参与首都“关爱残疾人家庭、关爱空巢老人、关爱农民工”活动，帮助困难群体解决实际困难。继续做好抢险救灾、应急救援工作，全力保护人民群众生命财产安全。

（三）大力支持在首都举办的政治、文化、体育等重大活动。借鉴和运用部队支援北京奥运会、参加首都国庆60周年庆典活动等成功经验，切实做好国家、北京市举办的在国内外有重大影响活动的安保警戒、人员支援、技术支持等工作，保障各项活动圆满成功举办。

五、扎实开展军民共建社会主义精神文明活动

认真落实党的十七届六中全会及市委十届十次全会精神，积极适应提高首都城市文明程度，推动首都文化大发展大繁荣，建设社会主义和谐社会首善之区的要求，深入践行“北京精神”，深入开展新形势下军民共建活动，把社会主义精神文明建设的各项任务落实到军地基层。

（一）坚定理想信念和加强文明道德风尚建设。紧紧围绕加强社会主义核心价值体系建设和培育当代革命军人核心价值观，广泛开展军民共建活动。军民共同学习科学理论，进一步坚定建设中国特色社会主义的理想信念；共同弘扬先进文化，促进社区、企业、村镇、校园和军营文化建设；共同树立文明新风，自觉践行社会主义荣辱观和建立健康文明的生活方式；共同培育优秀人才，努力提高军民科学文化素质；共同普及法律知识，不断增强军民法制观念和纪律意识。

（二）拓宽军民共建领域。组织官兵积极参加文明创建、平安创建、和谐创建活动，开展军民共建文明区县、文明村镇、文明单位、文明社区，带头参加“做文明有礼的北京人”主题实践活动。做好军营环境整治和“垃圾减量、垃圾分类”工作，坚持“绿色出行文明交通从我做起”，为优化首都交通秩序和促进首都文明程度整体提升作贡献。着眼加强和创新社会管理，搞好军（警）民联防联治联建，促进首都和谐稳定。积极配合和支持驻地开展全民国防教育，不断增强干部群众国防观念和国家安全意识，夯实全民关心支持国防和军队建设的思想基础。

驻京部队要按照党中央、中央军委和胡锦涛主席关于军队要在精神文明建设中努力走在社会前列的重要指示精神，发挥思想政治工作优势，在军民共建中主动作为、多做工作，并注重向人民群众学习，汲取丰富政治营养，促进部队全面建设。

六、切实落实和完善拥军优属政策

各级党委、政府和有关部门要以支持国防和军队建设的高度责任感、使命感和对人民子弟兵的深厚感情，完善政策、创新机制、整合资源，积极为驻京部队官兵和优抚对象排忧解难，凝聚军心民心、鼓舞士气。

（一）做好军队转业干部和军队离退休干部安置工作。认真落实党和国家关于军队转业干部安置的政策规定，严格按政策接收、安置军队转业干部。充分发挥军队转业干部优势，鼓励和引导军队转业干部到基层一线任职。进一步规范简化军队离退休干部交接工作程序，加强市、区（县）所属军休所建设，落实军队离退休干部政治生活待遇和医疗照顾政策，提高服务保障水平。

（二）做好随军家属就业安置和军人子女入园

入学工作。落实国家随军家属就业安置政策，制定完善相关配套措施，不断拓宽就业渠道，促进随军家属就业。对具有公务员身份和事业编制身份的在编在岗军队干部随军家属，在同等条件下，用人单位应优先录用，对口安排相应工作。对战时获三等功、平时获二等功以上奖励的英模功臣，特招引进和调整交流的紧缺人才、高层次人才，以及师以上干部随军家属，要优先安置、确保就业。对已随军暂时未能就业和无固定工作的军队干部随军家属，要积极扶持创业和促进就业，所在区（县）要搞好养老、医疗、工伤等保险接续，给予一定的生活补助。国家机关、社会团体、事业单位、国有企业应承担接收安置军队干部随军家属的义务，鼓励非公有制经济组织、新社会组织接收安置军队干部随军家属，努力为军队干部随军家属提供就业岗位，扩大就业范围。认真贯彻落实《军人子女教育优待办法》等国家对军人子女入园入学有关规定，制定配套措施，支持部队办好幼儿园。

（三）做好退役士兵培训就业和伤病残退役军人移交安置工作。认真落实国务院、中央军委和北京市有关规定，进一步加强政策宣传，健全培训机构，加大经费投入，搞好教学管理，提高培训质量，确保退役士兵政策知晓率、有意愿参加培训率达到100%。加强校企合作，扩大对口培训、定向培训和订单式培训，搞好教育培训与就业衔接，使退役士兵就业率大幅提升。按照国家伤病残退役军人移交安置政策规定，建立完善安置工作机制，做好住房、医疗、经费等保障工作，及时协调解决接收安置中遇到的矛盾和问题，确保接收安置率达到100%。

七、进一步加强北京市双拥工作的组织领导

做好新形势下北京市双拥工作，责任重大、使命光荣。各级党委、政府和驻京部队要加强领导、科学组织、狠抓落实，努力形成党政军领导高度重视、军地有关部门密切配合、社会各界大力支持、广大军民积极参与的良好局面。

（一）落实双拥工作领导责任。各级党委、政府和驻京部队要把双拥工作纳入经济社会发展和部队建设总体规划，纳入重要议事日程，纳入党政机关目标绩效管理考评体系和部队全面建设考核内容，加强领导、持之以恒、狠抓落实。各级双拥工作领导小组要认真履行职责，各成员单位要结合本部门职能研究制定抓好工作落实的办法措施。市和区（县）双拥工作领导小组成员单位，每年要进行一次述职，实行绩效考评，加强工作督导，提高全市双拥工作的质量和水平。

（二）完善军地协调机制。认真落实各级党委议军会、军政座谈会、地方领导到部队现场办公等制度。健全和完善双拥工作联席会议和军（警）民共建、国防教育、服务驻京部队等军地协调机制，密切军地沟通联系，为双拥工作有效落实提供制度和机制保证。

（三）充分发挥军地有关职能部门的作用。配齐配强各级双拥办工作人员，坚持军地合署办公，健全工作制度，发挥双拥工作机构的组织协调和指导作用。市和区（县）外联服务部门，要强化为驻京部队服务观念，切实履职尽责，积极协调各有关部门办理支持驻京部队建设的事项。驻京部队各级群工部门和卫戍区、区（县）人民武装部，要充分发挥军地联系的桥梁纽带作用，协调驻京部队大力做好拥政爱民各项工作。

各地区、各部门和驻京部队各大单位政治机关，要结合本地区、本部门和本单位实际，按照各自工作职责，认真研究贯彻落实的具体办法和措施。

（此件发至地师级）

河北省民政厅、河北省组织部、河北省财政厅 关于调整部分优抚对象等人员抚恤和生活补助标准的通知

冀民〔2011〕103 号

各设区市、县（市、区）民政局、组织部、财政局：

根据民政部、财政部《关于调整部分优抚对象等人员抚恤和生活补助标准的通知》（民发〔2011〕159 号）精神，从2011 年10 月1 日起，提高部分优抚对象等人员抚恤和生活补助标准，现就具体事宜通知如下：

一、提高残疾军人（含伤残人民警察、伤残国家机关工作人员、伤残民兵民工）的残疾抚恤金，调整后的标准见附件 1；提高烈属（含因公牺牲军人遗属、病故军人遗属）的定期抚恤金，调整后的标准见附件 2；在乡退伍红军老战士的生活补助标准见附件 3。

二、在乡复员军人的生活补助标准在现行标准的基础上，每人每月增加 60 元，调整后的标准见附件 4。

三、各地按照每人每月不低于 270 元、不高于十级残疾军人抚恤金标准的原则，调整带病回乡退伍军人生活补助标准。其中：中央财政每人每月补助 150 元，其余每人每月需补助的 120 元，仍执行（冀民〔2010〕94 号）规定的分担比例。从 2012 年起，省内资金按照《河北省省内政府间专款配套管理办法》确定的配套比例进行分担。调整后标准见附件 5。

四、对在农村的和城镇无工作单位且家庭生活困难的参战退役人员，以及不符合评残和享受带病回乡退伍军人生活补助条件，但患病或生活困难的农村、城镇无工作单位的原 8023 部队退役人员及其他参加核试验部队退役人员，每人每月补助 250 元。其中中央财政每人每月补助 150 元，其余每人每月需补助的 100 元，仍执行（冀民〔2010〕94 号）规定的分担比例。从 2012 年起，省内资金按照《河北省省内政府间专款配套管理办法》确定的配套比例进行分担。调整后的标准见附件 6。

五、上述重点优抚对象抚恤补助标准中已经涵盖粮油补贴，从 2012 年 1 月 1 日起，各地在发放优抚对象抚恤补助金时，不再加发粮油补贴。

六、各地要按照省发改委等部门印发的《建立社会救助和保障标准与物价上涨挂钩联动机制的实施意见》（冀发改价格〔2011〕1034 号、1368 号）规定，调整当地的残疾军人、伤残人民警察、伤残国家机关工作人员、伤残民兵民工、烈士遗属、因公牺牲军人遗属、病故军人遗属、在乡退伍红军老战士、在乡老复员军人、带病回乡退伍军人、享受生活补助的参战涉核部队退役人员抚恤和生活补助标准，高于省定标准所需经费，由当地财政解决。各地在审核优抚对象最低生活保障待遇时，要严格执行抚恤补助金不计入优抚对象家庭收入的规定，将符合条件的孤老重点优抚对象纳入农村五保供养或城乡最低生活保障范围，确保优抚对象生活不低于当地居民平均生活水平。

七、对建国前加入中国共产党的农村老党员和未享受离退休待遇的城镇老党员调整生活补贴标准，每人每月提高 30 元，补助标准调整为：1937 年 7 月 6 日前入党，达到每人每月 420 元；1937 年 7 月 7 日至 1945 年 9 月 2 日入党的，达到每人每月

360 元；1945 年 9 月 3 日至 1949 年 9 月 30 日入党的，达到每人每月 280 元。已享受优抚对象抚恤补助的老党员，不执行上述标准，仍按每人每月 50 元发放生活补贴。

八、此次提高老党员生活补贴所需经费我省承担的补贴资金，由省、市、县三级财政按《关于提高部分建国前老党员生活补贴标准的通知》（冀组通字〔2009〕40 号）确定的分担比例承担。从 2012 年起，省内资金按照《河北省省内政府间专款配套管理办法》确定的配套比例进行分担。

九、各级民政、组织、财政部门要加强抚恤补助专项经费的管理，保证及时、准确、足额地把抚恤金和生活补助费发放到优抚对象等人员手中。

附件：1.《残疾军人、伤残人民警察、伤残国家机关工作人员、伤残民兵民工残疾抚恤金标准表》

2.《烈士遗属、因公牺牲军人遗属、病故军人遗属定期抚恤金标准表》

3.《在乡退伍红军老战士生活补助标准表》

4.《在乡复员军人生活补助标准表》

5.《带病回乡退伍军人生活补助标准表》

6.《部分参战涉核部队退役人员生活补助标准表》

河北省民政厅　河北省委组织部

河北省财政厅

二〇一一年十一月十一日

附件 1：

残疾军人、伤残人民警察、伤残国家机关工作人员、伤残民兵民工残疾抚恤金标准表

（从 2011 年 10 月 1 日起执行）　单位：元/年

残疾等级	残疾性质	抚恤金标准
一级	因战	32990
	因公	31950
	因病	30900
二级	因战	29850
	因公	28290
	因病	27230
三级	因战	26190
	因公	24620
	因病	23050
四级	因战	21470
	因公	19380
	因病	17810
五级	因战	16770
	因公	14660
	因病	13620
六级	因战	13100
	因公	12400
	因病	10480
七级	因战	9960
	因公	8900
八级	因战	6290
	因公	5760
九级	因战	5230
	因公	4190
十级	因战	3670
	因公	3310

附件 2：

烈士遗属、因公牺牲军人遗属、病故军人遗属定期抚恤金标准表

（从 2011 年 10 月 1 日起执行）　单位：元/年

	烈士遗属	因公牺牲军人遗属	病故军人遗属
城镇	10600	9110	8580
农村	6030	5760	5510

附件 3：

在乡退伍红军老战士生活补助标准表

（从 2011 年 10 月 1 日起执行）　　单位：元/年

在乡退伍红军老战士
48460 元

附件 4：

在乡复员军人生活补助标准表

（从 2011 年 10 月 1 日起执行）　　单位：元/年

在乡复员军人		
抗日战争时期	解放战争时期	建国后
不低于 5940	不低于 5400	不低于 5340

附件 5：

带病回乡退伍军人生活补助标准表

（从 2011 年 10 月 1 日起执行）　　单位：元/年

带病回乡退伍军人
不低于 3240、不高于 3310

附件 6：

部分参战涉核部队退役人员生活补助标准表

（从 2011 年 10 月 1 日起执行）　　单位：元/年

享受生活补助的参战涉核部队退役人员
3000

吉林省人民政府办公厅转发吉林省民政厅、吉林省财政厅关于加强零散烈士纪念设施建设管理保护工作实施意见的通知

吉政办发〔2011〕30 号

各市（州）人民政府，长白山管委会，各县（市）人民政府，省政府各厅委办、各直属机构：

省民政厅、省财政厅《关于加强零散烈士设施建设管理保护工作的实施意见》已经省政府同意，现转发给你们，请认真按照执行。

二〇一一年十一月十四日

吉林省民政厅、省财政厅关于加强零散烈士纪念设施建设管理保护工作的实施意见

为贯彻落实全国零散烈士纪念设施建设管理保护工作会议精神，依据民政部、财政部《关于加强零散烈士纪念设施建设管理保护工作的通知》（民发〔2011〕32 号）要求，现就我省加强零散烈士纪念设施建设管理保护工作提出如下实施意见：

一、指导思想

以邓小平理论和“三个代表”重要思想为指导，深入贯彻落实科学发展观，全面实施零散烈士纪念设施建设、管理、保护工作，实施抢救保护工程，努力提升建设、管理、保护水平，充分发挥其主题教育功能，推进烈士褒扬工作的创新发展，为构建社会主义和谐社会作出新的贡献。

二、目标任务

从 2011 年开始，依托现有烈士陵园，统筹规划，适当集中，分类实施，在 2014 年 10 月 1 日前完成所有散葬烈士墓的迁移、整合、修缮工作，完成零散烈士纪念设施的维修改造，基本建立起长效管理保护机制，充分发挥烈士纪念设施“褒扬烈士、教育群众”的主题功能。

三、实施步骤

按照统筹安排，分步实施的原则，全省零散烈士纪念设施抢救保护工程分三步进行：

第一步，规划设计阶段（2011 年 10 月—2012 年 4 月）

本着有利于烈士纪念设施管理保护，有利于人民群众瞻仰、祭扫，有利于烈士精神的宣传弘扬，有利于烈士褒扬工作发展的原则，统筹兼顾、综合考虑、科学制定零散烈士纪念设施抢救保护总体规划和实施方案。对乡镇管理的规模较大、设施较全、安葬烈士较多的烈士陵园，原则上就地改造，进一步完善相关设施；对无人管理，规模较小，设施简陋，损毁严重的零散烈士墓及墓地，应以县为单位进行适当集中，当地有烈士陵园的迁入烈士陵园安葬，没有烈士陵园的选择合适地点修建烈士陵园；对由烈士亲属管理的烈士墓，要在协商的基础上，迁入烈士陵园集中安葬或签订管理协议继续由亲属管理。原则上，每个县（市、区）散葬烈士墓整合后，保留的烈士陵园总数不超过 3 个。各地的规划方案要于 2011 年 11 月 30 日前报省民政厅审定。

第二步，全面实施阶段（2012 年 4 月—2014 年 4 月）

各地按照省民政厅审定通过的本地区零散烈士纪念设施建设管理保护规划方案，对散葬烈士墓和零散烈士纪念设施集中进行分类整合、维修改造，并对整合后的烈士陵园和散葬烈士墓集中安葬地，在道路、广场、围墙、绿化、纪念碑、纪念馆等方面进行整体配套设施建设。在实施零散烈士纪念设施抢救保护工程中，要坚持立足现在，着眼长远，使烈士纪念设施和当地的经济、社会发展总体规划相适应，和城镇建设、城市规划相匹配，和传统文化、精神文明相协调，着力在完善功能、丰富内涵上下功夫，切实体现出烈士纪念设施庄严肃穆、简朴大方的特点，把烈士陵园建设成集人文化、个性化、开放化、生态化、园林化于一体的爱国主义教育基地。

第三步，检查验收阶段（2014 年 4 月—2014 年 9 月）

零散烈士纪念设施抢救保护工程全面实施后，省相关部门将组成联合检查组，对全省工程进展情况进行验收、审查，对各地工程完成情况进行通报，并适时召开全省加强零散烈士纪念设施建设管理保护工作的总结表彰大会，表彰先进，推动工作。

四、保障措施

（一）加强组织领导。零散烈士纪念设施抢救保护工程是一项社会各界广泛关注，广大人民群众和烈属十分期盼的政治工程、民心工程。各地要高度重视、统筹安排、精心组织、加强协调，建立政府主导、部门协作、社会参与的工作格局，确保各阶段工作顺利推进。要加大宣传力度，充分发挥新闻媒体作用，向社会广泛宣传此项工作的重大意义、社会效果，争取人民群众的支持和广泛参与。要加强督促检查，确保每个改造项目都成为经得起人民和历史检验的精品和亮点。要把零散烈士纪念设施抢救保护工程作为“十二五”期间社会管理的一项重要工作，纳入双拥模范城（县）创建活动的考评范围，对不能按期保质保量完成工程项目的将取消当届双拥模范城（县）的参评资格。

（二）严格迁建规程。各地民政部门要深入做好对辖区内的零散烈士纪念设施的调查摸底工作，切实做到不错、不漏、不重。在迁建烈士墓时一定要坚持以人为本，充分尊重地方传统习俗，规范迁墓的各项操作程序，认真细致地制订好迁建方案，在前期准备、起骨、移送、下葬、立碑、绿化等各个环节上做到周密翔实。要指派专人全程跟踪，对每个散葬墓的原貌、起运、迁移、新建等都要录像或拍照，建立保存完整的烈士墓迁建档案资料。在迁墓过程中，要请当地群众代表和烈士家属参加，接受群众监督。有烈士家属的要充分尊重烈属意见，签订迁葬协议，随时通报工作进展；没有亲属的要和乡村干部协商，共同做好迁葬工作。要切实做好烈士纪念设施迁移后的收尾工作，对废弃的原墓碑要采取平整、拆除、粉碎、掩埋等方式妥善处理，避免出现残碑断碣，给社会造成烈士纪念设施被毁坏的不良影响。

（三）保证经费来源。各级民政部门要根据零散烈士纪念设施抢救保护工程总体规划和实施方案认真核算资金需求。各级财政部门要按照属地管理、责任明确、分级负担的原则，将零散烈士纪念设施抢救保护工程经费纳入财政预算。中央和省级财政将根据各地任务总量和地方财力差别等情况对各地开展零散烈士纪念设施抢救保护工程统筹给予一次性补助。各地可通过社会捐赠、企业赞助、个人捐献等多种方式进一步扩大资金物质筹措渠道。要按照有关规定加强零散烈士纪念设施抢救保护工程专项资金的使用管理，实行专项管理、分账核算、专款专用，并按有关资金管理制度健全内控制度，严禁截留、挤占和挪用。

（四）完善管理制度。零散烈士纪念设施抢救保护工程完成后，各地应着力探索长效管理保护机制，将整合后的烈士陵园和散葬烈士集中安葬地统一纳入县级管理保护级别，确定烈士纪念设施保护单位，并划定烈士纪念设施保护范围。烈士纪念设施保护单位要切实做好各项日常管理和维护工作，制定完善的管理保护规章制度，加强烈士事迹的编纂和宣传，组织开展好群众性烈士纪念活动，不断加强烈士纪念设施建设管理保护工作的规范化、标准化建设。

吉林省财政厅、省民政厅关于印发《吉林省抚恤补助资金管理暂行办法》的通知

吉财社〔2011〕851 号

各市（州）、县（市）财政局、民政局，长白山管委会财政局、社会管理办公室：

为切实加强抚恤补助资金管理，提高资金使用效益，减少资金发放环节，确保优抚对象等人员抚恤补助资金按规定标准及时足额发放，现将《吉林省抚恤补助资金管理暂行办法》印发给你们，请认真贯彻执行。

二〇一一年十一月十二日

上海市委、上海市人民政府、上海警备区关于进一步加强和改进本市征兵工作的若干意见

（2011 年 10 月 6 日）

征兵工作是国防和军队建设的基础工作，做好征兵工作是地方各级党委、政府和各有关部门、单位的重要职责。随着我国经济社会的发展、国防和军队现代化建设的推进，征兵工作面临新的机遇和挑战。为进一步加强和改进本市征兵工作，现提出如下意见。

一、充分认识加强和改进征兵工作的重大意见

军队的基础在士兵，士兵的基础在征兵。胡锦涛同志指出，要从思想上引起高度重视，按照适应市场经济发展、符合部队建设实际、照顾官兵实际利益的要求，调整完善现行征兵政策制度，努力在推进国防和军队建设与改革中克服和解决征兵难问题。当前，我国经济社会日新月异，国防和军队现代化建设的跨越式发展为征兵工作改革发展提供了有力支撑。但是，在我国经济体制深刻改革、社会结构深刻变动、利益格局深刻调整、思想观念深刻

变化的过程中，由于应征公民基数减少、参军热情不高和配套政策措施不完善等原因导致了征兵难特别是征集高素质兵员难等问题。因此，加强和改进征兵工作势在必行。各级党委、政府和各有关部门、单位要自觉站在国家改革发展、国防和军队现代化建设大局的战略高度，进一步增强做好新时期征兵工作的政治责任感和历史使命感，切实加大征兵政策调整改革力度，不断完善市、区县两级征兵政策制度，全面推进全市征兵工作制度化、规范化、科学化发展，确保高标准、高质量完成国务院、中央军委赋予的征兵任务。

二、明确指导思想和基本原则

全面贯彻党的十七大和十七届三中、四中、五中全会精神，高举中国特色社会主义伟大旗帜，以邓小平理论和“三个代表”重要思想为指导，深入贯彻落实科学发展观，坚决执行国务院、中央军委征兵命令和关于征兵工作的一系列重要指示，以改革创新精神制定出台相关配套政策措施，吸引更多高学历、高素质青年积极应征入伍，使其经过部队锤炼成为地方经济社会发展和基层政权建设的有用人才，走出一条具有上海特色的征兵工作道路，实现兵员征集与退役安置的良性循环。为此，必须遵循以下原则：

（一）坚持党管武装。党管武装是我们党的优良传统，是征兵工作必须遵循的根本原则。各级党委要高度重视征兵工作，切实把征兵工作纳入议事日程和议军范畴，并认真开展检查监督和绩效考评。

（二）加强宣传教育。把征兵宣传教育纳入全民国防教育的重要内容，完善机制，突出重点，开拓阵地，立体式、多角度、全方位开展征兵宣传教育。

（三）实行优待激励。立足上海实际，调整优待政策，改进安置办法，加强技能培训，拓宽征集渠道，吸引高学历、高素质青年投身军营。

（四）强化依法征兵。完善地方性兵役法规，发挥兵役管理部门主体作用，加大兵役执法检查力度，规范公民、法人和其他组织相关行为，建立健全依法征兵体制机制。

三、加大征兵宣传教育力度

加强征兵宣传教育组织领导，建立健全宣传、兵役管理、国防教育部门相互协作的征兵宣传教育工作体制机制。把爱国主义、革命英雄主义、兵役法规和端正入伍动机教育列为全民国防教育的重要内容，把领导干部、青少年学生、适龄青年及家长作为征兵宣传教育的重点对象。将每年 5 月的第 2 周定为全市“征兵宣传周”、10 月份定为全市“征兵宣传月”。坚持传统手段与现代传媒并举，把主流媒体、群众性精神文明建设载体和社会文体活动作为征兵宣传教育主阵地，推进征兵宣传教育进机关、进学校、进企业、进社区、进农村、进家庭。全面落实挂光荣军属牌、上门送喜报、解决家庭实际困难等优属制度，大力营造参军光荣的社会风尚。

四、深化征兵政策调整改革

（一）提高在役士兵及其家属优待金标准并建立自然增长机制。

1. 提高义务兵及其家属优待金标准，将 2011 年在役义务兵及其家属优待金标准由 2.2 万元提高到 2.6 万元。建立义务兵及其家属优待金标准自然调整机制，从 2012 年起，在役义务兵及其家属优待金标准按照市统计局公布的上年度本市城镇居民人均可支配收入增长比例同步递增；对到西藏等高原艰苦地区的，按照本市在役义务兵及其家属优待金标准的两倍数额发放优待金。

2. 对本市从非军事部门直接招收的专业士官，批准入伍前是企业、事业单位职工的，由原单位向其发放离开单位当月的全部工资、奖金及各种补贴；同时，在规定的服役期间，主要由原单位根据本单位实际向其发放服役补助金，补助金标准为本单位同工龄、同岗位、同职称员工年均收入与士官服役当年基本收入的差额。对从毕业后无就业单位人员中招收的士官，结合本市实际，由负责招收的区县政府按照本市上年度城镇居民人均可支配收入与士兵服役当年基本收入的差额予以补助，并由区县政府征兵办会同有关部门落实。到西藏等高原艰苦地区服现役的直招士官，其服役补助金按照上述计算方法的两倍数额发放。补助计算起始时间以批准入伍之日为准，补助期限为规定的服役期限。

3. 为发挥应招士官特长，鼓励其安心在部队工作，有关部门每年要对应招士官进行慰问。

（二）改进完善退役士兵安置办法。

1. 提高退役士兵自谋职业一次性经济补助金标准。2011 年冬季退役并自谋职业的义务兵，其一次性经济补助金标准由 3 万元提高到 5 万元。一次性经济补助金标准随本市经济发展水平增长。自谋职业的退役士官，从担任士官当年起算，服现役年限每增加一年，一次性经济补助金按照调整后的标准递增 10%。

2. 加大退役士兵就业扶持力度。退役士兵服役经历视同基层工作经历。符合条件的退役士兵报考本市公务员、事业单位工作人员等考试合格的，同等条件下优先推荐、优先调剂、优先录用。在每年本市警察学员的招录中，公安、司法行政部门要招录一定比例的符合职位报名条件的退役士兵；其中，对达到合格分数线的，要优先录用。对报考警察学院的退役士兵，放宽限制年龄至 28 周岁。基层专职武装干部岗位要重点招录退役大学生士兵。优先选拔优秀退役士兵充实村（居）委会班子成员。市有关部门每年要组织国有大中型企业定向招录一定数量的退役士兵，并要求企业与接收安置的退役士兵直接签订不少于 3 年期限的劳动合同。凡参军入伍的企业职工，均保留劳动关系，退役后继续履行劳动合同。对在服现役期间荣获个人三等功（含）以上奖励和烈士子女的退役士兵，由所在区（县）政府安置并可录用为事业单位工作人员。

3. 完善退役士兵免费职业教育和技能培训制度。贯彻落实国务院、中央军委《关于加强退役士兵职业教育和技能培训工作的通知》（国发〔2010〕42 号）精神，制定出台本市退役士兵职业教育和技能培训工作实施细则。

4. 本市开展专科层次依法自主招生改革试点的高校，对退役两年内的本市退役士兵考生，实行单独报名、单独命题、单独考试、单独录取，民政、教育部门要提供必要的考前辅导。退役士兵在校期间学杂费全免。

（三）建立在校大学生参军入伍激励机制。

1. 在校大学生参军入伍相关政策包括：

（1）应征入伍的在校高职（专科）生、本科生服役期满退役复学，经本人申请、学校批准并报市教育部门备案，可转入相近专业学习。

（2）应征入伍的本科生，本科毕业且 3 年内参加本市高校全国硕士研究生招生统一考试的，初试成绩总分加 10 分。

（3）应征入伍的高职（专科）生，专科毕业后可免试入读成人本科，或采取计划单列、自愿入读成人本科，或采取计划单列、自愿报名、学校考试、单独录取的办法参加普通高校专升本考试。

（4）在部队荣立个人三等功（含）以上奖励的高职（专科）生，毕业后可免试转入本校同专业或相近专业的本科学习，属独立设置的专科学校学生由学校报市教育部门统筹安排；荣立个人二等功（含）以上奖励的本科生，毕业后免试保送所学专业研究生。

（5）在校大学生入伍前未完成学业、服满现役退役后复学的，由安置部门按照退伍义务兵自谋职业的标准和渠道给予一次性经济补助，人力资源社会保障部门按照规定给予其相当于 24 个月社会保险费补助标准的生活补助。

2. 非上海生源的在校大学生参军入伍落户专项政策包括：

（1）应征入伍的非上海生源的在校高职（专科）生、本科生、研究生，在部队服役期间表现良好、退役复学后本科或者研究生毕业、在本市落实就业单位的，直接办理上海户籍。

（2）应征入伍的非上海生源的在校高职（专科）生，退役复学后专科毕业、在本市落实就业单位的，可申办上海市人才类居住证并享受相关待遇；在申请办理上海户籍时，其服义务兵役年限视同持有居住证年限。

（四）建立健全高校征兵工作经费保障机制。

考虑到高校征兵涉及非上海生源的在校大学生

以及外调政审及差旅费支出等因素，高校所需征兵工作经费，根据征集任务数按照人均 2400 元标准，由区县财政负担，列入区县征兵办预算。

五、加大依法征兵工作力度

依法征兵是社会主义市场经济条件下做好征兵工作的必由之路。要加强法规建设，形成征兵宣传教育、优待安置、退役士兵职业教育和技能培训、体制机制、法律责任等上下衔接、系统配套并具有上海特色的法规体系。要加强执法队伍建设，强化依法开展征兵工作的意识，定期组织市、区县、街道乡镇三级兵役执法人员进行业业务培训考核，严格实行兵役执法资格认定制度，全面提高兵役执法水平。要加大执法检查力度，市、区县两级人大、政府有关部门要定期组织执法检查，并结合执法检查，开展兵役法律法规宣传，指导基层单位依法开展兵役工作和查纠违反兵役法律法规行为。要建立征兵工作问责制，对拒不承担或未能完成征兵任务、阻挠公民履行兵役义务、拒绝接收安置退役士兵等违反兵役法律法规的单位，依法给予处罚；对拒绝或逃避兵役登记、征兵体检、兵员征集及在检疫退兵期内擅自离开部队或因思想原因被部队退回的个人，区县政府在经济和招工、招生、出境、办理工商营业执照或其他专业证件等方面，依照《兵役法》、《上海市征兵工作条例》及有关法律法规实施相应处罚。

六、切实加强组织领导

各级党委、政府和各有关部门、单位要把完成征兵任务、保证新兵质量作为政治任务，列入重要议事日程及军地各级领导干部政绩考核评价范围。要落实征兵工作组织领导“五项制度”，即纳入市、区县两级党委常委会议议军内容制度，纳入市、区县两级党管武装工作书记述职内容制度，建立健全市、区县两级政府征兵专题会议制度，建立健全市、区县两级党政领导定期检查视察征兵工作制度，建立健全市、区县两级征兵工作领导小组和成员单位联席会议制度。未完成征兵任务的单位及领导，不得评为“双拥模范城（县）”、“市级文明单位”、“党管武装好书记”、“征兵工作先进单位（个人）”等。各区县政府要建立健全征兵工作组织机构，做到人员固定、经费专项、制度完备。有关部门要安排专职人员在同级政府征兵办统一领导下开展工作。各高校要依托本校武装部开展征兵工作，少数尚未成立武装部的高校应在今年内完成武装部组建工作，确保征兵工作有专门机构管、有专职人员抓。各有关部门、单位要认真履行职责，确保各项政策措施落到实处，为圆满完成国务院、中央军委赋予本市的征兵任务切实提供保障。

（此件发至乡镇街道处团级）

上海市双拥工作领导小组关于印发《上海市双拥模范（先进）创建命名实施细则》等文件的通知

各区县双拥工作领导小组、驻沪部队各大单位政治部、市双拥工作领导小组各成员单位：

为进一步发挥创建双拥模范（先进）活动对双拥工作的促进作用，推动本市双拥事业持续健康发展，市双拥办会同各有关单位对上海市双拥模范（先进）考评办法和标准进行了修改和完善，形成了《上海市双拥模范（先进）创建命名实施细则》、《上海市创建双拥模范（先进）活动评选办法》、《上海市双拥模范区县考评标准》等三个文件，经市双拥工作领导小组领导审定，并经市委、市政府、上海警备区批准，现印发你们，请遵照执行。

结合全国双拥办拟于 2011 年上半年开展新一轮双拥模范（先进）评比表彰工作的要求，市双拥工作领导小组将以上述文件为依据，开展本市双拥模范（先进）考评活动（具体事宜另行通知）。请各单位认真学习上述文件，并以此为指导，结合各自实际，对照研究具体创建措施，积极开展创建活动，把本市双拥工作推上新台阶。

附件：

一、上海市双拥模范（先进）创建命名实施细则；

二、上海市创建双拥模范（先进）活动评选办法；

三、上海市双拥模范区（县）考评标准。

上海市双拥工作领导小组

二〇一一年一月三十一日

附件一：

上海市双拥模范（先进）创建命名实施细则

第一章　总则

第一条　为了贯彻落实党中央、国务院、中央军委关于做好新时期拥军优属拥政爱民（简称“双拥”）工作，进一步加强军政军民团结的指示精神，推动创建双拥模范（先进）活动广泛深入持久地开展，不断提高本市双拥工作的创建水平，根据全国双拥工作领导小组颁布的《双拥模范城（县）创建命名管理办法》（国拥〔2010〕2号）和《全国双拥模范城（县）考评标准》（国拥〔2010〕3号），结合上海实际，特制定本细则。

第二条　双拥模范（先进）创建活动是新时期双拥工作的重要载体，是加强军政军民团结的有效途径。本市创建活动要坚持重在基层、重看平时、动态管理、注重实效的原则，地方各级党委、政府、各部门、各单位，驻沪部队各单位及全体军民要积极主动地开展拥军优属、拥政爱民活动。

第三条　各类双拥模范（先进）是双拥工作成绩突出，具有榜样和示范作用，并经过规范的推荐评选程序命名表彰的先进典型，双拥模范区县是当地党委、政府、驻军领导机关和全体军民共同的政治荣誉。

第四条　市级双拥模范（先进）命名表彰与全国命名表彰同步进行。

第二章　表彰类型

第五条　上海市双拥模范（先进）的表彰类型。

（一）上海市双拥模范区县；

（二）上海市拥军优属模范街道（乡镇）；

（三）上海市拥军优属模范单位；

（四）上海市拥政爱民模范单位；

（五）上海市拥军优属先进单位；

（六）上海市拥政爱民先进单位；

（七）上海市拥军优属模范（个人）；

（八）上海市拥政爱民模范（个人）；

（九）上海市好军嫂；

（十）上海市优抚对象先进个人；

（十一）上海市创建双拥模范活动优秀组织者。

第六条　对群众性双拥创建活动中产生的具有推广价值的经验做法，可视情况以市双拥工作领导小组名义予以表彰。

第三章　申报推荐

第七条　上海市双拥模范区县在区县双拥工作领导小组对照全国《双拥模范城（县）创建命名管理办法》和本细则自查基础上，以区县党委、政府的名义自愿向市双拥工作领导小组书面申报。

申报时需提供《申报表》、申报事迹材料及相关工作资料。申报事迹材料的内容应包括两个部分：一是上一届命名表彰以来双拥工作的总体情况和主要特点；二是对照“上海市双拥模范区县考评标准”逐项反映落实情况。

第八条　上海市拥军优属模范（先进）单位（街道、乡镇）在区县级拥军优属模范（先进）单位（街道、乡镇）中产生，由各区县双拥工作领导小组考核并征求被推荐单位相关主管部门意见后，按分配名额向市双拥工作领导小组推荐。

第九条 上海市拥政爱民模范（先进）单位必须是所在地的区县级拥政爱民模范（先进）单位，由驻沪部队各大单位政治部考核并征求所在区县双拥办意见后，按分配名额推荐。由上海警备区政治部汇总后报市双拥工作领导小组。

第十条 上海市拥军优属模范个人、“好军嫂”在各区县拥军优属模范个人、“好军嫂”中择优选取，由各区县双拥工作领导小组审核，并征得被提名者所在单位党组织和相应的组织人事部门同意后，作为候选人向市双拥工作领导小组推荐。

上海市拥政爱民模范个人经驻沪部队各大单位政治部审核，并征求被推荐单位所在地的区县双拥办意见后，作为候选人，由上海警备区政治部汇总后向市双拥工作领导小组推荐。

直接从事双拥工作的业务部门领导和工作人员，一般不作为候选人，事迹特别突出，可由上级党委、政府或所在部队上级党委书面提名，经由区县双拥工作领导小组或驻沪部队各大单位审核后，向市双拥工作领导小组推荐。

第十一条 上海市优抚对象先进个人在区县优抚对象先进个人中择优选取，经区县双拥工作领导小组审核，征得被提名者所在单位党组织和相应的组织人事部门同意后，按分配名额向市双拥工作领导小组推荐。

第十二条 上海市创建双拥模范活动优秀组织者在直接从事双拥工作的军地业务部门领导和工作人员中产生，经区县双拥工作领导小组或驻沪部队各大单位政治部提名、审核，征求被提名者所在单位党组织和相应的组织人事部门同意后，作为候选人向市双拥工作领导小组推荐。

第十三条 凡被提名的各类模范（先进）个人应按照干部管理权限报经相应的组织人事部门审批同意后，向市双拥工作领导小组推荐。市管干部参加评选从严掌握，确需提名为候选人的，由市双拥办按程序报市委组织部。

第十四条 全国双拥模范城（县）、单位和个人在市级双拥模范区县、单位（街道、乡镇）和个人中择优选取，并由市双拥工作领导小组向全国双拥工作领导小组推荐。

第四章 考核评比

第十五条 上海市双拥模范区县的考核评比要严格掌握标准，推行竞争机制，坚持优胜劣汰。评选程序公开、公平、公正，按照业务主管部门评估、实地检查、群众测评和集中评议相结合，平时创建工作成效与评时检查考核结果相结合，条块意见相结合的原则进行考量。

（一）考核

1. 主管部门评估。市级有关业务主管部门就各区县相应部门履行双拥工作职责情况进行评估，并列出名次，向市双拥办反馈。上海警备区政治部会同驻沪部队各大单位政治部就各区县开展拥政爱民工作情况进行评估，并列出名次，向市双拥办反馈。

2. 实地检查。由市双拥办牵头，组织驻沪部队各大单位政治部、市双拥工作领导小组成员单位和有关职能部门组成若干个检查组，通过听取汇报、现场提问、实地考察等方式，对申报双拥模范的区县进行实地检查。

3. 社会测评。聘请专业测评机构对各区县开展双拥工作情况开展抽样测评。

4. 集中评议。由市双拥工作领导小组召集专门会议，听取申报区县对上届命名表彰大会以来，本区县开展双拥工作的总体情况、主要特点汇报，以及对存在问题的分析和解决措施的考虑。

（二）交流核实

市双拥办将各区县的申报事迹材料和集中评议阶段汇报稿分发至其他区县和驻沪部队各大单位交流、核实，一旦发现虚假行为并查实，将扣除该类目的总得分直至取消评选资格，并建议有关部门追究其单位领导和有关责任人的责任。

（三）领导小组审定

由市双拥办综合考核评比各阶段的情况和结

果，专题向市双拥工作领导小组汇报，经市双拥工作领导小组组长会议研究，产生上海市双拥模范区县及其排名。

（四）公示和征求军区意见

考核评比结果经市双拥工作领导小组组长会议审定通过后，市双拥办将各区县总名次和分类得分以一定方式进行公示，并将推荐全国双拥模范城（县）名单征求南京军区意见，且在上海主要新闻媒体进行为期15天的公示。公示期满，报市委、市政府、上海警备区研究同意后，书面向全国双拥工作领导小组推荐。

第五章　命名表彰

第十六条　市级双拥模范区县、模范（先进）单位（街道、乡镇）和个人由中共上海市委、上海市人民政府、上海警备区发布命名表彰决定，并举行命名表彰大会给予表彰。

第十七条　市级双拥模范区县、模范（先进）单位（街道、乡镇）和个人四年命名、表彰一次，特殊情况可提前或延期。每次命名，由区县双拥工作领导小组按有关规定择优推荐。

区县双拥模范（先进）单位和个人四年评比一次，除特殊情况外，应举行表彰大会。具体命名时间由区县确定。

第十八条　实行“精神奖励为主，物质奖励为辅”的奖励原则。对各类模范（先进）颁布相应的奖牌、证书，并在本市主要新闻媒体刊载名单，宣传典型事迹。对各类模范（先进）个人给予一定的物质奖励；对各类模范（先进）集体的物质奖励，由各区县人民政府统筹考虑。

第六章　日常管理

第十九条　各级党委、政府要加强对双拥模范创建活动的领导。被命名的双拥模范（先进）要与时俱进、不断创新，不断提高双拥工作水平。

各级双拥工作领导小组及其办公室要认真做好双拥模范创建活动的组织、协调、监督、指导等日常管理工作。

（一）各区县、各部队要制定本地区创建双拥模范（先进）活动的总体规划，及时组织实施，适时检查落实情况，注重总结先进经验。

（二）各区县、各部队要加强对双拥模范（先进）的奖牌管理，督促本届当选单位及时悬挂相应的奖牌。

（三）各区县、各部队要加强对双拥模范（先进）档案的管理。

（四）各级双拥工作领导小组及其办公室要加强对辖区内的双拥模范区县、单位的检查考核，要在其自查的基础上，每年复查一次，其结果作为下一届评选的重要依据。

（五）双拥模范（先进）出现政策法规不落实或重大军民纠纷，应在及时纠正和妥善处理的同时，将情况报市双拥办。对隐情不报或不及时采取措施解决的，给予通报批评；严重影响军政军民团结的，按命名权限撤销其双拥模范（先进）荣誉称号。

第七章　创建标准

第二十条　命名上海市双拥模范区县，坚持以下标准：

1. 组织领导坚强有力。地方党委、政府和驻军机关把双拥工作纳入经济社会发展和部队建设的总体规划，纳入党政军领导干部政绩考核范围，有明确的任务目标、具体的实施计划、完善的保障措施。坚持党委议军会议、军地联席会议等制度，双拥工作重点难点问题得到及时解决。双拥工作领导机构健全，成员单位职能作用充分发挥，双拥办实行军地合署办公，有工作人员和经费保障，组织、协调和指导双拥工作有力。

2. 宣传教育广泛深入。认真贯彻《中华人民共和国国防教育法》和《上海市国防教育条例》，把以爱国主义为核心，以拥军优属、拥政爱民为重要内容的国防教育纳入国民教育体系及部队教育规划，列入宣传、教育、文化、广播影视、新闻出版等部门的年度工作计划，有部署，有检查，有总结。有适应本地区、本单位实际情况的教育制度和教育设施，教育对象、时间、内容落实，爱国拥军、爱民奉献的社会氛围浓厚。

3. 拥军工作扎实有效。把支持国防和军队建设纳入经济社会发展规划，积极探索军民结合、寓军于民的路子，推动国防和军队现代化建设又好又快发展。大力支持军事斗争准备，配合部队完成训练演习、战备执勤、科研试验、抢险救灾和重大军事任务成效明显。广泛开展科技、教育、文化、法律拥军，协助军队实施人才战略工程，大力支持国防和军队现代化建设。积极支援重点军事工程建设，军事设施保护完好。军供站正规化建设成效显著，应急保障能力强。支持部队后勤保障社会化，优惠政策配套，优质服务到位。

4. 拥政爱民成果显著。充分发挥军队优势，大力支持上海经济社会建设和社会公益事业发展，做好扶贫帮困、助学兴教、“军徽映夕阳”活动和民族团结进步等工作。奋勇参加抢险救灾，在保护国家利益和人民群众生命财产安全的斗争中发挥生力军和突击队作用。协助地方维护社会和谐稳定，妥善处置各种突发事件。

5. 政策法规落到实处。认真贯彻执行党和国家有关国防建设和加强军政军民团结的法律、规章、政策、制度，并根据形势发展，不断完善与之相配套的政策、法规。转业军官、复员干部、退役士兵、军队离退休干部、伤病残退役军人、随军家属安置，以及退役士兵职业技能培训政策得到落实；军人及其家属的合法权益得到保障；兵员数量质量得到保证；优抚对象抚恤补助和医疗、住房等保障落实到位，并保证其生活水平与当地群众生活水平同步提高；现役军人、残疾退役军人及其家属享受优待；加强烈士纪念建筑物保护单位和优抚事业单位建设，做到功能突出、作用明显。军队模范执行党和国家的法律法规，严格遵守群众纪律，尊重少数民族的宗教信仰和风俗习惯，定期开展拥政爱民教育和群众纪律检查，树立人民军队的良好形象。

6. 双拥活动坚持经常。开展双拥活动以基层为重点，注重落实，讲求实效。年度有计划，季度有安排，节日有走访，平时有活动。各项活动主题鲜明，内容丰富，形式多样，参与广泛，具有时代特色和地域特点。健全各项制度，定期检查总结，推进双拥工作社会化、经常化、制度化。

7. 军民共建富有成效。围绕推进社会主义核心价值体系建设和培育当代革命军人核心价值观，深入贯彻落实《公民道德建设实施纲要》和《军人道德规范》，自觉践行社会主义荣辱观，广泛开展军民“同学创新理论，同树文明新风，同建和谐平安”活动，积极参加创建文明城市、文明村镇、文明行业、文明社区等活动，在群众性精神文明创建活动中发挥示范带头作用。军（警）民联防联治活动经常开展，在社会治安综合治理中发挥重要作用。

8. 军政军民关系融洽。地方党委、政府和人民群众爱护军队，尊重军人，关心部队建设。部队尊重地方党委、政府，热爱人民，支持地方工作。军政军民互相关心，互相爱护，互相支持，亲如一家。军地利益关系得到妥善处理，无重大军民纠纷。

第二十一条 凡在本届创建期内具备下列情形之一的，可视情增加其考核分。

1. 在创建双拥模范（先进）活动中，创造出的经验和产生的成果，受到党中央、国务院、中央军委领导肯定并作出批示或受到市级以上双拥工作主管部门表彰或推广的，以及在全国、全军各项双拥活动中评比获奖的。

2. 在重大军事演习、科研试验，以及在全国、全军重大活动保障中保障有力、成效显著的。

3. 辖区内驻军数量居本市前三名的。

4. 辖区内优抚安置对象占人口比例高于本市平均水平的。

第二十二条 凡在本届创建期内出现下列情况之一的区县，不得参加上海市双拥模范区县的评选。

1. 发生重大军民纠纷，在国家或上海市双拥机构、公安部门记录在案，造成严重后果的；

2. 双拥组织机构无工作人员和经费保障的；

3. 伤病残退役军人年度安置任务没有完成的；

4. 退役士兵职业技能培训工作达不到规定要求的；

5. 拒收或变相拒收军转干部的；

6. 因其他优抚安置政策规定不落实造成严重后果的。

第二十三条 其他各类模范（先进），包括各类候选人的评选标准由各区县、驻沪部队各大单位根据本细则，结合各自实际制定。

第八章 附则

第二十四条 本细则经市双拥工作领导小组审核同意，报市委、市政府、上海警备区批准后颁布。

第二十五条 本细则由市双拥办组织实施，并负责解释。每届评比时，由市双拥工作领导小组及其办公室根据实际情况制定评选办法。

第二十六条 各区县、各系统可根据本细则，结合各自实际，制定相应的实施细则，并报市双拥工作领导小组备案。

第二十七条 本细则自颁布之日起实施。

附件二：

上海市创建双拥模范（先进）活动评选办法

为了进一步做好双拥模范（先进）创建工作，现根据《上海市双拥模范（先进）创建命名实施细则》的有关要求，结合当前双拥工作实际，现提出如下评选办法：

一、关于本届双拥模范（先进）的表彰类型和名额

（一）上海市双拥模范区县若干名。

（二）上海市拥军优属模范街道（乡镇）共126个左右（按本市各区县实有街道、乡镇总数的60%分配名额）。

（三）上海市拥军优属模范（先进）单位共660个。

1. 上海市拥军优属模范单位160个。要求体现重在基层，兼顾各类机关团体、企事业单位（不含街道、乡镇，含“两新”组织）的选拔原则。其中：（1）机关团体、事业单位所占比例一般不超过60%；（2）县处级（含）以下单位所占比例一般不低于80%（各类企业单位不受此限制）。

2. 上海市拥军优属先进单位500个。要求体现重在基层，兼顾各类机关团体、企事业单位（不含街道、乡镇，含“两新”组织）的选拔原则。其中：（1）机关团体、事业单位所占比例一般不超过60%；（2）县处级（含）以下单位所占比例一般不低于80%（各类企业单位不受此限制）。

（四）上海市拥政爱民模范（先进）单位共100个。

1. 上海市拥政爱民模范单位共30个，其中团（含）以下单位一般不低于80%，评选时，应兼顾军委各总部，各军兵种所属的驻沪单位。

2. 上海市拥政爱民先进单位共70个，其中团（含）以下单位一般不低于80%，评选时，应兼顾军委各总部，各军兵种所属的驻沪单位。

（五）上海市双拥模范（先进）个人：上海市拥军优属模范、上海市拥政爱民模范、上海市好军嫂各10名，上海市优抚对象先进个人100名。

（六）上海市创建双拥模范活动优秀组织者30名左右。

二、关于本届双拥模范（先进）的申报推荐

（一）上海市双拥模范区县在区县双拥工作领导小组对照全国《双拥模范城（县）创建命名管理办法》和《上海市双拥模范（先进）创建实施细则》和相关考评标准的基础上，以区县党委、政府的名义自愿向市双拥工作领导小组书面申报。申报时需提供《申报表》、申报事迹材料及相关工作资料。

1. 申报表（由申报区县按统一格式印制3份，1份由申报区县保管，在实地检查阶段提供备查，2份交市双拥办）。

2. 申报事迹材料（连同集中评议阶段汇报稿由申报区县按统一格式印制100份交市双拥办）。

（1）上一届命名表彰以来双拥工作的总体情况和主要特点。

（2）对照“上海市双拥模范区县考评标准”逐项反映落实情况。

3. 相关工作资料（其中目录和以下第（1）、（3）、（13）、（14）项所规定的工作资料由申报区县一式3套，其中2套报市双拥办，另1套由申报区县连同其他所有工作资料，在实地检查阶段提供备查）。

（1）区县内街道（乡镇）名单、地址和驻军部队名单、地址（各3家）。

（2）区县双拥工作领导小组成员单位及联络员名单（含调整情况）。

（3）区县双拥环境建设中有影响的项目和所处具体位置（每个区县可提供2—3个）。

（4）区县党委或政府专题议军（或双拥）会议纪要；区县双拥工作领导小组会议纪要；驻区县部队拥政爱民工作联席会议纪要。

（5）区县双拥工作领导小组联络员会议或活动纪要。

（6）区县双拥工作领导小组及其办公室的年度计划、总结、大事记、专题工作进展情况报告；各成员单位年度双拥工作计划、总结；驻区县团以上建制单位年度拥政爱民工作计划和总结。

（7）区县主要领导和各职能部门领导参加专题国防教育活动的相关资料；区县开展各类国防教育和双拥宣传教育活动的相关资料。

（8）各类机关、团体、企事业单位（含“两新”组织）与不在职的重点优抚对象结对包户的名册和协议书。

（9）基层拥军优属保障资金使用情况。

（10）各军民共建点的年度共建计划、总结和活动情况记录。

（11）被评为县（团）级以上军民共建先进单位的共建点名单。

（12）区县结合本区县和驻军部队实际，以及不同时期双拥工作的热点、难点和重点工作，出台的综合性双拥政策规定和相关政策、制度。

（13）区县上届评选表彰活动以来指令性安置和安排托底就业的随军随调军官家属安置情况表（由市双拥办统一制表）。

（14）双拥工作数据统计（由市双拥办统一制表）。

（二）上海市拥军优属模范街道（乡镇）在区县级拥军优属模范街道（乡镇）中产生，由各区县双拥工作领导小组考核后，按分配名额向市双拥工作领导小组推荐。

（三）上海市拥军优属模范（先进）单位在区县级拥军优属模范（先进）单位中产生，由各区县双拥工作领导小组考核并征求被推荐单位相关主管部门意见后，按分配名额向市双拥工作领导小组推荐。

（四）上海市拥政爱民模范（先进）单位必须是所在地区县级拥政爱民模范（先进）单位，由驻沪部队各大单位政治部考核并征求所在区县双拥办意见后，按分配名额推荐。由上海警备区政治部汇总后报市双拥工作领导小组。

（五）上海市拥军优属模范个人、“好军嫂”、优抚对象模范个人在各区县拥军优属模范个人、“好军嫂”、优抚对象模范个人中择优选取，由各区县双拥工作领导小组审核，并征得被提名者所在单位党组织和相应的组织人事部门同意后，作为候选人向市双拥工作领导小组推荐。

上海市拥政爱民模范个人经驻沪部队各大单位政治部审核，并征求被推荐单位所在地区县双拥办意见后，作为候选人。由上海警备区政治部汇总后向市双拥工作领导小组推荐。

直接从事双拥工作的业务部门领导和工作人员，一般不作为候选人，成绩特别突出，可由上级党委、政府或所在部队上级党委书面提名，经由区县双拥工作领导小组或驻沪部队各大单位审核后，向市双拥工作领导小组推荐。

（六）上海市创建双拥模范活动优秀组织者在直接从事双拥工作的军地业务部门领导和工作人员中产生，经区县双拥工作领导小组或驻沪部队各大单位政治部提名、审核，征求被提名者所在单位党组织和相应的组织人事部门同意后，作为候选人向市双拥工作领导小组推荐。

（七）凡被提名的各类模范（先进）个人应按照干部管理权限报经相应的组织人事部门审批同意后，向市双拥工作领导小组推荐。市管干部参加评选从严掌握，确需提名为候选人的，由市双拥办汇总后报市委组织部和市双拥工作领导小组有关领导审定。

（八）全国双拥模范城（县）、单位和个人在市级双拥模范区县、单位和个人中择优选取，并由市双拥工作领导小组向全国双拥工作领导小组推荐。

三、关于本届市双拥模范区县的考核评比

（一）考核

1. 主管部门评估（占总分的30%）

（1）市级有关业务主管部门就各区县相应部门履行双拥工作职责情况进行评估，并列出名次，向市双拥办反馈。上海警备区政治部会同驻沪部队各大单位政治部就各区县开展拥政爱民工作情况进行评估，并列出名次，向市双拥办反馈。

（2）市级有关业务主管部门参与评估的有市教委、科委、民政局、人力资源和社会保障局、司法局、卫生局、文明办、双拥办、军转办、征兵办、双退办、国动办、国教办等部门。

（3）驻沪部队参与评估的单位有上海警备区政治部、海军上海保障基地政治部、空军上海指挥所政治部、第二军医大学政治部、南京政治学院上海分院政治部、武警上海市总队政治部、武警上海市边防总队政治部、武警上海市消防总队政治部、武警上海市警卫局政治部。

（4）市双拥办将名次转换成分值并加权平均，作为本次主管部门评估阶段的得分。

2. 实地检查（占总分的10%）

（1）由市双拥办牵头，组织驻沪部队各大单位政治部、市双拥工作领导小组成员单位和有关职能部门组成若干个检查组，通过听取汇报、现场提问、实地考察等方式，对申报双拥模范的区县进行实地检查。

（2）实地检查阶段的具体步骤

①检查组听取各区县双拥工作领导小组对本区县开展双拥工作的总体情况汇报，时间不超过30分钟。

②听取各区县双拥工作领导小组成员单位、有关职能部门、街镇和驻军单位代表，对本单位履行双拥工作职责的情况汇报，在每个区县听取8个区级职能部门和1个街镇代表、1个驻军单位代表的汇报，其中人武部、宣传部、人力资源和社会保障局、教育局作为市检查组指定汇报单位，其余汇报单位由申报区县确定，每个单位汇报时间不得超过8分钟，超时由主持人提示结束发言。汇报内容是否紧扣主题将作为评分依据。

③检查组对各区县双拥工作领导小组成员单位、有关职能部门、街镇和驻军单位代表就各自履行双拥工作职责情况进行针对性提问，回答应紧扣主题，回答质量将作为评分依据，提问阶段时间约30分钟。

④实地考察区县双拥工作。考察点包括一至二个具有代表性的宣传设施，由检查组根据申报区县提供的资料指定；以及一个街镇和一个驻军部队，由检查组从区县提供的名单中指定，考察点由检查组在检查日前一天上午通知申报区县。

（3）实地检查结束后，各检查组汇总检查情况，并进行评分，剔除一个最高分和一个最低分后加权平均，作为本次实地检查阶段的得分。

3. 社会测评（占总分的10%）

（1）聘请专业测评机构对各区县开展双拥工作情况抽样测评。

（2）社会测评的主要对象和具体内容

①国防和双拥知识知晓度测评：即面向区县各级行政机关、事业单位工作人员，驻军部队官兵，各类大中小学校师生测评国防和双拥知识、政策的

知晓度。

②优抚安置对象对落实优抚安置政策情况满意度测评：即面向军休干部测评干休所服务管理的满意度；面向重点优抚对象测评抚恤补助金按月足额发放、按时张贴光荣人家、重大节日走访慰问、日常的关心关爱等情况。

③拥军工作满意度测评：即面向驻军部队官兵测评对辖区开展日常拥军工作的满意度。

④军车免费停放满意度测评：即测评军车在公共停车场免费停放情况的满意度。

（3）各项测评的实得总分，作为此次社会测评阶段的得分。

4. 集中评议（占总分的50%）

（1）由市双拥工作领导小组召集专门会议，听取申报区县对上届命名表彰大会以来，本区县开展双拥工作的总体情况、主要特点汇报，以及对存在问题的分析和解决措施的考虑。各区县汇报时间为40分钟以内，届时将提前2分钟按铃预告，到时关闭话筒。

（2）市双拥工作领导小组成员单位、市有关职能部门、驻沪部队各大单位政治部、各区县双拥办领导现场打分，剔除一个最高分和一个最低分后加权平均，作为本次集中评议阶段的得分。

（二）交流核实

由市双拥办将各区县申报事迹材料和集中评议阶段汇报稿分发至其他区县和驻沪部队各大单位交流、核实，一旦发现虚假行为并查实，将扣除该部分的总得分直至取消评选资格，并建议有关部门追究其单位领导和有关责任人的责任。

（三）领导小组组长会议审定

由市双拥办综合考核评比各阶段的情况和结果，专题向市双拥工作领导小组组长会议汇报，经市双拥工作领导小组组长会议研究，产生上海市双拥模范区县及其排名。

（四）公示

考核评比结果经过市双拥工作领导小组组长会议审定通过后，市双拥办将各区县总名次和主管部门评估阶段所得分、实地检查阶段所得分、社会测评阶段所得分、集中评议阶段所得分在上海市民政局网站上公示7天。

四、关于本届双拥模范（先进）的命名表彰

（一）市级双拥模范区县、模范（先进）单位（街道、乡镇）和个人由中共上海市委、上海市人民政府、上海警备区发布命名表彰决定，并举行命名表彰大会给予表彰。

（二）实行“精神奖励为主，物质奖励为辅”的奖励原则。对各类模范（先进）颁发相应的奖牌、证书，并在本市主要新闻媒体刊载名单。对各类模范（先进）个人给予一定的物质奖励；对各类模范（先进）集体的物质奖励，由各区县人民政府统筹考虑。

五、关于本届市双拥模范区县的创建标准

（一）考评的常规标准详见《上海市双拥模范区县考评标准》。

（二）凡在本届创建期内具备下列情形之一的，可视情况增加其考核分。

1. 在创建双拥模范（先进）活动中，创造出的经验和产生的成果，受到党中央、国务院、中央军委领导肯定并作出批示或受到市级以上双拥工作主管部门表彰或推广的，凭相关资料证明，对其所在区县加分一次。其中“表彰或推广”的具体内容是指：被全国、全军双拥工作主管部门印发专题材料进行推广，在全国、全军双拥工作主管部门召开的全国性会议上交流发言，在全国、全军双拥工作主管部门主办的简报等刊物上转发经验材料进行交流，在全国、全军双拥工作主管部门召开的全国性会议上印发书面材料进行交流，被军区（含军兵种）、上海市双拥工作主管部门印发专题材料进行推广，在军区（含军兵种）、上海市双拥工作主管部门召开的全市性会议上交流发言，在全国、全军各项双拥活动中获奖的。

2. 在重大军事演习、科研试验中、全国或全军重大活动中保障有力、成效显著的。即在全国或全军重大军事演习、科研试验、重大活动中，以及军地合作的科研项目获得全国、全军颁发的奖项，凭相关资料证明，对其所在区县可加分一次。其中，“全国”是指国家或各部委办名义，“全军”是指军委或四总部名义。

3. 辖区内驻军数量居本市前三名的。

4. 辖区内优抚安置对象占人口比例高于本市平均水平的。

（三）凡在本届创建期内出现下列情况之一的区县，不得参加上海市双拥模范区县的评选。

1. 发生重大军民纠纷，在国家和上海市双拥办、公安局记录在案，造成严重后果的；

2. 双拥组织机构无工作人员和经费保障的；

3. 残疾退役军人年度安置任务没有完成的；

4. 退役士兵职业技能培训工作达不到规定要求的；

5. 拒收或变相拒收军转干部的；

6. 因其他优抚安置政策规定不落实造成严重后果的。

附件三：

上海市双拥模范区（县）考评标准

序号	考评标准	分值	评分标准	考评得分
	第一部分 组织领导坚强有力（7分）			
1	双拥工作纳入当地经济社会发展规划，列入党政军领导政绩考核范围，纳入区县政府对各职能部门、街道乡镇目标管理责任制（绩效）考核内容，年度政府工作报告、人武部党委工作报告有双拥工作内容	2	每做到一项得0.5分	
2	区县双拥办采取军地合署办公，双拥工作有专人负责、有专项经费，日常有相对固定的部队人员参与工作	1	达到要求的得1分	
3	慰问驻区（县）部队、重点优抚对象等双拥活动经费列入财政预算，根据实际情况，保障所需资金落实到位	1	列入预算且有经费下拨凭证的得0.5分，逐年增长的得0.5分	
4	各级双拥工作领导小组成员单位及其联络员变动能定期调整	0.5	达到要求的得0.5分	
5	各级双拥组织健全，街道、乡镇有拥军优属组织	0.5	达到要求的得0.5分	
6	区（县）委或区（县）政府建立议军（或议双拥）会议或军地联席会议制度，每年至少召开一次专题会议	0.5	会议制度落实的得0.25分，召开会议的得0.25分	
7	区县双拥工作领导小组每年至少召开一次全体会议；各成员单位职责明确，每年在双拥工作领导小组全体会议上进行工作述职或书面述职	0.5	召开会议的得0.25分，进行工作述职（或书面述职）的得0.25分	
8	区县双拥工作领导小组建立成员单位联络员制度，每半年至少组织一次的会议或活动	0.5	制度落实的得0.25分，召开会议或组织活动的得0.25分	
9	各区县双拥办向市双拥办、各区县成员单位向区县双拥办年初报计划、年终报总结、专项工作有专报	0.5	有工作计划和有总结的得0.25分，专项工作有专报的得0.25分	
	第二部分 宣传教育广泛深入（5.5分）			
10	认真贯彻执行《国防教育法》和《上海市国防教育条例》，将国防和双拥宣传教育纳入国民教育体系及部队教育规划，列入军地各级党委年度宣传计划和宣传、教育、文化、广播影视、新闻出版等部门的年度工作计划	1	纳入国民教育体系及部队教育规划的得0.5分，列入各部门年度工作计划的得0.5分	

续 表

序号	考评标准	分值	评分标准	考评得分
11	区域内有国防和双拥教育阵地或教育基地、烈士纪念建筑物等爱国主义教育基地，按规定落实人员、经费，在爱国主义教育中发挥重要作用。国防教育“十百千万”主题实践活动有计划，有落实	1	有教育阵地或教育基地的得 0.25 分，落实人员、经费的得 0.25 分。实践活动有计划的得 0.25 分，有落实的得 0.25 分	
12	区县主要领导带头接受国防教育，各职能部门领导每年至少参加一次的专题国防教育活动，关心支持国防和国防后备力量建设	0.5	主要领导带头接受国防教育的得 0.25 分，职能部门领导参加国防教育活动的得 0.25 分	
13	中小学进行国防双拥专题教育，按规定开展军训	0.5	进行专题教育的得 0.25 分，开展军训的得 0.25 分	
14	当地主要媒体开辟国防和双拥宣传教育专栏；城区主要公共场所应有双拥标志或宣传牌	1	开辟专栏的得 0.5 分，有双拥标志或宣传牌的得 0.5 分	
15	深入宣传各类工作对象，知晓各类双拥法规和政策	1	达到要求的得 1 分	
16	各区县双拥办编印工作刊物，每两月不少于 1 期，主要交流双拥工作经验做法，反映双拥工作动态，宣传双拥先进典型；积极为《上海双拥》提供优质稿源，反映双拥工作动态和先进典型，每年被《上海双拥》采用稿件（不含简讯）至少 1 篇	0.5	有工作刊物的得 0.25 分，每年有稿件被《上海双拥》采用的得 0.25 分	
第三部分 拥军工作扎实有效（22 分）				
17	积极支持部队完成战备执勤、训练演习、科研试验和抢险救灾等重大军事任务，有计划、有措施、有成效	3	有计划和措施的得 1 分，部队执行任务中需要地方支持的合理化需求得到及时解决的得 1 分，训练演习群众损失得到妥善解决的得 1 分	
18	积极开展科技、教育、文化拥军活动，支持部队信息化建设和实施人才战略工程成效明显，支持部队开展官兵学历教育，并为部队的人才培养、科技练兵提供技术指导和场地、器材、设备等方面的帮助	2	有科技、教育、文化拥军活动计划的得 1 分，部队建设需求得到及时解决的得 1 分	
19	大力支持部队后勤保障社会化，及时优质供应粮、油、水、电、气等	1	达到要求的得 1 分	
20	支持重点军事工程建设，按规定在规划审批、土地征用、设施配套等方面给予优先优惠；在城乡基础设施建设中兼顾到军事需求	2	按规定给予优先优惠的得 1 分，在城乡规划建设中按规定落实军事需求的得 1 分	
21	维护国防利益和军人军属合法权益机制健全，依法优先、积极稳妥地处理涉军案件和问题，国防利益和军人军属合法权益得到有效维护。落实好《关于印发〈上海市维护国防利益和军人军属合法权益工作机制若干规定（试行）〉的通知》（沪委政法〔2008〕117 号）	1.5	机制健全的得 0.5 分，稳妥处理涉军案件和问题的得 0.5 分，国防利益和军人军属合法权益得到有效维护的得 0.5 分	
22	区县境内的机场、码头、车站、医院等公共服务场所设有残疾军人、烈属和现役军人等优先优惠服务标志或窗口，落实国家和本市规定的优先、优待政策	2	设有优先优惠服务标志或窗口的得 1 分，优先优惠服务对象满意的得 1 分	
23	对驻沪部队中的飞行员、潜艇干部、从事舰艇工作满 10 年、荣立二等功以上或因战因公牺牲、致残（六级以上）的军队干部的随军随调配偶；对其他在科研教学等领域或部队建设中有突出贡献的军队干部的随军随调配偶，实行计划安置就业，就业率达到 100%	0.5	达到要求的得 0.5 分	
24	对重点安置对象以外的首次就业的随军随调军队干部配偶，实行市场化就业，对每位随军随调军队干部配偶落沪后有就业愿望的，一年内推荐岗位不少于 2 次，落实率达 100%	0.5	达到要求的得 0.5 分	

续 表

序号	考评标准	分值	评分标准	考评得分
25	对有就业愿望，但通过市场推荐仍难以实现就业的随军随调军队干部配偶实行托底就业，随军随调军队干部配偶凡愿意参加公益性岗位劳动的，要给予落实，就业率达到100%，并按政策给予优待	0.5	达到要求的得0.5分	
26	为随军随调军队干部配偶安排有针对性的职业技能培训，一年内提供不少于2次的免费培训机会，提供培训率100%	0.5	达到要求的得0.5分	
27	随军随调军队干部配偶的生活按政策得到妥善保障，对未实现就业的随军随调军队干部配偶按照有关规定给予相应的失业保险待遇；失业保险期满后仍未实现就业且生活确有困难的，实施临时生活补助，落实率100%	0.5	达到要求的得0.5分	
28	对现役军人子女入学入托给予优待。烈士子女、因公牺牲军人子女，长期在边海防、高山海岛、舰艇部队、军队飞行员、特殊艰苦岗位工作的军人子女报名就读和报考本市各级各类学校，在录取时按照国家和本市有关政策分别给予不同类别的加分优待	1	给予优待的得0.5分，给予加分的得0.5分	
29	区县内公立托儿所、幼儿园招收烈士子女，其托费中由家长承担部分予以免除；现役军人子女入托的管理费用，属单位报销的部分，由地方单位一方承担；对经济困难的烈士子女按有关政策享受助学优待	1	公立托儿所、幼儿园招收烈士子女，其托费中由家长承担部分予以免除的得0.25分；现役军人子女入托的管理费用，属单位报销的部分，由地方单位一方承担的得0.25分；对经济困难的烈士子女按有关政策享受助学优待的得0.5分	
30	现役军人因工作调动、家属随军随调、军官本人转业，其未成年子女随迁转学的，由区县教育部门及时予以妥善安排	1	达到要求的得1分	
31	各级教育行政部门和各级各类学校关心军人及重点优抚对象子女的思想、学习和生活，对学业有困难的落实专人给予帮助	1	达到要求的得1分	
32	辖区内的公路（含高速公路）、桥梁、轮渡、隧道等收费交通站点，免收军车通行费用；各类公共停车场对军车实行免费停放，并设免费停放标志	2	达到要求的得2分	
33	认真贯彻落实《中共上海市委办公厅、上海市人民政府办公厅印发〈关于做好世博期间本市双拥工作的意见〉的通知》（沪委办〔2010〕41号）等文件	2	达到要求的得2分	
	第四部分 拥政爱民成果显著（12分）			
34	驻军以“同学创新理论、同树文明新风、同建和谐平安”为统领，深入开展拥政爱民活动，积极参加和支援驻地经济社会和公益事业建设，有规划、有措施、有成效	2	有规划、有措施的得1分，有成效的得1分	
35	驻军部队每年有拥政爱民工作计划、年中有检查、年底有总结	1	有工作计划的得0.5分，有检查和工作总结的得0.5分	
36	驻军党委和政治机关把拥政爱民工作纳入党委、首长的议事日程，拥政爱民教育和检查群众工作开展情况形成制度；团以上单位有一名首长分管，政治机关有一名领导分工负责，有一名专职或兼职群工干事，连以上单位有专人负责拥政爱民工作，官兵模范执行群众纪律，在驻地群众中形象好	1	纳入议事日程，形成制度的得0.5分，有专人负责，官兵模范执行群众纪律的得0.5分	

续 表

序号	考评标准	分值	评分标准	考评得分
37	各区县人武部充分发挥桥梁纽带作用，发挥党管武装制度在沟通军地联系中的作用，当好参谋，协调地方党委、政府积极支持部队建设；建立拥政爱民工作联席会议制度，统一协调拥政爱民工作，每年召开至少一次会议	1	发挥桥梁纽带作用的得 0.5 分，建立联席会议制度，每年至少召开一次会议的得 0.5 分	
38	从实际出发深入社区开展多种形式的扶贫帮困和"军徽映夕阳"活动，主动与残疾军人、烈军属等优抚对象以及孤寡老人、残疾人士结对帮扶，定期上门服务、排忧解难	1	达到要求的得 1 分	
39	勇于承担抢险救灾等急难险重任务，预案健全，准备充分，完成任务圆满	1	有预案的得 0.5 分，圆满完成任务的得 0.5 分	
40	在维护社会治安、便民为民服务以及支援地方重大工程建设中发挥积极作用，每年完成或超额完成总部规定的义务劳动日指标，每年开展至少 2 次义务（或志愿者）服务活动	1	在维护社会治安、便民为民服务以及支援地方重大工程建设中发挥积极作用的得 0.5 分，完成义务劳动日指标的得 0.5 分	
41	积极参加驻地城市社区建设或新农村建设，每年有计划、有项目、有成效	1	有计划、有项目的得 0.5 分，有成效的得 0.5 分	
42	大力开展助学兴教，组织部队团以上领导干部与贫困学生结对助学	1	达到要求的得 1 分	
43	参加军地统一组织的捐赠活动，为灾区和贫困地区群众送温暖、献爱心	0.5	达到要求的得 0.5 分	
44	广泛参与驻地平安建设，加强军警民联防联治，协助地方处置各类突发事件及时有效	1.5	组织部队参加平安建设的得 1 分，有处置各类突发事件预案的得 0.5 分	
	第五部分 政策法规落到实处（35 分）			
45	结合本区县和驻军部队实际，有综合性双拥政策规定	1.5	有综合性双拥政策规定的得 1.5 分	
46	对在创建双拥模范城（县）活动中作出突出贡献的单位和个人有明确奖励办法	1.5	有奖励办法的得 1.5 分	
47	认真贯彻落实《中华人民共和国军事设施保护法》，军事设施得到有效保护	2	把军事设施保护列入全民国防教育、普法教育计划的得 0.5 分，辖区内军事设施保护完好的得 0.5 分，地方建设没有影响军事设施安全或部队正常训练、工作和生活的得 1 分	
48	严格落实征兵有关政策规定，保证兵员质量，无责任性退兵和换兵	1.5	完成征兵任务且没有违纪问题的得 1 分，无责任性退兵和换兵的得 0.5 分	
49	区县境内的各类观瞻场所对现役军人、残疾军人、军休干部和烈士遗属等各类优抚对象参观实施优先、优待、优惠政策，并将有关政策在醒目位置公布	2	实施优先、优待、优惠政策的得 1 分，有关政策在醒目位置公布的得 1 分	
50	在国家机关、社会团体、企业事业单位工作的残疾军人，享受与所在单位工伤人员同等的生活福利和医疗待遇	1	按要求落实的得 1 分	
51	优抚对象的抚恤补助（优待金）按标准发放，手续完备，不错不漏；落实临时补助配套机制	2	抚恤补助（优待金）按标准发放，手续完备，不错不漏的得 1 分，落实临时补助配套机制的得 1 分	

续表

序号	考评标准	分值	评分标准	考评得分
52	按规定做好残疾军人证和烈属优待证办理工作	1	按规定，做好残疾军人证办理工作的得0.5分，做好烈士家属优待证办理工作的得0.5分	
53	优抚对象医疗保障政策落实，区县财政预算有重点优抚对象医疗补助资金	1	达到要求的得1分	
54	优抚业务普遍进社区事务受理服务中心，业务熟练、服务规范	1	有业务进社区事务受理服务中心的得0.5分，业务熟练、服务规范的得0.5分	
55	优抚信息管理系统数据准确、维护及时，落实好《上海市民政局关于全市统一实行在优抚信息管理系统中编制优抚对象抚恤补助经费发放名册的通知》（沪民优〔2008〕14号）	2	系统数据准确、维护及时的得1分，落实好“通知”的得1分	
56	建立优抚社工（或联络员、志愿者）队伍，落实经费，为优抚对象提供个性化服务	2	建立优抚社工（或联络员、志愿者）队伍的得1分，落实经费、提供个性化服务的得1分	
57	对下岗失业的重点优抚对象，依本人需求每年至少给予一次免费的技能培训和职业推荐，为他们重新就业创造条件	1	按要求落实的得1分	
58	军队转业干部及时妥善安置，自主择业的军队转业干部服务管理政策得到落实	4	完成年度安置任务的得2分，师团职等重点对象安置政策落实好的得1分，自主择业的军队转业干部服务管理政策落实的得1分	
59	严格执行退役士兵、复员干部、军队离退休干部、无军籍退休退职职工的安置法规政策。安置程序规范，手续完备，在规定时限内完成安置任务；退役士兵自谋职业经济补助费、待安置期间生活补助费和军队离退休干部、无军籍退休退职职工地方补助补贴列入财政预算	2	安置程序规范，手续完善，在规定时限内完成安置任务的得1分，经费足额列入财政预算的得1分	
60	全面落实军队离退休干部的政治、生活待遇	1	按要求落实的得1分	
61	重视军休服务管理机构的建设和发展，军休服务管理机构附属用房得到明显改善，或在“十二五”规划中作出明确的安排	1	重视军休服务管理机构建设和发展的得1分	
62	按照上级机关下达数足额落实军休服务管理机构工作人员编制	0.5	工作人员编制足额落实的得0.5分	
63	军休服务管理机构制度健全，管理规范，服务热情，工作达标；军休服务管理信息系统数据准确，更新及时	1	达到要求的得0.5分，信息系统数据更新及时的得0.5分	
64	认真开展退役士兵职业技能培训工作，提高退役士兵的就业竞争能力，按时完成年度安置任务，当年安置率达到100%	1	达到要求的得1分	
65	积极为自谋职业退役士兵参加职业技能培训和就业提供指导和服务	1	达到要求的得1分	
66	对自主择业军转干部、自谋职业退役士兵和随军随调军官家属自主创业，落实国家和本市有关规定给予相关优待政策	1	达到要求的得1分	
67	做好优抚对象的稳定工作，积极预防和妥善处理转业、复员、退伍军人，军休干部和无军籍退休退职职工等群体性上访事件，不发生因政策不落实或工作方法欠妥导致向市级以上机关信访事件	1	达到要求的得1分	

续 表

序号	考评标准	分值	评分标准	考评得分
68	党委、政府把民兵预备役部队和国防动员列入党委、政府重要议事日程，纳入经济社会发展总体规划，在党校开设国防动员课程，及时协调解决国防后备力量建设中遇到的重点难点问题	1	列入议事日程，纳入经济社会发展总体规划的得 0.5 分，开设国防动员课程，及时协调解决国防后备力量建设中遇到的重点难点问题的得 0.5 分	
69	人武部和国动委机构健全，职能作用明显	1	机构职能健全的得 0.5 分，作用明显的得 0.5 分	
第六部分 双拥活动坚持经常（6.5 分）				
70	双拥活动制度化、经常化、社会化，年度有计划、季度有安排、节日有走访、平时有活动	0.5	年度有计划、季度有安排的得 0.25 分，节日有走访、平时有活动的得 0.25 分	
71	区县党政主要领导每年走访慰问驻军部队和重点优抚对象至少一次；驻军部队领导到地方走访至少一次	0.5	每落实一项得 0.25 分	
72	有烈士纪念建筑物的区县，其党政军主要领导每年清明节前往祭扫	0.5	按要求落实的得 0.5 分	
73	广泛开展“爱心献功臣”活动，为重点优抚对象办好事实事成效明显	0.5	按要求落实的得 0.5 分	
74	认真组织“驻军英模代表暨本市重点优抚对象疗休养”活动，做到对象条件严格把关、人员信息准确无误、组织工作严密，无责任事故	0.5	按要求落实的得 0.5 分	
75	根据部队需要，积极开展军地合作科研工作；组织科教志愿者为部队及其官兵和优抚对象服务	0.5	按要求落实的得 0.5 分	
76	积极支持和配合部队建设军营文化，在场所修建、器材和图书等方面兴办实事	0.5	每落实一项得 0.25 分	
77	积极采取措施支持和配合部队开展创先争优活动，对立功受奖者给予精神鼓励和物质奖励	0.5	每落实一项得 0.25 分	
78	开展机关、团体、企事业单位（含“两新组织”）与不在职的重点优抚对象结对包户活动，结对包户率达 100%，并有协议书、有措施	0.5	结对包户率达 100% 的得 0.25 分，有协议书、有措施的得 0.25 分	
79	建立上海市拥军优属基金会联络处，并积极开展工作，促进上海市拥军优属基金会各项功能的发挥及其自身发展	0.5	按要求落实的得 0.5 分	
80	各街道（乡镇）拥军优属资金落实到位，使用恰当	0.5	按要求落实的得 0.5 分	
81	积极参加全国双拥办和本市的各项活动，以及各类纪念庆祝活动	1	按要求落实的得 1 分	
第七部分 军民共建富有成效（6.5 分）				
82	组织地方基层单位与驻军基层单位结成共建对子，部队连以上单位军民共建结对率达到 100%，军地双方有共建公约和共建活动制度	2	结对共建对子的得 1 分，有共建公约和共建活动制度的得 1 分	
83	积极开展军民共建活动，做到年初有计划，年终有总结，活动情况有记录	1.5	有计划的得 0.5 分，年终有总结的得 0.5 分，活动情况有记录的得 0.5 分	
84	积极参加创建文明城市、文明村镇、文明行业、文明社区等活动，弘扬社会文明新风	1	参加创建活动的得 1 分	
85	有贯彻落实《公民道德建设实施纲要》和《军人道德规范》的具体计划和措施，军民自觉践行社会主义荣辱观和当代革命军人核心价值观	1	有计划和措施的得 1 分	

续表

序号	考评标准	分值	评分标准	考评得分
86	将发动“两新组织”开展拥军优属工作纳入年度工作计划和总结，活动内容有记录，形式多样，效果明显，对本市双拥工作起到积极促进作用，并有突出典型	1	纳入年度工作计划和总结，活动内容有记录，形式多样，效果明显的得0.5分，有突出典型的得0.5分	
第八部分 军政军民关系融洽（5.5分）				
87	军地相互尊重，相互支持，互办实事	2	有互办实事计划的得1分，计划落实的得1分	
88	军地历史遗留问题得到妥善处理	1.5	没有遗留问题或有遗留问题但得到妥善处理的得1.5分	
89	有预防和处理军（警）民纠纷的规定措施，当发生矛盾和纠纷时，军地双方及时妥善处理	2	有规定措施的得1分，没有军（警）民纠纷的或有军（警）民纠纷但得到妥善处理的得1分	

江苏省委、江苏省人民政府、江苏省军区关于加强新形势下征兵工作的意见

苏发〔2011〕40号

（2011年12月4日）

为贯彻落实新修订的《中华人民共和国兵役法》，高标准高质量地完成征兵任务，根据国家有关法律法规和政策规定，结合我省实际，现就加强新形势下征兵工作提出如下意见。

一、充分认识加强新形势下征兵工作的重要意义

征兵工作事关国家发展和安全稳定大局，是国防和军队现代化建设的基础工程，是促进军民融合式发展的重要途径，是各级党委、政府和各有关部门的重要职责。近年来，全省各级各有关部门坚决贯彻党中央、国务院、中央军委关于征兵工作的决策部署，出台了一系列鼓励适龄青年参军入伍的法规政策，有力保证了征兵任务的圆满完成。但是，随着国防和军队现代化建设进程的加快，对兵员素质的要求越来越高；随着新修订的《中华人民共和国兵役法》颁布施行，我省相关配套政策亟待调整完善；随着经济体制深刻变革、社会结构深刻变动、利益格局深刻调整、思想观念深刻变化，征兵工作遇到了一些新情况新问题。各级党委、政府和各有关部门要充分认识当前征兵工作面临的新形势，自觉从统筹经济建设和国防建设、实现富国和强军相统一的战略高度，进一步增强做好征兵工作的责任感和使命感，始终坚持党管武装原则，认真履行法定职责，不断完善征兵政策，努力提高征兵工作科学化水平，确保高标准高质量地完成征兵任务。

二、切实加强征兵宣传工作

各级各有关部门要高度重视征兵宣传工作，建立健全宣传部门、兵役机关和国防教育部门相互协作的征兵宣传教育长效机制。各级宣传部门和兵役机关要联合制订征兵宣传方案、教育大纲，明确相关单位的宣传任务、宣传内容和宣传方式。要把领导干部、青少年学生、适龄青年及家长等作为重点对象，深入开展全民国防教育和依法服兵役教育。党政机关、社会团体、企事业单位要把兵役法律法规学习教育纳入单位政治学习和思想教育计划，适时组织过“军事日”等活动。各级各类学校要把征

兵法律法规政策教育纳入学校教学科目和学生政治教育内容，普通高等院校每学期不少于 3 课时，普通高级中学（含职高、中专、技校）每学期不少于 2 课时。各级各类新闻媒体要积极开展征兵宣传，采取新闻报道、公益广告、专栏专题等形式，在重要版面、黄金时段开展经常性的宣传。各地要依托群众性精神文明建设载体，推进征兵宣传教育进机关、进学校、进企业、进社区、进农村、进家庭。每年的 5 月和 10 月为全省“征兵宣传月”，各地要集中开展内容丰富、形式多样的宣传教育活动，努力形成全社会关心国防建设、支持征兵工作的良好风尚。

三、着力完善优抚安置政策

（一）提高优待安置补助标准。义务兵服现役期间，由当地人民政府每年按照不低于当地上年度城镇居民人均可支配收入 45% 的标准发放义务兵家庭优待金。到西藏地区服役的义务兵，应当提高其家庭优待金标准，具体标准由各市、县（市）人民政府制定。《退役士兵安置条例》施行前入伍、退役后选择自谋职业的城镇义务兵，由当地人民政府按照不低于当地上年度城镇居民人均可支配收入 1.5 倍的标准发给自谋职业一次性经济补助金；城镇退役士官，可根据服役年限提高补助标准。农村退役士兵一次性经济补助金标准由市、县（市）人民政府参照同等条件城镇退役士兵自谋职业一次性经济补助标准的一定比例确定 2013 年全省统一城乡退役士兵经济补助金标准。《退役士兵安置条例》施行前入伍、退役时选择自主就业的，以及《退役士兵安置条例》施行后入伍的退役士兵，由部队发给一次性退役金，当地人民政府给予一次性经济补助，自主就业一次性经济补助加上一次性退役金不低于同等条件退役士兵自谋职业一次性经济补助标准。省财政从 2012 年起在现有基础上加大对退役士兵一次性经济补助资金支持力度。

（二）完善退役安置办法。县级以上人民政府，应当根据符合安排工作条件的退役士兵人数和用人单位的实际情况，下达安排退役士兵工作任务。中央驻苏和省属单位由省级退役士兵安置主管部门会同相关部门下达。国家机关、社会团体、企事业单位，都有接收安置退役士兵的义务。服现役年限和符合规定待安排工作时间计算为工龄，服役经历视为基层工作经历。符合条件的退役士兵报考本省公务员等考试合格的，同等条件下优先录用。在警察院校招录中，要有计划地招录符合职位报名条件的退役士兵。事业单位普通管理岗位和工勤技能岗位公开招聘人员时，分别要用不少于 10% 和 30% 的岗位招聘当年退役的本省籍大学生士兵；专业技术岗位招聘人员时，在同等条件下优先聘用符合岗位条件的本省籍大学生退役士兵。国有企业招聘，要拿出不低于招聘计划 10% 的指标用于定向招聘本省籍大学生退役士兵。在录用基层专武干部时，优先招录部队优秀退役士官和大学生士兵。对返乡务农的退役士兵，要有计划地加强培养，鼓励他们通过法定程序积极参与村居“两委”班子的选举。自谋职业、自主创业的退役士兵按照省有关规定享受税费减免、小额担保贷款和创业扶持等各项政策。

（三）深化退役士兵职业技能培训工作。完善招生计划，根据市场实际需求合理确定培训专业，严格控制汽车驾驶、计算机应用等通用性技能专业。优化课程设置，根据退役士兵特点制定教学大纲，统一编制教材，实行一体化教学，增加实践课的比重。科学组织施训，严格考核管理，提高毕业证书和职业资格证书“双证获职率”。着力扶持就业创业，采取多种渠道，积极指导、帮助退役士兵学员就业。密切校企合作，大力实施“订单式”培训。充分利用公共就业服务体系，为退役士兵学员提供完善的就业信息咨询、职业指导和职业介绍等服务。加强创业培训、创业指导和创业服务，鼓励退役士兵自谋职业、自主创业。退役士兵学员取得“双证”后三个月内平均就业率达到 95% 以上。

（四）落实大学生入伍优惠政策。严格落实大学生入伍奖励金制度。入伍前是全日制普通高等学校在校学生的，学校应当保留其学籍到退役后 2 年。从我省征集的大学生士兵退役后复学的，剩余学制时间的学杂费、住宿费、生活补助费按每人每年 9000 元标准由政府承担，并由征集地政府参照当地退役士兵自谋职业或自主就业一次性经济补助金标准发放经济补助。在部队荣立三等功以上奖励的，原是本科生的可申请转本校其他专业学习，原是专科生的取得专科毕业文凭后可以免试转入本校同专业或相近专业本科学习，属独立设置的专科学校的专科生，经本人申请，由学校报省教育行政部门统筹安排到同专业或相近专业本科学习；荣立二等功以上（含二等功）奖励的，所学本科专业毕业后可以免试保送所学专业硕士研究生。退役后复学的，公共体育、军事技能和军事理论等课程可免予考试，视为合格或者直接给予学分。退役后不再复学的，其入学前户籍所在地县（市、区）民政部门按有关规定妥善安置。2009 年以后应征入伍义务兵役具有高等教育学历的士兵，退役后 3 年内参加全国硕士研究生招生统一入学考试，初试总分加 10 分。

（五）发扬拥军优属传统。各地要坚持新兵入伍时开欢送会、戴光荣花、挂军属光荣牌，八一、春节走访慰问军烈属，战士立功受奖上门送喜报等做法，大力营造“一人当兵、全家光荣”的浓厚氛围。异地入伍的退役士兵，征集地兵役机关要及时发函到其户籍所在地的县（市、区）民政部门，保证其家庭充分享受到应有的政治、经济待遇。要充分发挥军人军属涉法维权法庭的作用，切实维护军人军属合法权益。要关心军烈属的生产生活，及时帮助解决实际困难，在城镇低保办理、农村宅基地划拨及支农惠农项目安排上优先照顾。

现役和退役士兵应享受的其他优惠政策，按照国家和省有关规定执行。

四、扎实推进征兵规范化建设

（一）加强征兵机构建设。强化各级人民政府征兵办公室职能，按规定配备工作人员，完善工作机制，做好征兵日常工作。各级纪检监察、宣传、教育、公安、卫生、民政、人力资源社会保障等部门要有相对固定的人员，常年参与征兵工作。建立日常办公制度，根据年度征兵工作计划安排，扎实抓好动员部署、宣传教育、调查摸底、组织实施、检查指导和廉洁征兵等各项工作。建立健全培训考核制度，不断提高征兵工作人员的政策理论水平和实际工作能力。

（二）完善征兵工作办法。改进报名方式，积极运用网上报名、电话报名与现场报名等多种形式，拓宽适龄青年报名渠道。县（市、区）兵役机关、乡镇（街道）和村（居委会）均应设立征兵报名站，普遍接受适龄青年报名。推行“一站式服务”，有条件的县（市、区）人民政府征兵办公室，应设立征兵办事大厅，集中办理体检、政审等征兵事宜，规范程序、简化手续，实行阳光操作，提高办事效率和工作透明度。改进征集任务分配办法，以人口基数为基本依据，充分考虑高中以上应届毕业生数量和经济社会发展条件等各种因素，科学合理统筹安排。

（三）强化征兵经费保障。县级以上人民政府应当将征兵工作经费列入财政预算，切实予以保障。省人民政府根据当年的征兵任务下拨征兵专项经费，不足部分由市、县（市）人民政府负责保障。动员部署、调查摸底、入伍预征和征兵宣传等征兵准备工作经费，列入市、县（市）人民政府财政预算。

五、依法落实征兵工作责任

各级党委、政府和各有关部门、单位要把完成征兵任务、保证新兵质量作为政治任务，纳入党委常委会议军内容、纳入政府部门重要议事日程、纳入党管武装工作书记述职、纳入“双拥模范城”评比、纳入军地各级领导干部政绩考核评价范围。建立完善省、市、县（市、区）、乡镇（街道）、村居“五级”征兵责任体系，层层签订征兵责任书，各级主要领导对完成征兵负有第一责任。省政府、省军区每 3 年对征兵工作先进单位和先进个人予以奖励。建立征兵工作问责制，对完不成当年征集任务或在征兵工作中弄虚作假、失职失责、造成恶劣影响的，要严肃追究有关领导和责任人的责任，并取消相关评比表彰资格。对拒不承担或者未能完成征兵任务、阻挠公民履行兵役义务、拒绝接收安置退役士兵等违反兵役法律法规的单位，依法给予处罚。对拒绝或者逃避兵役登记、征兵体检、兵员征集，以及在检疫退兵期内擅自离开部队或因思想原因被部队退回的个人，依照《兵役法》、《江苏省征兵工作条例》以及有关法律法规实施处罚。

各市、县（市、区）人民政府、兵役机关和省各有关部门要依据此意见，尽快研究制定具体实施办法。

（此件发至县）

安徽省双拥工作委员会成员单位双拥工作目标考核办法

第一章　总则

第一条　为充分发挥省双拥工委成员单位职能作用，形成部门协作、齐抓共管的双拥工作新格局，确保双拥工作各项任务的落实，不断推进我省双拥工作的深入发展。根据省双拥工作委员会第 25 次全体会议纪要精神，制定本考核办法。

第二条　实行双拥工作目标考核，是继承和发扬双拥工作优良传统，深化军民融合，实现兴皖富民与兴武强军有机统一的有效手段；是着力破解难题，维护广大军民切身利益的有力抓手；是适应形势变化，推动双拥工作创新发展的必要措施。

第三条　双拥工作目标考核先进单位，是具有榜样和示范作用，并经过规范考核评选程序表彰的先进典型。是受表彰单位全体干部职工共同的政治荣誉。

第四条　创建双拥工作目标考核先进单位，要坚持以马列主义、毛泽东思想、邓小平理论和“三个代表”重要思想为指导，深入贯彻落实科学发展观，着眼于巩固和加强军政军民团结，促进军民融合式发展，把物质文明、政治文明、精神文明、生态文明建设与拥军优属、拥政爱民结合起来，更加热情主动承担起应尽职责，切实做到责任明确、任务清楚、工作有力、成效良好。

第五条　双拥工作目标考核分合格单位和先进单位。先进单位在合格单位中评选产生。

第六条　表彰双拥工作目标考核先进、合格单位应坚持标准，保证质量，实行动态管理。

第七条　双拥工作目标年度考核先进单位、合格单位的数量，由省双拥工作委员会主任会议确定。先进单位的数量，原则上不超过目标考核单位数量的 50%。合格单位不作具体数量限制，考核分数在 80 分以上即为合格。

第八条　建立表彰奖励机制。被表彰的合格单位，自筹资金为干部职工按年度发放一次性奖金 1200 元；被表彰的先进单位，自筹资金为干部职工按年度发放一次性奖金 1500 元。

第二章　双拥工作目标考核标准

第九条　双拥工作目标考核的基本标准：

（一）组织领导坚强有力。双拥工委成员单位把双拥工作纳入年度工作计划，纳入领导干部政绩考核范围。有明确的任务目标、具体的实施计划、完善的保障措施。双拥工作制度规范，领导分工明确，责任处室和双拥工作联络员落实。做到年初有计划，年终有总结。

（二）宣传教育广泛深入。认真贯彻《中华人民共和国国防教育法》，把以爱国主义为核心，以拥军优属、拥政爱民为主题的双拥工作内容以及双拥工作职责和双拥政策法规纳入本单位年度法制宣传教育计划，做到有部署、有检查、有总结。单位主要场所有双拥宣传标语，对外窗口有双拥宣传标志牌。每年依托新闻媒体宣传本单位双拥工作的典型经验、重大活动和取得的成效。

（三）拥军优属、拥政爱民工作扎实有效。广泛开展科技、教育、文化、法律拥军，协助军队实施人才战略工程。大力支持国防和军队现代化建设，支持和配合部队完成训练演习、战备执勤、科研试验和抢险救灾等多样化军事任务。把帮扶优抚对象解决生活中遇到的困难作为本单位扶贫工作的重要内容。充分发挥军队优势，积极参加和支持安徽经济建设，大力支持社会主义新农村建设和社会公益事业发展，做好扶贫帮困、助学兴教和民族团结进步工作。奋勇参加抢险救灾，在保护国家利益和人民群众生命财产安全的斗争中发挥生力军和突击队的作用。协助地方维护社会和谐稳定，妥善处置各种突发事件。

（四）政策法规落到实处。认真贯彻执行党和国家有关国防建设和加强军政军民团结的法律法规、政策制度。主动履行本部门双拥工作职责，制定相关配套办法或落实措施。退役军人优抚安置政策得到落实。军人及其家属的合法权益得到保障。兵员质量得到保证。军队模范执行党和国家的法律法规，严格遵守群众纪律，定期开展拥政爱民教育和群众纪律检查，树立人民军队的良好形象。

（五）双拥活动坚持经常。开展双拥活动要结合本单位特点，注重落实，注重实效。年度有计划、节日有走访，平时有活动，各项活动主题鲜明、内容丰富、形式多样、参与广泛。

（六）军政军民关系融洽。地方尊重军队，关心军队建设。军队尊重地方，支持地方工作。军政军民互相关心、互相爱护、互相支持，军地利益关系得到妥善处理，无重大军民纠纷。

第十条　有下列情况之一的，不能申报先进单位：

（一）发生重大军民纠纷；

（二）双拥工作制度不规范，领导分工不明确，工作人员不落实；

（三）优抚安置政策不落实，造成后果的。

第十一条　省双拥工作委员会依据第九条规定，制定每年双拥工作目标考核表彰的具体要求。

第三章　表彰权限与程序

第十二条　省双拥工委负责省双拥工委成员单位目标考核表彰工作。

第十三条　省双拥工作目标考核表彰活动每年进行一次。

第十四条　省双拥办组织考核组，对申报单位按《安徽省双拥工委成员单位目标考核标准》检查考核，提出初选意见，提交省双拥工委主任会议审定表彰。

第四章　表彰后的管理

第十五条　双拥工作目标考核合格、先进单位应以表彰为新起点，坚持巩固提高，创新发展，研究新情况，解决新问题，总结新经验，创出新成绩。

第十六条　省双拥工委成员单位，要根据本办法，对照《安徽省双拥工委成员单位目标考核标准》，写出书面自查情况报告（2000 字以内），并双拥工作年度总结和下年度工作计划，于每年年底前报省双拥办。省双拥办每年一季度组织考核组对各单位进行检查并综合评分。

第十七条　年度目标考核不合格的单位，要向省双拥工委书面提出整改意见。

第五章　附则

第十八条　本办法由省双拥工作委员会办公室负责解释。

第十九条　本办法自公布之日起实施。

安徽省双拥工委成员单位目标考核标准

考评项目	序号	考评内容	分值	评分标准	考评得分
一、组织领导坚强有力（13分）	1	双拥工作纳入本单位年度工作计划，纳入领导干部政绩考核范围	4	每做到一项得2分	
	2	目标任务明确，实施计划具体，保障措施完善	3	每做到一项得1分	
	3	工作制度规范；领导分工明确，责任处室和双拥工作联络员落实	3	每做到一项得1分	
	4	有年度工作计划，年终有总结，在省双拥工委会议上进行履职汇报	3	有工作计划得1分， 有总结得1分， 有年度述职报告得1分	
二、宣传教育广泛深入（8分）	5	国防和双拥宣传教育纳入本单位年度法制宣传教育计划	4	有年度教育计划得2分， 教育活动落实得2分	
	6	主要场所有双拥宣传标语；对外窗口有双拥宣传标志牌；依托新闻媒体，每年至少宣传一次本单位双拥工作	4	有双拥标语得2分，有标志牌得2分	
三、拥军优属、拥政爱民工作扎实有效（30分）	7	广泛开展科技、教育、文化、法律拥军，协助军队实施人才战略工程	2	有开展科技、教育、文化、法律拥军计划得2分	
	8	积极支持和配合部队完成训练演习、战备执勤、科研试验和抢险救灾等多样化军事任务	3	部队执行任务中的合理化需求能及时解决得3分	
	9	把帮扶优抚对象解决生活中遇到的困难列入本单位扶贫工作的重要内容	2	把解决优抚对象困难纳入扶贫工作内容得2分	
	10	省双拥工委驻军单位有年度拥政爱民工作计划，年中有检查，年底有总结	2	有工作计划得1分， 有检查和工作总结得1分	
	11	积极参加和支援地方经济建设，有规划措施，有援建成效	2	有规划措施得1分， 规划落实得1分	
	12	勇于承担抢险救灾、急难险重任务，预案健全，准备充分，完成任务圆满	3	有预案得1分， 圆满完成任务得2分	
	13	从实际出发开展各种形式的扶贫帮困，积极参加新农村建设或城市社区建设，有扶贫帮困联系点和新农村、城市社区建设援建点，每年有援建计划，有项目，有成效	4	有扶贫联系点得2分， 援建计划落实得2分	
	14	大力开展助学兴教，组织团以上干部与贫困学生结对助学	4	援建贫困学校得2分， 开展结对助学得2分	
	15	参加军地统一组织的捐赠活动，为老区和贫困地区群众送温暖献爱心	3	参加捐赠得3分	
	16	参加驻地绿化、美好环境建设，植树造林、环境整治等方面成效明显	2	圆满完成地方赋予的植树造林、环境整治活动任务得2分	
	17	广泛参与平安建设，加强军警民联防联治，协助地方处置各类突发事件及时有效	3	组织部队参与平安建设得2分， 有处置各类突发事件预案得1分	

续表

考评项目	序号	考评内容	分值	评分标准	考评得分
四、政策法规落到实处（33分）	18	结合本单位实际，制定双拥政策法规相关落实意见	5	有综合落实双拥政策法规意见得5分	
	19	主动履行本单位双拥工作职责，制定相关配套办法或落实措施	5	有相关配套办法和落实措施得5分	
	20	贯彻落实国家有关双拥法律、规章、政策、制度的职能部门，须主动提出相关贯彻落实意见，制定相关落实政策、办法、措施	10	有相关贯彻意见得5分， 有配套政策措施得5分	
	21	本单位优抚安置政策得到落实，军人及其家属的合法权益得到保障	5	完成接收安置转业干部、复退军人任务的加2分，积极配合有关部门做好随军家属就业、随调及本单位军属优待工作的得3分	
	22	部队模范遵守党和国家的法律法规、民族宗教政策，严格执行群众纪律，在驻地群众中形象好	4	没有违反党和国家法律法规、民族宗教政策得2分，没有违反群众纪律得2分	
	23	兵员质量得到保证	4	保证征兵质量得4分	
五、双拥活动坚持经常（10分）	24	双拥活动制度化、经常化，年度有计划，节日有走访，平时有活动	3	年度有计划得1分， 节日有走访得1分， 平时有活动得1分	
	25	积极参加省双拥工委办公室组织的各项活动，完成安排的各项活动任务	3	参加活动得1.5分， 完成活动任务得1.5分	
	26	广泛开展“爱心献功臣”活动，为重点优抚对象办好事、办实事，成效明显	4	开展活动得2分，为重点优抚对象办好事、办实事得2分	
六、军政军民关系融洽（6分）	27	军地相互尊重，相互支持，互办实事，军地历史遗留问题能妥善处理	4	有办实事得2分，历史遗留问题妥善处理得2分	
	28	军地利益关系得到妥善处理，无重大军民纠纷	2	军地关系融洽，无军民纠纷得2分	
七、加分项目（20分）	29	双拥工作受到党中央、国务院、中央军委领导肯定并作出批示的，或经验做法被全国双拥工作领导小组确定为重大典型进行宣传并以文件形式转发的以及被评为全国双拥模范单位的	5		
	30	双拥工作经验受到省党政军领导肯定并作出批示，或被省双拥工委确定的典型进行宣传并以文件形式转发以及被评为省双拥模范单位的	3		
	31	根据本部门的职责出台并下发指导全省性有关双拥工作政策措施的	6		
	32	本单位双拥工作在省级媒体每刊发稿件1篇，加1分，在中央媒体每刊发稿件1篇，加2分，最多不超过6分	6		
说明	考核内容与单位工作有关的给予评分，无关联的不扣分				

福建省人民代表大会常务委员会关于颁布施行《福建省拥军优属条例》的公告

闽常〔2011〕7号

《福建省拥军优属条例》已由福建省第十一届人民代表大会常务委员会第二十一次会议于2011年3月24日通过，现给予公布。本条例自2011年7月1日起施行。1996年11月29日福建省第八届人民代表大会常务委员会第二十七次会议通过的《福建省拥军优属若干规定》同时废止。

福建省人民代表大会常务委员会

2011年3月28日

河南省双拥模范城（县）创建命名管理办法

第一章　总　则

第一条　为了贯彻落实党中央、国务院、中央军委关于做好新时期拥军优属、拥政爱民（以下简称双拥）工作，进一步加强军政军民团结的指示精神，推动创建双拥模范城（县）活动广泛深入持久地开展，依据全国《双拥模范城（县）创建命名管理办法》（国拥〔2010〕2号）的规定，结合我省实际，制定本办法。

第二条　创建双拥模范城（县）活动，是双拥优良传统的继承与发展，是做好双拥工作的重要载体，是巩固和发展军政军民团结、促进社会主义和谐社会建设的有效途径。

第三条　双拥模范城（县）是双拥工作成绩突出，具有榜样和示范作用，并经过规范的推荐评选程序命名的先进典型，是所命名城（县）党委、政府、驻军领导机关和全体军民共同的政治荣誉。

第四条　创建双拥模范城（县）活动，要坚持以马列主义、毛泽东思想、邓小平理论和“三个代表”重要思想为指导，深入贯彻落实科学发展观，着眼于巩固和加强军政军民团结、促进军民融合式发展，把拥军优属与拥政爱民结合起来，把发展社会生产力与提高部队战斗力结合起来，把物质文明、政治文明、精神文明与生态文明建设结合起来，促进双拥工作整体水平提高，促进经济社会全面协调可持续发展与国防和军队现代化建设。

第五条　双拥模范城（县）分全国和省两级。

第六条　省级双拥模范城（县）的命名范围：省辖市，县级市、县、市辖区。

第七条　命名双拥模范城（县）应坚持标准，注重实绩，择优评选，确保质量，实行动态管理。

第八条　省级双拥模范城（县）数量控制在纳入考核评选城（县、区）总数的30%以内。

第九条　对在双拥模范城（县）创建活动中做出突出成绩的单位和个人，给予表彰和奖励。具体办法，由各省辖市双拥工作领导小组从实际出发制定。

第二章　双拥模范城（县）的标准

第十条　双拥模范城（县）的基本标准：

（一）组织领导坚强有力。地方党委、政府和驻军领导机关把双拥工作纳入经济社会发展和部队建设的总体规划，纳入党政军领导干部政绩考核范围，有明确的任务目标、具体的实施计划、完善的保障措施。坚持党委议军会议、军地联席会议等制度，双拥工作重点难点问题得到及时解决。双拥工作领导机构健全，成员单位职能作用充分发挥，双拥办实行军地合署办公，有专职在编工作人员，有办公地点、工作经费和工作用车，有健全的工作制度，组织、协调、指导工作有力。

（二）宣传教育广泛深入。认真贯彻《中华人民共和国国防教育法》，把以爱国主义为核心，以拥军优属、拥政爱民为重要内容的国防教育纳入国民教育体系及部队教育规划，列入宣传、教育、文化、广播影视、新闻出版等部门的年度工作计划，有部署，有检查，有总结。有适应本地区、本单位实际情况的教育制度和教育设施，教育对象、时间、内容落实，爱国拥军、爱民奉献的社会氛围浓厚。

（三）拥军工作扎实有效。把支持国防和军队建设纳入经济社会发展规划，积极探索军民结合、寓军于民的路子，推动国防和军队现代化建设又好又快地发展。大力支持军事斗争准备，配合部队完成训练演习、战备执勤、科研试验和抢险救灾等多样化军事任务成效明显。广泛开展科技、教育、文化、法律拥军，协助军队实施人才战略工程，大力支持国防和军队现代化建设。双拥工作社会化成效明显，基层双拥组织健全，开展活动经常。积极支援重点军事工程建设，军事设施保护完好。军供站正规化建设成效显著，应急保障能力强。支持部队后勤保障社会化，优惠政策配套，优质服务到位。

（四）拥政爱民成果显著。充分发挥军队优势，积极参加和支援地方经济建设，大力支持社会主义新农村建设和社会公益事业发展，做好扶贫帮困、助学兴教和民族团结进步等工作。奋勇参加抢险救灾，在保护国家利益和人民群众生命财产安全的斗争中发挥生力军和突击队作用。协助地方维护社会和谐稳定，妥善处置各种突发事件。

（五）政策法规落到实处。认真贯彻执行党和国家有关国防建设和加强军政军民团结的法律、规章、政策、制度，并根据形势发展，不断完善与之相配套的政策、法规。深入贯彻落实省委、省政府、省军区《关于进一步加强新时期双拥工作的意见》、省政府《河南省实施〈军人抚恤优待条例〉办法》，省委办公厅、省政府办公厅《关于加强和改进我省军队转业干部安置工作的意见》和《关于进一步做好移交地方政府安置的退休干部和伤病残退役军人移交安置工作的意见》。转业干部、复员干部、退役士兵、军队离退休干部、残疾退役军人、随军家属安置，以及军队离退休干部政治、生活待遇和退役士兵职业技能培训政策得到落实；军人及其家属的合法权益得到保障；兵员数量质量得到保证；优抚对象抚恤补助和医疗、住房等保障落实到位，并保证其生活水平与当地群众生活水平同步提高；现役军人、残疾退役军人及其家属享受优待；加强烈士纪念建筑物保护单位和优抚安置事业单位建设，做到功能突出，作用明显。军队模范执行党和国家的法律法规，严格遵守群众纪律，尊重少数民族的宗教信仰和风俗习惯，定期开展拥政爱民教育和群众纪律检查，树立人民军队的良好形象。

（六）双拥活动坚持经常。开展双拥活动以基层为重点，注重落实，讲求实效。年度有计划，季度有安排，节日有走访，平时有活动。各项活动主题鲜明，内容丰富，形式多样，参与广泛，具有时代特色和地域特点。健全各项制度，定期检查总结，推进双拥工作社会化、经常化、制度化。

（七）军民共建富有成效。围绕推进社会主义核心价值体系建设和培育当代革命军人核心价值观，深入贯彻落实《公民道德建设实施纲要》和《军人道德规范》，自觉践行社会主义荣辱观，积极参加创建文明城市、文明村镇、文明行业、文明社区等活动，在群众性精神文明创建活动中发挥示范带头作用。军（警）民联防联治活动经常开展，在社会治安综合治理中发挥重要作用。

（八）军政军民关系融洽。地方党委、政府和人民群众爱护军队，尊重军人，关心部队建设。部队尊重地方党委、政府，热爱人民，支持地方工作。军政军民互相关心，互相爱护，互相支持，亲如一家。军地利益关系得到妥善处理，无重大军民纠纷。

第十一条 有下列情况之一的，不能申报和推荐双拥模范城（县）：发生重大军民纠纷，在国家和省级双拥机构、公安部门记录在案，造成严重后果的；双拥组织机构无工作人员和经费保障的；残疾退役军人年度安置任务没有完成的；退役士兵职业技能培训工作达不到规定要求的；因其他优抚安置政策规定不落实造成严重后果的。

第十二条 省双拥工作领导小组依据第十条的规定，提出每届省双拥模范城（县）评选命名的具体要求。

第三章 命名权限与程序

第十三条 省级双拥模范城（县）由省委、省政府和省军区批准和命名。

第十四条 省级双拥模范城（县）由省辖市党委、政府、军分区（警备区、人武部）推荐（自荐）。省辖市自荐为省级双拥模范城的，在自查自评的基础上，经市委、政府和军分区（警备区、人武部）研究同意后，报省双拥工作领导小组，并附事迹材料。县（市、区）申请命名为省级双拥模范县（城、区）的，在自查自评的基础上，向省辖市双拥工作领导小组写出申请报告。各省辖市考察后，经市委、市政府和军分区（警备区）研究同意，报省双拥工作领导小组，并附事迹材料。省双拥工作领导小组办公室负责会同有关部门，组织对推荐单位进行考核，提出初选意见，经省双拥工作领导小组审议后，将拟命名名单在省级主要新闻媒体进行为期十五天的公示。公示期满，对没有发现问题的，报省委、省政府、省军区批准和命名，并召开命名大会，同时报全国双拥工作领导小组备案。

第十五条 全国双拥模范城（县）的推荐，要在省级双拥模范城（县）的基础上，由各省辖市按比例向省双拥工作领导小组推荐，省双拥工作领导小组根据全国《双拥模范城（县）创建命名管理办法》有关规定，择优组织考核，经省双拥工作领导小组审议并征求济南军区意见后，将推荐名单在省级主要新闻媒体进行为期十五天的公示。公示期满，报省委、省政府、省军区研究同意后，书面向全国双拥工作领导小组推荐。

第十六条 省级双拥模范城（县）四年命名一次，特殊情况可提前或延期，具体命名时间由省委、省政府、省军区确定。

第四章 表彰与奖励

第十七条 被命名的省级双拥模范城（县、区），由省委、省政府、省军区授予奖匾。

第十八条 对在双拥模范城（县）创建活动中做出突出成绩的集体和个人，由省委、省政府、省军区授予奖牌，颁发荣誉证书。

第十九条 对在双拥模范城（县）创建活动中做出突出成绩，受到全国和省级表彰的先进集体，其当地政府或上级主管部门可适当给予物质奖励。

第二十条 对受到全国和省级表彰的先进个人，可由其所在单位适当给予物质奖励；没有工作单位的，由当地政府适当给予物质奖励。

第二十一条 被授予“全国爱国拥军模范”荣誉称号的人员，享受省部级劳动模范和先进工作者待遇。

第二十二条 被授予“全国拥政爱民模范”荣誉称号的人员，在军队服役期间的待遇按军队有关规定执行，转业到地方后享受省部级劳动模范和先进工作者待遇。

第二十三条 被授予“河南省爱国拥军模范”荣誉称号的人员，享受省级劳动模范和先进工作者待遇。

第二十四条 被授予“河南省拥政爱民模范”荣誉称号的人员，在军队服役期间的待遇按军队有关规定执行，退役到地方后在河南省范围内享受省级劳动模范和先进工作者待遇。

第二十五条 被表彰为“河南省爱国拥军先进个人”的人员，属省辖市级及其以下的，享受所在省辖市级劳动模范和先进工作者待遇，属省直部门的工作人员给予记二等功以上奖励。

第二十六条 被表彰为“河南省拥政爱民先进个人”的人员，在军队服役期间的待遇按军队有关规定执行，退役到地方后在河南省范围内享受省辖市级劳动模范和先进工作者待遇。

第二十七条 对在双拥模范城（县）创建活动中做出突出成绩，受到全国和省级表彰的先进集体和个人，在推荐表彰先进集体、劳动模范和先进工作者时应予优先考虑。

第五章 命名后的管理

第二十八条 双拥模范城（县）应以命名为

新起点，坚持巩固提高、创新发展的方针，不断研究新情况，解决新问题，总结新经验，取得新成绩。

第二十九条 全国和省级双拥模范城（县）应将年度双拥工作总结和下年度双拥工作计划报省双拥工作领导小组办公室。

第三十条 省双拥工作领导小组，每两年要对全国和省级双拥模范城（县）进行一次检查考评，检查考评情况报全国双拥工作领导小组、并送济南军区，作为下一届评选全国双拥模范城（县）的重要依据。

第三十一条 全国和省级双拥模范城（县）实行年度抽检制度。省双拥工作领导小组办公室每年对全国和省级双拥模范城（县）进行抽查，发现问题及时纠正，并视情通报抽查情况。

第三十二条 双拥模范城（县）的工作无新的进展或出现问题的，省双拥工作领导小组将给予批评帮助，并限期整改。

第三十三条 双拥模范城（县）出现政策法规不落实或重大军民纠纷等突出问题，应在及时纠正和妥善处理的同时，省辖市双拥工作领导小组及时将情况报省双拥工作领导小组办公室。对隐情不报或不及时采取解决措施的，给予通报批评；严重影响军政军民团结和社会稳定的，按命名权限撤销其“双拥模范城（县）”荣誉称号，收回奖匾和荣誉证书，并向社会公布。

第三十四条 被撤销“双拥模范城（县）”荣誉称号的，取消其下一届参加双拥模范城（县）评比资格。经过认真整改，符合条件的，可参加以后的双拥模范城（县）评比。

第六章 附 则

第三十五条 本办法由省双拥工作领导小组办公室负责解释。

第三十六条 本办法自颁发之日起施行，2009年颁发的《河南省双拥模范城（县）创建命名管理办法》（豫拥〔2009〕2号）同时废止。

河南省双拥模范城（县）考评标准

<table>
<tr><th>考评项目</th><th>序号</th><th>考评内容</th><th>分值</th><th>评分标准</th><th>考评方法</th></tr>
<tr><td rowspan="9">一、组织领导坚强有力（7）</td><td rowspan="4">1</td><td rowspan="4">双拥工作纳入当地经济社会发展规划，列入党政军领导班子和领导干部工作实绩考核；年度政府工作报告、军分区（警备区）或人民武装部党委工作报告有双拥工作内容</td><td rowspan="4">2</td><td rowspan="4">每做到一项得0.5分</td><td>（1）查看省辖市、县（市、区）《国民经济和社会发展五年规划纲要》，是否含双拥工作内容</td></tr>
<tr><td>（2）查看各级党委政府年度考核的目标文件和驻军年度考核的目标文件，是否按要求把双拥工作列入党政军领导政绩考核内容</td></tr>
<tr><td>（3）查看《政府工作报告》和军分区（警备区）或人武部党委年度工作报告，是否含双拥工作内容</td></tr>
<tr><td>（4）查看省辖市、县（市、区）年度重点工作安排的文件，是否含双拥工作内容</td></tr>
<tr><td rowspan="3">2</td><td rowspan="3">党委议军会议、军地联席会议制度落实；双拥工作领导小组每年至少召开一次全体成员会议</td><td rowspan="3">1</td><td rowspan="3">会议制度落实的得0.5分，领导小组召开会议的得0.5分</td><td>（1）查看党委议军会议文件</td></tr>
<tr><td>（2）查看军地联席会议制度及会议文件</td></tr>
<tr><td>（3）查看双拥工作领导小组会议文件</td></tr>
<tr><td rowspan="2">3</td><td rowspan="2">领导小组成员单位职责明确，有年度工作计划和总结，每年在双拥工作领导小组全体会议上进行工作述职（或书面述职）</td><td rowspan="2">1</td><td rowspan="2">成员单位职责明确的得0.25分，有工作计划和总结的得0.25分，进行工作述职（或书面述职）的得0.5分</td><td>（1）查看省辖市、县（市、区）双拥工作领导小组组成人员文件、成员单位职责分解表，各成员单位年度工作计划和总结</td></tr>
<tr><td>（2）查看召开双拥工作领导小组会议记录、纪要和成员单位在会议上的述职报告或书面述职报告</td></tr>
</table>

续表

考评项目	序号	考评内容	分值	评分标准	考评方法
	4	省辖市双拥办实行军地合署办公，县级双拥办有相对固定的部队人员参与工作	1	达到要求的得 1 分	（1）查看省辖市、县（市、区）双拥办机构、人员编制批复文件。省辖市级双拥办有 2 名以上、县级双拥办有 1 名以上工作人员 （2）现场查看了解军地合署办公场所、办公设施及工作人员 （3）查看财政局批复双拥专项经费及预算的文件 （4）查看配置车辆情况
	5	慰问部队、重点优抚对象和军休干部等双拥活动经费列入财政预算	2	列入预算且有经费下拨凭证的得 2 分	查看走访、慰问等双拥活动经费预算批复文件
二、宣传教育广泛深入（5）	6	国防和双拥宣传教育纳入国民教育体系及部队教育规划，列入宣传、教育、文化、广播影视、新闻出版等部门的年度工作计划	1	纳入国民教育体系及部队教育规划的得 0.5 分，列入各部门年度工作计划的得 0.5 分	（1）查看省辖市、县（市、区）国民教育有关文件，是否含国防和双拥宣传教育内容 （2）查看驻地部队教育规划，是否含有拥政爱民宣传教育内容 （3）查看宣传、教育、文化、广播影视等部门国防和双拥宣传教育内容的图文资料和工作计划
	7	有国防和双拥教育阵地或教育基地，每年集中组织开展 1 次以上教育活动	1	有教育阵地或教育基地的得 0.5 分，国防教育日组织活动的得 0.5 分	查看纪念馆、教育基地等规章制度，活动设施，国防教育日教育活动图文资料
	8	当地主要媒体不定期开辟国防和双拥宣传教育专栏；城区主要公共场所有永久性双拥标志或宣传牌	1	开辟专栏的得 0.5 分，有双拥标志或宣传牌的得 0.5 分	（1）走访新闻媒体，了解省辖市、县（市、区）报社、电视台、电台是否开辟国防和双拥宣传教育专栏，查看有关资料 （2）制作双拥宣传片，介绍双拥情况 （3）现场查看主要公共场所是否有永久性双拥宣传标牌
	9	军烈属家庭挂光荣牌；官兵立功受奖喜报及时送达并予以宣扬	1	挂光荣牌的得 0.5 分，喜报及时送达并予以宣扬的得 0.5 分	走访军烈属，查看了解光荣牌、喜报、年画发放情况
	10	编印工作刊物，交流双拥工作经验做法，反映双拥工作动态，宣传双拥先进典型	1	有工作刊物的得 1 分	查看近年当地编印的双拥工作刊物
三、拥军工作扎实有效（20）	11	积极支持部队完成战备执勤、训练演习、科研试验和抢险救灾等多样化军事任务，有计划、有措施、有成效	3	有计划和措施的得 0.5 分，及时解决部队执行任务需求的得 1.5 分，训练演习群众损失得到妥善解决的得 1 分	（1）查看省辖市、县（市、区）支持服务部队完成军事任务的计划、措施（方案）、总结等相关材料 （2）查看市领导走访慰问部队官兵的音像、图片、文字材料 （3）走访群众，了解损失赔偿情况
	12	组织开展科技、教育、文化拥军活动，支持部队信息化建设和实施人才战略工程成效明显	2	有科技、教育、文化拥军活动计划的得 0.5 分，部队建设需求得到及时解决的得 1.5 分	（1）查看省辖市、县（市、区）科技、教育、文化拥军活动年度计划 （2）查看开展科技、教育、文化拥军活动和培训活动的音像、图片资料 （3）走访部队了解情况，查看相关音像、图片、文字资料

续表

考评项目	序号	考评内容	分值	评分标准	考评方法
	13	大力支持部队后勤保障社会化，及时优质供应粮、油、水、电、气、暖等	3	达到规定标准的得3分	(1) 实地考察军粮供应站，了解规章制度是否健全，查看活动音像、图片、文字资料 (2) 查看国土、交通、电力等部门满足部队水、电、暖、路等基础设施方面需求的音像、图片、文字资料 (3) 走访部队了解地方支持粮、油、水、电、气、暖供应情况
	14	支持重点军事工程建设，在规划审批、土地征用、设施配套等方面给予优先优惠；在基础设施建设中兼顾到军事需求	2	制定并落实优先优惠政策的得1分，在基础建设中按规定落实军事需求的得1分	(1) 查看省辖市、县（市、区）支持军事工程建设的规划审批、土地征用、设施配套等方面优先优惠政策文件和相关资料 (2) 走访部队了解情况
	15	维护国防利益和军人军属合法权益机制健全，依法优先、积极稳妥地处理涉军案件和问题，国防利益和军人军属合法权益得到有效维护	2	有维护国防利益和军人军属合法权益政策规定的得0.5分，涉军案件得到及时妥善处理（无涉军案件）的得1.5分	(1) 查看省辖市、县（市、区）维护军人军属合法权益的政策文件 (2) 走访当地法院、部队，了解涉军案件和纠纷解决情况 (3) 查看案卷记录
	16	军供站人员、经费按规定落实，设施、设备完善，保障能力强，为过往部队提供优质服务	2	军供站人员、经费落实的得0.5分；设施、设备完善，过往部队对其所提供服务满意的得1.5分	(1) 查看省辖市军供站机构、人员编制批复文件，提供省辖市军供站经费预算的批复文件 (2) 现场查看军供站软硬件建设情况和保障供应图片资料 (3) 联系过往部队了解情况
	17	车站、码头、医院等公共服务场所设有残疾退役军人、烈属和现役军人等优先优惠服务的标志，积极主动提供服务	1	设有优先优惠服务标志的得0.5分，优先优惠服务对象满意的得0.5分	(1) 查看车站、医院是否设立残疾退役军人、烈属和现役军人等优惠服务的标志 (2) 查看开展服务活动的音像、图片、文字资料 (3) 走访服务对象了解情况
	18	积极扶持随军随调家属就业，家属随军随调后一年内安置率（含货币化安置）达到100%	2	安置率100%的得2分，90%—99%的得1.5分，85%—89%的得1分，84%以下不得分	(1) 查看制定出台的关于做好随军家属就业安置的政策文件 (2) 查看安置花名册和未安置补助表，走访军人和随军家属
	19	现役军人和烈士子女入学入托按政策享受优待	2	出台地方性优待办法的得0.5分；政策落实到位的得1.5分	(1) 查看省辖市、县（市、区）关于现役军人和烈士子女入学入托优待政策文件 (2) 走访军人家属和学校，查看相关资料
	20	公路、桥梁、隧道、渡口等收费交通站点，免收军车通行费用；各类公共收费停车场所设有军车免费停放标志	1	免收军车通行费用的得0.5分；有军车免费停放标志的得0.5分	现场查看各类公共停车场设军车免费停放标志
四、拥政爱民成果显著（18）	21	驻军部队每年有拥政爱民工作计划，年中有检查，年底有总结	0.5	达到要求的得0.5分	查看驻地部队年度拥政爱民工作计划及年中检查的相关资料和年底工作总结
	22	积极参加和支援驻地经济社会建设，有规划措施，有援建成效	2	有规划措施的得0.5分，规划落实的得1.5分	(1) 走访驻地部队了解拥政爱民工作 (2) 查看开展活动的音像、图片、文字资料
	23	勇于承担抢险救灾等急难险重任务，预案健全，准备充分，完成任务圆满	3	有预案的得0.5分，圆满完成任务的得2.5分	(1) 查看驻地部队抢险救灾预案 (2) 查看抢险救灾的音像、图片资料

续表

考评项目	序号	考评内容	分值	评分标准	考评方法
	24	开展多种形式的扶贫帮困工作，积极参加驻地新农村建设或城市社区建设，有扶贫联系点和新农村建设、城市社区建设援建点，援建有项目、有成效	2	有扶贫联系点的得 1 分，援建计划落实的得 1 分	（1）查看帮扶协议和帮扶点 （2）查看驻地部队年度援建扶贫计划开展活动的音像、图片、文字资料
	25	大力开展助学兴教，组织团以上领导干部与贫困学生结对助学	1.5	援建贫困学校的得 1 分，开展结对助学的得 0.5 分	查看驻地部队援助的贫困学校。查看相关音像、图片、文字资料
	26	团以上单位医院（门诊部）积极为驻地群众开展医疗服务活动	2	为贫困群众义诊、经常送医送药的得 1 分；帮助驻地医疗单位改善医疗条件的得 1 分	（1）查看驻地部队医院开展医疗服务活动相关音像、图片、文字资料 （2）走访驻地群众，了解驻地部队医院开展义诊、送医送药情况 （3）走访驻地基层医疗单位，了解驻地部队医院帮助改善医疗条件情况
	27	积极参加为灾区和贫困地区群众送温暖、献爱心活动	1	为驻地受灾和贫困群众定期开展送温暖活动的得 0.5 分；积极参加军地统一组织的捐赠活动的得 0.5 分	查看开展捐赠活动的音像、图片、文字资料
	28	参加驻地绿化美化建设，在植树造林、环境整治等方面成效明显	1.5	参加驻地植树造林、环境整治成绩突出的得 1 分；军用土地和部队营区绿化美化成效明显的得 0.5 分	查看部队植树造林、环境整治方面的音像、图片、文字资料
	29	扎实做好民族团结进步工作，积极为驻地少数民族群众办实事好事	1.5	充分发挥“三队”（战斗队、工作队、宣传队）作用，宣传和模范执行党的民族政策的得 0.5 分；每年为驻地少数民族群众办一至两件有影响的实事好事的得 1 分	查看活动音像、图片、文字资料
	30	积极参与平安建设，加强军（警）民联防联治，协助地方处置各类突发事件及时有效	1	组织部队参加平安建设的得 0.5 分，有处置各类突发事件预案的得 0.5 分	查看驻地部队协助地方处置各类突发事件的预案和相关音像、图片、文字资料
	31	支持驻地普通高等学校、高级中学开展学生军训工作，支持少年军校工作	1	完成学生军训任务得 0.5 分；支持少年军校工作成绩突出的得 0.5 分	（1）查看开展军训活动、支持少年军校工作的音像、图片、文字资料 （2）走访进行军训的学校和少年军校了解情况
	32	军分区（警备区）、人民武装部充分发挥职能作用，协调驻军部队开展拥政爱民活动成绩显著	1	有协调工作计划和总结的得 0.5 分，协调工作有力的得 0.5 分	（1）查看开展工作的音像、图片、文字资料 （2）走访部队和地方政府有关部门了解情况
	33	结合本地区和驻军部队实际，出台综合性双拥政策规定	1.5	有综合性双拥政策规定的得 1.5 分	查看省辖市、县（市、区）委、政府、军分区（警备区）双拥政策规定方面的文件
	34	对在创建双拥模范城（县）活动中作出突出贡献的单位和个人有明确奖励办法	1.5	有奖励办法的得 0.5 分，奖励办法落实的得 1 分	查看创建双拥模范城（县）先进单位、先进个人奖励办法的有关文件

续表

考评项目	序号	考评内容	分值	评分标准	考评方法
五、政策法规落到实处（30）	35	认真贯彻落实《中华人民共和国军事设施保护法》，军事设施得到有效保护	2	把军事设施保护列入全民国防教育、普法教育计划的得0.5分，辖区内军事设施保护完好的得0.5分，地方建设没有影响军事设施安全或部队正常训练、工作和生活的得1分	（1）查看省辖市、县（市、区）国防教育和普法教育的相关资料，是否把军事设施保护列入全民国防教育和普法教育内容 （2）走访部队了解军事设施保护情况。
	36	严格落实征兵有关政策规定，保证兵员质量	2	没有违纪问题的得1分，没有责任退兵的得1分	向省、省辖市征兵部门了解农、非农兵员比例和责任退兵情况
	37	现役军人乘坐市内公共汽车、电车和轨道交通工具享受优待；残疾退役军人免费乘坐市内公共汽车、电车和轨道交通工具；现役军人和残疾退役军人参观游览当地公园、博物馆、风景名胜区享受优待	1.5	现役军人乘坐公共交通工具和参观游览享受优待的各得0.5分，残疾退役军人乘坐公共交通工具免费的得0.5分、参观游览享受优待的得0.5分	向现役军人、军队离退休干部、残疾退役军人了解免费和优待情况。查看公交车站、旅游景点等是否有优待标示牌（依据省政府令〔2007〕101号文件执行）
	38	在国家机关、社会团体、企业事业单位工作的残疾退役军人，享受与所在单位工伤人员同等的生活福利和医疗待遇	1	按要求落实的得1分	查看有关文件，走访有关人员
	39	优抚对象的抚恤补助标准不低于国家和省规定标准，并按时足额发放	1.5	达到国家和省规定标准的得1分，高于国家和省规定标准的得1.5分	（1）察看省辖市、县（市、区）提高优抚对象抚恤补助标准的政策文件 （2）走访10户以上各类优抚对象
	40	优抚对象医疗保障政策落实；省辖市财政预算有重点优抚对象医疗补助资金，并逐步增加	1	出台优抚对象医疗保障办法并落实的得0.5分，财政预算有重点优抚对象医疗补助资金的得0.5分	（1）了解优抚对象医疗保障一站式服务落实情况 （2）查看财政预算的相关文件
	41	农村重点优抚对象住房难的问题得到较好解决	1	已解决的得1分	抽查部分重点对象
	42	义务兵家庭优待标准不低于当地平均生活水平，按时足额发放	2	达到或高于当地平均生活水平的得1分，按时足额发放的得1分	走访两个乡4户以上优待对象，查看台账和优待证，农村义务兵家庭优待金不低于上年度农民人均纯收入的70%
	43	县级以上烈士纪念建筑物保护单位按规定落实人员、经费，在爱国主义教育中发挥重要作用	1	人员、经费按规定落实的得0.5分，开展爱国主义教育活动在2次以上的得0.5分	（1）查看省辖市、县（市、区）烈士纪念馆人员编制和经费预算批复文件 （2）查看重大节日活动的图片资料
	44	优抚医院、光荣院的人员、经费按规定落实，功能发挥良好；光荣院集中供养优抚对象的基本生活费由县级以上人民政府按规定标准足额列入财政预算	1	人员、经费落实的得0.5分；集中供养优抚对象的基本生活费足额列入财政预算的得0.5分	（1）查看省辖市、县（市、区）荣军医院、光荣院机构、人员编制和落实经费的批复文件 （2）实地查看医院、光荣院院貌和管理状况 （3）实地走访在院对象，了解其生活状况

续表

考评项目	序号	考评内容	分值	评分标准	考评方法
	45	军队转业干部及时妥善安置，自主择业的军队转业干部服务管理政策得到落实	4	完成年度安置任务的得2.5分；安置随调家属的（含货币化安置）得0.5分；落实自主择业军队转业干部服务管理政策的得1分	（1）查看军队转业干部安置文件和花名册，团以上领导干部降一职安排实职相关安置政策落实，转业干部满意
					（2）走访驻军和军转干部了解情况
	46	退役士兵安置政策落实，自谋职业生活补助费、待分配期间生活补助费列入财政预算	3	年度安置率（含货币化安置）达到90%的得2分，经费足额列入财政预算的得1分	（1）查看退役士兵安置和自谋职业的相关文件、资料
					（2）查看城乡退役士兵培训基地建设及培训落实情况
					（3）查看城镇退役士兵待分配期间补助费、自谋职业补助费和职业技能培训费财政预算的文件和台账
	47	军队离退休干部得到妥善安置，政治、生活、医疗待遇落实；军休服务管理机构人员编制、工作经费、附属用房设施落实，补助经费纳入市、县财政预算	2	年度安置任务完成，军休干部政治、生活、医疗待遇落实的得1分；编制、经费、附属用房设施落实的得0.5分，补助经费纳入财政预算的得0.5分	（1）走访军休干部和伤病残退役军人了解情况，查看政治、生活、医疗待遇是否落实，军休干部医疗是否享受同职级退休公务员待遇
					（2）查看省辖市、县（市、区）军队离退休干部休养所机构、人员编制及工作经费落实的批复文件
					（3）现场查看军休所设施是否健全、完善
					（4）查看军休补助经费纳入市财政预算的批复文件
	48	军队无军籍退休退职职工按政策接收安置，地方补助补贴落实	1	按政策接收安置的得0.5分，补助补贴落实的得0.5分	查看相关文件资料、走访安置对象
	49	积极预防和妥善处理转业、复员、退伍军人等群体性上访事件	1	没有因优抚安置政策不落实引发转业复退军人群体性（50人以上）上访事件的得1分	到省、省辖市信访办、“专项办”了解情况
	50	部队模范遵守国家法律法规和党的民族宗教政策，严格执行群众纪律，在驻地群众中形象好	2	没有违反国家法律法规和党的民族宗教政策的得1分，没有违反群众纪律的得1分	到部队驻地了解情况
六、双拥活动坚持经常（6）	51	双拥活动制度化、经常化，年度有计划，季度有安排，节日有走访，平时有活动	2	年度有计划的得0.5分，季度有安排的得0.5分，节日有走访的得0.5分，平时有活动的得0.5分	（1）查看省辖市、县（市、区）双拥工作年度计划、季度工作安排、年度工作总结
					（2）查看节日走访等双拥活动的音像、图片、文字资料
	52	广泛开展“爱心献功臣”活动，为重点优抚对象办好事实事成效明显	2	开展活动的得1分，重点优抚对象对活动满意的得1分	（1）查看省辖市、县（市、区）开展“爱心献功臣”活动的实施方案、年度总结和音像、图片资料
					（2）走访老功臣
	53	党政主要领导每年走访慰问驻军和重点优抚对象；驻军部队领导到地方有关部门走访答谢	1	每落实一项得0.5分	查看各级军地领导“八一”、春节期间走访慰问驻军、重点优抚对象和军休干部的音像资料
	54	当地有烈士纪念建筑物的，党政军主要领导每年清明节前往祭扫	1	按要求落实的得1分	查看音像资料

续表

考评项目	序号	考评内容	分值	评分标准	考评方法
七、军民共建富有成效（5）	55	部队连队、舰艇、飞行大队及其相当的队、站、室、所、库等基层单位与驻地基层单位结成共建对子，军地双方有共建公约和共建活动制度，经常组织共建活动	2	结成共建对子、有共建公约的得1分；经常组织共建活动的得1分	走访共建单位，查看共建公约、协议和活动制度
	56	有贯彻落实《公民道德建设实施纲要》和《军人道德规范》的具体计划和措施，军民自觉践行社会主义荣辱观和当代革命军人核心价值观	1	有计划和措施的得1分	（1）查看开展活动的年度计划和措施 （2）查看开展活动的音像资料
	57	积极参加创建文明城市、文明村镇、文明行业、文明社区等活动，弘扬社会文明新风	1	参加创建活动的得1分	查看开展活动的音像和文字资料
	58	组织非公经济组织和社会组织开展共建（拥军）活动成效明显	1	组织开展活动的得1分	（1）抽查、走访1至2个组织 （2）查看开展活动的倡议书及音像资料
八、军政军民关系融洽（5）	59	军地相互尊重，相互支持，互办实事	2	有互办实事计划的得0.5分，计划落实的得1.5分	查看互办实事的计划、措施及落实的有关文字、音像资料
	60	军地历史遗留问题得到妥善处理	1	没有遗留问题（含有遗留问题但得到妥善处理）的得1分	听取情况介绍，走访军地相关部门
	61	有预防和处理军（警）民纠纷的规定措施，当发生矛盾和纠纷时，军地双方及时妥善处理	2	有规定措施的得0.5分；没有军（警）民纠纷的或有军（警）民纠纷但得到妥善处理的得1.5分	听取汇报，查看规定措施及相关资料，走访部队官兵和群众
九、群众满意度测评（4）	62	优抚安置对象满意度测评，对优抚安置政策落实情况的满意率达到90%以上	1	采取问卷调查或电话调查。调查对象随机抽样，样本容量≥100。满意率90%（含）以上的得1分，90%以下的不得分	问卷调查各类优抚安置对象
	63	驻军部队官兵满意度测评，对驻地拥军优属工作情况的满意率达到90%以上	1	采取问卷调查。调查对象随机抽样，样本容量≥100。满意率90%（含）以上的得1分，90%以下的不得分	问卷调查驻军部队官兵
	64	社会公众网络调查满意度测评，对当地军政军民关系、拥政爱民工作的满意率达到90%以上	2	采取网络调查或电话调查。电话调查对象随机抽样，样本容量≥100。满意率90%（含）以上的得2分，90%以下的不得分	以省辖市、县（市、区）为单位进行网络测评，测评内容经省双拥办审定
	65	双拥工作受到党中央、国务院、中央军委领导肯定并作出批示的	1		查看相关文件资料

续表

考评项目	序号	考评内容	分值	评分标准	考评方法
十、加分项目	66	双拥工作受到省级以上党政军领导肯定并作出批示的	0.5		查看相关文件资料
	67	双拥工作成效突出，经验做法对全国双拥工作具有指导意义，被全国双拥工作领导小组确定为重大典型进行宣传并以文件形式印发的	2		查看相关文件资料
	68	双拥工作成效突出，经验做法对全省双拥工作具有指导意义，被省双拥工作领导小组确定为重大典型进行宣传并以文件形式印发的	1		查看相关文件资料
	69	双拥办自身建设好，工作突出，作用明显	1		查看相关文件资料 参考当地双拥工作开展情况
	70	在军区级以上重大军事演习和重大科研试验中保障有力	1		查看相关文件资料
	71	在军级重大军事演习和重大科研试验中保障有力	0.5		查看相关文件资料
	72	申报河南省双拥模范城（县）的地区，驻军部队级别高、人员数量多		驻军部队级别和人员数量总体居河南省前 3 名的，分别加 1.5、1、0.5 分	查看相关文件资料
	73	辖区内优抚安置对象占人口比例高于全省平均水平		申报河南省双拥模范城（县）的地区，辖区内优抚安置对象占人口比例高于全省平均水平的，酌情加 0.5—1.5 分	查看相关文件资料
备注	1. 考评标准总分 100 分（不含加分），加分最高为 10 分 2. 根据《河南省双拥模范城（县）创建命名管理办法》的有关规定，凡有不能申报和推荐河南省双拥模范城（县）5 种情况之一的城（县），均不参加考评				

河南省委、河南省人民政府、河南省军区关于加强新形势下征兵工作的意见

豫发〔2011〕12 号

（2011 年 8 月 12 日）

征兵工作是国防和军队建设的基础工程，事关国家发展和安全稳定大局。为积极应对形势发展变化，确保圆满完成征兵任务，结合我省实际，现就做好新形势下征兵工作提出如下意见。

一、深入宣传教育，切实增强全民国防观念

各级党委宣传部门和兵役机关政治部门要联合制定征兵宣传计划、教育大纲，明确相关单位的宣传任务、宣传内容、宣传方式。从2012年起，把兵役法规政策纳入党政机关、企事业单位政治理论学习计划，纳入学校教学计划和学生政治教育内容，纳入文明村镇、文明单位考评条件。普通高等院校兵役法规政策学习每学期不少于3课时，普通高级中学（含职高、中专、技校）每学期不少于2课时，学生军训时必须安排兵役法规学习。省辖市兵役机关每年对普通高等院校、县级兵役机关每年对高中层次以上学校、基层人武部每年对初级中学组织2—3课时国防知识专题教育。乡（镇）、街道办事处要组织人员进村入户，各企事业单位要安排专武干部深入车间班组宣传动员。新闻媒体要加大宣传力度，积极宣传征兵政策规定和先进典型事迹。每年5月、10月为征兵宣传月，集中组织宣传活动，营造全社会关心支持征兵工作、广大适龄青年踊跃参军报国的浓厚氛围。

二、创新工作方式，着力提高征兵工作效能

各级征兵办公室要开设征兵办事大厅，实行一站式服务。严格落实高学历青年优先征集政策，做到随到随报随检。基层人民武装部统一组织应征青年到县（市、区）体检，统一协调有关部门和学校承办政审手续。积极运用网上报名、电话报名与现场报名等多种方式，拓宽报名渠道。应届高校毕业生入伍预征和学费返还申请手续由所在院校统一办理。所有征兵环节，任何单位和个人不得收取应征青年任何费用。应征入伍的高校毕业生学费补偿和国家助学贷款代偿经费，由省教育厅申请省财政于当年11月底前先行垫付，高校毕业生入伍时一次性发放到位。根据兵役机关需求，各级公安、人力资源社会保障、教育部门和院校要及时提供各类应届毕业生和适龄青年相关信息，基层人民武装部要逐一核对，及早确定预征对象。改进征集任务分配办法，将以人口基数为基本依据，调整为以各地高中以上应届毕业生数量和经济社会发展水平为基本依据，征兵任务向经济发展水平较高和教育资源较丰富的地区倾斜。

三、完善激励政策，不断加大优抚安置力度

（一）发扬拥军优属传统。各地要坚持新兵入伍时开欢送会、戴光荣花、挂军属光荣牌，八一、春节走访慰问军烈属，战士立功受奖上门送喜报等传统做法。要充分发挥军人军属涉法维权法庭的作用，及时公正地维护军人军属合法权益。对在部队立功、受奖和评为优秀士兵的军人家庭，给予一定的物质奖励，具体标准由各省辖市确定。要关心军烈属的生产生活，及时帮助解决实际困难，在城镇低保办理、农村宅基地划拨及支农惠农项目安排上优先照顾。

（二）提高优待补助标准。建立义务兵最低优待金制度，农村义务兵优待金不低于当地上年度农民人均纯收入，城镇义务兵优待金不低于当地上年度城镇单位在岗职工最低工资标准。义务兵优待金由省财政按每人每年1000元的标准补助，不足部分由省辖市、县（市、区）财政共同负担。到边远艰苦地区服役的义务兵由当地政府给予适当奖励。

（三）完善退役安置政策。退役大学生士兵服现役期间，视为基层工作经历。在公务员考录时要安排一定比例用于退役大学生士兵。在政法干警招录时，要确定一定比例的招录计划，面向退役士兵定向招录；应征入伍前已取得全日制普通高等学校专科以上学历的，教育考试笔试成绩总分加10分。各地在事业单位事业编制人员招聘、国有企业招收员工时，应有一定比例用于招录符合安置条件的退役士兵。非公有制企业接收的退役士兵，继续享受货币化安置的待遇。在录用基层专武干部时，优先招录部队优秀退役士官和大学生士兵。加强对返乡务农退役士兵的培养，鼓励他们通过法定程序积极参与村居“两委”班子的选举。退役士兵自谋职业一次性补助金、待分配期间生活补助费、职业教育和技能培训经费，各级政府按照有关规定足额予以保障。

四、加强组织领导，为征兵工作提供有力保障

（一）充分发挥职能作用。各级党委、政府要认真履行职责，及时出台政策，搞好经费保障，保证本地征兵工作的顺利开展。主要领导对完成征兵任务负有第一位的责任，重要阶段要亲临一线检查指导；分管领导要亲自研究部署，及时协调解决征兵中的矛盾和问题。各级兵役机关要发挥统筹协调作用，为地方党委、政府当好参谋，组织相关职能部门共同做好征兵工作。相关职能部门要主动履行职责，积极为征兵工作创造条件、提供保障。

（二）加强征兵机构建设。适应征兵工作常态化要求，省、市、县征兵办公室要按规定配备专职人员，负责征兵日常工作。各级纪检监察、宣传、教育、公安、卫生、民政、人力资源社会保障等部门要相对固定人员，常年参与征兵工作。全日制高等院校（含二级学院独立）要设立人民武装部，配备专职人员。普通高级中学（含职高、中专、技校）要指定专门机构和人员负责学生兵役工作。

（三）理顺经费保障渠道。征兵工作经费按照实际需要列入当地政府财政预算。其中，年度征集经费列入省财政预算；兵役登记、入伍预征、预先征集和征兵宣传等平时征兵准备工作经费列入市、县政府财政预算；乡（镇、街道）征兵工作经费列入县级财政预算；普通高等院校入伍预征工作经费，按每预征1人补助50元的标准，列入省财政预算。

（四）严格落实奖惩机制。抓好《兵役法》、《河南省征兵工作若干规定》等法律法规落实，对拒绝、逃避服兵役的应征公民，依据情节轻重予以处罚，2年内不准参加升学考试、不准参加公务员考录和企事业单位员工招聘。按照权责一致的原则，建立征兵工作目标考核责任制。省政府、省军区每3年表彰一批征兵工作先进单位和个人。对完不成当年征集任务或在征兵工作中弄虚作假、失职失责、造成恶劣影响的，要严肃追究有关领导和责任人的责任，并取消当届双拥模范城（县）、党管武装好书记、关心国防建设十佳单位（个人）、先进师（团）级党委、兴武建功先进单位（个人）等评比表彰资格。

各省辖市、省直有关部门要依据此意见，尽快研究制定具体的实施办法。

（此件发至县级）

河南省人民政府办公厅、河南省军区司令部关于进一步做好军事设施保护工作的意见

豫政办〔2011〕104号

（2011年9月15日）

各市、县人民政府，各军分区（警备区）、县（市、区）人民武装部，省人民政府、省军区各部门：

为有效保障军事设施安全和效能发挥，促进国防与地方经济建设协调发展，根据国家有关规定，结合我省实际，经省政府、省军区同意，制定本意见。

一、健全完善军事设施保护工作机制

各级、各有关方面要切实加强对军事设施保护工作的组织领导，及时调整补充军事设施保护委员会成员。各级军事设施保护委员会办公室统一设在省军区、军分区（警备区）司令部和县（市、区）人民武装部。具体负责军事设施保护日常工作。

各级军事设施保护委员会要定期召开会议，分析军事设施保护工作形势，总结部署军事设施保护工作。省每两年、省辖市和县（市、区）每年组织一次军事设施普查，重点检查军事设施保护宣传

教育、重要军事设施周边安全环境治理、军事设施标志标识设置等情况。

军事设施管理使用单位要会同有关方面制定突发情况应急处置预案，并报军事设施保护委员会备案。各级军事机关和公安、消防等部门要熟悉相关法规及应急处置方案，遇有涉及军事设施保护突发情况时，务必迅速出动、妥善处置。

团级以上军事机关要通过当地军事设施保护委员会办公室，向县级以上地方政府提供军事禁区及其外围安全控制范围、作战工程安全控制范围等相关资料及其保护标准要求。地方政府对军事设施的档案、资料，要按照国家法律、法规的规定管理和使用。各级军事设施保护委员会办公室要组织地方国家安全、公安、宣传等部门和军事设施管理单位定期分析军事设施保护隐蔽斗争形势，及时消除隐患，确保军事设施安全保密。

各级军事设施保护委员会的工作经费，根据实际需要，由军事设施保护委员会所在军事机关和同级政府共同保障。军事设施保护委员会办公室日常办公、保护区域勘察测量和划定、安全保密和管理、人员培训等工作经费由军事机关承担；军事设施保护宣传教育、办理对外开放事宜、审查经济建设规划和项目、召开军事设施保护工作会议和军地协调等工作经费由同级政府承担。

二、切实做好军事设施保护区域划定和管护工作

军事设施保护区域的划定，按照提出申请、现场勘察、集中会商、逐级报批的程序，由军事设施管理单位负责填写申报资料，征求所在村（居委会）、乡镇（街道）等相关单位意见后上报。各级军事设施保护委员会每年组织对新增或调整的军事设施保护区域进行一次划定，第一季度完成县级审批。第二季度完成市级审批，第三季度完成省级审批。对重大或有特殊保护要求的军事设施，要随报随批。县（市、区）、省辖市政府及其有关部门要认真履行职责，逐级审查并办理相关手续。对重要军事演习、部队训练场所等临时性军事设施，参照保护永久性军事设施的有关要求，划定临时性保护区域；需使用地方政府部门、企事业单位和个人的房屋、场地、道路、水域、水电等资源时，相关单位和个人要给予支持。军事设施保护区域需要变更或撤销的，军事设施管理单位和当地军事设施保护委员会要依照规定程序及时办理有关手续。

三、统筹军事设施保护与经济建设协调发展

（一）加强军地沟通配合。各级政府在编制经济社会发展规划、土地利用总体规划、城乡建设总体规划、各类开发区建设规划等，以及在军事设施安全控制区周边办理地区对外开放和建设可能影响军事设施安全的项目时，要征求军事机关意见；对未按规定征求意见的，审批机关不予办理审批或许可手续。军事机关要主动向当地政府和国家安全部门介绍军事设施情况，提供相关资料，提出保护要求；组织重大军事设施项目建设、调整军事设施保护区域范围、将军事设施改作其他用途时，要及时向当地军事设施保护委员会通报。

（二）坚持军地协调发展。各级政府、各军事机关要妥善处理军事设施保护与经济建设的关系，在切实保护重要军事设施的基础上，支持地方扩大开放、发展经济。因经济建设需要，拟将军事设施报废、拆建、改建或改作民用的，地方政府要事先征求相关军事机关意见，军队有关部门要及时组织研究论证，提出处理意见。在上级没有批复前，各级不得改变军事设施现状。新建军事设施要避开涉外涉台项目、已探明的重要矿产区、重点文物保护单位、重要广播电视设施、风景名胜区、地质公园、旅行开发区、自然保护区、国有林场以及当地经济建设热点地区和民用设施密集地区。

（三）积极解决重点难点问题。对军地有争议的房地产权属的问题，要按照顾全大局、尊重历史、照顾现实、互谅互让的原则，在确保军事设施安全保密和使用效能的前提下，兼顾经济建设、自然环境保护和当地群众的生产、生活，依据有关规定解决权属争议，及时办理相关手续。经反复协调仍难以解决的，要及时报上级主管部门协调解决。

四、依法查处军事设施保护中的违法违规行为

（一）严格审查涉外涉台建设项目。在军事禁区外围安全控制范围内违规兴建涉外涉台项目的，有关部门要依法责令项目法人停止兴建活动；已建成的，要限期拆除。在未划定安全控制范围的“两区”（军事禁区和军事管理区）外围邻近地带兴建涉外涉台项目，危害军事设施安全保密和使用效能的，要依法限制其活动；情节严重的，责令停产停业。对重点军事设施周边安全控制区内的建设项目，国家安全机关要依法进行国家安全事项审查；对存在影响国家安全隐患的，要采取必要的国家安全技术保卫措施。

（二）加大对破坏军事设施行为和危害军事设施安全保密、使用效能行为的查处力度。各级政府和军事设施保护委员会要依法查处破坏军事设施、危害军事设施安全保密和使用效能的行为，尤其是对在“两区”外围一定范围，或军事禁区外围安全控制范围、作战工程安全保护范围内，擅自修筑建筑物、构筑物或违法开山、采石、采矿、爆破和采伐林木的；对破坏作战工程封闭伪装、阻断作战工程通道、擅自将作战工程用于堆物、种植、养殖的；对非法拆建、改建、拆除国防工事或将国防工事改作民用的，有关部门要依据各自职责，责令停止违法行为，依法予以相应处罚。对在军用机场净空保护区域内修建超出净空保护标准的建筑物、构筑物或其他设施的，有关部门要责令建设单位限期拆除超高部分。拒不拆除的，当地政府要责成主管部门查封施工现场、强制拆除，拆除费用由建设单位承担。对在军用电磁环境保护范围内建设、设置或使用发射、辐射电磁信号设备和电磁障碍物的，要责令限期改正；拒不改正的，有关部门要依法查封干扰设备或强制拆除障碍物。

加强军事设施保护是地方政府和军事机关的共同责任。各级政府、各有关部门和军事机关要切实负起责任，密切协作，齐抓共管，确保军事设施安全。要把军事设施保护情况作为军地单位及其负责人工作绩效考评的一项重要内容，与评选双拥模范城（县）和军民共建先进单位挂钩。对在军事设施保护工作中不作为的部门和单位，要依法依纪追究责任。

以上意见，请认真贯彻落实。

河南省委办公厅、河南省政府办公厅关于进一步做好我省驻军随军家属就业工作的意见

豫办〔2011〕21号

（2011年8月4日）

长期以来，驻豫部队为我省的经济社会发展作出了重要贡献。为妥善解决驻豫部队随军家属就业问题，切实解决好部队官兵的后顾之忧，激发他们更好地投身国防现代化和中原经济区建设，结合我省实际，现就进一步做好我省驻军随军家属就业工作提出如下意见。

一、采取多种措施，做好随军家属就业工作

（一）对具有公务员身份或事业单位在编在册的现役军官的随军配偶，采取对口安置的办法，在编制限额内，由现役军官所在地组织和人力资源社会保障部门负责安置。各地各有关单位要积极创造条件，按照《公务员法》和事业单位人员调配有关规定，办理转任、调配手续。

（二）机关和事业单位招聘工作人员时，符合条件的随军家属参加报考的，在考试、考核的基础上，同等条件下优先录用、聘用。

（三）各地要大力开发社会服务、公益事业、社区管理等公益性就业岗位，用于安置符合条件的随军家属，并按有关规定给予适当的岗位补贴。补贴标准原则上不低于当地最低工资标准的50%，公益性岗位补贴期限距法定退休年龄不足5年的就业人员可延长至退休。

（四）鼓励企业接收安置随军家属。对安置随军家属就业占企业总人数的60%（含）以上，并有军（含）以上政治和后勤机关出具的证明而新开办的企业，自领取税务登记证之日起，3年内免征营业税、企业所得税。随军家属在合同期内一般不安排下岗，确因企业经营、改制等情况需要安排下岗的，各级人力资源社会保障部门应会同有关部门帮助做好安置工作。随军家属开办的文化娱乐业经营实体，经文化管理部门批准，免收1年管理费。企业吸纳困难随军家属就业，与之签订劳动合同并交纳社会保险费的，按就业人员实际缴纳的基本养老金、基本医疗保险费和失业保险费给予补贴。补贴的期限距法定退休年龄不足5年的可延长至退休。

（五）对有就业愿望的随军家属，各级人力资源社会保障部门要积极帮助推荐就业。县级以上公共就业服务机构，应在服务场所设置服务窗口，免费为其提供职业指导、职业介绍、信息咨询等就业服务。驻军较多的市、县，由人力资源社会保障部门负责，每年集中举办1至2次随军家属就业专场招聘会，帮助随军家属就业。

（六）对特殊对象实行优先安置。对正团职以上干部、飞行员和三级舰艇主官，在国防和军队建设中作出突出贡献并受到大军区级以上单位表彰的军官，战时荣立三等功以上、平时荣立二等功以上、驻海岛高山部队、因战因公牺牲或致残（六级以上）、在船（舰）艇上或作战部队基层工作满10年以上部队军官的随军家属，以及其他需要照顾的特殊对象应作为重点安置对象，优先安排，确保就业。

二、提供优惠政策，鼓励随军家属自谋职业

（一）各地要把随军家属职业培训纳入当地社会就业培训总体规划，根据人力资源市场和随军家属素质状况，合理确定培训内容和层次。要确定定点培训机构，为需安置就业的随军家属开展职业技能培训，每年培训数量不少于需安置随军家属的60%。对部队组织的随军家属就业培训班，也要纳入当地政府就业培训计划，在师资、设备和经费等方面给予支持。

（二）已经登记失业的随军家属，参加职业技能培训的，每年可按相关规定享受一次400至600元的职业培训补贴。有创业培训需求的，可参加创业培训，按每人1000元标准给予创业培训补贴；取得创业培训合格证书6个月内没有实现开业的，按最高不超过创业培训补贴标准的60%给予补贴；6个月内实现开业的，按创业培训补贴标准的100%给予补贴。对灵活就业并以个人身份交纳社会保险费的，按其实际缴纳基本养老保险费、基本医疗保险费和失业保险费的2/3给予补贴。补贴的期限距法定退休年龄不足5年的可延长至退休。随军家属通过初次技能鉴定取得职业资格证书的，可按相关规定向职业技能鉴定所在地人力资源社会保障部门申请70至90元的一次性职业技能鉴定补贴。

（三）随军家属自谋职业的，由师旅以上政治机关介绍到当地人力资源社会保障服务机构领取《失业证》，享受失业人员优惠政策，由当地政府发给一次性就业补助费。随军家属从事个体经营的，可持师以上政治机关出具的表明其身份的证明，到工商行政管理机关优先办理注册登记手续；自领取税务登记证之日起，3年内免征营业税和个人所得税。

（四）随军未就业家属从事创业就业活动，符合小额贷款条件的妇女家属，可最高申请小额担保贷款8万元，合伙经营和组织起来就业的，可将人均贷款额度提高到10万元；符合小额贷款条件的男家属可最高申请小额贷款5万元。经办银行可将小额担保贷款利率在人民银行公布的贷款基准利率基础上上浮3个百分点，财政据实全额贴息。

三、完善随军家属社会保障机制

随军家属未就业期间，各地可结合实际，对随军家属发放基本生活保障金。基本生活保障金标准由各省辖市自定，但不得低于每人每月450元，并随着经济社会发展适时增加，所需经费由当地财政统筹安排。随军家属参加养老、失业、医疗保险需转移保险关系的，社会保险经办机构要按国家规定及时予以办理。随军家属未就业期间在部队建立的养老保险个人账户缴费年限，与地方参保的缴费年限合并计算。不得另外收取国家政策规定外的任何费用。

做好随军家属就业工作，是新时期双拥工作的重要内容，是党和政府为部队排忧解难、促进国防建设、稳定社会的重要举措。各地各有关单位要统一思想，切实增强做好随军家属就业工作的责任感，树立大局意识和服务意识，认真履行职责，真情关爱帮助随军家属，为随军家属顺利就业提供优质服务。

（此件发至县级）

河南省人民政府办公厅　河南省军区后勤部关于进一步做好驻豫部队官兵住房保障工作的意见

豫政办〔2011〕91 号

（2011 年 8 月 5 日）

各市、县人民政府，各军分区（警备区）、县（市、区）人民武装部，省人民政府、省军区各部门：

为进一步改善驻豫部队官兵住房条件，推进部队后勤保障社会化工作，按照国家有关政策规定，结合我省实际，提出以下意见。

一、各级、各有关部门要认真贯彻落实国家和省委、省政府关于军队住房方面的政策规定，积极创造条件，千方百计为军队人员购房排忧解难，努力解决好驻豫部队官兵住房保障问题。各驻豫部队要积极加强与地方政府及其有关部门的联系，建立联席办公会议制度，切实保证驻豫部队官兵住房保障工作的规范化、常规化。

二、各地要将驻豫部队官兵住房保障问题纳入城镇保障住房建设规划，统筹考虑部队官兵住房保障需求，切实帮助解决住房困难问题。

三、各级发展改革部门作为经济适用住房建设计划审核的牵头单位，要主动加强与军队之间的协调联系，召集有关部门每年召开一次以上由军地双方参加的经济适用住房建设项目联审联批会议，研究解决军队人员住房建设和开发计划。各军分区（警备区）作为驻军牵头单位，要及时编制年度购房计划，及时与地方有关部门沟通，充分发挥好桥梁纽带作用。

四、凡驻豫部队符合随军条件且夫妻双方均未参加军地房改房分配的军队人员（军官、文职干部、三期以上士官和军队职工、离退休干部、伤病残军人），可向地方申请保障性住房。对符合军队和地方有关规定申请保障性住房的军队人员，购买地方保障性住房的，一般由单位统一组织，军地双方共同审核，按照“政府部门主导、军队单位协调、开发企业建设、个人自愿购买”的原则，优先购买，并享受国家有关税费减免政策。

五、军队需建设的经济适用住房，在土地供应时，政府有关部门应给予支持和优惠。军队利用自有土地建设的经济适用住房，房管部门要积极给予办理房产手续，国土资源部门要积极办理相应的土地登记手续。

解决好驻豫部队官兵住房保障问题，是各级、各有关方面义不容辞的职责，各地、各有关方面要结合本意见，制定具体实施办法，协助驻豫部队逐步实现军队人员、职工住房供应社会化。

湖北省民政厅、湖北省财政厅关于提高义务兵家庭优待金标准的通知

鄂民政发〔2011〕68 号

（2011 年 9 月 15 日）

各市、州、县（市、区）民政局、财政局：

为认真贯彻落实《军人抚恤优待条例》、《湖北省军人抚恤优待实施办法》，进一步做好拥军优属工作，积极支持国防和军队建设，激励现役军人爱军习武、保家卫国、建功立业，经省委常委会研究决定，从今年起提高全省义务兵家庭优待金标准。现将有关事项通知如下：

一、农村义务兵家庭的优待金标准，按不低于当地农村居民人均纯收入的 70% 确定；城镇义务兵家庭优待金标准，按不低于当地城镇居民人均可支配收入的 35% 确定。

二、义务兵家庭优待金由义务兵入伍时户籍所在县（市、区）政府纳入财政预算。各级财政部门要积极筹措资金，确保资金到位；民政部门要在每年年底前将义务兵家庭优待金发放到位。

三、各地要结合本地实际，广泛动员社会力量，对义务兵家庭给予各方面的优待，不断提高义务兵家庭的优待水平。

重庆市人民政府关于退役士兵安置改革工作的实施意见

渝府发〔2011〕106 号

（2011 年 12 月 22 日）

各区县（自治县）人民政府，市政府各部门，有关单位：

为认真贯彻落实全国退役士兵安置改革工作会议精神，根据新修订的《中华人民共和国兵役法》和《退役士兵安置条例》（国务院令第 608 号），结合本市实际，现就重庆市退役士兵安置改革工作提出如下实施意见：

一、充分认识退役士兵安置改革工作的重大意义

《中华人民共和国兵役法》和国务院令第 608 号文件的颁布实施，是党中央、国务院、中央军委对退役士兵安置改革工作作出的重大决策，是实现科学发展、全面建设小康社会的迫切需要，是建设强大国防、促进军队发展的必然要求，是坚持以人为本、更好地维护退役士兵权益的现实需要。退役士兵安置改革工作的基本原则是“体现优待、保障权益，与时俱进、开拓创新，积极稳妥、兼顾平衡”。通过改革，逐步建立和完善城乡一体、具有中国特色的退役士兵安置制度体系，促进退役士兵安置工作更好地适应社会主义市场经济发展的要求，促进经济社会发展和军队现代化建设。全市各级政府、各有关部门要站在战略和全局的高度，充分认识退役士兵安置改革工作的重大意义，自觉把思想和行动统一到党中央、国务院、中央军委的决策部署上来，切实把退役士兵安置工作摆到更加突出的位置，确保退役士兵安置改革工作顺利实施。

二、全面建立多种方式相结合的退役士兵安置制度

按照退役士兵安置改革工作的基本原则和总体目标，全市应建立以扶持自主就业为主、政府安排工作、国家供养、退休以及继续完成学业等多种方式相结合、城乡一体化的退役士兵安置制度，并通过进一步完善创业就业、职业技能培训、教育、社会保险等优惠政策，促进退役士兵充分就业。

（一）退役士兵的接收。

1. 本市户籍入伍的退役士兵。重庆市户籍入伍的退役士兵，退出现役后原则上由入伍时户籍所在地区县（自治县）民政局接收安置，经本人申请，也可由父母或配偶或配偶父母户籍所在地，或本人购房所在地区县（自治县）民政局接收安置。

2. 外地户籍入伍的退役士兵。外省（区、市）入伍的退役士兵，其父母或配偶或配偶父母属重庆户籍的，或本人在重庆市辖区内购买住房的，或因特殊情况由部队师（旅）级单位出具证明的，经本人申请、市民政局批准，可在重庆市安置，由所在地区县（自治县）民政局负责接收。

3. 其他情况的退役士兵。因战致残的、服现役期间平时荣获二等功以上奖励或战时荣获三等功以上奖励的、属烈士子女的、父母双亡的，可由市民政局按照有利于退役士兵生活的原则确定其安置地。入伍前已被普通高等学校录取并保留入学资格或正在普通高等学校就学的退役士兵，退出现役后复学的，由学校所在地区县（自治县）民政局接收安置；退出现役后不复学的，原则上由入学前户籍所在地区县（自治县）民政局接收安置。

符合上述异地安置条件的，按有关规定办理。凡异地安置的退役士兵，享受接收安置地退役士兵同等的安置待遇。

4. 入户手续的办理。退役士兵凭接收地区县（自治县）民政局开具的入户介绍信，到当地公安机关办理入户手续。农村籍入伍的自主就业的退役士兵，根据本人自愿，可办理当地的农业户籍。

5. 退役后的报到时限。自主就业的退役士兵应当自被批准退出现役之日 30 天内，持退出现役证件、介绍信到接收地区县（自治县）民政局报到；安排工作的退役士兵应当在规定的时间内，持接收安置通知书、退出现役证件和介绍信到接收地区县（自治县）民政局报到。凡无正当理由不按规定时间报到超过 30 天的，视为放弃安置待遇。退役士兵发生与服役有关的问题，由其原部队负责处理；发生与安置有关的问题，由安置地区县（自治县）人民政府负责处理。

（二）政府扶持自主就业。

1. 自主就业的对象。2011 年 11 月 1 日以后入伍的义务兵和服现役不满 12 年的士官（服现役期间平时荣获二等功以上奖励或战时荣获三等功以上奖励的、因战致残被评定为 5 级至 8 级残疾等级的和烈士子女除外）退出现役后，一律由接收地区县（自治县）人民政府扶持自主就业。

2. 自主就业一次性经济补助的发放标准。自主就业的退役士兵退出现役时，除部队发给一次性退役金外，由接收地区县（自治县）人民政府发给其一次性经济补助金。一次性经济补助金按照城市义务兵不低于 15000 元、农村义务兵不低于 6000 元的标准发放。士官在城乡义务兵发放标准的基础上，从服现役第 3 年（含）起，每多服役 1 年增发 4500 元，服现役年限不足 6 个月的按 6 个月计算，超过 6 个月不满 1 年的按 1 年计算。以上所需经费由区县（自治县）财政承担，市级财政按主城 20%、中心城市 50%、其他区县（自治县）70% 予以转移支付补助。

凡自主就业的退役士兵，不享受待安置期间的生活补助费。

自主就业的退役士兵持所在部队发给的一次性退役金专用卡、接收地民政局开具的入户介绍信或退役后重新落户的户口簿、居民身份证，到接收地的发卡银行网点办理退役金支取。退役士兵领取的一次性退役金和一次性经济补助按照国家规定免征个人所得税。

3. 扶持自主就业的相关优惠政策。自主就业的退役士兵在退出现役 2 年内，可免费参加一次职业教育或技能培训，教育培训期间发给每人每月

350元生活补助费，具体办法按有关规定执行。其中，退出现役一年以上，考入全日制普通高等学校（包括全日制普通本科学校、全日制普通高等专科学校和全日制普通高等职业学校）的自主就业退役士兵，依据财政部等有关部门《关于实施退役士兵教育资助政策的意见》（财教〔2011〕538号）精神和资助程序，按退役士兵缴纳学费的数额给予全额资助（最高不超过每人每年6000元），资助期限为全日制普通高等学历教育一个学制期。

自主就业的退役士兵，入伍前已被普通高等学校录取并保留入学资格，或在普通高等学校就学的，退出现役2年内允许入学或复学，并按照国家和我市有关规定享受奖学金、助学金和减免学费等优待，家庭经济困难的，按照国家和我市有关规定给予资助。入学或复学期间免修公共体育、军事技能和军事理论等课程，直接获得学分；参加国防生选拔、参加国家和我市组织的农村基层服务项目人选选拔，以及毕业后参加军官人选选拔的，优先录用。

自主就业的退役士兵，入伍前是国家机关、社会团体、企业事业单位工作人员或职工的，退出现役后可以选择复职复工，其军龄计算为工龄，工资、福利和其他待遇不得低于本单位同等条件人员的平均水平。入伍前通过家庭承包方式承包的农村土地，承包期内不得违法收回或强制流转；通过招标、拍卖、公开协商等非家庭承包方式承包的农村土地，承包期内其家庭成员可继续承包；承包的农村土地被依法征收、征用或占用的，与其他农村集体经济组织成员享有同等权利。自主就业的退役士兵回入伍时户籍所在地落户，属于农村集体经济组织成员但没有承包农村土地的，可申请承包农村土地，村民委员会或村民小组应当优先解决。

自主就业的退役士兵从事个体经营的，按照国家和我市规定给予税收优惠和小额担保贷款扶持；创办微型企业的，可享受财政扶持、税收扶持、融资担保扶持、行政规费减免等一系列优惠政策；用人单位招收录用或聘用自主就业的退役士兵符合规定条件的，依法享受税收等优惠政策。具体办法按《重庆市人民政府关于大力发展微型企业的若干意见》（渝府发〔2010〕66号）等有关规定执行。

全市各级人民政府举办的公共就业人才服务机构，应当免费为退役士兵提供档案管理、职业介绍和职业指导服务。鼓励和倡导民营人力资源服务机构为自主就业的退役士兵提供免费服务。

国家机关、社会团体、企业事业单位在招收录用工作人员或聘用职工时，同等条件下应当优先招收录用退役士兵。退役士兵报考公务员、应聘事业单位职位的，在军队服现役经历视为基层工作经历。有劳动能力的残疾退役士兵，优先享受国家及我市规定的残疾人就业优惠政策。

（三）符合安排工作条件的退役士兵安置办法。

1. 符合安排工作条件的对象。服现役满12年的士官、服现役期间平时荣获二等功以上奖励或战时荣获三等功以上奖励的义务兵或士官、因战致残被评定为5级至8级残疾等级的义务兵或士官、属烈士子女的义务兵或士官退出现役后，由接收地区县（自治县）人民政府安排工作。在艰苦地区或特殊岗位服现役的，退役后优先安排工作。符合安排工作条件的退役士兵选择自主就业的，享受自主就业的相关待遇。

2. 安置办法。凡符合上述安排工作条件之一的退役士兵，由接收地区县（自治县）人民政府按照属地管理的原则进行安置，保障其第一次就业。国家机关、事业单位、国有以及国有控股和国有资本占主导地位的企业招收录用或者聘用人员的，应当在同等条件下优先录用或者聘用退役士兵。区县（自治县）安排退役士兵工作的任务和计划，由区县（自治县）人民政府下达，并于每年5月15日前报市退役士兵安置工作领导小组；市级机关、事业单位，中央在渝企业和市属国有企业的统筹安置计划，由市退役士兵安置工作领导小组下达，用于调剂当年安排工作任务较重的区县（自治县）的安置计划。每年5月份，市退役士兵安置工作领导小组统一将全市当年符合安排工作条件的总人数和安置计划依法向社会公布。区县（自治县）人民政府在接收退役士兵的6个月内，完成当年工作安排任务。

3. 待安置期间生活补助费的发放。符合安排工作条件的退役士兵，在待安置期间（从到民政局报到的当月起至安排工作的当月止），由所在区县（自治县）人民政府按照高于当地最低生活保障水平 30 元的月标准，逐月发给其生活补助费。所需经费由所在区县（自治县）财政承担。

4. 相关政策及规定。凡由区县（自治县）人民政府安排工作的退役士兵，服现役年限和符合规定的待安排工作时间计算为工龄，享受所在单位同等条件人员的工资、福利待遇。承担安排退役士兵工作任务的单位，应在退役士兵安置工作主管部门开出安置介绍信 1 个月内安排退役士兵上岗，并与退役士兵依法签订期限不少于 3 年的劳动合同或聘用合同。合同存续期内单位依法关闭、破产、改制的，退役士兵与所在单位其他人员一同执行国家的有关规定。接收退役士兵的单位裁减人员的，应当优先留用退役士兵。非因退役士兵本人原因，接收单位未按照规定安排退役士兵上岗的，从安置部门开出安置介绍信的当月起，按照不低于本单位同等条件人员平均工资 80% 的标准逐月发给退役士兵生活费至上岗为止。安排工作的残疾退役士兵，享受与所在单位工伤人员同等的生活福利和医疗待遇，所在单位不得因残疾与其解除劳动关系或人事关系。

符合安排工作条件的退役士兵，无正当理由拒不服从人民政府工作安排的，视为放弃安排工作待遇。在待安置期间被依法追究刑事责任的，取消其安排工作待遇。

（四）退役士兵的退休与供养。

1. 退休士官的安置。退休的退役士官，由所在区县（自治县）军休中心服务管理，其生活、住房、医疗等保障，按照国家和我市有关规定执行。

2. 残疾士兵的供养。被评定为 1 级至 4 级残疾等级的义务兵或初级士官退出现役的，由国家供养终身，其生活、住房、医疗等保障，按照有关规定执行。

（五）退役士兵保险关系的接续。

1. 保险关系的接续。退役士兵服役年限计算为工龄，与所在单位工作年限累计计算，享受国家和所在单位规定的与工龄有关的相应待遇。自主就业的退役士兵，凭民政部门出具的介绍信，由社会保险经办机构按照国家和我市有关规定办理保险关系接续手续；安排工作的退役士兵，由接收单位按照国家和我市有关规定办理保险关系接续手续。退役士兵到国有企业就业或在城镇从事个体经营、以灵活方式就业的，按照国家和我市有关规定参加职工基本养老保险，服现役年限视同缴费年限，并与实际缴费年限合并计算。退役士兵回农村的，按照国家有关规定参加新型农村社会养老保险。退役士兵服役年限视同职工基本养老保险缴费年限的养老保险待遇计发办法，按照国家和我市有关规定执行。

2. 城乡居民合作医疗保险。退役士兵到各类用人单位工作的，应当按规定随所在单位参加职工基本医疗保险；以灵活方式就业或暂未实现就业的，可以参加城乡居民合作医疗保险。退役士兵参加基本医疗保险或城乡居民合作医疗保险的，服现役年限视同参保缴费年限，其军人退役医疗保险金，按照国家和本市有关规定转入安置地的社会保险经办机构。

3. 失业保险。退役士兵就业应当按规定随所在单位参加失业保险，其服现役年限视同缴费年限，并与实际缴费年限合并计算。参加失业保险的退役士兵失业，并符合《失业保险条例》规定条件的，按照规定享受失业保险待遇和相应的促进再就业服务。

三、认真把握退役士兵安置改革工作前后的政策衔接

根据国务院令第 608 号文件的有关规定，2011 年 11 月 1 日以前入伍，2011 年 11 月 1 日以后退出现役的退役士兵执行改革后的安置政策，也可根据本人自愿，选择按入伍时国家有关退役士兵安置的政策规定执行。

选择按入伍时国家有关退役士兵安置政策规定执行的退役士兵，仍采取“政府安排就业与自谋职业相结合”的原则和“按系统分配、包干安置、统筹调剂”的办法进行安置。其中待安置期间的生活补助费和自谋职业一次性补助金，按照退出现役当年我市的有关政策规定和当地（单位）的发放标准发放。

四、不折不扣地落实好退役士兵安置改革工作各项政策

退役士兵安置工作改革，涉及范围广，政策创新多，调整力度大，全市各级政府和有关部门，要坚决按照中央关于退役士兵安置工作改革的决策部署，不折不扣地把各项改革政策落实到位、兑现到人，凡是政策规定已经明确的，要坚决执行。国家机关、社会团体、企事业单位，都有接收安置退役士兵的义务，对下达的安置任务应按期完成。凡拒绝或无故拖延执行人民政府下达的退役士兵安置工作任务的，未依法与退役士兵签订劳动合同、聘用合同的，与残疾退役士兵解除劳动关系或人事关系的，视情况由市或所在区县（自治县）退役士兵安置工作领导小组责令其限期改正。逾期不改的，对国家机关、社会团体、事业单位主要负责人和直接责任人按干部任免权限依法给予处分；对企业按照涉及退役士兵人数乘以当地上年度城镇职工平均工资10倍的金额处以罚款，并对接收单位及其主要负责人予以通报批评。

凡退役士兵安置工作主管部门及其工作人员、参与退役士兵安置工作的单位及其工作人员违反规定审批退役士兵安置待遇的，在审批退役士兵安置工作中出具虚假鉴定或证明的，在退役士兵安置工作中利用职权谋取私利的，由上级主管部门责令其改正，并对相关责任人员依法给予处分；构成犯罪的，依法追究刑事责任。

退役士兵弄虚作假骗取安置待遇的，由所在区县（自治县）民政局取消其相关安置待遇。

市退役士兵安置工作领导小组每年对退役士兵安置工作的开展情况进行一次评比，对成绩突出的先进单位、先进个人予以表彰奖励。

五、切实加强退役士兵安置改革工作的组织领导

全市各级政府、各有关部门要把退役士兵安置改革工作作为一项重要的政治任务来抓，主要负责人要切实履行第一责任人职责，遇到重大问题和敏感热点问题要亲自处理；分管负责人要靠前指挥，及时协调解决工作中遇到的具体问题。民政部门作为退役士兵安置工作的主管部门，肩负着组织、协调、指导的重要职能，要发挥好牵头作用；编制部门要落实好安置退役士兵的相关编制，及时办理用编手续；人力社保部门要做好退役士兵保险关系的接续和安置到机关、事业单位的录用等相关工作；国资、经济信息部门要督促协调国有企业做好退役士兵的接收安置工作；公安部门要及时为退役士兵办理入户手续；农业部门要督促协调、帮助自主就业的农村籍退役士兵享有农村集体经济组织成员的同等权利；财政部门要保障退役士兵安置经费的及时足额到位，加强安置经费的监管；教育、税务、工商部门要认真落实退役士兵教育资助、自主就业等各项优惠政策。各有关部门要按照责任分工，各司其职，各负其责，密切配合，切实把退役士兵安置改革各项工作落到实处。

要加强对退役士兵安置改革政策的宣传工作，采取形式多样的宣传方式，让安置政策家喻户晓、人人皆知，推动退役士兵安置改革工作顺利实施。

四川省军区政治部、四川省财政厅关于印发《驻川部队干部随军家属未就业期间生活补助发放办法》的通知

政干〔2001〕96 号

各市（州）、扩权试点县（市）财政局，各军分区（警备区）、驻川独立师以上部队政治部，县（市、区）人民武装部：

为贯彻落实四川省人民政府、四川省军区《关于进一步做好驻川部队干部随军家属就业和子女入学工作的意见》（川府发〔2010〕33 号），切实帮助解决随军家属未就业期间的生活困难，我们制定了《驻川部队干部随军家属未就业期间生活补助发放办法》。现印发你们，请遵照执行。

四川省军区政治部　四川省财政厅

二〇一一年六月十日

云南省双拥模范城（县）创建命名管理办法实施细则（试行）

（云拥〔2011〕1 号，2011 年 5 月 17 日印发）

第一章　总　则

第一条　为了贯彻落实党中央、国务院、中央军委关于做好新时期拥军优属、拥政爱民（以下简称双拥）工作，进一步加强军政军民团结的指示精神，推动创建双拥模范城（县）活动广泛深入持久地开展，依据全国《双拥模范城（县）创建命名管理办法》（国拥〔2010〕2 号）规定，结合我省实际，制订本实施细则。

第二条　创建双拥模范城（县）活动，是双拥优良传统的继承与发展，是做好双拥工作的重要载体，是巩固和发展军政军民团结、促进社会主义和谐社会建设的有效途径。

第三条　双拥模范城（县）是双拥工作成绩突出，具有榜样和示范作用，并经过规范的推荐评选程序命名的先进典型，是所命名城（县）党委、政府、驻军领导机关和全体军民共同的政治荣誉。

第四条　创建双拥模范城（县）活动，要坚持以马列主义、毛泽东思想、邓小平理论和“三个代表”重要思想为指导，深入贯彻落实科学发展观，着眼于巩固和加强军政军民团结、促进军民融合式发展，把拥军优属与拥政爱民结合起来，把发展社会生产力与提高部队战斗力结合起来，把物质文明、政治文明、精神文明与生态文明建设结合起来，促进双拥工作整体水平提高，促进经济社会全面协调可持续发展与国防和军队现代化建设。

第五条　双拥模范城（县）分全国和省级两级。全国双拥模范城（县）命名范围：省辖市（不含所辖县和市），县级市、县；省级双拥模范城（县）的命名范围：地级市，县，县级市、区。

第六条　命名双拥模范城（县）应坚持标准，注重实绩，择优评选，保证质量，实行动态管理。

第七条 省级双拥模范城（县）的命名数量由省委、省政府、省军区确定。

第二章 双拥模范城（县）的标准

第八条 双拥模范城（县）的基本标准：

（一）组织领导坚强有力。地方党委、政府和驻军领导机关把双拥工作纳入经济社会发展和部队建设的总体规划，纳入党政军领导干部政绩考核范围，有明确的任务目标、具体的实施计划、完善的保障措施。坚持党委议军会议、军地联席会议等制度，双拥工作重点难点问题得到及时解决。双拥工作领导机构健全，成员单位职能作用充分发挥，双拥办实行军地合署办公，有工作人员和经费保障，组织、协调和指导双拥工作有力。

（二）宣传教育广泛深入。认真贯彻《中华人民共和国国防教育法》，把以爱国主义为核心，以拥军优属、拥政爱民为重要内容的国防教育纳入国民教育体系及部队教育规划，列入宣传、教育、文化、广播影视、新闻出版等部门的年度工作计划，有部署，有检查，有总结。有适应本地区、本单位实际情况的教育制度和教育设施，教育对象、时间、内容落实，爱国拥军、爱民奉献的社会氛围浓厚。

（三）拥军工作扎实有效。把支持国防和军队建设纳入经济社会发展规划，积极探索军民结合、寓军于民的路子，推动国防和军队现代化建设又好又快地发展。大力支持军事斗争准备，配合部队完成训练演习、战备执勤、科研试验和抢险救灾等多样化军事任务成效明显。广泛开展科技、教育、文化、法律拥军，协助军队实施人才战略工程，大力支持国防和军队现代化建设。双拥工作社会化成效明显。积极支援重点军事工程建设，军事设施保护完好。军供站正规化建设成效显著，应急保障能力强。支持部队后勤保障社会化，优惠政策配套，优质服务到位。

（四）拥政爱民成果显著。充分发挥军队优势，积极参加和支援地方大型经济项目建设，大力支持社会主义新农村建设和社会公益事业发展，做好扶贫帮困、助学兴教和民族团结进步等工作。奋勇参加抢险救灾，在保护国家利益和人民群众生命财产安全的斗争中发挥生力军和突击队作用。协助地方维护社会和谐稳定，妥善处置各种突发事件。积极协助地方党委、政府及相关部门推进双拥优抚安置工作落到实处。

（五）政策法规落到实处。认真贯彻执行党和国家有关国防建设和加强军政军民团结的法律、规章、政策、制度，并根据形势发展，不断完善与之相配套的政策、法规。转业军官、复员干部、退役士兵、军队离退休干部、残疾退役军人、随军随调家属安置，以及退役士兵职业技能培训政策得到落实；军人及其家属的合法权益得到保障；兵员数量质量得到保证；优抚对象抚恤补助和医疗、住房等保障落实到位，并保证其生活水平与当地群众生活水平同步提高；现役军人、残疾退役军人及其家属享受优待；加强烈士纪念建筑物保护单位和优抚事业单位建设，做到功能突出，作用明显。军队模范执行党和国家的法律法规，严格遵守群众纪律，尊重少数民族的宗教信仰和风俗习惯，定期开展拥政爱民教育和群众纪律检查，树立人民军队的良好形象。

（六）双拥活动坚持经常。开展双拥活动以基层为重点，注重落实，讲求实效。年度有计划，季度有安排，节日有走访，平时有活动。各项活动主题鲜明，内容丰富，形式多样，参与广泛，具有时代特色和地域特点。健全各项制度，定期检查总结，推进双拥工作社会化、经常化、制度化。

（七）军民共建富有成效。围绕推进社会主义核心价值体系建设和培育当代革命军人核心价值观，深入贯彻落实《公民道德建设实施纲要》和《军人道德规范》，自觉践行社会主义荣辱观，积极参加创建文明城市、文明村镇、文明行业、文明社区等活动，在群众性精神文明创建活动中发挥示范带头作用。军（警）民联防联治活动经常开展，在社会治安综合治理中发挥重要作用。

（八）军政军民关系融洽。地方党委、政府和人民群众爱护军队，尊重军人，关心部队建设。部队尊重地方党委、政府，热爱人民，支持地方工作。军政军民互相关心，互相爱护，互相支持，亲如一家。军地利益关系得到妥善处理，无重大军民纠纷。

第九条 有下列情况之一的，不能申报和推荐双拥模范城（县）：发生重大军民纠纷，在双拥机构、公安部门记录在案，造成严重后果的；双拥组织机构无工作人员和经费保障的；残疾退役军人年度安置任务没有完成的；退役士兵职业技能培训工作达不到规定要求的；因其他优抚安置政策规定不落实造成严重后果的。

第十条 省双拥工作领导小组依据第八条标准和上级有关精神，提出每届省双拥模范城（县）评选命名的具体要求。

第三章 命名权限与程序

第十一条 省级双拥模范城（县）由省委、省政府和省军区批准和命名。

第十二条 省级双拥模范城（县）由州、市双拥工作领导小组在各县（市、区）自查的基础上进行考察推荐。各州、市考察后，听取当地驻军意见，并将推荐名单在当地主要新闻媒体进行为期15 天的公示。公示期满，对没有发现问题的，报州、市党委、政府和军分区（警备区）研究同意后，以双拥工作领导小组名义，向省双拥工作领导小组推荐。

第十三条 省双拥工作领导小组办公室会同有关部门，对推荐命名的城（县）进行抽查考核，并将推荐命名的城（县）提交民政厅党组研究，提出初选意见，经省双拥工作领导小组成员单位会议审议后，将初选名单在省级主要新闻媒体进行为期 15 天的公示。公示期满，对没有发现问题的，经省双拥工作领导小组审核，报省委、省政府、省军区批准和命名，同时报全国双拥工作领导小组备案。

第十四条 全国双拥模范城（县）的推荐，要在省级双拥模范城（县）的基础上，由省双拥工作领导小组办公室会同有关部门进行考核验收，经省双拥工作领导小组成员单位全体会议审议并征求成都军区意见后，将推荐名单在省级主要新闻媒体进行为期 15 天的公示。公示期满，对没有发现问题的，报省双拥工作领导小组研究同意后，书面向全国双拥工作领导小组推荐。

第十五条 省级双拥模范城（县）四年命名一次，除特殊情况外，应举行命名大会。具体时间由省委、省政府、省军区确定。被命名的双拥模范城（县）只在本届内享有荣誉。

第四章 表彰与奖励

第十六条 被命名的省级双拥模范城（县），省委、省政府、省军区授予奖匾，颁发荣誉证书及奖金。

第十七条 对在双拥模范城（县）创建活动中做出突出成绩的集体和个人，由省委、省政府、省军区授予奖牌，颁发荣誉证书及奖金。

第十八条 对在双拥模范城（县）创建活动中做出突出成绩，受到全国和省级表彰的先进集体和先进个人，由其所在单位或其所在单位的上级主管部门适当给予奖励。

第十九条 对在双拥模范城（县）创建活动中做出突出成绩，受到全国和省级表彰的先进集体和个人，在推荐表彰先进集体、劳动模范和先进工作者时应予以优先考虑。

第五章 命名后的管理

第二十条 双拥模范城（县）应以命名为新起点，坚持巩固提高、创新发展的方针，不断研究新情况，解决新问题，总结新经验，取得新成绩。

第二十一条 全国和省级双拥模范城（县）在获得荣誉称号期间，每年 11 月 10 日前将年度双拥工作总结和下年度双拥工作计划分别报全国和省双拥工作领导小组办公室。

第二十二条 省双拥工作领导小组每两年要对全国和省级双拥模范城（县）进行一次检查考评，

并将检查考评情况报全国双拥工作领导小组并送成都军区，作为下一届评选全国双拥模范城（县）的重要依据。

第二十三条 全国和省级双拥模范城（县）实行年度抽检制度。全国双拥工作领导小组办公室和省双拥工作领导小组办公室每年对全国和省级双拥模范城（县）进行抽查，发现问题及时纠正，并视情通报抽查情况。

第二十四条 双拥模范城（县）的工作无新的进展或出现问题的，省双拥工作领导小组将给予批评帮助，并限期整改。

第二十五条 双拥模范城（县）出现政策法规不落实或重大军民纠纷等突出问题，应在及时纠正和妥善处理的同时，将情况报省和全国双拥工作领导小组办公室。对隐情不报或不及时采取解决措施的，给予通报批评；严重影响军政军民团结和社会稳定的，按命名权限撤销其“双拥模范城（县）”荣誉称号，收回奖匾和荣誉证书，并向社会公布。

第二十六条 被撤销“双拥模范城（县）”荣誉称号的，取消其下一届参加双拥模范城（县）评比资格。经过认真整改，符合条件的，可参加以后的双拥模范城（县）评比。

第六章 附 则

第二十七条 双拥先进城（县）的命名程序、权限及管理，按此细则执行。

第二十八条 本办法由省双拥工作领导小组办公室负责解释。

第二十九条 本办法自颁发之日起施行，2007年颁发的《云南省双拥模范城（县）创建命名管理办法实施细则（试行）》（云拥〔2007〕2号）同时废止。

云南省双拥模范城（县）考评标准（试行）

考评项目	序号	考评内容	分值	评分标准	考评得分
一、组织领导坚强有力（7）	1	双拥工作纳入当地经济社会发展规划，列入党政军领导政绩考核范围；年度政府工作报告、军分区（警备区）或人民武装部党委工作报告有双拥工作内容	2	每做到一项得0.5分	
	2	党委议军会议、军地联席会议制度落实；双拥工作领导小组每年至少召开一次全体成员会议	1	会议制度落实的得0.5分；领导小组召开会议的得0.5分	
	3	领导小组成员单位职责明确，有年度工作计划和总结，每年在双拥工作领导小组全体会议上进行工作述职（或书面述职）	1	成员单位职责明确的得0.25分；有工作计划和总结的得0.25分；进行工作述职（或书面述职）的得0.5分	
	4	双拥办有专门的行政或事业编制，经费和车辆有保障；地级市以上双拥办实行军地合署办公，县级双拥办有相对固定的部队人员参与工作	2	达到要求的得2分	
	5	慰问部队、重点优抚对象等双拥活动经费列入财政预算	1	列入预算且有经费下拨凭证的得1分	
二、宣传教育广泛深入（6）	6	国防和双拥宣传教育纳入国民教育体系及部队教育规划，列入宣传、教育、文化、广播影视、新闻出版等部门的年度工作计划	1	纳入国民教育体系及部队教育规划的得0.5分，列入各部门年度工作计划的得0.5分	
	7	有国防和双拥教育阵地或教育基地，每年集中组织开展1次以上教育活动	1	有教育阵地或教育基地的得0.5分；国防教育日组织活动的得0.5分	
	8	当地主要媒体开辟国防和双拥宣传教育专栏；交通要道、城区主要公共场所有永久性双拥标志或宣传牌；有双拥专题片和双拥画册	2	开辟专栏的得0.5分；有双拥标志或宣传牌的得0.5分；有双拥专题片和双拥画册的得1分	

续表

考评项目	序号	考评内容	分值	评分标准	考评得分
	9	军烈属家庭挂光荣牌；官兵立功受奖喜报及时送达并予以宣扬	1	挂光荣牌的得0.5分；喜报及时送达并予以宣扬的得0.5分	
	10	编印工作刊物或成立双拥工作网站，交流双拥工作经验做法，反映双拥工作动态，宣传双拥先进典型	1	有工作刊物或成立双拥网站的得1分	
三、拥军工作扎实有效（20）	11	积极支持部队完成战备执勤、训练演习、科研试验和抢险救灾等多样化军事任务，有计划、有措施、有成效	3	有计划和措施的得0.5分；及时解决部队执行任务需求的得1.5分；训练演习群众损失得到妥善解决的得1分	
	12	组织开展科技、教育、文化、法律等拥军活动，支持部队信息化建设和实施人才战略工程成效明显	2	有科技、教育、文化、法律等拥军活动计划的得1分；部队建设需求得到及时解决的得1分	
	13	大力支持部队后勤保障社会化，及时优质供应粮、油、水、电、气、暖等	3	达到规定标准的得1分	
	14	支持重点军事工程建设，在规划审批、土地征用、设施配套等方面给予优先优惠；在基础设施建设中兼顾到军事需求	2	制定并落实优先优惠政策的得1分；在基础设施建设中按规定落实军事需求的得1分	
	15	维护国防利益和军人军属合法权益机制健全，依法优先、积极稳妥地处理涉军案件和问题，国防利益和军人军属合法权益得到有效维护	2	有维护国防利益和军人军属合法权益政策规定的得1分；涉军案件得到及时妥善处理（无涉军案件）的得1分	
	16	军供站人员、经费按规定落实，设施、设备完善，保障能力强，为过往部队提供优质服务	2	军供站人员、经费落实的得1分；设施、设备完善，过往部队对其所提供服务满意的得1分	
	17	车站、码头、医院等公共服务场所设有残疾军人、烈属和现役军人等优先优惠服务的标志，积极主动提供服务	1	设有优先优惠服务标志的得0.5分；优先优惠服务对象满意的得0.5分	
	18	积极扶持随军随调家属就业，家属随军随调后一年内安置率（含货币化安置）达到100%	2	安置率100%的得2分，90%—99%的得1.5分，85%—89%的得1分，84%以下不得分	
	19	现役军人、残疾军人和烈士子女入学入托按政策享受优待，军队干部、士官转业当年，子女入（转）学入（转）托享受同等优待	2	出台地方性优待办法的得1分；政策落实到位的得1分	
	20	公路、桥梁、隧道、渡口等收费交通站点，免收军车通行费用；各类公共收费停车场所设有军车免费停放标志	1	免收军车通行费用的得0.5分；有军车免费停放标志的得0.5分	
四、拥政爱民成果显著（17）	21	驻军部队每年有拥政爱民工作计划，年中有检查，年底有总结	0.5	达到要求的得0.5分	
	22	积极参加和支援驻地经济社会建设，有规划措施，有援建成效	2	有规划措施的得1分；规划落实的得1.5分	
	23	勇于承担抢险救灾等急难险重任务，预案健全，准备充分，完成任务圆满	3	有预案的得0.5分；圆满完成任务的得1.5分	
	24	开展多种形式的扶贫帮困工作，积极参加驻地新农村建设或城市社区建设，有扶贫联系点和新农村建设、城乡社区建设援建点，每年援建有计划、有项目、有成效	1	有扶贫联系点的得0.5分；援建计划落实的得0.5分	
	25	大力开展助学兴教，组织团以上领导干部与贫困学生结对助学	1.5	援建贫困学校的得1分；开展结对助学的得0.5分	
	26	团以上单位医院（门诊部）积极为驻地群众开展医疗服务活动，每年至少开展一次为重点优抚对象义务医疗巡诊活动	2	为贫困群众义诊，经常送医送药的得1分；帮助驻地医疗单位改善医疗条件的得1分	
	27	积极参加为灾区和贫困地区群众送温暖、献爱心活动	1	为驻地受灾和贫困群众定期开展送温暖活动的得0.5分；积极参加军地统一组织的捐赠活动的得0.5分	

续表

考评项目	序号	考 评 内 容	分值	评 分 标 准	考评得分
	28	参加驻地绿化美化建设，在植树造林、环境整治等方面成效明显	1.5	参加驻地植树造林、环境整治成绩突出的得1分；军用土地和部队营区绿化美化成效明显的得0.5分	
五、政策法规落到实处（30）	29	扎实做好民族团结进步工作，积极为驻地少数民族群众办实事好事	1.5	充分发挥“三队”（战斗队、工作队、宣传队）作用，宣传和模范执行党的民族政策的得0.5分；每年为驻地少数民族群众办一至两件有影响的实事好事的得1分	
	30	积极参与平安建设，加强军警民联防联治，协助地方处置各类突发事件及时有效	1	组织部队参加平安建设的得0.5分；有处置各类突发事件预案的得0.5分	
	31	支持驻地普通高等学校、高级中学开展学生军训工作，支持少年军校工作	1	完成学生军训任务的得0.5分；支持少年军校工作成绩突出的得0.5分	
	32	军分区（警备区）、人民武装部充分发挥职能作用，协调驻军部队开展拥政爱民活动成绩显著	1	有协调工作计划和总结的得0.5分；协调工作有力的得0.5分	
	33	结合本地区和驻军部队实际，出台综合性双拥政策规定	1.5	有综合性双拥政策规定的得2分	
	34	对在创建双拥模范城（县）活动中作出突出贡献的单位和个人有明确奖励办法	1.5	有奖励办法的得1.5分	
	35	认真贯彻落实《中华人民共和国军事设施保护法》，军事设施得到有效保护	2	把军事设施保护列入全民国防教育、普法教育计划的得0.5分；辖区内军事设施保护完好的得0.5分；地方建设没有影响军事设施安全或部队正常训练、工作和生活的得1分	
	36	严格落实征兵有关政策规定，保证兵员质量	2	没有违纪问题的得1分，没有责任退兵的得1分	
	37	现役军人乘坐市内公共汽车、电车和轨道交通工具享受优待；残疾军人免费乘坐市内公共汽车、电车和轨道交通工具；现役军人和残疾军人参观游览当地公园、博物馆、风景名胜区享受优待	1.5	现役军人乘坐公共交通工具或参观游览享受优待的各得0.5分；残疾退役军人乘坐公共交通工具免费的得0.5分；参观游览享受优待的得0.5分	
	38	在国家机关、社会团体、企业事业单位工作的残疾退役军人，享受与所在单位工伤人员同等的生活福利和医疗待遇	1	按要求落实的得1分	
	39	优抚对象的抚恤补助标准不低于国家和省（区、市）规定标准，并按时足额发放；建立重点优抚对象抚恤补助自然增长机制并落实	1.5	达到国家和省（区、市）规定标准的得0.5分； 高于国家和省（区、市）规定标准的得1分； 建立机制并抓好落实的得0.5分	
	40	优抚对象医疗保障政策落实；省、州（市）、县（市、区）财政预算有重点优抚对象医疗补助资金，并逐步增加	1	出台优抚对象医疗保障办法并落实的得0.5分；财政预算有重点优抚对象医疗补助资金的得0.5分	
	41	农村重点优抚对象住房难的问题得到较好解决	1	已解决的得1分	
	42	义务兵家庭优待标准不低于当地平均生活水平，按时足额发放	2	达到或高于当地平均生活水平的得1分；按时足额发放的得1分	
	43	县级以上烈士纪念建筑物保护单位按规定落实人员、经费，在爱国主义教育中发挥重要作用	1	人员、经费按规定落实的得0.5分；开展爱国主义教育活动在2次以上的得0.5分	
	44	优抚医院、光荣院的人员、经费按规定落实，功能发挥良好；光荣院集中供养优抚对象的基本生活费由县级以上人民政府按规定标准足额列入财政预算	1	人员、经费落实的得0.5分；集中供养优抚对象的基本生活费足额列入财政预算的得0.5分	

续表

考评项目	序号	考评内容	分值	评分标准	考评得分
	45	军队转业干部及时妥善安置，自主择业的军队转业干部服务管理政策得到落实	4	完成年度安置任务的得 2.5 分；安置随调家属的（含货币化安置）得 0.5 分；落实自主择业的军队转业干部服务管理政策落实的得 1 分	
	46	退役士兵安置政策落实，退役士兵教育培训任务完成较好，自谋职业生活补助费、待分配期间生活补助费列入财政预算	3	年度安置率（含货币化安置）达到 90% 的得 1 分；退役士兵教育培训任务完成较好的得 1 分；经费足额列入财政预算的得 1 分	
	47	军队离退休干部妥善安置，政治、生活、医疗待遇落实，伤病残人员接收安置较好；军休服务管理机构人员编制、工作经费、附属用房设施落实，补助经费纳入市、县财政预算	2	年度安置任务完成，军休干部政治、生活医疗待遇落实、伤病残人员接收安置较好的得 1 分；编制、经费、附属用房设施落实的得 0.5 分；补助经费纳入财政预算的得 0.5 分	
	48	军队无军籍退休退职职工按政策接收安置，地方补助补贴落实	1	按政策接收安置的得 0.5 分；补助补贴落实的得 0.5 分	
	49	积极预防和妥善处理部分转业、复员、退伍军人等群体性上访事件	1	没有因政策不落实引发群体性（50 人以上）上访事件的得 1 分	
	50	部队模范遵守国家法律法规和党的民族宗教政策，严格执行群众纪律，在驻地群众中形象好	2	没有违反国家法律法规和党的民族宗教政策的得 1 分；没有违反群众纪律的得 1 分	
六、双拥活动坚持经常（6）	51	双拥活动制度化、经常化，年度有计划，季度有安排，节日有走访，平时有活动	2	年度有计划的得 0.5 分；季度有安排的得 0.5 分；节日有走访的得 0.5 分；平时有活动的得 0.5 分	
	52	广泛开展“爱心献功臣”活动，为重点优抚对象办好事实事成效明显	2	开展活动的得 1 分；重点优抚对象对活动满意的得 1 分	
	53	党政主要领导每年走访慰问驻军和重点优抚对象；驻军部队领导到地方有关部门走访答谢	1	每落实一项得 0.5 分	
	54	当地有烈士纪念建筑物的，党政军主要领导每年清明节前往祭扫	1	按要求落实的得 1 分	
七、军民共建富有成效（5）	55	部队连队、舰艇、飞行大队及其相当的队、站、室、所、库等基层单位与驻地基层单位结成共建对子，军地双方有共建公约和共建活动制度，经常组织共建活动	2	结成军民共建对子、有共建公约的得 1 分；经常组织共建活动的得 1 分	
	56	有贯彻落实《公民道德建设实施纲要》和《军人道德规范》的具体计划和措施，军民自觉践行社会主义荣辱观和当代革命军人核心价值观	1	有计划和措施的得 1 分	
	57	积极参加创建文明城市、文明村镇、文明行业、文明社区等活动，弘扬社会文明新风	1	参加创建活动的得 1 分	
	58	组织非公经济组织和社会组织开展共建（拥军）活动成效明显	1	组织开展活动的得 1 分	
八、军政军民关系融洽（5）	59	军地相互尊重，相互支持，互办实事	2	有互办实事计划的得 1 分；计划落实的得 1 分	
	60	军地历史遗留问题得到妥善处理	1	没有遗留问题的得 1 分；有遗留问题但得到妥善处理的得 1 分	
	61	有预防和处理军（警）民纠纷的规定措施，当发生矛盾和纠纷时，军地双方及时妥善处理	2	有规定措施的得 1 分；没有军（警）民纠纷的得 1 分；有军（警）民纠纷但得到妥善处理的得 1 分	

续表

考评项目	序号	考 评 内 容	分值	评 分 标 准	考评得分
九、群众满意度测评（4）	62	优抚安置对象问卷调查满意度测评，对优抚安置政策落实情况的满意率达到90%以上	1	采取问卷调查或电话调查。每个市（县、区）上报优抚安置对象电话500个左右，省抽查200个左右。满意率90%（含）以上的得1分，90%以下的不得分	
	63	部队官兵满意度测评，对驻地拥军优属工作情况的满意率达到90%以上	1	采取问卷调查。调查对象随机抽样，样本容量≥100。满意率90%（含）以上的得1分，90%以下的不得分	
	64	社会公众网络调查满意度测评，对当地军政军民关系、拥政爱民工作的满意率达到80%以上	2	采取网络调查或电话调查。电话调查对象随机抽样，样本容量≥100。满意率90%（含）以上的得2分，90%以下的不得分	
十、加分项目（12）	65	双拥工作受到党中央、国务院、中央军委领导或省委、省政府、省军区领导肯定并作出批示的		党中央、国务院、中央军委领导肯定并作批示的加2分；省委、省政府、省军区领导肯定并作批示的加1分	
	66	双拥工作成效突出，经验做法对全国或全省双拥工作具有指导意义，被全国或省双拥工作领导小组确定为重大典型进行宣传并以文件形式转发的		全国双拥工作领导小组转发的加2分；省转发的加1分	
	67	在军区级以上重大军事演习和重大科研试验中保障有力	1		
	68	驻军部队级别高、人员数量多	2	有军级单位的得2分；有师级单位的得1.5分；有团级单位的得1分。不累计加分，最高分不超过2分	
	69	辖区内优抚安置对象占人口比例高于全省（区、市）平均水平		辖区内优抚安置对象占人口比例高于省（区、市）平均水平的，酌情加1分、0.5分	
	70	参加全国双拥办和省双拥办组织的各类活动或竞赛		取得一等奖的得1分，二等奖0.6分，三等奖0.4分，优秀奖0.2分，组织奖0.5分，累计最高不超过2分	
	71	被全国双拥工作简报、中国双拥网、云南双拥工作简报刊用		被全国采用的每条0.2分；被省采用的每条0.1分，累计最高不超过2分	
备注	1. 考评标准总分100分（不含加分），加分最高为14分 2. 根据《全国双拥模范城（县）创建命名管理办法》有关规定，凡有不能参加全国双拥模范城（县）申报和推荐的5种情况之一，均不能参加考评				

宁夏回族自治区创建双拥模范城（县）考评标准

为贯彻落实全国《双拥模范城（县）创建命名管理办法》和《宁夏回族自治区双拥模范创建活动暂行办法》，进一步规范自治区双拥模范创建活动，结合本区实际，特制定本考评标准。

一、常规性指标

（一）组织领导坚强有力

1. 将双拥工作纳入经济社会发展和部队建设总体规划，纳入各级政府对各职能部门目标管理责任制考核内容，政府工作报告和部队党委工作报告有双拥工作内容。

2. 落实党委议军会议、军地联席会议制度。双拥工作领导小组每年至少召开一次会议，至少对各职能部门和辖区部队双拥工作检查一次。

3. 双拥工作领导小组成员单位职责明确，有年度工作计划和总结，每年在双拥工作领导小组全体会议上进行述职（或书面述职）。成员单位及联络员变动要及时调整。

4. 地级市双拥工作领导小组办公室实行军地合署办公。双拥工作领导小组办公室有专门编制、专职人员、专项工作经费（一般为地级市每年10万元以上、县级每年5万元以上）。慰问部队、重点优抚对象等双拥活动经费列入财政预算。

5. 各市、县（区）向自治区双拥工作领导小组及其办公室年初报计划、年终报总结，专项工作专题汇报，重大问题及时汇报。要建立交流调研机制，有课题设置、有调研安排。

6. 各军分区（警备区）、人武部充分发挥桥梁纽带作用，积极协调地方党委、政府关心支持部队建设；组织协调驻军开展拥政爱民活动。

7. 驻军团以上建制单位有一名领导分管，政治机关有一名领导分工负责，有一名专职或兼职群工干部；连以上单位有群众工作联络员。有拥政爱民长期规划和短期计划，做到年度有计划、有目标、有重点、有总结。

（二）宣传教育广泛深入

8. 认真贯彻执行《中华人民共和国国防教育法》、《全民国防教育大纲》和《宁夏回族自治区国防教育条例》，将国防和双拥宣传教育纳入全民教育体系、纳入军地各级党委年度宣传计划，做到人员、时间、内容、制度、措施、效果“六落实”，双拥和国防观念深入人心。

9. 各级党委、政府要关心支持国防建设，领导带头接受国防和双拥宣传教育，各职能部门领导每年参加专题国防教育活动不少于一次。

10. 宣传、教育、文化、广播影视、新闻出版等部门有国防和双拥宣传教育年度工作计划，主要媒体开辟国防和双拥宣传教育专栏，国防和双拥宣传教育效果明显。

11. 各级党校，各大、中、小学开设国防教育课程或讲座，大学和高中按规定进行军训和国防教育。利用各种途径、采取多种形式，举办符合实际的双拥宣传教育活动。

12. 各级双拥工作领导小组办公室发挥职能作用，提供宣传资料、场所，创办双拥工作简报，交流双拥信息，积极为《宁夏双拥》提供优质稿件。

13. 发挥典型示范作用明显，发现和培养典型措施实、方法活，能体现地域特色。

14. 优化双拥环境，加强国防教育基地建设。车站、机场、广场、主要道路等公共场所有永久性的双拥和国防教育宣传设施，军烈属家庭悬挂光荣牌。

15. 部队要积极开展形式多样的宣传、教育、军训、军营一日等活动。

（三）拥军工作扎实有效

16. 地方党委、政府适应形势发展，结合本地实际，制定拥军优属工作有关规定及实施细则或办法。

17. 认真贯彻落实《中华人民共和国军事设施保护法》，采取有效措施，协助部队管理和保护军事设施，维护营区安全。

18. 基础设施建设兼顾军事需求。依法及时办理因国防建设需要征用土地及进行项目建设的审批手续，按有关政策支持部队营房改造等项目建设，做好通往部队营区道路的修缮和养护工作。

19. 支持和配合部队完成战备执勤、训练演习、科研试验和抢险救灾等多样化军事任务，计划周密、措施有力，效果明显。

20. 积极支持驻地部队后勤保障社会化建设，对部队需要的粮油、副食品、水电燃料和生活必需品等，做到按时优质、定点保障供应，属地方财政补贴的按规定补足。

21. 辖区内的公路（含高速公路）、桥梁、渡口、隧道和公共停车场，对军用车辆一律实行免费通行和停放，各类公共收费停车场所设有军车免费停放标志。

22. 健全维护军人军属合法权益机制，完善措施，依法优先、积极稳妥地处理涉军事件和问题，国防利益和军人军属合法权益得到有效维护。

23. 组织开展科技、教育、文化拥军活动，支持部队信息化建设和实施人才战略工程成效明显。

24. 军供站人员、经费按规定落实，设施、设备完善，保障能力强，为过往部队提供优质服务。

25. 积极扶持随军随调家属就业，家属随军随调后一年内安置率（含货币化安置）达到100%。

（四）拥政爱民成果显著

26. 驻宁部队适应形势发展，结合实际，制订拥政爱民工作计划，有安排、有检查、有总结。

27. 积极参加和支援地方经济建设，有规划措施，有援建成效，完成或超额完成总部规定的年度义务劳动日指标。参加和支援西部大开发作用发挥明显。

28. 大力开展军民共建社会主义精神文明活动，立足民族地区特点，驻军团级以上单位至少结对一座清真寺开展“军民共建文明清真寺”活动。参加和支援社会主义新农村建设作用发挥明显，有新农村建设或社区建设结对联系点。

29. 积极参加扶贫帮困活动，为灾区和贫困地区群众送温暖、献爱心。团级以上单位与驻地或贫困地区有扶贫联系点。

30. 大力开展助学兴教活动，团以上领导干部与优秀贫困学生结对助学，力所能及地提供人力、物力、财力支援和智力支持。

31. 积极参加维护社会治安活动，建立联防联动机制，协助地方处置各类突发事件及时有效。

32. 勇于承担抢险救灾等急难险重任务，预案健全、准备充分、完成任务圆满。

33. 团以上单位医院（门诊部）积极为驻地群众开展医疗服务活动。

34. 参加驻地绿化美化建设，在植树造林、环境整治等方面成效明显。

35. 扎实做好民族团结进步工作，每年为驻地少数民族群众办一至两件有影响的实事好事。

36. 支持驻地普通高校、高级中学开展学生军训工作，支持少年军校工作。

37. 军分区（警备区）、人民武装部充分发挥职能作用，协调驻宁部队开展拥政爱民活动成绩显著。

（五）政策法规落到实处

38. 军地双方认真贯彻落实中央和自治区有关双拥工作法律法规、条令条例和政策制度，措施有力，成效显著。

39. 结合本地区和驻地部队实际，出台综合性双拥政策规定。

40. 制定创建双拥模范城（县）奖励办法，奖励对创建活动有突出贡献的单位和个人，调动广大军民参与双拥创建的积极性。

41. 按照自治区人民政府、宁夏军区征兵命令要求，动员和鼓励适龄青年踊跃报名入伍，落实征兵工作责任制，确保兵员质量。

42. 随军家属的生活按政策规定得到妥善保障。随军无工作家属纳入当地培训计划，进行职业技能培训，优先安排在公益岗位。

43. 按照国家和自治区有关文件规定，完成年度军队转业干部安置计划，并妥善安置其随迁配偶、子女。

44. 落实国家和自治区退伍安置政策，制定退役士兵、复员干部和军队离退休干部、无军籍职工年度接收计划，完成当年安置任务。退役士兵自谋职业生活补助费待分配期间生活补助费列入财政预算。

45. 人力资源和社会保障、工商、税务等部门积极支持军队退役人员和随军家属自主创业，按国家和自治区有关规定享受优惠政策，妥善解决失业、医疗、养老保险等问题。

46. 军队离退休干部得到妥善安置，政治、生活、医疗待遇得到落实。关心支持军休干部管理机构的发展和建设，制度健全、管理规范、服务周到、标识统一、工作达标。人员编制、工作经费、附属用房设施落实，补助经费纳入财政预算。

47. 积极为退役人员提供职业技能培训和就业指导，纳入当地教育培训和再就业工程。

48. 做好农村义务兵家属优待金管理发放工作，优待标准适时调整，保障其生活水平与群众生活水平同步提高。

49. 优抚对象的抚恤补助金发放不低于国家和省（市、区）规定标准，做到及时准确、手续完备、落到实处，重点优抚对象住房难的问题得到有效解决。

50. 重点优抚对象医疗政策落实。按照国家和自治区有关政策规定享受医疗优先、优惠服务。

51. 对重点优抚对象因重大疾病、突发事件、意外灾害等特殊原因造成生活困难的，及时给予救助。

52. 烈士子女、因公牺牲军人子女、现役军人和一级至四级残疾军人子女按照国家和自治区有关政策享受教育优待。

53. 各市、县（区）境内的旅游景点及相关场所应在醒目位置公示优待政策，落实现役军人、残疾军人、军休干部和烈属免收门票费政策。

54. 市、县（区）境内的铁路、机场、码头渡口和长途汽车客运站设立军人售票窗口或有优先购票的措施，现役军人、残疾军人、军队离退休干部享受国家规定的购票优待。

55. 完善所属烈士陵园的建设和管理，做到布局合理、环境优美、制度健全、管理科学、功能突出、服务优质，发挥爱国主义教育基地的作用明显。县级以上烈士纪念建筑物保护单位按规定落实人员、经费。

56. 积极预防和妥善处理部分转业、复员、退伍军人等群体性上访事件。

57. 在国家机关、社会团体、企（事）业单位工作的残疾退役军人，享受与所在单位工伤人员同等的生活福利和医疗待遇。

58. 部队模范遵守国家法律法规和党的民族宗教政策，严格执行群众纪律，在驻地群众中形象好。

（六）双拥活动坚持经常

59. 广泛开展形式多样的走访慰问活动。重大节假日主要领导走访、慰问活动有记录。做到年度有计划，季度有安排，节日有走访，平时有活动。确保双拥活动制度化、经常化。

60. 积极支持部队军事斗争准备和信息化建设，在战备训练、国防动员、人才培养、场所修建、器材和图书配置、文化交流等方面，办实事、解难题。

61. 积极支持和配合部队开展“争创先进连队，争当优秀士兵”活动，对立功、受奖者的家庭给予精神鼓励和物质奖励。

62. 机关、团体、企事业单位以及新的经济组织和新的社会组织与生活困难的重点优抚对象开展结对帮扶活动，有协议、有措施。

63. 广泛开展“爱心献功臣”活动，为重点优抚对象办好事、做实事成效明显。

64. 有烈士纪念建筑物的市、县（区），党政军主要领导每年祭扫活动坚持经常。

（七）军民共建富有成效

65. 军地双方按照就地就近、慎重稳妥的原则，积极开展军民共建活动，齐心协力创建文明城市、文明村镇、文明行业、文明社区等。共建活动年初有计划、年终有总结、活动有记录。

66. 以军民共建为纽带，部队与城市社区和农村党组织的共建共促活动成效明显。

67. 与单独执行任务的建制连以上单位军民共建结对率达到100%，做到思想引领、深入基层、贴近群众、活动经常、形式多样。

68. 70%以上的军民共建点被评为县（团）级以上先进单位。

69. 贯彻落实《公民道德建设实施纲要》和《军人道德规范》有计划、有目标，军民自觉践行社会主义荣辱观和当代革命军人核心价值观。

70. 组织非公有制经济和社会组织开展共建活动成效明显。

（八）军政军民关系融洽

71. 地方党委、政府爱护军队、尊重军人，关心部队建设，办实事、解难题。

72. 部队尊重地方党委、政府，热爱人民，模范执行群众纪律。

73. 军地历史遗留问题得到妥善处理。

74. 军地双方坚持“协商为主、依法裁决”原则，及时妥善处理军地之间的矛盾和纠纷，并将有关情况和处理结果报自治区双拥工作领导小组办公室备案。

（九）群众满意度测评

75. 优抚安置对象问卷调查满意度测评，对优抚安置政策落实情况的满意率达到90%以上。

76. 驻军部队官兵问卷调查满意度测评，对拥军优属工作情况的满意率达到90%以上。

77. 社会公众网络调查满意度测评，对当地军政军民关系、拥政爱民工作的满意率达到90%以上。

二、激励性指标

78. 双拥工作受到党中央、国务院、中央军委领导肯定并作出批示的。

79. 军地合作的科研项目获得全国、全军或自治区颁发奖项的。

80. 在创建双拥模范活动中，工作有创新。工作经验和产生的效果受到全国和自治区推广表彰的。

81. 双拥工作成效突出，经验做法对全国双拥工作具有指导意义，被全国双拥工作领导小组确定为重大典型进行宣传并以文件形式转发的。

82. 双拥工作经验做法在全国性双拥工作会议上作典型发言的。

83. 在重大军事演习、科研试验中保障有力、成效显著的。

84. 申报全国双拥模范城（县）的地区，驻军数量居本区（市、县）前三名的。

85. 辖区内优抚安置对象占人口比例高于区（市、县）平均水平的。

三、否决性指标

实行一项否决：

86. 双拥组织机构无专门编制、专职人员、专项经费的。

87. 发生重大军民纠纷，在国家和自治区双拥机构、公安部门备案，造成严重后果和影响的。

88. 在双拥工作中，因工作失误或有关问题处理不当，导致群体性上访事件，造成严重后果的。

89. 届内出现3人次以上责任性退兵的。

90. 军转干部、退役士兵当年安置率低于85%的。

91. 残疾退役军人年度安置任务没有完成的。

92. 退役士兵职业技能培训工作达不到规定要求的。

工　作　总　结

北京市二〇一一年双拥工作总结

2011年，是北京实施“十二五”规划的开局之年，也是全国双拥模范城（县）创建和命名表彰之年。全市各级党委、政府和驻京部队，认真学习贯彻党的十七届五中、六中全会精神和胡锦涛总书记建党90周年重要讲话，围绕国家及国防和军队发展的主题主线，深入开展双拥创建活动，为实现“十二五”良好开局发挥了重要作用，为首都经济社会建设及国防和军队现代化建设作出了新的贡献。

（一）立足首都地位，创建迎检工作扎实有力。全市各级党委、政府和驻京部队立足首善之区地位，着眼争创新一届全国双拥模范城（县），以一流的标准、一流的工作、一流的成绩迎接全国双拥办对全市双拥创建的检查考评。各级高度重视，把争创全国双拥模范城（县）纳入重要议事日程。市领导和市双拥办领导对创建活动和迎检工作多次作出批示，亲自督促指导。市、区县分别召开迎检工作动员部署会，双拥办成员单位、军地职能部门密切配合，积极协调，各司其职。完善制度机制，认真贯彻落实《双拥模范城（县）命名管理办法》《全国双拥模范城（县）考评标准》，紧紧围绕争创全国双拥模范城（县）、推进军民融合式发展、拓展双拥创建领域，创新体制机制，完善制度措施，推动全市双拥工作科学化、法制化、规范化。市双拥办下发了《关于进一步健全和完善双拥工作制度的通知》。各区县按要求，完善了双拥工作组织机构，规范了双拥创建各项工作资料，落实了军地合署办公制度和双拥工作专项经费保障。营造创建氛围，紧密结合纪念建党90周年，广泛开展全民国防教育和双拥创建宣传活动。市、区县各大媒体开设双拥专栏，在主要交通要道、繁华街道等公共场所，悬挂“军民携手争创全国双拥模范城（县）”等双拥创建宣传标语，形成了声势浩大的争创全国双拥模范城（县）新高潮。认真组织迎检，8月2日、23日、24日，接受了全国双拥办对北京市双拥模范城（县）创建工作的全面检查考核，全国双拥办检查考核组对北京市双拥工作取得的成绩给予充分肯定。开展双拥模范评比，按照全国双拥模范考评推荐的通知要求，认真开展了双拥模范城（县）、爱国拥军模范单位和个人考核评比活动，推荐西城、海淀、朝阳、东城、丰台、顺义、通州、房山、石景山、昌平、门头沟、大兴区为全国双拥模范城（县）；朝阳区奥运村街道办事处、北京法政实业集团有限公司为全国爱国拥军模范单位；北京顺鑫农业发展集团有限公司党委副书记李怀民、门头沟区公路分局退休职工李兆娴为全国爱国拥军模范个人。

（二）结合首都实际，双拥品牌创建掀起高潮。全市各级党委、政府和驻京部队结合首都经济社会发展的形势任务，坚持“四个服务”的基本理念，着眼打造双拥首善之区，坚持高标准、创品牌，着力从市、区县、街道（乡镇）、社区（村）和驻京部队基层单位等各个层面、各个领域深入推进双拥工作。按照市领导的指示要求，实施了“个、十、百、千、万”双拥品牌工程。投资3.6亿元，新建了一座4.7万平方米的北京市军供站（北京双拥大厦），达到全国一流水平，服务保障功能进一步提升；扎实开展全国双拥模范城（县）创建活动，16个区县全部达到全国双拥模范城（县）标准，其中，12个区通过了全国双拥办的考核评审，被推荐为全国双拥模范城；积极推进双拥工作向街道、乡镇拓展，表彰了100个双拥模范街、乡、镇；广泛开“千个基层双拥工作示范单位”创建活动，命名东城区和平里街道安德里社区等1055个单位为“基层双拥工作示范单位”。其中，社区居委会326个、村委会148个、军队离退休干部休养所124个、其他单位293个、驻京部队164个；大力支持军队信息化建设，投入4000万元，开展了“万台电脑进军营”活动。有力地推动了双拥工作向社区覆盖、向乡村延伸、向社会普及、向连队拓展。

（三）坚持军民融合，实事拥军工程取得实效。坚持“军民携手、融合发展”的基本要求，以全国双拥模范城（县）创建和命名表彰为契机，大力推进军民融合式发展向更深层次、更广领域、更高水平发展。市委、市政府与总政联合印发了《关于深入做好新形势下北京市双拥工作的意见》，与总参、总后、总装、海军、军事医学科学院签署了军民融合创新发展战略合作框架协议。各级党委、政府把驻京部队现代化建设融入首都经济社会发展体系之中，积极推进实事拥军工程，搭建了一个服务部队的窗口平台，建立了双拥共建联系人和服务部队重大事项联系人两支队伍，完善了日常联系沟通、重大事项跟踪协调和急事、特事、难事应急处置三项工作机制。市双拥办各成员单位着力为驻京部队办实事、解难事，大力支援驻京部队军事工程、训练场地、营院设施、道路修建、公共交通、文化体育等各项建设。坚持重大项目“绿色审批通道”，为驻京部队办结重点项目 13 个，有力地推动了总政治部回龙观军师干部住宅楼、解放军总医院烧创伤大楼、海军总医院医疗综合大楼、军事科学院“香山论坛”国际会议中心、武警总部军职干部活动中心、武警北京总队机动部队综合训练场等重大建设项目的顺利实施。据不完全统计，2011 年，全市累计投入资金 3.2 亿多元为驻京部队办实事，拿出 3500 多万元慰问驻京部队基层单位。

（四）落实政策要求，服务保障水平不断提高。坚决贯彻落实优抚安置、拥军优属各项政策，全力做好服务保障工作。坚持把接收安置好军队各类人员作为服务国防和军队建设的重要任务来抓。接收安置军休干部 3031 人，军休服务保障总额达 43.8 亿元，其中，市财政负担及补贴 12.8 亿元，军休人员“两个待遇”进一步落实；接收安置军队转业干部 3180 人，其中，师团职干部 661 人。大力推进退役士兵安置改革，市政府和北京卫戍区出台了《关于落实国务院中央军委文件精神，加强退役士兵职业教育和技能培训工作的通知》，确保了退役士兵职业教育和技能培训有效实施，接收安置退伍军人 3700 多人。建立了城乡一体义务兵优待金增长机制，城乡义务兵优待金从每人每年 1.5 万元提高到 1.8 万元，赴西藏地区服役的义务兵每人每年提高到 4 万元，大学生义务兵助学金从 1 万元提高到 3 万元，出台了《关于做好退役大学生士兵就业工作的意见》，明确了退役大学生参加公务员考录、事业单位招聘的优惠政策。积极做好随军家属就业服务工作，出台了《关于进一步做好军人家属随军工作有关问题的意见》，打破随军家属身份界限，把随军家属就业服务纳入人力社保工作的重点考核内容。办理随军家属落户 2020 人，组织就业招聘会 17 次，就业服务培训 1100 多人。

（五）牢记宗旨使命，支援首都建设成效显著。驻京部队官兵牢记人民军队的宗旨使命，以“驻守首都、热爱首都、保卫首都、建设首都”为己任，围绕“人文北京、科技北京、绿色北京”和中国特色城市建设，积极支援首都各项建设事业，帮助 200 家自主创新企业加入到军队物资供应商库，涉及中关村基础设施建设、科研项目合作及军购份额达 50 亿元，有力地支持了首都经济发展。广泛开展了“文明创建、绿色援建、乡村共建、医疗帮建”爱民助民工程。一年来，在全市建立了 52 个联片共建地区、618 个新型共建对子，110 个基层连队与 110 个社区签订了《军民共建和谐社区协议书》，组成学雷锋便民服务小组 800 多个，设立便民服务点 400 多个；出动兵力 27 万多人次、车辆 5000 多台次，参加垃圾清理、植树绿化、修整道路等义务劳动，有力地支援了海淀北坞村郊野公园、永定河绿色生态发展带、雁西湖风景区等 60 多个重点绿化工程；派出专家医疗队 17 批，200 多名医务人员利用周末深入驻地社区、村镇义务巡诊 4000 多人次，赠送价值 120 多万元的药品和医疗设备。

河北省二〇一一年双拥工作总结

一年来，全省广大军民在省委、省政府的坚强领导下，认真贯彻落实党中央、国务院、中央军委关于加强军政军民团结的一系列指示精神，以争创新一届全国双拥模范城（县）为抓手，服务大局，团结奋进，双拥各项工作取得了新成绩，有力地推动了双拥工作的创新和发展。

一、组织领导坚强有力

一是各级领导高度重视。全省各级党委、政府坚持站在战略和全局的高度，始终把关心支持国防和军队建设作为政治任务，列入重要议事日程，纳入经济社会发展整体规划，纳入领导政绩考核目标。省委书记张庆黎、省长张庆伟上任伊始就到驻冀部队走访慰问，了解部队的各项建设和存在的困难，并亲自谋划、亲自部署，为驻军和优抚对象排忧解难。省委常委、省军区政委张彦欣等部队领导在各基层部队检查指导工作时，都要过问各单位开展双拥工作情况。充分体现了省委、省政府及驻军领导对双拥工作的高度重视，为全省双拥工作的全面深入开展提供了坚强保障。

二是双拥组织机构进一步健全。河北省各地都建立了党委或政府一把手任组长，主管领导、驻军首长任副组长和有关部门主要负责人为成员的双拥工作领导小组，并根据人员和工作变动情况及时进行调整，做到了各级双拥工作组织机构健全。省、市、县双拥办公室做到了有专项办公经费，有专门办公场所，有专职工作人员。各乡（镇）、街道办事处、社区普遍成立了双拥工作站，设立了联络员。驻冀部队的军、师（旅）、团级单位也建立了拥政爱民领导组织，并在营、连、排、班明确了联络协调员。

三是双拥工作机制进一步完善。一年来，河北省把创新双拥工作模式与经济体制改革、社区体制改革、培育新社会组织和社会建设管理等有机融合，实现地方生产力、社会凝聚力和部队战斗力的同步提高。唐山市把国防和军队现代化建设融入经济社会发展体系之中，在“军地共同发展思想观念，应战能力和应急能力建设，国防人力资源开发和地方人力资源开发，国防基础设施和地方基础设施建设，军队服务保障和社会服务保障体系建设，部队精神文明和地方和谐社会建设”等“六个融合”方面进行了有益探索，为军民融合式发展创造了经验，收到很好效果。承德市为推动双拥工作的进一步发展，确保双拥工作成效，探索建立了“一七八”双拥工作制度运行体系。“一”就是一个总体方案，即承德市创建全国双拥模范城《实施方案》。“七”就是七个配套文件，即《支持部队建设、拥军优属若干规定》、《驻承部队拥政爱民公约》、《转业退伍军人安置办法》、《关于拥军优属支援部队建设的修改补充规定（试行）》、《双拥工作目标考核办法》、《创建双拥模范城（县）工作奖励暂行办法》和关于印发《承德市加强社区双拥工作意见》的通知等规范性文件，使双拥工作有章可循、有法可依。“八”就是八项工作制度，即双拥工作例会、走访慰问、总结表彰、督察考评、军（警）民共建、党政领导“军事日”活动、专项经费保障、调查研究等制度。坚持“三创新”，即进一步创新机制、创新载体、创新政策，做到高起点规划双拥工作，高标准推动双拥工作，高质量落实双拥工作，形成了领导重视、部门负责、军地互动、社会各界广泛参与的双拥共建新格局。

二、宣传教育广泛深入

一是宣传形式丰富多彩。全省各地结合庆祝建党90周年等活动及“八一”、“十一”、元旦、春节等重大节日，通过利用报纸、电视、电台等新闻媒体宣传，举办双拥晚会，开办双拥网络，设立展板、展厅，举办先进典型报告会等多种形式，进行了广泛的双拥宣传。1月30日，省双拥办、省民政厅、省军区政治部在河北会堂举办河北省军民迎新春双拥文艺晚会。省军地领导梁滨、张彦欣、刘永瑞、聂辰席、苻福成、侯志奎、孙士彬、田向利等与省会军民欢聚一堂，共贺新春。双拥模范城（县）代表、双拥先进集体和个人，省双拥领导小组成员单位和部分驻冀部队官兵等共1500多人参加了晚会，取得了良好的社会反响。二是广泛开展国防教育。一年来，全省各地各单位组织党政军机关、企事业单位、学校、工厂等到各个爱国主义教育基地参观学习达300多万人次，在全省范围内掀起了学国防、爱国防的新高潮。张家口市政府继投资50万元设立永久性双拥宣传标志后，每年安排10万元专项经费，在《张家口日报》、张家口电视台和市区大型LED显示屏上开展国防教育和双拥宣传，收好良好效果。三是大力培树双拥典型。全省在宣传常玉珍、高英、李春生、张家增、李立斌等老双拥典型的同时，大力发掘培树各阶层各行业双拥新典型。涌现出了长城汽车集团、英利集团、解放军252医院，致富不忘拥军的民营企业家郭乃群、秦皇岛拥军典型刘江华等一大批在双拥战线上作出突出贡献的新典型，通过模范典型的引领，进一步激励广大军民以更大的政治热情投身到双拥工作中。廊坊市组织开展了六个“十佳”评选活动，以市委、市政府、廊坊军分区的名义，评选表彰了“十佳拥军模范单位”、“十佳拥军模范个人”、“十佳拥政爱民单位”、“十佳爱民标兵”、“十佳军嫂”、“十佳军民共建和谐社区”，命名表彰了一批先进单位和个人，通过宣扬培树典型，进一步推动了双拥工作的全面深入发展。

三、拥军优属工作扎实有效

一是进一步加强支持部队各项建设力度。全省各级党委、政府和人民群众着眼于支持部队应对多种安全威胁、提高完成多样化任务能力，主动为部队训练、演习提供交通、安全、食品、场地等保障。沧州市先后投入资金1.8亿元，为消防支队17个中队维修、新（扩）建了营房，购置了水陆两栖救援车及特种消防车辆70多台，防护装备2万多套。唐山市在了解了驻地部队的实际困难后，向驻地部队赠送价值10余万元的电脑、电视、投影仪及图书；投资490万元为部队新（修）建了营房等基础设施。石家庄市四大班子领导赴青岛走访慰问北海舰队石家庄舰，送去20万元慰问金和价值5万元慰问品，受到部队官兵的一致好评。秦皇岛市为驻秦部队优惠减免各种费用达4000多万元，各收费公路、桥涵、停车场、自行车存放处、收费厕所、旅游景点对现役军人和军车免费达1600万元。二是全力解决部队官兵的后顾之忧。各党委、政府始终把部队官兵困难挂在心上，抓在手上，落实在行动上，积极为部队办实事、解难题、送温暖，有效地解决了部队官兵的后顾之忧。石家庄市大力开展实施军嫂就业帮扶，继续把随军家属就业纳入全市再就业工程，在全市未开发公益岗位的情况下，协调市人社局、市财政局特为随军家属开发特设岗位200个。保定市颁布了《保定市拥军优属实施办法》和《保定市拥政爱民实施意见》，着力解决部队关心的热点、难点问题。在随军家属安置、军人免费乘车、军人免费游览、军人子女入学等方面作出了明确规定，为有效解除部队官兵的后顾之忧提供了有力保障。三是搭建拥军优属新平台。为优化社会爱国拥军资源，吸收社会组织及社会上有双拥工作热情和积极性的有识之士参与双拥工作，走军民融合式发展之路，省双拥办、省民政厅、省军区政治部经过积极筹备，精心组织，成立了河北省爱国拥军促进会，并组织了双拥艺术团，为推动全省双拥工作深入健康发展提供了有效载体和活动新平台。唐山市在全省率先成立了利用社会资金开展拥军优属活动的社团组织“唐山市爱国拥军促进会”。原中央军委委员、国务委员兼国防部长迟浩田上将专门为促进会题写了会名，并发来贺信。

四、拥政爱民成效显著

驻冀部队官兵在完成自身军事训练任务的同时，视驻地为故乡，在支持地方重点工程建设、新农村建设、希望工程、扶贫帮困、科技助民，参加急难险重任务等工作中，谱写了一曲曲拥政爱民新篇章，赢得全省各级党委、政府和人民群众的广泛赞誉。

一是主动开展扶贫济困。据不完全统计，一年来，驻冀部队先后向遭受自然灾害的地区捐款1000余万元，为驻地修爱民路600余公里，为群众义诊48000余人次，救助贫困学生3700多名，为地方培训各类技术员17000余名，充分展现了军民鱼水情。66267部队，大力弘扬拥政爱民的光荣传统，经常组织解难帮困活动，先后为贫困村、贫困小学捐款捐物6万余元。开展了“向残疾儿童献爱心”活动，为邢台市残疾儿童捐款捐物3万余元。建立了“绿茵基金”，将平山县岗南镇镇韩庄希望小学的15名贫困孩子纳入到团“助学拉力”计划中，在当地引起了强烈反响。

二是积极支持驻地重点工程和公益事业建设。驻冀部队在扎实做好以军事斗争准备为龙头的各项工作的同时，积极响应河北省委、省政府关于经济社会发展建设蓝图，积极参与、主动作为、努力为支持驻地经济发展和重点工程建设作贡献。2011年驻冀部队为绿化美化驻地环境义务植树100余万株。为支持“大西柏坡”建设，“五一”前后，省军区先后协调2000余名官兵，参与绿化荒山、革命旧址恢复、道路硬化美化等工作，为省会红色旅游的发展作出了贡献。为支持河北省实现由文化大省向文化强省跨越，省军区协调军地有关力量编印了国防后备力量思想政治建设文化丛书，该丛书7本11册，已在全省发行3000余套，在社会上产生了广泛积极的影响；军械工程学院为进一步落实和搞好双拥工作，学院紧紧围绕中心工作，以“组织健全、政策落实、活动经常、关系融合”和创建双拥模范单位“双八条”的要求为基准，以积极参加地方重点工程建设作为开展军民共建的立足点，使工作经常化、制度化。全年，学院共派出官兵12000多人次参加双拥共建活动，总计植树造林7000余株，清理垃圾和杂物7吨。先后出动1000余名官兵参加了“绿化石家庄”、“建设大西柏坡”活动，受到各级政府及上级部门的充分肯定和表彰。武警学院充分发挥自身优势，为建设“和谐廊坊”作贡献。一年来，该院官兵为群众举办文化技能补习班和科技讲座70余场次，开展便民活动200余次，为群众提供法律咨询200余次。进一步巩固了警民关系，为促进社会和谐作出了积极努力。

三是出色完成抢险救灾等急难险重任务。驻冀部队始终把人民群体的安危抓在手上、记在心上、落实在行动上。可以说，哪里有危重的险情，哪里就有官兵奋不顾身的影子。据不完全统计，一年来，驻冀部队先后出动官兵70000余人次、车辆9000多台次，参加并出色完成急难险重任务数百次，为国家和人民群众挽回直接或间接经济损失数亿元。2011年4月，秦皇岛市抚宁县和青龙县交界处突发森林火灾。驻冀部队迅速出动7000余名官兵赶赴救火一线，经过7个昼夜的连续奋战，将大火彻底扑灭，最大限度地减少了损失，有效保护了人民群众的生命财产安全。同时，还实现了“万人千车百队”零伤亡、无一例军地纠纷，受到了中央军委、总部和北京军区的充分肯定。

五、优抚对象各项利益得到进一步保障

一是切实保障重点优抚对象基本生活。及时更新上报优抚对象数据，协调和争取中央和省级财政下拨抚恤补助资金148443万元，切实保障了32万多名优抚对象的抚恤补助及时足额兑现。冀州市在建军节前夕，投资116万元为全市重点优抚对象每人发放液晶彩色电视一台。邢台市为重点优抚对象减免医疗费达120万元，为全市2.8万重点优抚对象办理了医保或新农合手续，有2200人次得到住院治疗报销，金额达150万元。邯郸市筹集资金695万元扶助重点优抚对象参加新农合和基本医疗保险，投入资金395万元补助790户重点优抚对象新建和维修住房，在将生活困难对象全部纳入低保范围的基础上，安排资金125万元扶持其发展生产，重点优抚对象的生活水平得到进一步改善。

二是大力推进优抚医疗保障制度建设工作。全省所有的县（市、区）全部出台了《优抚对象医疗保障实施办法或细则》，所有的重点优抚对象全部纳入了相应的医疗保障制度体系，优抚医疗保障资金达到4亿多元（其中省级财政投入达到4443万元，在全国名列前茅），30万在乡重点优抚对象全部领取了其年度抚恤补助金的10%作为门诊补贴，所有的县（市、区）都建立并实行了优抚对象住院医疗费用报销、优惠、补助“一站式”即时结算服务网络体系，有的还将服务网络延伸到乡镇，使优抚对象切切实实享受到了新的医疗机制给他们带来的实惠和便捷。

三是积极做好涉核部队退役人员政策落实工作。为进一步解决原×××部队和其他参加核试验军队退役人员的实际困难，按照省委、省政府领导的指示精神，会同省财政厅、省人力资源和社会保障厅和省卫生厅起草了《关于解决原×××部队和其他参加核试验军队退役人员生活困难的通知》（冀民〔2011〕44 号）和《宣传提纲》，并随后下发了《关于贯彻执行〈解决原×××部队和其他参加核试验军队退役人员生活困难的通知〉若干具体问题的解释的通知》（冀民〔2011〕53 号），符合参加新型农村养老保险条件的有 13877 人，已参保 8426 人；符合企业职工基本养老保险接续条件的涉及 4571 人，已参保 3433 人，退休后享受养老保险的 1593 人；按照 1000 元标准，为原×××部队和其他参加核试验军队退役人员遗属 405 人发放一次性生活补贴；将全省 3082 名原×××部队和其他参加核试验军队退役人员（含遗属）纳入了城乡最低生活保障范围；下岗失业的原×××部队和其他参加核试验军队退役人员共有 698 人，已为 391 人安排了社会公益岗位；为 18000 多名原×××部队和其他参加核试验军队退役人员进行了健康体检，解决了原×××部队和其他参加核试验军队退役人员的实际困难。

四是及时上报部分农村籍退役士兵普查数据。按照国家扩大优抚对象范围的新政策，对 1954 年 11 月 1 日试行义务兵役制后至《退役士兵安置条例》实施前入伍、年龄在 60 周岁以上的未享受到国家定期抚恤补助的农村籍退役士兵落实生活补助待遇，涉及 25 万多人，补助经费 7000 多万元。

五是部署优抚对象信息系统升级和数据录入工作。为适应优抚对象范围扩大和加强优抚数据管理的需要，民政部对现有信息系统进行了升级拓展，为使河北省优抚部门尽快熟悉掌握升级后的操作方法，确保新增对象及时录入，11 月 2 日在石家庄召开了全省优抚信息系统升级培训会，讲解了优抚信息系统各项新增功能，部署了农村籍 60 周岁以上退役士兵数据录入工作。

六、零散烈士纪念设施建设管理保护工作得到进一步加强

河北省将零散烈士纪念设施建设管理保护工作列为重点工作，为了把这项工作抓紧抓实，先后下发了《关于普查和做好零散烈士纪念设施集中管理保护工作》等通知，摸清了零散烈士纪念设施底数，制定了建设管理保护工作实施方案，争取中央和省级财政资金 2350 万元，支持 30 多所烈士陵园进行维修改造，同时将 6000 多处散葬的烈士墓就近迁入当地烈士陵园，受到社会各界和烈士家属广泛好评。一是举办烈士纪念设施普查软件培训班。为做好烈士纪念设施普查工作，3 月 28—29 日，河北省作为全国普查软件培训的先行试点，在石家庄市举办了全省烈士纪念设施普查软件培训班。各设区市、各县（市、区）民政局优抚工作人员共 180 多人参加了会议。民政部优抚安置局烈士褒扬事业处派人员进行指导。二是参加全国零散烈士纪念设施建设管理保护工作会议并作了经验介绍。3 月 31 日至 4 月 1 日，民政部召开了“全国零散烈士纪念设施建设管理保护工作会议”，省民政厅古怀璞厅长作了题为“继承革命传统，弘扬烈士精神，积极做好零散烈士纪念设施集中管理工作”的经验介绍，得到与会领导和代表的充分肯定。河北省承德市和涉县的经验材料在大会上作了书面交流。三是召开了全省优抚暨零散烈士纪念设施建设管理保护工作会议。4 月 26 日，省民政厅在石家庄市召开了全省零散烈士纪念设施建设管理保护工作会议。要求各地制定建设管理保护工作三年实施规划，并提出具体的指导原则。计划从 2011 年开始，依托现有烈士陵园，力争在 2013 年年底完成所有散葬烈士墓的迁移、整合、修缮工作，比民政部的总体要求提前一年完成。民政部优抚安置局副局长杨国英认为河北的零散烈士纪念设施建设管理保护工作起步早、标准高、效果好，走在了全国的前列，为全国开展零散烈士纪念设施建设管理保护工作提供了宝贵经验。

虽然河北省双拥工作取得了一些成绩和进步，但也还存在不足之处。下一步我们将针对新形势下双拥工作出现的新情况新问题，深入搞好调查研究，进一步丰富内容，创新载体，推动热点难点问题的解决，推动全省双拥工作再上一个新台阶。

山西省二○一一年双拥工作总结

2011年全省双拥工作在省委、省政府、省军区的正确领导下，全面贯彻党的十七大和十七届六中全会精神，紧紧围绕山西省转型跨越发展和再建一个新山西目标，以邓小平理论和“三个代表”重要思想为指导，科学发展观为统领，庆祝建党90周年为主线，创建双拥模范城（县）活动为重点，为促进山西经济社会发展和驻晋部队现代化建设作出了积极贡献，进一步巩固和发展了全省军政军民团结的大好局面。

一、以坚强的组织领导为保证，双拥工作整体合力实现了新跨越

省委、省政府、省军区始终站在国家安全和发展战略全局的高度，将双拥工作纳入经济社会发展总体规划，纳入年度工作目标，纳入文明创建考核内容，加强组织领导，加大推进力度，促进了经济建设和国防建设协调发展。一是坚持党委议军会议、军地联席会议、双拥工作领导组会议、重大节日走访慰问等制度，定期研究部署双拥工作任务。省委书记袁纯清在省委议军会议上强调，要深入开展双拥共建活动，切实增强军民融合式发展的责任感和质量效益，努力在转型跨越发展中创造新的业绩。省双拥工作领导组组长、省委副书记金道铭在全省双拥命名表彰大会上要求，全省双拥工作要以经济实力的不断增强为开展双拥工作创造更加良好的条件，坚持把经济社会发展与国防和军队现代化建设有机结合起来，充分调动、保护和发挥好全社会参与双拥工作的积极性、主动性和创造性，着力完善双拥工作科学发展的长效机制，为今后双拥工作指明了方向。二是组织领导健全，上半年省双拥办公室根据省双拥工作领导组成员工作变动情况，及时调整充实领导组成员，组织领导进一步得到加强，作用发挥更加明显。全省各地根据党委换届情况，也都及时调整加强双拥工作组织领导，明确工作职责，把双拥工作列入“一把手”工程，主要领导重大活动亲自参加，重大问题亲自处理，重大事项亲自过问，进一步提升了工作力度。三是工作制度逐步完善。太原市举办了首届双拥工作人员业务培训班，组织市、县（市、区）、乡镇、街办双拥工作专职人员参加，进一步提高了双拥工作者的业务水平。晋中市连续18年坚持双拥模范城（县）动态管理检查和颁发合格证制度，大同、朔州、阳泉、长治、忻州、运城建立健全了双拥信息通报、工作协调会等双拥工作制度，有效推进了双拥工作的深入开展。

二、以庆祝建党90周年为主线，双拥宣传教育活动掀起新高潮

2011年是中国共产党成立90周年，是中国人民解放军建军84周年，全省各地、各部门，驻晋各部队充分利用这一契机，紧紧抓住双拥光荣传统教育和全民国防教育这一基础性工程，开展了一系列丰富多彩、喜闻乐见、扎实有效的宣传教育活动。

一是结合纪念建党活动抓教育。全省各地积极组织党政军领导开展祭扫烈士纪念建筑物、参加“军事日”活动，集中展播了一批优秀革命影片和电视，组织社会各团体参观革命纪念馆、部队军史馆，举办以双拥为主题的文艺演出、专题展览等活动，特别是全省组织了声势浩大的“全民共唱红歌”活动，在全社会掀起了爱国、爱党、爱人民军队的新高潮。

二是利用重大节日抓教育。结合元旦、春节、“八一”等时机，先后举办了“省党政军迎春文艺晚会”、“省城军民电影晚会”，召开了省党政军迎春招待会、双拥活动月等活动，深入开展了学习贯彻执行《山西省实施〈中华人民共和国国防教育法〉办法》活动，营造了“军民团结一家亲”的浓厚氛围。省民政厅把国防教育作为一项重点工作来抓，先后举办了瞻仰刘胡兰烈士纪念馆、邀请部队首长和军事研究专家进行国防和爱国主义教育、“军营一日”等国防双拥教育系列活动。

三是着眼推动工作抓教育。围绕全省新一届双拥模范城（县）创建活动，全省各地都精心制作了双拥创建工作专题片，并在当地电视台多次播放，收到了良好的社会效果；各市双拥办充分利用党报、刊物以及《双拥工作简报》等平台，广泛开展树立双拥典型活动，进一步激发了广大军民关心、支持、参与双拥工作的积极性。运城市《推行“六三”模式 提升双拥水平》的工作经验在《中国社会报》全文刊登，受到了全国双拥办的高度评价，并在全省广泛推广。太原警备区和太原市国防教育办公室联合创办“国防手机报”，通过短信的方式定期向广大武装工作者发送全市最新国防建设信息和时政动态。

四是依托双拥教育基地抓教育。阳泉市投资上亿元新建百团大战遗址公园，忻州市筹资6500万元修缮了“徐帅纪念馆”、投资1.5亿元筹建了“一波生态园”，长治市太行革命根据地纪念馆去年正式开馆，全省的爱国主义教育基地逐步形成了连点成片、全省覆盖的新局面。晋中市各县（区、市）认真贯彻落实《关于加强晋中市国防教育和双拥宣传文化阵地建设方案》，共修复更新双拥宣传标牌50余块，宣传版面标语1000余条；运城市投入80余万元，更新和新设大型双拥宣传牌30余块，进一步加强了双拥教育阵地建设。

三、以双拥模范城（县）创建活动为重点，推进双拥工作再上新台阶

创建双拥模范城（县）活动，是新时期我国军民的一个伟大创造。双拥模范城（县）称号已经成为一个地区经济发展、政治稳定与社会和谐的重要标志，更成为提升全省各地双拥工作整体水平的重要推动力。

一是认真做好新一届省级双拥模范城（县）的评选推荐工作。1月7日，省双拥办召开主任办公会议，对全省新一届双拥模范城（县）考核验收情况进行了汇总，研究提出了命名新一届省级双拥模范城（县）的推荐名单。1月29日，省双拥工作领导组召开全体会议，审定通过了拟命名的新一届省级双拥模范城（县）名单，并于3月上、中旬在山西日报进行了为期15天的公示后，由省委常委会议审定通过，严格履行了创建双拥模范城（县）推荐命名程序，真正做到了公平、公开、公正。

二是隆重召开了全省双拥命名表彰大会。5月25日，省委、省政府、省军区在太原市召开了全省双拥模范城（县）命名暨双拥模范单位和个人表彰大会。会议新命名了59个省级双拥模范城（县），表彰了106个双拥模范单位和102个双拥模范个人。省委书记、省人大常委会主任袁纯清，省委副书记、省长王君出席会议并为受表彰代表颁奖。北京军区政治部副主任廖可铎，省委副书记、省双拥工作领导组组长金道铭讲话，总政治部、全国双拥办分别发来贺电。全省双拥模范城（县）、双拥模范单位和个人代表，县级以上双拥工作领导组组长，各市双拥办主任，以及驻并部队官兵共800余人参加了大会。会议总结回顾了2007年以来全省双拥工作取得的成绩和经验，从全面贯彻落实科学发展观、促进山西转型跨越发展和推进部队军事斗争准备的高度，对今后一个时期全省双拥工作进行了安排部署。

三是积极做好新一届全国双拥模范城（县）创建推荐工作。4月上、中旬，北京军区政治部工作组对山西省双拥模范城（县）创建工作进行了调研，充分肯定了山西省军地双方贯彻新颁布的全国《双拥模范城（县）创建命名管理办法》和《考评标准》精神，相互支持双向服务的工作情况。7月9—13日，全国双拥工作检查组对山西省双拥模范城（县）创建工作进行了检查考核，听取了全省双拥创建工作情况汇报，并抽查太原、长治两地，对照《考评标准》逐项进行了考核。在意见反馈会上，全国双拥工作检查组对山西省及各地的双拥创建工作给予了组织领导坚强有力、军地共创齐心合力、政策落实尽心尽力、载体推动富有活力的高度评价。经全国双拥办初审通过后，山西省向全国双拥工作领导小组推荐了新一届全国双拥模范城（县）10个、全国爱国拥军模范单位2个和全国爱国拥军模范个人2名。

四是把双拥创建工作作为推动双拥工作发展的助推器。今年，全省共命名了59个省级双拥模范城（县），比上一届（60个）减少1个，其中上一届省级双拥模范城（县）退出6个，新进入5个，真正做到了“好中选优、能上能下”。全省各地申报全国双拥模范城（县）的积极性更加高涨，申报并符合全国双拥模范城（县）条件的市、县，由上一届的11个升至13个。忻州市专门为市双拥办机构单独列编，并增加了正科级职数；朔州市出台了《朔州市创建双拥模范城实施方案》，明确提出了创建省级和全国双拥模范城（县）的具体措施和完成时限。

四、以支持山西转型跨越发展为己任，驻晋部队为驻地建设作出了新贡献

驻晋部队牢记人民军队宗旨，发扬听党指挥、服务人民、英勇善战的优良传统，紧紧围绕山西转型跨越发展，积极投身再建一个新山西目标，为全省经济社会发展作出了新的重要贡献。

一是在美化环境建设中发挥生力军作用。全省驻军着眼实现“绿化山西、气化山西、净化山西、健康山西”的目标，积极组织发动部队官兵和民兵预备役人员参与以京津风沙源治理工程、“蓝天碧水”工程、城乡清洁工程等“六大工程”建设为主的生态建设，累计出动兵力10万余人次，新增造林面积5.6万亩，新增“兵”字号示范点62个，清理垃圾3万余吨，清理河道460余公里，为驻地绿化、美化作出了突出贡献。63710部队共投入资金400余万元，3万余人次参加驻地森林公园、航天公园等10多处驻地植树造林、环境综合整治活动，植树20余万株，受到了省领导的高度赞扬。

二是在急难险重任务中发挥主力军作用。驻晋部队先后出动兵力4000余人次，调动车辆300余台次，圆满完成了全省13起森林火灾扑救任务。武警山西总队组织4个支队，动用兵力1680人、车辆180台，累计用兵6500人次，圆满完成了第六届“中国中部投资贸易博览会”期间要人住地警卫、重大活动现场安全保卫、市区武装巡逻等任务。93601部队在有效维护山西省空中交通秩序的同时，先后协助地方政府完成增雨作业、飞播造林、森林防火、铁（公）路选线等通用航空飞行任务。

三是在社会公益事业中发挥表率作用。省军区系统持续开展援建希望小学、帮扶贫困学校活动，新建小学5所，对160余所困难小学进行了重点帮扶，每名现役干部捐资200元以上，资助困难家庭学生2100多名，帮助126名高考中榜的贫困生圆了大学梦。武警总部与山西总队共同捐资70万元，为晋中市昔阳县乐平镇寺上村和左权县麻田镇北艾铺村援建的两口“武警爱民井”顺利竣工启用，有效解决了当地群众吃水难的问题，解放军517医院深化军地合作医疗机制，大力支持“新型农村合作医疗定点机构”建设，全年共救治驻地群众1.2万余人，培训地方医护人员30余名，开展巡诊义诊活动10余次。武警8650部队积极参与晋中市城市综合整治活动，坚持每个星期组织官兵走上街头，清扫路面、清运垃圾、开展便民服务，有效改善了市容市貌，方便了市民出行。

五、以推进军事斗争准备为己任，保障部队现代化建设取得了新成绩

全省各级党委、政府坚持把为部队办实事、解难题，作为支持部队建设、促进部队战斗力提高的重要措施。

一是热情关怀、大力支持。“八一”前夕，省委书记袁纯清、省长王君、副书记金道铭、常务副省长李小鹏等省领导带领省委、省政府慰问团，分四路慰问了驻晋部队，向全体官兵送上节日祝贺，赠送慰问金140万元。各市、各部门也都采取各种形式广泛进行了走访慰问活动，累计赠送慰问金和慰问品价值1000余万元。2011年，晋城市共投入6000余万元、阳泉市投入2000余万元用于支持驻市部队各方面建设，极大地改善了官兵的训练、生活条件。继武警晋中支队新营区建成之后，晋中军分区“三位一体”工程已正式开工建设，为全市民兵预备役部队战备训练和军民融合式发展提供了有力支撑。

二是发挥优势、全面保障。山西省积极探索军民融合式发展的新路子，研究出台了《山西省推进军民融合式发展的意见》，特别是坚持交通战备跨越式发展，推广大运高速公路模式，实现了“五大国防功能”，走在了全国前列。2011年，省交通运输厅顺利完成驻山西省11个部队进出口、装卸载场站道路的前期勘察工作，以及阳泉娘子关驻军大桥的建设任务，有效保证了驻地部队军事行动的需要。省地税局及时足额征收了预备役部队和民兵训练统筹费、城镇退役士兵安置任务有偿转移资金等专项费用，征收金额数量逐年增长，真正做到抓好双拥促税收、抓好税收促双拥的良好工作局面。省科技厅充分发挥高新技术产业的技术优势，促进民用高科技技术与军事应用的“衔接”，提高先进民用技术设备的平战转换能力，为打赢未来高技术条件下的局部战争打下了良好的基础。

三是服务部队，真情拥军。晋中市双拥办举办了“绿色情缘”军地青年联谊活动，共组织地方116名公务员、教师、医生、企业白领等女青年走入军营，为部队年轻未婚军官和驻地年轻女性搭建了一个相识、相知、相爱的平台，得到了驻地部队的热烈欢迎。大同市为19支驻同部队3479名军人快速办理公交卡年检手续，切实保证了现役军人、伤残军人、军队离退休人员免费乘坐公交车。临汾市广泛开展了以“育人才、帮技术、送知识、添设备、当后勤”为主题的文化拥军活动，共向驻军赠送微机、电器320余台（件），图书4万余册。

六、以落实双拥政策法规为根本，优抚安置工作迈出了新步伐

全省各级党委、政府始终把做好优抚安置工作，作为维护军人军属利益和社会稳定、军队建设大局的政治任务，把落实各项优抚安置政策作为推动双拥工作发展的有力抓手。

一是着力抓好优待抚恤工作。残疾军人、烈属、在乡退伍红军老战士、在乡老复员军人等重点优抚对象抚恤和定补经费进一步提高，平均涨幅达15%—20%，特别是在乡退伍红军老战士生活补助标准较中央标准高出150元/月。及时启动了零散烈士纪念设施保护工程，圆满完成全省普查、上报工作。

二是扎实推进退役士兵教育培训和安置工作。山西省在积极研究制定、报送审批《山西省退役士兵职业教育和技能培训实施意见》的同时，及时做好了有关政策精神的宣传和传达工作，顺利完成了全省参加教育培训退役士兵的摸底工作，并确定了40所教育条件好的定点培训院校。截至11月底，全省共安置城镇退役士兵6474人，其中安排工作5422人，办理自谋职业956人，通知转移档案96人。

三是切实提高军转安置工作质量。全省今年共安置军转干部677人，其中计划安置637人，自主择业40人，安置在党政群机关的，占计划安置总数的85%。省军转办坚持公平、公正、公开的原则，安置过程邀请纪检监察部门同志全程参与监督；继续采取使用空出的领导职位、增加非领导职数等办法，优先落实好师团职军转干部工作和职务，对功臣模范和长期在艰苦边远地区的军转干部给予照顾性安置。

四是稳步推进随军家属安置工作。晋中市、长治市双拥办积极协调人社、编办等部门，为驻市部队17名符合随调随迁条件的随军家属调动安置到行政事业单位工作。吕梁、晋城、长治、太原坚持为随军未安置家属发放生活补助，全年共计280万元。从2011年1月1日起，长治市每名随军未就业家属生活补贴标准将由现在的240元/月提高至350元/月。

五是大力开展社会拥军工作。阳泉、太原组织两新组织开展“新晋商万企联万户感恩行动”，41家企业与336户在乡老八路和老复员军人结成帮扶对子，为他们每人每年资助6000元现金。临汾市山西师大、平阳医学院等高等院校坚持科技拥军，共帮助部队培养实用人才1460多名、专业技术人员450多名。大同、长治、忻州、晋中、运城等地建立了“八一车队”、“拥军超市”、“双拥文艺团”等品牌社会拥军组织，在全社会产生了良好的影响。

在总结回顾2011年山西省双拥工作所取得成绩的同时，我们也应看到，当前山西省双拥工作也存在一些矛盾和问题：双拥工作发展还不够平衡，个别地区和单位对双拥工作的认识及工作力度还不到位；双拥工作的社会化程度还不高，在动员社会力量方面还不够充分；双拥创建活动形势相对单一，还存在重评比、轻创建的现象；双拥政策法规还不够完善等。这些问题的存在都需要各级党委、政府在今后的工作中引起重视，认真研究解决。在新的一年里，全省双拥工作将按照省委、省政府和省军区的要求，以改革创新的精神，以更高的标准和更大的力度，通过广大军民的共同奋斗提高到一个新水平，为全省保增长、保民生、保稳定，为国防和军队建设共同努力，作出新的、更大的贡献。

内蒙古自治区二〇一一年双拥工作总结

2011年，全区的双拥工作在全国双拥办的指导下，在自治区党委、政府和内蒙古军区的领导下，以新一轮双拥模范城（旗县）创建活动为契机，努力创新军民共建形式，认真落实各项双拥政策，在全区范围内掀起了争创双拥模范城（旗县）的热潮，推动了双拥创建工作向更高层次迈进。

一、顺应形势发展需要，切实加强双拥工作的组织领导

全区各级军地领导，顺应双拥工作形势发展需要，切实加强了各级双拥组织机构建设，不断加大工作领导和指导力度，促进了双拥工作的健康发展。一是增强忧患意识，把双拥工作摆上重要位置。军地双方不断强化思想认识，始终把双拥工作纳入重要议事日程，作为党政军各级一把手工程，共同做好双拥工作的组织、协调、指导和督察。从自治区到盟市、旗县（市区）始终坚持了党委议军会议制度，研究解决事关驻军部队建设的重大问题。锡林郭勒盟每季度召开一次双拥工作成员单位联席会议，通报双拥工作情况，有效对接部队需求和社会资源。二是健全组织机构，为双拥工作提供组织保证。自治区根据人事变动情况，及时调整和充实双拥工作领导小组。各地以创建双拥模范城（旗县）为契机，切实加强了各级双拥组织机构建设，全区9个地级市、2个计划单列市双拥办全部设置了单独机构，做到了人员、编制、经费三落实，并且双拥办专职主任均高配为副处级，有的还是正处级。全区50%以上的旗县（市区）建立健全了办公机构，保证了双拥工作的顺利开展。三是完善机制，确保双拥工作有序开展。各级双拥办健全了各项工作机制，制定了《双拥办公室内部管理制度》，坚持了双拥工作领导小组和联络员会议制度，第一书记述职、军地双向讲评等制度，使双拥工作进一步规范化、制度化。各级还进一步完善了财政投入机制，自治区双拥办每年列支专项工作经费100万元，各级财政把双拥经费列入年度预算，为有效开展双拥工作提供了经费保障。

二、以双拥模范城（旗县）命名表彰为契机，提高双拥工作整体水平

2011年是四年一次的全国双拥模范城（县）评比表彰年，我们以此为契机，深入开展创建活动，使全区的双拥工作迈上了一个新的台阶。一是认真做好自治区双拥模范城（旗县）的命名表彰工作。今年，在自治区检查考评的基础上，双拥办对56个申报推荐全国和自治区双拥模范城（旗县）的地区的检查考评情况进行了汇总，并向自治区双拥工作领导小组组长、副组长汇报了检查考评情况。之后，按照程序，对拟命名表彰的自治区双拥模范城（旗县）在《内蒙古日报》进行了公示。

8月26日，自治区党委、政府、内蒙古军区隆重召开了自治区第八次双拥模范城（旗县）和模范单位及个人命名表彰大会，命名了56个自治区双拥模范城（旗县），表彰了100个双拥模范单位和100名双拥模范个人。双拥办被自治区党委、政府、内蒙古军区评为爱国拥军模范单位。二是积极做好全国双拥模范城（县）的推荐、申报工作。7月初，我们经过认真准备、多方协调，顺利通过了全国双拥模范城（县）检查考评组对自治区双拥模范城（旗县）创建工作的检查考核，检查考评组对自治区双拥工作给予了充分肯定。同时，按照全国双拥办的要求，在自治区命名表彰的基础上，认真做好分配自治区13个全国双拥模范城（县）、2个爱国拥军模范单位和2名爱国拥军模范名额的推荐、申报工作。按照规定的程序，经征求北京军区的意见，在自治区主要媒体进行了公示，及时上报了有关材料。三是在全区范围内深入开展创建双拥模范城（县）活动。各地认真贯彻落实自治区双拥模范城（旗县）命名表彰大会精神，开展了多种形式的双拥活动，广泛动员全体军民投身于全国双拥模范城（县）创建活动之中。包头市适时召开了双拥工作领导小组（扩大）会议和市委议军会议，传达贯彻自治区命名表彰大会精神，市委、市政府和包头军分区印发了《包头市2011—2014年双拥工作规划》，极大地调动了全市军民争创全国双拥模范城“七连冠”的热情，使双拥工作呈现出更上一层楼的发展态势。

三、不断加大宣传教育力度，营造了双拥工作的浓厚氛围

全区各地各部门把双拥宣传和国防教育作为基础工程来抓，普遍建立了以新闻宣传部门为主力军，以国防教育展厅和爱国主义教育基地为主阵地，以党校和学校为主课堂，以干部群众、民兵和学生为主要对象的较为完整的双拥宣传和国防教育体系。一是以节日、纪念日为契机，加大宣传教育力度。各地利用元旦、春节、“八一”、“全民国防教育日”、征兵、重大纪念日等时机，深入宣传《中华人民共和国国防法》、《中华人民共和国国防教育法》、《爱国主义教育纲要》、《征兵工作条例》等政策法规。特别是新修订的《中华人民共和国兵役法》和《退役士兵安置条例》颁发后，全区上下充分抓住各种时机加大宣传力度，做到了家喻户晓。各地还通过举办报告会、演讲会、知识竞赛、书画摄影展览、军地座谈会、军民联谊会等群众喜闻乐见、生动活泼的形式进行广泛宣传。二是加强阵地建设，不断创新宣传教育形式。全区各级国教办及相关部门充分发挥职能作用，利用国防教育展厅和爱国主义教育基地，根据形势的需要，及时更新教育内容、改变教育手段、突出教育效果。同时，加大资金投入，搞好硬件建设。全区普遍对烈士纪念馆、纪念碑、陵园等爱国主义教育基地进行了修缮。通辽市各苏木镇、街道办事处在明显地段和居民小区设立了双拥宣传标牌，赤峰日报开辟了《双拥花正红》专栏，呼伦贝尔紧紧抓住旅游业发展的契机，把国防教育基地打造成主要的旅游景区，营造了浓厚的双拥氛围。三是组织开展了形式多样的群众性宣传教育活动。在纪念建党90周年、建军84周年期间，全区各地组织开展了各种群众性的纪念活动。自治区妇联、自治区双拥办和内蒙古军区政治部联合举办了“好军嫂”“兵妈妈”评选表彰活动，表彰了100名群众公认的“好军嫂”和战士喜爱的“兵妈妈”。海拉尔区组织开展了以“光荣的军队伟大的党”为主题的大型歌曲演唱会，观众达3000多人。额尔古纳市在中心广场组织了有近4000人参加的军（警）民联欢活动，这些活动均以其广泛的群众性，产生了很好的社会效益。

四、积极支持部队建设，为参试参演部队提供坚强有力的服务保障

全区各级党委、政府正确处理国防建设与经济建设的关系，围绕军事斗争准备和部队战备、训练及正规化建设，做了大量卓有成效的工作。一是进一步加大了对部队建设的支持力度。2011年全区各级政府投入5.58亿元资金，提供各类用地14万多亩，帮助部队改善执勤、训练和生活条件。阿盟各级党委、政府在地方财力十分有限的情况下，投入近2000万元，积极改善部队生活条件，协助搞好后勤保障，有效解除了部队和官兵的后顾之忧。满洲里投入资金695.4万元，为部队办实事157件。乌海市政府为驻市部队投入资金4496.58万元，支持配合部队完成军事训练、战备执勤、国防施工等项任务。二是大力开展智力拥军、科技拥军，支持部队提高“打赢”能力。包头市把科技拥军作为双拥工作的重中之重，建立了以政府为指导，以院校科研单位为依托，以科技文化服务为载体，以人才培养为重点的科技拥军机制。各党政机关围绕质量建军、科技拥军战略，积极开展以送“新技术、新知识、新智能”为主要内容的智力拥军、科技拥军活动。二连浩特市开展了为边防连队“送科技、送法律、送文化、送医疗”四下乡活动和“法律援助进警营”活动。呼伦贝尔市民营企业代表马洪祥、何文一年来为部队捐款达400多万元，在社会和部队中都产生了积极的反响。锡林郭勒盟积极探索新时期双拥共建模式，驻地大唐、神华、蓝电、协鑫、华润等新兴企业集团先后20余次深入部队开展职工军训、组织拥军慰问、举办联谊晚会，为提高部队战斗力作出了应有的贡献。三是积极做好天宫一号、神舟八号飞船交会对接任务的服务保障工作。自治区是神舟飞船的首区和落区，在2011年的天宫一号、神舟八号交会对接任务中，自治区6个盟市11个旗县（市区）和10多个部门单位积极配合，通力协作，为参试部队提供了多方面的保障和支持。为保证天宫一号和神舟八号的成功发射，阿拉善盟额济纳旗主动帮助部队清理场区、转移牧民，确保了场区安全。乌兰察布市四子王旗为飞船的安全着陆无私奉献，全方位予以服务保障。各级民政部门、双拥办公室充分发挥参谋助手作用，做了大量的军地协调工作，有力地保证了各项任务的落实。自治区成立了天宫一号、神舟八号飞船交会对接任务内蒙古落区军地协调领导小组，召开了内蒙古落区军地协调会，为部队完成科研试验任务从多方面提供了有力支持，得到了总装备部和基地领导的好评。总装备部向自治区发来了感谢电。

五、围绕服务驻地经济社会发展，拥政爱民工作成效显著

驻自治区部队按照军委、总部的要求和自治区经济发展的战略部署，始终把服务地方经济社会发展作为义不容辞的职责，“视人民如父母，把驻地当故乡”，开展了一系列富有特色、卓有成效的拥政爱民活动。一是积极支援地方应对多种自然灾害。2011年以来，自治区先后发生了洪涝、干旱、风雹、凌汛等灾情，在危难时刻，全区部队和广大民兵预备役人员牢固树立灾情就是命令、时间就是生命、使命高于一切的意识，不怕疲劳、连续作战，想方设法完成任务，为挽救灾区人民生命财产作出了贡献。在多地发生凌汛和洪涝灾害的关键时刻，驻地的人民解放军和武警部队，在当地政府防凌防汛指挥部的统一指挥下，迅速启动应急预案，全力组织防凌抗洪抢险，受到了当地党委、政府和人民群众的高度赞誉。北京军区给水工程团千里驰援山东、河北、贵州受旱灾区，遂行抗旱打井任务，共出动兵力695人，车辆装备174台，展开14个机台，共成井227眼，可有效解决灾区540余万群众生产生活用水困难，受到了军委总部、两级军区首长的充分肯定以及地方党委、政府和人民群众高度赞誉。10月12日，军委胡主席签发通令，给给水工程团记集体一等功。二是积极参加社会公益活动。全区部队积极投身驻地社会公益事业。一年来，先后开展了“博爱一日捐”、“送温暖、献爱心”、扶贫帮困等捐助活动，广大官兵积极响应号召，纷纷奉献爱心，全区军警部队共捐款800多万元。各部队还根据驻地医院血库血源紧张的实际情况，组织官兵积极报名参加义务献血，受到了驻地医疗单位和人民群众的高度赞誉。四是大力支援社会主义新农村新牧区建设。内蒙古公安边防总队以深化爱民固边模范村创建工作为载体，关注民生，积极服务社会主义新农村新牧区建设，共创建爱民固边模范村104个，8个嘎查实现刑事“零发案”，8个嘎查被自治区综治委挂牌表彰。武警内蒙古森林总队针对内蒙古自治区生态环境相对恶劣、沙化严重的实际，主动将植树造林、防沙治沙活动纳入当地政府的统一计划，采取防沙治沙和营建“绿色卫士林”等多种方式实施重点绿化，集中开展有影响、见实效的绿化活动，累计投入 7000 多人次，共种植树苗 5 万余株，为驻地的生态治理和环境改造发挥了积极的作用。

全区的双拥工作虽然取得了较好的成绩，但也存在一些问题。一是双拥工作发展不够平衡，二是双拥组织机构、自身能力建设有待加强，三是政策法规落实有不到位之处。2012 年，我们要认真贯彻落实全国双拥模范城（县）命名和双拥模范单位及个人表彰大会精神，加大双拥政策的落实力度，在解决重点、难点问题上有新的突破，全面提升双拥工作的质量，切实把全区的双拥工提高到一个新的水平，为进一步巩固和发展军政军民团结的大好局面、推进国防建设和经济社会协调发展作出更大的贡献！

辽宁省二〇一一年双拥工作总结

2011 年，全省双拥工作以构建富庶、文明、幸福新辽宁为主线，以支持国防和军队建设为主题，以创建双拥模范城活动为载体，坚持军民融合式发展，全省双拥工作呈现出科学发展的局面。

一、重点工作取得成效

一是第七轮双拥模范城评选圆满结束。按照第七轮创建活动的方案，省双拥办量化了指标，规范了程序，组织了多层次、大范围的评选推荐工作，通过公开、公平、公正的评选推荐活动，充分调动了各地创建双拥模范城比学赶帮的热情，创建质量不断提高。通过了全国双拥办对辽宁的考核和检查，确保了拟受全国表彰的双拥模范城推荐对象顺利通过验收，全省有 11 个市、2 个县（市）获得全国双拥模范城荣誉称号，2 个单位和 2 名个人获得全国双拥模范单位和模范个人。对拟受表彰的单位和个人事迹组织了严格的考核和筛选，以省委、省政府和省军区名义召开了命名表彰大会，命名了省级双拥模范城 24 个，双拥模范县（区）45 个，表彰了 217 个双拥模范单位和 15 名双拥模范个人，个人享受省部级劳模待遇。全省第七轮创建双拥模范城活动画上了圆满句号。二是“万台计算机进军营”活动提前完成。按照年初成员会议安排和部署，全省开展了“万台计算机进军营”活动。各地党委政府高度重视，把计算机援助活动作为当前党委政府拥军的一项具体措施列入日程，民政、财政部门积极配合，认真抓好全面落实。省双拥办也会同省军区政治部多次深入锦州等地指导工作，督察落实。通过省、市、县（区、市）三级筹资和社会捐赠等办法全省共援助计算机 1.4 万多台，其中省财政安排 800 万元专项资金，定向援助驻军 2800 台计算机，原计划 3 年完成的任务，1 年完成。三是朝阳军民协作区 3 年建设高质量完成。省和朝阳市多次召开协调会议抓好落实。2011 年，军地共同投资 2160 万元，完成 24 个养殖、种植业项目建设，农民收入大幅度提高；军地联手开展了共建基层党组织、乡村环境改造、科技文化扶贫、结对帮建和“五下乡”等活动，推动了当地基层组织建设、乡村文明建设发展，改善了村容村貌和生态环境，提高了农民的生活质量；地方党委、政府拥军热情高涨，全力保障部队在协作区完成各兵种训练任务，达到了“军队、地方、群众”三满意，实现了真正意义上的“共建双赢”目的。四是加大随军家属就业安置力度。结合新出台的《关于调整军人家属随军政策的意见》，11 个市出台了货币化安置政策，使 2310 名随军家属享受到货币补偿待遇。同时，全省还通过广泛实施军嫂进社区、对口安置、提供公益性岗位等系列配套安置政策，并辅之以就业前技能培训和信息服务，为 1700 多名有就业愿望的随军家属安排了适合的就业岗位，解决了后顾之忧，稳定了干部队伍。

二、拥军活动成效显著

一是配合部队演习，做好支前保障。围绕“砺剑—2011”等省内十几个重大军事演习，突出做好演习区域的场地、道路、交通、通信、安全等服务保障工作，确保完成训练任务；当地党委、政府和有关部门配合演习部队做好群众损失赔偿和后续工作，减轻了部队的压力；组织各类慰问团前往演习部队驻地慰问官兵，帮助部队解决了实际困难；春节、“八一”期间，省领导带头，全省党政机关、企事业单位、社会团体和“两新组织”广泛开展了节日走访慰问部队活动，全年慰问资金达到2700多万元。二是发挥资源优势，服务部队发展。依托创建双拥模范城活动，充分整合和发挥科技、人才、制造、信息等资源优势，从部队官兵实际需求出发，广泛开展了文化、科技、政策、人才拥军活动。组织拥军文艺演出150多场，赠送图书、杂志1万多册，举办优抚安置政策咨询50多场，培训各类人才3100多人，投入近3000万元帮助部队改造训练设备、升级自动化信息系统和营房修建、道路整修以及煤水电公共设施维护等多达200余项；配合全国爱国拥军促进会，组织开展了百名企业家“拥军边关行活动”，为边海防部队送去价值100万元的设备。三是广泛开展宣传，强化拥军意识。组织省、市国防教育讲师团到党政机关、企事业单位宣讲200多场，听众达到10万多人次；为1100名处级以上干部举行国防教育报告会，组织2000多名中青年干部接受国防教育和军事训练；发挥报刊、广播、电视、网络、移动通信等“五位一体”媒体作用，广泛进行国防拥军系列宣传活动；以九一八和全民国防教育日为契机，集中开展“勿忘国耻，强我国防”鸣警活动；省内高校普遍建立了国防教育专栏，宣传大学生入伍建功立业典型；各中小学校把国防教育纳入教学主渠道，与开展军训、夏令营等活动有机结合，进一步强化国防意识。四是打牢双拥基础，增加发展后劲。注重培养双拥典型，树立双拥品牌，发挥示范引领作用。省直和各地机关事业单位、企业、社会团体、“两新组织”等143个单位被评为爱国拥军模范单位；省直单位共建活动扎实，形式多样，内容丰富，成效显著；基层社区双拥共建制度、组织、人员得到完善和加强；双拥大厦、双拥车队、双拥商场等老一批双拥品牌形象得到社会好评；“两新组织”等社会化拥军活动步入常规。2011年又有40个车站、广场、学校和商场被评为全省双拥“十佳车站”“十佳广场”“十佳学校”和“十佳商场”，全社会拥军氛围更加浓厚、热烈。

三、难点、热点工作取得新突破

一是伤病残人员移交安置工作成效明显。2011年是接收部队伤病残人员任务最重的一年，各地重点解决好移交过程中住房、医疗、安置和生活保障等难点问题。通过进一步完善移交机制，提高效能，确保了移交工作顺畅、便捷，做到了随交随接，妥善安置。2011年全省移交伤病残人员697人，移交数量、安置情况和满意率均位于全国前列。二是稳妥做好退伍退休军人安置。采取预留领导职位，增加非领导职数或先进后出、带编分配等办法重点做好军转干部安置工作。2011年全省共接收安置军转干部2704人，计划安置2194人，比上年增加18%，安置人数居全国第五；全省接收退役士兵22024人，其中应安置11117人，已安置10894人，安置率达98%；全省培训退役士兵7111人，培训率达95%；接收安置军队离退休干部和退休士官1834人。三是军队住房社会化保障进程不断加快。全面贯彻落实《辽宁省军队人员住房供应社会化实施意见》，各地普遍把住房社会化保障工作纳入了党委重要议事日程，地方政府全力支持，采取了划地统建、免收城市建设配套费、纳入地方保障性住房体系等三项重大举措，探索出了军队人员住房军地融合、社会保障的创新路子。这项政策在全国全军尚属首例，总部和军区转发了经验。目前，全省共解决军队人员经济适用住房1725套，政策支持驻军自建住房7130套，团购住房2149套，减免城市建设配套费2.35亿元。

四、优抚保障水平得到全面提升

一是提高优抚对象生活保障标准。为全省14.6万名优抚对象调整了抚恤和生活补助标准，平均上调幅度18%；为全省重点优抚对象每人发放生活补助和物价补贴180元；为优抚对象中老党员每人发给一次性生活补助 2500 元；省、市两级下拨优抚资金达到 11.35 亿元，比 2011 年增加了 2.65 亿元。同时，完成了全省 14.5 万新增优抚对象认定和审批工作。二是开展关爱功臣和祭扫保护烈士墓活动。组织了 1000 名残疾军人、在乡复员军人和 56 名老烈属康复疗养；为 6500 名残疾军人和“三老”优抚对象配发了拐杖；为 365 名听力障碍的残疾军人配发了助听器；为 3 所优抚医院增添了价值 650 万元医疗设备；投资 2100 万元，保护改造 19 处县级以上烈士陵园，在全国零散烈士纪念建筑物保护会议上介绍了经验；完成了 3.2 万个零散烈士墓的普查，迁建散葬烈士墓 8500 个；组织安排了祭扫抗美援朝烈士墓和中越反击战辽宁籍烈士墓祭扫活动。三是开展人文关怀和精细化管理服务。重新调整了 1100 名优抚工作联络员；为全省优抚对象印制了 30 万份年画；建立了网上辽宁优抚工作图书馆，年访问量达到 16 万人次；对 13 万优抚对象数据重新进行了审定，建立了 18 万优抚对象电子档案，进一步推进了全省优抚工作精细化管理。

五、支持地方经济建设作用突出

驻辽部队牢记人民军队宗旨，继承和发扬拥政爱民优良传统，在完成各项军事任务的同时，积极开展参建援建工作，为全省各项经济社会建设作出了卓越贡献。沈阳军区党委站在国家安全和发展战略全局的高度，坚持军民融合式发展，大力推进朝阳军民协作区扶贫帮困工作，不断加大资金投入，协作区“四点”建设初见成效，产生了良好的政治、经济和社会效应。省军区扎实推进民生建设，朝阳预备役给水工程团连续奋战 8 个月，勘察井位 214 个，打井 42 眼，解决了朝阳旱区 3.2 万群众饮水困难，得到了朝阳市委、市政府和旱区广大群众的高度赞誉。沈阳军区空军部队充分发挥自身优势，支持地方完成了大连机场、锦州机场软基处理工程，阜盘高速公路路基土工程等重点经济建设项目；运输大队出动飞机 6 架次，协助辽宁电视台拍摄防空演练宣传片，配合铁道部完成了多次铁路选址航拍任务。武警辽宁总队动用兵力 37000 余人，圆满完成了应对金正日访华专列反恐护卫以及大连“达沃斯”年会、省“两会”、“党代会”等大型活动安全保卫任务。二炮某基地机关和广大官兵与驻地积极开展了共建共育、群众性国防教育和庆祝建党 90 周年系列活动，参加了“国家森林城市”“卫生文明城市”创建活动，植树造林 30 余亩，清除垃圾 4 万余方。2011 年 8 月份，辽宁地区遭受强热带风暴袭击，多地出现洪涝灾害。驻辽部队和民兵预备役共出动官兵 2800 余人次，安全转移群众 3500 多人，挽回经济损失 1100 余万元，为保护人民生命财产安全作出了突出贡献。

吉林省二○一一年双拥工作总结

2011 年，吉林省双拥工作在省委、省政府和省军区领导下，在驻吉解放军和武警部队的支持下，全省广大军民坚持以科学发展观为统领，围绕吉林振兴大局，着眼新军事变革，坚持走军民融合发展的路子推动双拥工作，不断向振兴老工业基地聚力，向做好军事斗争准备聚焦，双拥工作焕发出了前所未有的生机与活力。

一、深化教育、大力宣传，营造浓厚的双拥社会氛围

坚持把双拥教育纳入全民教育体系，渗透到经济、社会发展的各个环节、各个部位，强化广大军民国防观念和双拥意识，打牢全社会参与双拥工作的思想基础。一是扎实开展国防和双拥教育。各级党委和各部队宣传部门把国防和双拥纳入军地政治教育计划，纳入学校教学内容。采取领导宣讲，举办报告会、座谈会等形式，认真组织学习党中央、国务院和中央军委关于做好新形势下双拥工作的一系列重要指示，引导广大军民充分认清加强军政军民团结的重要作用和意义。二是不断拓展宣传载体。发挥广播、报刊、电视、网络等媒体作用，加强武士陵园、革命纪念馆等教育基地建设，集中宣传我军的光辉历程、宣传军政军民团结的新成就。出台了《加强零散烈士纪念设施建设管理保护工作实施意见》，推进了吉林省烈士纪念设施管理保护工作的发展。开展了“烈士纪念网上征文”活动，从全国各地的325篇投稿中精选出38篇获奖作品，在网上刊登并汇编成册。9月18日上午，以省委、省政府名义在通化市杨靖宇烈士陵园隆重召开了3000余名社会各界代表参加的“吉林省纪念抗战66周年暨九一八事变发生80周年大会”，在全社会营造了弘扬烈士精神的浓厚氛围。三是不断加大典型宣传力度。大力宣扬双拥工作先进典型。挖掘了长春市锦程街道真情服务官兵的典型事迹，先后被军委徐才厚副主席两次批示给予充分肯定，并被评为全国爱国拥军模范单位，并在东北三省作了巡回事迹报告。军队退休干部张义军为兵维权的事迹得到中央政治局常委李长春同志高度赞誉。

二、加大投入、排忧解难，为部队履行新时期历史使命提供强力支持

吉林省各级党委政府坚持从适应部队现代化建设的需要出发，把援建的着力点放在帮助部队解决实际困难上，积极为部队办实事、解难题。一是领导高度重视，确保拥军工作高起点运行。年初召开了省委常委议军会议，对巩固军转安置工作成果、做好退役士兵安置工作、拓宽随军家属就业安置渠道、支持驻军部队政工网络建设、加强军队住房社会化改革、筹建军地联合应急指挥中心等6个方面问题作了明确部署。各相关部门认真落实议军会议精神，所涉事项做到了事事有回声、件件有着落。春节、“八一”等节日期间，省委、省政府专门召开了党政军领导座谈会，进一步密切感情、沟通信息、研究解决问题。在省委、省政府的高度重视下，全省各地党委议军会、党政军领导座谈会、双拥工作座谈会、军地联席会等已经形成制度、进入常态，成为了各级党委、政府的一项重要工作内容。二是加大支援力度，大力支持部队基础设施建设。各地各部门不断加大投入，认真为部队解决重点难点问题。全省各地筹集资金1000多万元，启动了一批重点边防道路、码头、通信建设、人防骨干工程和预备役部队综合训练基地建设项目，积极为驻军和武警部队办公、生活和训练设施建设投入经费、减免费用。在全省开展“万台微机进军营”活动，一次性向部队赠送电脑万余台，提高了部队信息化建设水平。三是积极排忧解难，全力为军人军属提供优质服务。围绕驻军官兵高度关注的“后路”“后院”“后代”等实际问题，各级积极采取切实可行的办法。在军转干部安置上，不断加大工作力度，全年有95%的军转干部被安排到了党政机关。在退役士兵培训上，吉林省在已开展的“暖兵助业工程”、“百万特别职业培训工程”基础上，按照国务院、中央军委通知精神，2011年上半年以省政府、省军区名义出台了《关于加强全省退役士兵职业教育和技能培训工作的意见》，正式将退役士兵职业教育和技能培训工作提上了全省工作的议事日程。在随军家属就业上，在全省采取了货币化安置政策，每月向随军未就业家属发放补助金，使之收入达到当地人均最低工资标准。在军人子女教育上，全省普遍实施了入学加分和择校减免费用等优惠政策，保证军人子女在义务教育阶段都能到当地最好的学校接受教育。

三、军民联合、优势互补，合力推动军地平安建设

吉林省地处中朝边境，是少数民族聚集地区，又是经济欠发达省份，半岛形势复杂，社会利益矛盾突出，对全省安全稳定带来了较大挑战。各级不断加强军地军民协作，建立起有效的军警民联防联治体系。延边、白山、通化等边境地区开展的“同心筑堡垒”活动，组织军警民共建基层组织，使边防部队与当地的党支部、村委会形成了紧密的联防，有效地防范和打击了境外敌对势力破坏和分裂活动。各级国家安全机关主动与部队配合，围绕重点目标，加强平安建设交流合作；主动帮助部队对官兵进行敌情、保密和安全防范教育。各级公安、司法等部门与部队通过联合预防、联合治理，有效维护了社会的稳定和部队的安全。8月30日，在延边召开了军警民共建社会主义精神文明活动现场推进会，有效推动了吉林省“强基富民固边”工程。特别是与 65301 部队连续第四年开展了以联合预防、联合治理、联合建设为主要内容的“三联”工作，为集中军地力量，共同开展综合治理，维护社会秩序，确保部队稳定提供了有效载体。部队多次协助公安机关破获重大刑事案件，配合信访部门处理个别人员上访事件。公安部门与部队共同抓好营区周边的治安管理，多次破获盗窃军用通信线缆、军用标志设施等案件。司法、检察院、法院等部门坚持开展“送法进军营”活动，为官兵进行普法宣传教育，热心帮助部队解决涉法问题，提高了官兵法律意识和依法维权的能力。交警和公路管理部门经常与部队联合开展军车整治活动，使军车违章、盗用、冒用军车号牌等问题得到有效治理。

四、落实政策、讲求实效，维护优抚对象的切身利益

各级以落实好各项优抚政策为重点，采取有效措施，加大力度，认真做好服务保障工作，不断提高优抚对象的待遇水平。紧紧围绕《吉林省军人抚恤优待办法》，狠抓各项优抚政策的落实。从 10 月 1 日起，全省再次提高了优抚对象抚恤补助标准。残疾军人等的残疾抚恤金标准和烈属等的定期抚恤金标准，分别在原基础上提高了 15%—20%，在乡老复员军人定期定量补助标准每人每年增加 840 元。8 月份召开全省优抚工作会议暨长春市优抚对象医疗保障现场会，推广了二道区实行的“一保、一定、一补、一兜底、一站清”五位一体的优抚医疗服务保障体系和在定点医院实行的“四免、七减、六优先”的医疗制度。在全省组织开展了对 60 岁以上部分农村籍老年退役士兵生活补助的发放工作和对部分老年烈士子女的普查、身份核实和信息上报工作。与省财政厅联合出台了《吉林省抚恤经费管理暂行办法》，建立了优抚资金监管及社会化发放机制，推行了优抚对象个人账户“一卡通”制度，使优抚资金的管理使用更加严格规范。指导全省开展了优抚档案管理规范化建设，受到民政部检查组的好评。进一步严格了评残、批烈等常规性工作的程序和标准，全年分四次组织了 915 人次体检，受理评残档案 1354 人次，审批烈士 8 人。为充分体现党和政府对烈士家属的深切关怀，组织近百名烈属进行了为期一周的疗养，组织了体检，并开展了参观伪皇宫、军史馆等丰富多彩的活动，为每位烈属发放了慰问金。这也是吉林省自新中国成立以来首次举办这样大型的烈属疗养活动，吉林电视台进行了专题报道，收到了良好的社会效应。

五、发挥优势，践行宗旨，驻军官兵积极为第二故乡作贡献

驻军部队在完成战备训练任务的同时，紧紧围绕吉林省经济社会发展总体目标，强化责任，把握重点，发挥优势，在“三个文明”建设中发挥了生力军作用。积极参加重点工程建设，围绕交通、水利、生态、能源等基础设施建设重点用兵。2011 年在吉林省新农村改造试点任务中，全省驻军和武警部队在人力、物力、财力上给予了积极支持。省军区连续 6 年组织开展民兵万亩大造林活动，得到地方党委政府和人民群众的充分认可，产生了良好的生态效益和社会效益。4 月份驻吉 65301 部队，集中出动兵力 10000 余人次，车辆机械 500 余台，帮助地方完成灌渠河道清淤、植树等民生工程，有力支援了吉林省经济和生态建设。广大官兵积极实施“富民兴边”和“扶贫帮困”工程，共投资建设希望小学 12 所，使 2000 多名失学儿童重返校园。驻军医疗单位与 21 个乡镇卫生院建立了帮扶关系，连续 11 年参加了省里组织的“爱心献功臣”行动，为贫困群众和在乡老兵进行义诊 8 万人次，累计发放药物价值 100 余万元。

一年来，在全省军民的共同努力下，吉林省的双拥工作成绩效果明显，发展态势良好，但也存在着一些薄弱环节。一是受地区经济条件所限，各地发展很不均衡；二是部分成员单位发挥的作用还不明显；三是部队官兵关心的一些热点难点问题还没有从根本上得到解决。在下一步的工作中我们要针对问题进一步研究探索解决办法，使吉林省的双拥工作再上新的台阶。

黑龙江省二〇一一年双拥工作总结

2011年，省双拥办按照年初制定的《黑龙江省2011年双拥工作要点》要求，以“军地共建活动”为平台，以国家级双拥模范城（县）考评工作为重点，以浓厚双拥工作氛围为依托，各项双拥工作实现了稳步推进、创新发展。

一是开展了丰富多彩的双拥共建活动。春节前夕，省委、省政府在哈尔滨举行了迎新春拥军活动，吉炳轩书记出席活动，王宪魁省长出席活动并致辞。按照省委、省政府统一部署，省双拥办开展了走访慰问部队和烈军属等系列活动，组织开展了由100名基层模范官兵参加的“迎新春·模范官兵喜看第二故乡新变化”活动。活动期间，模范官兵代表参观了哈尔滨市松浦大桥、太阳岛雪博会、群力新区、731遗址、哈飞汽车工业集团有限公司、冰雪大世界，亲眼目睹了第二故乡的巨大变化，体验了“十一五”期间黑龙江省经济社会发展的丰硕成果。“八一”前夕，省委召开了省委常委议军会议，吉炳轩主持会议并作重要讲话，提出军地要着力抓好规划政策融合、国防动员融合、后勤保障融合、科研科技融合、信息共享融合、应急救灾融合、基础建设融合、人才资源融合、共建文明融合、社会管理融合等十个融合。省委书记吉炳轩同志亲自召集军地相关部门负责同志，研究部署“八一”期间的活动安排，并确定黑龙江省建军84周年拥军主题为“文化进军营，创建新和谐”。按照这个主题，以省委办公厅、省政府办公厅名义下发了《关于做好“八一”期间拥军优属工作的通知》，专门就“八一”期间全省拥军优属工作进行了部署。开展了“送图书进军营活动”，省委、省政府向驻哈部队领导赠送了节日慰问品——《中国通史》，并邀请驻哈部队领导观看了军事题材的经典影片。开展了“送电脑进军营活动”，慰问了援建黑龙江省民生工程建设部队某部苏宁团，并赠送了慰问品——20台电脑。开展了“送电影进军营活动”，省双拥办、省委宣传部、省广电局协调组织电影小分队，在“八一”前分赴省军区、省武警总队、93163部队、65426部队、省森警总队、省消防总队的基层部队，为广大基层官兵放映了电影，丰富了基层官兵的文化生活。为纪念中国共产党建党90周年和中国人民解放军建军84周年，省双拥办在全省范围内开展了为期一个月的“七个一”系列双拥活动（开展一次国防教育活动、一次瞻仰先烈活动、一次“两个工程”宣传活动、一次援建住房活动、一次医疗巡诊活动、一次拥军帮建活动、一次爱民帮扶活动），进一步密切了军民鱼水深情，浓厚了双拥社会氛围。此外，按照2011年“三联”工作总体部署，协调65426部队开展了阿城区双丰灌区渠道清淤工程、肇东市青肯泡幸福排干防洪堤坝加高培厚工程、哈尔滨市军民共建生态林工程等三项民生工程，共出动兵力3500多人次，车辆260多台次，为地方的经济发展、民生保障和环境保护作出了突出贡献。

二是完成了国家双拥模范城（县）考评迎检工作。7月7—8日，以全国双拥工作领导小组成员、民政部优抚安置局局长邹铭为团长的全国双拥模范城检查团一行8人到黑龙江省检查双拥模范城创建工作情况。此次检查的主要任务是总体了解黑龙江省双拥工作情况并在此基础上，抽检牡丹江市双拥模范城创建工作。孙永波副省长高度重视此次迎检工作，多次就迎检工作对省双拥办作出批示。在国家确定黑龙江省的抽检地市是牡丹江后，按照孙永波省长指示，张伟主任责成省双拥办组成督导小组，对牡丹江的迎检工作进行专项指导。杨喜军副主任也多次与牡丹江市双拥办领导沟通、指导，并就迎检工作作出了专门要求。省双拥办按照全面部署、重点指导、突出成果的原则，两次赴牡丹江就各个迎检环节现场检查督导，并就每一项检查内容和民政部关注的重点工作，如零散烈士纪念设施普查工作和问题优抚数据清理整顿工作等，形成了专门的汇报材料。同时，要求牡丹江市比照省里就相关重点工作形成了专门的汇报材料。此外，为生动、形象反映黑龙江省近年来双拥工作取得的成效，让检查团真切领略和感受黑龙江“同呼吸、共命运、心连心”的军民融合氛围，省双拥办仅利用20多天的时间，编撰出版了题为《北疆寒地、双拥热土》的双拥工作纪实画册，孙永波副省长亲自作序。画册记录了黑龙江省13个地市的双拥工作情况。丰富、精彩、鲜活的军民共建内容，给检查团留下了深刻的印象。牡丹江市委、市政府领导也高度重视迎检工作，举全市之力，统筹相关部门资源，确保了各个迎检环节的顺利进行。检查结束后，在交换意见座谈会上，邹铭局长对黑龙江省及牡丹江市的双拥创建工作给予了高度评价，并特别指出：“如果需要向全国双拥工作领导小组汇报此次考评情况，我们将对黑龙江省的双拥创建工作给予充分肯定。”

三是推荐申报了国家级双拥模范城（县）、单位和个人。全国双拥模范城（县）表彰每四年一次，今年是国家级第七届双拥模范城（县）表彰年。10月9日，全国双拥工作领导小组、民政部、总政治部联合下发了《关于做好全国双拥模范城（县）、双拥模范单位考评推荐工作的通知》，全国双拥工作领导小组、人力资源和社会保障部、民政部、总政治部联合下发了《关于评选全国爱国拥军模范和拥政爱民模范的通知》，给黑龙江省下达的全国双拥模范城（县）名额为13个（上届下达黑龙江省名额12个、爱国拥军模范单位2个、爱国拥军模范2个（拥政爱民模范名额下达到各大军区，沈阳军区名额2个，由沈阳军区负责推荐）。按照通知要求，省双拥办根据去年省级双拥模范城（县）考评情况及各地申报情况，经请示省领导，并征求沈阳军区、省军区同意后，推荐哈尔滨市、齐齐哈尔市、牡丹江市、佳木斯市、大庆市、鸡西市、双鸭山市、伊春市、黑河市、双城市、克山县、同江市、鸡东县申报了国家级双拥模范城（县）；推荐中国石油大庆油田有限责任公司和大兴安岭林业集团公司申报了爱国拥军模范单位；推荐鸡西市双拥办主任、市民政局局长张广兰，黑龙江北方佳宾酒厂总经理宋金和申报了爱国拥军模范，向国家上报了有关材料。目前，黑龙江省申报材料已通过审核，并在中国双拥网上进行了公示。此外，还开展了黑龙江省爱国拥军促进会相关筹备工作。

上海市二〇一一年双拥工作总结

2011年上海市双拥工作在市委、市政府和上海警备区的领导下，紧紧围绕经济社会建设、国防和军队发展的主题主线，以构建社会主义和谐社会和服务建设信息化军队为目标，以双拥模范（先进）评选工作为抓手，坚持传承“世博”双拥成功经验，不断夯实双拥工作社会基础，努力推进军民融合式发展，进一步提升双拥工作整体水平，为上海加快实现“四个率先”、加快建设“四个中心”和社会主义现代化国际大都市，为推进驻沪部队建设科学发展、促进战斗力生成模式转变作出了新的贡献。

一、思想高度重视，组织领导力量进一步加强

市委、市政府和驻沪各部队认真贯彻落实党中央、国务院和中央军委关于新形势下做好双拥工作、加强军政军民团结的指示精神，继承和发扬双拥工作优良传统，始终自觉站在维护国家主权、安全和发展利益的高度，把双拥工作作为促进社会和谐和提高部队战斗力的重要途径去认识、思考和谋划。市委、市政府主要领导多次强调“要把双拥氛围搞得浓浓的”，要求“上海双拥工作始终要走在全国前列”；分管领导经常到部队走访慰问，开展调研，察看实情，听取建议，现场解决实际问题。

在武警政治学院体制编制调整改革期间，市领导多次前往调研，协调解决学院建设与发展中遇到的实际困难。各级领导坚持做到“四个亲自”，即亲自主持召开常委议军会议、亲自审定双拥工作规划、亲自过问双拥工作重大问题、亲自参与双拥工作重大活动。各级双拥工作领导小组各成员单位和职能部门尽职尽责，全力支持双拥工作发展，形成了齐抓共管的整体合力。各级双拥工作部门认真履职尽责，努力加强与军地有关部门和单位的沟通联系，积极做好组织协调和联络服务工作，推动双拥工作广泛开展和有效落实。

二、宣传普及深入，社会氛围更加浓厚

本市各级、各部门和各部队认真学习贯彻新修订的《兵役法》和中共中央、国务院、中央军委《关于加强新形势下国防教育工作的意见》，以及本市的相关实施意见，深入街道社区和基层连队，广泛宣传国防和双拥政策。各单位深入开展“十百千万”活动，全年共有4.1万人次的处以上领导干部参加“军营一日”活动，48.9万人次的市民群众走进军营参观，235.7万人次的青少年学生接受各种形式的国防教育。市双拥办组织编印了《上海市民国防和双拥知识手册》，向驻沪部队官兵和居民（家庭）共计印发624万册，各区（县）和驻沪各部队在认真组织学习、宣传的基础上，广泛开展国防和双拥知识演讲比赛、板报评比等一系列活动，有力地推进了国防和双拥知识进机关、进部队、进校园、进社区工作，进一步提高了国防和双拥知识的普及率和知晓度。各级双拥工作部门认真做好“世博双拥”成功经验回顾总结工作，积极推广世博双拥经验。市双拥办编撰了《军民融合式发展新篇章——2010年上海世博会双拥工作巡礼》《世博双拥情——上海军民携手共建平安服务世博掠影》等。各级优抚部门积极开展烈士纪念设施普查工作，普遍对部分烈士陵园和烈士建筑设施进行了维护和修缮，组织编撰了《上海市烈士英名录》和《上海市烈士纪念设施汇编》。上海双拥艺术团大力开展群众性双拥文艺演出活动，全年共到街道社区和部队基层单位开展双拥广场文艺演出181场次。各区（县）、各部门在建党90周年、建军84周年之际，广泛开展了军民联谊、主题教育、主题歌会、主题展览等活动，普遍设立了各类双拥宣传标语和设施，有的区还成功上演了双拥题材沪剧《军礼》，进一步浓厚国防和双拥氛围。

三、服务融合式发展，支持部队建设力度不断加大

一是大力支持部队完成战备训练任务和信息化建设。全市各级、各部门加大科技拥军力度，建立科教拥军培训基地（学校）157个，转让科技成果4项，帮助部队科技攻关65项，军地合作科研项目66项；针对部队官兵专门开办的学历教育班27个，培训各类专业人才5313人，其中研究生70人、本科生233人、大专生349人；赠送电脑897台，赠送价值223万元各类图书13万册。各有关区（县）积极支持驻沪部队完成训练演习等任务，帮助建立训练场（基）地59个，清理海域、场地321.9平方公里，帮助革新装备器材166件，解决训练演习中的实际问题135个，保障训练演习物资供应306.5吨，补偿训练演习地群众损失9.5万元，慰问训练演习部队经费2000余万元。二是积极支持部队基础设施建设和后勤保障社会化。市政府在春节和“八一”期间赠送1000万元慰问金，改善官兵节日伙食，各区（县）在重大节日期间也积极开展各类慰问走访活动。各级、各部门积极支持部队基础设施建设，全年共投资4859.3万元帮助部队修建营区、家属区39处，面积2.8万平方米，帮助修缮通往部队营区的道路8条、18.7公里，修建军人俱乐部74个，帮助建立副食品基地6个、面积3450平方米。各区（县）补贴各部队水电煤99.06万元，补贴军粮差额268.9万元，减免有关税费303.4万元。三是着力研究解决热、难点问题。认真落实优抚安置政策，各区（县）妥善安置城镇退伍士兵5445人，军队离退休干部360人，培训随军随调军队干部家属1250人次，帮助508名随军随调家属实现就业，对军队干部子女入学优待1665人。积极开展法律拥军，维护军人及其家属合法权益，建立维权法庭11个，建立维权法律咨询站394个，解决官兵涉法问题300余个，官兵涉法问题结案率100%。四是加强社会化拥军工作研究探索。各区（县）充分发挥“拥军优属协会”、“优抚驿站”等作用，以“政府购买服务”等方式，扩大社会化拥军工作基础，全市建有基层拥军优属组织2337个，参加基层拥军优属活动的单位、社区5407个，参与基层拥军优属活动的服务人员5.6万人次，基层拥军优属活动的受益对象15.8万人次。市双拥办组织召开了军民融合式发展和社会化拥军经验交流会，进一步推广军民融合式发展和社会化拥军成功经验。

四、科学规范考评，推动双拥工作创新发展

一是精心组织双拥考评。市双拥工作领导小组召开了第十二次全体会议，对本届考评工作专门作了动员和部署，市政府主要领导亲自参加，并就做好考评工作提出了具体要求。全国《创建命名管理办法》和《考评标准》颁发后，市双拥办及时印发相关单位和部门，并专门召开会议进行传达学习。同时着眼早筹划、早准备，组织精干力量，完成了本市双拥考评有关文件的完善修订工作，及时出台了考评实施细则、评选办法和考评标准，为考评工作提供了法规依据。二是各区（县）高度重视、积极参与。各区（县）党政领导高度重视，“一把手”亲自组织研究筹划，多次召开会议部署考评工作，在自查总结的基础上，周密细致准备，积极申报和推荐双拥模范（先进）单位和个人。各成员单位和有关职能部门、驻沪部队各大单位政治部领导积极参与，全力支持配合做好考评工作，确保了各阶段工作顺利有序实施。三是创建考评工作有力地推动双拥工作创新发展。通过双拥模范创建，进一步提高各级党政军领导对双拥工作重要性认识，坚持高起点谋划双拥工作，重视加强国防和双拥宣传教育，双拥工作氛围进一步浓厚，注重解决热点、难点问题，呈现出你追我赶、争先创优、各具特色的良好发展态势，涌现出了许多精彩纷呈的双拥工作新亮点，广大军民的切身利益得到有效保障，促进了本市双拥工作整体水平的提高。2011年7月初，全国双拥办在上海检查创建考评工作时，对本市创建考评工作给予了高度评价。

五、忠实践行宗旨，拥政爱民工作更加深入扎实

一是出色完成重大安保任务。上海警备区会同驻沪各部队组建了支援上海应急处突“六支力量”，在维护治安环境、处置突发事件和群体性事件、保障城市运行安全等方面发挥了重要作用。在“世游赛”举办期间，驻沪各部队努力开展“为世游赛添彩，为党旗增辉”活动，广大官兵战高温、斗酷暑，不断加强处突反恐演练，确保了世游赛精彩圆满。二是积极支持本市经济社会建设。各部队积极支持和参与本市经济社会发展各项工作，全年完成义务劳动日24万天，参加义务劳动官兵27万人次，出动车辆5.4万台次，抢险救灾2万次，抢救遇险群众1.4万人次，抢运各类物资4428.8吨，挽回各类经济损失74079万元。三是广泛开展为民服务活动。各部队深入开展“军徽映夕阳”、“军徽照晨曦”和“军民共建现代化老龄服务事业”等活动，主动与驻地敬老院共建，积极开展敬老活动，全年结对养老院288个，参加服务官兵2万人次，接受服务老人6.5万人次。在此基础上，市老龄委、双拥办和上海警备区政治部共同举办了“军徽映夕阳”活动经验交流会。广泛开展青少年国防教育，全年派出军训教官8000人次，军训学生4.7万人次。积极参加向贫困地区和灾区人民“送温暖、献爱心”活动，向困难群众捐款541万元、捐物3.3万件，进一步密切军政、军民关系。

江苏省二〇一一年双拥工作总结

2011年以来，全省双拥工作坚持以邓小平理论和“三个代表”重要思想为指导，深入贯彻落实科学发展观，着眼促进军民融合式发展，以创建全国双拥模范城（县）活动为抓手，以又好又快推进“两个率先”和提高驻苏部队现代化建设水平为目标，积极改革创新，狠抓工作落实，双拥工作在继承中创新、在巩固中提高、在改革中发展，各项工作取得了新进步。

一、各级高度重视，双拥领导力度不断加大

全省各级党委、政府始终把双拥工作作为巩固党的执政基础、践行党的群众路线的有效载体，作为促进军政军民团结、增进军民鱼水深情的重要举措，作为促进经济社会又好又快发展、推进国防和军队现代化建设的有力抓手，加强组织领导，加大推进力度。根据人员调整和工作分工情况，及时完善省市双拥工作组织领导机构。各级严格落实年度党委议军议警会议、军地联席会议、军政座谈会议、国防动员会议、军地重大事项协调会等制度，把双拥工作纳入军地年度工作目标、领导干部考核体系。2011 年 7 月 28 日，省委在南京专题召开了常委议军会，研究解决涉及部队建设发展的重大事项。春节和“八一”前夕，省委罗志军书记、李学勇省长、石泰峰副书记、黄莉新副省长等 9 名省领导和各地党委政府领导，分别带队慰问驻苏部队，主动帮助部队解决实际困难，受到了广大官兵的好评。部队首长特别关心支持江苏省双拥工作，总政治部李继耐主任批示肯定江苏省双拥工作，军区陈国令政委亲自到南通海门市检查指导双拥和国防教育工作，军区吴刚副政委亲自带队到江苏省调研军民融合式发展情况，省军区 2 次组织双拥和民兵预备役建设调研活动，促进了江苏省双拥工作的有效落实。

二、宣传教育深入，爱国拥军氛围更加浓厚

各级各部门坚持把双拥宣传和国防教育作为巩固军政军民团结的基础性工程，深入开展宣传教育活动。坚持以领导干部为重点，广泛组织开展党委理论中心组学习、国防教育报告会、专题研讨班，不断强化国防观念和双拥意识。以创建全国双拥模范城为契机，利用省市各级主要新闻媒体加大双拥宣传力度，完善省、市、县各级双拥网站，邀请军地专家学者开设专题讲座，搞好户外广告牌和社区、营区宣传栏、公益性标语设置，营造了浓厚的爱国拥军社会氛围。省双拥办组织参加“全国双拥模范城（县）领导话双拥”征文活动，获奖数量列全国第一，省双拥办荣获优秀组织奖；省双拥办参加民政部组织的拥军优抚安置工作政策理论研究，全省获奖篇数 21 篇，列全国第一；省双拥办在全国率先建立完善省级“江苏双拥网站”，全年编印下发《江苏双拥工作简报》58 期，加强对全省双拥工作的宣传。各地结合实际广泛开展了“红歌接力歌咏会”、“英雄城市双拥情”、“五拥五送”等双拥主题活动，发动成千上万军民参与，产生广泛的社会影响。江苏省 18 个城市与 19 艘海军舰艇积极开展“城市与战舰”结对共建活动，2011 年有多艘大型战舰访问江苏省的共建城市，“昆山舰”2011 年又被命名列编部队。“徐州舰”圆满完成亚丁湾护航、利比亚撤侨护航任务凯旋时，徐州市党政军主要领导和群众代表远赴基地迎接，慰问部队官兵，开展了丰富多彩的共建活动。注重培养和宣扬双拥典型，先后推出的全国爱国拥军模范庄印芳、全国“十大情系国防好家庭”陈巧云、拥军夫妇曹迎军和倪振娥、优秀退伍军人李彬、柳堡“二妹子”模范民兵班、抗震救灾英雄集体武警水电五支队、优抚安置模范企业扬中大全集团等，在全国影响广泛，成为引领推动双拥工作深入开展的典范和旗帜。全省各地各部队通过高密度、多形式、全方位、大纵深的双拥宣传教育，打牢了双拥工作“四季歌”、“365 工程”的社会基础。

三、政策落实到位，实事拥军措施扎实有效

认真落实优待抚恤政策。在全国率先建立自然增长机制的基础上，及时提高全省各类优抚对象的抚恤补助标准，将重点优抚对象纳入物价补贴范围，全面推广优抚对象医疗救助“一站式”结算平台建设，大力推进义务兵家庭优待金“城乡一体化”。深入推进全省退役士兵免费职业技能培训。省民政厅牵头，军地有关部门密切配合，狠抓落实。2011 年全省接受的 2010 年冬季退役士兵 ××× 人，培训率占退役士兵总数的 83%，培训后的就业率保持在 95% 以上。积极探索军转干部安置办法改革。全省各级不断深化“量化考核、积分选岗”军队转业干部安置办法，2010年江苏省军转干部接收总数、计划分配数、师团职干部数、随调随迁家属数均居全国第一，安置到党政机关的军转干部占86.7%，部队、用人单位和军转干部满意度不断提高。努力做好随军随调家属就业和子女就学工作。积极完善“两就”政策措施，采取指令性安置和市场调节相结合的办法，主动做好随军家属就业、军人子女入学工作。徐州市在中小学深入开展“做军人子女成长导师和校园家长”活动，常州市坚持将随军家属的指令性安置与军转干部安置实行同步下达计划、同步部署任务、同步督促落实，较好解决了部队干部的后顾之忧。率先实施“慰烈工程”。从2009年开始，江苏省在全国率先实施散葬烈士集中安葬的“慰烈工程”，将散葬在田间地头的4万座烈士墓全部迁移修缮，年底前全面完成。3月底，民政部在徐州市召开了“全国零散烈士纪念设施集中管理保护工作会议”，推广江苏省“慰烈工程”的经验做法。

四、驻军发挥优势，支援地方建设成效显著

驻苏部队继承和发扬人民军队拥政爱民的优良传统，把建设江苏、服务江苏、保卫江苏作为光荣义务和政治责任，积极支持和参与地方改革开放和现代化建设，为促进江苏经济社会发展、维护社会和谐稳定作出了新的贡献。勇于承担急难险重任务。各部队和民兵预备役积极完善防汛抗灾、森林防火、抗灾减灾预案计划，开展针对性训练，确保一有灾情能够快速出动。在组织扑灭江阴市定山森林火灾中，南京军区赵克石司令员坐阵指挥，调动部队和民兵专业灭火分队×××多人，经过近20多小时奋力扑救，胜利完成灭火任务。在抗击“梅花”台风行动中，省军区孙心良司令员亲临一线，组织部队和民兵预备役迅速实施了积极有效的防护措施。上半年江苏遭遇严重旱情的情况下，驻苏部队和民兵预备役紧急启动抗旱救灾预案，先后出动×万余人次、车辆×××多台次，全力帮助群众抗旱保苗、恢复生产。一年来，驻苏部队参加各类抢险救灾160多次，为保障人民群众生命财产安全作出了重要贡献。大力支援经济社会建设。注重发挥组织严密、反应快速、突击力强的优势，大力支持驻地重点工程建设、重大活动执勤，驻镇江的南京军区某部出动××名官兵、××台工程机械，历时2个月，支持镇江技师学院新校区建设。各部队大力开展文明创建活动，参与驻地文体会演、红歌大赛，积极为党政机关、学校、企事业单位组织“军营日”和做好军训工作，组织广大官兵义务献血和慈善募捐，深入社区和学校开展爱民便民服务活动，为驻地人民群众做了大量的好事实事。积极开展扶贫帮困活动。各部队立足实际，每年集中力量为驻地农村办一至两件有声势、有影响、有效益的实事。驻苏州的南京军区某部积极组织“红星助学”活动，先后向600余名贫困学生资助××万元，连续16年将自己农场生产的大米捐赠给驻地贫困家庭和社会福利机构。驻徐州的某集团军春节前筹措经费××万元、大米和面粉×万斤、食用油×××斤，走访慰问300户困难群众和下岗职工家庭。各部队每年都组织医疗队到驻地敬老院、福利院和贫困家庭义务巡诊，免费体检、送医送药。省军区深入推进“双带双扶”活动，积极参与脱贫攻坚工程，为促进社会和谐发挥了重要作用。

五、军地共创共赢，促进双拥水平整体提升

全省各级认真学习贯彻国家下发的双拥模范城《管理办法》和《考评标准》，结合江苏省实际，省双拥办研究制定了《江苏省创建全国双拥模范城（县）考评标准》，增加了10条“江苏特色加分项目”，在全国5个“一票否决”项目的基础上又增加了“慰烈工程”一项，进一步提高了江苏省的创建标准。各地各部队着力加强对创建工作的组织领导，把创建工作列入党委、政府和驻军的年度重点工作，普遍召开创建动员大会、创建签约大会、创建成果推进会、创建督办协调会，采取倒排期限的方式，按时间节点抓好创建任务落实。尤其是各地认真对照双拥模范城考评标准和检查考核重点，逐条开展梳理排查，及时解决存在问题，使创建过程成为双拥工作再宣传、再落实、再提高的过程。各部队主动配合做好全国双拥模范城创建工作，积极搞好宣传发动、检查督导，形成了军地联动、全民参与、整体推动的良好格局。2011 年 6 月份，全国双拥办对江苏省创建全国双拥模范城情况进行了检查考核，对江苏省和各地创建工作给予了高度评价。从 10 月份开始，按照全国统一部署，江苏省认真组织双拥模范城的考评推荐工作，严格标准程序，坚持公开公平，由省双拥办各位主任带队，会同领导小组成员单位和军地有关业务部门同志，组成 4 个检查考核组，赴申报全国双拥模范城的省辖市和县级市进行了检查考核，委托权威机构对群众满意度进行了测评，较好地完成了全省评选推荐申报工作。

浙江省二〇一一年双拥工作总结

2011 年，全省军民认真贯彻党的十七大提出的“富国和强军的统一”和胡锦涛总书记“军民融合式发展”重大战略思想，大力弘扬拥军优属、拥政爱民的光荣传统，大力推进经济社会发展，积极探索新形势下支持国防和军队建设新途径，双拥工作在继承中发展，在融合中提升，在开拓中前进，进一步巩固和加强了军政军民团结，有力地促进了驻浙部队建设，促进了浙江经济社会与国防建设协调发展、良性互动。

一、加强领导，深化认识，不断夯实双拥工作基础

全省军地各级不断强化“居安不忘思危，致富不忘拥军”的国防意识，着眼新形势、新任务、新目标、新要求，加强组织领导，狠抓工作落实。第一，健全组织，完善机制。省党政军领导始终把巩固军政军民团结、促进社会和谐，作为新时期双拥工作的重中之重，列入议事日程。地级以上市均有双拥办专门机构，工作人员编制落实，并长期坚持军地合署办公制度；县（市）双拥办有编制工作人员，并坚持军地合署办公制度。全省各级双拥办日常工作坚持经常，并工作经费财政予以落实。各地都认真落实了党委议军会议、军地联席会议、双拥工作领导小组会议、重大事件调处和重要信息通报等制度。双拥工作领导小组人员变动，做到及时调整。全省各级双拥工作领导小组，均有一名党政主要领导担任组长。第二，统筹谋划，同步发展。按照党的十七大关于“统筹经济建设和国防建设”的总体要求，积极适应经济社会发展和军事斗争准备新需求。一是把关心支持国防和军队建设纳入地方经济社会发展总体规划。各级研究制定经济社会发展规划，充分听取军事机关和驻地部队的意见。党代会、人代会工作报告都强调支持国防和军队建设，召开了党管武装或国动委会议，着重研究部署国防后备力量建设。二是把国防设施建设纳入地方基础建设整体规划。各级注重重大工程建设项目中的军事需要，把军事设施建设纳入市政基础设施建设规划之中。对部队征地拆迁、道路交通等实际问题，做到政策上支持、资金上扶持、审批上优先。2011 年，为全省驻军和后备力量建设 9 类 26 个项目纳入政府 11 个“十二五”专项规划。三是把国防科技和装备发展纳入地方科技创新体系。充分发挥科技、人才、产业优势，积极实施军地科技融合的对接，形成了政府搭台、军地互动、民企“唱戏”的融合机制。全省有 85 家较大规模民营企业进入了军用品生产市场，一批科技专家不定期到部队咨询军用品使用情况，并进行技术指导和技术革新调研。四是把拥军优属工作成效纳入党委政府目标责任考核体系。省委、省政府明确把双拥共建工作成果，作为“文明城市”、“平安县市”考评的重要内容，与领导干部政绩考评和选拔任用、部门责任、创先争优等直接挂钩。第三，宣传到位，共建深入。推进全省双拥工作向纵深发展，完善建立必须的工作机制是首要前提。一是国防教育机制。坚持把国防教育纳入党委政府议事日程，纳入公民爱国主义和社会主义核心价值教育体系，纳入各级党校和行政学院培训计划，纳入学校课程教学和思想品德教育计划，纳入精神文明建设活动范畴。东海舰队、省军区、公安海警学院等驻浙部队多次邀请驻地党政机关、企事业单位、大专院校等走进军营，开展国防教育活动。率先在全国拓展非公有制企业国防教育领域，全省90%以上的规模民营企业按规定开展了国防教育活动，并以人民武装组织机构为职能，全员职工开展国防教育和拥军活动。全省目前有上规模、上档次的国家级爱国主义教育基地139家、省级国防教育基地176家，以及583所少年军校。二是双拥宣传机制。按照突出重点、形成系列、做成品牌的思路，充分利用各类媒介开展双拥宣传工作，做到报纸有文、广播有声、电视有影、网络有位，有关经验全国双拥办向全国作了推介。浙江省以在全国有重要影响的南京军区“勤俭创业修理连”、全军标兵“硬骨头六连”、“浴火就苍生 烈焰铸军魂”的东海舰队某驱逐舰支队军官阳鹏和“见义勇为模范军官”纪晓飞，全面培育新时代的拥政爱民模范。三是社会化拥军机制。地方各级各单位不断拓展双拥社会化平台，广泛开展双拥工作“进企业、进乡村、进机关、进学校、进社区、进连队”活动。全省各级双拥工作领导小组的职能部门，充分发挥各自优势，按照赋予的职责，并根据被审定的年度工作安排计划，认真抓好各项工作落实。团省委、省妇联等单位联合开展以“走进军营、情系国防”为主题的“服务海岛官兵婚恋行动”，为广大驻守海岛的青年官兵牵线搭桥。湖州市的军民携手结对共建社会主义新农村活动，成果显著。台州市、温州市、嘉兴市相继成立了民营企业拥军协会，积极融资社会资金，加大对驻地部队建设的支持力度。目前，全省已建立县级以上成规模的军民共建点9057个，双拥共建网络化已有了良好的布局。

二、拥军支前，富国强兵，进一步加大支持军事斗争准备力度

全省各级各部门坚决贯彻落实党中央、中央军委的决策部署，把部队建设作为双拥工作的首要突出重点。一是推进支持部队基础设施建设工程。各级各部门积极为部队提供政策和资金支持，帮助部队改善办公、训练和生活条件。省发改委、省交通运输厅、省财政厅等部门积极帮助部队解决建设立项、规划和资金支持。杭州市协调有关部门，专门设立了以“武警边防总队”命名的公交停靠站点，方便边防总队机关官兵的工作和生活。2011年全省各级政府和社会慰问及支持部队各项投入经费达×××亿元，实物4480余万元，划拨土地550亩，修建道路36.5公里，减免税收0.7亿元。二是推进训练演习支前保障工程。各级各部门坚持“部队练打赢、地方练保障”，积极为在浙江省沿海举行较大规模海训、演习和军事行动的演训部队提供住房、供应各种物资、提供参训民船保障。某集团军、省武警等部队官兵参加世博安保和东海舰队舰船赴索马里亚丁湾执行护航任务时，省委、省政府及有关市和省公安厅、省文化厅、省卫生厅等单位及时组织慰问并帮助解决生活保障等问题，极大鼓舞了官兵士气。三是推进国防动员建设工程。全省各地先后组建了一批国家级、省级国防动员中心和信息物资储备基地，全面完成了人防指挥所建设，重点城市人防工程面积达到人均0.97平方米。率先在全国探索民营企业武装工作路子，目前浙江省有471家民企成立了人民武装部，60余家民企被确定为战时“民转军”单位，1800余支民兵队伍在民企落地生根。四是推进科技强军工程。把科技拥军工作纳入“科技强省”战略，充分发挥地方大专院校、科研院所知识密集、师资雄厚的优势，帮助部队搞好复合型人才培养和科技人才培训。积极引导高新技术企业参与国防军工科研生产，省里先后3次组织省内750家民营企业与一批军工企业、军事科研院所开展科技对接交流活动，签订军民合作项目60余项。实施军民科技合作项目350项，总投入超过百亿元。

三、主动参与，携手共建，驻浙部队积极投身实施“两创”总战略

驻浙部队着眼当地经济社会发展和安全稳定大局，把支持地方建设作为提高部队完成多样化军事任务能力的实践平台，将其纳入军队工作全局来筹划实施，组织广大官兵和民兵预备役人员积极投身地方经济社会建设。一是主动承担世博安保、防汛抗台等急难险重任务。充分发挥人员、装备优势，积极承担急难险重任务，为高效应对各类突发性灾害及事件作出了积极贡献。据统计，2011年，驻浙部队为支持地方工程建设、公益事业和抢险救灾，共出动车辆近5.5万台次，兵力近10多万人次，支持民用项目500个，为灾区群众捐款1000多万元、捐物价值500多万元。驻浙某集团军和二炮部队充分发挥"突击队"的作用，出动1万多名官兵、500多台次工程车辆，帮助地方进行农田水网改造、环境卫生整治。驻浙某航空兵部队、空军部队为驻地西湖博览会等重大活动提供警卫、导航、气象等保障服务。总参谋部驻浙部队在为地方科技保密工作提供技术指导发挥了重要作用。二是深入开展军民共建和谐创建活动。驻军各单位广泛开展了"争当参建先锋，争创美好家园"和"创先争优"、"双送双争"活动，建立民兵创业帮扶组织，派出宣讲团，积极为社会各界群众进行爱国主义、国防知识和革命光荣传统教育。驻浙某集团军部队、海军某保障基地部队和省军区系统、公安海警学院等充分利用资源，积极为地方学校承担军训任务，共派出了5679名官兵帮训。三是广泛开展扶贫帮困活动。驻浙部队牢记宗旨，积极开展扶贫济困、捐资助学等活动，展示了人民军队为人民的良好形象。丽水军分区开展以"寄发一封慰问信、进行一次走访慰问、组织一次老兵座谈、开展一次技能培训、帮办一件解困实事、宣扬一批先进典型"为主要内容的"六个一"活动，引导广大复退军人自觉遵纪守法，积极投身地方经济社会建设，为驻地学校和共建希望小学中长期发展给予了大力支持。

四、完善政策，共建双赢，军政军民关系更加和谐

全省各级党委、政府坚持把依法维护国防利益和军人军属合法权益作为拥军优属的基础工程，不断探索完善制度政策体系，与时俱进地做好随军家属就业、子女入学、退役军人安置和优抚工作。一是军人维权保障体系不断完善。省司法厅和省军区政治部在杭州举行了驻浙部队法律援助工作站授牌仪式，至目前，驻浙陆、海、空和武警部队122个团以上单位都建立了法律援助工作站，维权工作机制延伸拓展，为官兵提供"零距离"、"一站式"法律援助服务。2011年，全省各地维权组织妥善处理各类涉军问题172起，一些长期困扰部队、影响军政军民关系的历史遗留问题逐步得到解决。二是军人生活服务体系不断完善。军队保障社会化是军民融合发展的重要内容，各地以军民共建为平台，积极开展探索和实践，在政策、资金等方面给予扶持帮助。舟山市协调相关社会组织积极参与部队后勤保障社会化工作，基本建成了部队伙食供应社会化保障体系，并成立了市随军家属就业管理服务处。2011年，全省共安置随军家属就业500多名，随调军属就业54名。对不能及时安排就业的随军家属，及时发给未就业补助金。妥善解决官兵子女入学、入托，是稳定部队建设的重要环节。近年来，浙江省及时贯彻国家教育部有关政策规定，并结合浙江省实际，省政府研究出台了随军子女入学、入托优惠政策规定，并责成省军区、省教育厅、省民政厅联系开展督察指导工作，发现问题及时纠正。三是就业安置和培训服务体系不断完善。省委组织部、省教育厅、省人力社保厅等单位千方百计做好转业干部安置工作，健全完善了考试考核、竞争上岗相结合的安置工作机制，并对师团职干部采取预留职位、超编超职、先进后出等办法进行重点安置。仅2010年，浙江省共接收安置军转干部1580名，其中师职干部31名、团职干部447名。省民政厅和省财政厅联合出台了《浙江省伤病残退役军人接收安置办法》，按照"自谋职业、双向选择、政府保底"的原则，做好退役士兵退伍安置工作。省委、省政府高度重视退役士兵职业技能教育培训工作，专门召开会议并出台了《浙江省人民政府关于加强退役士兵职业技能教育培训工作的意见》，全省参加职业技能培训的退役士兵8400人，落实经费5060万元，其中首批190名退役士兵走进高校，做法得到军委领导好评。省军区、省民政厅、省教育厅、省人力社保厅等部门组织指导本系统有关单位，分层分类开展培训，确保退役士兵想读书有机会、想学技能有渠道、想提升学历有平台，把退役士兵培养成巩固基层政权的骨干、加快经济发展的骨干、维护社会和谐稳定的骨干。伤病残人员接收安置，计划任务全部落实到位。四是重点优抚对象生活保障体系不断完善。自浙江省各地建立优抚标准自然增长机制以来，各类重点优抚对象抚恤补助标准大幅提高，每年增幅超过 30%。目前优抚对象城乡基本医疗保险、医疗补助、医疗机构优惠减免和医疗救助“四位一体”的医疗保障体系和医疗报销“一站式”实时结报服务体系已经做到全覆盖。浙江省在全国率先建立城乡一体的 60 周岁以上老复退军人社会养老保险优待制度，对参保复员退伍军人，其军龄视同缴费年限，并加发优待养老金，较好地解决了复员退伍军人老有所养的问题。2011 年，全省有近 2100 户烈军属家庭，享受了住房保障。五是复退军人维稳工作体系不断完善。由于体系健全，职责明确，政策落实，浙江省各地没有发生因政策不落实而引发的复退军人群体性进京上访事件。

五、双拥创建，重在推进，模范示范作用名副其实

自首届省级双拥模范城（县）创建活动启动以来，浙江省立足实际，不断完善双拥创建考评机制。一是重在贯彻执行。全省各级双拥工作领导小组能够针对《全国双拥模范城（县）创建命名管理办法》和《浙江省双拥模范城（县）考核评比细则》，及时出台《实施意见》或《实施办法》。尤其是 2010 年《全国双拥模范城（县）考评标准》的出台，各单位及时转发，并认真组织学习和细化，研究制定了具体的工作措施。二是重在自我加压。全省各市、县（市）能够结合本地实际，即将出台的《实施意见》或《实施办法》是双拥创建工作的深化细化。做到了“标准下再设标准、条款下再设条款、内容下再设内容”，较好地促进各项工作目标的落实。三是重在特色创新。浙江处在祖国东南沿海，是军事战略要地。随着经济社会的发展，促进了军地各级各单位倍加重视双拥工作。社会组织、民营企业拥军，以及依法双拥工作，已有了良好的发展态势。军（警）民互动创建工作，已成为广大军（警）民积极参与的大环境。

安徽省二〇一一年双拥工作总结

2011 年是“十二五”规划的开局之年，也是国家大事要事比较多的一年。一年来，全省双拥工作在各级党委政府的高度重视和民政部的关心指导下，在厅党组和分管厅长的直接领导下，通过贯彻落实科学发展观，紧紧围绕中心、服务大局，以推进军民融合式发展为牵引，以创建全国双拥模范城（县）活动为主线，大力推行各项拥军优属、拥政爱民的政策法规和活动在基层落实，积极推动全省双拥工作创新发展，为进一步弘扬党的光荣传统，巩固军政军民团结，为促进和谐安徽、和谐民政建设，为省委省政府和驻皖部队实施“十二五”规划开好局、起好步作出了积极贡献。

一、加强组织领导，确保双拥工作有力有序开展

一是坚持党政“一把手”亲自抓。双拥就是政治，双拥就是大局，双拥就是稳定，已成为全省各级党政军领导的共识。省委每年召开一次常委议军会，及时研究解决部队训练演习、科研教学、国防教育、后勤保障等重大问题。2011 年元旦春节期间，省委书记张宝顺、省长王三运等领导还专程到南京军区慰问，了解部队建设情况，听取加强双拥工作的意见建议。各地党委、政府也都积极顺应经济社会发展变化和新军事变革的新形势，自觉站在战略全局的高度，把双拥工作摆上重要议事日程，纳入工作责任目标管理和经济社会发展总体规划，一同部署、一同落实。对涉及部队的问题和双拥重大活动，做到主要领导亲自审定、亲自过问、亲自参加。

二是不断完善双拥组织运行机制。根据省双拥工作的开展需要，省双拥工委及时调整充实了相关成员单位，修订了职责。并且，根据省双拥工委第二十五次会议纪要精神，省双拥工委成员单位双拥工作目标考核办法已于日前经省双拥工委主要领导批准印发。实施省双拥工委成员单位年度目标考核，这必将对今后进一步发挥省双拥工委各成员单位职能作用，形成部门协作、齐抓共管的双拥工作新格局，确保双拥工作各项任务的落实，推进军地双方全方位、深层次的融合。各地也不断加强双拥工作组织机制建设，通过积极开展双拥合格单位考评活动，在引领双拥活动不断向更深层次、更高领域迈进上收到了良好效果。如铜陵等地，在双拥合格单位考评基础上，建立了一批双拥工作示范点，并通过认真落实市委常委议军会议、军地联席会议、走访慰问、信息交流和双拥联络员等制度，制定了党政机关、企事业单位、部队、乡镇、社区等双拥工作规范，有力促进和提升了各个层次的双拥工作制度化、规范化水平。

三是大力营造浓厚的双拥工作氛围。结合纪念建党 90 周年、建军 84 周年，全省各地利用广播、电视、报刊和网站等媒体，开辟专栏专页，广泛宣传人民军队维护国家安全稳定、保卫人民群众生命财产安全的光辉业绩，让广大群众明白我们的安宁环境从哪里来、支持服务往哪里去，不断增强了开展群众性拥军优属活动的自觉性。以党校、学校和爱国主义教育基地等阵地，通过国防教育班等形式，进行生动直观的国防教育。组织开展“党管武装好书记”“武委会好主任”“好军嫂”和“双拥先进”等评选表彰活动，较好地调动了全社会关心国防、支持双拥的积极性。党的十七届六中全会和省第九次党代会不久前胜利闭幕。全省各地还把学习贯彻这两次大会精神与双拥共建工作紧密结合起来，采取群众喜闻乐见的形式，组织开展有声势、有深度、有特色的宣传教育活动，努力使会议精神深入军心民心，进一步巩固了全省军民团结奋斗的共同思想基础，为推动经济社会发展、加强军队现代化建设和维护社会稳定提供了坚强思想保证和强大精神动力。

二、紧紧围绕党委、政府和部队的中心任务，不断提高双拥工作质量和效益

一是积极深化军民融合，努力实现兴皖富民与兴武强军的有机统一。服务和推进军民融合式发展，是党中央赋予双拥工作的新任务。围绕富省强军的总体目标，全省各地各部门通过强化融合式发展理念，把推进国防和军队现代化建设、提高遂行多样化军事任务能力作为拥军工作的着力点。一方面，积极支持战备基础设施和部队基础设施建设，在财力、物力和用地等方面重点予以保障，新建了一批军需与民用一体、平时与战时衔接的公路、铁路、码头，建成了国防动员指挥网络、国防教育网和军用虚拟移动通信网络，帮助部队新建或改建作战指挥设施、训练办公场所和生活服务设施，改善了驻皖部队的办公、训练和生活条件。据不完全统计，2011 年全省各地政府和国有企业支持军队建设投入资金 × × × 亿元（其中慰问经费 2550 万元），物资价值 3006.4 万元。另一方面，积极推进国防动员建设和科技强军工作，全省各地先后组建了一批经济动员中心和信息物资储备基地，全面完成了人防指挥所建设，充分发挥大专院校、科研机构知识密集、师资雄厚的优势，帮助部队培养复合型科技人才，大力开展智力拥军、科技拥军和文化拥军活动。如铜陵通过挖掘地方科技企业潜力，建立了以三佳电子公司为龙头产业的雷达电子元器件生产储备基地；池州有 17 家企业入选国家经济动员办公室和解放军总后勤部确定的首批给养应急保障动员企业。同时，驻皖部队紧紧围绕各地“十二五”规划确立的目标任务，继续发挥组织严密、突击力强的优势，积极参与援建重大工程、扶贫帮困、捐资助学和维护稳定等工作，为推进兴皖富民大业作出了新的贡献。2011 年驻皖部队在支持地方经济建设和维护社会稳定方面，共出动兵力 17.34 万余人次，车辆 9620 台次，设备 4950 台次；捐助灾区和贫困地区 808.78 万元，建立扶贫帮困点 934 个，投入资金 663 万元，捐助希望小学 206.45 万元，资助贫困学生 5189 人。

二是落实政策法规，切实维护广大军民合法权益。全省各地始终坚持把广大军民合法权益的保障程度、正当要求的满足程度作为检验双拥工作的重要尺度，不断加大双拥政策法规的落实力度。2011 年全年中央和省共下达抚恤补助资金 11.5 亿元，全部通过社会化打卡发放兑现到优抚对象手中，并确保了义务兵优待金及时足额兑现。上半年，民政部孙绍骋副部长来皖调研检查工作时，专门听取了安徽省优抚资金社会化打卡发放的做法和经验，给予了充分肯定。并且，按照中央要求，快速落实两项新政策，及时将 9440 名符合条件但未享受农村五保和城市低保待遇的孤老优抚对象全部优先纳入保障范围。在军转退安置方面，各地能严格落实“三类人员”和转业干部的接收安置政策。特别是对团以上干部，均能优先安置在相应的党政机关，不少地方还任县处级实职，达到了干部本人、接收单位和部队“三满意”。并且，各地通过加强安置政策宣传，发放自谋职业补助金和生活补助费，组织免费职业技能培训，举办专场招聘会，积极鼓励城镇退役士兵自谋职业，妥善解决了退役士兵安置问题。另外，随军家属转岗安置是当前一个难点问题，我们过去有文件，但落实不够有力。这次双拥模范城（县）创建考评，我们把它作为一项重要考核内容要求，较好地推动了问题的解决。如马鞍山能做到出台政策快、落实快，在全省率先做好了具有公务员和事业单位身份的随军家属转岗安置工作。

三是适应形势变化，不断推动双拥工作创新发展。当前，全省已经迈入推进兴皖富民、建设美好安徽的新的历史阶段，这对双拥工作科学发展、创新发展提出了新的更高要求。一方面，我们按照“工作从基层抓起，措施在基层落实，活动在基层开展，效果在基层体现”的工作思路，积极推动基层双拥工作落实。如合肥、蚌埠等地正在推行的“社区双拥工作站”建设，不仅有利于整合社区资源与优势为辖区内部队、优抚对象提供便利服务，而且还推动了双拥服务网络向街道社区延伸。如铜陵结合社区综合管理体制改革，把重点优抚对象纳入社区网格化管理，实施“组团式服务”，实现了双拥服务网络的全覆盖，使双拥工作真正下沉到基层，落到了实处。另一方面，扩大双拥工作覆盖范围，深入探索行业拥军、新经济组织和新社会组织拥军的办法路子，广泛开展多层次、宽领域的群众性双拥活动，不断扩大军政军民团结的社会基础。如蚌埠、铜陵、马鞍山、淮南、滁州、芜湖等地从强化领导、搭建平台、典型引路等方面入手，注重帮助民企找准经济工作与拥军优属工作的结合点，注意保护和激发他们的拥军热情，努力实现资源共享，做到优势互补。目前，全省涌现了 130 多家双拥民营企业典型，涌现了像繁昌“春谷蓝丝带义工协会”这样的非公社会组织双拥典型，进一步夯实了社会化拥军基础。

三、认真抓好双拥模范城（县）创建、评选推荐工作，掀起新一轮创建活动热潮

一是不断加大创建力度。2011 年是新一轮全国双拥模范城（县）命名表彰年。全省各级党政军领导对抓好争创双拥模范城（县）工作高度重视。年初，省双拥工委就以《双拥工作要点》形式对全省创建工作进行了部署。7 月 2 日，省双拥工委还举行了第二十五次全体会议，进一步研究做好全国双拥模范城（县）评选推荐的各项工作。省双拥办根据省双拥工委第二十五次全体会议精神，及时组织召开了全省双拥办主任会议，就新一轮全国双拥模范城（县）申报推荐工作进行了再动员再部署。对照《全国双拥模范城（县）创建命名管理办法》和《安徽省〈双拥模范城（县）创建命名管理办法〉实施细则》、《安徽省评选推荐双拥模范城（县）考评标准》，各地普遍制订了工作计划和实施方案，着力在抓好工作落实，解决重点、难点问题上下功夫，掀起了新的创建热潮。在创建活动中，各级双拥办通过加强与各双拥工委成员单位和驻军的协调，确保了各项目标任务的顺利完成。6 月份，全国双拥办考核组来皖对合肥市、黄山市的双拥创建工作进行抽查，从八个方面给予安徽省双拥工作充分的肯定。

二是认真组织考核评比。为认真做好新一轮全国双拥模范城（县）的考评推荐工作，8 月底省双拥工委专门成立了由民政厅、省军区政治部、人社厅、财政厅、教育厅相关人员参加的考评组，通过采取听、看、查，召开座谈会，实地走访街道社区、驻军部队以及讲评反馈的形式，先后对申报的11个市和4个县四年以来的双拥工作情况进行了全面的检查与考评。整个评选过程坚持质量第一、平时为重，把经常性、基础性工作作为考核评比的重点，真正使检查评选过程成为抓好落实的过程。根据考评结果，在征求南京军区、全国双拥办意见的基础上，经省双拥工委研究决定，推荐上报合肥市、马鞍山市、蚌埠市、铜陵市、滁州市、黄山市、池州市、六安市、淮南市、宿州市、芜湖市、岳西县、绩溪县，共13个城（县）为全国双拥模范城（县）命名表彰对象。

2011年，安徽省双拥工作虽然取得了一定的成绩，但也存在一些不足和问题：一是双拥工作的社会化基础还要进一步夯实。整合两新组织，特别是民企等非公经济组织拥军在整体上发挥规模效应不够。二是特色品牌意识还要进一步强化。虽然不少地方在实践中创造了一些有影响的双拥品牌和典型，但亮点不能向面上放大，影响面窄。三是发展不够平衡。全省双拥工作呈现“南强北弱”趋势。

福建省二〇一一年双拥工作总结

2011年，福建省双拥工作在省委、省政府和省双拥共建工作领导小组的坚强领导下，坚持以邓小平理论和“三个代表”重要思想为指导，深入贯彻落实科学发展观，紧贴建设海峡西岸经济区和做好军事斗争准备，深入开展创建双拥模范城（县）活动，认真解决热点难点问题，进一步巩固和发展了军政军民团结的良好局面，为福建经济社会和驻闽部队现代化建设又好又快发展提供了有力保障。

一、创建全国双拥模范城（县）成果丰硕

2011年是全国双拥模范城（县）的创建评选年。全省各级领导高度重视，周密部署，扎实开展创建工作。2—4月，省双拥办组织两个调研组，分赴九地市，面对面指导双拥创模工作。6月，全国双拥办副主任、总政群工办副主任李辉率全国双拥创模检查组，对全省创建全国双拥模范城（县）工作进行了检查考核，对福建省双拥创建工作予以充分肯定。8月，各设区市根据省双拥共建工作领导小组《关于做好全国双拥模范城（县）、爱国拥军模范单位和个人评选推荐工作的通知》精神，完成评选和推荐工作。9月，省双拥共建工作领导小组抽调20名军地人员，经培训后，组成两个考评组，分别由省民政厅副厅长、双拥办常务副主任周扬基，省军区政治部副主任、双拥办副主任祁永信带队，对各设区市推荐的19个市（县）进行逐一考评，并结合了解爱国拥军模范单位和个人的推荐情况。从考评情况看，各地党政军领导高度重视，把创模工作列为“一把手”工程，加大工作力度和财政投入，狠抓薄弱环节，全面落实《考评标准》，双拥工作普遍上了新台阶。10月17日省双拥共建工作领导小组召开第三十三次全体会议，研究审议拟推荐申报的全国双拥模范城（县）、爱国拥军模范单位和个人名单。并将推荐申报全国双拥模范城（县）、爱国拥军模范单位和个人名单征求南京军区意见。10月19日，将拟推荐申报全国双拥模范城（县）、爱国拥军模范单位和个人名单报全国双拥办沟通初审。根据全国双拥办的初审意见，11月8日在《福建日报》进行为期15天公示后，经报省委、省政府、省军区研究同意，于12月1日以省双拥共建工作领导小组名义报全国双拥工作领导小组。2012年2月27日在北京召开全国双拥模范城（县）命名暨双拥模范单位和个人表彰大会，福州市等18个单位荣获全国双拥模范城（县），福建福马食品有限公司荣获全国爱国拥军模范单位，曾淑煌等3人荣获爱国拥军模范。

二、支持部队建设成效明显

一年来，全省各地继续把帮助部队搞好基础设施、训练设施、文化设施、生产生活设施建设作为拥军的重点来抓。据统计，今年全省共投入资金×××多元，完成967个建设项目，其中，基础设施项目285个，文化设施项目151个，生产生活设施项目227个，发挥了很好的综合效益，有效改善了部队的战备、训练、工作和生活条件，促进了部队全面建设。2011年来，全省各级各部门一如既往地做好拥军支前工作，全力保障部队完成军事演习和野营训练任务。一年来，全省共保障军事演习200多次，军供站共接待过往部队7万多人次，67个支前物资供应站优质优惠供应各种物资700多吨，较好完成了军供保障任务。扎实开展科技拥军活动，省委省政府把科技拥军列入为民办实事项目，财政拿出1000万元开展科技拥军活动。“八一”前夕，省双拥共建工作领导小组命名了福州大学、集美大学、漳州师范学院、泉州生产力促进中心、莆田市科技培训中心等5个单位为首批科技拥军示范基地，确定31个科技拥军项目和50个文化拥军项目。截至目前，81个科技文化拥军项目全部落实到位，5个科技拥军示范基地正在发挥作用。这些项目的建成和投入使用，有效提高了部队信息化水平，丰富了官兵业余文化生活，受到部队官兵的高度称赞。

三、政策法规建设逐步完善

随着改革不断深入和经济社会不断发展，双拥工作出现了不少新情况、新问题。其中，军转干部和退役士兵安置、随军家属就业、军人子女上学、部队干部住房困难等问题，成为部队官兵普遍关注的热点难点问题，事关军心和社会稳定。省委、省政府对此高度重视，主要领导亲自批示，强调要从大局出发，从政策上解决问题。近4年来，省委、省政府连续出台了4份拥军优属政策。2011年3月24日，省人大常委会又颁布了《福建省拥军优属条例》，7月1日正式实施，为推动双拥工作创新发展、特别是解决难点问题提供了有力的政策依据和法制保障。该条例颁布施行，惠及十几万部队官兵和优抚对象。同时，通过创模平台，加大政策落实力度，较好解决了当前部队官兵普遍关注的军转干部安置、随军家属就业、部队子女就学、部队干部住房和优抚安置政策落实等难题。

四、拥政爱民取得新的成绩

驻闽部队发扬优良传统，牢记宗旨使命，紧紧围绕中央关于加快海峡西岸经济区建设的战略部署，主动融入改革发展稳定大局，广泛深入开展拥政爱民和双拥共建活动，为支持和保障福建科学发展、跨越发展作出了突出贡献。据统计，驻闽部队共投入兵力8万多人次、车辆机械1万多台次，支援重点工程建设150多项。参与抢险救灾1400多次、抢救遇险群众1万多人，为地方挽回经济损失2亿多元。积极参与社会主义新农村建设，采取部村共建形式，开展扶贫帮困活动，挂钩的2300个扶贫点，已有80%达到脱贫致富。积极参与生态文明建设，植树造林2000多亩，绿化美化环境。积极开展军地共建平安福建活动，现有3600多对军民共建对子，75%以上受到县（团）级以上机关的表彰，在社会主义精神文明建设中起了示范带头作用，为海峡西岸经济区建设作出了积极贡献。

当前双拥工作存在的主要问题：一是工作发展还不够平衡，有的单位对双拥工作重要性的认识还不够到位；二是有的单位对解决热点难点问题措施不够有力，工作进展比较缓慢；三是随着城市化进程不断加快，一些地区在城市道路拓宽、房屋拆迁中军地矛盾增多。这些问题，已引起各地重视，并采取有效措施加以解决。

江西省二〇一一年双拥工作总结

2011年江西省双拥工作，以邓小平理论和“三个代表”重要思想为指导，深入学习实践科学发展观，全面贯彻落实党的十七大和十七届四中、五中全会精神，以创建全国双拥模范城（县）为主线，围绕服务国家和军队改革建设大局，继续解放思想，着力开拓创新，进一步巩固和加强军政军民团结，军地合力促发展保稳定强国防，为江西省加快经济和社会发展作出了积极的贡献。

一、隆重召开了江西省双拥模范城（县）命名表彰大会

2011年1月11日，省委、省政府、省军区隆重召开了“江西省双拥模范城（县）命名表彰大会”，省委、省人大、省政府、省政协、省军区的领导出席了大会。省委党委、常务副省长、省双拥工作领导小组组长凌成兴代表省委、省政府、省军区作了重要讲话，大会由熊盛文副省长主持。全省各市（县、区）的军地领导和驻昌部队官兵共800余人参加了大会。大会命名表彰了59个双拥模范城（县、区）和5名爱国拥军模范。

二、开展了各式走访慰问活动

1月18日，省委书记苏荣、原省长吴新雄率江西人民慰问团，专程赶赴南京军区走访慰问，苏荣书记作了热情洋溢的讲话，代表4400万江西人民，感谢南京军区对江西的厚爱，感谢人民子弟兵为江西各项建设作出的突出贡献，并向南京军区赠送慰问金300万元。春节前，省委常委陈达恒带队走访慰问了省军区和省武警森林消防部队，熊盛文副省长带队走访慰问了省武警总队，由省民政厅领导带队走访慰问了其他驻昌部队。共向驻昌部队赠送慰问金260万元。

三、举办了省党政军负责同志座谈会

1月25日，省党政军负责同志座谈会在滨江宾馆举行。省委、省政府、省人大、省政协领导和驻昌部队在职的副军以上领导、师以上单位的军政主官参加了座谈会。省委苏荣书记在座谈会上作了重要讲话，座谈会由原省长吴新雄主持，省军区司令员郑水成代表驻赣部队和武警官兵讲话。座谈会结束后，以省委、省政府名义举行招待晚宴。7月28日，以省党政军负责同志座谈会形式庆祝建军84周年，省委苏荣书记发表了重要讲话。座谈会由代省长鹿心社主持，省军区司令员郑水成代表驻赣部队讲话。省四套班子主要领导和驻昌部队在职的副军以上领导和师职单位和一名主官出席了会议。

四、做好了全国双拥办对江西省双拥创建工作检查考核工作

6月21—24日，全国双拥办副主任、总政治部群众工作办公室副主任李辉率全国双拥工作检查考核组一行6人到江西省检查考核双拥创建工作。6月22日上午，召开了江西省双拥工作汇报会。汇报会由省委常委、常务副省长、省双拥工作领导小组组长凌成兴主持，省双拥工作领导小组副组长、副省长熊盛文就江西省双拥创建工作作了汇报，省双拥工作领导小组副组长、省军区副政委戴勇作了补充汇报，省双拥工作领导小组成员单位参加了会议。全国双拥检查组还对南昌市、吉安市、井冈山市的双拥创建工作进行了重点检查。检查结束后，省委常委、省人大常委会副主任、省双拥工作领导小组副组长陈达恒在井冈山出席了国家检查组对江西省双拥创建工作检查情况反馈会，并代表省委、省政府、省军区表态，将以这次检查为动力，把江西省的双拥创建工作推向新高潮。省双拥工作领导小组副组长、省军区副政委戴勇出席会议。

五、开展了向全省21万烈军属挂光荣牌活动

为让“光荣之家”真正光荣起来，省委、省政府、省军区联合下发了《关于为全省烈军属颁发“光荣烈属”、“光荣军属”牌匾的通知》，对颁发的对象、时间、形式和经费保障作出明确规定和具体要求。这是省委、省政府、省军区为营造江西省拥军优属、拥政爱民良好政治氛围，进一步增强全省烈军属的政治荣誉感作出的具体措施。7 月 29 日上午，省委常委、常务副省长凌成兴，省委常委、省军区政委陶正明来到新建县，为军属万文华和熊斌烈士家中挂上“光荣军属”、“光荣烈属”牌匾。各地高度重视，各级兵役机关和民政、教育等部门通力协作、密切配合，按照“挂牌上家门、关怀到家人、解困进家庭”的要求，认真核实烈军属数量和分布情况，制订专门实施方案，派出专门人员督察，按时同步地展开。

六、顺利迎接解放军总政治部领导视察江西省双拥工作

6 月 15 日，总政治部贾廷安副主任在完成向井冈山赠送“党指挥枪”主题雕塑活动后来到南昌，视察江西省双拥工作。15 日下午在滨江宾馆举行了接见汇报会。总政群工办汤奋主任、南京军区吴刚副政委、省军区司令员郑水成、省军区政委陶正明、副省长谢茹出席。省双拥工作领导小组副组长、省民政厅徐毅厅长向贾廷安副主任汇报了江西省的双拥工作情况。16 日，贾副主任一行还视察了共青城市的双拥工作。

一年来，江西省的双拥工作虽然取得了一定的成绩，全省双拥工作的整体水平有了明显的提高。但离全国双拥办的要求，特别是离新形势下双拥工作的要求，还有一定的差距。新的一年，我们将在全国双拥办的指导下，紧密结合江西经济社会发展的实际，把江西省的双拥工作推上一个更高的水平，在构建和谐社会建设中作出更大的贡献。

2012 年工作初步考虑：深入贯彻全国双拥模范城（县）命名表彰大会精神，掀起新一轮双拥创建热潮。制定江西省《2012 年—2014 年双拥工作指导意见》，明确今后一段时期内江西省双拥工作指导思想、任务目标和具体做法；坚持军民融合式发展方略，广泛调动社会资源参与拥军优属活动，做好“江西省爱国拥军促进会”的筹建等工作。为推动江西省经济社会科学发展、军队有效履行使命任务提供坚强有力的可靠保障。

山东省二〇一一年双拥工作总结

2011 年，是全面提升双拥工作水平，努力实现省委、省政府确定的创建全国双拥模范城（县）“八连冠”奋斗目标的关键一年。一年来，在省委、省政府和省军区的正确领导下，全省各级各部门深入贯彻落实科学发展观，着力推动军民融合式发展，及时制定完善维护军人军属权益的双拥优抚安置政策，切实服务和保障好部队遂行多样化军事任务，努力改进和完善双拥模范城（县）考评体系，各项工作取得了新的进展，在巩固和发展军政军民关系，促进军地双拥共建、和谐发展中作出了新的贡献。

一、围绕争创全国双拥模范城（县）“八连冠”，不断提高双拥工作整体水平

各地各部队以迎接全国和省双拥模范城（县）命名表彰为契机，认真对照《双拥模范城（县）创建命名管理办法》和《考评标准》要求，积极制订创建活动计划，完善长效机制，明确目标责任，确保了双拥工作在各层面的落实。

一是广泛动员。省召开双拥工作领导小组会和双拥办主任会，对创建目标、工作重点等提出要求，潍坊、莱芜等地专门下发了做好双拥模范城（县）创建工作的通知，并组织力量对全市创建情况进行督导。青岛市把创城双拥列入对市直部门、县（市、区）、镇（街）以及驻军部队的年度考核内容，切实提高了各单位创建的积极性。二是抓好整改提高。各地依照《考评标准》，逐条逐项落实任务，特别是针对 5 个“一票否决”的内容认真抓好整改，枣庄、德州等地及时调整落实了市双拥办机构设置，全省伤病残军人移交安置、退役士兵培训等任务较好落实，总政群工办转发了有关经验。三是加强宣传。结合迎接新一届表彰活动，省双拥办积极组织各地参与全国双拥办开展的领导干部话双拥征文等活动，全面展示山东省创建活动新成果，济南、临沂、莱芜、济宁等地多篇论文获奖。省和各地还积极利用各类新闻媒体、宣传载体宣传双拥工作，省委宣传部、省文化厅等单位举办各类双拥晚会、军民联欢会20余场次，省广电局开辟专栏播出了《渤海第一哨》、《海岛特种兵》等多个节目。四是注重典型引导。为动员各地更好地做好双拥工作，推出并宣传了一系列先进典型、先进人物事迹。省在临沭县召开现场会，推广了临沭县两个“优中选优”的经验。省妇联开展了第八届“十佳兵妈妈”评选活动。菏泽市在全国宣传了“优秀人民调解员”李洪华的先进事迹，单县籍退伍军人牛作涛舍身救人后，省和菏泽市也专门组织开展了向烈士学习活动。6月份，全国双拥考评检查组来山东省抽查创建情况，济宁市代表全省承担了抽检任务，经过详细查阅档案资料，深入基层实地调查，开展优抚对象、退役士兵问卷调查、电话测评等环节后，全国检查组对山东省和济宁市的双拥工作给予了高度评价，认为山东省双拥工作无论在机构建设、支前保障、政策落实还是开展军地互办实事活动等方面，都是力度大、措施实、成效显著，许多工作具有创新性、开拓性，为全国提供了借鉴。在年底公布的拟表彰全国双拥模范城（县）公示名单中，山东省有20个市县在公示行列，其中，17个地级市全部进入拟命名范围，可以确保实现创建数量“八连冠”，大市“满堂红”。

二、围绕部队做好军事斗争准备，支持国防和军队现代化建设取得新成效

各级党委、政府始终站在国家安全和发展战略全局的高度，关心支持国防和军队现代化建设，积极组织协调社会各界力量，为部队办实事、解难题。

一是广泛开展拥军慰问活动。春节、“八一”等节日期间，省和各地普遍开展了内容丰富、形式多样的拥军慰问活动。部队在山东省支援抗旱救灾时，省主要领导也都深入抗旱一线慰问抗旱救灾部队官兵。临沂市各级党政机关、社会团体以及各界群众也自发地通过不同形式慰问打井部队官兵310余次，赠送价值100余万元的慰问品，再现了革命战争年代军民浓厚的鱼水深情。二是统筹安排支持国防项目建设。各地各部门按照军民融合发展的要求，在制定经济社会发展规划时，统筹考虑国防建设内容，海洋与渔业、交通运输、经信委等部门都出台了相关文件，结合业务实际出台军民融合发展的意见。聊城市一次性划拨土地2800多亩，用于建设高科技的现代化营区，并在水电气等基础设施建设方面给予全力支持。莱芜市为支持71939部队国防光缆施工任务，派出专人负责协调保障，主动承担青苗损失赔偿50多万元。三是大力开展支前保障活动。配合部队开展海训、联合演习等活动，省和各地积极做好部队进驻、禁渔禁航、交通管制、群众损失补偿等工作。威海市全年保障了各类军演训练活动21项。日照市第12年保障部队海训，提供场地21处，海岸线20余公里，有效解决部队各类实际困难120余件。潍坊、淄博、泰安、莱芜等地圆满保障了部队拉练、武警部队“滨海—11”演习等活动。四是深入开展“小散远”单位帮扶活动。省财政今年继续列支资金100多万元，对“小散远”单位进行帮扶。青岛市投入100多万元，为部队新建4所电脑学校。东营市投资600多万元，为驻地基层边防部队、雷达部队新建了营房，改善了部队官兵的工作生活条件。

三、围绕促进地方经济社会平稳较快发展，部队拥政爱民再创新业绩

一年来，驻鲁部队官兵在完成战备、训练和执勤任务的同时，时刻牢记为人民服务的根本宗旨，积极践行当代革命军人核心价值观，在扶贫帮困中做表率，在文明创建中当先锋，在抢险救灾中当主力，极大地支援了地方经济社会各项事业发展。

一是积极服务山东半岛蓝色经济区和黄河三角洲高效生态经济区建设。驻鲁部队紧密配合山东蓝黄两大发展战略，集中人力、物力、技术优势，制订援建项目计划，帮助地方开展环境改造、基础设施建设、科技攻关等工作。东营驻军先后参与了“三网绿化”工程建设、临港工业园区建设，海军048 工程指挥部出资 2000 多万元，帮助地方建设“连心渔港”，方便了海资运输。二是深入开展献爱心送温暖活动。驻鲁部队成立各类学雷锋小组、便民服务队 200 多个，积极为驻地群众送医疗、送知识、送科技，帮助改善提高驻地群众的生活工作条件。踊跃参加各类慈善救助活动，结对帮扶各类特困户、孤寡老人、残疾人 6000 余人次，捐赠和发放各类慰问金、扶贫金、助学金 1000 多万元。三是深入开展军民共建活动。共建社会主义新农村蓬勃发展，驻军团以上单位普遍建立了新农村建设挂钩点。单县人武部组织民兵开展以“一连带全村、一兵带四邻，促经济发展、促社会和谐”为主要内容的“双带双促”活动，其经验在全省推广。大力开展军（警）民联防联治，济宁军分区积极探索发挥民兵预备役人员在社会治安综合治理方面的作用，组建了 3660 支民兵治安巡逻队，承担农村、社区的巡逻任务，维护了驻地社会治安。边防部队继续深化爱民固边战略，创建爱民固边模范村678 个，沿海 7 个地级市都把爱民固边战略纳入社会治安综合治理“十二五”规划。一年来，驻鲁部队在急难险重任务中勇挑重担，特别是在军民协力抗旱救灾时，广大部队官兵英勇奋战，立下了赫赫战功。2 月份，在山东省抗旱斗争的关键时刻，北京军区和兰州军区给水工程团官兵 500 余人，千里驰援山东省临沂革命老区，用时 4 个多月，成功打井 218 眼，从根本上解决了山东省部分山区群众祖祖辈辈吃水难的问题。济南军区向山东省捐赠了抗旱资金 300 多万元，并成立抗旱指挥小组，军区范长龙司令员、杜恒岩政委亲自部署，出动 1000 多名官兵到商河县疏浚引黄河道。济南军区空军发挥优势，出动飞机参加驻地人工增雨、飞播造林等任务，为抗旱工作作出了积极贡献。北海舰队、省军区和武警部队共出动官兵、民兵预备役人员 40 多万人次，组建运水分队，开展送水、农田灌溉、清淤沟渠等工作，维修、新打机井 2400 多眼，为农业生产、群众生活提供了有力支援。

四、围绕巩固和深化拥军工作社会化服务水平，不断完善服务机制，丰富活动内容

各级各部门认真贯彻落实全国拥军工作社会化现场会精神，围绕建立健全拥军社会化“四个体系”，大胆创新、积极作为，推进全省拥军工作更加扎实卓有成效开展。济南市成立了爱国拥军促进会，为双拥工作开展搭建了新平台。临沂市拥军优属协会在服务好本地驻军的同时，走出临沂慰问驻军单位 20 多个，表达了革命老区的拥军情怀。全省各企事业单位、社会组织坚持在拥军办实事上下功夫，掀起了行业拥军、“两新组织”拥军、社区拥军的新热潮。各级团组织深入开展以“为奉献者奉献”为主题的拥军优属志愿服务活动。省委宣传部、省教育厅、省文化厅等多家单位与武警部队联合开展了警地“文化共建联创”活动。烟台市组织 200 多家民营、个体和私营企业定期开展拥军活动。截至目前，全省各类企业依托雄厚的拥军资源，建设人防工程 1284 万平方米、国防公路 531 公里和符合军事要求的物资油料仓库 210 座。各类非公经济组织开展拥军活动 7000 多次，向部队赠送帮扶物资、为退役士兵减免培训费用累计达 4000 多万元。建立拥军志愿者队伍 2 万多支，开展为驻地营房绿化美化，为军人军属送温暖、献爱心等活动 30 多万次，帮扶困难军人家庭和重点优抚对象 3000 多户；建成社区双拥工作站 3 万多个，开展双拥宣传、政策咨询等服务，同时帮助解决了大量的随军家属就业、涉军维权、军人子女入学入托等各类实际问题。总政李继耐主任对山东省拥军工作给予高度评价，指出：“山东省发扬战争年代拥军光荣传统，探索建立‘四个体系’，走开社会化拥军路子，这是贯彻胡主席军民融合发展思想的实际举措，也是对新形势下双拥工作的创新，体现了各级党政领导和人民群众强烈的国防观念和对子弟兵的深情厚谊，做法值得肯定和借鉴。”

五、围绕维护和保障好优抚安置对象合法权益，不断健全完善双拥政策法规体系

全省各级、各单位积极探索新形势下双拥工作的规律和特点，以解决热点难点问题为突破口，以推进优抚安置工作为重点，不断完善双拥政策法规建设，保障了军人军属和优抚对象的合法权益。

一是不断完善双拥优抚政策法规。省委、省政府、省军区出台了《关于做好新形势下征兵工作的意见》，在安置政策、优待标准等方面都有较大突破，有效地破解了“当兵冷、征兵难”问题。省政府、省军区出台《关于加强退役士兵职业教育和技能培训工作的实施意见》，组织安排退役士兵参加职业技能培训30865人。省民政厅下发了《关于加快做好伤病残退役军人接收安置工作的通知》，努力做到只要部队交得出，地方就能安置好，共接收安置伤病残退役军人924人。二是深入开展关爱军人军属活动。着眼于维护部队和谐稳定的良好局面，下大力气落实好军转干部、随军家属安置等政策。转业干部移交安置工作在时间紧、任务重的情况下，省人社等部门严格按照时间节点，圆满完成2778名干部的安置。省军区政治部、省教育厅、省民政厅联合出台了《山东省〈军人子女教育优待办法〉实施细则》。各地扎实推进随军家属就业安置工作，省财政专门划拨400多万元，对驻军多、随军家属安置任务重的地区予以补助。同时对266名随调家属进行妥善安置。济南市双拥办与市人社局联合，建立随军家属就业安置工作的长效机制，每年安置一批随军家属。潍坊、德州等地举办随军家属专场招聘会70多场次、组织随军家属就业培训班100多场次，帮助500多人实现了就业。枣庄、泰安等地采取政府出资购买公益性岗位的办法，优先为随军家属提供就业岗位，并及时提高工资等方面的待遇，确保随军家属生活得到较好保障。继续深入开展特困官兵家庭救助活动。省民政厅与驻军部队单位在德州市召开帮扶特困官兵家庭现场会，由省慈善总会出资100多万元，对驻鲁各部队2000多户现役特困官兵家庭进行了救助。潍坊市深入开展“双帮扶”活动，救助特困军人和优抚对象家庭70余个，赠送帮扶金、慰问品价值35万余元。三是全面落实好优抚对象的各项待遇。着力解决提高了重点优抚对象抚恤补助标准，完成了为部分农村籍退役士兵发放老年生活补助调查摸底、审核审批工作。全年共发放定期抚恤金16亿元、生活补助金16.3亿元、优待金6.5亿元、优抚医疗保障金5.19亿元，较上年分别增长16%、36%、18%和11%。全省投入优抚住房保障资金1.3亿元，较上年增长10%。接收安置退役士兵4.9万人、军休干部1689人，城镇义务兵、转业士官自谋职业补助金标准较上年分别提高了87.3%和65.8%。同时，还完成了30639座散葬烈士墓迁移和集中管理工作。清明节期间，全省烈士陵园举办祭扫革命先烈活动2.5万余场次，参加人员650余万人，发挥了“褒扬先烈、教育后人”作用。

一年来，全省双拥工作取得了显著成绩，但还存在一些薄弱环节。如，双拥工作改革创新的力度还不够大、成效还不够明显；双拥共建的层次和质量还有待进一步提升；等等。针对上述问题，要进一步加大工作力度，采取更加行之有效的措施，确保全省双拥工作在改革创新中稳步推进。

河南省二〇一一年双拥工作总结

2011年全省双拥工作，在省委、省政府、省军区的正确领导下，在各省辖市、县（市、区）党委政府的大力支持下，在全省双拥系统干部职工的共同努力下，紧紧围绕军民融合式发展的战略思想，坚持“四个重在”的总要求，按照年初制定的工作要点，紧紧围绕军民融合式发展的战略思想，以巩固和加强军政军民团结，推动经济建设与国防建设协调发展为根本目标，以促进经济发展、保障军事斗争准备、维护社会和谐稳定为中心任务，突出“两个服务”，即服务中原经济区建设和驻豫部队信息化建设；抓住“一个重点”，即全国双拥模范城（县）创建工作；确保“三个到位”，即领导力量到位、机制建设到位、工作落实到位。统筹安排、扎实工作、稳步推进，圆满完成了各项工作任务。

一、创建活动质量高成绩显著

为做好创建评比表彰工作，按照省委、省政府、省军区的要求，我们高度重视，迅速行动，按照标准条件，扎实做好创建工作，全力推动创建活动和双拥工作上质量、上水平。一是周密安排部署。省领导高度重视全国双拥模范城（县）创建活动，省双拥工作领导小组专门召开了第十八次全体会议进行部署，依据全国新标准，进一步修订完善河南省考评体系，下发了新的《河南省双拥模范城（县）创建命名管理办法》和《河南省双拥模范城（县）考评标准》。各地把创建工作作为“一把手”工程来抓，召开党委会、领导小组全会进行动员部署，明确阶段划分、实施步骤、目标要求和责任分工，切实加强了对创建工作的领导。二是搞好学习动员。为做好宣传发动，省双拥领导小组下发通知，提出明确要求，组织人员到外省市学习考察，采取以会代训的方式先后组织 300 余人进行培训。各地迅速掀起了宣传发动的高潮，纷纷在电视台、电台、报纸杂志、互联网等主流媒体设立专栏、制作专题片、设立双拥宣传标牌等进行宣传，全省参与网上满意度测评的军民达 71 万人，有效营造了浓厚的双拥创建氛围，有力推动了创建工作的深入开展。南阳市在《南阳日报》开设了“军民团结一家亲，共创建双拥模范城”专栏，宣传报道双拥典型人物和典型事迹，积极引导全市军民自觉参与双拥创建工作。省双拥办发动各地积极参与“全国双拥模范城（县）领导话双拥”网络征文活动，被表彰为“先进组织单位”。三是着力整改提高。各地在创建工作中，对照标准条件，普遍开展自查自纠活动，对工作和政策落实情况逐项进行排查，对已落实的进一步巩固提高；对基本落实的，补缺补差，使之达到标准；对落实不到位的，分解责任目标，限期予以落实。四是严格组织考评。按照省委、省政府、省军区的要求，6 月 7—25 日，省双拥工作领导小组专门组织了由厅级领导带队的 4 个军地联合考评组，严格按照考评标准和程序，对申报的 14 个省辖市、10 个县（市）进行了逐个考评。五是认真做好迎检考核工作。7 月 21—25 日，民政部优抚安置局副巡视员张俊华等一行 4 人来河南省检查双拥创建工作。史济春副省长亲自汇报，省双拥办领导全程陪同，郑州、安阳两市精心准备，全力配合，高标准完成了迎检任务。汤阴县维护军人合法权益法庭、郑州市中原区水晶社区和安阳市殷都区世纪名城社区的双拥工作站和双拥志愿者服务队等创新经验给检查组留下了很深刻的印象。

二、拥军工作积极主动保障到位

河南省始终把支持保障部队完成多样化军事任务作为重要工作。一是保障好演习。2011 年，部队演习较多，先后进行了“前卫—211”、“前锋—2011 · 铜山”、“前锋—2011 · 确山”等 10 多次重大演习。为保障好各部队演习任务，省领导高度重视，专门作出批示，要求各地做好保障工作，叶冬松副书记和史济春副省长等领导还亲自带队慰问演习官兵。各地都积极作为，主动协调，投入大量人力、精力、财力为部队演习训练提供高质量的服务保障，多次受到军委、总部、济南军区和训练演习部队的高度赞扬。驻马店、信阳等市主要领导带队到部队演习一线进行慰问，赠送慰问品和慰问金 200 余万元，郑州、洛阳、开封、新乡、安阳、商丘、许昌、漯河、信阳、南阳、平顶山、周口等市有关部门密切配合，高标准完成了演习官兵过境的各项保障任务，受到部队官兵的一致称赞。二是组织好慰问。春节期间，省委、省政府、省军区对济南军区、济南军区空军及驻豫 9 个军级单位进行了走访慰问；“八一”期间，高标准地组织了军政座谈会，省委书记卢展工、省长郭庚茂和主要领导参加了座谈会。省双拥办协调省委老干部局、省拥军优属基金会组织省老干部合唱团对 71521 部队首长机关和三八〇团官兵进行了慰问演出；省委、省政府相关领导多次深入打井施工现场看望慰问抗旱打井官兵，赠送慰问品和慰问金，刘满仓副省长带领有关部门和洛阳、三门峡市领导到兰州军区给水工程团驻地宁夏进行慰问。各地采取多种形式对驻地部队进行走访慰问，洛阳、三门峡、安阳、新乡市等全力以赴为抗旱部队做好保障工作。受到部队首长和官兵的一致好评。三是解决好问题。2011 年，坚持从自身实际出发，采取政策支持、资金投入等措施，积极帮助部队排忧解难，年内，全省各级累计为部队解决实际问题 90 余项，扎扎实实地为驻地官兵解决了长期困扰部队的部分实际问题和困难。信阳市开展军地互办实事的做法，受到济南军区首长的充分肯定。

三、部队支援中原经济区建设成效显著

驻豫部队充分发挥部队的各种资源和优势，大力支援中原经济区建设，真正把参建援建工作做真做实、做到了点子上。一是积极抗旱保丰收。2011 年，河南省发生了特大旱灾，为确保夏粮增收，党中央、中央军委高度关注，兰州军区给水工程团官兵临危受命，到河南省三门峡、洛阳等地进行抗旱打井工作，成井 103 眼；驻豫各部队积极参与支持抗旱救灾，累计出动 4 万多人次，车辆和装备 2000 余台次，为河南省抗旱保丰收作出了巨大的贡献。二是扎实搞好扶贫帮困活动。省军区系统开展“五项活动”，积极助推中原经济区建设。驻豫部队和院校支持地方保障和改善民生，广泛参与扶贫帮困、援建基础设施和生态重点工程。三是积极支持“平安河南”建设。发挥军队思想政治工作优势，协助地方化解社会矛盾，促进社会和谐稳定。加强军警民联防联治，建立健全联防协作机制，依法维护社会秩序，为“平安河南”建设作出了重要贡献。

四、宣传典型力度不断加大

全省各地紧密结合双拥工作实际，注重发挥主流媒体和互联网、手机报等新兴媒体的作用，积极宣传双拥工作中涌现的典型人物和事迹。一是主动作为。许昌、信阳、焦作、漯河等地结合庆祝建党 90 周年系列活动，下发双拥工作宣传意见，提出明确要求，深入开展双拥工作宣传，取得很好的效果。二是注重挖掘。在全省范围内组织开展评选年度“双十佳”、“双十大标兵”活动，扩大了影响。对全省健在的在乡红军老战士进行了抢救式采访和录制，完成了大型电视访谈节目《侠肝义胆河南人——永远的红军》的制作工作，收到了良好的社会效果。会同河南省烈士史料编辑室，开通了河南省英烈网，建成了河南英烈数据库。各地结合当地实际，深入挖掘双拥工作先进典型。濮阳市积极配合做好李文祥的宣传工作，影响大，效果好。鹤壁市深入挖掘全国拥军模范靳月英同志的先进事迹，中央人民广播电台在“八一”建军节当天进行了报道。三是形式灵活。省双拥办利用“河南双拥网”“双拥简报”等载体，并积极协调《河南日报》、电视台等媒体，大力宣传老英雄李文祥、“兵妈妈”乔文娟，信阳市“军地互办五件实事”等重大典型，在全国全军产生了良好反响。新乡市成功举行了济南军区授予杨强同志“抗洪抢险模范干部”荣誉称号命名大会，并在新乡、郑州、济南等地举行“杨强烈士先进事迹”巡回报告会；焦作市双拥办联合市妇联、市民政局、焦作军分区政治部联合表彰了 12 名“优秀女军人”、54 名“好军嫂”、30 名“巾帼拥军先进个人”，收效良好。

五、双拥机制健全政策不断完善

2011 年年初以来，认真贯彻落实卢展工书记关于双拥工作“每年都要研究解决几件实事，做到研究一件做成一件，做成一件制度化一件”的指示要求，省委、省政府先后制定出台了关于做好河南省军队转业干部、退休干部和伤病残退役军人安置、随军家属就业、军事设施保护工作、官兵住房保障和征兵工作等 6 个文件，逐步建立完善了“进入决策层面、进入政策层面、进入执行层面”的双拥工作机制，受到了军委、总政和济南军区领导的充分肯定和高度赞扬，中共中央政治局委员、中央军委郭副主席、徐副主席先后作出批示，赞扬河南省拥军工作做得好，并要求将河南省拥军工作的经验做法给予宣传和推广。一年来，符合任职条件的 210 名正团职转业干部，全部安排了相应领导职务，营以下和专业技术军转干部进公务员队伍比例达 75% 以上。完成接收安置 406 名军休人员的安置任务。接收 2010 年冬季退役士兵 47000 多人，接收 1 至 4 级残疾和 5 至 6 级患精神病退役士兵 81 人。提高了随军家属未就业期间生活保障金标准，全省最低不低于每人每月 450 元；农村义务兵优待金不低于当地上年度农民人均纯收入，城镇义务兵优待金不低于当地上年度城镇单位在岗职工最低工资标准。

回顾一年来的各项工作，虽然取得了一定成绩，但用更高的标准来审视，还存在着工作发展不平衡，少数地方政策落实不到位，宣传推广典型力度不够大等问题。下一步，我们要切实克服和解决存在的问题，推动河南省的双拥工作再上一个新台阶。

湖北省二〇一一年双拥工作总结

2011 年，湖北省双拥工作在全国双拥办和省委、省政府、省军区的正确领导下，狠抓各项双拥优抚政策的落实，大力巩固军政军民团结，较好地推进了双拥工作的开展，圆满完成了全年的各项工作任务，推动了全省经济社会发展和驻军部队全面建设。

一、认真落实优抚对象的生活待遇

根据民政部的统一部署，再次提高了优抚对象抚恤补助标准，提标幅度达 15%—20%，积极协调省财政落实了调标资金，全年共下拨各类优抚资金 176099 万元；2011 年春节前，对重点优抚对象和老党员按每人 180 元标准发放一次性生活补贴资金 7246 万元；配合省物价局和省低保办建立了优抚对象补助标准与物价上涨挂钩的联动机制；调整了分散供养的一至四级残疾军人护理费标准。通过上述措施，确保了优抚对象生活水平不低于当地平均生活水平。结合湖北省“访民情、送温暖”千人万户大走访、“下基层、察民情、解民困、促发展”为主题的集中调研督办月和治庸问责大回访活动，调查了解各类优抚对象的生活状况，检查各项优抚政策的执行情况，促进了各项优抚政策的落实。2011 年 8 月 1 日，国家出台 60 周岁以上农村籍退役士兵老年生活补助政策后，全省各级民政部门按照有关要求，层层部署，精心组织，认真核查，于 10 月底前完成了核查登记工作，并将核查结果上报民政部、财政部。

二、着力解决优抚对象的医疗和住房难问题

全省 103 个县（市、区）全部建立了优抚对象医疗费“一站式”结算服务平台，提前完成工作目标，全年完成了 500 名优抚对象到省荣军医院集中疗养治病工作。同时，积极探索建立优抚对象住房保障制度，在老河口、长阳、石首和谷城等 4 个县市开展了优抚对象住房保障制度试点工作。其中，长阳县以政府令形式出台了《长阳土家族自治县优抚对象住房保障实施办法》，谷城县由县政府下发了《谷城县关于加快推进城乡困难优抚对象住房保障工作的实施方案》。试点工作取得初步成效。

三、扎实推进优抚事业单位建设管理工作

认真贯彻落实《光荣院管理办法》和《优抚医院管理办法》，在全省深入开展争创“合格光荣院”、“模范光荣院”活动和优抚医院规范化管理提升活动，用创先争优的实效检验落实力度。为加强零散烈士纪念设施的抢救保护工作，根据民政部、财政部的部署，上半年在全省范围内组织开展了烈士纪念设施普查，通过专题会议部署、举办培训班、定期通报进度等措施，6 月中旬全面完成普查任务，并按要求及时上报了普查数据。启动了黄石、宜昌、孝感、黄冈和恩施优抚医院精神卫生建设项目，共争取中央项目资金 11000 万元。争取民政部、财政部安排湖北省优抚事业单位维修改造项目资金 710 万元。积极争取省财政调剂 5000 万元专项经费用于优抚事业单位维修改造，其中利用开展零散烈士纪念建筑物普查工作的契机，调剂 3075 万元用于烈士陵园维修改造。安排 900 万元福彩公益金资助光荣院建设项目。2011 年做到了对全省光荣院和县以上烈士陵园维修改造资金全覆

盖，力度之大多年罕见。

四、以争创双拥模范城（县）为带动，努力提升双拥工作水平

一是认真开展双拥模范城（县）创建工作。在2010年年底对各地申报的省级双拥模范城（县）进行了检查考评的基础上，积极筹备省级双拥模范城（县）的命名表彰工作和国家级双拥模范城（县）的申报工作。6月中旬，民政部副部长孙绍骋率全国双拥创建工作检查组来湖北省检查考核，对湖北省双拥模范城（县）创建工作给予了充分肯定。10月中旬召开了省双拥工作领导小组全体会议，审议通过了第八届省级双拥模范城（县）、双拥工作先进单位、先进个人和推荐全国命名表彰的双拥模范城（县）、爱国拥军模范单位和个人。二是精心组织春节、“八一”期间走访慰问活动。2011年春节前夕，协调组织省领导分三路走访慰问了省军区、空十五军和武警湖北总队等部队，并成功举办了军民迎新春联欢晚会。“八一”前夕，协调组织省党、政、军领导慰问了部队老首长，并圆满召开了纪念建军84周年军地座谈会。与有关部门联合组织了省直机关厅（局）长、中央在汉和省属企业领导过“军事日”、参观省军区军史馆、观看舞台剧《拥军妈妈罗长姐》等活动。上述活动准备充分、协调妥当、组织有力，得到军地领导的充分肯定。三是切实加强义务兵家庭优待工作。针对湖北省义务兵家庭优待金标准偏低问题，积极开展调研，摸清全省义务兵家庭优待总体情况，会同省军区、省财政厅等单位就提高义务兵家庭优待金标准、资金来源渠道等问题进行研究。省委常委会决定提高义务兵家庭优待金标准后，省民政厅迅速与省财政厅联合下发《关于提高义务兵家庭优待金标准的通知》（鄂民政发〔2011〕68号），明确了义务兵家庭优待金标准及资金来源渠道。各级财政、民政部门及时筹措资金，确保义务兵家庭优待政策及时落到实处。四是督办各地落实给烈军属家庭挂光荣牌工作。针对部分地方未全面落实给烈属、军属家庭挂光荣牌的问题，下发了《关于切实落实烈属、军属家庭光荣牌工作的通知》，组织各地深入开展“回头看”，确保工作真正落实到位。

湖南省二〇一一年双拥工作总结

2011年，湖南省双拥工作在省委、省政府、省军区和省双拥工作领导小组的正确领导下，在全国双拥办和上级军事机关的指导关怀下，坚持以邓小平理论和“三个代表”重要思想为指导，深入贯彻落实科学发展观，紧密结合全省实际，不断加强组织领导，深化双拥宣传，推进军地协作，规范制度运行，进一步巩固和加强了军政军民团结，为全省改革、发展、稳定和驻湘部队现代化建设提供了有力支持。

2011年是双拥办单列后的第一个完整年度，在省民政厅党组的正确领导下，在分管厅长的具体指导下，办公室全体同志齐心协力，围绕“一条主线”，抓好“两个重点”，加强“三项建设”，圆满完成了各项工作任务，取得了可喜成绩。

一、围绕“一条主线”，各项工作较好落实

2011年，我们以争创全国双拥模范城（县）活动为主线，一方面积极调动各地的双拥工作热情，另一方面加强对各地创建活动的督促指导，全省双拥工作的整体水平进一步提高。一是大力宣扬双拥典型。在2010年年底召开全省命名表彰大会的基础上，年初省双拥办联合《湖南日报》集中宣传了一批双拥工作典型。同时，专门下发通知，要求各双拥模范城（县）的主要领导就双拥工作谈认识、谈体会，共征集“双拥模范城（县）领导话双拥”稿件31篇，推荐全国9篇，其中2篇分别获得全国二等奖和三等奖。还在《湖南双拥简报》和“湖南双拥网”上开辟了专栏，刊发各地双拥工作经验做法的稿件16篇，较好发挥了典型的示范带动作用。二是积极组织考察调研。年初，省双拥办先后到湘潭、株洲、岳阳、邵阳等 7 个市县进行调研，掌握了各地在双拥工作特别是争创活动中，一些新的做法和尝试。在此基础上，为进一步拓宽思路，我们于 3 月下旬和 8 月下旬，分两批组织部分省、市（县）及驻军部队分管双拥工作的同志，赴山东、上海、广东、内蒙古等地进行考察学习，围绕双拥工作社会化延伸等五个方面的问题，与兄弟省、市、区深入进行交流。在广州考察期间，广州军区副政委田义功中将、政治部副主任韩伟少将及军区机关的领导亲切接见了考察团一行，对湖南双拥工作给予了充分肯定，极大地鼓舞了全省双拥工作热情。三是不断加强督促指导。为确保各地创建活动达到国家的标准和要求，2011 年我们严格按照全国《双拥模范城县创建命名管理规定》和《考评标准》对排名靠前的市（县）进行了检查摸底，重点对照“五个一票否决”的条件逐一进行查找，及时发现怀化市出台的地方文件违反国家政策的问题，协调省人事厅和省军区政治部进行了纠正。四是落实节日期间的双拥工作。年初，省双拥工作领导小组下发通知，并在《湖南日报》上全文刊发，对做好元旦、春节期间的双拥工作作出了要求。“八一”前夕又起草慰问信，以省委、省政府、省军区名义在《湖南日报》上刊发。各地按照要求，开展了形式多样的双拥活动，普遍进行了走访慰问。2011 年，春节、“八一”期间省双拥办先后组织对省内主要驻军部队进行了走访慰问，并对参加省军区岗位练兵、空某师军事演习等重要活动和任务的官兵进行了慰问。

二、抓好“两个重点”，双拥工作亮点突出

2011 年，我们把“八一”双拥晚会和国家考核验收作为两个重点工作，高标准、严要求，精心打造成工作亮点。一是成功举办了“三湘激荡双拥潮”文艺晚会。2011 年年初，省双拥办向省委、省政府领导呈报了《关于举办“八一”双拥晚会的请示》，来山常务副省长、建平部长、守盛省长、周强书记先后作出批示，同意举办此次晚会。随后省双拥办与省委宣传部、省军区政治部、国防科大政治部等单位部门就晚会主题、节目设计、表演形式、参演单位、组织保障等具体内容和细节，先后召开了 4 次协调会进行研究策划，并多次个别沟通。为确保节目质量，我们对所有参演节目进行严格审查、反复打磨、反复修改，7 月 23 日晚，在国防科技大学礼堂隆重举行了“三湘激荡双拥潮”文艺晚会，省党政军领导与驻湘部队官兵、双拥模范城（县）及省直单位干部群众等代表 1400 余人观看了演出。此次晚会是湖南省近 10 年来举办的第一次专场双拥晚会，整场晚会紧扣双拥主题，充分展示了驻湘部队的风采，热情讴歌了军爱民、民拥军的感人故事和军政军民团结的大好局面。周强书记、守盛省长对此次晚会给予高度评价，充分肯定了晚会主题鲜明、情感真挚，节目内容丰富，表现形式生动，集思想性、艺术性、教育性、观赏性于一体，要求通过晚会宣传进一步弘扬拥军优属拥政爱民的光荣传统，增强全民国防观念，不断巩固和加强湖南省军政军民团结。晚会结束后，省双拥办立即与省国教办联合下文，要求全省军地各有关单位组织收看。二是高标准地做好了全国双拥模范城（县）考核验收的迎检汇报工作。2011 年 7 月份，全国双拥办来湘检查考核双拥模范城（县）创建工作，听取了湖南省双拥工作情况汇报，重点对湘潭市、长沙县的双拥创建工作进行了抽查。省双拥办就迎检工作专门召开协调会，提出要求、明确任务，先后 4 次到湘潭市、长沙县的基层双拥共建单位实地察看，对照双拥模范城（县）评比标准认真落实有关要求。长沙市、长沙县、湘潭市也高度重视、认真部署，由“一把手”牵头负责，广泛发动社会力量参与创建，督促各项工作落实。检查结束交换意见时，全国双拥办对湖南省近年来双拥工作成绩给予了充分肯定，对我省迎检汇报的材料、宣传片及服务保障工作提出表扬。随后，我们积极与全国双拥办请示沟通，较上一届增加了 1 个全国双拥模范城（县）命名表彰指标。10 月份，我们及时向全国双拥办整理上报了初审推荐材料，在全国各省、区、市中质量很高、速度最快，得到民政部和全国双拥办领导的表扬。

三、加强“三项建设”，工作秩序不断正规

一年来，我们不断加强支部党员队伍建设、办公室自身建设和双拥工作制度建设，进一步正规了工作秩序。一是发挥支部堡垒作用，积极开展争先创优活动。工作中坚持民主集中制原则，对支委会一班人进行分工，明确各自履责范围，较好落实了议事制度、学习制度、重要事项报告制度。坚持定期召开支部民主生活会，组织支部党员开展“保先”教育、警示教育，增强党性观念和党纪意识；加强对处室党员干部的监督管理，坚持每季度召开一次支部党员大会，定期进行考核与民主评议，积极组织参加厅里组织的学习实践活动，及时收缴党费，落实党风廉政建设责任制。2011 年，还按照省民政厅党组的部署要求和余厅长在中心组学习会上的讲话精神，双拥办党支部与衡阳县岘山乡建立联系，开展帮扶共建活动，积极筹措经费 10 万元，帮助该乡 228 名重点优抚对象解决“三难”问题。二是不断加强办公室自身建设。年初，省双拥办组织专人加班加点，投入经费 3 万多元建成了“湖南双拥网”宣传平台，7 月份又积极争取财政支持，慰问金由 200 万元/年增加到 600 万元/年，双拥工作经费进一步充实。同时，湖南结合工作实际，严格车辆管理、公务接待、日常管理等规章制度。三是进一步规范双拥工作制度。坚持军地合署办公、军地联席会等制度，进一步完善“军事日”和军地沟通协作机制。定期开展军地学习互访，军地之间信息畅通、联系紧密。11 月份，组织全省双拥办主任和驻军部队秘群处（科）长在耒阳召开会议，研究修订了《进一步加强新时期双拥工作的意见》。

在总结成绩的同时，我省双拥工作与上级要求还存在一定差距。有的单位和领导对双拥工作重要性的认识和工作的自觉性还有待提高，各地双拥工作的开展建设水平还不平衡，双拥工作的规范化建设还需要进一步加强，双拥工作向全社会延伸的空间还很大。这些需要在今后的工作中不断加强和改进。

广东省二〇一一年双拥工作总结

2011 年，广东省双拥工作在省委、省政府和省军区的领导下，在全国双拥办的指导下，深入贯彻落实科学发展观，按照胡锦涛总书记视察广东重要讲话要求，牢牢把握经济社会及国防和军队建设主题主线和“加快转型升级、建设幸福广东”的核心任务，以争创新一轮全国和省级双拥模范城（县）为契机，齐心协力抓双拥、促双拥、做双拥，掀起了新一轮创建双拥模范城（县）的热潮，双拥工作全面迈上了一个新的台阶。主要体现在以下几个方面：

一、双拥和国防宣传教育深入人心

各地各部队结合纪念中国共产党成立 90 周年、中国人民解放军建军 84 周年，大力宣扬人民军队的丰功伟绩，宣传拥军优属和拥政爱民先进典型，不断增强了广大军民的双拥和国防意识。一是不断挖掘岭南红色资源。各地充分发挥广东省作为近代革命策源地、红色资源丰富的优势，建立国防教育基地 1000 多个，为国防教育提供了广阔的平台。梅州市筹资完善了叶剑英纪念园等 10 多处爱国主义教育基地，河源市修复了紫金苏区革命遗址群等 74 座纪念建筑物，肇庆市修建了粤桂湘边纵队纪念馆等近 20 处爱国主义教育基地。二是扎实开展双拥教育进校园活动。各地普遍在中小学中开设国防教育课，加强了青少年的国防观念和双拥意识。汕尾、中山、茂名、清远、揭阳等市以少年军校为基地开展军训和夏令营活动，使广大青少年深刻认识到“国无兵不安”、“拥军优属，人人有责”的道理，从小树立爱党、爱国和爱军的思想。三是不断创新双拥宣传形式。全省各地、各部门结合实际，不断拓展双拥宣传载体、创新双拥宣传形式，有效提高了双拥创建的宣传效果。珠海市创作了《双拥之歌》，在军地进行推广和传唱。广州、深圳、汕头、佛山、惠州、江门、湛江等市通过座谈会、报告会、知识竞赛、书画展览、影视展播、文艺会演等一系列大型军地活动，积极宣传驻地部队“听党指挥、服务人民、英勇善战”的精神风貌。韶关、东莞、阳江、潮州、云浮等市还在主要路段和住宅小区增设双拥宣传牌，在非公经济组织和村（社区）宣传栏宣传双拥政策规章，在景点、医院、车站、停车场等公共场所完善拥军优属标志，充分发挥广播电视、报纸、网络等媒介作用。据不完全统计，全省共举办双拥宣传和国防教育活动3000 多场次，接受国防教育达 3000 万人次，军训学生近 70 万人次。

二、支持部队建设力度不断加大

全省各级党委、政府始终站在国家安全和发展战略全局的高度，关心国防和军队现代化建设，支持部队全面履行新世纪新阶段的历史使命，从资金、设备、技术、人才上支持驻军建设。一是积极帮助部队办实事。各级党委、政府充分发挥地方优势，帮助部队解决实际问题。深圳市在举办大运会期间为担任大运会安保任务的部队，在物资、生活、精神等方面给予了无微不至的关怀，为部队顺利完成大运会安保任务提供了坚强有力的支持。广州、河源、惠州、湛江等市召开市长军营办公会议，现场协调解决了部队的实际困难。二是积极配合部队完成多样化军事任务。每当部队遂行重大任务，各地各部门都主动提供服务保障。汕头、揭阳、汕尾、阳江等市为驻训部队全力做好粮秣水电供应、交通道路保障、训练场地征用等工作，形成了部队练打仗、地方练支前的行动局面。三是积极培养军地两用人才。各地积极帮助驻军开展文化教育和科技培训，为军事斗争准备和地方经济建设培养高素质新型军地两用人才。珠海、佛山、茂名等地依托高校资源开展智力拥军，为部队培养各类专业技术人才。梅州、东莞、清远、潮州、云浮等地为部队官兵举办法律知识等专题讲座，颁发《法律援助拥军卡》，为维护军人军属的合法权益提供绿色通道。据不完全统计，全省 2011 年支持军队建设资金×××亿元、物资折款×××万元，非公经济组织投入拥军资金×××万元，为部队培训各类专业技术人才 8000 多人次。

三、服务建设幸福广东成效显著

驻粤部队在完成战备、训练、执勤等任务的同时，自觉服从服务于地方经济社会建设大局，全力支持地方的各项建设。一是在支持地方治安维稳中发挥积极作用。驻粤部队注重加强与地方的联系和协作，大力推进“重大活动联动、周边治安联防、突发事件联处”工作机制，不断建立完善军警协同巡防、设卡堵截等多层面、多角度的治安防控体系，有力确保了辖区治安秩序的和谐稳定。二是在抢险救灾中发挥突击作用。驻粤部队主动承担重大自然灾害抢险救援等急难险重任务，遇有灾情迅速行动，全力保护人民群众生命财产安全。特别是在深圳大运会安保工作中，充分发挥了主力军和突击队的作用，以实际行动展现了特别能吃苦、特别能战斗、特别能奉献的顽强作风和良好形象，出色地完成了大运会安保任务。三是在扶贫帮困中发挥模范作用。驻粤部队广泛开展扶贫帮困、助学帮教、医疗帮扶等工作，与困难群众结对子，帮助困难群众特别是烈军属、优抚对象和特困家庭排忧解难。据不完全统计，全年共捐款 2500 多万元，援建希望学校 1 所，挂钩帮扶 95 个贫困村，帮建 60 个基层党支部，帮扶 588 户城市低收入家庭，谱写了新时期拥政爱民的动人篇章。

四、双拥模范城（县）创建硕果累累

各地在加快经济社会发展的同时，把创建双拥模范城（县）活动作为一项重要政治任务抓紧抓实。一是创建工作组织有力。全省各级党委、政府坚持把荣获全国和省级双拥模范城（县）称号当作城市的名片，把创建工作作为“一把手”工程，各级领导亲自研究和落实创建活动的各项内容。广州、深圳、惠州、东莞、中山、云浮等市在争创双拥模范城（县）工作中从人力、物力和财力方面都加大了投入，确保了创建工作深入开展。全省大部分市（县）还将创建工作纳入了机关作风效能建设考评内容，由双拥办协调党委办、政府办督察室进行定期检查，确保了各项工作的落实。二是创建过程科学规范。各地严格按照《双拥模范城（县）创建命名管理办法》和《全国双拥模范城（县）考评标准》指导开展创建活动。珠海、汕头、佛山、梅州、江门、肇庆、清远等市结合实际制定了本地考评标准和实施细则，用各项标准和相关规定逐一衡量、分类指导，使创建工作逐步走上了科学化、制度化、规范化轨道。韶关、河源、阳江、湛江、揭阳等市通过召开党委常委会和双拥联席会，定期分析创建形势，查找薄弱环节，对存在的问题及时进行整改。省双拥办组织了 11 个检查组对全省 102 个申报单位进行了全面检查验收，按照量化标准打分排出名次，经省双拥工作领导小组审定通过了表彰方案，在《南方日报》上进行了公示，并向全国双拥办进行推荐。三是创建成果丰硕喜人。元旦前夕，省委、省政府、省军区召开了全省双拥模范城（县）命名暨双拥模范单位和个人表彰大会，新命名了 99 个省双拥模范城（县），表彰了 46 个双拥模范单位和 49 名双拥模范，为全省军民树立了新的榜样。全国双拥检查组对广东省不断提高双拥模范城（县）创建工作的整体水平给予了高度评价，称广东省双拥工作走在全国的前列、军政军民关系是历史最融洽的时期。在刚刚召开的全国双拥模范城（县）命名表彰大会上，广东省广州、惠州、东莞、深圳、中山、佛山、珠海、江门、汕头、河源、湛江、阳江、韶关、梅州、博罗和南澳等 16 个市（县）被命名为新一届全国双拥模范城（县），德庆县人民政府办公室、英德市民政局和东莞市樟木头镇党委书记李满堂、惠州市路路通集团有限公司董事长黄贤明、广东省桥胜集团有限公司董事长陈桥顿分别被表彰为全国爱国拥军模范单位和个人。

五、双拥优抚安置保障体系建设得到加强

各地各部门以贯彻落实《广东省拥军优属规定》为抓手，不断采取行之有效的措施，切实做好转业复员退伍军人安置、随军家属就业、重点优抚对象生活和医疗保障、下岗失业残疾军人再就业等工作。一是双拥规章制度建设取得新成绩。全省各级政府不断完善相关的政策法规和规章制度，修订、出台了双拥政策法规 36 个，形成了覆盖拥军优属、军人抚恤优待、优待金统筹、批烈评残、军队离退休干部安置、军供站和军休所管理等双拥制度体系。广州、珠海、韶关、惠州、东莞、湛江等市出台了《拥军优属规定》、《随军家属就业安置办法》和《现役军人立功受奖奖励实施办法》等一系列政策，推动各项工作有章可循、有法可依。二是优抚保障水平进一步提高。全省各地再次提高优抚对象抚恤补助标准，建立了将重点优抚对象全员纳入医保、医疗机构优惠减免、政府适当补助的新型优抚医疗保障制度，普遍实行了优抚医疗费“一站式”结算服务。河源、梅州、江门等市扶贫“双到”不忘“双拥”，优先把在乡复退军人居住的危旧房列入改造范围。三是安置工作再上台阶。各地各部门采取多种措施，开拓创新，全年共安置转业干部 2898 人，安置随军家属 1514 人，安排子女入学 2894 人，接收退役士兵 2.4 万多人。进一步完善了广东省退役士兵职业教育和技能培训制度，有 1.2 万名退役士兵报名参加两年以上免费职业技能培训。积极推进国家保障与社会化服务相结合的军休服务管理模式改革，军休干部“两个待遇”得到落实，共下拨发放军休人员各类经费 14.43 亿元。军供站正规化现代化建设水平进一步提高，军供服务保障能力进一步提升，各军供站圆满完成了部队输送途中的军供饮食服务保障任务。

六、军政军民关系更加密切

各地各部门高度重视军民共建活动，坚持把军民共建工作作为加强社会主义精神文明建设和建设幸福广东的重要内容来抓，不断拓展双拥新领域。一是开展丰富多彩的拥军慰问活动。为表达对驻粤子弟兵的深情厚谊，“八一”和春节期间，全省各地召开座谈会、茶话会、慰问大会、文艺晚会等内容丰富、形式多样的拥军慰问活动。各地在广泛开展慰问驻地部队的同时，还走访慰问驻地部队的上级机关。据不完全统计，全省在“八一”和春节期间共组织 300 多个慰问团（组）慰问部队。二是不断拓展双拥工作领域。各地利用广东省非公经济组织较为发达的优势，采取政府主导、协会搭台、会员参与的形式，积极引导非公经济组织开展爱国拥军活动，进一步扩大了双拥工作的社会基础。珠海、惠州、肇庆、顺德、云安等市（县）成立了20多个“爱国拥军促进会”。三是不断丰富共建内涵。各地紧密结合实际，在丰富多彩的共建活动中实现“双拥双进步、共建共提高”。广州、深圳、韶关、东莞、江门等市军地双方发挥自身优势，通过经常性走访、慰问、联谊、交流，互帮互学互助，开展以国防教育、建设和谐社区、社会主义新农村、平安家园等为主题的双拥共建活动。据不完全统计，全省现有军民共建点6000多个，已成为推进社会化拥军的主体，90%以上的共建点被各级评为先进单位。

2011年，广东省双拥工作取得了一定的成绩，但也存在一些问题和薄弱环节，主要是一些地方和部门对双拥工作还不够重视，各地双拥工作发展不够平衡，特别是创建双拥模范城（县）活动仍存在“重评比，轻平时”的现象，双拥调查研究还不够深入。

广西壮族自治区二〇一一年双拥工作总结

2011年，全区双拥工作在自治区党委、自治区人民政府和广西军区的高度重视下，在全国双拥办的具体指导和自治区双拥工作领导小组的正确领导下，以科学发展观为统揽，以完成新一轮自治区双拥模范城（县）评比、命名表彰和争创新一轮全国双拥模范城（县）为主线，以服务军队现代化建设和军事斗争准备为牵引，全面贯彻党的十七大、胡锦涛总书记“七一”讲话和自治区第十次党代会精神，按照全国双拥工作总体要求，进一步创新双拥工作机制和手段，拓宽双拥工作内容和领域，全面落实各项工作，为建设富裕文明和谐新广西及推进国防和军队现代化建设提供了强有力的保障。

一、以宣传报道“4·13”营救空军飞行员行动为重点，进一步强化双拥宣传工作

2011年4月13日，广空某部在组织空战对抗训练时遭遇特情，飞机在河池宜州市福龙瑶族乡弄桑村与来宾市忻城县城关镇思耕村交界处失事，飞行员徐守太紧急跳伞身负重伤。事发后，河池、来宾、柳州三地党委政府和干部群众及时全力营救，飞行员最终脱离危险。5月23日，自治区党委书记郭声琨专程赶赴宜州市看望慰问“4·13”营救空军飞行员有功人员，高度称赞兰绍金等8名群众“不图回报、舍己救人、无私奉献”的行为和精神。空军副政委王晓龙中将也专程赶到南宁及事发地，向参与营救受伤飞行员的各级党委政府、医疗机构和人民群众表示慰问和感谢。各地充分利用电台、广播、报刊等大力宣扬营救飞行员的感人事迹和崇高精神。为做好相关后续报道，自治区双拥办协调区党委宣传部组织各大新闻媒体深入采访和挖掘，“4·13”营救飞行员英雄群体的先进事迹先后在《人民日报》、《新华网》、《中国双拥》等媒体刊出。10月份，自治区国防教育图片展也作了专题宣传，社会各界反响强烈。空军党委在全空军部队广泛开展“向人民群众学习，当好人民子弟兵”活动，自治区党委郭声琨书记也发出了向英雄群体学习的号召。另外，自治区双拥办认真做好广州军区空军在柳州、来宾、河池的捐赠新华字典和援建蓝天希望小学活动，以及空军总医院和中华慈善总会发起的“为了我们的孩子——‘心蕾工程’感恩广西人民”活动的宣传。通过对“4·13”系列活动的宣传报道，有力地诠释了“军爱民、民拥军，军民团结一家亲”的深刻内涵，进一步巩固和发展了新时期全区军政军民团结的良好局面。鉴于“4·13”营救空军飞行员英雄群体的先进事迹，自治区双拥办专题向自治区党委、政府和广西军区请示，增补有功单位和人员为自治区双拥模范单位和个人，7月29日自治区双拥命名表彰大会前，自治区郭声琨书记、马飚主席亲切接见了有功单位和个人并合影留念。同时，加大双拥命名表彰会议精神宣传力度，会议召开情况分别在《广西日报》，民政部《中国双拥网》、《广西民政网》上刊载，再次营造良好的双拥宣传氛围。各地还结合开展"庆祝建党90周年活动"，举办各种国防教育报告会、演讲会、图片展、知识竞赛、放映军事题材电影等形式，广泛开展以爱国主义为核心的国防和双拥宣传教育。桂林、贵港等地开展了创建全国双拥模范城启动仪式，柳州、河池、来宾等地召开了双拥工作表彰会议，南宁铁路局开展了"争创双拥先进单位、争当双拥先进个人"活动，结合庆祝建军84周年表彰了10个单位、47名个人。

二、积极开展军地走访慰问活动，进一步密切军政军民关系

1月13日，自治区双拥办召开了军地迎春联谊会，驻邕各师以上单位政治部领导和自治区双拥办领导参加。1月28日，自治区党委、自治区人民政府召开了自治区党政军迎春座谈会，郭声琨、马飚、陈际瓦、李文潮等党政军领导出席座谈会。2月14日，自治区人大常委会主任郭声琨，自治区主席马飚率广西党政代表团与广州军区举行座谈会，广州军区司令员徐粉林中将主持座谈会，广州军区政委张阳上将和郭声琨、马飚分别讲话。会前，广州军区空军与广西壮族自治区举行了军政座谈会，并共同签署了关于商谈南宁吴圩机场军民航分离事宜的会议纪要。"八一"建军节前夕，自治区民政厅和广西军区政治部下发了《"八一"建军节期间开展拥军优属、拥政爱民活动通知》，就做好"八一"期间开展双拥工作进行了部署。在"八一"建军节前夕，陈际瓦、李金早、温卡华、石生龙、吴恒、梁胜利等自治区党委、政府领导分别走访看望了伤残军人、复员转业军人、军烈属等优抚对象代表。全区各地也通过组织召开座谈会、举办文艺晚会、走访慰问等形式多样、丰富多彩的活动，大力营造军民鱼水情深的浓厚氛围，进一步密切了军政军民关系。

三、围绕创建新一轮全国、自治区双拥模范城（县），进一步推动双拥创建工作深入开展

一是召开了自治区双拥工作领导小组第21次全体会议。5月10日，自治区双拥工作领导小组召开第21次全体成员会议，自治区副主席高雄主持，广西军区政治部副主任、自治区双拥工作领导小组办公室副主任黄善国同志总结了全区2010年双拥工作情况并部署2011年工作；自治区财政厅、自治区人力资源和社会保障厅以及武警广西总队、空军南宁指挥所进行了双拥工作述职；自治区民政厅厅长、自治区双拥工作领导小组办公室主任陈利丹就自治区参加全国双拥模范城（县）考评试点和自治区双拥模范、先进城（县、区）检查验收工作和双拥模范单位和个人评选推荐工作情况进行说明；讨论审议了自治区双拥模范、先进城（县、区）和双拥模范单位和个人候选名单；自治区党委副书记、自治区双拥工作领导小组组长陈际瓦同志在会上作了重要讲话。二是积极做好全国双拥模范城创建考核检查的迎检工作。根据全国双拥办对各地各部队开展全国双拥模范城（县）创建工作进行检查考核的要求，下发了《关于做好检查考核全国双拥模范城（县）创建工作各项准备工作的通知》。7月3—5日，由全国双拥办副主任、民政部优抚安置局副局长杨国英任组长的双拥创建工作第四检查考核组一行5人，到自治区检查考核双拥工作特别是创建双拥模范城（县）工作。自治区双拥工作领导小组召开了领导小组全体成员单位参加的双拥创建工作汇报会，自治区双拥工作领导小组副组长、自治区副主席高雄汇报了自治区双拥创建工作总体情况，领导小组成员军地共6个单位作了发言。检查考核组深入南宁市、贵港市检查指导工作，听取工作情况汇报，深入军地基层单位检查，充分肯定了自治区双拥创建工作"组织领导坚强有力、双拥宣传教育深入扎实、支持部队建设成效显著、优抚安置政策落实到位、部队支援地方建设贡献突出"。特别是对自治区"4·13"营救空军飞行员行动所体现的鱼水深情和"不图回报、舍己救人、无私奉献"的崇高精神给予了高度评价。三是召开了自治区双拥模范城（县、区）命名暨双拥模范单位和个人表彰大会。7月29日，自治区党委、政府和广西军区在南宁隆重召开自治区双拥模范城（县、区）命名暨双拥模范单位和个人表彰大会。会议由自治区主席马飚主持。自治区党委副书记陈际瓦作双拥工作报告，自治区党委书记、自治区人大常委会主任郭声琨作了重要讲话。授予了南宁市等76个市（县、区）为自治区双拥模范城（县、区），授予阳朔县等14个县（区）为自治区双拥先进县（区），授予自治区人民政府办公厅等107个单位为自治区爱国拥军模范单位，授予驻桂75485部队等60个单位为自治区拥政爱民模范单位，授予刘剑红等210人为自治区爱国拥军模范，授予徐茂林等100人为自治区拥政爱民模范。以自治区双拥工作领导小组名义下发了《关于授予上林县等9个县（区）为自治区双拥达标县（区）的决定》。四是做好全国双拥模范城（县）、爱国拥军模范单位和个人的考评推荐工作。10月8日全国双拥工作领导小组、人力资源和社会保障部、民政部、总政治部联合下发了《关于做好全国双拥模范城（县）、双拥模范单位考评推荐工作的通知》（国拥〔2011〕3号）、《关于评选全国爱国拥军模范和拥政爱民模范的通知》（人社部函〔2011〕267号）。根据通知精神，自治区双拥工作领导小组、自治区人力资源和社会保障厅、自治区民政厅和广西军区政治部下发了《关于做好全国双拥模范城（县）、爱国拥军模范单位和个人考评推荐工作的通知》（桂拥〔2011〕3号）。经全区各地按照评选条件和规定程序自下而上推荐，自治区双拥工作领导小组考评，提出了拟推荐的全国双拥模范城（县）、全国爱国拥军模范单位和个人名单，经在《广西日报》、广西新闻网公示期满和征求自治区双拥工作领导小组成员单位意见，并报送自治区党委、政府、广西军区审批。自治区推荐上报的全国双拥模范城（县）：南宁市、桂林市、柳州市、百色市、贵港市、梧州市、贺州市、桂平市、北海市、靖西县、龙州县、防城港市（按考评分排序）；全国爱国拥军模范单位：凭祥市民政局，柳州钢铁（集团）公司武装保卫部；全国爱国拥军模范：宜州市福龙瑶族乡弄桑村村民兰绍金，陆川县民政局局长陈博。五是配合中国双拥杂志社开好全国创新双拥宣传工作座谈会。为进一步深化双拥创建工作，配合做好新一轮全国双拥模范城（县）评比表彰宣传，围绕总结升华双拥创建典型，把各地成功做法提升为制度的经验，研究如何进一步深化、创新双拥宣传工作，自治区双拥办配合中国双拥杂志社于12月1—3日在桂林市召开全国创新双拥宣传工作座谈会，部分省（区、市）双拥工作负责人和双拥宣传工作站长150余人参加，自治区各市双拥办专职副主任例席会议。六是创新方式方法，不断推进双拥创建工作深入开展。贺州以市委、市政府、军分区名义联合下发了《关于进一步加强双拥工作创建“双拥模范城”的实施意见》和《贺州市2011—2014年深入开展双拥创建活动实施方案》，深入开展双拥“九个一”活动，进一步提升全市的双拥工作水平，开创双拥工作新局面。北海市驻涠洲岛各部队主动与岛上各部门、社区结对共建，启动了军民协力建设“双拥模范海岛”活动。玉林市建立完善了拥军督察工作长效机制。防城港市驻军全面开展了深化“爱民固边”大走访活动。

四、优抚安置政策落实，拥军优属工作得到加强

一是各类优抚安置政策得到有效落实。抚恤补助标准有新提高。2011年11月，自治区民政厅、财政厅下发了《关于调整我区部分优抚对象等人员抚恤和生活补助标准的通知》，自治区重点优抚对象抚恤和生活补助标准在现行基础上分别提高了15%—20%，抚恤补助资金按时足额发放。全区城镇退役士兵平均安置率为91.14%，完成了年度绩效考评提出的安置率85%以上的目标；共组织4522名退役士兵开展职业技能培训；想方设法做好军转干部和随军家属就业安置，切实解决部队后顾之忧。二是优抚事业单位的建设得到进一步发展。2011年以来争取中央和自治区财政下拨资金6413万元，用于维修改造优抚医院、光荣院和革命烈士纪念设施，积极争取将自治区北海复退军人医院、崇左市复退军人医院纳入国家精神病卫生防控体系。自治区民政厅印发《关于在全区创建和培育示范光荣院的通知》，决定在全区范围内创建和培育一批示范光荣院。今年12月，广西革命纪念馆、广西荣军康复服务中心等改扩建项目先后投入使用，增强了优抚事业单位在宣传国防、服务军人方面的能力。三是零散烈士纪念设施集中管理保护工作扎实高效。对全区县级以上烈士纪念设施管理保护单位和零散烈士纪念设施进行全面摸底调查，按时按质完成了烈士纪念设施普查工作，并向自治区人民政府报送了《关于做好零散烈士纪念设施建设管理保护工作的情况报告》，为下一步零散烈士纪念建筑物的集中管理保护工作打下了坚实的基础。四是率先建成了广西革命烈士纪念网。2011年4月初，在全国率先开通烈士纪念网，建立了全区革命烈士档案查询系统和网上祭奠平台，广西革命烈士纪念网成为褒扬烈士、教育群众的网络平台，倡导群众开展文明祭扫新风尚，利用网上祭扫平台与现场接待服务方式为祭扫边境烈士的各界人士提供便捷服务。据不完全统计，清明期间（3月20日—4月12日），自治区边境烈士陵园共接待社会各界群众112456人次，比2010年同期增加了167%，实现了“文明祭扫、平安清明、和谐广西”的任务目标，民政部刊发了专题简报对自治区清明期间烈士祭扫工作进行了通报表扬。五是全力做好涉军群体稳控工作。

五、部队官兵把驻地当故乡，全力以赴支援地方建设

驻桂部队坚持为人民服务的根本宗旨，在完成军事训练、政治教育和战备执勤等繁重任务的同时，主动为地方政府分忧，为第二故乡人民造福。勇担消防救援、应急救灾等急难险重任务。驻桂部队官兵牢固树立为人民服务的宗旨，始终把人民的利益摆在第一位，在人民群众生命财产受到威胁时，勇于担当，不辱使命。2011年来，消防部队官兵出动警力500多次，参加了火灾、泥石流灾害、爆炸事故、游客被困事故等大小灾情险情救援行动，挽救了群众的生命财产损失近3.6亿元。积极参加义务助民和公益慈善活动。驻桂部队官兵弘扬雷锋精神，争做雷锋传人，一点一滴为群众做好事、做实事，军民鱼水情越来越融洽。3月份，各部队都开展了“学雷锋”活动，各单位均有志愿者在街道、路口、社区免费为群众进行理发、电器修理、测量血压等生活和医疗服务。桂林警备区还组织了“医疗下乡”活动，为灌阳县新圩乡国豪村发放了价值6000元药品，免费为近百名村民和空巢老人进行义诊，受到了当地百姓的高度赞扬。部队官兵还经常利用节假日进村进社区进行卫生清理，尤其在创文明城期间，部队官兵加入到创城队伍当中，以主人翁姿态当好城市的“美容师”。“4·13”营救飞行员的义举，使广州军区空军部队官兵深受感动，备受鼓舞。空军党委以此为契机在空军部队开展了“向人民群众学习，当好人民子弟兵”活动，把地方党委政府和人民群众对部队的深厚情谊转化为建设部队、履行使命的强大动力。广州军区空军广大官兵捐款100多万元，在来宾市忻城县城关镇黄金村援建蓝天小学综合教学楼，给柳州市、河池市贫困山区学生捐赠了价值24万元的2万册新华字典。空军总医院和中华慈善总会又发起了“为了我们的孩子——‘心蕾工程’感恩广西人民”活动，空军总医院派出了心血管内科、心血管外科为主的16位专家组成的医疗队，对来宾市、河池市、柳州市三地的280多名疑似先天性心脏病儿童进行诊断筛查，从11月10日起，将适合手术的78人分批送到空军总医院进行免费救治。这既是一次慈善活动，也是子弟兵对老区人民拥军深情的回报，是人民军队爱人民的具体实践，将进一步激励壮乡人民热爱军队、热爱国防，积极支持军队全面建设的热情。组织形式多样的扶贫帮困活动。驻桂部队官兵心系群众，与群众同甘共苦，主动向困难群众伸出援助之手，献出爱心，以定点帮扶的方式开展了系列扶贫帮困活动。广西军区、武警广西总队均启动了结对帮扶一个边远少数民族自治县项目，各项援建工作正有条不紊地开展中。武警广西总队按照“生产发展、生活富裕、乡风文明、村容整洁、管理民主”的总体要求，完成了武警部队 2011 年广西唯一定点新农村示范点——南宁市江南区江西镇同新村木村坡的帮扶援建工作，得到了武警部队副政委崔景龙中将的充分肯定。“桂林舰”官兵为漓江社区失学儿童捐款达 1 万多元；75120 部队一次性为柘木镇何家小学捐献文体器材和教学设备 11 万元；75121 部队为贫困村修建道路捐资 2.2 万多元。一年来，驻桂部队官兵在各种扶贫帮困活动中共捐款捐物价值达到 650 万元，为群众办了实实在在的好事，让群众得到了实惠。

军地积极开展共建，促进了驻桂部队革命化、现代化、正规化建设发展。12 月 16 日，胡锦涛主席专门签署命令，授予广西军区边防某部八连“卫国戍边模范连”荣誉称号，这既是八连的光荣、驻桂部队的光荣，也是广西各族人民的光荣，也充分凸显了广西军政军民关系和谐的良好局面。

六、积极做好爱国拥军促进会的筹备成立工作

为了进一步凝聚我区爱国拥军力量，推动各项优抚双拥安置政策的落实，进一步增进军政军民团结，2010 年 11 月 15 日，厅党组会议研究同意筹备成立广西爱国拥军促进会。双拥办同志通力合作，制定了《广西爱国拥军促进会筹备工作任务分解表》，做到每项工作有标准、有方法、有承办单位、有负责人、有完成时限，每一工作阶段有检查、有讲评，确保了成立大会的如期举行。目前，广西爱国拥军促进会已完成了社团登记手续，成立大会的有关筹备工作正在积极筹备，2012 年年初正式成立。

海南省二〇一一年双拥工作总结

海南省 2011 年双拥工作深入贯彻落实科学发展观，紧紧围绕争创全国双拥模范城（县）和建党 90 周年纪念活动组织开展活动，注重军地融合发展新特点，用新思想研究新情况，用新思维谋划新发展，用新手段解决新问题，进一步加强军政军民团结，极大地调动广大军民的积极性、主动性和创造性，狠抓各项工作的落实，使双拥工作成为促进经济社会发展和部队战斗力提高的助推器。

一、基本情况

海南省通过开展争创全国双拥模范城（县）活动，结合阶段性工作，有组织地开展拥军优属，拥政爱民活动，不断增强广大军民参与爱国拥军和拥政爱民的主动性和自觉性，促进军地融合发展。一是通过掀起争创全国双拥模范城（县）、模范单位和个人活动新高潮，推动双拥领域的创优争先，促进双拥工作全面发展；二是通过纪念建党 90 周年系列庆祝活动造声势，增强广大军民爱党、爱国爱军队热情；三是驻琼军警部队积极参与急难险重任务，特别是参与抗洪救灾等公益活动，树立人民子弟兵的良好形象；四是发挥军地优势，互相促进，共同发展。2011 年，全省共支持国防、军队建设经费达×××元，是历年之最，解决国防用地 5000 多亩，接收安置转业干部 500 多名、退役士兵 3000 多名，有力支持军队建设；军队参与地方重大工程项目 216 个，投入车（械）2106 辆，32996 人；参与抢险救灾 488 次，投入车辆机械 2237 辆（台），船艇 55 艘次、飞机 11 架次。新增军民共建文明生态村、扶贫点 66 个，军官参与“一帮一”助学 157.52 万元，帮助 1000 多名困难学生完成学业、圆大学梦，为军民融合发展作出了积极的贡献。

二、主要做法和特点

（一）加强领导，强化教育，营造浓厚的双拥氛围

一是各级领导积极支持和参与双拥工作。把双拥工作纳入军地重要议事日程，纳入各级领导目标责任，纳入部门年度工作计划，纳入经济社会发展总体规划，纳入地方财政预算。切实做到亲自审定双拥工作计划，亲自过问解决双拥难题，亲自参与双拥重大活动，地方各级领导到军营过军事日 86

批次，确保双拥工作的领导、人员、经费的落实。军队各级领导到地方领导机关作形势报告41场，组织国防知识讲座100多场次，参加人员10多万人，为提高国民海洋意识、国防意识，作出了积极努力。

二是充分发挥媒体优势，积极开展争先创优活动。宣传媒体结合纪念《中华人民共和国国防教育法》颁布10周年和争创全国双拥模范城（县）活动，广泛宣传全国《双拥模范城（县）创建命名管理办法》和《全国双拥模范城（县）考评标准》，宣传全国双拥模范城（县）、模范单位和个人；宣传各级党委政府为驻军排忧解难，支持部队建设的积极做法；宣传部队支援地方建设，完成急难险重任务所表现出的崇高精神和优良作风；2011年全省主要新闻媒体共刊播有关双拥工作的新闻报道2000余篇（条）。组织拍摄的记录片《琼崖纵队》，在中央电视台七频道黄金时间首播，在省电视台热播；播出军事栏目52期、《海南日报》刊出国防专版24期，为全省有线电视用户免费开放央视《国防军事》频道，邀请尹卓、李国强等专家来琼作形势报告，不断提高广大军民的国防观念。

三是充分利用节庆开展国防教育，普及双拥知识，增强双拥意识。全省各级通过春节、“八一”建军节等广泛开展拥军优属、拥政爱民宣传，结合建党90周年，组织由45万人参加的歌颂党、歌颂人民军队的大合唱，激发广大军民热爱党、热爱人民军队的情怀；9月份联合沈阳“九·一八”历史博物馆举办了为期9天的以“勿忘国耻，牢记历史，军民协力，富国强兵”为主题图片展览。全省免费开放各类博物馆、纪念馆和爱国主义教育基地50多处，接纳人数超过百万人次。2011年10月份开始，组织了由军地200名选手参加的为期3个多月的“首届中国·海南爱国拥军影视金曲大奖赛”，大奖赛于2012年1月结束。我们通过组织经常性活动，扩大双拥宣传，营造爱国拥军氛围。

（二）结合实际，突出重点，加大支持部队建设力度

一是大力支持国防建设，促进军队完成使命。全省各级领导充分认识富国强军，富岛强兵、军民融合发展的重要性，加大投入，大力支持部队建设。2011年支持部队基础建设、训练经费达×××多元，解决国防用地5000多亩。省国土环境资源厅积极为驻军土地确权服务，发证573宗，涉及土地20多万亩，三亚市全力支持解放军总医院海南分院建设，计划三年投入建设经费×××元，2011年已投入×××元。各级各部门全力支持国防、军队建设，促进军队完成使命。

二是搞好军转干部和退役士兵安置，解决部队后顾之忧。2011年安置的500多名转业干部，全部安排在公务员队伍或参照公务员管理的事业单位，做到军队、单位和个人“三满意”；完成了1136名城镇退役士兵安置任务，占安置任务的85%以上，有培训愿望的退役士兵全部落实培训；投入5300多万元解决下岗企业军转干部的生活困难，全省有就业愿望和就业能力的下岗失业企业军转干部实现了再就业。部队随家属工作、生活得到照顾，军人子女上学得到照顾。

三是重点优抚对象“三难”问题得到较好解决。各项优抚政策得到较好落实，2011年下拨抚恤补助资金15081万元（其中，省财政抚恤补助资金1191.2万元）。及时启动物价联动机制，为2万多名重点优抚对象发放临时物价补贴191万元。按要求从10月1日起提高重点优抚对象和新中国成立前入党农村老党员补助标准。按照民政部通知，全省登记审定享受农村籍退役士兵补助9000多人；全省重点优抚对象全部由政府出钱参加医疗保险，较好地解决了他们的“医疗难”；结合茅草房、危房改造，为重点优抚对象修建住房1000多间，通过建设廉租房、经济适用房，较好地解决了重点优抚对象的住房难的问题。

四是国防利益和军人军属的合法权益得到较好保障。各级涉军维权组织充分发挥职能作用，全省各级法院对涉军案件做到尽最大努力缩短办案周期，坚持“调解优先、调判结合”的原则，共审结涉军案件63件，均得到妥善处理，实现了法律效果和社会效果的统一。积极开展法律知识进军营活动，为

驻地官兵提供法律咨询、培训、帮助服务，极大地维护了国防利益和军人军属的合法权益。

（三）围绕发展，发挥军队优势，促进社会稳定经济发展

驻琼军警部队视驻地为故乡，把人民当亲人，自觉践行军队宗旨，始终与地方政府和人民群众同呼吸、共命运、心连心，充分发挥部队优势，在参加和支援地方经济社会建设中勇于承担急难险重任务，不断促进社会稳定和经济发展。

一是在抢险救灾中起中流砥柱作用。2011 年国庆节前后，“海棠”、“纳沙”、“尼格”3 个台风相继袭击海南省，造成大部分地区出现特大暴风雨，局部地区发生内涝坍塌、山洪暴发、滞留游客等灾害事故，驻琼军警部队第一时间参与抢险救灾行动，出动官兵和民兵预备役人员 3 万多人次，车辆 2000 多台、快艇 35 艘（次），引导船只避风 12124 艘（次），加固水库、江河堤坝 28 公里，排除重大险情 200 多处。救助转移群众 10 多万人，灾后清理路障 200 多公里，清除倒伏树木 55000 多株、清理垃圾 1000 余吨，帮助修复供电线路 79 条，140 多公里。派出 15 个医疗队为灾民防病治病，灾后捐款近千万元，为确保人民生命财产安全，灾后恢复重建作出了积极的贡献。

二是为海南国际旅游岛建设保驾护航。2011 年，海南省先后举办了博鳌亚洲论坛年会、“金砖五国”首脑会晤、环海南岛国际公路自行车赛、世界精英模特大赛等 30 多项具有国际影响的重大活动。驻琼部队先后派出 5000 多名官兵和民兵预备役人员参与保障和联合安保任务，为各项外事活动、国事活动、体育赛事的顺利举办奠定了坚实基础，为地方的平安建设作出了积极的贡献。积极参加社会主义新农村建设，一年来，全区部队共出动官兵和民兵预备役人员 6000 多人次，投入车辆 1800 多台次、资金 400 多万元，新增共建文明生态村、扶贫点 66 个。开展“区片联创、军民共建”生态文明村活动的经验，成为社会主义新农村建设的亮点，有 4 个村被国务院评为“社会主义新农村建设示范村”。

三是积极参与社会主义精神文明建设。军队各级坚持以净化营区周围社会环境和密切军民关系为目标，深入开展军民共建社会主义精神文明活动。各部队积极与驻地党政机关单位共同开展创建文明城市、文明村镇、文明街道等活动，先后组织 164 个宣传小组 3600 多名官兵深入驻地学校、工厂、村庄、企业进行文明创建活动宣传教育。派出 2500 多名骨干，组织学生军训 18 万人（次），无偿献血 10 多万毫升，开展“一帮一”助学活动，帮助 1000 多名困难学生完成学业、圆大学梦；广泛开展学雷锋为民做好事活动，利用“学雷锋月”、主题教育、老兵退伍等时机，积极开展助民活动，共为群众做好事、办实事 3400 多件，推动了文明创建活动的深入发展。驻海口、琼海、三亚和五指山市部队积极参加争创全国卫生城市活动，提出了“在营区当文明军人，出营门做文明公民”口号，把热爱海南、建设椰岛的口号变成广大官兵的自觉行动。联合地方政府，广泛开展“无毒村”、“无赌村”、“无打架斗殴村”和“平安之家”评比等活动，组织 170 多个宣传小组深入全省乡镇街道和村庄宣传法律法规、文明礼仪和文明习俗，促进了民风村风转变。各部队在共建中，还与驻地公安、派出所广泛开展联防联治活动，有效地促进了社会治安的好转。目前，全省军民共建点中，有 80% 被县以上单位评为文明单位，在群众性精神文明创建活动中发挥了示范带头作用。11 月份，驻琼部队积极响应省委、省政府在全省开展文明大行动的号召，叫响“当文明军人，做爱民模范”的口号，积极支援地方搞好环境建设和公共卫生整治，引导官兵参与文明礼仪、文明环境、文明交通、文明旅游创建活动，有力促进了全省精神文明建设，提升了海南的文明形象。

（四）各成员单位密切配合，充分发挥职能作用

全省各级、各部门，各成员单位密切配合，充分发挥职能作用。一是密切配合完成军转干部、退役士兵安置任务。省人保部门想方设法安置军转干部，做到部队满意，接收单位满意和干部个人满

意。省司法厅积极完成军队转业干部安置任务，2011年就接收安置了50名军队转业干部，省住房和城乡建设厅除积极接收转业干部外，还想方设法解决20名军嫂就业。省教育系统2011年接收转业退伍军人60多名，照顾随军家属就业100多人，省工商局为退役士兵、随军家属办理营业执照，减免各种费用。

二是搞好后勤保障，确保军队完成任务。省财政厅及时保障落实涉军经费，确保国防建设、重点优抚对象经费的落实到位。省发改委积极为军队服务，安排涉军项目建设资金×××万元；省住房和城乡建设厅积极协调解决国防和军队建设用地，协调省财政拨款86万元，帮助新盈海军部队修建职工住房。2011年4月，省文体厅拨出专款在西沙永兴岛建成了广播电视发射台并投入使用。省图书馆为西沙等6支边远部队设立了流动图书馆，免费为部队官兵提供图书6万册。省交通运输厅投入1亿多元，为边、远、散部队修建道路40多公里，省粮油供应部门确保供应部队粮油数量质量。

三是通过开展活动，促进部队精神文明建设。团省委积极挖掘军中青年典型，用优秀军人的先进事迹，激励广大团员青年，加强修养，砥砺品格。在2011年“第十七届海南青年五四奖章”评选中，评选出在部队建功立业的标兵4名，为广大青年树立了爱国爱民、积极进取的榜样。省妇联开展评选表彰海南省三八红旗手、三八红旗手标兵和三八红旗集体活动，评选出2个现役部队“三八红旗集体”和2名“三八红旗手”，树立了军中妇女优秀典型。省文体厅在“八一”建军节组织了4支文艺小分队，为5000多名官兵进行了17场演出，4月10日，组织省歌舞团演员赴西沙为驻岛官兵奉献精彩的文艺节目，受到了官兵的热烈欢迎。省博物馆长期组织大型爱国主义教育展览，免费接待部队5万多人次参观，为部队进行爱国主义和光荣传统教育起到了积极作用。由于全省军地各级、各部门的密切配合，积极努力，不断推动海南省的双拥工作上新台阶。

重庆市二〇一一年双拥工作总结

2011年，全市双拥工作在市委、市政府和重庆警备区的领导下，坚持以邓小平理论和“三个代表”重要思想为指导，深入贯彻落实科学发展观，立足城乡统筹发展直辖市建设实际，积极探索加强新形势下军政军民团结的新机制，不断夯实双拥工作基础，拓宽双拥工作领域，破解双拥工作难题，“同呼吸、共命运、心连心”的新型军政军民关系进一步巩固和发展，为促进全市经济社会发展军队现代化建设作出了积极贡献。

一、深入开展国防双拥宣传教育，努力营造爱国拥军为民奉献的浓厚氛围

2011年，全市各级以学习贯彻中央8号文件为主线，依托红色资源深化双拥宣传教育，坚持不懈地用爱国拥军、爱民奉献的优良传统引领社会风尚，不断强化广大军民的国防观念和双拥意识。一是突出领导干部教育。市党政军主要领导带头学习中央8号文件，带头文件进党校、下区县、到企业、赴军营进行调研，作国防教育专题报告，讲爱国拥军光荣传统。坚持把国防和双拥宣传教育纳入党委中心组学习内容，纳入各级党校、行政学院教学计划，邀请军内外专家教授给全市各级领导干部上国防教育课，组织1200多名各级领导干部参加“军事日”活动，亲身感受军营火热的练兵氛围，加深对人民子弟兵的深厚感情，形成了具有重庆特色的领导干部国防和双拥宣传教育模式。坚持党委议军会制度，研究支持国防建设和党管武装工作，从思想上打牢、热爱国防、关心国防、支持国防的烙印。30名军地领导参加了“全国双拥模范城（县）领导话双拥”征文比赛，渝中、江津、沙坪坝、南岸等4个区报送的4篇稿件分别荣获一、三等奖。二是开展特色主题活动。在搞好国防和双拥知识竞赛、双拥征文比赛、第 11 个全民国防教育日、“我们的队伍向太阳——重庆市庆祝中国人民解放军建军 84 周年文艺演出”等活动的基础上，组织军民积极参加“唱红歌、读经典、讲故事、传箴言”红色主题活动，举行一定规模的军民红歌合唱 360 多场，编辑发行《读点经典》12 万册，举办故事会 2 万多场次，手机和 QQ 用户转发格言警句为主的红色箴言近亿条次。丰都县“唱红歌、上红课、吃红餐、答红题、抒红情、走红路、读红书、观红展、放红影、主红星”为主要内容的“十红”活动，在军民中产生了强烈反响；开展了“军民一心跟党走，红旗飘飘永向前——2011 国防教育重庆行动”“首个全市国防教育宣传周”、双拥题材摄影大赛等主题活动；各区县（自治县）在一些重点醒目地段树起了国防教育标语牌，在一些繁华街道设立了双拥内容宣传牌、宣传栏、灯箱等，在全社会形成人人关心国防、支持部队建设、投身双拥活动的浓厚氛围。三是加强宣传阵地建设。投入经费 1500 万元，建起了室外展区 10000 平方米、室内展馆 2000 平方米的市国防教育中心；投入经费 3000 万元，修缮聂荣臻元帅纪念馆、邱少云烈士纪念馆、杨闇公烈士陵园等爱国主义教育基地；在南岸、江津、大渡口、北部新区等区县，依托城市建设，打造了一批双拥公园、双拥大道、双拥广场、双拥社区、双拥超市，利用重庆电视台、《重庆日报》、华龙网等媒体；建起了电视、电台、网络、报纸、杂志、简报、动态“七位一体”国防和双拥宣传平台。国防部长梁光烈、总政主任李继耐等领导同志对重庆电视台《巴渝子弟兵》栏目给予充分肯定。军民在参观、学习中受到熏陶和启迪，在互动联谊中升华思想和情感，拥军优属、爱民奉献已成为广大军民的共同信念和自觉行动。

二、积极整合全市社会资源，大力支持国防和军队现代化建设

全市各级始终把拥军优属摆在优先位置，按照“讲政治、动真情、办实事”的要求，积极整合科技、教育等社会资源，尽心尽力为部队办实事，满腔热情为官兵解难题。各级按照“讲政治、重感情、办实事”的要求，全力支持驻渝部队全面建设。一是完善军地联络协调机制。市委、市政府和各区县始终坚持主动服务、急事急办、特事特办、军地互动的工作方针，把联络协调服务部队工作纳入党委、政府工作体系，坚持党委议军会、军政座谈会、走访慰问等工作制度，从制度上保证了军地联系沟通渠道的畅通。2011 年驻渝部队提出的需要地方党委、政府解决的 40 多个重点、难点问题，基本已经全部给予解决。二是积极开展科技智力拥军活动。全力支持驻渝部队的科研工作，在项目申报立项、资金支助、人才培养等方面给予优先和倾斜。2011 年，支持第三军医大学、后勤工程学院、重庆通信学院等军队科研项目 122 项，科研项目经费×××万元。同时，将第三军医大学蒋建新、重庆后勤工程学院陈国需列为“百名杰出科技领军人才培养计划”，每人资助科研经费 50 万元；将第三军医大学郑国宏、李涛、朱楚洪等 3 人列为“市杰出青年科学基金”培养计划，每人每年资助 20 万元。广泛开展“援建军营图书室”活动，先后为驻渝部队新建、改建图书室 23 个，援建多媒体教育培训中心和文化活动中心 12 个，捐赠电脑 1200 余台。全市依托职业院校开展军地两用人才培训工作，给部队开办文化补习、会计、电脑、英语、种植等培训班近 120 余期，为官兵学习新技术，掌握新技能搭建平台，使他们不断提高综合素质和能力。三是注重为部队办实事办好事。一年来，全市投入资金×××多元，支持部队建设项目 157 个。市财政局、市教委、市交委、市民政局、市国土局、市文广局、市双拥办等部门，先后 4 次现场办公，解决了第三军医大学教学科研创新团队建设和将该校列入全市高校骨干教师队伍建设“221”工程、重庆通信学院新桥至林园路段路面改造等 3 个驻渝部队建设发展中的重点难点问题。春节、“八一”等重大时间节点，市和区县各级党政军领导都要亲率慰问团，深入部队走访慰问基层官兵，赠送了 3127 万元的慰问金。2011 年，全市还优先安排

4158名军人子女入学入托。四是积极推进拥军工作社会化。各级积极探索新形势下加强双拥工作的新途径新方法，千方百计组织动员社会力量参与拥军工作，大力推进拥军工作社会化。市双拥办会同市工商联等部门，组织非公组织与驻军单位开展结对共建活动，鼓励非公组织单位发挥自身优势，在资金、技术、人才培养、接收随军家属等方面开展拥军工作；市内医院、港口、车站、码头等公共服务场所，设立军人优先标志，二级以上医院还给就诊的部队官兵免收挂号费，优惠减免住院费、手术费等，真正把拥军工作落实在行动上。一年来，陶然居集团、力帆集团等非公经济组织向部队赠送了800余万元的慰问金，帮助150名军嫂实现了就业，接收安置3100多名退伍军人。

三、充分发挥驻渝部队优势和作用，大力推进城乡统筹发展直辖市建设

驻渝部队和广大官兵视重庆为“第二故乡”，广泛开展亲民爱民活动，开展支持和参与全市经济社会建设，努力为城乡统筹发展直辖市建设作贡献。一是深入开展扶贫帮困工作。警备区牵头协调23家军地扶贫集团成员单位，筹集资金204.5万元，集中帮扶奉节县冯坪乡皂角村、鹤峰乡柳池村、石岗乡田树村、草堂镇石马村、长安乡西槽村5个市级贫困村，帮助完成社区建设、人饮工程、卫生医疗、产业发展等四大类8个项目。筹集资金50万元帮扶酉阳革命老区建设，集中援建南腰界乡大坝村综合养殖场和经果林开发区建设项目。重庆警备区团以上单位采取结对帮扶的形式，实施“帮千家脱贫”工程，自2010年开始，利用3年时间，帮助1000余户贫困户逐步实现增收脱贫，2011年累计筹集资金360余万元。重庆警备区、重庆通信学院、武警重庆总队、重庆消防总队等驻渝部队广泛开展“关爱留守儿童，培养红色传人”活动，与全市40余所农村留守儿童学校建立了共建共育关系，选派官兵1000余人，培训留守儿童2万余名，捐赠钱物200余万元，资助贫困生2000余名。二是积极参与“五个重庆”建设。驻渝部队积极响应市委、市政府号召，把支持“五个重庆”建设作为义不容辞的义务和责任，坚持主动参与，积极有所作为。在“森林重庆”建设中，后勤工程学院、重庆通信学子院、95661部队等驻渝部队广泛开展“一个官兵十棵树、一支部队几片林”、“百万民兵绿化长江”活动，积极种植“双拥林”、“国防林”、“青年林”、“八一林”、“武警林”、“民兵林”。2011年以来，部队出动官兵12.1万人次，植树450万株、造林4.8万亩。在“健康重庆”建设中，针对贫困地区、边远少数民族地区缺医少药的实际，开展“红色军医送健康”活动，捐赠140万元药品和医疗设备，第三军医大学、324医院等派出医疗队30多批次，义诊群众10万人次，活动遍及50个村镇社区群众和30所留守儿童学校；专程登门看望10名老红军，捐赠慰问金5万余元，并为老红军建立了健康档案。在“平安重庆”建设中，77100部队等驻渝部队出动官兵20余万次，圆满完成了“8·22”荣昌、“8·30”永川、“9·1”垫江、“9·3”长寿森林灭火和“9·15”云阳、“9·19”合川抗洪等抢险救灾任务共239起，紧急疏散转移群众5500余人，救助遇险群众500余人，运送救灾物资36余吨，为地方挽回经济损失6826万元。三是广泛开展亲民爱民活动。驻渝部队深入开展亲民爱民活动，通过开展“四重活动”（重读雷锋日记、重讲雷锋故事、重唱雷锋歌曲、重走雷锋道路）、关爱“一老一小”（空巢老人和留守儿童）、组织“四送下乡”（送政策、送科技、送卫生、送文化）等争做雷锋传人系列活动，进一步密切军政军民关系。全年累计开展亲民爱民活动1200余次，成规模做好事6200余件。在连续高温天气开放人防工程供市民纳凉期间，警备区主动靠前，与市民防办联合制定了《关于在人防工程纳凉点开展亲民爱民活动的意见》，积极组织相关区县官兵，以“唱读讲传”文艺演出、送医巡诊、义务维修、打扫卫生等形式，广泛开展爱民助民活动，累计组织文艺演出86场，组织医务人员127批次深入纳凉点义诊，免费发放价值10万元的药品和1万余份健康宣传资料，放映红色电影和国防教育宣传片200多场次，清扫纳凉点 260 余次。

四、认真落实双拥政策法规，切实保障优抚对象合法权益

2011 年，全市各级积极研究双拥热点难点问题，认真落实双拥政策法规，扎实推进优抚安置工作发展，取得了新的成绩。一是健全完善双拥政策法规。2011 年，重庆市先后制定了《关于推进军民融合式发展的意见》、《关于加强烈士遗属优待工作的意见》、《拥政爱民 10 条》，修订完善了《关于建立城乡义务兵家庭优待金自然增长机制的通知》，以及落实新修改《军人抚恤优待条例》的一系列配套政策文件，为双拥工作的创新发展提供了可靠的政策支撑。二是完善优抚对象抚恤补助标准增长机制。为使优抚对象的生活水平随着全市经济发展而提高，结合重庆市实际，规定了优抚对象抚恤补助标准平均每年递增 15%；建立了烈士遗属优待金制度，“11.27”烈属每人每月达 1250 元，重庆解放前、解放后牺牲烈士遗属每人每月达 900 元、600 元；建立了在乡老复员军人地方生活补助标准自然增长机制，统筹调整了城乡义务兵家庭优待金，自 2012 年起，每户每年标准达到 8000 元，并根据经济发展情况及时调整；及时足额发放了残疾军人、参战参试人员、退伍老兵生活补助；先后投入财政资金 30 多亿元，解决了优抚对象生活、住房、医疗等特殊困难。三是妥善安置转业退伍军人。各级坚持把师团干部、功臣模范、“六类”人员的重点安置、照顾安置和从优安置要求落到实处，保证 80% 以上的军转干部进入了公务员队伍，师团职干部均安排了相应的领导职务或非领导职务。全面建立了城乡一体、多种方式相结合的退役士兵安置制度，进一步完善了退役士兵安排工作、扶持就业、教育培训、社会保险等优惠政策，退役士兵就业率达到 100%。四是着力提高军队离退休人员待遇。

五、军地合力推进双拥模范城创建工作，不断提高全市双拥工作整体水平

全市各级以创建全国双拥模范城（县）为契机，在明确目标的引领下，各级双拥创建工作始终保持了深入、健康、持续的良好发展态势。一是丰富创建活动内容。各级各单位各部队努力创新双拥工作思路，积极推动双拥工作由一般性为部队服务向为战备解难题服务转变，由解决一般实际困难向保障提高部队“打赢”能力转变，由靠行政领导推动向依靠法规政策开展工作转变，紧跟时代步伐，紧贴自身实际，紧扣创建主题，发扬老传统，探索新途径，把创建活动与推进城乡统筹发展相结合，与建设“五个重庆”相结合，与提高部队遂行多样化军事任务能力相结合，积极开展丰富多彩的创建活动，极大地推动了地方经济社会发展与部队现代化建设。二是打造双拥特色亮点。2011 年，全市各级积极研究新情况、探索新途径，努力打造具有自身特色的双拥工作新亮点。渝中区、江北区积极推进拥军工作社会化，扩大双拥工作的群众基础；江津区完善工作运行机制，加强双拥工作规范化建设；永川区加强基层双拥工作站建设，推进双拥工作在基层落实；万州区建立区领导联系驻军制度，真情帮助部队排忧解难；沙坪坝区发挥军地教育资源优势，推进人才培养工作融合发展，大渡口区积极建设“双拥主题公园”，强化双拥宣传教育阵地；城口县高标准落实双拥政策法规，切实维护优抚对象权益，等等；有力地推动了全市双拥工作创新发展。三是搞好双拥模范的评选推荐工作。根据全国双拥工作领导小组、民政部、总政治部《关于做好全国双拥模范城（县）、双拥模范单位考评推荐工作的通知》精神，军地各级按照符合评选条件的区县申报、市双拥工作领导小组考评、征求驻军单位意见、社会公示、集体研究审核的程序，认真组织开展了全国双拥模范城（县）、全国爱国拥军模范单位和模范个人的工作，择优推荐了 12 个区县为全国双拥模范城（县），2 个全国爱国拥军模范单位，2 名全国爱国拥军模范个人。四是推进双拥工作深入开展。为提高全市双拥模范城（县）创建工作的质量和水平，在深入基层调查研究的基础上，市双拥办制定下发了《关于进一步做好双拥模范城（县）创建工作的通知》，各相关区县对照《创建命名管理办法》、《检查考核标准》明确的标准和要求，认真查找组织领导、宣传教育、政策落实、拥军工作、共建活动、军民关系等方面的薄弱环节，下真功夫、硬功夫、实功夫解决创建工作中的矛盾和问题，推进双拥模范城（县）创建工作深入、持续、健康发展。2011 年 7 月，全国双拥模范城（县）创建工作检查考核组对重庆市本级和沙坪坝区、江津区进行了检查考核，充分肯定了重庆市创建工作取得的成绩。检查考核组组长、全国双拥办副主任、总政群工办主任汤奋指出：“重庆是一片双拥的热土。”组织领导体系健全，制度机制完善，宣传教育深入，双拥政策落实，特色亮点很多，许多工作走在了全国的前列。

重庆市双拥工作虽然取得了可喜成绩，但也存在着不容忽视的问题，影响和制约着全市双拥工作的创新发展。一是双拥创建工作的动力有待增强。受现行财政体制的制约，对双拥创建活动中涌现出来的先进典型仅限于精神奖励，缺乏物质激励机制，形成了民政部门“一头热”现象，双拥创建内动力不足。二是解决热点难点问题的力度需要进一步加大。虽然各级对解决广大军民关注的热点难点问题做了大量卓有成效的工作，但诸如随军家属就业、退役士兵培训安置、退役军人信访等问题仍比较突出。三是双拥组织机构建设需进一步加强。各级双拥办机构编制偏少、专职人员偏少、保障经费偏少的问题比较普遍；由于人员变动频繁，个别区县双拥办的参谋、“桥梁”作用还发挥不够。这些问题和薄弱环节，需要在今后的工作中认真研究解决。

2012 年，我们将继续围绕全市民政工作总体部署，以推进军民融合式发展为重点，着力抓好以下五个方面的工作：一是要坚持军民融合的基本方针，认真落实市委、市政府、警备区《关于推进军民融合式发展的意见》，发挥军地资源优势，促进军地共同发展。二是要以贯彻落实中央 8 号文件为重点，深入开展国防和双拥宣传教育，夯实军政军民坚强团结的思想基础。三是坚持立足重庆的特殊市情，积极研究新形势下加强双拥工作的方法途径，进一步完善重庆市双拥优抚安置政策法规体系。四是加强双拥组织机构和队伍建设，提高工作人员的能力素质，为双拥工作的创新发展提供人才支持。五是发挥先进典型的示范带动作用，着力培育打造新的先进特色亮点，努力提高全市双拥工作的整体水平。

四川省二〇一一年双拥工作总结

2011 年，四川省双拥工作坚持以邓小平理论和“三个代表”重要思想为指导，深入实践科学发展观，全面贯彻党的十七届五中、六中全会和省委九届八次、九次全会精神，在全国双拥办的指导和省委、省政府、省军区、省双拥工作领导小组的领导下，抓住元旦、春节、“八一”建军节和创建新一届全国双拥模范城（县）等契机，大力营造双拥浓厚氛围，为促进全省社会稳定、经济发展和驻川部队全面建设作出了积极贡献。

一、以双拥模范城创建为载体，推动双拥工作上新台阶

全省把双拥工作作为一项重要工作来抓，坚持党委议军、领导现场办公、军地互访等制度，以创建新一届全国双拥模范城（县）为载体，广泛进行双拥国防宣传，多渠道、多形式、多领域开展军（警）民共建，推动全省双拥工作上新台阶。

（一）高度重视双拥。全省各级党委、政府和驻军坚持军民融合式发展，围绕新一届全国双拥模范城（县）创建要求，制定发展规划，完善组织领导，健全双拥机构，明确目标任务，层层落实责任，双拥创建有部署、有检查、有落实。2010 年 11 月 4 日，省委书记、省人大常委会主任、省双拥工作领导小组组长刘奇葆和成都军区副司令员舒玉泰在“四川省双拥模范城（县、区）暨双拥模范命名表彰电视电话会议”上，要求全省各地各部队要以开展双拥模范城创建活动为重要载体，促进双拥工作深化落实。2011 年年初，省双拥工作领导小组《双拥工作要点》就新一届全国双拥模范城（县）创建工作进行部署安排。成都、乐山、宜宾、广安等地相继召开创建全国双拥模范城工作部署会，攀枝花、泸州、德阳、广元、资阳、崇州、邛崃、西昌等地领导向省双拥办、省民政厅、省军区政治部专题汇报双拥工作，许多地区和单位专门组织人员到省内外双拥先进地方学习好做法和好经验，积极推进双拥工作深入开展。

（二）精心部署创建。为了持续深入推动全省双拥创建工作，省双拥办按照全国双拥工作领导小组和省双拥工作领导小组工作要点，认真制订双拥创建工作计划和实施方案，组织召开全省双拥办主任会，研究部署新一轮全国双拥模范城（县）的创建工作，泸州、宜宾、遂宁 3 市介绍了双拥创建先进经验；组织协调省双拥工作领导小组部分成员单位，抽查 14 个上一届全国双拥模范城（县）和 18 个省级双拥模范城（县、区）的双拥工作情况，及时指出各地存在的不足，积极引导各地开展双拥创建工作；省双拥办全年下发文件 46 份、简报 23 期，有力地指导了全省双拥创建活动的开展；各地按照省民政厅和省军区政治部通知要求，结合当地实际认真做好元旦、春节和“八一”建军节期间双拥工作，极大地推进了全省双拥工作的社会化进程。

（三）完善健全制度。省双拥办重新制定和修订了《四川省双拥模范城（县、区）日常工作管理办法》、《四川省双拥模范（先进）城（县、区）创建命名管理办法实施细则》，成都市制定了《成都市双拥模范城（区、县）管理办法》等文件，德阳市制定下发了关于开展双拥工作进企业、乡村、学校、社区、机关、连队的实施意见，广元市出台 50 个文件保证双拥工作全面落实到位，南充市目督办和双拥办联合成立督察组对双拥工作实行定期不定期专项督察，宜宾市出台文件完善军地合署办公和拥军支前工作体系建设。各地通过制定文件规定，使机关、单位、乡镇（街道）、学校、社区、企业等的双拥工作落到实处，促进了全省双拥工作制度化建设。

（四）加强宣传教育。全省各级各部门充分发挥各类新闻媒体和国防教育资源作用，采取多种形式开展双拥和国防教育宣传，不断增强双拥氛围。一是双拥文艺演出获得成功。为庆祝建军 84 周年，“八一”前夕隆重举行了“2011 · 四川省首届双拥文艺晚会”，晚会节目集政治性、思想性、艺术性和感染力为一体，反映了四川优秀儿女为共和国所作出的丰功伟绩，展示了人民军队的时代风采，讴歌了和平年代军民团结取得的丰硕成果，表达了军民情谊地久天长，展望了军民共建美好未来，党政军领导和党政机关代表、企业家代表、农民代表、工人代表、文艺界代表、民主人士代表、部队官兵代表、学生代表等 1200 余人出席观看了演出，晚会获得巨大成功，社会反响强烈，达到了预期宣传教育效果。二是举办双拥书画摄影展览。为教育和引导全省民政、双拥系统干部职工开拓创新、务实进取，省民政厅组织举办首届民政、双拥系统书画摄影展，极大地鼓舞和教育了全省民政、双拥系统干部职工，为实现四川民政双拥事业跨越发展和社会全面进步贡献更大的力量。三是多种形式广泛宣传双拥。省双拥办、省军区政治部通过编发《双拥工作信息》30 期，在《国防时报》“四川民生”栏目刊登宣传信息 40 期，依托省民政厅公众信息网、《解放军报》《西南民兵》等报纸杂志广泛宣传全省双拥创建先进事迹、先进典型，介绍交流工作经验、工作动态；自贡市制定了《创建省级双拥模范城宣传工作的实施意见》，把双拥和国防教育纳入全民教育体系；德阳市结合灾后重建任务投入 6000 余万元，新建维修了 6 个全民国防教育基地；广元市“双拥”工作经验和做法在《人民日报》、《解放军报》、《中国社会报》宣传报道；宜宾市邀请国防大学张召忠、金一南教授作国防教育专题报告，同时建立“宜宾双拥信息网”，点击率达 14 万人次，双拥国防宣传教育成效显著；阿坝州在藏传佛教寺院（庙），清真寺中开展国防、爱国主义教育，效果明显；甘孜州举行“唱红歌、颂党恩、庆八一”活动等。全省各地开展双拥国防宣传报道20697件（次），组织国防教育10535次，受教育4815.9万人，通过广泛深入宣传教育，营造出浓厚双拥氛围。全省今年创建全国双拥模范城（县）活动热情空前高涨，有60多个市（县、区）申请创建全国双拥模范城（县），向全国双拥工作领导小组推荐上报了16个双拥模范城（县）、2个爱国拥军模范单位、2名爱国拥军模范。

二、广泛开展多样化拥军活动，积极支援部队全面建设

全省各地始终坚持把支持国防和军队建设纳入当地经济社会发展规划，大力支持配合部队建设，广泛开展科技、智力和社会化拥军等形式多样的拥军活动，协助军队实施人才战略工程，支援重点军事工程和部队后勤保障社会化建设。

（一）开展走访慰问。2011年元旦、春节和“八一”建军节期间，省委和省政府领导带队走访慰问了驻川部队17个基层单位、4所部队医院和3所省属休养院；成都市围绕“爱国拥军”主题开展了100余场次形式多样的军地联谊活动，赠送慰问品（金）1044余万元；广安市广泛开展军警民共建文明单位、共建一条街、共创卫生城、军地联防保平安、“三优一学”等一系列形式新颖、内容丰富的军民共建活动；达州、巴中、雅安、凉山等地主要领导带队慰问驻军部队并与官兵开展联谊活动。通过全省各级党委和政府走访慰问和开展各种形式联谊活动，使部队官兵和优抚对象深受鼓舞，极大地增强了全省军地军民团结。

（二）支援部队建设。全省各地支援国防重点工程建设134个、投入经费9.49亿元，参与部队科研项目30个，支援部队建设投入经费3.8亿元，减免各类经费4946.2万元，补助官兵生活经费3607.8万元。成都市为部队建立了万亩军粮、蔬菜基地；攀枝花市投入3000万元支援部队建设；宜宾市投入8500余万元支持63819部队实施测量场区搬迁工程并圆满验收；泸州市投入经费2.3亿元支援部队建设，补助官兵生活补助经费174.8万元；绵阳市科学城以军民融合重大项目建设为核心替部队办实事；广元市军供站接待实兵演习部队6411人次；广安市各级财政投入3646万元支持部队营房建设和添置设备；资阳市全年安排支出2.09亿元用于支持部队购买训练器材、办公用品、生活设施改造等。

（三）科技智力拥军。全省各地为部队培训科技人才20654人，投入科技拥军经费2389万元。成都市投入经费213万元，为部队培训科技人才6010余人，为部队赠送图书30000余册；绵阳市发动工、青、妇等群众团体建立军队、地方、家庭三位一体的育才体系，为驻绵各部队购买图书1.2万余册，价值12万余元；广元市各图书馆专门为驻军官兵办理优惠卡，广元电大开设了学历教育5个本科专业、3个专科专业为部队培养人才；宜宾市各级政府相关部门积极组织科普知识进军营“三个一”、电脑普及（升级）培训，大力支持部队信息化建设；甘孜州民政局、图书馆、交通局为部队援建军营图书室9个、捐赠图书共30000多册，添加设备25件。

（四）推动社会化拥军。各部门、各行业充分利用自身优势，主动投身到拥军工作中，全省有7565个非公组织慰问部队2946次，赠送慰问品（金）28632万元。攀枝花市30多家民营企业参加军民共建国防宣传教育活动，非公组织积极援建“青年民兵之家”，社区拥军已成为新生力量；泸州市充分发挥行业拥军亮点作用，147辆出租车为现役军人提供市内乘车仅收取起步价优待，160余家非公组织开展形式多样的拥军慰问；德阳市中国二重、东电、东汽先后与部队结成双拥共建对子，政府有关部门经常组织领导职工深入驻军部队走访慰问；广元市非公组织全年安置转业军人57人、随军家属20多人、残疾军人15人、残疾军人子女10人；遂宁市蓬溪县企业家协会为县消防大队购置总价70余万元的2台消防车，网吧协会、新华书店、重庆顺庆置业有限公司为驻地部队捐赠物资60万元；乐山市四川明星电缆公司、立事达股份有限公司等分别与驻军结成共建单位，开展丰富多彩的共建活动；宜宾市叙府酒业、竹海玻璃、富源发电设备、兴文刘抄手公司等非公组织和温州商会、个协私协、老体协等社会组织多次走访慰问部队；眉山市四川蜀工高速公路机械化工程有限公司观音拌合厂捐赠10余万元的高速草青路费料解决部队出行难问题，华星集团向部队赠送价值30多万元的办公用品；资阳市在全省率先成立了拥军优属促进会。

三、部队大力支持地方建设，为地方发展作出突出贡献

驻川部队充分发挥拥政爱民的光荣传统，广泛开展扶贫帮困活动，奋勇抢险救灾，积极参加社会公益事业，以多种形式，投身于地方经济建设，军民共建成效显著，军地鱼水关系得到进一步深化，军政军民团结空前高涨。

（一）参与地方建设。成都军区空军建设稻城机场，坚持培训使用当地民工，为当地留下“带不走的施工队伍”，圆满完成彭州龙门山场镇12.1万平方米、可容纳1474户的灾后重建安置工程。省军区捐资50万元援建陈毅故里“国防林”；组织民兵预备役人员成建制参加全省重点工程项目建设11个，植树造林8万余株；民兵预备役人员170余万人次参与阿坝、绵阳、德阳、广元等地震灾区，加固维修住房21万余户，修建永久性房屋9万余间和公路2000余公里；民兵预备役人员配合开展社会治安专项治理，协助抓获犯罪嫌疑人120余人，侦破案件110起。武警总队在完成经常性执勤任务的同时，派出兵力8500余人次，担负城市武装巡逻、抓捕等临时性勤务，先后抓获犯罪嫌疑人136人，缴获管制刀具338件、毒品200余克，圆满完成21起重大活动安全保卫任务，为四川的经济社会发展和人民群众安居乐业作出了突出贡献。

（二）开展扶贫帮困。成都军区空军筹资15万元对新津敬老院进行慰问，送去生活用品，为新津一小、幼儿园捐赠图书和学习用具，为群众进行血吸虫体检，义诊群众500余人，组织官兵无偿献血2万余毫升。省军区组织官兵和民兵预备役人员40余万人次，开展扶贫帮困和支援社会主义新农村建设，建立扶贫点500余个，帮扶特色产业70余项，带动近4万群众脱贫致富；捐资50万元帮助广元市亮垭村建设农副产品产业园；组织官兵和民兵1万余人，投入凉山州“彝家新寨建设”，修葺屋舍5000余户；阿坝军分区组织600余名灾区藏羌民兵参加种养殖技能培训，帮助建起8000亩樱桃基地、4000亩茶叶基地和800亩猕猴桃基地。武警总队先后为群众免费医疗送药价值140余万元、义务献血10万毫升、帮扶贫困村7个；与省政法委一道指导驻藏部队建立了62个共建点，帮助66户牧民搬家落户过上了定居生活；对口援建了乐山市金口河区医院；武警阿坝州支队与若尔盖县班佑村开展了“同心向党、同谋发展、同树新风、同创平安”的警民共建活动，得到了省委书记刘奇葆和武警部队首长的高度肯定。

（三）投身抢险救灾。成都军区空军出动飞机3架次人工增雨，作业面积达6000平方公里，出动水车为9个行政村、1.9万名群众送水1000多立方米。省军区组织部队和民兵预备役人员近3万人次，出动车辆286台次，抢运物资5400余吨，牲畜6300余头，装运沙袋2.57万袋，加固河堤1520米，疏散转移受灾群众1.7万人。武警总队先后参加抗洪抢险、抗旱减灾、森林灭火等急难险重任务20余次，出动兵力5063人次，抢运物资743.9吨，疏通道路22.1公里，清淤9069立方米，防疫消毒7.21万平方米，解救被困群众1.7万余人，肖凤合总队长亲赴万源市指导达州支队开展抗旱减灾工作，攀枝花支队刘先东、杨磊用生命诠释了当代军人的核心价值观。

（四）积极捐资助学。成都军区空军为9名贫困学生捐款1.5万元、衣物50余件，为邛崃桑园镇2名学生长期提供资助。省军区加大对藏区“9+3”免费教育计划帮扶力度，帮助800余名藏区学生到内地重点职业学校就读，举办各类民兵专业技术培训班210余期，开办返乡农民工技术培训班280多期，培训民兵2.7万人。武警总队先后派出4896名兵力，投入200多万元援建了2所武警爱民学校，为贫困小学捐赠物资近50万元。海军工程大学与东汽八一中学开展共建文明学校活动，在东汽八一中学设立“海军工程大学奖学基金”，将其列为生源基地。

四、落实各项优抚安置政策，切实保障各类优抚对象权益

全省各地各部门认真落实各项优抚安置政策，下大力认真解决优抚对象“三难”问题，积极做好转业退伍军人安置、随军家属就业和子女入学入托工作，热情为优抚对象排忧解难，切实保障优抚群体权益。2011年全省共投入自然增长经费1.06亿元，确保了优抚对象生活水平与经济发展同步提高。

（一）加强服务保障。全省制定修订优抚安置和双拥政策文件928个，省上先后制定下发了《关于调整部分优抚对象等人员抚恤和生活补助标准的通知》、《关于印发〈驻川部队干部随军家属未就业期间生活补助发放办法〉的通知》、《关于贯彻落实给部分农村籍退役士兵发放老年生活补助政策的通知》和《烈士审批程序》等政策法规，为建立健全优抚对象服务保障体系提供了政策依据。完成了优抚对象住院费用“一站式”结算服务软件系统与省卫生厅信息中心的对接，优抚对象住院费用“一站式”结算服务在部分地方启动，解决了优抚对象“看病难、报销难”的问题，建立了全省分散供养的1—4级残疾军人住房信息库。德阳市在市政府服务中心大厅设立了现役军人“一站式”服务窗口，为现役军人办理房屋产权证、社会医疗保险等提供全程服务。广元市率先实行了重点优抚对象免费殡葬“一站式”救助服务。全省有力地保障了军人和广大优抚对象的合法权益。

（二）政策落实到位。全省共下拨优抚事业费27.72亿元，较上年度增加3.95亿，增幅16.62%；对30.2502万农村籍退役士兵发放了老年生活补助，为1836名残疾军人更换、配制假肢、矫形器或轮椅、三轮车等辅助器具；划拨1.1亿元减免补助优抚对象27.5万人，投入5640.5万元解决重点优抚对象住房5513户，维修改造住房17283间；向83080户义务兵家庭和重点优抚对象发放优待金58675.3万元，农村义务兵家庭优待金标准最高达7730元，城镇义务兵家庭优待金标准最高达6251元，优待面达100%。德阳市为5000余名重点优抚对象减免和补助医疗费458万元，新建和维修房屋168间，为生活有困难的优抚对象补助20万余元；广元市投入430多万元解决了8953名重点优抚对象看病就医问题，投入1004万元解决了441户重点优抚对象住房问题；内江市对全市优抚安置相关政策贯彻落实情况和优抚事业费使用情况进行了全面检查，市军休所连续两届被民政部表彰为“和谐军休家园”；乐山市继续开展“关爱功臣活动”，帮扶重点优抚对象810多户，向困难优抚对象捐款捐物40万余元，走访慰问优抚对象1000多户，为优抚对象落实解困措施120多条；广安市隆重召开了“迎新春重点优抚对象座谈会”，“优秀复退军人表彰大会”；资阳市实施“扶优安居工程”，投入资金120余万元，帮助80户困难优抚家庭改善了居住条件；阿坝州结合灾后重建、牧民新居工程，为77户重点优抚对象住房维修改造271间；甘孜州为130名军烈属解决了生活等方面的困难。

（三）真情真意服务。按照省政府、省军区《关于进一步做好驻军部队干部随军家属就业和子女入学工作的意见》（川府发〔2010〕33号）要求，全省共为部队和军人、军烈属提供司法服务670人次，调解军人及军属涉法问题241件，法院审理涉军案件51起；解决军队干部子女入学入托3233人；接收安置退役士兵和转业士官42063名（截至2011年10月份）、转业干部1960名，接收军休干部376人（占年度安置任务的118%），支出城镇退役士兵自谋职业一次性补助经费5.6亿元、军休经费17.06亿元。成都市为拟退伍军人开办专场招聘会10余场，解决随军家属就业125人，解决军队干部子女入学入托862名；自贡市每年确定一定数量的事业岗位，通过公开考试安置驻军随军家属；泸州市发放驻泸部队182名随军家属生活补助49.14万元，对随军家属和退伍士兵进行免费就业培训，解决随军家属就业15名，解决78名子女入学问题；德阳市驻市区部队随军家属补助标准达到每人每月 468 元，现役军人子女入学不受区域和户口限制；绵阳市投入培训经费 60 余万元，为退役士兵开办汽车驾驶、计算机、市场营销维修等专业学习班，并为参加培训合格的退役士兵给予补助；广元市投入经费 100 多万元对退役士兵和转业军官进行培训，并为退役士兵提供全市各企业就业咨询；宜宾市举办退役士兵职业技能培训 7 期 1148 人次，推荐就业率保持在 80% 以上，解决子女入学 116 人，为 17 名随军家属安排工作，为随军未就业家属发放补助费 112 人次 48 万元；眉山市退役士兵职业技能培训率达 90.4%，组织退役士兵专场招聘会，免费提供求职登记和就业政策咨询；资阳市为解决部队退役士兵汽车驾驶技术培训班，50 名现役军人拿到了汽车驾照。

贵州省二〇一一年双拥工作总结

2011 年，贵州省双拥工作按照胡锦涛总书记提出的“走军民融合式路子”的要求，在省委、省政府和省军区的正确领导下，高举邓小平理论和“三个代表”重要思想伟大旗帜，深入贯彻落实科学发展观，积极开展以创建双拥模范城（县）活动为龙头的各项双拥活动，落实双拥各项政策法规，有效提高了双拥工作整体水平，为推进全省经济社会发展的历史性跨越和部队全面建设作出了积极贡献。

一、始终保持强烈的政治意识，坚持把双拥工作作为事关国家利益和发展大局的战略任务抓紧抓实

各级党委、政府和军事领导机关从密切军政军民关系，从维护社会和谐稳定大局出发，通盘考虑，统筹计划，坚持做到了党政军一把手亲自抓，分管领导具体抓，双拥办公室人员经常抓，全社会积极参与。省委在年初下发的《工作要点》中把加强军政军民团结，做好双拥工作作为重要内容。

各级党政主要领导在抓好自身学习的基础上，采取多种方式扩大军事学习教育的覆盖面和影响力。全省各市、州、地全部将军事学习制度纳入地方党委中心组学习规划，各级党校和行政学院每期培训都有国防知识内容。各级党委、政府主要领导经常深入部队现场办公，听取双拥工作情况汇报，及时掌握和了解双拥工作中出现的新情况、新问题，研究分析双拥工作的热点、难点问题。贵阳市、遵义市、六盘水市、福泉市、兴义市等地党委、政府把双拥工作纳入年度工作考核目标管理体系和年终领导干部政绩考核内容，与地方经济社会发展各项工作统筹谋划，统一部署。全省各级加强双拥机构建设，完善双拥工作运行机制。各地根据双拥工作领导小组成员变动的实际，及时调整充实双拥工作领导小组。省双拥办落实了军地合署办公制度，成员单位和部队都明确了双拥工作联系员，建立健全了双拥服务网络和服务体系，夯实了双拥工作基础。各市、州、地充实了双拥工作领导小组办公室人员，落实了办公经费。做到领导变，目标不变；人员变，责任不变。铜仁地区将双拥工作纳入干部考察和提拔任用的“硬性”目标范围。六盘水市修订完善了《议军会议制度》等 20 多项规定，使双拥工作开展做到有章可循，有法可依。各级党委、政府分别与成员单位、驻军部队签订目标责任书，层层分解任务，狠抓落实，变“软标准”为“硬杠杠”，有力地促进了双拥工作全面落实。

二、结合纪念建党 90 周年和建军 84 周年，广泛开展富有时代特色的国防和双拥宣传教育活动

全省各地按照省委、省政府的统一部署，结合本地实际，积极开展纪念中国共产党建党 90 周年和纪念建军 84 周年活动，使富有当地特色的国防教育和双拥宣传活动更加深入人心。

一是充分发挥媒体优势，广泛宣传双拥典型。充分发挥广播、影视、报刊、网络等媒体优势，在省内主要新闻媒体开辟双拥宣传、国防教育专栏和专题，集中宣传我军的光辉历程和丰功伟绩，宣传党的十七大以来全省军（警）民团结奋斗的伟大成就以及双拥模范城（县）、双拥工作先进典型和军队英雄模范的生动事迹。各地依托爱国主义教育阵地，增强广大军（警）民国防和双拥意识。结合开展“国防教育日”、“国防教育周”、“双拥宣传周”、“双拥活动月”等宣传活动，通过发放宣传资料，举办学习培训等，强化军（警）民国防意识和双拥意识。贵阳市在新创刊的《中国双拥》杂志上对开展双拥工作的经验进行了报道。六盘水市市县两级利用省、市电视台、电台、报纸等媒体积极宣传《中华人民共和国国防法》《中华人民共和国兵役法》及双拥共建典型事迹，推广基层双拥工作的成功经验；制作双拥简报、墙报、板报、标语，宣传双拥政策规定；印制2000多本“双拥宣传手册”下发到98个乡（镇）办和1238个村（居）委会宣传双拥工作。思南县、平坝县在《贵州日报》对几年来开展双拥工作的情况进行了宣传。各地还充分利用主要景区、城市街道、广场的地理优势，专门设置大型的双拥标语或双拥标志建筑，营造军政军民团结的良好氛围。黔东南州各县市利用远程教育网播放革命英雄故事片915场，98万人次接受教育。省军区按照《省军区开发利用红色资源五年规划》，完成《多彩贵州红色记忆——贵阳篇》的编印出版，积极发挥军史馆“贵州省国防教育基地”作用，免费接待军地参观人员20000余人次。

二是结合纪念建党90周年、建军84周年和中国传统节日，广泛举办各种形式的双拥活动。元旦、春节期间，省委、省政府通过《贵州日报》，向驻黔解放军、武警部队官兵及广大优抚对象发表《慰问信》。省委书记、省人大常委会主任栗战书，省委副书记、省长赵克志，省政协主席王正福，省委副书记王富玉，省委常委、副省长黄康生，省委常委、省委秘书长张群山等省领导率省拥军优属慰问团，为驻筑部队和部队离退休老同志送去了新春的祝福和亲切的问候，并向他们赠送了慰问金。遵义市组织拥军优属慰问团50余个，慰问部队103家，看望老红军等优抚对象560余人，发放慰问金260余万元。贵阳市开展“爱我中华、强我国防”的国防教育主题演讲比赛，参赛人员多、水平高，极大地推动了双拥宣传和全民国防教育的蓬勃开展。毕节地区双拥办、国教办、文联、毕节学院、毕节军分区政治部联合举办“红色记忆——唱响毕节试验区”歌手大赛。黔东南州从江县高增乡小黄村侗族姑娘演唱队和台江、黎平、天柱、榕江、黄平等县的侗歌、苗歌表演队采取自编自演节目开展国防双拥宣传教育、义务表演9800场次，受教育人数达58万人。北京军区给水工程团不远千里援驰贵州省抗旱打井，为表达对人民子弟兵的深情厚谊，国庆节假日期间，省委书记、省人大常委会主任栗战书，省委副书记、省长赵克志等率慰问团对他们进行了慰问。在部队返回驻地时，副省长禄智明专程到凯里火车站欢送官兵。

三是结合烈士陵园等爱国主义教育基地，开展宣传教育。根据民政部、财政部下发《关于加强零散烈士纪念设施建设管理保护工作的通知》精神，2011年贵州省进行了全省零散烈士墓、碑的调查摸底，贵州我省有零散烈士墓3176座。全省将用3年左右时间，对现有零散烈士墓进行维护改造。都匀市投资1000多万元，新建烈士陵园；习水青杠坡和赤水红军烈士陵园对现有设施加大维修改造力度。省人民政府于2011年12月公布了贵州省第三批省级管理烈士纪念建筑物保护单位（即习水青杠坡红军烈士陵园和罗甸县革命烈士陵园）。使贵州省省级管理的烈士纪念建筑物保护单位升至11个。

一年来，全省各地、各部队利用新兵入伍、老兵退伍及中学举办孩子成年仪式和清明扫墓等到烈士陵园开展爱国主义教育。发挥了烈士陵园“教育群众、褒扬先烈”的作用。

三、各级地方党委、政府坚持为部队和优抚对象办实事、办好事，努力探索新时期拥军优属工作新路子

全省各级党委、政府认真贯彻国务院、中央军委颁布的《军人抚恤优待条例》，广泛开展“关爱功臣”活动，扎实推进依法优抚，依法安置，依法拥军，把关心支持军队做好抚恤优待工作同维护本地区稳定和发展结合起来，同巩固国防联系起来，以拥军优属工作为己任。

一是认真落实各项优抚政策，在解决生活难上实现突破。2011 年贵州省正式实施《贵州省军人抚恤优待办法》。目前，全省 88 个县（市、区、特区）都已建立完善了重点优抚对象抚恤补助标准自然增长机制。在乡老复员军人定补匹配经费纳入地、县两级财政预算，按当地农民人均纯收入的增长比例，定期调整抚恤定补标准，省财政在 2010 年匹配带病回乡退伍军人生活补助经费 567 万元的基础上，2011 年又追加 53 万元，使带病回乡退伍军人 2011 年的生活补助标准不低于 250 元，在乡老复员军人的年定补标准不低于 4512 元，确保优抚对象的抚恤、补助标准与当地人民群众生活水平同步提高。对在农村的和城镇无工作单位且家庭生活困难的参战退役人员，省级财政匹配资金 10%，共计 2340 万元，确保了全省重点优抚对象的生活不低于当地的平均生活水平。2011 年，按照民政部要求，对 1954 年 11 月 1 日后退伍回乡老兵情况进行了摸底调查，全省新增国家拟补助人员 7 万余人。根据省民政厅、省财政厅《关于调整部分优抚对象等人员抚恤和生活补助标准的通知》（黔民发〔2011〕37 号）精神，从 10 月 1 日起，调整提高了在乡老复员军人、残疾军人、“三属”等优抚对象的定期抚恤金，切实保障了他们的生活水平与贵州省的经济发展相适应。各地财政、审计部门不定期对优抚对象的资金使用情况进行审查。黔南州在优抚金管理上，推进优抚对象政务公开，各地建立了优抚对象公开栏，对优抚对象的定期补助标准上墙公布，并接受群众监督，切实保障了优抚对象的切身利益。

二是健全和完善了优抚医疗保障制度，有效缓解优抚对象看病难问题。根据《贵州省优抚对象医疗保障实施办法》要求，全省各地，建立完善了优抚对象就医后，医疗费结算“一站式”即时结算机制。对一些特别困难的老功臣实行定人、定点、定期巡诊，医疗单位进行对口帮扶。贵阳市从今年开始，每年对重点优抚对象进行一次健康检查，受到烈军属等优抚对象的赞扬。各地结合城镇职工基本医疗保险、城镇居民基本医疗保险和新型农村合作医疗等城乡基本医疗保障网络，建立优抚对象医疗救助制度，采取设立优抚医院、优抚门诊、优抚病房、减免医疗费等措施，大力解决残疾军人、在乡复员军人、带病回乡退伍军人、烈士遗属、因公牺牲军人遗属、病故军人遗属、参战退役人员等优抚对象医疗难问题。

三是强化宗旨意识，把“关爱功臣”活动进一步引向深入。2007 年全国双拥办等 11 个部委联合下发的《关于开展“关爱功臣活动”的通知》以来，各地按照省的统一安排和指导，积极开展形式多样的“关爱功臣”活动。荣康院、优抚医院、光荣院采取巡回医疗、集中康复保健、短期疗养等方式，为残疾军人、在乡老复员军人、军烈属服务。一是不断提升残疾军人辅助器具档次。省民政厅安排专项资金 90 万元，在毕节地区开展了为残疾军人更换残疾辅助器具和维修假肢矫形器活动，今后将分期分批普及各市、州、地。2011 年还安排 40 万元福利彩票公益金在省肢体康复中心康复医院为清镇、修文、平坝等县市对 1—7 级残疾军人开展肢体功能障碍康复项目。二是深入开展为残疾军人医疗巡诊和为在乡老复员军人等重点优抚对象开展短期疗养等活动。省荣康院前往黔南、毕节等地为 100 余名一至六级残疾军人开展巡回医疗，建立健康档案，免费发放药品。遵义荣康院为在乡一至八级残疾军人开展短期疗养 10 期 384 人，遵义光荣院为在乡老复员军人、“三属”开展短期疗养 8 期 340 人。铜仁地区在铜仁市光荣院举行了“关爱功臣”巡回医疗服务活动启动仪式，为优抚对象进行健康检查，并根据他们的身体状况免费发放治疗药品。2010 年贵州省的“关爱功臣”活动得到民政部的高度赞扬。

四是进一步推进安置改革，拓宽安置渠道，落实好军队离退休干部的政治、生活两个待遇。全省各级安置部门按照自谋职业和安置就业、扶持就业相结合的方法，积极适应新形势、新情况发展变化的需要，不断推进城镇退役士兵自谋职业工作向纵深发展。2011年贵州省共接收退役士兵、转业士官10674人，其中符合政策应安置的3473人，申请自谋职业安置2026人。各级累计发放一次性自谋职业经费6000余万元。全省共妥善安置军队转业干部201名，自主择业91名。

五是积极为驻军、武警、消防部队排忧解难。一年来，各级党委、政府及有关部门积极创造条件，动真感情，下真功夫，从政策、资金、物资等方面全力支持部队建设。六盘水市坚持开展“科技进军营、法律进军营、健康进军营、社区服务进军营、军嫂职介进军营、行业慰问进军营、青年联谊进军营、新闻媒体进军营、文艺宣传进军营”、“十进军营”活动，还开展了“阳光食品进军营”、“粮油科技进军营”、“邮政服务进军营”、“工商服务进军营”、“市政拥军工程”等活动。贵阳市市级财政安排双拥经费共计15541万元，经上年增加了4465万元，增幅为40%。全市积极组织开展驻筑部队随军家属未就业技能培训和退役士兵，投入培训经费达820万元，全部合格毕业并颁发了相应技能证书，技能培训率达100%。黔东南州把部队建设经费纳入地方财政盘子，军警机关的政策性经费预算由300万元增至350万元；为武警、消防部队修建营房、购置训练设备、消防设备设施投资1800万元；为空军某部驻镇远盘山雷达部队购置设施解决经费10万元，为改善部队文化教育和生活设施以及信息化建设投入经费20万元。安顺市及各县投入驻安部队建设资金1099.9万元，用于改善部队生活设施，营房建设，部队训练、装备状况，提高了部队战斗力。

全省“两新”组织和社会各界力量广泛开展科技拥军、信息拥军、教育拥军、法律拥军等活动，帮助解决军人家属就业、子女入学入托等问题。六盘水市由市教育局牵头，劳动和社会保障、工商、税务等部门为部队复转军人、自主择业干部、随军家属、子女入学入托等减免各种费用达12万元，解决了驻市军（警）部队子女就地就近、优先优惠入学入托问题。贵阳市483个双拥服务组织，12万名志愿者常年活动在基层，形成了社会化的拥军制度。安顺市关岭县一些教师主动为县武警中队报考军校的战士义务授课。思南县489个村成立了优抚对象帮扶服务小组。

四、驻军和武警部队积极开展拥政爱民活动，为地方经济建设和社会稳定作贡献

驻黔解放军、武警、消防等部队官兵牢记历史使命要求，坚决贯彻西部大开发战略方针，积极投身当地经济社会发展建设，把支持地方重点工作建设作为常态，大力组织部队官兵和民兵预备役人员参与生态环境治理、沙漠化荒山治理等重点生态工程建设，充分发挥部队优势，参与军警民联防联治、平安创建、治安巡逻、守护重点目标和第九届少数民族运动会安保工作，深入开展扶贫开发、助学兴教、抢险救灾等各项拥政爱民工作，有力地推进全省经济社会发展。

2011年1月贵州省发生严重凝冻灾害、6月初发生“6·6”望谟县特大洪灾，随后又发生的特大干旱，全省驻军、武警部队官兵积极响应省委、省政府号召，奋勇参加抢险救灾，为保护人民群众生命财产安全，为维护贵州经济社会发展成果作了重大贡献。据统计，一年来，全省驻军、武警共计投入32万余人次，车辆机械近3万台次、装备3万余件（套），抢险转移群众48234人次，抢运物资10782吨，抢修公路24.2公里，清淤14789立方米，疏通河道2062米，清扫积雪1834公里，运水64709吨，浇灌保苗132101亩，扑灭山火31889亩，慰问困难群众1346户，送慰问金101.6万元、大米315吨、食用油25吨和价值12万余元的药品。

驻黔各部队在完成自身教育训练和执勤等重大任务的同时，积极参加和支援西部大开发，帮助贫困群众尽快脱贫致富，把建设社会主义新农村作为拥政爱民的工作重点。全年共组织学雷锋小组218个，义务为群众理发2000余人次，修理电器1000余台次，照顾孤寡老人、伤残军人、贫困户198户，派出医疗小分队27个，直接参与治疗人数达1.2万余人，植树造林2.8万余棵，救助贫困学生153人，帮助40名失学儿童重返校园，义务献血

5550 毫升。受到地方党委政府和人民群众的高度赞誉。2011 年以来，省军区召开了参加支援西部大开发 10 周年总结表彰大会，制定下发了《省军区参加和支援西部大开发 2011—2015 年工作规划》和《关于参加和支援毕节试验区新一轮改革发展的意见》。省军区先后组织 24 名机关干部赴剑河县参加挂帮联系活动；协调 5595 万元完成 82 个军民共建农村饮水安全项目，解决资金 520 余万元援建扶贫点 26 个项目。省武警总队积极开展“四帮四促”活动，对挂钩联系的铜仁地区思南县制订长期帮扶规划。投资 20 万元为扶贫点普梯村建立了党建活动室、科教活动室和村办公室，购买了办公设施以及党建、科技、农技等书籍 1500 多册，并定期安排人员组织村里的党员学习党的创新理论，组织村民进行科技知识培训，共谋科技致富道路。驻军部队现正成为改变贵州“欠发达、欠开发”面貌的一支重要生力军，为建设社会主义新农村和新阶段扶贫攻坚作出了重要贡献。

五、以双拥模范城（县）命名表彰为契机，促进全省双拥工作整体水平提高

一是隆重召开全省第七次双拥模范城（县）命名表彰大会。

3 月 31 日下午，中共贵州省委、省人民政府、省军区在贵阳隆重召开全省第七次双拥模范城（县）命名表彰大会。省党政军领导栗战书、王正福、王富玉、李军、张群山、黄康生、谌贻琴、宋璇涛、石晓、凌峰、谢武忠、王炳深、戴建国等出席会议，成都军区和武警总部有关领导出席了会议。省委书记、省人大常委会主任栗战书书记在会上作了题为《以军民融合式发展为牵引深化新的历史条件下的“双拥”工作》的重要讲话。省委副书记、省双拥工作领导小组组长王富玉作了全省双拥工作情况报告，省委常委、省军区政委石晓代表驻黔部队讲话。省双拥工作领导小组成员单位、各市（州、地）党委、政府分管领导和双拥办负责同志，被命名表彰的双拥模范城（县）、双拥先进单位和个人代表以及部队官兵 800 余人参加了会议。全国双拥工作领导小组办公室、解放军总政治部、武警总部向大会发来贺电。大会命名了 42 个双拥模范城（县），表彰了 71 个双拥工作先进单位和 120 名先进个人。这次大会的召开，有力地调动了各地各部队开展创建双拥模范城（县）的积极性，推动了全省双拥工作走军民融合式发展，进一步密切了军政军民关系，对实现全省“十二五”规划宏伟目标必将起到重大促进作用。

二是积极督促指导各地申报全国双拥模范城（县）工作。

为确保我省各地争创全国双拥模范城（县）工作的顺利开展，省双拥办指导各地按照《全国双拥模范城（县）创建命名管理办法》进行自查自纠，先后将六盘水市、福泉市等地在争创过程中好的经验以简报的形式下发各地各部队学习借鉴，并要求各地在争创双拥模范城（县）的过程中，突出实践特色，着眼解决实际问题，认真抓好双拥各项政策法规落实，坚持以创建带共建、以共建促创建，推动军民融合式发展取得更大进展。

6 月中旬，民政部优抚安置局领导到贵州省检查考核全国双拥模范城（县）创建工作情况。检查考核组在听取了省双拥办工作情况汇报后，先后赴遵义、贵阳等地，通过听取两地双拥工作领导小组专题汇报、实地查看、观看双拥工作专题片、查阅文件资料、座谈讨论等形式，检查考核了贵阳、遵义两地创建全国双拥模范城的工作情况。全国双拥办检查考核组对贵州省双拥创建工作给予了充分肯定，并对下一步全省争创全国双拥模范城（县）的工作提出了具体建议。

根据全国双拥工作领导小组、民政部、总政治部联合下发《关于做好全国双拥模范城（县）、双拥模范单位考评推荐工作的通知》（国拥〔2011〕3 号）和全国双拥工作领导小组、人力资源和社会保障部、民政部、总政治部联合下发《关于评选爱国拥军模范和拥政爱民模范的通知》（人社部函〔2011〕267 号）精神以及《双拥模范城（县）创建命名管理办法》规定的程序要求，省双拥工作领导小组召开了全体成员会议，审议了贵州省拟推荐上报全国双拥模范城（县）、爱国拥军模范单位和个人名单。并征求成都军区同意，在《贵州日报》进行了15天公示后，报请省委、省政府、省军区研究同意后，省双拥工作领导小组向全国双拥工作领导小组推荐了六盘水市、贵阳市、福泉市、遵义市、兴义市、从江县、平坝县、思南县等8个双拥模范城（县），推荐金沙县双拥办、中国贵州茅台酒厂有限责任公司2个单位为全国表彰的全国爱国拥军模范单位，省双拥工作领导小组、省人力资源和社会保障厅、省民政厅推荐上报黔东南州凯里市民政局局长李启发、贵州超一集团董事长唐超一2个爱国拥军模范个人。按时完成了申报全国双拥模范城（县）、爱国拥军模范单位和个人工作。

六、存在的主要问题和薄弱环节

一是双拥工作组织机构不健全。部分双拥组织机构自身建设需要进一步加强。主要原因是各级人员编制控制较紧，双拥办与优抚科（处）没有分开，实行“一套人马、两块牌子”。

二是工作中有重评比、轻创建，重数量、轻质量的现象，平时创建工作不够。

三是军政军民团结的宣传氛围需要进一步加强。

四是个别地方和单位对军民融合式发展的规律、特点认识不够，工作的办法、措施不多等。

七、下步工作初步打算

一是认真贯彻落实好即将召开的全国第九次双拥模范城（县）命名表彰大会精神，进一步加大双拥工作宣传力度，大力营造双拥氛围，在全社会形成军爱民、民拥军的社会风尚。以优异成绩迎接党的十八大和省第十一次党代会的胜利召开。

二是围绕热点难点问题，全面落实优抚安置政策，切实为驻军和优抚对象排忧解难。

三是以全国双拥模范城（县）命名表彰大会为动力，深入开展群众性双拥活动，不断提高双拥工作水平，巩固好军民团结大好局面。

四是落实好军民融合式发展的要求，大力为部队解决营房建设、训练基地建设等项目，为部队全面建设作出新贡献。

云南省二○一一年双拥工作总结

2011年，全省双拥工作坚持以邓小平理论和“三个代表”重要思想为指导，深入贯彻落实科学发展观，认真贯彻党的十七届五中、六中全会和云南省第九次党代会精神，紧紧围绕国防与经济建设协调发展方针，按照军民融合式发展要求，以争创全国双拥模范城（县）为主线，以推进全省经济社会科学发展、和谐发展、跨越发展和提高驻滇部队完成多样化军事任务能力为重点，解放思想，开拓创新，扎实抓好各项任务落实，双拥工作呈现出协调发展、全面提高的良好态势。

一、以庆祝建党90周年为契机，扎实开展国防和双拥宣传教育

坚持把国防和双拥宣传教育纳入全民国防教育体系和部队教育总体规划，融入经济社会发展和建设面向西南开放“桥头堡”各项工作。各地各部队着眼增强广大军民国防和双拥意识，结合庆祝建党90周年，广泛深入开展国防和双拥宣传教育，为巩固和发展军政军民团结营造了浓厚氛围。

一是用经常性教育推动。充分运用新闻媒体、爱国主义教育基地等载体，采取开设国防教育课、领导干部过“军事日”、发放双拥宣传资料、培训民兵预备役骨干、学生军训、组织青少年学生重走长征路、组织干部职工学生到烈士陵园缅怀革命先烈等多种形式，加强对广大军民国防和双拥宣传教育。昆明、玉溪、临沧、蒙自、开远、大理、富宁等地在城乡主要交通要道设置了永久性双拥宣传牌，车站、机场、医院、停车场、收费站、旅游景点等公共场所普遍设置了“军人优先”、“军人免费”、“军车通道”等标识牌，在潜移默化中增强了广大军民国防双拥意识。利用省内外媒体，加大国防双拥宣传力度，持续扩大社会影响力，营造了爱国拥军、爱民奉献的浓厚氛围。

二是结合庆典活动促进。注重把国防和双拥宣传教育与庆祝建党 90 周年、建军 84 周年等节日活动结合起来，积极开展富有时代特色、群众喜闻乐见的庆典宣传活动。全省各地各部队精心筹划、周密组织，广泛开展了书法摄影展、国防知识竞赛、演讲比赛、文艺会演、军地座谈会、联席会等多种纪念庆典活动，在全社会掀起了军爱民、民拥军的热潮。省民政厅组织全省 16 个州市的军休干部开展“读红书、唱红歌、跳红舞”系列活动，共庆党的 90 华诞。“八一”前夕，中国工商银行云南省分行与武警云南省总队联合举办庆祝建军 84 周年——“星耀牡丹分外红”警民文艺联欢晚会，受到社会各界广泛关注，引起强烈反响。个旧市委、市政府组织市文工团开展了“红色经典音乐进军营”活动，巡回为各部队进行专场演出；临沧市举办了以“同庆三八敬军嫂，携手共谱和谐曲”为主题的驻临部队军嫂联谊活动；迪庆藏族自治州开展以“感党恩、爱中华、奔小康、强国防”为主题的军民联谊会，共话建设成就，共谱发展蓝图；文山、蒙自、普洱、德宏、西双版纳等地组织军地党员干部边关哨所过党日、巡逻路上话使命、纪念碑前重温入党誓词，增强了教育效果，坚定了军民爱党、信党、跟党走的信念和广大官兵安心边防、扎根边疆、建设边关的决心。

三是抓好争创活动激励。以创建新一轮全国双拥模范城（县）活动为抓手，促进国防和双拥宣传教育不断深化。各地高度重视争创活动开展，做到扎扎实实落实、大张旗鼓争创，主要领导亲自抓，军地携手齐上阵，高标准拍摄了一批专题片、编印了高质量的双拥宣传画册、筹备各类双拥文艺晚会百余场，使“军爱民、民拥军、军民团结一家亲”的光荣传统焕发出新的生机。

二、以加快转变战斗力生成模式为重点，大力支持驻滇部队建设

各级党委、政府和有关部门始终站在国家安全和发展的战略高度，从部队全面建设的大局出发，组织和发动社会力量支持驻滇部队全面建设，促进富国强军的统一，推动军民融合式发展。

一是大力支持部队基础设施建设。全省各级财政共筹措资金 9.95 亿元，支持部队各项建设。昆明市投入资金 67025 万元、划拨土地 126.5 亩解决部队战备训练、营区建设、文化设施更新、道路维修等问题。曲靖市在财政十分困难的情况下，共投入国防建设经费 1994 万元，重点帮助部队解决信息化建设难题，为部队科技兴训、实施后勤保障社会化改革创造了良好条件。楚雄州积极创新思路，把双拥工作经费列入财政预算和零基预算给予双重保障，实行重大活动经费据实核拨追加制度，拨付驻楚部队基础设施建设专项经费 1200 多万元。德宏州坚持“平战结合、协调发展”的理念，投入 220 万元高标准建成了军供站接待综合楼，为部队紧急拉动，遂行多样化任务提供了坚实保障。玉溪市划拨土地 80 亩，投入资金 1300 余万元解决部队粮油水电补贴、基础设施建设等问题。

二是深入部队开展走访慰问。全省各级、各单位共拿出 4500 余万元慰问部队。春节前夕，省委、省政府专门组成慰问团，行程 1.2 万公里，赠送慰问金 558 万元、电视机 40 台、纪念品 10000 余份，较好地鼓舞了部队士气。大理白族自治州主要领导带着全州人民的深情厚谊，分别慰问了某部野外驻训官兵和在临沧执行中缅维稳任务的武警大理市支队官兵，共向部队赠送慰问金 274.5 万元，表达了党和政府对子弟兵的关怀之情。普洱市四班领导分别深入驻普军警部队、边防哨所、军休干部家中走访慰问，与官兵亲切座谈，了解部队的实际困难，听取他们对地方工作的意见和建议，共送出慰问金 300 万元。西双版纳各县市利用泼水节、嘎汤帕节等民族节庆日，精心编排文艺节目，深入驻军部队进行慰问演出，与官兵共同联欢，深受官兵喜爱，浓厚了鱼水深情。

三是广泛发动社会力量开展拥军活动。为适应社会结构、经济成分和劳动方式的新变化，各地不断健全党委政府主导、社会大力支持、全民广泛参与的社会化拥军新格局，积极搭建政府与社会、军队与地方、个人与组织合作平台，引导各类经济组织、社会组织和城乡社区居民自治组织等社会力量参与双拥工作。云南大学、云南师范大学、云南民族大学、昆明理工大学等高校，积极开展拥军活动，建立完善智力拥军基地45个，为部队培训各类专业技术人员4100多人，培训干部490多人，组织官兵补习文化8436人次。各级各部门、“非公”经济组织和驻军部队积极开展富有时代特色的军民共建活动，结成共建对子150多家，向部队送去慰问金300多万元。云南农业大学与77322部队创新开展军民融合“122”工程，共建社会主义核心价值体系，推进“老山精神进校园、科技文化进军营”，在麻栗坡县建成2个现代化农业科技示范基地，服务部队、辐射周边，为军地培养农业技术人才220多人。昆明、玉溪、大理、临沧、昭通、保山等地为部队援建图书室110个，赠送各类书籍68000多册。文山、普洱、西双版纳、德宏等边境地市广泛开展民族歌舞进军营、民族艺人走边关活动，丰富官兵精神文化生活。各地司法部门深入开展送法进军营活动，共举办法律知识讲座和法律咨询活动135场，深受官兵好评。在政府的大力引导下，全省涌现出了一批拥军先进个人，昆明天波通信工程公司总经理许绍昆、芒市风平镇法帕村民委员会峠门村村民小组长多华勋，心系国防、情系官兵，被表彰为全国爱国拥军模范。

三、以构建和谐云南为己任，积极支援地方经济社会建设

驻滇各部队始终坚持全心全意为人民服务的宗旨，大力弘扬拥政爱民的优良传统，把驻地当故乡，视人民为父母，为推进云南省经济社会全面建设作出了新贡献。

一是积极完成急难险重任务，贡献卓越。盈江地震发生后，驻滇部队紧急出动兵力6万余人次，车辆机械1000多台次，拆除危房1500多间，调运搭建帐篷10000余顶，疏通道路100多公里，救治伤病员5000余人，抢救物资价值近千万元，得到了国务院总理温家宝的充分肯定。驻滇各部队纷纷开展向灾区捐款献爱心活动，共捐赠563.5万元爱心款。在云南省持续的旱灾面前，驻滇部队官兵始终战斗在救灾第一线，尤其是曲靖、楚雄、红河等旱情严重地区，子弟兵冲锋在前、连续奋战，仅驻曲部队就投入兵力3404人次，车辆机械2555台次，挽回经济损失8114万元。8750部队在蒙自市老寨乡、易门县六街镇和建水县清水塘山林大火扑救中，预案充分、出动迅速、指挥得当、英勇顽强，挽救经济林木5000多亩，挽回直接经济损失近400万元，以实际行动保护了人民生命财产安全。

二是积极支援地方各项建设，成绩突出。围绕建设社会主义新农村，驻滇部队积极实施“挂百村、帮千寨、扶万户”的“百千万”扶贫工程，广泛开展“千里文明边防线活动”，持续深化助学兴教活动，加快了驻地群众脱贫致富的步伐。武警云南省总队投入各项援建资金199.5万元，建设新农村挂钩点48个、扶贫挂钩点51个、警民共建点547个，派出医疗小分队230个，抓好了对13所爱民学校、1个春蕾女童班和陇川县户撒乡项姐村新农村示范点等援建工作。77200部队深入开展“送文化、送科技、送温暖”、“1+1”结对助学、扫除文盲等活动，开办各类农副业培训30余次，指导群众建设11个蔬菜大棚、养殖基地，有效改善了群众生产生活条件；“六一”节前夕，党委常委连续16年到云南省禄劝县茂山乡慰问“八一爱民小学”师生，并拿出20余万元帮助解决实际困难；在盈江抗震救灾中，投入40余万元援建了岗勐“帐篷小学”，帮助451名学生在最短时间恢复上课。驻滇各部队坚持“驻守一方、绿化一方、造福一方”，积极参加兴边富民工程、“四创两争”活动和“一湖两江”环境治理，参与天然林保护和滇池、洱海、抚仙湖生态环境治理等工程建设，共义务植树2650多亩，打捞各种漂浮垃圾300余吨，清理河道淤泥1200多吨，为美化驻地环境，建设和谐云南作出了积极贡献。

三是积极维护社会和谐稳定，效果明显。驻滇各部队牢牢把握各民族共同奋斗、共同繁荣发展的主题，不断巩固发展平等、团结、互助、和谐的社会主义民族关系，主动参与平安云南创建。各部队普遍建立军地预防犯罪和治安工作协作机制，与驻地学校、医院、街道办事处、民族村寨、敬老院等结成共建对子，广泛开展“四联”活动，积极参加驻地群防群治，打击涉毒、涉黄专项行动等活动，一年来，参加各类行动500多次，派出巡逻小分队1000多组（次），协助抓获各类犯罪嫌疑人100多人，收缴各种凶器500多件，净化了社会治安，维护了社会和谐稳定。

四、以维护广大军民的实际利益为根本，着力解决热点难点问题

各地坚持把广大军民关注的热点难点问题作为党委、政府工作的重点，多措并举，认真解决，取得了新的成效。

一是健全完善法规制度。省民政厅制定了《关于给部分农村籍退役士兵发放老年生活补助政策的实施办法》，省民政厅、省人力资源和社会保障厅、省财政厅、省住房和城乡建设厅联合下发《关于解决军队复员干部社会保障和生活救助有关问题的通知》；西双版纳州出台了《西双版纳傣族自治州退役士兵安置管理暂行办法》；楚雄州制定完善了《楚雄州拥军优属实施办法》、《楚雄州军人抚恤优待办法》及《现役军人优待乘坐市内公交车和残疾军人免费乘坐市内公交车实施办法》；玉溪、大理、昭通、临沧等地修订出台了《双拥工作领导小组职能和工作制度》、《优抚对象医疗保障实施办法》、《重点优抚对象医疗一站式即时结算实施办法》、《爱国主义教育基地建设和管理办法》、《关于维护军人军属合法权益和涉军案件的处理意见》等政策法规，进一步推进了双拥工作法制化、规范化。

二是认真落实优抚安置政策。将优抚资金纳入财政预算，按时拨付，及时发放，全省年人均优待标准达到了2680元，优抚对象抚恤补助标准自然增长机制进一步落实，确保其生活水平与当地民众同步提高。义务兵家庭优待面达到100%。全省现有拥军优属服务组织10158个，参加服务人数达10万人，为优抚对象创办经济实体313个，接收优抚对象务工4836人，进一步提高了优抚对象生活水平。在获得全国17连冠的基础上，继续完善考试考核阳光安置军转干部办法，全面完成了军转干部和自谋职业干部的安置任务。深化退役士兵安置改革，实行以“自谋职业货币安置为主，就业安置为辅”的办法，共接收安置退役士兵1万多人，城镇退役士兵自谋职业率达62.27%。

三是想方设法解难事办实事。广泛深入开展“爱心献功臣活动”，积极帮助重点优抚对象解决“生活难、住房难、医疗难”问题。各地想方设法筹措资金，为优抚对象办理城镇职工基本医疗保险、城镇居民医疗保险和农村新型合作医疗，全面实施医疗保障“一站式”结算服务，有效减轻了优抚对象医疗负担。民政、人力资源、教育、司法等有关部门积极为官兵排忧解难，解决军队干部随军家属调动安置160人，调整工种班次212人，解决子女入学入托799人，协调处理涉军纠纷87起。临沧市组织相关部门，采取深入军营讲解相关政策，邀请创业成功退役军人作报告，开展“退役军人促进就业专场人才招聘会”等方法，为退役军人缓解了心理压力、搭建了就业平台、解决了实际难题。

五、以创建全国双拥模范城（县）为载体，有效落实双拥工作各项任务

各地各部队把争创新一轮全国双拥模范城（县）作为重要政治任务来落实，精心谋划、周密部署、团结协作、扎实工作，努力推动双拥工作各项任务落实。

一是组织领导坚强有力。军地各级党委、政府高度重视创建工作，普遍把创建双拥模范城（县）活动看成是巩固和加强军政军民团结的重要途径，服务构建社会主义和谐社会的有效载体，纳入经济社会发展和部队建设的总体规划，纳入重要议事日程，纳入党政军领导干部政绩考核范围，把全国双拥模范城（县）的奖项作为最高荣誉。省双拥工作领导小组根据新修订的争创办法和考评标准，积极制定措施，及时出台《云南省双拥模范城（县）创建命名管理实施细则（试行）》和《云南省双拥模范城（县）考评标准》，并深入基层、深入部队指导争创工作，帮助解决实际困难。各地各部队围绕争创标准，在全面落实相关规定政策的同时，加大工作力度，投入大量人力、物力、财力，切实解决广大军民普遍关心关注的热难点问题，努力打造自己的双拥“品牌”，掀起创建热潮。

二是工作开展扎实有效。各地各部队抓住创建难得契机，认真查漏补缺、落实制度机制、创新思路办法、提升工作层次。普遍完善了双拥工作各项制度，做到了机构、人员、办公场所、办公经费“四落实”。建立健全了军民融合式发展运行机制，党委议军会议、军地联席会议、信息通报、军地走访等制度较好落实。积极适应市场经济条件下社会结构多样化，社会组织形式多样化，社会利益格局多样化，部队建设需求多样化的新要求，各地把社会化作为拥军工作创新发展的突破口，积极研究探索、有效整合资源、制定管用措施，为双拥工作注入了新的活力。

三是推荐评选严格认真。按照管理办法和考评标准十条规定，在省双拥工作领导小组的领导下，省双拥办会同省军区、省委宣传部、武警云南省总队等成员单位先期对拟推荐申报的全国双拥模范城（县）、双拥模范单位和爱国拥军模范进行自查自评，坚持严格标准、规范实施，肯定成绩、指出不足，限期整改、重新申报等措施办法，推动双拥工作更好落实，确保命名表彰的高质量。云南省有10个市（县）被命名为全国双拥模范城（县）荣誉称号，有2个爱国拥军模范单位、2名爱国拥军模范、2名拥政爱民模范受到全国表彰，双拥模范城（县）的数量比上一届有所突破。

西藏自治区二〇一一年双拥工作总结

2011年全区双拥工作，在自治区党委、政府的统一部署下，各地（市）各部队以邓小平理论和“三个代表”重要思想为指导，深入贯彻落实科学发展观和中央第五次西藏工作会议精神，围绕服务国家和军队改革建设大局，以维护社会稳定、促进经济发展、推进军队现代化建设为重点，继续解放思想，着力开拓创新，坚持科学发展，进一步巩固和加强军政军民团结，为西藏和平解放60周年营造了良好的社会氛围。现将一年来的双拥工作总结如下：

一、加强领导、健全制度，促进双拥工作社会化、制度化、经常化

西藏自治区党委、政府和驻军部队高度重视双拥工作，始终把双拥工作作为事关西藏发展稳定的大事来抓，并将其纳入当地经济社会发展的总体规划，坚持党政一把手负总责，分管领导具体抓落实的领导制度。为完善双拥工作机制，各地各部队普遍建立了双拥工作定期会议制度、基层定期汇报制度、节日军警民联欢座谈制度、慰问互访制度、双拥共建公约等，在全区形成了党政军警民讲双拥、学双拥、促双拥的良好局面，促进了双拥工作走上社会化、制度化、经常化轨道。

二、深入开展双拥宣传教育，努力营造军民团结的良好氛围

西藏各级党委、政府和驻藏部队深入开展双拥宣传教育，大力宣传在中国共产党的领导下军民团结一心、艰苦奋斗、不断从胜利走向胜利的辉煌历史；宣传各条战线涌现出的双拥先进典型事迹；宣传坚强的军政军民团结在国家的改革、发展、稳定和军队建设中发挥的巨大作用，引导广大军民不断加深对做好双拥工作重要性的认识，进一步激发了广大军民做好双拥工作的政治热情；开展双拥共建共保活动，加强了军警民团结，形成了军警民积极参与双拥共建共保活动的良好氛围和共筑维护稳定钢铁长城的强大声势，有力地震慑了达赖集团的分裂破坏活动，极大鼓舞了人民群众夺取反分裂斗争胜利的信心和决心，确保了西藏社会持续稳定。

一是加强有关法规的宣传和教育。充分利用元旦、春节、藏历年、“八一”建军节等节日，集中宣传学习《中华人民共和国国防法》、《中华人民共和国兵役法》、《中华人民共和国军事设施保护法》、《中华人民共和国军人抚恤优待条例》、《退伍义务兵安置条例》等法律法规。同时，驻藏部队把深入开展党的民族宗教政策、军纪军风和拥政爱民教育作为部队思想政治工作的一项基本内容，切实提高了广大官兵和人民群众的法律法规意识。二是把每年的 1 月和 8 月定为双拥活动月和国防教育宣传月，大力宣传双拥典型和先进事例，加深军民鱼水关系，以广播影视、英烈墓地等为载体，在西藏广大军民，特别是青少年中广泛开展爱国主义、国防观念和革命传统教育，不断增强了广大军民的爱国意识和国防意识。三是采取召开党政军警座谈会和开设国防教育课的形式，开展经常性双拥教育活动。四是各地市在城镇主要街道，设立“双拥宣传栏”、张贴双拥标语，加强双拥形象工程建设，营造了良好的双拥氛围。

三、多渠道、多形式开展双拥活动，确保西藏社会持续稳定

西藏各级党委、政府和人民群众，把拥军优属、支持部队建设作为义不容辞的责任，为部队办实事、解难题。各地各部队结合实际，积极探索，不断创新，多渠道、多层次、多形式地开展双拥共建共保活动，确保西藏社会持续稳定。

（一）积极开展三大节日期间慰问活动。2011 年元旦、春节、藏历新年期间，在自治区“三大节日”慰问总团的统一部署下，自治区双拥办会同西藏军区政治部下发各地各部队《关于做好新年春节藏历年拥军优属拥政爱民的通知》，要求各地、各部队普遍开展拥军优属、拥政爱民活动。在《西藏日报》上刊登了向驻藏人民解放军、武警官兵、复退、伤残军人、军休人员的《慰问信》。成功承办了 2011 年春节藏历新年团拜会。自治区主要领导亲自带头，深入走访慰问驻军部队官兵，并与官兵们在职工食堂一起吃年饭，使他们真正感受到了党和政府的关心和温暖。各地市在“三大节日”期间也相应成立了慰问分团，并由主要领导挂帅，对当地驻军和优抚对象进行了慰问，真正把党和政府的温暖送到了千家万户。有些地市还专门组织了军民联欢活动，个别地方还组织了军民服务小组，开展了打扫卫生、义诊、义务理发、捐款捐物、互做好事等活动。由于各级党委、政府和领导的高度重视和各有关部门的通力合作，圆满完成了全区 2011 年“三大节日”双拥慰问活动，取得了较好的成效。

（二）认真开展“八一”建军节期间慰问活动。2011 年庆祝中国人民解放军建军 84 周年期间，在自治区党委、政府的统一部署下，深入扎实地开展了形式多样、内容丰富的拥军优属慰问活动，把党和政府的关怀和温暖及时送到了广大官兵心中，进一步巩固和发展了军民同呼吸、共命运、心连心的大好局面。节日期间全区慰问活动共慰问部队 342 个，慰问优抚对象和“三属”、革命伤残军人 1530 户，召开军政军民座谈会 110 次。由于各级党委、政府和领导的高度重视和各有关部门的协调合作，2011 年“八一”建军节慰问活动进展顺利，取得了预期成效。

（三）继续在全区开展双拥共建共保活动，确保西藏社会持续稳定。为进一步深入开展学习实践科学发展观活动，推动小康西藏、平安西藏、和谐西藏建设，确保国庆期间全区社会局势持续稳定，经区党委同意，自治区维护社会稳定工作一线指挥部决定于 7 月 6 日继续在全区组织开展以“促团结、促发展、促和谐、保平安”为主题的军民、警民双拥共建共保活动。活动开展前，自治区双拥共建共保活动办公室下发了《军民、警民双拥共建共保活动实施方案》，就搞好这次活动进行了全面部署，要求各地、各部队、各部门充分认识这次双拥共建共保活动的重大意义，切实将此项活动纳入党委（党组）重要议事日程，认真研究部署，狠抓工作落实；特别强调，要通过集中开展主题鲜明、重点突出的拥军优属、拥政爱民教育，积极引导广大干部职工、各族群众和部队官兵清醒地认识到反分裂斗争的长期性、尖锐性和复杂性，认清达赖分裂集团的反动本质，进一步增强斗争的自觉性、主动性和坚定性，切实把思想和行动统一到区党委的决策部署上来，以决战决胜的态度认真落实各项工作措施，确保活动取得实实在在的效果。各地市、各部队、各部门高度重视，积极响应，结合实际，科学制订了军民、警民双拥共建共保活动细化方案，形成了统筹安排、军地互动、齐抓共管的良好氛围。活动期间，全区共开展大活动3项，中、小活动300余项；参加活动的区直、中直、地（市）直等单位达600余个、驻军团级以上部队40余个；活动共出动部队官兵15600余人次，干部职工27000余人次；出动车辆1500余台次，悬挂横幅1800余条、彩旗4000余面。

活动伊始，驻藏部队、区直、中直单位和各地（市）领导高度重视，团结协作、互相支持、互相配合，按照“内容要丰富多彩、形式要生动活泼、成效要明显突出、形成对敌有效威慑”的要求，积极组织开展了主题鲜明、层次清晰，扎实有效、特点突出的双拥共建共保活动。通过活动，进一步加强了军民、警民团结，巩固和发展了同呼吸、共命运、心连心的军民鱼水深情，进一步形成了军警民积极参与双拥共建共保活动的良好氛围和共筑维护稳定钢铁长城的强大声势，有力地震慑了达赖集团的分裂破坏活动，极大鼓舞了人民群众夺取反分裂斗争胜利的信心和决心，确保了全区社会持续稳定。

陕西省二〇一一年双拥工作总结

2011年，在省委、省政府和省军区的领导下，全省双拥工作以庆祝建党90周年和国家实施“十二五”规划为契机，以创建新一轮全国双拥模范城（县）为动力，广泛开展双拥宣传教育，积极推进军民融合发展，认真落实优抚安置各项政策，有效解决双拥工作热点难点问题，呈现出扎实推进，科学发展的良好态势。

一、双拥宣传教育广泛开展

围绕庆祝建党90周年和建军84周年活动，军地双方组织机关干部、青少年学生、各界群众、基层连队唱红歌、讲传统、祭先烈，开展了形式多样、内容丰富的报告会、演讲会和国防知识竞赛等活动。西安烈士陵园、宝鸡扶眉烈士陵园利用清明节开展悼念先烈、祭奠英灵活动；渭南市、咸阳市与驻军部队分别组织了“携手神八，放飞梦想”和“放歌军营”军地文艺联欢晚会；汉中市开展了以“六个一”为主要内容的国防和双拥宣传教育活动；延安市把革命旧址、烈士纪念场所作为革命传统教育基地和不挂牌的“党校”，使国防和双拥教育更加普及，不断巩固和发展了爱国拥军，爱民奉献的良好社会风尚。

二、双拥创建活动深入推进

各地各部队普遍开展军民共建文明社区、文明街道、文明村镇、文明行业、文明学校活动，实施了院校联建、业务对口互建、区域联片共建工程，产生了广泛的社会影响。按照《全国双拥模范城（县）创建命名办法》和《考评标准》，特别是本届命名表彰规定的五项硬性指标，各相关市县认真对照，查漏补缺，对标上位，全部解决了工作机构、人员编制和工作经费。目前，渭南、咸阳、延安、汉中、安康市都分别增设了1名副县级双拥办专职副主任，加强了对双拥工作的组织领导。全省已建立起1600多个拥军服务中心、社区军人家庭服务站，夯实了双拥工作的基层基础。在全国命名表彰大会上，陕西省11个市县被命名为全国双拥模范城（县），两个单位、两名个人被表彰为爱国拥军模范单位和爱国拥军模范。

三、军民融合发展成效显著

着眼加快转变经济发展方式，利用陕西省军工行业门类齐全，科技力量雄厚，总体实力较强的优势，从创新体制机制入手，着力推动军地经济互融、人才互助、科技互补，共同发展；着眼建设西部强省，驻陕各部队以“十个100”工程为牵引，以支援重点工程和保障民生为重点，在扶贫开发、生态环境建设、助学兴教、平安创建、抢险救灾中发挥了突出作用；着眼国防和军队建设需要，各地各部门和广大人民群众，从政策、资金、技术、人才、后勤保障社会化等方面提供了有力支持。特别是在发射“天宫一号”和“神舟八号”飞行器时，榆林市积极动员，组织 10 万群众大撤离，各有关部门全程参与、全力保障，为部队圆满完成发射任务创造了良好的条件。

四、破解难点问题力度加大

针对优抚安置工作中遇到的热点难点问题，省、市、县各级出台、完善了优抚对象医疗保障、义务兵家庭优待、解决城镇退役士兵安置遗留问题、加强退役士兵职业教育和技能培训、复员干部社会保障、军人维权、随军家属就业和子女教育优待等多项措施。特别是省政府出台的“关于农村籍军队退役义务兵参加新农保享受优待的意见”，受到民政部、财政部高度重视，并借鉴陕西省做法，在全国出台了给予农村籍军队退役人员发放老年生活补助的政策。

甘肃省二〇一一年双拥工作总结

2011 年，全省双拥工作坚持以邓小平理论和“三个代表”重要思想为指导，深入贯彻落实科学发展观，紧紧围绕中心、加快发展、服务大局为目标，以创建新一轮双拥模范城（县）活动为契机，广泛开展军民共建活动，切实抓好各项工作任务落实，为全省经济社会发展和部队全面化建设作出了新的贡献。

一、深入开展国防教育和双拥宣传，军政军民团结的思想基础进一步巩固

2011 年以来，各地各部队坚持把国防教育和双拥宣传作为增强广大军民国防观念的基础性工作来抓，在全社会形成了人人关心、支持国防建设的良好局面。

（一）坚持以爱国主义为核心，进一步在全社会弘扬了爱国拥军的主旋律。各级党委、政府和军事机关始终把抓好国防教育和双拥宣传作为义不容辞的职责，作为一项重要的政治任务来抓，认真履行职责，加强组织协调，狠抓工作任务落实，形成了党政军群齐抓共管的良好局面。省里先后召开了议军会、双拥领导小组会和国防教育经验交流会，省委书记陆浩、代省长刘伟平多次作出指示，强调要切实加强对这项工作的组织领导，推动全民国防教育更加广泛深入地开展。省双拥工作领导小组及时对国防教育和双拥宣传作出了安排和部署，提出了明确要求。各地各部队认真贯彻“全民参与、长期坚持、注重实效”的方针，坚持从建章立制入手，不断推进了国防教育和双拥宣传的制度化、规范化。天水、庆阳、平凉市以改革创新的精神，推动了国防教育和双拥宣传向深度和广度发展。在宣传教育的层面上，实现了由抓点向抓面转变，不断增强了双拥宣传教育的针对性和实效性。

（二）坚持以社会资源为依托，不断增强了双拥宣传的辐射面和影响力。全省普遍把国防教育和双拥宣传纳入社会发展总体规划，纳入全民教育体系，纳入领导干部政绩考评范围。针对双拥工作的新形势、新任务，各地各部队充分运用报刊、电台、电视台、网络等大众媒体，利用文学、影视、展览、音乐等形式，发挥现代科技手段的功能，使双拥宣传教育更加生动形象、丰富多彩。各级党、政、军机关，工、青、妇群众团体，宣传、新闻、出版、教育、文化等部门通力合作，自觉在推进双拥宣传中发挥了带头作用。酒泉、武威、张掖市区分不同情况、贴近不同公民群体，采取不同的方式和手段，大力开展国防教育和双拥宣传，市、县和乡镇、街道，普遍设立了双拥宣传阵地和栏目，积极开展主题鲜明、群众喜闻乐见的教育活动，使广大群众在耳濡目染和潜移默化中受到了生动深刻的国防教育，增强了双拥工作的感染力和吸引力。

（三）注重抓好经常性的宣传教育活动，全民国防观念进一步增强。2011 年以来，各地各部队以新一轮双拥模范城（县）创建活动为契机，不断加大了国防教育和双拥宣传的力度。坚持把双拥宣传与开展重大活动结合起来，不断强化军民的国防意识。围绕纪念抗日战争胜利65周年、抗美援朝60周年纪念日活动，利用烈士陵园、革命遗址和纪念馆、博物馆等国防教育场所，大力开展宣传教育活动，扩大了国防教育的社会影响。各基层单位还通过播放影视作品、国防知识问答、巡回展览、系列板报、英模事迹报告会、召开座谈会、茶话会等形式，深入宣传，加深教育，不断增强了全民的国防意识。兰州、嘉峪关、金昌市通过举行以“热爱祖国、富民强军”、“军民心连心、合力筑长城”为主题的全民国防教育日宣传活动，使国防教育生动形象、丰富多彩。据不完全统计，全年各地各部队共印发各类宣传资料134.4万份；军训学生63.2万人次，组织开展国防教育活动1989场（次）；军地开展文化交流1003场（次），使国防教育和双拥宣传进入了千家万户，发挥了激励军心民心的作用。

二、坚持以服务驻军履行新使命为重点，积极支持国防和军队建设向纵深发展

全省各级党委、政府从维护国家安全和祖国统一的高度出发，把关心支持军队建设、提升部队战斗力、完成多样化任务作为一项重大的政治任务来抓。

（一）全力支持部队完成多样化军事任务。各级党委、政府始终把支持部队做好军事斗争准备作为双拥工作的重点，集党政军民之智，聚各行各业之力，支持部队提高现代化建设水平。重点在部队营房营区建设、基础设施改造、训练场地改扩建、后勤保障社会化等方面加大了支持力度，推动了部队全面建设。各地还充分发挥科技人力资源优势，广泛开展文化拥军、智力拥军、法律拥军、教育拥军等活动，促进了部队科技强军战略的实施。一年来，全省共资助部队修建训练场地60多个，兴办实事680多件，累计向基层部队送配电脑、复印机等办公设备3200多台（套）。同时，坚持把科技拥军的基点放在帮助部队培养高素质实用人才上，实施了面向军营的“育人工程”，依托大专院校、高新技术企业开展军地两用人才培训工作，有7869名官兵接受了较为系统的学历教育和职业技能培训。

（二）扎实做好拥军支演支训保障工作。各级党委、政府认真贯彻“军民结合、寓军于民”的战略思想，坚持把为军队现代化建设服务和国防建设做奉献作为一项经常性的工作来抓，全力支持部队为完成多样化军事任务创造良好条件。在今年中央军委组织实施的“联合—2010”演习中，省里及时成立了由省委副书记、副省长挂帅，省双拥工作领导小组牵头，民政、财政、公安、交通等部门参加的演习保障机构，主动协调做好卫生、通信、场地、安全、交通等各项保障工作。具体承担保障任务的平凉、白银两市，高度重视支演工作，多次专题召开会议安排部署拥军支演工作，周密制订了8项工作方案，积极配合部队做好交通安全、场地保障、通信联络、主副食品供应，竭力为参演、参训部队提供快捷、便利的服务和保障。同时，为演习部队提供车辆维修点8个，燃油1000吨，粮食100余万斤，预约订购了一批优质绿豆、黄豆、小米、小杂粮和半成品、熟食品等。共出动警力350余人，组成治安联防队20个，开展治安巡查巡逻140余次，实施交通管制24次。为营造宣传氛围，在演习部队途经的路段显著位置悬挂横幅、标语324条，搭建彩门5座。市、县和社会各界组织开展慰问活动12次，参加群众6000多人（次），赠送价值50万元的慰问品2200箱，出色地完成了支演支训任务，受到了参演部队的高度评价。

（三）真心实意为部队排忧解难。省委、省政府从战略和全局的高度出发，明确提出拥军优属是全社会的共同责任，必须全力帮助部队解决好工作、生活中的实际困难，解除他们的后顾之忧。省里先后召开的涉军会议达5次之多，用于支持部队的专项资金2亿多元。某二炮部队从青海换防调入甘肃省后，省委、省政府主要领导多次召集协调会议，及时帮助解决建设用地、道路开通、基础设施配套等重大问题，督促有关部门以最快的速度协助完成了调防搬迁任务。省发改委、交通、科技、教育、建设、人力资源和社会保障等部门先后出台了多项支持部队建设的政策规定和措施。为解决部队道路、交通和出行难的问题，全省共投入专项资金8596万元，重点支持边防战备公路和部队进出口通道建设。由各地命名的双拥路、拥军桥达20多条（座）。各地也纷纷出台拥军新政策，最大限度地帮助军人军属解决实际困难。天水、嘉峪关、白银等市规定义务教育阶段，各学校无条件接收军人子女，凡属借读或择校的，一律免收借读费和择校费。为解决随军家属安置难这一突出问题，各地普遍加大了培训工作力度，举办培训班50多期、就业招聘会25次，发放生活补贴4000多万元。兰州市政府还专门下发文件，决定拿出110个专项指标安置驻兰部队随军家属就业，受到了部队官兵的欢迎和好评。

三、以“双十工程”为载体，军地援建工作力度进一步加大

为适应维护国家安全和改革发展稳定的需要，各级党委、政府始终把推动经济社会和国防建设协调发展作为义不容辞的政治责任，满腔热情地办实事，解难题，通过多种途径，广泛开展军民共建活动，为建设小康、构建和谐社会打下了坚实的基础。

（一）军地援建“双十工程”稳步推进。援建“双十工程”是省双拥工作领导小组作出的重大决策。各市州把实施“双十工程”作为重中之重来抓，加强领导、明确目标、分解任务、强化责任，确保了“双十工程”有序开展。全省共筹集资金6.6亿元，提供土地520亩，大力支持部队营房营区重建、基础设施改造、训练场地改扩建、道路硬化等重点工程建设。省军区机关、二炮某基地、森林武警总队办公楼建设基本完工，部分人武部搬迁改造全面完成，民兵预备役训练基地建设进度明显加快，部队信息化建设水平跃上了一个新的台阶。地方援建的军营图书室达到155个，赠送图书17.2万册。

（二）舟曲特大山洪泥石流抢险救灾斗争取得重大胜利。8月8日凌晨，甘南藏族自治州舟曲县发生特大山洪泥石流灾害发生后，驻甘部队和武警官兵坚决贯彻党中央、国务院、中央军委的指示，快速反应，日夜兼程，迅速投入抢险救灾工作，先后出动官兵6.2万余人（次），救治伤员2244人，转移安置群众9852人，清除河道淤泥100多万立方米。在抗洪抢险救灾的特殊战场上，总部、军区、总队首长亲临一线，周密部署，指挥救援。广大官兵视灾区群众为亲人，冒着生命危险，不分昼夜，争分夺秒地援救群众，救治伤员，抢通道路，抢运物资，安置群众，保护财产，出色完成了急难险重任务，创造了一个又一个奇迹，涌现出了一大批英模个人和英雄群体。广大官兵用忠诚和热血铸就了人民军队爱人民的丰碑，谱写了军民团结、共克时艰的崭新篇章。同时，人民子弟兵怀着对灾区群众的深厚感情，慷慨解囊，捐赠资金1676万元，赢得了灾区广大干部群众的广泛赞誉。

（三）军民共建活动更加富有生机与活力。全省各地注重打造双拥品牌，探索推动载体，动员广大军民积极投身双拥共建新实践。“双四好”、“双向服务、双向奉献”、“共建文明社区、同创和谐平安”等群众性创建活动在全省城乡普遍开展，搭建起了军民参与双拥工作的新平台，基层实现了有目标任务、有活动计划、有组织领导、有志愿者队伍。拥军优属志愿小组、双拥志愿者组织达到2200多个，开展拥军优属和献爱心活动3000多次。全省上下基本形成了“五大拥军工作体系”，即从宣传、文化、教育部门和新闻媒体为主的国防教育和双拥宣传体系，以民政、人事、劳动等部门为主的优抚安置体系，以发改委、财政、土地、工商、税务等部门为主的基础设施建设服务体系，以卫生、教育等部门为主的解决医疗难、就学难问题的卫生教育保障体系，以粮食、商业、电力等部门为主的社会化保障服务体系。实现了全方位、多层次双拥共建的新格局。尤其是全省2000多个非公有组织与300多个营以上驻军建立起结对共建关系，开展多种形式的拥军助民活动，捐资捐物达1500多万元。驻甘部队在完成军事训练、战备执勤任务的同时，积极参加防沙治沙、引大入银、引大入秦、黑河流域综合治理和卧牛山、金水湖、龙首湖美化等绿色生态工程建设，植树80万株，绿化1.5万亩。广泛开展扶贫帮困、兴学助教等活动。共援建帮建希望小学100所，资助贫困学生3734名，结对扶贫3994户，捐赠物品68.2万件，有力地支援了地方社会建设。

四、深入扎实地做好考评试点工作，推动了新一轮双拥模范城（县）创建活动深入开展

2011年以来，省里依据国家新颁布的《双拥模范城（县）创建命名管理办法》，拟定了《甘肃省〈双拥模范城（县）创建命名管理办法〉实施细则》和考评标准，并以全国双拥模范城（县）考评试点和创建新一轮省级双拥模范城（县）命名为契机，认真总结创建经验，不断丰富活动内容，拓宽工作领域，有力推动了双拥创建活动深入扎实地开展。

（一）加强组织领导，精心制订考评工作方案。为确保双拥模范城（县）考评试点工作顺利进行，省上及时成立由副省长张晓兰任组长的考评工作领导小组，各市州也分别成立了由党政军主要领导参加的考评工作领导小组，下设办公室，具体负责组织、指导和协调工作。同时，结合各自实际，及时制订出台了具体实施方案，县区、乡镇、街道和驻地部队层层研究提出了创建工作目标和规划，明确提出了考评工作的指导思想、目标任务、工作步骤及时限要求，形成了“领导机制、工作制度健全，目标任务明确，军地携手联合实施”的生动局面。

（二）注重抓好学习培训，深刻理解《办法》内涵。各市州把学习掌握新颁布的《双拥模范城（县）创建命名管理办法》和《全国双拥模范城（县）考评标准》作为考评工作的基础性工作来抓，采取集中培训、专题讲座、以会代训等多种方式，学习掌握新《办法》，深刻理解新《标准》。天水市对720名双拥工作人员、乡镇（街道）干部和基层双拥联络员分期分批进行了系统培训，全市7县区、27个市直部门和14个团以上驻军分别举办了以学习理解新《办法》、新《标准》为主要内容的专题讲座。白银市和金塔县还通过举办双拥创建知识问答、有奖征文、开辟新闻媒体专栏等形式，加大对新《办法》、新《标准》的学习宣传力度，进一步加深了对新《办法》、新《标准》的理解和把握，从而为顺利推进考评工作奠定了坚实的思想基础。

（三）明确试点工作要求，逐级落实创建任务。在全省创建新一轮双拥模范城（县）活动中，省里明确提出了“坚持五个始终”的工作要求，即坚持把落实科学发展观贯穿到考评工作的始终，坚持把学习领会《办法》、《标准》的精神实质贯穿到考评工作的始终，坚持把高起点谋划、高层次创建、高标准要求、高水平落实贯穿到考评工作的始终，坚持把巩固提高、创新发展始终贯穿到考评工作的全过程，坚持把工作重心始终放到基层和创建任务落实上。各市州多次召开会议，部署任务，落实工作，层层抓落实、抓重点、抓亮点。普遍把《考评标准》10个方面的65条内容，细化成若干条具体任务，分解到县区、乡镇（街道）、领导小组成员和驻军团以上单位。市、县对创建工作实行目标化管理，与乡镇、街道、县直有关部门签订了创建工作责任书，确保了考评工作任务在基层得以落实。

（四）高度重视宣传发动，引导军民广泛参与。创建活动一开始，省双拥办主动协调省委宣传部、省军区政治部组成联合调研组，对各市州进行实地考察和调研。各地坚持把宣传发动作为关键性环节来抓，充分发挥广播、电视、报刊等新闻媒体的作用，开展了多层次、全方位宣传造势，迅速掀起了新一轮创建双拥模范城（县）的新热潮。各市县共印发创建活动宣传资料50多万份，演出文艺节目100多场次，播映爱国主义教育影片120部，先后在省内外主流报刊发表双拥创建方面的文章、稿件1100余篇，在公路主干线和交通繁华地带设立醒目的双拥标牌、灯箱、橱窗、专栏等，并在服务行业、窗口单位、风景旅游区普遍设立了“军人优先”、“军人、军车免费”等标志，不断营造了浓厚的双拥创建氛围。同时，结合双拥模范城

（县）考评试点活动，开展了多种形式的双拥讲座、知识竞赛、创建成果图片展、双拥共建月、党政领导军事日活动等，不断激发广大军民参与双拥活动的积极性和主动性。

（五）加强督导检查工作，确保创建活动有序开展。为推动创建活动扎实有效地进行，省双拥办协调军地有关部门组成军地联合督察组，深入各市州进行检查督导，与市县共同研究制订工作方案，深入村镇、社区、连队了解情况和听取意见，研究解决考评工作中存在的突出矛盾和问题，总结梳理考评工作经验和不足，研究制定弥补改进的措施。为了巩固扩大创建活动成果，甘肃省于7月下旬召开了全省双拥办主任会议，各市州汇报交流了双拥创建活动进展情况及收获体会，为全省新一轮双拥模范城（县）考评工作提供了丰富的实践经验。

五、切实维护和保障军人军属合法权益，双拥优抚安置政策全面落实

一年来，各地始终把维护广大优抚对象的合法权益作为事关战略全局的一件大事来抓，认真贯彻省委、省政府和省军区的重大决策部署，充分发挥职能作用，积极主动地为国防建设和军人军属办实事、解难题。

（一）认真落实优抚安置政策，切实维护军人军属的合法权益。积极争取各级政府支持，狠抓优抚安置政策落实，各类优抚对象的抚恤补助标准大幅度提高。农村义务兵家属优待面达到100%，优待标准逐年提高。全部实现了优待抚恤金“一卡通”发放。各地认真贯彻《优抚对象医疗保障办法》，优抚对象普遍参加了新型农村合作医疗保险、城镇居民医疗保险，积极开展优抚对象就医“一站式”结算试点，大大提高了优抚对象医疗保障水平。各地不断深化退役士兵安置改革，积极协调组织、人事、民政、劳动等部门，采取政策安置为主、自谋职业和货币化安置为辅的方式，使军队转业干部、退役士兵得到了妥善安置。全年共安置军队转业干部609人，城镇退役士兵2380人，退役士兵自谋职业率达到25%。尤其是重点对部分生活困难的复员干部办理了养老、医疗保险，并按最低工资标准逐月发放生活救助费，有力地维护了社会的和谐稳定。

（二）广泛开展“爱心献功臣”活动，千方百计为重点优抚对象排忧解难。一年来，各地把解决重点优抚对象的“三难”问题作为重点工作，坚持常抓不懈。通过建立和完善以医疗补助、医疗优惠、大病救助为主要内容的优抚对象医疗保障体系，有效缓解了优抚对象“医疗难”问题。各地普遍对重点优抚对象在水、电、暖、医疗、卫生等方面实行了多项优惠政策，城乡救助体系中的12项社会救助制度，均对重点优抚对象给予了倾斜。2011年，全省再次对伤残军人、烈属、在乡退伍红军老战士生活补助标准分别提高了10%；在乡老复员军人定期定量补助提高到了355元。回乡参战参试人员生活补助标准提高到了220元。金塔县坚持把落实优抚安置政策与干部政绩考核紧密结合起来，县直部门以上领导与重点优抚对象实行“一助一”结对帮扶制度，筹集资金350多万元，对156户优抚对象住房进行了改造，生活难、医疗难得到了有效解决。随军家属安置就业率达到了100%。

（三）注重建立长效机制，确保双拥工作任务落到实处。一年来，我们积极适应市场经济条件下拥军优属工作的新要求，不断建立完善相应的政策法规，确保了拥军优属工作规范化、制度化。制定颁布了《甘肃省军人抚恤优待条例实施办法》、《甘肃省〈优抚对象医疗保障办法〉实施办法》、《甘肃省退役士兵自谋职业经济补助暂行办法》，下发了《进一步做好拥军优属工作的意见》、《部队子女入学、入托暂行办法》、《随军家属劳动就业和社会保障实施意见》等一系列规定和政策，为维护军人军属合法权益提供了制度保障。各市州也结合本地实际，制定下发了一系列规章、制度和办法，确保了军人军属的合法权益得以落实。同时，进一步加强了涉军法律服务保障体系建设，认真贯彻落实《甘肃省维护国防利益和军人军属合法权益工作机制若干规定（试行）》，依法妥善处理涉及国防利益和军人军属权益的纠纷和案件，解决复退军人和优抚对象的合理诉求，避免了越级上访和群体性事件的发生，有效维护了部队和社会的和谐稳定。

（四）立足于扶持发展生产，广泛开展扶持复退军人创业致富带头人活动。2011 年 7 月，省委、省政府、省军区在庆阳召开了复退军人创业致富带头人活动经验交流会，总结推广了庆阳经验，安排部署了“扶创”活动任务。之后，全省迅速掀起了培养复退军人创业致富带头人活动的热潮。全省共投入扶持资金 2000 多万元，提供生产用地 1 万多亩，减免税收和发放补贴 700 多万元，举办培训班 1100 多期。首批确定的 2600 多名优秀复退军人和民兵预备役骨干已成为创业致富的带头人和领军人物。为进一步加大扶持力度，各地借助中央对西部大开发的优惠政策，把复退军人创业致富纳入经济社会发展的重要议事日程，统筹安排，周密部署，充分发挥复退军人的一技之长，有力地推动了农村产业结构调整，特别是贫困地区经济的发展。平凉、武威、定西等市普遍建立了“扶创”活动目标管理责任制，部门包乡镇、干部包村户，重点培养、精心指导，基本实现了横向联合、纵向深入的组织领导和工作落实机制，形成了军地通力合作、各方共同参与的“扶创”工作新格局。

一年来，全省双拥工作虽然取得了很大成绩，积累了许多宝贵的经验，但也存在一些问题和不足：一是双拥工作发展不平衡，有的地方坚持经常不够，工作处于一般化状态；二是传承创新不够，缺乏与新形势要求相适应的新举措、新办法，动力不足，活力不强；三是抓重点、攻难点、促提高的力度不够，热点难点问题一些地方还比较突出；四是双拥宣传有待进一步加强，主要是氛围还不够浓厚，典型宣传缺乏影响力。

青海省二〇一一年双拥工作总结

2011 年，是全省双拥工作整体推进、加快发展的一年，是双拥创建活动跃上台阶、成果丰硕的一年，也是双拥重点工作有力推进、难点问题实现突破的一年。一年来，在省委、省政府、省军区的正确领导下，全省军民同呼吸、共命运、心连心，在推进经济社会发展中通力合作，在建设社会主义精神文明中相互促进，在维护国家安全和社会稳定中密切配合，在抗御各种自然灾害中并肩奋战，在构建社会主义和谐社会中共同奋斗，努力把双拥工作推上了一个崭新的高度。应该说，这一届省党政军领导班子着眼科学发展、保护生态、改善民生、维护稳定的实际，统筹国防建设与经济社会协调发展的大局，始终把双拥工作作为维护社会和谐稳定的治本之策和长久之举，精心谋划、科学决策、强力推进、融合发展，有力地促进了经济社会平稳较快发展，有力地促进了部队全面建设。全省双拥工作呈现出新的亮点和特色。

一、党政军重视双拥推动双拥的力度加大，军政军民关系更加融洽

各级党委、政府和驻青部队领导机关，坚持把双拥工作作为一项重要的政治任务，纳入经济社会发展和部队全面建设的总体规划，切实加强组织领导，加大资金投入力度，健全双拥工作机构，完善双拥工作制度，形成了上下联动抓双拥、军地合力保稳定、相互支援促发展的良好局面。省党政军领导时刻把军政军民团结挂在心上、把军地建设挂在心上、把军民利益挂在心上，对涉及双拥的重要工作和重大活动，主要领导亲历亲为、齐抓共管。重大节日和部队执行军事任务期间，各级党政领导亲自组团慰问官兵、鼓舞士气，全年省党政军领导先后组成 19 个慰问团，累计为驻军部队和优抚对象发放慰问金（品）300 多万元。特别是在解决省州县双拥工作机构和人员编制方面，省委领导多次作出重要批示，协调落实各级双拥工作机构领导职数

56 名，解决了长期制约青海省双拥工作的一大难题，为推动双拥工作健康发展提供了有力的组织保障。

二、国防教育和双拥宣传广泛深入，军政军民团结的思想基础更加牢固

各地、各部队紧紧抓住庆祝建党 90 周年和双拥模范城（县）命名表彰的有利时机，围绕科学发展主题和新青海建设奋斗目标，组织军民广泛开展双拥宣传和系列纪念活动。积极运用各种新闻媒体，歌颂我党我军的光辉历程和丰功伟绩，宣扬双拥先进典型和高原模范军医何敏、抗震抗洪英雄段磊等先进事迹，弘扬“大爱同心、坚韧不拔、挑战极限、感恩奋进”的玉树抗震救灾精神。充分发挥西路红军纪念馆、原子城纪念馆等爱国主义教育基地作用，使广大军民在回顾历史中不断强化国防观念和双拥意识。驻青各部队广泛开展“三热爱、三维护、两反对”主题教育活动，不断深化当代军人的核心价值观，努力增强广大官兵履行职责使命的自觉性和责任感。一年来，军地双方共印发双拥宣传资料 34.4 万份，组织文化交流活动 1003 场（次），开展国防教育活动 1989 场（次），进一步营造了“双拥双进步、共建共提高”的双拥氛围，激发了广大军民爱国拥军、爱民奉献的政治热情。

三、双拥模范城（县）创建活动蓬勃发展，双拥工作整体水平进一步提高

根据全国双拥办和省双拥工作领导小组的统一部署，各地、各部队坚持从实际出发，切实理清双拥创建思路，不断丰富创建内容和形式，深入开展“文明城区、文明村镇、文明行业、文明社区”系列创建活动，不断巩固军民共建高原千里文明线、文明青藏公路运输线、文明青藏铁路线和民族团结进步创建活动。认真落实全国、全省创建双拥模范城（县）命名管理办法和考评标准，按照“质量第一、平时为重、公平公正”的原则，精心组织双拥模范考评推荐工作。省委、省政府、省军区适时召开全省双拥命名表彰大会，总结了四年来双拥工作的成绩和经验，部署了今后一个时期双拥工作任务，命名了 18 个双拥模范城（县），表彰了 60 个双拥模范单位和 60 名双拥模范个人，有力推动了双拥创建和军民共建活动向纵深发展，巩固和发展了军政军民团结的大好局面。全国双拥办和兰州军区在检查考评青海省双拥创建工作时，给予了充分肯定和高度评价。

四、支持国防和军队建设的举措更加有力，服务保障能力显著增强

各级党委、政府坚持从维护国家安全和祖国统一的高度出发，着眼于支持军事斗争准备和满足多样化军事任务需求，凝聚各方力量、加大投入力度，全力支持军事设施保护、应急通信保障和国防公路建设，努力做好拥军支前和服务保障工作，千方百计帮助部队解决营房改建、军事训练、战备执勤和生产生活等方面的困难和问题。全年投入资金 1.86 亿元，帮助部队修建训练场地 60 多个，支持部队解决实际困难和问题 680 多件，并向基层部队赠送电脑、复印机等办公设备 3200 多台。同时，积极开展科技拥军、智力拥军、教育拥军和文化拥军活动，依托省内大专院校和高新技术企业，组织实施了面向军营的“育人工程”，先后为部队培训各类技术人才 7869 名。不断加强青藏铁路沿线军供设施建设，努力提高军供应急保障能力，全年接待过往部队官兵 5.6 万人次，有力地支持了国防和军队建设。

五、驻青部队参建工作迈出新步伐，支持经济社会建设成效显著

驻青各部队继承和发扬拥政爱民的光荣传统，主动承担急难险重任务，全力维护社会和谐稳定，积极投身地方经济社会建设。省军区坚持以改善民生为重点，持续推进“十项工作”，突出抓好“十个 100 工程”，并指导各军分区、人武部与 50 多座重点寺院建立了联创共建关系；武警青海总队坚持以“四个万人”活动为载体，组织部队积极开展捐资助学活动，全年捐款捐物 27.42 万元，先后与 38 所中小学校、378 名学生结成帮扶对子，资助贫困学生和失学儿童 271 名；总后青藏兵站部深入开展帮学助教活动，广大官兵每年捐款 50 余万元，资助 100 名贫困大学生完成学业；联勤 25 分部第四陆军医院积极开展医疗扶贫活动，全年义务巡诊15000余人次，赠送药品和医疗器械68万元，接收地方医护人员进修27人次。一年来，驻青各部队出动兵力8万人次，投入劳动日15万个，植树7万余株，退耕还林还草100多亩，建立扶贫联系点280多个，帮扶困难群众5300多人，有力地支援了驻地经济社会建设。

六、双拥优抚安置政策全面落实，广大军民合法权益得到有效保障

军地各级坚持从广大军民最关心、最期盼的事情入手，完善和落实双拥政策法规，维护和保障广大军民的切身利益。制定出台了退役士兵教育培训的政策措施，组织开展了职业技能培训，增强了退役士兵自谋职业、自主就业的能力。省政府及时出台《促进退役士兵安置工作的意见》，基本建立起与市场经济相适应、城乡一体化的退役士兵安置新制度，调动了适龄青年参军入伍、报效祖国的积极性。切实做好转业退伍军人安置工作，圆满完成了327名转业军官、992名城镇退役士兵、49名军队离退休干部和伤病残退役人员的接收安置任务。按照15%—20%的增长幅度，调整提高了优抚对象抚恤补助标准和军队离退休干部的生活待遇，全年安排优抚安置经费2亿多元，全面落实了优抚对象、军休人员的各项待遇和复员干部生活保障政策，优抚群体的保障水平持续提高。积极开展随军家属就业技能培训工作，千方百计解决随军家属就业和军人子女入学入托问题。驻青各部队认真执行拥政爱民的各项规定，模范遵守法律法规和群众纪律，尊重少数民族风俗习惯，坚持依法文明执勤，维护和保障了人民群众的切身利益。

宁夏回族自治区二〇一一年双拥工作总结

2011年全区双拥工作在自治区党委、政府的正确领导下，在全区广大军民的共同努力下，各地高度重视，共同谋发展、合力建国防、真情办实事、切实解难题，顺利完成了以自治区第八次双拥命名表彰为重点的各项创建工作。

一、宣传教育广泛深入，双拥工作氛围浓厚

围绕庆祝建党90周年和双拥模范城（县）命名表彰工作，各地、各部队把双拥宣传同普法教育、国防教育、军营文化、校园文化、社区文化、企业文化有机结合起来，组织红歌咏唱、文艺联欢、走访慰问、国防教育报告会、双拥共建经验交流会、开展“感动绿色军营、感动第二故乡”双“十佳”、“好军嫂”评选、“情系国防”征文比赛、双拥知识竞赛、国防教育图片展等活动，大力弘扬军政军民团结的优良传统，营造了全社会关心、支持、参与双拥工作的氛围。充分利用互联网、报刊、广播、电视等新闻媒体开设“湖城双拥颂”、“塞上军旅”、“共筑长城”、“国防之声”等栏目，多视角、多层次宣传“大漠水神”给水工程团、“开山斧”工兵团、“军民联建共促示范村”、德胜工业园区企业家拥军协会、某部工程师何健、贺兰县检察院检察长董克仁等先进单位和个人典型，为双拥工作注入了生机与活力，掀起了双拥创建工作的高潮。《回乡双拥花儿红》、《塞上贺兰双拥潮》、《回乡双拥谱新曲》、《六盘山下军民情》等电视专题片以及各城市显著位置大幅双拥宣传画和永久性双拥标志等，使双拥宣传做到了图文并茂、声像俱全、家喻户晓、深入人心。

二、围绕重点扎实推进，双拥创建成果丰硕

各地把创建工作作为党委、政府的“一把手”工程来抓，召开党委会、领导小组会反复进行动员部署。为了严肃和规范创建工作中具体事项，自治区双拥办多次征求各地各部队和社会各界的意见建议，修订完善了《宁夏回族自治区创建双拥模范城（县、区）考评标准》。各地对照标准普遍开展自查自纠活动，按照“巩固、发展、提高”的目标，对工作和政策落实情况逐项进行排查，分解责任目标，查漏补缺。5月下旬，自治区组成联合考评组，按照“统一标准、上下结合、全面衡量、综合考评”的原则，对申报创建全国、全区双拥模范城（县）的12个市、县进行了考评。6月份，全国双拥创建工作考评组对自治区银川、吴忠两市进行抽检，贺兰企业家拥军协会、“老兵服务热线”、吴忠社区拥军服务队等做法给全国检查组留下了深刻印象，感到自治区创建标准高、工作有创新、政策落实好。12月初，自治区第八次双拥命名表彰大会在宁夏人民会堂隆重召开，银川等12个市（县）、神华宁夏煤业集团有限公司等38个单位、姜丽娟等32名个人受到了自治区党委、政府和宁夏军区命名表彰。银川、吴忠、平罗、中宁、西吉、贺兰6市（县）及银川军事供应站、68612部队、青铜峡镇党委书记撒贵清受到全国命名表彰。

三、倾注真情互办实事，共建双赢成效显著

全区各地紧紧抓住军民融合式发展这条主线，大力开展“双向支援”、“双向服务”、“双向奉献”活动。进一步加大节日慰问走访工作力度，仅各级党政军领导在春节、“八一”两大节日期间，为驻宁部队官兵、军队离退休干部、困难军转干部、军烈属、伤残军人、重点优抚对象和老红军等送去了600余万元慰问金（品）。特别是自治区领导对到自治区跨区演习部队的慰问工作，受到兰州军区和参演官兵的赞誉。同时，地方各级党委、政府坚持为部队“动真情、解难题、办实事”，全力支持部队建设，为提升部队建设需求创造良好的条件。兰州军区综合战术训练基地的问题得以圆满解决，宁夏军区靶场土地置换问题进展顺利。各地先后投资近亿元，分别建成了武警、消防、人武部、预备役部队办公楼、民兵预备役训练基地和国防教育网，为部队购置消防、抗洪车辆和装备器材、开通公交班车等，极大改善和提高了部队训练生活条件、装备保障水平和应急出动能力，为部队完成多样化军事任务提供了有力支撑。驻宁各部队按照自治区打造“黄河善谷”战略部署，积极落实宁夏双拥工作“支持生态移民打造‘黄河善谷’6+6行动计划”，顺利完成了红寺堡区弘德工业园、福利创业园植树绿化、贺兰山工程项目区生态绿化、协助生态移民搬迁、平罗县朔方湖清淤等任务，出色完成救灾抢险等工作，为群众挽回财产损失近亿元。宁夏军区给水团600余名官兵历时180多天，创造了建团以来21项新纪录，为驰援鲁豫大地抗旱工作，顺利成井136眼，受到军委总部及三省（区）党委、政府的褒奖勉励。

四、立足民族团结和谐，双拥品牌明显提升

军地双方积极适应新形势，研究新情况，扎实做好民族地区的双拥工作。自治区双拥办下发了《关于在全区广泛开展军（警）民共建文明清真寺活动的指导意见》、《全区军（警）民共建文明清真寺活动推进计划》等文件，召开军民共建文明清真寺专题座谈会，交流经验，总结工作。各部队坚持把清真寺作为宣传政策、维护稳定、推动发展的桥头堡，作为凝聚群众、带动群众、感召群众的主阵地，围绕宣传党的政策、爱国主义教育、培育文明新风、维护宗教和谐、化解矛盾纠纷、普及法律知识、学习科学文化、组织军寺联谊、“解难题、办实事”和联防共治等十项内容，积极开展“民族团结月”和“军寺互办实事、好事”活动，形成了平罗县“三教同上一个清真寺”的民族团结和谐局面。银川南关清真大寺、贺兰县金贵镇通昌清真南寺被评为“首届全国创建和谐寺观教堂先进集体”，军民共建文明清真寺的做法也得到了总政有关领导的肯定。一年来，军寺共建工作逐步实现了从建制团级单位向建制营（连）级单位、人武部向乡（镇）武装部的拓展，实现了结对300座的目标。这项活动的开展也活跃了民族聚居区的文化生活，提高了文明程度，加强了民族团结，密切了军政军民关系，为打造宁夏双拥工作品牌奠定了坚实基础。

五、注重政策创新创制，优抚安置有效落实

军地双方通过强管理、解难题，全面落实优抚安置政策，有效维护了优抚对象的合法权益。制定出台了《关于一至六级残疾军人参加城镇职工基本医疗保险有关问题的通知》、《关于落实重点优抚对象相关待遇的通知》、《宁夏回族自治区优抚人员档案管理实施办法》等文件，为一至六级残疾军人办理城镇职工基本医疗保险，将80岁以上的在乡老红军、在乡老复员军人、伤残军人、“三属”等重点优抚对象纳入高龄津贴的范围，农村孤老优抚对象全部享受“五保”和“优抚”双重保障，对60岁以上农村籍退役士兵进行全面摸底调查，实现优抚对象医疗费“一站式”结算服务全面覆盖。积极协调解决了驻银某部副部队长张磊家属及其他17名随军家属就业、60余名官兵子女入学等问题。下发《关于深化退役士兵安置改革实行职业技能培训促进就业的实施意见（征求意见稿）》，依照“政策引导、扶持就业、经济补偿、安排工作等多种方式结合、城乡一体”的安置改革发展目标，免费组织1860余人参加了由培训机构组织的计算机、汽车驾驶、电工、蔬菜花卉等20多类专业及技能培训。通过召开专场招聘会和签订《复员退伍军人安置就业框架协议》的方式，为800多名城乡退役士兵搭建了就业平台。

2011年，全区双拥工作虽然取得了一定的成绩，但也存在薄弱环节，影响和制约着双拥工作的创新发展。一是“平时创”与“评时争”的关系处理不够好。个别地区不注重抓经常、打基础，只是注重评比时的争。二是个别市、县创建双拥模范城（县）的积极性不高，认识依然有偏差。三是双拥队伍业务水平与新形势下的双拥工作任务还不相适应，对工作中遇到的新情况、新问题研究力度不够。这些问题，值得各地高度重视，并采取措施加以解决。

新疆维吾尔自治区二〇一一年双拥工作总结

2011年是“十二五”开局之年，也是自治区党委确定的“民生建设年”。在自治区党委、自治区人民政府和新疆军区的正确领导下，在全国双拥领导小组办公室的关心指导下，坚持以邓小平理论和“三个代表”重要思想为指导，树立和落实科学发展观，深入贯彻落实中央新疆工作座谈会精神，坚定不移地坚持“群众第一、民生优先、基层重要”，注重弘扬新疆精神，倡行新疆效率，紧紧抓住“军民融合发展，共建和谐新疆”这一主题，高举民族团结旗帜，紧密结合新疆区情，以促进自治区经济社会发展和驻疆部队战斗力生成模式转变为根本着眼点，抢抓新机遇，实现新跨越，军地互动联动，互办实事，为推进自治区经济社会跨越式发展和长治久安、为推进驻疆部队全面建设作出了应有贡献。

一、组织领导坚强有力，工作基础不断夯实，工作机制日趋成熟

各级普遍坚持双拥工作“一把手”工程不动摇，领导干部模范带头，重大工作亲自研究部署、重大活动亲自组织参与、重点难点问题亲自协调解决，建立健全基层双拥组织机构，切实解决基层双拥组织机构编制不到位、工作人员不固定、经费不落实、交通没保障等问题。一是建立健全拥军工作运行机制。库车、塔城、阿图什、和静等县市建立双拥工作联络员制度，充分发挥双拥工作联络员制度的效能，双拥工作领导小组成员单位各1名干部参加，形成了一支40—80多人的双拥工作联络员队伍，结合各自工作职责，及时协调解决问题、落实相关政策、经常合力推动重点工作。和田市注重探索社会化拥军新举措，充分发挥基层双拥工作潜能，建立基层双拥工作服务站，做到双拥工作进社区、进企业，基层社区专门设立面向军人的政策咨询、心理辅导等个性化服务。二是积极引入双拥创建活动激励机制。部分市县在贯彻落实《双拥模范城（县）创建命名管理办法》过程中，不等不靠主动作为，及时出台区域性规章落实创建活动激励机制。乌鲁木齐、昌吉等市县及时出台《创建双拥模范城工作奖励暂行办法》等政策性文件，建立起双拥创建工作奖励机制，极大地调动了干部群众的创建热情。通过走出去、请进来等多种方式，提高双拥档案资料管理科学化水平，形成工作有人抓、具体有人管的良好格局。三是强化培训工作力度。各级重视对双拥专干的业务培训工作，采取多种形式提高基层双拥工作者综合素质和能力。11月和12月份，自治区先后组织了两期双拥工作业务培训班，来自基层的140多名双拥工作者接受了培训，培训采取理论辅导、经验交流、现场观摩、参观考察等形式，给大家指明了工作目标、明确了努力方向、教会了具体方法，培养了一批基层双拥工作的明白人。四是加强工作联系及时规范指导工作。年初自治区专门下发了《关于加强各级双拥办工作联系的通知》（新拥办〔2011〕6号），认真贯彻落实回良玉副总理在全国双拥工作领导小组第23次全体会议上的重要讲话精神，按照“高效、精干、务实”要求，进一步严格规范各级双拥办的办事程序。各地普遍加强双拥信息采编工作，充分发挥双拥信息的交流媒介作用。一年来，阿勒泰、伊犁、喀什、巴州等地州在《自治区双拥工作简报》上刊载双拥信息均在20篇以上，沙湾、轮台、叶城、昭苏、福海、库车等县刊载双拥信息均在8篇以上，充分反映出本地区开展工作的特点和效能。呼图壁县双拥档案资料科学规范，双拥工作简报信息量大采编精细发挥效能，其经验做法在全区进行了推广。

二、创新双拥国防宣传教育形式和载体，积极营造双拥社会氛围

各地结合纪念中国共产党成立90周年，充分发挥现代传媒的全方位宣传效能，采取活动宣传、网上论坛、知识竞赛、文艺演出等多种形式，广泛开展双拥国防教育，宣传双拥光荣传统，为实现两大历史任务而凝心聚力。库尔勒市建立全疆首家双拥网站之后，乌恰、塔城、阿图什等县市积极依托政府网站，建立和丰富双拥专栏和专题，及时更新内容，迅速成为宣传双拥工作的又一平台。一是广泛开展《中华人民共和国国防教育法》宣传活动。2011年是《国防教育法》公布施行10周年，各地共举办国防教育讲座80多场次，组织国防知识竞赛和答题活动140多场次，利用出租车LED显示屏、公交移动电视等媒介发布双拥宣传和国防教育内容1300多条，累计滚动播出1亿多次，进一步增强全民国防意识。伊犁州组织国防知识竞赛的同时注重与业务工作相结合，基层广泛参与，有效提升工作经验和能力。自治区双拥办与自治区国防教育办公室联合组织开展援疆干部边防行活动，走访慰问守防官兵，体验边防官兵执勤训练生活，感悟祖国边防文化和变迁，实地接受国防教育。二是广泛深入宣传典型，发挥引领辐射作用。9月份，空军政治部在和田组织召开了驻疆部队开展军地基层党组织“三互”学习座谈会，总政治部副主任、全国双拥领导小组副组长贾廷安莅临了座谈会，军地基层党组织互学互助互促活动，是一项富有创新性、开拓性的工作，活动开展两年以来，有效提高了军地基层党组织的创造力、凝聚力、战斗力，增进了军政军民团结和民族团结，促进了经济社会发展、社会和谐稳定和部队全面建设，受到中央和军委领导的充分肯定。三是加强国防教育基地建设。5月份，自治区国防教育工作会议暨自治区第二次国防教育联席会议召开，一批“自治区国防教育示范基地”受到表彰和挂牌。11月10日，在人民空军建军62周年之际，被中国航空界军事专家誉为“空军之根”的空军新疆航空队纪念馆在原航空队飞行旧址小东门机场举行开馆仪式，空军副政委王伟、自治区党委常委肖开提·依明及兰空首长、自治区双拥办领导参加了剪彩仪式，纪念馆占地700多平方米，馆内收藏了1200余张图片和37件资料和实物，记录着新疆航空队飞行训练的光辉历史，成为自治区又一处爱国主义和国防教育基地。

三、以战斗力生成模式转变为根本着眼点，大力支持部队全面建设

一年来，自治区为驻疆人民解放军和武警部队基础设施建设投入资金4.6亿多元，划拨土地2100多亩，有效解决了部队战备训练、国防施工、生产生活等方面的困难。一是支持国防和部队基础建设。自治区党委、政府高度重视国防和部队建设，春节和“八一”期间共投入慰问经费2100多万元，召开驻乌部队军政主官座谈会，组织自治区“八一”慰问团进机关、走基层、登哨卡，走访慰问驻疆人民解放军指战员、武警官兵和重点优抚对象。自治区春节慰问团还专程赴兰州慰问了兰州军区机关和兰空机关，共叙鱼水深情，共迎新春佳节。各地广泛开展走访慰问活动，军地领导有事没事常来往，大事小事常商量，各单位各部门结合自身实际，开展了形式多样、丰富多彩的走访慰问活动，据不完全统计，各地慰问部队经费达5900多万元。二是认真落实优抚安置政策。认真落实国家和自治区优抚安置政策，切实维护优抚对象切身利益，确保各项抚恤补助金按时足额发放到优抚对象手中；努力拓宽复转干部和退役士兵安置渠道，全年共安置军队转业干部1458人，接收安置退伍士兵3200多人；落实退役士兵职业教育和技能培训相关政策，共组织退役士兵职业教育和技能培训1871人次，通过推荐就业使354名退役士兵实现了就业；努力解决军人后顾之忧，安置随军随调军属70人，解决随军家属就业240人。鄯善县为改变优抚对象看病住院层层审批、人为因素多等不利现象，积极筹措资金，民政、卫生、人社、财政等相关部门密切协作，按照方便、快捷原则，在全县7个医院安装系统管理软件，实行优抚对象医疗保障“一站式”结算服务，在全区开了先河，蹚出了一条新路。昌吉市近几年来始终高度重视做好退役士兵职业教育和技能培训工作，担负自治区试点任务以来，大胆创新积极探索，各相关部门加强协调，5月份便完成了全年工作任务目标，先后有500多名退役士兵接受创业培训。和硕县建立优抚对象个人健康状况电子档案，以便及时提供方便快捷的医疗诊断服务，确保优抚对象享受到高于一般老百姓的优惠待遇。三是大力支持军营文化建设。乌鲁木齐市积极拓展“五送五进”活动的覆盖面，采取跨区搞共建的新模式，继援建69230部队网络学习室之后，又投入资金20万余元为63650部队援建了拥军图书室和拥军网络学习室，同时赠送了2000多册军事科技图书，为官兵开阔视野掌握新知识提供了便利条件。自治区福利彩票发行中心从福利彩票公益金中拿出30多万元资金，为边防哨所赠送了一套高级卫星数码影院。四是拓展社会化拥军新渠道。9月份，乌鲁木齐晚报社牵头全区11家信誉高、服务质量好的家装材料企业，开展为期三个月的“送家居进军营”活动，向500名购房官兵提供低于团购价的优惠新产品和服务，活动让利980余万元。哈密市扎实推进图书进军营、书画文艺进军营、电器进军营、医疗卫生进军营和旅游景点对军人实行费票的“四进一免”拥军新举措。

四、驻疆部队以民生工程为重点，广泛开展援建活动

驻疆人民解放军和武警部队官兵充分发挥自身优势，大力支持自治区经济社会建设，奋勇参加抢险救灾，维护社会稳定，先后出动官兵45.8万人次，出动机械车辆3.8万台（次），参加了110多项重点工程、惠民工程和生态环境建设，积极开展扶贫帮困活动，投入资金1405万元，持续帮扶2.3万名贫困群众、4975名贫困中小学生、437个贫困村、90所医院和卫生站，修缮和改、扩建校舍10万平方米，援建网络、电化教学室11个，官兵为灾区和贫困群众捐款达405万元。一是踊跃参加抢险救灾。各部队出动官兵25万人次、车辆1500多台次，参加融雪性洪灾、地震、火灾等灾害抢险250多次，抢救转移群众6000多人，挽回经济损失1.2亿多元。11月1日，伊犁哈萨克自治州发生里氏6.0级地震，全州80%以上县市有明显震感。灾情发生后，伊犁军分区、武警伊犁州边防支队、武警伊犁州森林支队等驻军官兵主动请缨勇挑重担，先后出动官兵1200多人次，机械车辆100多台次，运送救灾物资数千吨，把灾区群众所需及时送到手中，充分彰显了军民鱼水情、军民一家亲的本色。二是积极开展平安创建活动。新疆军区组织团以上单位与193个乡村、98个社区和7个寺院联合开展“平安寺院、平安社区、平安村镇”创建活动，进行情报会商180多次，组织演练430多次；坚持把援建工作与创新社会管理结合起来，先后派出2000余人参与地方组织的“大走访、大接访、大下访”，协助110个乡村社区建立健全人员管理服务机制，选拔培训联防队员1.38万名。武警乌苏市森林大队在开展“共建平安乡镇”活动中，注重建立警地联防机制，把平安创建纳入双拥共建内容，大力促进了部队自身建设。三是积极开展捐资助学活动。南疆军区机关部队“六一”前夕纷纷到学校开展捐资助学活动，和孩子们欢度节日，为学校送去电子琴、体育用品、电脑、打印机等教学用品，为贫困孩子送去助学金和学习用品，还为学校新建篮球场、装修新校舍、配备办公桌椅。昭苏县 69349 部队为喀夏加尔乡卡拉图拜村学校赠送了 30 台电脑、投影仪及 2000 册图书，帮助学校建立起网络备课教室。武警和田地区支队与和田县布扎克小学开展“大手拉小手”助学活动，向贫困学生赠送了助学金和学习用品。武警克孜勒苏柯尔克孜自治州边防支队结合爱民固边战略、警地共建等工作，发动党员干部积极捐款献爱心，在克州实验小学设立了 1 万元的“边防助蕾基金”，表达对困难学生和困难群体的关心爱护。四是持续开展扶贫帮困活动。武警新疆边防总队 2008 年对口帮扶吉木乃县托普铁热克镇人民路社区以来，先后投入 60 多万元为社区居民办了一系列好事实事，社区面貌焕然一新。武警塔城地区支队投资 10 多万元为裕民县加依勒玛社区购置了电脑、电视、办公桌椅和实用书籍，坚持每月开展助民劳动，一年中为群众免费治病 300 多人次，帮助 40 户群众脱贫，使 16 名辍名儿童重返校园。武警伊宁市消防大队官兵多年如一日悉心照料 79 岁的维吾尔族大妈吐勒汗，被老人亲切地称为“我的兵儿子们”，一件件感人事迹在伊犁河谷被人民群众争相传颂。69326 部队与疏勒县牙甫泉镇墩艾日克村开展军民联建帮扶活动，先后为该村捐赠了篮球架等文体器材，为幼儿园小朋友捐赠了衣服和玩具，为全村“三老”人员捐赠了生活用品，一年中定期开展捐赠活动，把子弟兵爱民情意送到群众手中。五是持续开展义诊和援建医疗设施活动。军区联勤部门诊专家组“八一”前夕来到阿克苏地区库车县，深入到厂矿企业、偏远乡村，以服务百姓、服务基层的强烈责任感，为每一名前来咨询、体检的群众提供热情服务，先后为 800 多名各族群众进行了免费健康检查，同时通过调研掌握了当地多发病第一手资料。沙湾县 69234 部队官兵情系小陈鹏，为身患白血病的小陈鹏义务献血，使这个伤心忧愁的家庭感受到了温暖和鼓励。被誉为北湾神针的边防连好军医刘富辉行医 16 年，长期奔波于各个牧区为牧民群众问诊查体行针用药，其事迹在央视《军事栏目》进行专题报道，受到中央军委委员、国防部部长梁光烈上将的高度评价。69050 部队充分发挥医疗人才密集、技术密集和设备精良的优势，先后派出 200 多名骨干为地方培训医务人员，义务为群众做白内障复明手术 750 例，为特困群众减免医疗费 400 多万元，在援建 7 所乡村（社区）卫生院（站）的基础上，又与精河县人民医院签订“十二五”援建协议。驻叶城县解放军某医院组织义诊活动覆盖全县 10 个乡镇，最远到达 60 公里以外的山区，安排专家医生、发放药品、巡诊时间均比往年力度更大，接诊群众达 2000 多人次。六是参加绿化美化工程和生态环境建设。2011 年是国际森林年，也是全民义务植树运动开展 30 周年。驻疆部队积极发挥自身优势，本着顾全大局、量力而行、有所作为的思想，积极参加驻地绿化美化和生态环境建设，援建工作成效斐然。驻乌部队出去官兵 3.4 万人次，集中对乌鲁木齐县托里乡 103 省道绿化工程、头屯河区焦化山、骑马山、达坂城绿园工程等进行援建，绿化面积 6800 亩。驻吐鲁番某红军团为迎接“五一”黄金周到来，出动数百名官兵为葡萄沟景区开展大规模卫生清扫活动，使国家 5A 级景区焕发出原有的风貌。阿勒泰市开展千亩军民共建林植树活动，仅 5 月份将军山义务劳动就集中军民 1000 多人参加，植树 10000 余株。武警哈密地区边防支队出资 12 万元，协调环保部门安排环保基金 30 万元，为伊吾县前山哈萨克民族乡实施饮水改造工程，经过紧张选点、质检和施工，将洁净的自来水接到了每户群众家中，结束了该乡 3000 多名农牧民群众吃水难问题。

五、注重培养挖掘双拥典型，充分发挥教育引领辐射作用

树立宣传和推广双拥先进典型，是双拥工作的一项重要内容。一年来，我们加强军民共建典型的培养和宣传工作，重点在培养、宣传非公经济组织和社会组织、社区共建先进典型上下功夫，推动群众性军民共建活动广泛深入持久开展，不断增强双拥宣传教育的渗透力。一是各级领导普遍重视典型的宣传和培养。全国爱国拥军模范、“中国十大杰出母亲”、乌恰县吉根乡牧民布茹玛汗·毛勒朵应邀出席全国军民迎春文艺晚会返疆途中，受到自治区党委副书记、自治区主席努尔·白克力，自治区副主席贾帕尔·阿比布拉以及武警新疆边防总队领导的亲切接见，自治区领导还为布茹玛汗大妈赠送了1万元的慰问金。努尔·白克力主席强调：“布茹玛汗·毛勒朵是克州精神的实践者，她身上折射出了一名守边民族的爱国情怀。”二是注重宣传老典型，发挥教育引领作用。乌鲁木齐市注重通过媒体、社团，把机关、企业、群众动员起来，积极开展“五送五进”（送文化、送科技、送岗位、送服务、送放心食品进军营）活动，积极探索了“政府倡导、社会参与、全民动员”的社会化拥军路子。库车县和布克赛尔蒙古自治县分别拿出100万元奖励基金，大力奖励县籍和驻地立功受奖官兵，不仅激发了官兵爱原籍、爱驻地的动力，也有效促进了部队军人核心价值观学习实践和创先争优活动的深入开展。库车县和乌鲁木齐市还开展了评选表彰“十佳好军嫂”活动。自治区大力宣扬全国爱国拥军模范卡德尔·巴克、“兵妈妈”布茹玛汗·毛勒朵、王云、“爱民好军医”庄仕华等先进典型的事迹，使一大批双拥模范脱颖而出。三是注重挖掘新典型，及时总结宣传新经验。和田市民间艺人阿皮孜·依地力斯红歌响遍天山南北，他13岁起唱红歌、唱军歌，一唱就是46年，用自己的热瓦普、都塔尔等乐器，把维汉双语版的《毛主席的战士最听党的话》、《打靶归来》等100多首脍炙人口的军歌不断传向军营和社会，足迹踏遍和田80多个乡镇1000多个村落，演唱1200余场，听众超过140多万人次，被各族军民亲切地称为“拥军歌唱家”。塔什库尔干县提孜那甫乡提孜那甫村牧民巴依卡·凯力迪别克，担任红其拉甫边防连义务巡逻向导33年来，自己家的5头牦牛相继累死在巡逻路上，虽然家境清贫可从未向连队要过一分钱，为了祖国边防稳固和繁荣稳定而无怨无悔，被当地军民亲切地称为边防线上的“活地图”和“边防通”。

六、以双拥创建活动检查考评为契机，扎实开展自查互查和整改工作

自治区双拥模范城（县）检查考评工作始终坚持严格标准规范程序，先后走访基层、机关和部队2190个单位，与10670名各族群众、部队官兵和重点优抚对象进行了座谈，问卷调查1万多名群众，走访优抚对象702户，并采取查阅档案资料、明察暗访等方式，严格按全国和自治区《管理办法》和《考评细则》要求，完成了对72个县市区的双拥工作逐项进行检查。全国双拥模范城（县）检查考评组于7月中下旬对自治区喀什市、哈巴河县进行了检查考评，对自治区双拥创建活动给予了高度评价。全国和自治区双拥模范城（县）检查考评工作结束后，我们对检查考评工作进行了全面总结，针对考核发现的问题认真分析原因，对《考评细则》中不合理之处进行了修订完善，督导各地开展自查互查和整改工作。叶城县在新春佳节来临之际，军地齐聚一堂召开议军会议，提出要站在全局的高度进一步提高对双拥工作和军地团结的认识，真情付出密切联系，形成强大工作合力。3月中上旬，自治区在乌鲁木齐召开双拥政策法规研讨会，部分地州双拥办专职副主任集中研讨修订完善《管理办法》和《考评细则》，增加了互办实事方面分值，进一步增强了操作性。自治区及时下发了《2011年双拥工作要点》、《报送双拥办编制和经费保障情况》等文件，对抓好自查整改工作进行部署，各地纷纷召开双拥专题会议，研究解决制约双拥工作发展的问题，为双拥工作科学发展奠定了坚实基础。通过全国和自治区双拥模范城（县）检查考评，我们有以下体会和收获。一是对广大军民进行了一次全方位国防教育。各地以双拥模范城（县）检查考评为契机，掀起了双拥宣传和国防教育的热潮，从城市到农村，从报刊到网络，处处可见双拥活动经验和先进典型事迹，使广大军民受到了一次全方位国防教育。乌鲁木齐市注重营造双拥宣传氛围，大街小巷、公路乡村到处布满宣传横幅和图板，广泛宣传教育群众，以至于有的群众问自己的朋友："是不是部队最近有行动?"二是掀起了又一轮双拥新高潮。各地开展双拥工作大总结、大表彰、大宣传活动，掀起了自2006年以来又一轮双拥新高潮。各级领导现场办公解决双拥工作热点难点问题，及时总结双拥创建经验，表彰奖励先进典型，组织典型事迹报告活动。各单位、各部门通过互查互访、自查自纠，梳理和解决存在问题，及时向党委、政府提供可行性方案，诸如双拥办公场所、编制经费、车辆保障等多年搁置问题及时得到切实解决。三是有力促进了各项优抚政策的落实。开展双拥创建活动中，各地重视解决优抚对象抚恤补助金按时足额发放和医疗保障问题，采取多种富有当地特色的形式方法，切实解决热点难点问题，积极创造条件实行医疗保障"一站式"服务，大幅度提高义务兵家庭优待金发放标准，受到广大重点优抚对象的普遍好评，赢得了更多的"民心"。四是促进了军民共建活动的深入开展。各地不断拓展军民共建活动的形式和路子，把着力点确定在互解难题、互办实事上。新疆军区某炮兵团和疏勒县巴仁乡尤卡克其其村结对共建40年，40年来该村经济发展、村风文明、政权稳固，全村26年没有刑事犯罪，没有人参加过分裂活动。我们及时总结推广了这一先进典型的经验，受到党中央、国务院、中央军委的充分肯定，为全区结对共建工作树立了榜样和标杆。

一年来，自治区双拥工作虽然取得了一些成绩，但与党中央和自治区党委的要求、与广大人民群众和部队官兵的企盼、与新时期新阶段现实需要还存在不少差距。一是双拥工作发展不够平衡。既有个别地区整体工作水平不高的问题，也有同一地区各县市之间发展不平衡问题。二是有些地方优抚政策落实得不够好。国家下拨的优抚资金在个别县市没有按要求足额、及时发放，一些地方的义务兵家属优待金没有达到国家提出的标准。三是随军家属安置工作还需要进一步加强。四是双拥创建活动创新的力度还不大。上述问题需要认真研究切实加以解决。

今后一个时期，我们将认真学习贯彻胡锦涛总书记在庆祝中国共产党成立90周年大会上的重要讲话精神，深入贯彻落实中央新疆工作座谈会和自治区第八次党代会精神，坚持变化变革、勇于担当、务求实效，大力弘扬新疆精神，倡行实践新疆效率，以"军民融合发展、共建和谐新疆"为主题，以援建安居富民和定居兴牧工程、军民共建美好精神家园活动为主要内容，军民携手，狠抓机遇，乘势而上，为推进自治区经济社会跨越式发展和长治久安、国防事业和驻疆部队全面建设作出应有贡献。

组 织 机 构

全国双拥工作领导小组及办公室

组　长： 回良玉　国务院副总理

副组长： 李立国　民政部部长

贾廷安　总政治部副主任

张建平　中央办公厅副主任

沈跃跃　中组部副部长

丁学东　国务院副秘书长

申维辰　中宣部副部长

孙绍骋　民政部副部长

成　员： 解振华　发展改革委副主任

杜玉波　教育部副部长

李学勇　科技部副部长

陈求发　工业和信息化部副部长

吴仕民　国家民委副主任

蔡安季　公安部政治部主任

张苏军　司法部副部长

王　军　财政部副部长

杨志明　人力资源和社会保障部副部长

王世元　国土资源部副部长

仇保兴　住房和城乡建设部副部长

冯正霖　交通运输部副部长

高晓兵　铁道部政治部主任

周　英　水利部副部长

危朝安　农业部副部长

房爱卿　商务部部长助理

杨志今　文化部副部长

尹　力　卫生部副部长

黄丹华　国资委副主任

钱冠林　税务总局副局长

王东峰　工商总局副局长

张丕民　广电总局副局长

耿燎原　总参谋部政治部主任

汤　奋　总政治部群众工作办公室主任

刘生杰　总后勤部政治部主任

王家胜　总装备部政治部主任

崔景龙　武警部队副政治委员

王　炯　全国总工会副主席、书记处书记

周长奎　共青团中央书记处书记

陈秀榕　全国妇联副主席、书记处书记

宋北衫　全国工商联副主席

邹　铭　民政部优抚安置局局长

办公室主任： 孙绍骋（兼）

办公室副主任： 汤　奋（兼）

杨国英　民政部优抚安置局副局长

李　辉　总政治部群众工作办公室副主任

北京市双拥工作领导小组及办公室

组　长： 郭金龙　市委副书记、市政府市长

副组长： 鲁　炜　市委常委、宣传部长、副市长

郑传福　市委常委、北京卫戍区司令员

丁向阳　市政府副市长

成　员： 崔述强　市委副秘书长、市委办公厅主任

周正宇　市政府副秘书长

史绍杰　市委组织部常务副部长

傅　华　市委宣传部副部长

朴学茹　市政府办公厅副巡视员

张　工　市发展改革委主任

姜沛民　市教委主任

闫傲霜　市科委主任

池维生　市民委主任

高　煜　市公安局副局长

吴世民　市民政局局长

于泓源　市司法局局长

杨晓超　市财政局局长
刘江平　市人力资源和社会保障局副局长
魏成林　市国土资源局局长
宋海立　市住房和城乡建设委纪检组长
刘小明　市交通委主任
卢　彦　市商务委主任
王　珠　市文化局副局长
方来英　市卫生局局长
周毓秋　市国资委主任
王晓明　市地税局局长
吴新联　市国税局局长
杨艺文　市工商局局长
李春良　市广播电影电视局局长
陈　冬　市委宣传部副部长、首都精神文明办主任
曾繁新　市总工会副主席
王少峰　团市委书记
赵津芳　市妇联主席
王　巍　北京卫戍区政治部副主任
周国平　武警北京市总队政治部副主任

领导小组办公室设在市民政局，办公室主任由市政府副秘书长周正宇同志兼任。办公室常务副主任由市民政局局长吴世民同志兼任。办公室副主任由市委副秘书长崔述强 、市委宣传部副部长傅华、市政府办公厅副巡视员朴学茹、市民政局副局长霍军、市民政局副巡视员由世钧、首都精神文明办副主任马润海、北京卫戍区政治部副主任王巍、武警北京市总队政治部副主任周国平同志兼任。

天津市双拥工作领导小组及办公室

组　长：黄兴国　市委副书记、市政府市长
副组长：杨栋梁　市委常委、市政府常务副市长
王海儒　天津警备区副政委
成　员：王津生　市委副秘书长
吴　初　市政府副秘书长
刘凤银　市委宣传部副部长
张志强　市发展和改革委员会主任
张胜利　市委农村工作委员会副书记
舒长云　市城乡建设和交通委员会常务副主任
李胜利　市商务委员会副主任
林炎生　市教育委员会副主任
杨应敏　市科学技术委员会副巡视员
马　竞　市民族事务委员会副主任
张中华　市民政局局长
金海龙　市民政局副局长
李新建　市公安局副局长
李秋华　市人力资源和社会保障局副局长
陆丽珍　市财政局副局长
宋爱新　市国土资源和房屋管理局党委书记
宋立志　市卫生局副巡视员
王昌军　市交通运输和港口管理局巡视员
王宝明　市工商局副局长
马春波　市粮食局局长
朱丽萍　市妇女联合会主席
白凤祥　团市委副书记
崔金和　市总工会副主席
马仲藩　市公用事业管理办公室副主任
杨合强　天津铁路办事处副主任
赵　鹏　市电力公司总工程师
边任权　市供销合作总社党委书记
刘　铭　市一商集团有限公司副总经理
马杏田　天津警备区政治部副主任
姚仔谦　军事交通学院副政委
王嘉龙　武警指挥学院副政委
张洪斌　武警天津市总队副政委
李超英　武警医学院副政委
李鹏程　海司航保部部长
高　翔　中国人民解放军 93688 部队副

政委

办公室主任：金海龙（兼）

副主任：马杏田（兼）

史秀平　天津警备区双拥共建办主任

程新元　市民政局副巡视员

河北省双拥工作领导小组及办公室

组　长：张庆黎　省委书记

副组长：张庆伟　省委副书记、省政府省长

景春华　省委常委、省委秘书长

张彦欣　省军区政委

宋恩华　省政府副省长

成　员：薛凝冰　66267 部队政委

邹运明　66393 部队政委

刘　建　66455 部队政委

姜援朝　石家庄陆军指挥学院政委

孔令才　军械工程学院政委

崔芝崑　武警学院政委

李光聚　省军区副政委

宋兵役　武警河北省总队政委

李喜群　石家庄机械化步兵学院政委

刘进锋　省军区政治部副主任

王国发　省委副秘书长

解永会　省委宣传部副部长

古怀璞　省民政厅厅长

曹爱平　省公安厅常务副厅长

邢国辉　省财政厅党组书记

付文才　省委组织部副部长，省人力资源和社会保障厅厅长

高金浩　省交通运输厅厅长

杨新建　省卫生厅厅长

徐受棠　省粮食局局长

张连忠　省民政厅副厅长

河北省拥军优属拥政爱民工作领导小组办公室设在省民政厅，办公室主任由古怀璞同志兼任，副主任由张连忠、刘进锋同志兼任。

山西省双拥工作领导小组及办公室

组　长：金道铭　省委副书记、省纪检委书记

副组长：李小鹏　省委常委、省政府常务副省长

张少华　省委常委、省军区政委

姜新文　省委常务副秘书长

周明定　省民政厅厅长

成　员：曾广超　省军区副政委

张声远　63710 部队副政委

胡占林　武警山西总队副政委

赵齐宽　93601 部队副政委

李喜龙　93582 部队副政委

周　新　武警 8650 部队副政委

朱先奇　省委组织部常务副部长

刘传旺　省编办主任

李福明　省委宣传部副部长

高彦斌　省委政法委常务副书记

韩和平　省政府副秘书长、外事侨务办公室主任

李宝卿　省发展和改革委员会主任

洪发科　省经济和信息化委员会主任

刘惠民　省教育厅副厅长

常建忠　省科技厅副厅长

廉兴有　省公安厅副厅长

何子义　省民政厅副厅长

胡双明　省财政厅副厅长

张　健　省人力资源和社会保障厅厅长
李建功　省国土资源厅厅长
郝耀平　省纪委驻住房和城乡建设厅纪检组长
张　润　省交通运输厅副厅长
裴　群　省水利厅副厅长
陈国荣　省纪委驻农业厅纪检组长
常光明　省林业厅副厅长
贾新田　省文化厅副厅长
王　峻　省卫生厅副厅长
李天太　省国资委副书记
卢晓中　省地税局局长
刘四龙　省环保厅副厅长
董晓林　省广播电影电视局副局长
王虎胜　省工商局局长
张　文　省粮食局副局长
梁克昌　省总工会副主席
任　忠　团省委副书记
李悦娥　省妇联主席
樊秀清　省工商联副主席
王德平　省国税局副局长
胡　果　山西日报报业集团副总编辑

办公室主任：姜新文（兼）

副主任：韩和平（兼）
葛中兴　省军区政治部副主任
何子义（兼）

内蒙古自治区双拥工作领导小组及办公室

组　长：任亚平　自治区党委副书记、自治区政协主席

副组长：连　辑　自治区副主席
周宝莹　内蒙古军区副政委

成　员：胡　丰　自治区党委副秘书长
盖文山　自治区政府副秘书长
孙炜东　自治区党委组织部副部长
张太平　自治区党委宣传部副部长
包满达　自治区发改委副主任
何成保　自治区教育厅副厅长
包锐锋　自治区科技厅纪检组长
曹艳荣　自治区民委副主任
阿斯林　自治区公安厅副厅长
吴金亮　自治区民政厅厅长
苏　权　自治区民政厅副厅长
尤俊成　自治区司法厅政治部主任
云喜顺　自治区财政厅副厅长
丁　飞　自治区人事厅副厅长
昝振英　自治区劳动保障厅巡视员
王富友　自治区国土资源厅副厅长
李振东　自治区建设厅厅长
牛东风　自治区交通厅副厅长
陈　欣　自治区水利厅副厅长
扎木苏　自治区农牧业厅副巡视员
孟贵玺　自治区商务厅副厅长
明　锐　自治区文化厅副厅长
白宝玉　自治区卫生厅副厅长
刘志彧　自治区国资委纪委书记
云　飞　自治区地税局副局长
王　增　自治区广电局副局长
马　麟　自治区工商局副局长
杨占林　自治区国防科工办主任
王月仙　自治区国税局副局长
耿利君　内蒙古通信管理局纪检组长
于文峰　呼和浩特铁路局副局长
刘志全　内蒙古军区政治部副主任
张　旭　武警内蒙古总队副政委
额尔敦巴雅尔　自治区总工会副主席
高润喜　自治区团委副书记
张淑华　自治区妇联副主席
高海涛　自治区工商联副主席

办公室主任：吴金亮（兼）

副主任：史丽英　专职副主任
张培达　民政厅优抚处处长
付新院　内蒙古军区政治部秘书群联处处长

辽宁省双拥工作领导小组及办公室

组　长：夏德仁　省委副书记
副组长：张　林　省军区政委
陈超英　省政府副省长
成　员：彭益民　省委副秘书长
刁　林　省委副秘书长
何庆良　省政府副秘书长
刘自康　省委组织部副巡视员
张玉珠　省委宣传部副部长
王明星　省政府办公厅副主任
翟东辉　省发展改革委社会处副处长
张书义　省经济和信息化委员会纪检组长
周浩波　省教育厅副厅长
马　剑　省民委副主任
白月先　省公安厅副书记、副厅长
徐铁南　省民政厅厅长
霍文忠　省民政厅副厅长
侯志平　省财政厅副厅长
陈守力　省人力资源和社会保障厅副厅长
杨　旭　省国土资源厅副厅长
张殿纯　省住房和城乡建设厅副厅长
杨成伍　省交通厅副厅长
张景山　省农村经济委员会副主任
韩树君　省水利厅副厅长
周义军　省服务业委副主任
许　波　省文化厅副厅长
韩明惠　省卫生厅副厅长
赵振芳　省地税局副局长
常永泰　省工商局副局长
闫万达　省总工会副主席
尹正伟　团省委副书记
邱立明　省妇联副主席
褚少研　辽宁日报社副总编
王　炬　辽宁广播电视台党委副书记
胡彦伟　省国税局纪检组长
顾　瑞　沈阳铁路局党委副书记兼纪委书记
康晓晖　省军区政治部主任
王维平　省军区政治部副主任
高　贺　沈阳军区政治部副秘书长
范　金　沈阳军区空军政治部秘书处处长
刘　戈　沈阳军区司令部直工部副部长
刘迎海　沈阳军区联勤部政治部主任
赵国利　沈阳军区装备部直工部部长
高力生　武警辽宁省总队副政委
李光荣　解放军 96101 部队副政委
办公室主任：徐铁南（兼）
副主任：康晓晖（兼）
霍文忠　民政厅副厅长
王维平　省军区政治部副主任

吉林省双拥工作领导小组及办公室

组　长：王儒林　省委副书记、省政府省长
副组长：巴音朝鲁　省委副书记、省政协主席
常　跃　省委常委、省军区政治委员
王化文　省政府副省长
成　员：刘伯和　省军区副政委
邵忠海　65301 部队副政委

贺东平　省委副秘书长
张大松　省政府副秘书长
张　晶　省民政厅厅长
邬欢田　63850 部队副政委
孙立峰　空军航空大学副政委
张力农　省武警总队副政委
庄　严　省委组织部常务副部长
贺永强　省委宣传部副部长
姚素清　省发展改革委副主任
周　峰　省工业和信息化厅副厅长
孙维杰　省教育厅副厅长
张伟汉　省科技厅副厅长
李晓峰　省民委副主任
刘培柱　省公安厅副厅长
刘贵和　省国家安全厅副厅长
李　轩　省民政厅副厅长
邢庆涛　省司法厅政治部主任
杨海廷　省财政厅副厅长
杨汝涛　省人力资源和社会保障厅副厅长
田玉山　省国土资源厅副厅长
战景赋　省住房和城乡建设厅纪检专员
王　力　省交通运输厅副厅长
谢万库　省水利厅巡视员
吴晓光　省农委副主任
孙亚强　省森林防火指挥部专职副总指挥
霍　玉　省商务厅副厅长
张宝宗　省文化厅副厅长
郭庆河　省卫生厅巡视员
马　明　省国资委副主任
傅圣方　省地税局纪检组长、监察专员
关景富　省工商局副局长（正厅长级）
任学真　省广电局纪检组长、监察专员
韩福春　省粮食局副局长
高　枫　省公务员局局长
朱教新　省电力公司纪检组长、监察专员
张洪伟　省总工会副主席
栾国栋　团省委副书记
相　瑛　省妇联副主席
王　文　省工商联副主席

主　任：张　晶（兼）
副主任：李　军　省军区政治部副主任
李　轩（兼）
吴长彬　省民政厅优抚处处长
耿建仁　省民政厅安置处处长
郭大勇　省军区政治部秘书群联处处长
郭义民　省民政厅优抚处副处长
王学志　省财政厅社会保障处副处长
王兰宏　省军区政治部秘书群联处副处长

上海市双拥工作领导小组及办公室

组　长：韩　正　市委副书记、市政府市长
副组长：吴志明　市委常委、政法委书记
姜　平　市政府副市长
朱争平　上海警备区政委
王　伟　市政府副秘书长
马春雷　市委宣传部副部长、市文明办主任
马伊里　市民政局党组书记、局长
成　员：王建仁　第二军医大学副政委
王洪全　市交通港口局副局长、纪检组组长
尹后庆　市教委副主任
冯经明　市规划国土资源局党组书记、局长
叶明忠　市发展改革委副主任
田赛男　市建设交通委党委副书记
乐贵忠　市工商局党委副书记
戎之勤　市经济信息化委秘书长
刘　磊　市绿化市容局党组副书记、纪检组组长

刘晓涛　市水务局副局长
吕永杰　市国资委党委副书记
朱　鸣　市妇联副主席
高德毅　市教卫党委副书记
李　红　市纪委常委
李伟听　市体育局副局长
李和平　市司法局党委副书记
李振坤　市通信管理局巡视员
侯继军　市总工会副主席
沙忠飞　市人力资源社会保障局副局长
沈国强　市民族宗教委副主任
吴偕林　市高级人民法院政治部主任
吴瑞虎　海军上海保障基地副政委
张长东　武警上海市总队副政委
张维平　上海警备区副政委
邵林初　市农委副主任
陆凤妹　市委组织部副部长
陈　龙　市科技党委副书记
陈　凯　团市委副书记
刘　建　市文广影视局党委副书记
杨晓栋　空军上海指挥所副政委
季晓东　市工商联党组书记
庞　元　市住房保障房屋管理局副局长
俞　烈　市公安局政治部主任
赵　峻　上海铁路局副局长
赵伟星　市财政局副局长
顾　军　市商务委副主任
耿　勇　南政院上海分院副院长
高菊兰　市民政局副局长
程梅红　市旅游局副局长
李卫平　市卫生局副局长

办公室主任：马伊里（兼）

副主任：高菊兰（兼）
谢亚洪　上海警备区政治部副主任
焦连哲　市民政局优抚处处长

江苏省双拥工作领导小组及办公室

组　长：石泰峰　省委副书记、省委组织部部长

副组长：黄莉新　省委常委、省政府副省长
刘战勤　省军区副政委

成　员：黄根清　省委副秘书长
徐国柱　省政府副秘书长
赵永贤　省委组织部副部长
周　琪　省委宣传部副部长
张卫东　省发展改革委副主任
秦　雁　省经济和信息化委副主任、省国防科工办主任
胡金波　省教育厅副厅长
曹苏民　省科技厅副厅长
沈祖荣　省民委副主任、省宗教局副局长
秦　军　省公安厅副厅长
吴洪彪　省民政厅厅长
侯学元　省民政厅副厅长
姜金兵　省司法厅副厅长
黄晓平　省财政厅副厅长
周　英　省人力资源社会保障厅副厅长
吴震强　省国土资源厅副厅长
周乃翔　省住房城乡建设厅党组书记
汪祝君　省交通运输厅副厅长
祝保平　省农委副主任
张小马　省水利厅副厅长
姜　昕　省商务厅纪检组长
马　宁　省文化厅副厅长
黄祖瑚　省卫生厅副厅长
王正宇　省国资委副主任
何声贵　省地税局副局长
杨　勇　省工商局副局长
李德田　省广电局副局长
刘广忠　省总工会副主席、党组书记

沈海斌　团省委副书记
李　蓁　省妇联副主席
阮仁良　省科协副主席
陈绍泽　南京市委副书记
徐建国　南京军区政治部副秘书长
陈文炜　南京军区空军政治部秘书处处长
顾显强　省军区政治部副主任
时昌安　省武警总队政治部副主任
办公室主任：徐国柱（兼）
副主任：黄根清（兼）
吴洪彪（兼）
侯学元（兼）
顾显强（兼）
段福德　省民政厅副巡视员

安徽省双拥工作委员会及办公室

主　任：孙金龙　省委副书记
第一副主任：唐承沛　省政府副省长
副主任：周　俊　省军区副政委
张世平　省委副秘书长
宓建毅　省政府副秘书长
吴旭军　省民政厅厅长
叶如强　省民政厅副厅长
夏贵俊　省军区政治部副主任
成　员：秦亚东　省委组织部常务副部长
郎　涛　省委宣传部副部长
柴学友　省人民检察院机关党委书记
石德和　省高级人民法院党组副书记、副院长
余　群　省发展和改革委员会副主任
江　春　省教育厅副厅长
周晓刚　省科学技术厅纪检组长
吴晓明　省经济信息委员会巡视员
陈文明　省公安厅党委委员、政治部主任
夏训发　省司法厅副厅长
吴天宏　省财政厅党组成员、副厅长
戴　毅　省人力资源和社会保障厅副厅长
晏　飞　省国土资源厅政治部主任
吴桂和　省住房和城乡建设厅副厅长
丁庆领　省交通厅党组成员、副厅长
李庭信　省商务厅副巡视员
唐　跃　省文化厅副厅长
李劲风　省卫生厅副厅长
吴经华　省国资委副主任、党委常务副书记
倪三立　省地方税务局副局长
聂庆义　省广播电影电视局副局长
程　胤　省工商局副局长
刘　惠　省粮食局副局长
孙亚军　省军区副参谋长
方　平　省军区后勤部副部长
张少国　省武警总队副政委
张贞来　省边防总队政委
胡世勤　省消防总队政治部主任
薛兆普　省警卫局政治处主任
严安云　省工商联党组副书记
李维勇　省总工会党组副书记、常务副主席
李国阳　团省委副书记
龚明珠　省妇联副主席

办公室主任由叶如强（兼），副主任由夏贵俊（兼）、许仁清担任。

山东省双拥工作领导小组及办公室

组　长：刘　伟　省委副书记、省政协主席

副组长：刘从良　省委常委、省军区政委

夏　耕　省政府副省长

孙显宁　省军区政治部主任

倪明元　省委副秘书长、省信访局局长

于　刚　省委组织部常务副部长

穆长顺　省政府副巡视员

张国琛　省民政厅厅长

刘宝莅　省委宣传部副部长、省文明办主任

李光杰　省民政厅副厅长

成　员：秦　柯　省发展改革委副主任

姜　奇　省经信委纪检组长、监察专员

张兴民　省教育厅副厅长

赵锦锋　省科技厅纪检组长、监察专员

冯典江　省民委（省宗教局）副主任

李　静　省法院党组副书记、副院长

任学增　省公安厅副厅长

张魁中　省双拥办主任

张民忠　省司法厅政治部主任

阮凤英　省财政厅巡视员

黄麟英　省人社厅副厅长

徐家林　省国土资源厅纪检组长

耿庆海　省住建厅副厅长

王　辉　济南铁路局党委副书记

任明英　省交通厅副厅长

刘勇毅　省水利厅副厅长

于风华　省农业厅副厅长

王　松　省海洋与渔业厅纪检组长

张　霖　省商务厅副厅长

陈　鹏　省文化厅副厅长

康永军　省卫生厅副厅长

于常青　省国资委党委副书记

李录温　省国税局党组副书记、副局长

吕凤强　省地税局副局长

孙国丽　省工商局副局长

吉保邦　省广电局副局长

张　斌　省粮食局副局长

孙可奇　山东电力集团公司纪委书记

郑际平　济南军区政治部副秘书长

王　远　北海舰队政治部秘书处处长

朱　瑞　济南军区空军政治部秘书处处长

王　楠　省军区政治部副主任

宋纪明　武警山东省总队副政委

李生玉　武警山东省边防总队副政委

张宪友　省公安消防总队副政委

冯庆禄　省总工会副主席

任海涛　团省委副书记

范晓丽　省妇联副主席

梁向前　省工商联党组副书记、副主席

魏绍水　省广播电视台党委书记

鲁　锐　大众报业集团纪委书记

办公室主任：张魁中　双拥办主任（副厅级）

副主任：刘　军　双拥办副主任（正处级）

张彦龙　双拥办副调研员

桑海洋　双拥办副调研员

孙启立　双拥办主任科员

田　勇　双拥办副主任科员

河南省双拥工作领导小组及办公室

组　长：叶冬松　省委副书记、省政协主席、省委组织部部长

副组长：颜纪雄　省委常委、省军区政委

秦玉海　省政府副省长、省公安厅厅长

成　员：白建国　省委副秘书长、省委办公厅主任

詹洪方　省政府副秘书长

王保存　省委组织部常务副部长

权红军　省委宣传部副部长

郭守占　省精神文明建设指导委员会办公室专职副主任

张维宁　省发展和改革委员会主任

郑伯阳　省政府国有资产监督管理委员会副主任（正厅级）

崔炳建　省教育厅副厅长

李中哲　省科学技术厅副厅长

袁其法　省工业和信息化厅副厅长

王成高　省民族事务委员会副主任

熊文修　省公安厅副厅长

杨　云　省民政厅厅长

董颖生　省民政厅副厅长

黄庚倜　省司法厅副厅长

刘　荃　省财政厅副厅长

刘京州　省人力资源和社会保障厅副厅长

司喜云　省国土资源厅纪检组长

石迎军　省住房和城乡建设厅副厅长

李和平　省交通运输厅副厅长

程志明　省水利厅副厅长

张明进　省农业厅纪检组长

赵战平　省商务厅纪检组长

崔为工　省文化厅副厅长

曲　杰　省卫生厅副厅长

楚新民　省地方税务局副局长

董光峰　省工商行政管理局局长

王仁海　省广播电影电视局副局长

于前锋　省粮食局纪检组长

宋强太　郑州铁路局党委副书记

胡玉海　省电力公司党组书记

刘春辉　省军区政治部原副主任

张建华　解放军 71320 部队副政委

姜思源　解放军 71521 部队副政委

陆其杰　解放军 96251 部队副政委

徐诚泰　解放军信息工程大学副政委

王大华　武警河南省总队副政委

陆洪记　解放军外国语学院副政委

庄培国　解放军防空兵指挥学院副政委

陈海波　解放军 63880 部队副政委

马露霞　省总工会巡视员

侯　红　团省委书记

周红霞　省妇女联合会副主席

赵太安　省工商业联合会副主席

办公室主任：董颖生（兼）

副主任：常　伟　常务副主任

陈海峰　省政府办公厅九处处长

冯亚辉　省军区政治部秘群处处长

司新鲜

福建省双拥共建工作领导小组及办公室

组　长：陈文清　省委副书记

副组长：袁荣祥　省委常委、宣传部长

陈荣凯　省政府副省长

曹伯如　省军区副政委

成　员：陈祥健　省委副秘书长
陈照瑜　省政府办公厅副主任
祁永信　省军区政治部副主任
李泽华　73111 部队政治部副主任
林　舫　92403 部队政治部副主任
宋鲁闽　94816 部队政治部副主任
刘锦生　61716 部队政治部副主任
魏明镇　省武警总队政治部副主任
李　红　省委组织部副部长
马照南　省委宣传部副部长
程建国　省发改委副巡视员
钟安平　省经贸委副主任、支前办主任
刘剑津　省教育工委副书记
丛　林　省科技厅副厅长
高文根　省公安厅政治部主任
黄序和　省民政厅厅长
饶添发　省民政厅副厅长
王永礼　省财政厅副厅长
陈仁毅　省人力资源和社会保障厅纪检监察专员
李　庆　省国土资源厅纪检组长
林容华　省住房和城乡建设厅纪检组组长
宋海滨　省交通运输厅副厅长
刘子维　省水利厅副厅长
檀云坤　省农业厅党组书记
陈　朱　省文化厅副厅长
陈秋立　省卫生厅副厅长
林少霖　省林业厅副厅长
杨雁雄　省公务员局副局长
王应涛　省工商局副局长
林　立　省信息化局副局长
黄家铭　省人防办主任
陈寿卿　南昌铁路局副局长兼福州办事处主任
郑卫华　福建日报报业集团副总编辑
陈若凡　福建省广播影视集团副董事长

办公室主任：黄序和（兼）

副主任：陈祥健（兼）
陈照瑜（兼）
饶添发（兼常务）
祁永信（兼）
陈　林（专职）

湖北省双拥工作领导小组及办公室

组　长：张岱梨　省委常委、省政府副省长、省委统战部部长

副组长：张仲会　省军区副政委
姚中凯　省委副秘书长
李元江　省政府副秘书长
谢松保　省民政厅厅长

成　员：万幼斌　省军区政治部副主任
彭世学　武警湖北省总队副政委
刘　刚　中国人民解放军 95829 部队政治部副主任
梁伟年　省委组织部常务副部长
余立国　省委宣传部副部长
肖安明　省发展和改革委员会副主任
聂晓勤　省经济和信息化委员会专职副书记
黄　俭　省教育厅副厅长
钟喜英　省科技厅纪检组长
李小润　省民宗委副主任
杨传权　省公安厅政治部主任
万幼清　省民政厅副厅长
蒋国平　省司法厅政治（警务）部主任
王华新　省财政厅副厅长
吴良美　省人力资源和社会保障厅副厅长
李成林　省国土资源厅副厅长
杨世元　省住房和城乡建设厅副厅长
田文彪　省交通运输厅副厅长

汤和明　省水利厅纪检组长
余胜伟　省农业厅副厅长
王燕凌　省商务厅纪检组长
王建刚　省文化厅副厅长
张俊超　省卫生厅副厅长
董尚荣　省人口和计划生育委员会副主任
孙振声　省国资委副主任
梅昌新　省国家税务局副局长
钟守英　省地方税务局副局长
史有才　省广播电视局副局长
卢嵘林　省工商行政管理局纪检组长
沈桥梁　省粮食局副局长
丁孔信　武汉铁路局常务副局长
易　懿　省国防科学技术工业办公室纪委书记
谭必元　省总工会经审会主任、秘书长
陈正祥　团省委副书记
叶景丽　省妇联副主席
陈卫东　省工商联副主席
办公室主任：万幼清　省民政厅副厅长（兼）
副主任：曹　红　专职副主任（正处）
王兴福　省民政厅优抚处处长
罗词凤　省军区政治部秘群处处长

广东省双拥工作领导小组及办公室

组　长：黄华华　省委副书记、省政府省长
副组长：蔡多文　省军区政委
刘　昆　省政府副省长
成　员：谭一鸣　省委副秘书长
颜学亮　省政府副秘书长
罗冀京　省委组织部副部长
阎静萍　省委宣传部副部长
张力军　省发展和改革委员会副主任
邹　生　省经济和信息化委员会副主任
魏中林　省教育厅党组副书记、副厅长
盘展欣　省公安厅政治部主任
刘　洪　省民政厅厅长
饶美奕　省民政厅副厅长
马军港　省司法厅副厅长
欧　斌　省财政厅副厅长
覃立模　省人力资源和社会保障厅党组成员、省外国专家局局长
邢建江　省国土资源厅副厅长
杜　挺　省住房和城乡建设厅副厅长
李石稳　省交通运输厅纪检组长
余俭娥　省农业厅巡视员
亓玉台　省卫生厅副书记
彭海斌　省工商行政管理局副局长
林锡明　省总工会副主席
陈小锋　团省委副书记
徐春莲　省妇联副主席
钟建昌　广州军区政治部秘书长
陈　俨　南海舰队政治部副主任
李世忠　广州军区空军政治部副主任
王光军　75200 部队政治部副主任
谢社光　省军区政治部副主任
殷敦平　海军广州保障基地政委
邹庆华　省武警总队副政委
崔亚洲　省公安边防总队政委
牛跃光　省公安消防总队政委
张汝文　省双拥办专职副主任
办公室主任：颜学亮（兼）
副主任：饶美奕（兼）
谢社光（兼）
张汝文（专职）

广西壮族自治区双拥工作领导小组及办公室

组　长： 陈际瓦　自治区党委副书记

副组长： 高　雄　自治区副主席
白念法　广西军区副政委
陈　杰　75100部队副政委
蒋　洪　自治区党委副秘书长
韦启帅　武警广西总队副政委
张　辉　95072部队政委

成　员： 张振东　自治区政府副秘书长
卢仲云　自治区党委宣传部副部长
陈利丹　自治区民政厅厅长
高　旭　自治区发展和改革委员会副主任
束　华　自治区工业和信息化委员会主任
白志繁　自治区教育厅副厅长
黎　昆　自治区科技厅副厅长
肖芳佐　自治区民族事务委员会副主任
骆振严　自治区公安厅政治部主任
刘宗海　自治区民政厅副厅长
梁振林　自治区司法厅副厅长
范世祥　自治区财政厅总会计师
韦刚强　自治区人力资源和社会保障厅副厅长
曹国生　自治区国土资源厅副厅长
黄小幸　自治区交通运输厅副巡视员
杨　焱　自治区水利厅副厅长、党组副书记
郭绪全　自治区农业厅副厅长
赵　涛　自治区商务厅副巡视员
李明胜　自治区文化厅副厅长
苏　力　自治区卫生厅巡视员
玉　清　南宁铁路局副局长
赵汉臣　自治区地税局副局长
黄有权　自治区工商局副巡视员
黄著诚　自治区广电局副局长
庞栋春　自治区粮食局局长
张国强　自治区边海防办副主任
刘兆文　自治区双拥办副主任
黄善国　广西军区政治部副主任
赵永安　广西军区政治部秘书群联处处长
马正松　武警广西总队政治部副主任
李斌辉　武警广西总队政治部秘书群联处处长
曾少华　95072部队副政委
张随军　95095部队副政委
刘汝桥　桂林空军学院副政委
刘守跃　武警广西边防总队政委
陈　贤　武警广西消防总队政委
梁卡凡　武警广西警卫局政治部主任
刘跃龙　武警水电第一总队政委
蔡永中　75100部队政治部副主任
周海洋　75100部队政治部秘书群联处处长
曾琼青　76140部队副政委
何正清　91832部队副政委
张建国　驻南宁铁路局军事代表办事处主任
黄宇群　自治区总工会纪检组长
严　霜　团区委副书记
周爱平　自治区妇联副主席
唐开义　自治区国税局副局长
董小明　自治区民政厅安置办主任
冯　志　自治区民政厅优抚处处长
梁宝敏　自治区财政厅社保处处长

办公室主任： 陈利丹（兼）

副主任： 刘宗海（兼）
黄善国（兼）
刘兆文（专职）

海南省双拥工作领导小组及办公室

组　长：罗保铭　省委副书记、省政府省长

副组长：刘鼎兴　省委常委、省军区政委

符跃兰　省政府副省长

成　员：黄国泰　省委常务副秘书长

种润之　省政府副秘书长

梁　飞　省委组织部副部长

张作荣　省委宣传部副部长

戚弘超　省发展和改革委员会副主任

王晓桥　省农业厅副厅长

陈万馨　省工业经济与信息化厅副厅长

吕　勇　省财政厅副厅长

李万一　省人力资源和社会保障厅副厅长

廖清林　省教育厅副厅长

陈亚俊　省文化广电出版体育厅副厅长

韩英伟　省卫生厅副厅长

刘晓明　省公安厅副厅长

郑学海　省司法厅政治部主任

苗建中　省民政厅厅长

蒋妹芳　省民族宗教事务委员会副主任

王业侨　省国土环境资源厅副厅长

陈孝京　省住房和城乡建设厅副厅长

刘保锋　省交通运输厅副厅长

杨照耀　省商务厅副厅长

赵庆慧　省科学技术厅副厅长

李天才　省水务厅巡视员

李贤忠　省国有资产监督管理委员会副主任

罗坤金　省农垦总局副巡视员

刘自更　省地方税务局副局长

夏文亮　省工商行政管理局副局长

黄　驹　省粮食局副局长

傅　勤　省高级人民法院副院长

陈琼月　省工商联副主席

郑有基　省总工会经费审查委员会主任

盖文启　团省委副书记

杨翠霞　省妇联副主席

钟业昌　海南日报社总编辑

李公羽　省广播电视台副台长

贺光平　省军区政治部副主任

杨东升　92830 部队副政委

范箭鸣　91458 部队副政委

陈　强　92730 部队副政委

詹海观　武警海南省总队政委

刘元峰　省公安边防总队政委

朱新华　省公安消防总队政委

林维克　省警卫局政委

办公室主任：种润之（兼）

副主任：苏远洋　省民政厅副厅长

贺光平（兼）

重庆市双拥工作领导小组及办公室

组　长：黄奇帆　市委副书记、市政府市长

副组长：张　轩　市委副书记

马正其　市委常委、市政府常务副市长

刘德伟　重庆警备区政治部主任

成　员：市委、市政府分管副秘书长

市委组织部

市委宣传部

重庆警备区政治部

市发展改革委

市财政局

市经济信息委

市教委

市科委
市城乡建委
市交委
市农委
市商委
市公安局
市民政局
市司法局
市人力社保局
市国土房管局
市规划局
市市政委
市水利局
市文化广电局
市卫生局
市民宗委
武警重庆总队
市国资委
市地税局
市工商局
市扶贫办
市高法院
市工商联
市总工会
团市委
市妇联
市国税局
成铁重庆办事处有关负责人。

市双拥工作领导小组办公室设在市民政局，办公室主任由市民政局有关负责人兼任。

四川省双拥工作领导小组及办公室

组　长： 刘奇葆　省委书记、省人大常委会主任

副组长： 蒋巨峰　省委副书记、省政府省长

叶万勇　省委常委、省军区政委

曲木史哈　省政府副省长

成　员： 李立中　省军区副政委

张为人　省委副秘书长

张晋川　省政府副秘书长

赵明仁　省委宣传部副部长

刘永剑　省直机关工委副书记

省发展改革委主任

何绍勇　省教育厅副厅长

黄　一　省公安厅纪委书记

黄明全　省民政厅厅长

陈克福　省民政厅副厅长

张其昌　省财政厅副厅长

徐　毅　省人力资源和社会保障厅副厅长

隆爱军　省国土资源厅机关党委书记

田利娅　省住房和城乡建设厅机关党委书记

代宗明　省交通运输厅机关党委书记

蒋天宝　省农业厅机关党委书记

方国年　省文化厅副巡视员

颜丙约　省卫生厅副厅长

王琪敏　省地税局副局长

贾玉刚　省广播电影电视局机关党委书记

杨　跃　省工商局副局长

黄自友　省粮食局机关党委书记

荆世明　成都铁路局副局长

张　锐　省总工会经审会主任

刘会英　团省委副书记

黄　莉　省妇联副主席

李荣贵　省军区政治部副主任

李安成　武警四川省总队副政委

办公室主任： 陈克福（兼）

副主任： 刘　涛　省民政厅优抚处处长

廖诚周　省军区政治部秘书群联处处长

胡晓娟　省民政厅优抚处副处长

云南省双拥工作领导小组及办公室

组　长：白恩培　省委书记、省人大常委会主任

副组长：李纪恒　省委副书记

李汉柏　省委常委、省纪委书记

罗正富　省委常委、省政府常务副省长

郎友良　省委常委、省军区政委

曹建方　省政府副省长

成　员：钱恒义　省委副秘书长

张百如　省委组织部常务副部长

吴贵荣　省委宣传部副部长

米东生　省发展和改革委员会主任

王树芬　省民政厅厅长

黄立新　省政府副秘书长

蒋兆岗　省政府副秘书长

王兴宁　省工业信息化委副主任

罗嘉福　省教育厅副厅长

李树洁　省科学技术厅副厅长

岩　秒　省民委副主任

李　刚　省公安厅政治部主任

褚正武　省民政厅巡视员

李维俊　省司法厅政治部主任

杨利邦　省财政厅副厅长

李连举　省国土资源厅副厅长

舒　征　省军转办主任

李洪林　省住房城乡建设厅副厅长

张长生　省交通运输厅副厅长

张智泽　省农业厅副厅长

王仕宗　省水利厅副厅长

赵　平　省商务厅纪检组长

黄　玲　省文化厅副厅长

付新安　省卫生厅副厅长

施维勤　省国资委党委副书记

王　兵　省地方税务局副局长

赵　健　省工商局副局长

周云峰　省广电局纪检组长

何庄元　省粮食局副局长

夏云东　省工商联秘书长

王惠萍　省总工会副主席

杨金莹　团省委副书记

陈　洁　省妇联副主席

李朝荣　省流通行业协会会长

李远大　昆明铁路局党委副书记、纪委书记

李　杰　省国家税务局副局长

江兴国　云南电网公司纪检组长、工会主席

蔡汉银　省军区政治部副主任

张志涛　77200 部队政治部副主任

张　光　96201 部队副政委

田满堂　95429 部队副政委

华聚臣　95739 部队副政委

王晓军　昆明陆军学院副政委

邹晓波　联勤第 22 分部副政委

蒙　渝　78020 部队副政委

马　燕　成都军区昆明总医院副政委、政治部主任

张小平　昆明铁路军代处副政委

余　泽　海军驻昆明办事处副主任

李　杰　成都军区司令部驻昆明工作站主任

卢振义　武警云南省总队副政委

张雕选　8750 部队副政委

邵伟旭　武警云南省森林总队副政委

和向东　省公安边防总队副政委

梁志能　省公安消防总队副政委

皇宏建　省公安厅警卫局政委

赵　云　昆明消防指挥学校政治部主任

办公室主任：王树芬（兼）

常务副主任：褚正武（兼）

副主任： 吴　限（兼）
徐永强（专职）
尹光忠

西藏自治区双拥工作领导小组及办公室

组　长： 洛桑江村　区党委常委，自治区常务副主席

副组长： 邓小光　区党委常委、政法委书记
杨大明　西藏军区副政委

成　员： 金世洵　区政府党组成员、区发展改革委主任
高　扬　区政府党组成员、秘书长
胡为民　区党委常务副秘书长
韩元林　区政府副秘书长
边巴扎西　区党委组织部副部长，区人力资源社会保障厅党组书记
邹　立　区党委组织部副部长
张崇银　区党委宣传部副部长，区广电局局长
尼玛次仁　区党委宣传部副部长，区文化厅厅长
韩　辉　区党委宣传部副部长
宋和平　区教工委副书记、教育厅厅长
张良田　区民宗委副主任
杨光明　区公安厅党委副书记、常务副厅长
谭云高　区民政厅党组书记
甘光旭　区司法厅厅长
艾俊涛　区财政厅厅长
王　俊　区国土资源厅厅长
王亚蔺　区住房城乡建设厅党组书记
扎西江措　区交通运输厅厅长
坚　参　区农牧厅厅长
普布卓玛　区卫生厅厅长
段襄征　区工商局党委书记、局长
张才刚　西藏军区司令部副参谋长
张文龙　西藏军区政治部副主任
蔡汉银　西藏军区后勤部政委
刘祖清　西藏军区装备部副部长
马小俊　武警西藏总队副政委
王　伟　空军拉萨指挥所政委
董春德　区总工会党组书记
程四曲　团区委书记
参木群　区妇联主席
袁庆杰　区国税局党组书记、局长
徐安策　青藏铁路公司拉萨铁路办事处党工委副书记、副主任

领导小组办公室设在区民政厅，谭云高同志兼任办公室主任，张文龙同志兼任办公室副主任。

办公室工作人员： 饶边疆　区民政厅优抚安置处处长
卓玛央措　区民政厅优抚安置处副处长
多吉郎嘉　西藏公安边防总队副营职干事

甘肃省双拥工作领导小组及办公室

组　长： 鹿心社　省委副书记

副组长： 张晓兰　省政府副省长
樊印光　省军区副政委

成　员： 刘玉生　省委副秘书长
唐晓明　省政府副秘书长
田宝忠　省民政厅厅长

王军营　省军区政治部副主任
吴明明　省委组织部副部长
张建昌　省委宣传部常务副部长
赵含栋　省机构编制委员会办公室主任
李　睿　省发改委副主任
旦智塔　省教育厅副厅长
郑华平　省科技厅副厅长
朱维繁　省工信委副主任
柴生祥　省民族事务委员会副主任
姚　远　省公安厅常务副厅长
张和平　省民政厅副厅长
于晓军　省司法厅政治部主任
张智军　省财政厅副厅长
杨俊斌　省人力资源和社会保障厅副厅长
郭玉虎　省国土资源厅副厅长
单广宁　省住房和城乡建设厅纪检组长
艾玉德　省交通厅纪检组长
杨成有　省水利厅副厅长
尹昌城　省农牧厅纪检组长
赵建林　省林业厅副厅长
刘杰华　省商务厅副厅长
王兰玲　省文化厅副厅长
王晓明　省卫生厅副厅长
颜富强　省政府国资委副主任
白继成　省地税局副局长
秦　玮　省工商局副局长
崔新生　省广电局副局长
成文生　省粮食局副局长
贾曼莹　省国税局副局长
赵卫东　省通信管理局副局长
李鹏里　兰州铁路局副局长
张其定　省总工会副主席
赵立香　团省委副书记
王　旭　省妇联副主席
尹洪斌　兰州军区空军政治部秘书处处长
肖　俊　武警甘肃省总队副政委
郭四同　武警甘肃省森林总队政委

办公室主任：田宝忠（兼）

副主任：张和平（兼）
王军营（兼）
王世英（专职）
闫川平　省军区政治部秘群处处长

宁夏回族自治区双拥工作领导小组及办公室

组　长：王正伟　自治区主席

副组长：徐松南　自治区党委常委、组织部部长
刘　慧　自治区党委常委、自治区副主席
王志宏　自治区党委常委、宁夏军区政委

成　员：左　军　自治区政府秘书长
纪　峥　自治区党委副秘书长、办公厅主任
张克洪　自治区党委宣传部副部长
袁进琳　自治区发展改革委主任
郭　虎　自治区教育厅厅长
杜正彬　自治区民政厅厅长
王正升　自治区公安厅副厅长
王和山　自治区财政厅厅长
张学武　自治区人力资源和社会保障厅厅长
刘　卉　自治区国土资源厅厅长
周　舒　自治区交通运输厅厅长
杨玉经　自治区文化厅厅长
刘天锡　自治区卫生厅厅长
马洪真　自治区广电局局长
刘金定　自治区粮食局局长
李春阳　自治区旅游局局长
赵俊新　自治区民政厅副厅长
杨建勋　宁夏军区政治部副主任
刘天平　武警宁夏总队政治部副主任

办公室主任：杜正彬（兼）

副主任：赵俊新（兼）

杨建勋（兼）

王社民（专职）

新疆维吾尔自治区双拥工作领导小组及办公室

组　长：张春贤　自治区党委书记

副组长：努尔·白克力　自治区党委副书记、自治区主席

王建民　新疆军区政委

符　强　自治区党委常委、纪检委书记

黄　卫　自治区党委常委、常务副主席

肖开提·依明　自治区党委常委

白志杰　自治区党委常委、秘书长

胡　伟　自治区党委常委、宣传部部长

华士飞　新疆生产建设兵团党委副书记、司令员

贾帕尔·阿比布拉　自治区副主席

马合木提·库尔班　新疆军区副政委

成　员：李卫平　新疆军区政治部副主任

王建俊　63650部队政委

侯小勤　武警新疆总队政委

张继勋　自治区国有资产监督管理委员会党委副书记、主任

艾拉提·艾山　自治区人民政府秘书长

张明理　自治区党委副秘书长、办公厅主任

王慧林　自治区人民政府副秘书长、办公厅主任

阿不利孜·阿不都热衣木　自治区党委副秘书长

帕尔哈提·贾拉勒　自治区人民政府副秘书长

田建荣　自治区主席助理、国土资源厅党组书记、副厅长

王世江　自治区主席助理、自治区水利厅党组副书记、厅长

宋　浩　自治区党委组织部常务副部长

马木提·托依木利　自治区党委宣传部副部长

陈建华　自治区工商联党组副书记、常务副主席

吾买尔·阿不都拉　自治区发展和改革委员会党组书记、副主任

莫　涓　自治区民政厅党组书记、副厅长

吾买尔江·米孜艾合买提　自治区民政厅党组副书记、厅长

吐尔逊·伊不拉音　自治区教育厅党组副书记、厅长

张小雷　自治区科技厅党组副书记、厅长

吐尔干·皮达　自治区民族事务委员会（宗教局）党组副书记、主任（局长）

买买提·肉孜　自治区公安厅党组副书记、副厅长

阿不力孜·吾守尔　自治区司法厅党组副书记、厅长

弯海川　自治区财政厅党组副书记、厅长

田　文　自治区党委组织部副部长、自治区人力资源和社会保障厅党组书记、副厅长

李建新　自治区建设厅党组书记、副厅长

王新华　自治区交通厅党委书记、副厅长

艾则孜·克尤木　自治区农业厅党组副书记、厅长

韩子勇　自治区文化厅党组书记、副厅长

买买提·牙森　自治区卫生厅党组副书记、厅长

佟　伟　自治区国税局党组书记、局长

王建新　自治区地税局党组书记、副局长

穆合塔尔·买合苏提　自治区广播电影电视局党组副书记、局长

王新怀　自治区工商行政管理局党组书记、副局长

米尔扎依·杜斯买买提　自治区粮食局党委副书记、局长

唐士晟　乌鲁木齐铁路局党委副书记、局长

张忠华　中国民航新疆管理局党委书记、局长

李　明　自治区总工会党组书记、副主席

阿依努尔·买合赛提　自治区团委书记

王建玲　自治区妇女联合会党组书记、副主席

钟卫国　93886 部队政委

王育新　武警新疆消防总队政委

张国华　武警交通第二总队政委

赵振忠　武警新疆森林总队政委

办公室主任：莫　涓（兼）

副主任：王　有　自治区民政厅副厅长

夏　维　新疆军区政治部群工办主任

张巨辉　自治区双拥办专职副主任

命名表彰决定

山西省委、山西省人民政府、山西省军区关于命名双拥模范城（县、区）的决定

（2011年5月24日）

2007年以来，全省广大军民坚持以邓小平理论和“三个代表”重要思想为指导，深入贯彻落实科学发展观，认真贯彻落实党中央、国务院、中央军委关于加强军政军民团结的一系列指示精神，继承和发扬双拥光荣传统，着眼共同发展社会生产力、提高部队战斗力、增强民族凝聚力，深入开展双拥模范城（县）创建活动，有效推进了各个领域的军民融合，巩固和发展了“同呼吸、共命运、心连心”的新型军政军民关系，有力促进了全省经济社会发展和军队现代化建设。为表彰先进，树立典型，努力开创双拥工作新局面，省委、省政府、省军区决定命名太原市等59个市、县（市、区）为双拥模范城（县、区）。

希望被命名的双拥模范城（县、区）珍惜荣誉，再接再厉，推动双拥工作迈上新的台阶。军地各级各部门要以被命名表彰的单位为榜样，进一步加大双拥工作力度，积极探索新形势下做好双拥工作的新思路、新途径、新办法，继续巩固和发展军政军民团结的良好局面，为加快转型跨越发展、促进军民融合式发展作出新的更大的贡献！

附：山西省双拥模范城（县、区）名单

山西省双拥模范城（县、区）名单

太原市	古交市	阳曲县	大同市
大同市南郊区	灵丘县	大同市新荣区	浑源县
大同县	怀仁县	朔州市平鲁区	忻州市
岢岚县	偏关县	代县	保德县
原平市	孝义市	文水县	汾阳市
吕梁市离石区	兴县	晋中市	左权县
祁县	介休市	寿阳县	和顺县
榆社县	太谷县	灵石县	阳泉市
平定县	盂县	阳泉市郊区	长治市
壶关县	长治县	武乡县	襄垣县
沁源县	潞城市	晋城市	沁水县
高平市	泽州县	阳城县	侯马市
临汾市尧都区	洪洞县	曲沃县	浮山县
蒲县	吉县	运城市	永济市
临猗县	稷山县	芮城县	

山西省双拥工作领导小组关于表彰爱国拥军拥政爱民模范单位和模范个人的决定

晋拥字〔2011〕3号

2007年以来，全省广大军民在省委、省政府、省军区的正确领导下，紧紧围绕全面建设小康社会、构建和谐山西和推进军事斗争准备，广泛开展双拥共建活动，形成了军地单位重视双拥工作，部门合力开展双拥活动，军民互动弘扬双拥传统的工作格局，谱写了军民融合发展、携手并进的动人诗篇，涌现出了一大批爱国拥军、拥政爱民的模范单位和个人。为鼓励先进，宣扬典型，进一步推动全省双拥工作水平实现新的跨越，省双拥工作领导组决定授予：太原理工大学武装部等76个单位为爱国拥军模范单位；中国人民武装警察部队山西省总队太原市支队一大队等30个单位为拥政爱民模范单位；李平贵等74名同志为爱国拥军模范个人；郑传杰等28名同志为拥政爱民模范个人。

希望受表彰的单位和个人，珍惜荣誉，谦虚谨慎，再接再厉，不断取得新的更大成绩。各地各部队要以他们为榜样，坚持以邓小平理论和“三个代表”重要思想为指导，牢固树立和贯彻落实科学发展观，积极投身双拥工作的伟大实践，不断推动双拥工作的创新发展，进一步巩固和发展军政军民团结的大好局面，为实现转型跨越发展、再造一个新山西做出新的贡献。

附：山西省爱国拥军拥政爱民模范单位和模范个人名单

（此件公开发表）

山西省爱国拥军拥政爱民模范单位和模范个人名单

一、爱国拥军、拥政爱民模范单位

（1）爱国拥军模范单位

太原理工大学武装部

太原市民政局

太原市地方税务局

太原市总工会

太原市杏花岭区民政局

太原市万柏林区小井峪街道办事处

太原市迎泽区柳巷街道办事处

太原市小店区财政局

太原市尖草坪区光社街道办事处

太原市晋源区地方税务局

太原市国家税务局

大同市民政局

大同市第三中学

山西柴油机工业有限责任公司

山西云冈石窟文物研究院

大同市军粮供应站

山西省恒山风景名胜区管理委员会

大同市公共交通有限责任公司

中国网络联合通信有限公司大同市分公司

阳泉市南庄煤炭集团有限责任公司

阳泉煤业（集团）有限责任公司人民武装部

阳泉市广电总台

阳泉市教育局

长治市财政局

长治市民政局
长治市人力资源和社会保障局
长治市地方税务局
山西省长治经坊煤业有限公司
晋城市民政局
晋城市妇女联合会
晋城市城区民政局
陵川县民政局
高平市三甲镇人民政府
山西兰花煤炭实业集团有限公司
朔州市平鲁区李林中学
怀仁县亲和乡人民政府
怀仁县民政局
忻州市财政局
忻府区合索乡人民政府
定襄县晋昌镇城内村
五台县台城镇人民政府
原平市民政局
静乐县民政局
偏关县民政局
山西省晋中经济技术开发区社区管理处
左权县民政局
太谷县第二中学校
山西厚基伟业商贸有限公司
山西广生胶囊有限公司
阳煤集团寿阳开元矿业有限责任公司
晋中市晋建客运服务有限公司八一车队
吕梁市民政局
汾阳市三泉镇人民政府
交城县西社镇人民政府
临县安业乡人民政府
临汾市民政局
临汾市财政局
侯马市路东街道办事处
临汾市尧都区农村信用合作联社
洪洞县地方税务局
翼城县唐兴镇人民政府
运城市地方税务局
闻喜海鑫集团海沧慈善基金会
运城市盐湖区民政局
稷山县财政局
永济市教育局
运城市工商局
太原铁路局
太原钢铁（集团）有限公司
西山煤电（集团）有限责任公司
山西省高速公路管理局
山西省招生考试管理中心
山西省军队转业干部安置工作小组办公室
山西省地方税务局直属机关党委
山西省军粮供应管理中心
中国大唐集团公司太原第二热电厂

（2）拥政爱民模范单位

中国人民武装警察部队山西省总队太原市支队一大队
太原市公安消防支队
中国人民武装警察部队8652部队
太原陆军预备役通信团
省军区第四干休所
中国人民解放军66173部队58—94分队
中国人民解放军93601部队司令部航空管制科
中国人民解放军66075部队56分队
中国人民解放军三二二医院
中国人民解放军91701部队
平定县人民武装部
中国人民解放军92925部队
长治县人民武装部
泽州县人民武装部
中国人民解放军63988部队
朔州市平鲁区人民武装部
中国人民解放军93721部队
忻州市忻府区人民武装部
中国人民武装警察部队山西省总队忻州市支队
忻州市公安消防支队
中国人民武装警察部队8651部队
左权县人民武装部

晋中市公安消防支队
省军区民兵装备仓库
吕梁市离石区人民武装部
吕梁市公安消防支队
中国人民武装警察部队山西省总队临汾市支队
临汾市公安消防支队
中国人民武装警察部队 8673 部队
中国人民解放军 93653 部队

二、爱国拥军、拥政爱民模范个人

(1) 爱国拥军模范个人

李平贵　太原市总工会副主席
刘玉香　太原市国资委人事处长
韩　锐　太原市财政局社保处副处长
冯宗义　太原市第四干休所办公室主任
王建维　太原市小店区双拥办副主任
王同化　太原市杏花岭区教育局局长
王晓娟　太原市迎泽区双拥办副主任
李　俐　太原市万柏林区双拥办主任
陈慧玲　太原市尖草坪区双拥办副主任
欧学联　同煤集团永定庄煤业分公司职工家属
郑加兰　中国工商银行大同市车站支行退休工人
马　思　大同市新平旺商厦有限责任公司职工
张　焯　山西云冈石窟文物研究院院长
李月花　大同市房产管理局房产管理处职工
马巍然　大同华北星房地产有限责任公司总经理
张润成　山西省诺成制药有限公司董事长
秦福花　大同市光荣院院长
崔建立　阳泉市财政局社保科科长
樊竹建　阳泉市双拥办科长
王前进　阳泉市矿区民政局局长
段德强　阳泉市城区民政局副局长
魏绯丽　长治市科学技术局局长
张富梅　长治市机构编制委员会办公室主任
王国英　中共长子县委副书记
周革萍　长治市双拥办副主任
张国华　长治市供水总公司总经理
宋福忠　长治县雄山煤炭有限公司董事长
常国荣　中共沁水县委书记
陈晋勇　中共泽州县委副书记
田锡军　山西兰花煤炭实业集团有限公司党委书记
李新社　山西晋城无烟煤矿业集团人武部副部长
牛振中　晋城市双拥办副科长
王滋卫　朔州市民政局优抚安置科科长
王先进　朔州市平鲁区民政局局长
武　季　怀仁县民政局局长
刘美珍　怀仁县第七小学校长
刘爱堂　忻州市双拥办常务副主任
杜补和　忻州市医疗保险中心主任
高荷林　代县双拥办副主任
高鸿飞　繁峙县粮食局局长
郭泽兵　五寨县县长
王毅刚　岢岚县副县长
王继明　中共保德县委书记
张冬明　中共平遥县委副书记
赵　芳　晋中市民政局双拥联络科科长
田茂强　灵石县民政局副局长
李海红　和顺县双拥办副主任
陈荣娟　晋中市榆次区双拥办科员
张国强　晋中监狱双拥办主任
梁秀娥　山西省焦煤汾西矿业集团公司职工
温　勇　吕梁市民政局纪检组长
周建平　孝义市民政局副局长
王侯明　吕梁市离石区田家会街道办事处党委书记
郝　皓　文水县胡兰镇民政助理员
秦朝斌　曲沃县副县长
郭艳萍　临汾市民政局主任科员
柴文平　临汾市荣军康复医院院长
董卫华　侯马市民政局局长
焦志勇　临汾市尧都区民政局局长
邵山城　蒲县祥瑞集团公司董事长
杨建民　临猗县政府党组副书记

张会民　河津市山西宏达钢铁集团有限公司经理

王文秀　夏县民政局局长

陈俊启　中鑫集团董事长

赵素娜　平陆县民政局优抚安置股股长

李芮社　芮城县木器厂下岗职工

赵　斌　省民政厅双拥联络处副主任科员

王艳辉　太原铁路局运输处处长

梁雁生　太原铁路局货运处处长

赵　军　中国大唐集团公司太原第二热电厂保卫消防部干事

李　萍　中国大唐集团公司太原第二热电厂思想政治工作部副主任

李保生　太原钢铁（集团）有限公司武装部部长

米恒玄　太原钢铁（集团）有限公司工会宣教文体部部长

李金虎　西山煤电（集团）有限责任公司武装部部长

（2）拥政爱民模范个人

郑传杰　省军区司令部直工处处长

段慕恩　太原卫星发射中心技术部政治部干事

易福华　中国人民解放军66211部队政治处主任

顾埃存　中国人民武装警察部队山西省总队政治部参谋

齐国栋　中国人民解放军66077部队政治部副主任

吴少强　中国人民解放军92325部队政治部主任

王　彦　大同市灵丘县人民武装部政治委员

李振河　中国人民武装警察部队山西省总队大同市支队政治委员

吴学胜　阳泉市公安消防支队政治处主任

屈德才　中国人民武装警察部队山西省总队阳泉市支队直属大队一中队指导员

王子吉　中国人民武装警察部队山西省总队长治市支队政治委员

安木贤　中国人民解放军66426部队政治部副主任

高　焱　中国人民解放军62190部队政治处副主任

高　鹏　晋城市公安消防支队二中队指导员

任　瑞　朔州军分区政治部副营职干事

张　楠　中国人民解放军93582部队政治部科长

陈德报　山西陆军预备役步兵八十三师秘群科科长

龚　关　中国人民解放军66016部队副部队长

高振民　中国人民解放军63723部队副政治委员

韩国杰　中国人民武装警察部队山西省总队晋中市支队政治部副主任

闫旺鹏　中国人民武装警察部队8653部队政治处主任

张鹏宇　寿阳县公安消防大队大队长

雍建华　临县人民武装部政治委员

李小波　中国人民武装警察部队山西省总队吕梁市支队一中队中队长

李建设　吉县人民武装部部长

肖希海　中国人民解放军61213部队政治委员

黄宝军　中国人民解放军93413部队政治处副主任

何跃勇　中国人民武装警察部队山西省总队运城市支队直属大队教导员

内蒙古自治区党委、内蒙古自治区人民政府、内蒙古军区关于命名表彰双拥模范城（旗、县）双拥模范单位和个人的决定

（2011 年 8 月 26 日）

2007 年以来，在自治区党委、政府、内蒙古军区的领导下，全区各级党委、政府和驻军（警）部队，坚持以邓小平理论和“三个代表”重要思想为指导，全面贯彻落实科学发展观，深入开展拥军优属、拥政爱民活动，进一步巩固和发展了军政军民团结的大好局面，促进了内蒙古经济社会又好又快发展，开创了国防和军队建设新局面，涌现出一大批双拥模范单位和个人。为表彰先进，树立典型，进一步做好双拥工作，推动我区双拥模范城（旗县）创建活动的深入开展，自治区党委、政府、内蒙古军区决定，命名呼和浩特市等 56 个地区为自治区双拥模范城（旗县），授予自治区接待办等 50 个单位为爱国拥军模范单位称号，中国人民解放军 253 医院等 50 个单位为拥政爱民模范单位称号；授予关洪涛等 50 名同志为爱国拥军模范称号，付长先等 50 名同志为拥政爱民模范称号（名单附后）。

希望被命名的双拥模范城（旗县）和受表彰的双拥模范单位及个人，要珍惜荣誉，发扬成绩，再接再厉，开拓进取，不断取得双拥工作新成绩。全区各级党委、政府和驻军（警）部队要按照中央和自治区关于新世纪新阶段双拥工作的一系列指示精神，牢固树立和认真落实科学发展观，广泛深入地开展双拥共建活动，进一步巩固和发展军政军民团结和民族团结，为构建和谐内蒙古、促进驻区部队的现代化建设作出新的更大的贡献。

自治区双拥模范城（旗县）名单

呼和浩特市：
呼和浩特市
托克托县
土默特左旗
和林格尔县
武川县
包头市：
包头市
土默特右旗
固阳县
达尔罕茂明安联合旗
呼伦贝尔市：
呼伦贝尔市
满洲里市
额尔古纳市
莫力达瓦达斡尔族自治旗
阿荣旗
陈巴尔虎旗
新巴尔虎右旗
鄂温克族自治旗
兴安盟：
乌兰浩特市
阿尔山市
科尔沁右翼前旗
通辽市：
通辽市

霍林郭勒市
扎鲁特旗
奈曼旗
库伦旗
赤峰市：
赤峰市
敖汉旗
宁城县
克什克腾旗
巴林左旗
巴林右旗
锡林郭勒盟：
二连浩特市
锡林浩特市
苏尼特右旗
正镶白旗
东乌珠穆沁旗
镶黄旗
乌兰察布市：
乌兰察布市
四子王旗
察哈尔右翼中旗
丰镇市
凉城县
察哈尔右翼后旗
鄂尔多斯市：
鄂尔多斯市
鄂托克旗
杭锦旗
伊金霍洛旗
准格尔旗
巴彦淖尔市：
乌拉特后旗
巴彦淖尔市
乌拉特中旗
杭锦后旗
乌海市：
乌海市
阿　盟：
额济纳旗
阿拉善右旗
阿拉善左旗

自治区爱国拥军模范单位

（50 个）

呼和浩特市：
呼和浩特市新城区人民政府
呼和浩特市赛罕区人民政府
呼和浩特市编制办公室
呼和浩特市人力资源和社会保障局
呼和浩特市民政局
包头市：
包头市昆都仑区人民政府
包头市青山区人民政府
包头市白云区人民政府
包头市双拥办
包头市九原区麻池镇
呼伦贝尔市：
呼伦贝尔市机构编制委员会办公室
呼伦贝尔市人力资源和社会保障局
呼伦贝尔电视台
呼伦贝尔市海拉尔区委
呼伦贝尔市扎兰屯市文体广电局
兴安盟：
兴安盟乌兰浩特市民政局
兴安盟乌兰浩特市建设局
通辽市：
通辽市民政局
通辽市科尔沁区民政局

通辽市库伦旗人民政府

赤峰市：

赤峰市双拥办

赤峰市教育局

赤峰市机构编制委员会办公室

赤峰市克什克腾旗民政局

锡林郭勒盟：

锡林郭勒盟民政局

锡林郭勒盟财政局

锡林郭勒盟医院

乌兰察布市：

乌兰察布市委办公厅

乌兰察布市政府办公厅

乌兰察布市民政局

乌兰察布市财政局

鄂尔多斯市：

鄂尔多市斯市委

鄂尔多市斯市东胜区人民政府

鄂尔多市斯市乌审旗民政局

巴彦淖尔市：

巴彦淖尔市公交公司

巴彦淖尔市民政局

巴彦淖尔市乌拉特后旗政府

乌海市：

乌海市人民政府

乌海市海南区人民政府

阿拉善盟：

阿拉善盟阿拉善右旗人民政府

阿拉善盟额额济纳旗人民政府

满洲里市：

满洲里市中俄互市贸易区

二连浩特市：

二连浩特海关

自治区直属机关、单位：

内蒙古自治区接待办公室

内蒙古自治区党委宣传部新闻出版处

内蒙古自治区政府办公厅秘书四处

内蒙古自治区财政厅社会保障处

内蒙古自治区双拥办

内蒙古自治区公安厅治安管理总队

呼和浩特铁路局呼和浩特火车站

自治区拥政爱民模范单位

（50 个）

呼和浩特警备区

中国人民解放军 66259 部队

武警呼和浩特市支队

中国人民解放军 66265 部队

呼和浩特市公安消防支队

武警包头市支队

包头市公安消防支队

内蒙古陆军预备役步兵第 30 师步兵第 89 团

中国人民解放军 66439 部队

包头市昆都仑区人民武装部

呼伦贝尔军分区

中国人民解放军 66379 部队

呼伦贝尔市额尔古纳市人民武装部

呼伦贝尔市公安边防支队

武警呼伦贝尔市森林支队

兴安军分区政治部

中国人民解放军 521 医院

中国人民解放军 66056 部队

通辽市扎鲁特旗人民武装部

武警通辽市支队

中国人民解放军 65655 部队

赤峰市公安消防支队

中国人民解放军220医院
中国人民解放军93088部队
赤峰市红山区人民武装部
锡林郭勒军分区
武警锡林郭勒盟支队
武警锡林郭勒盟森林支队
乌兰察布市凉城县人民武装部
乌兰察布市公安消防支队
武警乌兰察布市支队
乌兰察布市公安边防支队江岸边防派出所
鄂尔多斯军分区
内蒙古陆军预备役步兵第30师第90团
中国人民解放军66491部队
巴彦淖尔市乌拉特后旗边防大队
乌海市海勃湾区人民武装部
中国人民解放军513医院
中国人民解放军95859部队
阿拉善军分区
阿拉善盟公安边防支队

中国人民解放军66127部队
二连浩特市公安边防大队
中国人民解放军253医院
武警内蒙古总队医院
兴安盟公安消防支队
武警内蒙古森林总队
兴安盟科尔沁右翼前旗乌兰毛都边防派出所
呼和浩特铁路局军代处政治部
中国人民解放军63788部队

自治区爱国拥军模范

（50名）

呼和浩特市：

朱　璧　呼和浩特市委组织部干部调配处处长

皇甫文登　呼和浩特市委宣传部文明办副主任

杨君宝　呼和浩特市玉泉区民政局办公室主任

白　云　呼和浩特市回民区区委书记

王国华　呼和浩特市财政局副局长

包头市：

高宝举　包头市双拥办常务副主任

任志强　包头市九原区民政局双拥办副主任科员

苗玉梁　包头市财政局局长

李淳仁　包头市公务员局局长

薛文庆　包头北重集团保卫武装部部长

呼伦贝尔市：

孙　震　呼伦贝尔市人大常委会主任

耿兴国　呼伦贝尔市财政局社会保障科科长

贾秀丽　呼伦贝尔市牙克石市民政局双拥办副主任

马洪祥　呼伦贝尔市天顺房地产开发有限公司总经理

潘继琴　呼伦贝尔市根河市好里堡煤建公司退休工人

兴安盟：

孟铁牛　兴安盟阿尔山市委副书记

任旭辉　兴安盟科尔沁右翼前旗双拥办副主任

通辽市：

孟凡军　通辽市霍林郭勒市民政局局长

双　宝　通辽市扎鲁特旗双拥办主任

孟根达来　通辽市奈曼旗民政局局长

赤峰市：

梁万龙　赤峰市人大副主任

王立恩　赤峰市人民政府副秘书长

汪　洋　赤峰市民政局局长

黄国飞　赤峰市宁城县副县长

迟凤云　赤峰市巴林左旗民政局局长

锡林郭勒盟：

易林山　锡林郭勒盟民政局副局长、双拥办主任

孟玉珍　锡林郭勒盟歌舞团团长

王凤山　锡林郭勒热电有限责任公司退休职工

乌兰察布市：

庞　虎　乌兰察布市民政局局长

曹永龙　乌兰察布市国土资源局副局长

高　杰　乌兰察布市双拥办副主任

阿古拉　乌兰察布市四子王旗政府办公室主任

鄂尔多斯市：

包生荣　鄂尔多斯市财政局局长

杨丛甫　鄂尔多斯市民政局副局长、双拥办主任

郝宝良　鄂尔多斯市双拥办专职副主任

巴彦淖尔市：

韦亚力　巴彦淖尔市委常委、副市长

王建国　巴彦淖尔市临河区残疾人理发师

雷文元　巴彦淖尔市乌拉特后旗邮递员

乌海市：

葛　蕊　乌海市民政局副局长、双拥办主任

杨　斌　乌海市乌达区民政局副局长、双拥办主任

阿拉善盟：

霍幸福　阿拉善盟民政局局长

王在军　阿拉善盟额济纳旗人民政府驻东风办事处主任

满洲里市：

闫　敏　满洲里市副市长

二连浩特市：

孟宪东　二连浩特市市长

自治区直属机关、单位：

关洪涛　自治区财政厅社保处副处长

卓　娜　自治区人力资源和社会保障厅军官转业安置处调研员

莲　花　自治区妇联宣传部副部长

姚利军　呼和浩特铁路局武装战备处参谋

李晓玲　内蒙古自治区人民医院呼吸科副主任医师

李　强　内蒙古民族歌舞剧院院长

自治区拥政爱民模范

（50 名）

付长先　内蒙古军区政治部秘群处副团职干事

皇甫晨　武警内蒙古总队政治部秘群处干事

贺　涌　武警内蒙古总队一支队三大队大队长

杨春燕　满洲里边防检查站检查员

德　胜　锡林郭勒盟公安消防支队政治委员

孙云峰　武警内蒙古森林总队政治部秘群科干事

李　一　呼和浩特铁路局军代处主任

王　玉　内蒙古公安边防总队呼和浩特边检站政治委员

浦长德　内蒙古陆军预备役步兵第 30 师步兵第 88 团团长

朱　旬　中国人民解放军 93502 部队营长

马松涛　呼和浩特市托克托县人民武装部干事

杨雅琼　武警内蒙古森林总队直属大队护士

鲁巴特　包头军分区政治部主任

李　忠　包头市公安消防支队政治委员

王高原　中国人民解放军 291 医院政治委员

石宝祥　武警包头支队政治委员

赵兴秋　中国人民解放军 66439 部队政治处主任

李宝月　呼伦贝尔军分区副政治委员

龚建军　呼伦贝尔市公安消防支队支队长

程　苏　中国人民解放军 61415 部队科长

宝常锁　新巴尔虎左旗人民武装部部长

胡志刚　武警呼伦贝尔市支队副政治委员、政治处主任

花振良　中国人民解放军 66056 部队军医

牟建新　兴安盟科尔沁右翼前旗公安边防大队大队长

马成良　通辽军分区政治部干事

顾凤民　武警通辽市森林支队政治委员

朱晓营　通辽市公安消防支队政治处主任

姜光玉　赤峰军分区政治委员

袁跃龙　中国人民解放军93398部队政治委员

张志坚　中国人民解放军65657部队政治委员

柳春普　武警赤峰市支队政治处宣传股长

倪晓东　武警赤峰市森林支队阿鲁科尔沁旗中队中队长

柳　威　锡林郭勒军分区政治部干事

布仁陶格陶　锡林郭勒盟公安边防支队苏尼特右旗额仁淖尔边防派出所所长

李胜利　乌兰察布市化德县人民武装部部长

昭日格图　内蒙古陆军预备役步兵第30师炮兵团团长

连　瑞　中国人民解放军66471部队三营营长

张云杰　乌兰察布市公安边防支队四子王旗脑木更边防派出所教导员

杨晓斌　武警鄂尔多斯支队政治委员

张建义　鄂尔多斯市公安消防支队政治部主任

斯仁闹日布　鄂尔多斯军分区政治部宣保科科长

张贵斌　武警巴彦淖尔市支队支队长

张文胜　巴彦淖尔市公安消防支队政治委员

吴建军　中国人民解放军61218部队科长

于建忠　武警乌海市支队副支队长

姚国志　乌海市公安消防支队支队长

闫占洋　阿拉善盟公安消防支队支队长

王义斌　阿拉善盟阿拉善左旗人民武装部政工科科长

温乐晨　满洲里边防检查站政治委员

邢瑾熹　中国人民解放军66113部队政治委员

辽宁省委、辽宁省人民政府、辽宁省军区关于命名表彰双拥模范城（县、区）、模范单位和个人的决定

2008年以来，全省在深入开展创建第七轮双拥模范城活动中，坚持以邓小平理论和“三个代表”重要思想为指导，深入贯彻落实科学发展观，围绕辽宁老工业基地发展振兴和支持驻辽部队军事斗争准备，大力推进军民融合式发展，不断创新双拥模范城创建载体，涌现出一大批双拥工作模范地区、单位和个人。为了表彰先进，树立典型，进一步推动全省创建双拥模范城（县、区）活动的持续、深入开展，根据《辽宁省双拥模范城（县、区）创建命名管理办法》（辽委发〔2008〕7号）要求，省委、省政府、省军区决定对第七轮双拥模范城（县、区）、模范单位和个人进行命名表彰。

命名沈阳市等14个市和普兰店市等10个县级市为“双拥模范城”；

命名长海县等11个县为“双拥模范县”；

命名沈阳市沈河区等34个区为“双拥模范区”；

授予沈阳市委宣传部等143个单位为“爱国拥军模范单位”；

授予65042部队等70个单位为“拥政爱民模范单位”；

授予沈阳市双拥办等4个单位为“先进双拥办”；

授予王洪艳等10名同志为“爱国拥军模范”、王景超等5名同志为“拥政爱民模范”。“爱国拥军模范”享受省级劳模待遇；“拥政爱民模范”在军队服役期间，享受军队有关待遇，转业到地方后享受省级劳模待遇。

省委、省政府、省军区希望受到命名表彰的双拥模范城（县、区）、模范单位和个人要珍惜荣誉，再接再厉，不断进取，争取更优异的成绩；希望各级党委、政府和驻军继续深入持久地开展拥军

优属和拥政爱民活动，发展全省双拥工作的大好形势，为促进我省经济社会发展，加快推进辽宁老工业基地全面振兴，提高部队的战斗力而努力奋斗。

附：辽宁省第七轮双拥模范城（县、区）、模范单位和个人名单

附件：

双拥模范城（县、区）、模范单位和个人名单

双拥模范城：

沈阳市

大连市

鞍山市

抚顺市

本溪市

丹东市

锦州市

营口市

阜新市

辽阳市

铁岭市

朝阳市

盘锦市

葫芦岛市

普兰店市

瓦房店市

庄河市

海城市

东港市

凌海市

盖州市

大石桥市

开原市

兴城市

双拥模范县：

长海县

岫岩满族自治县

清原满族自治县

本溪满族自治县

宽甸满族自治县

义 县

阜新蒙古族自治县

辽阳县

铁岭县

朝阳县

大洼县

双拥模范区：

沈阳市：沈河区、和平区、铁西区、大东区、皇姑区、于洪区、苏家屯区、沈北新区、东陵区

大连市：旅顺口区、沙河口区、西岗区、甘井子区

鞍山市：铁东区、千山区

抚顺市：新抚区、顺城区

本溪市：明山区、平山区

丹东市：振兴区、元宝区

锦州市：古塔区、凌河区

营口市：站前区

阜新市：海州区、太平区

辽阳市：白塔区、宏伟区

铁岭市：银州区

朝阳市：双塔区、龙城区

盘锦市：兴隆台区

葫芦岛市：龙港区、连山区

爱国拥军模范单位：

沈阳市：

市委宣传部

市人力资源和社会保障局

市民政局
市财政局
市教育局
市粮食局
市住房公积金管理中心
和平区太原街街道办事处
沈阳兴隆大家庭购物中心有限公司
沈阳远大企业集团
中航工业沈阳黎明航空发动机（集团）有限责任公司
皇姑区辽河街道办事处
辽宁世代企业集团
苏家屯区临湖街道办事处
沈北新区道义街道绿茵湖畔社区
棋盘山国际旅游风景开发区满堂街道办事处
辽中县民政局
大连市：
市教育局
市人力资源和社会保障局
市公安局
市民政局
市服务业委员会（粮食局）
高新园区民政事务管理局
西岗区日新街道
甘井子区大连湾街道
旅顺口区光荣街道
瓦房店市复州城镇
庄河市石城乡
长海县海洋乡
老虎滩极地海洋动物馆
新型集团
金玛商城企业集团有限公司
普兰店市房地产修建公司
鞍山市：
市教育局
市人力资源和社会保障局
市公用事业管理局
中国联通公司鞍山市分公司
海城市八里镇人民政府
台安县民政局
岫岩县广播电视台
铁东区山南街道办事处
铁西区教育局
立山区立山街道办事处
千山区汤岗子镇人民政府
抚顺市：
市妇联
抚顺矿业集团人力资源部
新抚区凤翔社区
新抚区地税局
市实验小学
市人力资源和社会保障局
本溪市：
市公安局
市人力资源和社会保障局
本溪钢铁（集团）有限责任公司
市科学技术协会、市军粮供应中心
辽宁老秃顶子国家级自然保护区管理局
丹东市：
市科技局
市教育局
市人力资源和社会保障局
辽宁曙光汽车集团股份有限公司
辽宁欣泰股份有限公司
丹东供电设备厂
东港市交通局
凤城市东方红小学
宽甸满族自治县振江镇人民政府
振兴区永昌街道宾馆社区
元宝区六道口街道办事处
振安区朱兴亚老妈妈拥军服务队
边境经济合作区浪头镇人民政府
锦州市：
市国税局
市住房和城乡建设委员会
市教育局

市民政局
市军休第一服务管理中心
黑山县民政局
北镇市民政局
凌海电力集团
义县前杨乡人民政府
凌河区紫荆街道办事处
古塔区保二小学
锦州兴业冶炼有限责任公司
营口市：
市民政局
市人力资源和社会保障局
西市区民政局
西市区五台子街道办事处
老边区老边街道办事处康乐社区
鲅鱼圈区海星办事处
营口兴隆百货有限公司
阜新市：
阜新矿业（集团）有限责任公司
辽宁工程技术大学
市公用事业局
彰武县民政局
细河区东苑街道办事处
市住房和城乡建设委员会
辽阳市：
市人力资源和社会保障局
市教育局
市军粮供应站
辽阳县新鑫集团
文圣区鸿飞电器制造（集团）有限公司
宏伟区富华社区
太子河区东宁卫乡人民政府
白塔区跃进街道爱民社区
灯塔市西大窑镇人民政府
弓长岭区高级中学
铁岭市：
开原市兴开街道办事处
银州区岭东街道办事处
铁岭县新台子镇人民政府
铁岭县腰堡镇人民政府
西丰县柏榆乡人民政府
调兵山市晓南镇人民政府
辽宁职业学院
朝阳市：
市直机关工委
市人力资源和社会保障局
市财政局
市中级人民法院
北票市民政局
凌源市钢达集团公司
东风朝阳柴油机有限责任公司
盘锦市：
市交通局
辽河油田公司沈阳工程技术处
盘山县高升镇人民政府
大洼县交通局
大洼县退役士兵培训协会
兴隆台区创新街道文化社区
葫芦岛市：
市民政局
市住房和城乡建设委员会
市人力资源和社会保障局
市财政局
中国石油锦西石化分公司
绥中县民政局
建昌县小德营子乡人民政府
连山区化机街道办事处
市实验中学
省 直：
省委办公厅保卫处
省委宣传部宣传处
省政府办公厅综合八处
省发展改革委员会大连培训中心
省退役士兵就业指导中心
省实验中学
省财政厅社会保障处

省人力资源和社会保障厅军官转业安置处
省高速公路管理局东陵管理处
省总工会机关党委
拥政爱民模范单位：
沈阳市：
65042 部队
沈阳军区政治部警卫连
沈阳军区总医院
第 463 医院
沈阳炮兵学院
辽宁省军区通信站
武警辽宁省总队医院
96125 部队
65112 部队
65182 部队
63987 部队
93328 部队
65022 部队
大连市：
65731 部队
65015 部队
65525 部队
65545 部队
65537 部队
65743 部队
65715 部队
91278 部队 61 分队
92337 部队政治部
大连舰艇学院研究生一队
武警辽宁省公安边防总队海警第一支队
辽宁省军区维护队
武警大连市支队一大队
鞍山市：
65557 部队
93056 部队
93277 部队 53 分队
82092 部队
抚顺市：
65639 部队
武警抚顺市支队
武警抚顺市消防支队
本溪市：
65559 部队
武警本溪市支队
武警本溪市消防支队
预备役步兵第 192 师炮兵团
丹东市：
65735 部队
65755 部队
65739 部队
93279 部队
武警丹东市公安边防支队
第 230 医院妇产科
锦州市：
65651 部队 76 分队
93263 部队
凌海市人民武装部
武警 8613 部队
武警锦州市支队凌海中队
营口市：
65521 部队营口干休所
65539 部队
武警营口市支队
阜新市：
65667 部队
95937 部队
武警阜新市消防支队
辽阳市：
65583 部队 1 营
93123 部队
第 201 医院
武警辽阳市消防支队
铁岭市：
65358 部队
武警铁岭市支队
朝阳市：

朝阳预备役给水团
武警朝阳市支队
武警8621部队
盘锦市：
96121部队
武警盘锦市支队
葫芦岛市：
91796部队
91899部队
91851部队
武警8622部队
武警葫芦岛市公安边防支队
先进双拥办：
沈阳市双拥办
辽阳市双拥办
大连市中山区双拥办
宽甸满族自治县双拥办
爱国拥军模范：
王洪艳　沈阳市苏家屯区临湖街道工人村社区居民
郑承忠　大连市民政局优抚处处长
翟　艳　鞍山市铁东区解放街道教工社区退休人员
曲国刚　本溪市山城金店董事长
张铁志　丹东市双拥办副主任
王维东　锦州市民政局副局长
吕庆巍　辽阳市宏伟化工开发公司总经理
徐恩惠　盘锦市新世纪交通救援施救有限公司经理
王国林　辽宁宏业实业集团董事长兼总经理
姜秀云　省委组织部干部一处调研员
拥政爱民模范：
王景超　沈阳军区政治部办公室群工处副团职干事
肖相设　空军93321部队政治部保卫科科长
胡玉军　辽宁省军区政治部军地协调办公室主任
范　明　海军旅顺保障基地政治部秘群办公室主任
张　博　武警辽宁省总队政治部秘书群联处秘书

黑龙江省委、黑龙江省人民政府、黑龙江省军区关于命名表彰全省双拥模范城（县、区）和双拥工作先进单位的决定

2006年以来，全省各级党委、政府和驻军部队坚持以邓小平理论和“三个代表”重要思想为指导，全面贯彻落实科学发展观，积极适应军民融合式发展的新形势、新任务，认真贯彻中共中央、国务院、中央军委关于加强军政军民团结的重要指示精神，带领全省广大军民，同心同德，锐意进取，开拓创新，各项拥军优属、拥政爱民工作齐头并进，呈现出蓬勃发展的大好局面。其间，各地、各行业涌现出一大批先进典型。为表彰先进，宣传典型，进一步激发社会各界参与双拥工作的热情，省委、省政府、省军区决定：命名哈尔滨市等21个市为“双拥模范城”；命名克山县等16个县为“双拥模范县”；命名哈尔滨市道里区等21个区为“双拥模范区”；授予中共哈尔滨市委宣传部等94个单位“拥军优属先进单位”称号；授予黑龙江省军区独立营等63个单位“拥政爱民先进单位”称号。

希望被命名表彰的城（县、区）和单位珍惜荣誉，戒骄戒躁，再接再厉，在双拥工作中再创辉煌，再谱新篇。全省各级党委、政府和驻军（警）部队要站在维护国防安全、确保社会稳定、促进经济发展的高度，结合实际，认真学习和借鉴先进经验，深入研究新形势下军民融合式发展的特点和规律，着眼于军地发展共受益，军民共同得实惠，全

力推进我省“八大经济区”、“十大工程”建设，大力支持国防和军队现代化建设，大力发扬军政一致、军民一心、军地一体的优良传统，为在全面建设小康社会进程中实现富国和强军的统一做出新贡献！

双拥模范城（县、区）和双拥先进单位名单

一、双拥模范城（县、区）

1. 双拥模范城

哈尔滨市

齐齐哈尔市

牡丹江市

佳木斯市

大庆市

鸡西市

双鸭山市

伊春市

七台河市

鹤岗市

黑河市

绥化市

双城市

宁安市

海林市

绥芬河市

同江市

富锦市

密山市

虎林市

铁力市

2. 双拥模范县

克山县

富裕县

肇州县

鸡东县

宝清县

饶河县

嘉荫县

萝北县

孙吴县

逊克县

嫩江县

绥棱县

青冈县

望奎县

漠河县

塔河县

3. 双拥模范区

哈尔滨市：道里区、道外区、南岗区、香坊区、阿城区

齐齐哈尔市：龙沙区、建华区、铁锋区、富拉尔基区

牡丹江市：爱民区

佳木斯市：前进区、佳木斯市郊区

大庆市：红岗区、让胡路区

双鸭山市：尖山区

伊春市：伊春区、带岭区、新青区、友好区

七台河市：新兴区

鹤岗市：工农区

二、拥军优属先进单位

哈尔滨市：

市委宣传部

市民政局

市人力资源和社会保障局

市教育局

市科学技术局

市财政局

南岗区保健路街道办事处

哈尔滨火车站客运车间军人候车室

黑龙江省葵花药业集团有限公司
木兰县木兰镇跃进社区
方正县宝兴乡政府
哈尔滨汽轮机厂有限责任公司
尚志市尚志镇八一希望小学
呼兰区电业局
齐齐哈尔市：
市财政局
市民政局
市住房和城乡建设局
市人力资源和社会保障局
市教育局
市城市管理局
市科学技术协会
市国防教育办
克山县人民法院
市龙沙区江安街道办事处
市建华区人民法院
牡丹江市：
市民政局
市教育局
市西安区
市阳明区妇联
市东安区七星街道办事处
东宁县人民政府
黑龙江黑宝药业股份有限公司
佳木斯市：
前进区林海社区
市第二十三小学
温州小商品批发城
同江市晓龙经济贸易责任有限公司
汤原县天誉煤焦能源有限公司
抚远县自来水公司
佳木斯吉星房地产开发有限公司
大庆市：
大庆油田有限责任公司
大庆石化公司
大庆炼化公司
市民政局
市财政局
市军供站
鸡西市：
鸡冠区民政局
恒山区民政局
非公有制经济组织拥军优属协会
人力资源和社会保障局
市环卫局
市交通局
双鸭山市：
龙煤双鸭山分公司集贤煤矿
集贤县军供站
饶河县饶河镇政府
宝山区跃进办事处
市第一中学
伊春市：
市人事局
市精神文明办
市法律援助中心
伊春区前进街道办事处新欣社区
伊春海华集团木业有限公司
七台河市：
市交通运输局
市职业学院
鹤岗市：
鹤岗市艺术剧院
惠民医院
市军粮供应站
黑河市：
市人事局
市教育局
爱辉区花园街道办事处
孙吴县第三小学
绥化市：
绥化学院
庆安县欢胜乡
海伦市第一医院

北林区向阳社区

安达市升平镇

兰西县电业局

大兴安岭地区：

大兴安岭地区林业集团公司

呼中区呼源镇

新林区防火办

省农垦总局：

省农垦总局

黑龙江省二九〇农场

省森工总局：

沾河林业局

省直单位：

省委宣传部

省发展和改革委员会

省民政厅

省财政厅

省人力资源和社会保障厅

省教育厅

省文化厅

省粮食局

省广播电视局

省编办

省公安厅

省交通运输厅

三、拥政爱民先进单位

哈尔滨市：

黑龙江省军区独立营

武警黑龙江省消防总队哈尔滨市支队

哈尔滨警备区政治部

中国人民解放军第二一一医院

武警黑龙江省总队哈尔滨市支队一大队

武警黑龙江省公安边防总队哈尔滨警犬训练基地

省陆军预备役高射炮兵师第三团

齐齐哈尔市：

65448 部队

富裕县人民武装部

齐齐哈尔市公安消防支队

中国人民解放军第二〇三医院

沈阳军区空军后勤部克山农副业基地

牡丹江市：

65911 部队

省陆军预备役步兵师炮兵团

65444 部队

中国人民解放军第二〇九医院

武警牡丹江市支队

佳木斯市：

65947 部队

65438 部队

65923 部队 70 分队

佳木斯市消防支队

武警佳木斯市支队

大庆市：

武警大庆市支队

省陆军预备役高射炮兵师第二团

大庆市龙凤区人民武装部

鸡西市：

武警鸡西市支队

鸡西市边防支队

鸡西市消防支队

65915 部队

双鸭山市：

65919 部队

武警双鸭山市边防支队

双鸭山市消防支队

伊春市：

伊春市友好区人民武装部

武警伊春市支队二中队

武警伊春市森林支队直属大队

武警伊春市边防支队朝阳边防派出所

七台河市：

七台河市桃山区人民武装部

武警七台河市支队

七台河市消防支队

鹤岗市：

65927 部队

65426 部队农副业基地

鹤岗市边防支队忠仁机动队

黑河市：

65935 部队 73 分队

黑河市公安边防支队

黑河市公安消防支队

绥化市：

绥化市消防支队

绥化市北林区人民武装部

肇东市人民武装部

大兴安岭地区：

65939 部队

大兴安岭地区公安边境支队北极公安边防派出所

省农垦总局：

省农垦总局北安分局人民武装部

省农垦总局九三分局人民武装部

驻军部队：

省军区政治部

省武警总队第二支队

65426 部队

驻哈空军飞行学院

省公安边防总队政治部

武警省森林总队

武警黄金第一总队

省公安消防总队

驻哈尔滨铁路局军事代表办事处

65165 部队

省公安厅警卫局

黑龙江省人力资源和社会保障厅、黑龙江省双拥工作领导小组办公室关于表彰拥军优属、拥政爱民先进个人的决定

黑人保发〔2010〕101 号

各市（地）、县（区）、省农垦总局人力资源和社会保障局、双拥工作领导小组办公室，省森工总局人事局、民政局，省双拥工作领导小组成员单位：

2006 年以来，在省委、省政府、省军区的领导下，全省广大军民进一步继承和发扬拥军优属、拥政爱民的光荣传统，以军民融合式发展理念为指导，关心支持国防军队建设和经济社会发展，在不同岗位上为双拥工作做出了突出贡献。为表彰先进，树立典型，黑龙江省人力资源和社会保障厅、黑龙江省双拥工作领导小组办公室决定：刘云霞等 60 名同志为“拥军优属先进个人”，陈开安等 40 名同志为“拥政爱民先进个人”。

希望受到表彰的同志发扬成绩，再接再厉，充分发挥模范表率作用，在拥军优属、拥政爱民工作中做出更大的成绩，争取更大的光荣。

附件：1. 拥军优属先进个人名单

2. 拥政爱民先进个人名单

黑龙江省人力资源和社会保障厅

黑龙江省双拥工作领导小组办公室

二〇一〇年十月二十五日

拥军优属先进个人名单

哈尔滨市

刘云霞　道里区安和街道办事处正义社区居民

付淑芝　南岗区荣市街道办事处医大一院社区居民

马玉芬　道外区商委退休职工

孟广斌　香坊区民生路街道办事处

魏云飞　香坊区成高子镇缅怀一代伟人家庭纪念馆馆长

曲丽萍　巴彦县文工团退休演员

刘　勤　道里区民政局优抚双拥科科长

陈颖利　宾县民政局副局长

邢希治　哈尔滨市财政局社保处副调研员

徐森永　道外区徐森永西医诊所医生

齐齐哈尔市

张更平　齐齐哈尔市财政局局长

高　虹　富裕县委书记

胡　勉　齐齐哈尔市民政局优抚处副处长

秦玉平　依安县民政局局长

牟英鹏　齐齐哈尔市龙沙区民政局局长

吴志远　齐齐哈尔市人力资源和社会保障局转业军官安置处处长

许秀荣　齐齐哈尔市铁锋区东湖街道自建一社区主任

王秀仁　富裕县富裕老窖酒业有限公司董事长、总经理

牡丹江市

林永刚　牡丹江市林业局局长

赵连钧　穆棱市委书记

吴　迪　牡丹江市财政局社保科科长

刘志刚　牡丹江市人力资源和社会保障局军转办副主任

毕凤梅　东宁县民政局局长

佳木斯市

赫贵涛　佳木斯市郊区区委书记

于长海　桦南县委书记

高曙光　佳木斯市双拥办副主任

宋金河　佳木斯市北方佳滨总经理

柴玉香　佳木斯市前进区民政局局长

大庆市

杜　学　大庆市双拥办副主任、民政局调研员

李欣馨　大庆市城乡建设局办公室副主任

张　宇　大庆市人事局军转办副主任

于林海　大庆油田有限责任公司人武部科长

鸡西市

张广兰　鸡西市民政局局长

赫修建　鸡西市统战部副部长

马惠文　鸡西市城子河区民政局局长

刘恩福　鸡西市一鸣电脑公司经理

双鸭山市

张欣燕　双鸭山市民政局安置办主任

马为先　双鸭山市财政局局长

鹿　冰　双鸭山市尖山区二马路办事处主任

伊春市

孙　伟　伊春区委书记

王世君　伊春市财政局社保科科长

王立峰　红星欧深木业公司经理

七台河市

王义光　勃利县委书记

王庆明　七台河市民政局优抚科科长

鹤岗市

郭凤春　萝北县民政局局长

张亚杰　鹤岗市工农区民政局局长

黑河市

刘　洁　黑河市双拥办副主任、市民政局副局长

富爱茹　爱辉区上二公村村民

赵希智　爱辉区民政局副局长

绥化市

肖德厚　青冈县常务副县长

赵志强　绥棱县民政局局长

王玉芝　绥化市财政局社保科科长

大兴安岭地区

顾素梅　大兴安岭地区行署民政局局长

省农垦总局

孙明义　省农垦总局民政局局长

省森工总局

李振峰　柴河林业局副局长

省直单位

路楠林　省委办公厅秘书处副主任科员

马　辉　省政府办公厅三处副调研员

陶宇峰　省财政厅社保处主任科员

杨春江　省人力资源和社会保障厅军转办主任

王丽华　省民政厅优抚处副处长

附件 2：

拥政爱民先进个人名单

哈尔滨市

陈开安　武警黑龙江省黄金第一总队医院院长

王凤志　武警黑龙江省消防总队哈尔滨市支队巴彦大队大队长

杨　丹　武警黑龙江省消防总队哈尔滨市支队道里大队副大队长

包纯安　驻哈空军飞行学院后勤部卫生科科长兼门诊部主任

郭　岩　65435 部队政治处群工干事

郑玉敏　65429 部队副政治委员

齐齐哈尔市

周永波　齐齐哈尔市双拥办副主任、武警齐齐哈尔市支队政治部副主任

张　华　65447 部队二营教导员

张军亲　齐齐哈尔军分区政治部干事

聂伟东　93251 部队军交运输股股长

牡丹江市

孙华波　93017 部队政治部秘书科科长

张响平　驻牡丹江铁路军代处主任

焦　欣　武警牡丹江市边防支队政治处副主任

张兴喜　牡丹江市武警消防支队东宁大队助理工程师

佳木斯市

王铁寒　65438 部队政治委员

谭　勇　同江市公安边防大队繁荣边防派出所副所长

王治中　抚远县边防检查站监护中队排长

大庆市

魏学光　65456 部队部队长

刘　伟　武警大庆支队宣传干事

李宏亮　武警大庆市消防支队组教科干事

鸡西市

赵雪龙　密山市边防检查站政工干事

杜　波　虎林县边防检查站执勤业务科科长

刘晓亮　密山市利民边防派出所指导员

双鸭山市

于文爽　武警双鸭山市支队一中队指导员

李新颖　饶河边防检查站副科长

伊春市

李文敏　65931 部队 66 分队指导员

王　丰　武警伊春消防支队政治处副主任

七台河市

张喜军　武警七台河支队支队长

鹤岗市

孙廷善　鹤岗公安消防支队二中队指导员

黑河市

赵维谦　中国人民解放军 65951 部队政治委员

岳　昕　黑河边防检查站政治处干事

绥化市

焦德东　武警绥化市支队政治处副营职干事

杨永廷　望奎县人民武装部部长

大兴安岭地区

谭洪波　武警大兴安岭地区森林支队二大队政治教导员

省农垦总局

刘晓春　省农垦总局军事部政治部副主任

驻军部队

袁绍成　省军区政治部秘群处干事

李燚峰　武警省总队政治部秘群处秘书

尹　栋　65426部队政治部秘群科科长

徐　岩　驻哈空军飞行学院政治部秘书科科长

刘　磊　省森警总队政治部秘群科科长

黑龙江省双拥工作领导小组关于表彰先进双拥办的决定

黑拥〔2010〕4号

各市（地）、县（区）双拥工作领导小组：

2006年以来，全省各级双拥工作领导小组办公室在党委、政府和驻军（警）部队的领导下，紧紧围绕党的中心任务，以邓小平理论和“三个代表”重要思想为指导，深入贯彻落实科学发展观，忠于履行职责，不断加强自身能力建设，在全省军民融合式发展进程中发挥了重要的桥梁和纽带作用，在全省双拥工作跃升中发挥了重要的参谋和助手作用。其间，涌现出了一批先进双拥办公室。为表彰先进，树立典型，省双拥工作领导小组决定：授予哈尔滨市双拥办等18个市（县、区）双拥办为“先进双拥办”称号。

希望受到表彰的单位要保持荣誉，再接再厉，为我省双拥工作的开展做出新的更大的贡献。

附件：先进双拥办名单

黑龙江省双拥工作领导小组

二〇一〇年十月二十五日

先进双拥办名单

哈尔滨市

哈尔滨市双拥办

道外区双拥办

香坊区双拥办

齐齐哈尔市

齐齐哈尔市双拥办

铁锋区双拥办

牡丹江市

牡丹江市双拥办

西安区双拥办

佳木斯市

佳木斯市双拥办

同江市双拥办

大庆市

大庆市双拥办

鸡西市

鸡西市双拥办

双鸭山市

双鸭山市双拥办

伊春市

伊春市双拥办

七台河市

七台河市双拥办

鹤岗市

鹤岗市双拥办

黑河市

黑河市双拥办

绥化市

绥化市双拥办

大兴安岭地区

加格达奇区双拥办

福建省双拥共建工作领导小组关于命名福州大学等5个单位为福建省科技拥军示范基地的决定

闽拥〔2011〕2号

各设区市双拥工作领导小组，省双拥共建工作领导小组成员单位，驻闽各部队政治部：

经研究，决定命名福州大学、集美大学、漳州师范学院、泉州市生产力促进中心、莆田市科技培训中心为福建省科技拥军示范基地。

上述科技拥军示范基地，应继承和发扬爱国拥军优良传统，本着“部队所需、自身所能”的原则，采取多种形式，积极帮助部队培养人才、科研试验、科技练兵、技术革新等，促进部队信息化建设，在全省开展科技拥军活动中发挥示范作用，为军民融合式发展做出应有贡献。

福建省双拥共建工作领导小组

二〇一一年七月二十二日

湖北省委、湖北省人民政府、湖北省军区关于命名“双拥模范城（县）”的决定

鄂文〔2011〕81号

近年来，全省各地、驻鄂各部队坚持以邓小平理论和“三个代表”重要思想为指导，全面贯彻落实科学发展观，坚决执行党中央、国务院、中央军委关于加强军政军民团结的重要指示精神，认真贯彻军民融合式发展的战略方针，广泛深入地开展拥军优属拥政爱民活动，进一步密切了军政军民关系，有力地促进了全省经济社会发展和驻鄂部队建设。

为表彰先进，树立典型，推动全省双拥活动更加广泛、深入、持久开展，为湖北科学发展、跨越式发展和驻鄂部队全面建设创造良好的社会政治环境，省委、省政府、省军区决定，授予武汉市、十堰市、襄阳市、宜昌市、荆州市、荆门市、鄂州市、孝感市、黄冈市、咸宁市、随州市、恩施土家族苗族自治州、仙桃市、天门市、潜江市、神农架林区、武汉市江汉区、武汉市硚口区、武汉市汉阳区、武汉市武昌区、武汉市青山区、武汉市洪山区、武汉市江夏区、武汉市东西湖区、武汉市黄陂区、武汉市新洲区、阳新县、黄石市黄石港区、黄石市西塞山区、丹江口市、郧县、竹山县、竹溪县、枣阳市、宜城市、南漳县、保康县、谷城县、老河口市、宜都市、枝江市、当阳市、远安县、秭归县、长阳县、松滋市、公安县、监利县、洪湖市、沙洋县、汉川市、安陆市、大悟县、孝昌县、红安县、麻城市、武穴市、赤壁市、通城县、广水

市、恩施市、建始县、宣恩县、咸丰县、来凤县“双拥模范城（县）”荣誉称号。

希望被命名的双拥模范城（县）珍惜荣誉，发扬成绩，再接再厉，不断取得双拥工作新成绩。各地、驻鄂各部队要以双拥模范城（县）为榜样，坚持与时俱进、不断开拓创新，进一步做好拥军优属拥政爱民工作，不断巩固和发展军政军民同呼吸、共命运、心连心的大好局面，为促进我省科学发展、跨越式发展和驻鄂部队全面建设作出新的更大的贡献。

湖北省委、湖北省人民政府、湖北省军区关于表彰拥军优属拥政爱民先进单位和先进个人的决定

鄂文〔2011〕82号

（2011年12月15日）

近年来，在党中央、国务院、中央军委和省委、省政府、省军区的正确领导下，全省各地、驻鄂各部队坚持以邓小平理论和“三个代表”重要思想为指导，深入贯彻落实科学发展观，紧紧围绕服务改革发展稳定、促进国防和军队现代化建设，立足本职岗位，广泛深入开展拥军优属拥政爱民活动，群众性双拥活动蓬勃发展。为全省经济社会发展和驻鄂部队战斗力提高作出了积极贡献，涌现出一大批拥军优属拥政爱民先进单位和先进个人。

为表彰先进，树立典型，弘扬正气，推动全省双拥工作深入持久开展，省委、省政府、省军区决定：授予武汉市民政局等123个单位拥军优属先进单位、中国人民解放军95025部队等44个单位拥政爱民先进单位荣誉称号；授予李超等189名同志拥军优属先进个人、唐志超等52名同志拥政爱民先进个人荣誉称号（名单附后），并予以通报表彰。

希望受表彰的先进单位和先进个人把荣誉作为新的起点，再接再厉，再创佳绩。全省各地、驻鄂各部队要以先进为榜样，学习他们讲政治、顾大局，自觉维护军政军民团结的高度政治觉悟；学习他们热爱党、热爱祖国、热爱人民军队的崇高思想境界；学习他们无私奉献、自觉为国家和军队分忧、为人民群众造福的高尚品德；学习他们与时俱进、创造性地开展双拥工作的开拓进取精神，积极努力工作，不断开拓创新，进一步做好新形势下的双拥工作，为巩固和发展军政军民团结的大好局面，为促进我省科学发展、跨越式发展和驻鄂部队全面建设作出新的更大的贡献。

拥军优属、拥政爱民先进单位和先进个人名单

拥军优属先进单位（123个）

武汉市

武汉市民政局

武汉供电公司

汉阳区民政局

硚口区民政局
青山区民政局
新洲区民政局
武昌区中南路街道办事处
东西湖区民政局
江汉区民政局
洪山区民政局
江夏区民政局
黄陂区前川街道办事处
蔡甸区民政局
汉南区纱帽街道办事处
江岸区民政局

黄石市

黄石市军粮供应站
黄石东贝机电集团有限责任公司
黄石市第一人民医院
黄石市下陆区民政局
黄石市铁山区民政局
黄石经济技术开发区社会发展局
大冶市民政局

十堰市

十堰市民政局
十堰市财政局
十堰市道路运输管理处
丹江口市民政局
竹溪县民政局
郧县财政局
竹山县民政局
十堰市张湾区民政局
东风汽车公司人民武装部

襄阳市

湖北襄大实业集团有限公司
枣阳市教育局
南漳县民政局
南漳县九集镇人民政府
保康县卫生局
保康县民政局
谷城县茨河镇人民政府
襄州区光荣院
樊城区太平店镇人民政府

宜昌市

宜昌市民政局
宜昌市财政局
宜昌市公交集团有限责任公司
宜昌市发展和改革委员会
宜都市民政局
枝江市人力资源和社会保障局
当阳市人民政府
远安县民政局
秭归县民政局
长阳县民政局
夷陵区民政局
西陵区人民政府
伍家岗区人民政府
点军区民政局

荆州市

荆州市民政局
荆州区民政局
沙市区民政局
江陵县民政局
松滋市民政局
公安县民政局
石首市人民政府
监利县民政局
洪湖市民政局

荆门市

荆门市人力资源和社会保障局
荆门市军队离退休干部休养所
沙洋县民政局
钟祥市民政局
东宝区龙泉街道千佛洞社区居委会
掇刀区掇刀石街道办事处

鄂州市

鄂州市财政局
鄂州市凤凰街道办事处
鄂城区民政局

鄂州市军队离退休干部休养所

孝感市

孝感市民政局

孝感市中级人民法院

孝感市惠民医院

孝南区人民医院

汉川市民政局

安陆市民政局

大悟县恒达公司

孝昌县民政局

黄冈市

黄冈市财政局

黄梅县人民政府办公室

麻城市民政局

红安县财政局

英山县财政局

浠水县民政局

武穴市民政局

罗田县民政局

蕲春县民政局

团风县民政局

黄冈市黄商贸易有限公司

咸宁市

赤壁市民政局

赤壁市公安局

通城县第一中学

通城县城镇职工医疗保险局

咸安区民政局

咸安区财政局

咸宁市民政局

咸宁市人力资源和社会保障局

随州市

随州市卫生局

广水市应山街道办事处

随县财政局

曾都区民政局

恩施州

恩施市人民医院

建始县民政局

巴东县绿葱坡镇人民政府

利川市团堡镇人民政府

宣恩县民政局

咸丰县民政局

来凤县民政局

鹤峰县民政局

恩施州财政局

仙桃市

仙桃市人民政府

天门市

天门市民政局

潜江市

潜江市园林街道办事处

神农架林区

神农架林区民政局

省直机关

省委办公厅总值班室

省政府办公厅秘书一处

省军队转业干部安置工作小组办公室

省财政厅社会保障处

省粮食局军粮供应中心

省民政厅

拥政爱民先进单位（44 个）

中国人民解放军 95025 部队

空军后勤部驻武汉办事处

武警武汉市青山区消防大队

中国人民解放军 95133 部队

中国人民解放军 75310 部队

武汉市东西湖区人民武装部

中国人民解放军 95006 部队
武汉警备区政治部
武警湖北区域训练基地
武警湖北省消防总队教导大队
中国人民解放军 95942 部队
武汉市蔡甸区人民武装部
武警武汉市消防支队汉南大队
通信指挥学院勤务营通信站
总后武汉后方基地第 161 医院
总装武汉军械士官学校
大冶市人民武装部
阳新县人民武装部
丹江口市人民武装部
中国人民解放军 62171 部队
武警十堰市支队
武警襄阳市支队
军事经济学院襄阳分院
中国人民解放军 62154 部队
宜昌军分区政治部
中国人民解放军 95118 部队
武警宜昌市支队
武警宜昌市消防支队
荆州军分区政治部
武警松滋市消防大队
荆门军分区政治部
鄂州市鄂城区人民武装部
中国人民解放军 95848 部队
武警孝感市支队
孝感市孝南区人民武装部
汉川市人民武装部
中国人民解放军 71366 部队
黄冈军分区政治部
武警黄冈市消防支队
咸宁军分区政治部
中国人民解放军 95971 部队
随州军分区政治部
武警随州市消防支队
建始县人民武装部

拥军优属先进个人（189 名）

武汉市

李　超　武汉市民政局优抚安置处处长
邵华典　原武汉市军粮供应站副站长
韩光桥　汉阳区民政局党委书记
陶维民　汉阳区财政局党组书记
荣　建　硚口区人大常委会副主任（原硚口区教育局党委书记）
范东龙　硚口区民政局双拥办副主任
冷　红　青山区新沟桥街道办事处主任
邱新德　新洲区教育局党委书记
王小明　武昌区人力资源局副局长
陈　芳　武昌区教育局副局长（原武昌区教育局副调研员）
余建祥　东西湖区民政局党组书记
殷玉梅　江汉区纪委书记（原江汉区人民政府副区长）
周汉军　江汉区民政局优抚安置科科长
郝占吉　洪山区财政局党组书记
陈仕芝　洪山区民政局双拥干事
潘会和　江夏区粮食局副局长
朱柏松　江夏区民政局优抚科科长
徐文涛　黄陂区民政局局长
叶远忠　黄陂区民政局副局长
孙远松　蔡甸区人民政府副区长
钱海燕　蔡甸区民政局副局长
李启高　汉南区邓南街社会事务处主任（原汉南区邓南街道办事处民政办主任）
彭国春　江岸区教育局工会主席
陈清荣　江岸区西马街道办事处副处级干部

黄石市

杜水生　原西塞山区委书记、区人大常委会主任

刘凤山　黄石市华新集团股份有限公司董事长（原黄石市民政局党组书记、局长）

曹树莹　黄石市文化局党组书记、局长

孔凡新　阳新县人民政府县长

郭双喜　黄石港区人民政府副区长

刘小蓉　黄石市民政局优抚科科员

汪训泗　下陆区民政局局长

龚志华　铁山区民政局优抚科科长

石金林　大冶市民政局优抚科科长

谭　峰　黄石经济技术开发区团城山街办社会发展局干部

余仁道　大冶市东风路街道办事处民政办主任

十堰市

曹芳明　十堰市民政局局长

吴先锋　十堰市财政局党委书记、局长

余立柱　竹山县委书记（原竹山县人民政府县长）

赵　哲　十堰市茅箭区人民政府区长

杨斐然　十堰市委副秘书长（原竹溪县委副书记）

李振华　东风汽车公司十堰管理部党委书记、副主任

谭显明　十堰市医疗保险管理局副局长

谢家平　十堰市军休所所长

贺兴权　郧县民政局党委委员、副局长

王绍东　郧西县民政局优抚股股长

柯昌生　房县粮食局党委副书记、局长

姜培荣　十堰市武当山特区民政局副局长、安置办副主任

徐韶永　十堰经济开发区民政局办公室主任

襄阳市

陈丰林　原保康县委书记、县人大常委会主任

张国庆　枣阳市民政局优抚科科长

林　波　宜城市民政局优抚科科长

邱令祥　南漳县城关镇花石桥村党支部书记

许长权　保康县民政局优抚安置股股长

付顺斌　谷城县民政局副局长

杨国林　老河口市民政局副局长

柴化锐　襄州区张家集镇组织委员

刘淑玉　樊城区民政局优抚科科长

焦向东　襄阳市民政局办公室负责人（原襄阳市民间组织管理局副主任科员）

陈立根　襄阳市军供站书记、站长（原襄阳市军供站站长）

王　燕　襄州区民政局优抚科副科长

叶　杰　襄城区民政局副局长

张维雅　襄阳市高新技术产业开发区民政科科长

宜昌市

贺文喜　宜昌市民政局副局长

朱红霞　宜昌市双拥办副主任

樊　华　宜昌市委宣传部新闻科副科长

周　华　宜昌市人社局军转办主任

龚先安　宜都市红花套镇人民政府干部

毛成秀　枝江市农业银行退休干部

赵希才　枝江市民政局优抚股股长

叶　程　当阳市民政局局长

陈才华　远安县财政局党组书记、局长

陈祖柱　兴山县民政局副局长

罗联峰　宜都市人民政府市长（原秭归县人民政府县长）

马尚云　长阳县委书记、县人大常委会主任

田荣国　五峰土家族自治县双拥办主任

罗长姐　五峰土家族自治县湾潭镇九门村二组农民

向洪星　夷陵区委副书记

张晓鸣　夷陵区民政局优抚安置科科长

王前幸　西陵区民政局主任科员（原西陵区民政局副局长）

刘显珍　西陵区葛洲坝街道办事处干部

齐运健　伍家岗区人民政府办公室副主任

陈顺前　伍家岗区民政局副局长

张欣华　猇亭区双拥办干部

闵承金　点军区双拥办副主任

荆州市

官庆军　荆州市委副秘书长

颜家银　荆州市人民政府副秘书长

邓会友　荆州市民政局局长

刘运莲　荆州市财政局社保科科长

康　山　荆州市公安局治安支队副政委

汤立业　荆州市民政局优抚科科长

吴祖云　武汉市黄陂区区长（原荆州区委书记）

余大文　沙市区人大常委会副主任（原沙市区民政局局长）

粟俊方　江陵县民政局纪委书记

李淑静　松滋市民政局优抚科科长

王　勇　荆州市农业局副局长（原公安县人民政府常务副县长）

邓　勇　荆州市沙市区委副书记（原石首市人民政府常务副市长）

胡腊先　监利县容城镇人民政府民政助理

孙东平　洪湖市民政局优抚科科长

荆门市

童　军　京山县军休所所长

曾　云　荆门市水务局党组书记（原沙洋县委副书记）

丁兆萍　沙洋县总工会副主席

刘从元　钟祥市军队离退休干部管理所书记、所长

陈治禄　东宝区政协主席（原东宝区委常委、副区长）

段　玮　掇刀区民政局优抚安置科科长

张立杰　荆门市民政局局长

董世元　荆门市财政局副局长

刘德恩　荆门市军队离退休干部休养所副师职退休干部

涂元福　湖北金福祥纺织有限公司董事长

鄂州市

李力建　鄂州市公安局政治部主任

王国平　梁子湖区民政局局长

王素琳　武汉钢铁集团鄂城钢铁有限责任公司工会主席

洪少珍　鄂州市古楼街道办事处副主任

潘定伟　华容区民政局局长

吴　刚　鄂州市西山街道党工委书记

孝感市

仇平贵　孝感市委副秘书长（原孝南区委书记、区人大常委会主任）

武胜文　孝南区民政局优抚股股长

吕欣玲　孝南区肖港镇路西小学教导主任

许学斌　汉川市民政局副局长

李　开　应城市建设局政工科主任（原应城市民政局办公室主任）

许新华　云梦县民政局局长

梁银宗　安陆市广电局局长（原安陆市人民政府办公室副主任）

华玉祥　大悟县民政局党总支书记、局长

李新华　大悟县双拥办副主任

王超群　孝昌县人大常委会主任（原孝昌县委副书记）

刘艳珍　孝昌县小河镇党委书记（原孝昌县花园镇镇长）

余汉江　湖北宇济房地产开发股份有限公司总经理

黄冈市

白家松　黄冈市民政局局长

杨定胜　黄冈市民政局优抚科主任科员

蔡家华　麻城市财政局局长

丁　忠　麻城市民政局优抚科科长

邓继承　武穴市财政局局长

夏洪球　武穴市民政局优抚科科长

欧阳时俊　黄州区民政局党委书记

贺少银　团风县民政局局长

杨长荣　浠水县民政局局长

余晓明　英山县民政局优抚股股长

王　阔　罗田县民政局副局长

周碧林　蕲春县民政局党总支书记

洪仲承　黄梅县民政局优抚股股长

严文勋　黄冈市龙感湖管理区民政局副局长

高　虹　红安县烈士陵园管理处处长

刘忠学　红安县永佳河镇民政办主任

袁善祥　黄冈市黄州祥惠纺织有限公司董事长

咸宁市

石玉华　咸宁市委副秘书长、市农委主任（原咸安区委常委、副区长）

朱铁民　咸安区民政局局长

葛文斌　咸安区人民政府办公室副主任

余　芬　咸安区民政局优抚股副股长

李　晶　赤壁市民政局副局长

熊晓艾　赤壁市人社局劳动就业局党支部书记（原赤壁市人事局办公室主任）

章桂兰　嘉鱼县民政局工会主席

祝国玖　通城县民政局副局级干部

雷超云　崇阳县民政局优抚股副股长

徐赐建　通山县民政局副局长

王　蔓　咸宁市民政局副调研员（原咸宁市民政局优抚科科长）

随州市

曾宪国　随州市民政局局长

刘金才　随州泰德汽车维修中心经理

杨毓勇　随州市委副秘书长（原广水市委副书记）

王　刚　广水市广水街道办事处芦兴社区党总支书记

马能兵　随县民政局优抚安置科科长

李孔华　曾都区民政局局长

恩施州

陈友春　恩施市舞阳街道办事处民政办主任

向　琼　恩施市自来水有限责任公司党总支副书记

李　义　利川市人民政府市长

曹永豹　巴东县民政局优抚股科员

郑章林　建始县民政局副局长

曾德权　宣恩县委书记（原宣恩县人民政府县长）

莫文艺　咸丰县民政局优抚股股长

冯建帼　来凤县民政局优抚股股长

陶拥政　鹤峰县人民政府办公室主任

唐明益　恩施州委宣传部常务副部长

杨祖旺　恩施州卫生局副局长

王文辉　恩施州教育局副县级督学（原恩施州教育局基础教育科长）

于佐鸿　恩施州人社局军转办主任

方开军　恩施州民政局优抚科科长

仙桃市

李启斌　仙桃市委常委、市人民政府副市长

刘德生　仙桃市民政局党委委员、副局长

天门市

刘纯全　天门市军休所军队退休干部

方　华　天门市蒋湖农场退伍军人

潜江市

余国华　潜江市民政局副局长

王爱民　潜江市人民政府周矶办事处社会事务办主任

神农架林区

李　波　神农架林区党委副书记

王大兴　神农架国家级自然保护区管理局党委副书记、副局长

省直机关

张文明　省委宣传部国防教育办公室副调研员

欧阳静　省发改委社会发展处副处长

刘　超　省双拥办主任科员

乔　松　省财政厅社会保障处调研员

刘　进　省卫生厅监督局人事处主任

谢新松　省教育厅高校学生处处长

叶方新　省征兵办公室常务副主任（巡视员）

拥政爱民先进个人（52 名）

唐志超　中国人民解放军 76111 部队政委

余　雪　海军工程大学政治部办公室主任

宋珍兵　军事经济学院政治部组织处干事

吕春峰　武汉市江夏区人民武装部政工科科长（原新洲区人民武装部政工科科长）

蒋艳明　中国人民解放军 75709 部队政委

李三清　广州军区武汉总医院政治部副主任

张林三　原中国人民解放军 95174 部队政委

周　辉　武汉警备区政治部干事

石海涛　中国人民解放军 95028 部队政治部秘群办秘书

王向东　中国人民解放军 62441 部队政委

刘中华　中国人民解放军 95903 部队政委

梁国芳　武汉市蔡甸区人民武装部政委

陈继承　空军雷达学院政治部办公室主任

张士勋　中国人民解放军驻长航武汉军代处船运大队政委

杜卫国　原武汉市江岸区人民武装部政工科干事

王海力　总装备部武汉军代局政治部干事

王永胜　武警武汉市支队副政委

沈小芳　阳新县人民武装部部长

田泽洋　黄石军分区后勤部参谋

李唐林　中国人民解放军 61578 部队政治处副主任

贾林栋　武警十堰市消防支队政治处主任

吴有田　武警回龙支队五大队教导员

王兴会　襄阳军分区后勤部部长

檀　俊　襄阳陆军预备役炮兵旅政治部副主任

沈景莹　中国人民解放军 95980 部队政治部副主任

朱惠军　武警襄阳市消防支队支队长

纪仁胜　中国人民解放军 61699 部队军务劳资处处长

李国和　宜昌陆军预备役高炮旅副旅长

邓朗顺　空军雷达学院宜昌训练大队政委

马建志　武警水电第六支队政委

童克忠　监利县人民武装部政委

易家昊　武警荆州市支队政委

姚进东　武警荆门市支队支队长

刘立军　武警鄂州市支队政治处主任

扈华国　中国人民解放军 95848 部队副政委

颜　峰　孝感军分区司令部正营职参谋兼教导队队长

付军良　孝感市孝南区人民武装部政工科科长

刘　勇　中国人民解放军 95299 部队教导员

刘文武　中国人民解放军 72205 部队政治处主任

罗　毅　黄冈市黄州区人民武装部部长

曾凡平　原红安县人民武装部部长

王　荣　中国人民解放军 75310 部队 6 营教导员

张　拓　武警赤壁市消防大队大队长

吴志群　咸宁市咸安区人民武装部政工科科长

邱旺洲　随州军分区卫生所所长、医师

卢　彤　中国人民解放军 62472 部队政委

陈忠国　武警恩施州支队直属三中队指导员

黄　斌　武警恩施州消防支队巴东县大队大队长

彭超浩　仙桃市人民武装部政工科科长（原仙桃市人民武装部政工科副营职干事）

张宜贵　原天门市人民武装部部长

杨维国　潜江市人民武装部政委

王　军　武警神农架林区中队指导员

广西壮族自治区党委、广西壮族自治区政府、广西军区关于表彰自治区双拥模范城（县、区）和自治区双拥先进县（区）的决定

（2011 年 7 月 29 日）

拥军优属、拥政爱民，是我党我军我国人民的优良传统和特有的政治优势，是推动国防建设和经济建设良性互动，确保在全面建设小康社会进程中实现富国和强军相统一的重要保证。自 2008 年全区双拥模范城（县、区）命名大会以来，各级党委、政府和驻军各部队坚持以邓小平理论和“三个代表”重要思想为指导，深入贯彻落实科学发展观，紧紧围绕“富国与强军相统一”的时代主题，以推进军民融合式发展为牵引，以创建双拥模范城（县、区）为主线，创新工作思路，拓宽工作领域，鼓足工作干劲，在支持国防和军队改革与建设上有新成效，在破解双拥工作热点难点问题上有新作为。驻桂人民解放军和武警部队发扬拥政爱民的光荣传统，积极参加扶贫帮困和抢险救灾等急、难、险、重任务，在支援广西经济社会发展上有新建树。我区军爱民、民拥军的氛围更加浓厚，军政军民团结愈发巩固，涌现出一大批具有鲜明时代特点、成绩突出的双拥典型，为建设富裕文明和谐新广西，全面建设小康社会作出了积极贡献。

为表彰先进，树立典型，推动我区双拥工作广泛、深入、扎实、创新开展，自治区党委、自治区人民政府、广西军区决定授予南宁市等 76 个市、县（区）为自治区双拥模范城（县、区）；授予阳朔县等 14 个县（区）为自治区双拥先进县（区）。

希望受表彰的市、县（区）珍惜荣誉，再接再厉，不断创造双拥工作新成绩。各地各部队要向受表彰的市、县（区）学习，进一步贯彻落实党中央、国务院、中央军委关于加强军政军民团结的指示精神，着眼于推进国家和军队建设，进一步加强军地团结合作，深入扎实开展双拥模范城（县、区）创建活动，创新、完善双拥工作运行机制，推动各项工作任务有效落实，不断巩固和发展军政军民同呼吸、共命运、心连心的大好局面，为加快推进富民强桂新跨越和国防军队现代化建设作出新的贡献。

附件：自治区双拥模范城（县、区）和自治区双拥先进县（区）名单

自治区双拥模范城（县、区）和自治区双拥先进县（区）名单

自治区双拥模范城（20 个）

南宁市
防城港市
贺州市
岑溪市
柳州市
钦州市
河池市
宜州市
桂林市
贵港市
来宾市
东兴市
梧州市

玉林市
崇左市
桂平市
北海市
百色市
凭祥市
合山市

自治区双拥模范县（29 个）

武鸣县
隆林各族自治县
灵川县
柳江县
田东县
宁明县
鹿寨县
平南县
龙州县
永福县
田阳县
宾阳县
兴安县
那坡县
横 县
平乐县
平果县
合浦县
临桂县
靖西县
昭平县
全州县
南丹县
东兰县
灵山县
象州县
柳城县
浦北县
扶绥县

自治区双拥模范区（27 个）

南宁市青秀区
南宁市西乡塘区
南宁市江南区
南宁市兴宁区
南宁市良庆区
南宁市邕宁区
柳州市柳南区
柳州市柳北区
柳州市城中区
柳州市鱼峰区
桂林市象山区
桂林市叠彩区
桂林市秀峰区
桂林市七星区
桂林市雁山区
梧州市长洲区
北海市海城区
北海市银海区
防城港市防城区
来宾市兴宾区
河池市金城江区
贵港市港北区
玉林市玉州区
贺州市八步区
梧州市蝶山区
崇左市江州区
防城港市港口区

自治区双拥先进县（9 个）

阳朔县
都安瑶族自治县
大化瑶族自治县
忻城县
富川瑶族自治县
大新县
凤山县
巴马瑶族自治县

天峨县

自治区双拥先进区（5个）
北海市铁山港区
贵港市港南区
梧州市万秀区
钦州市钦南区
百色市右江区

广西壮族自治区党委、广西壮族自治区政府、广西军区关于表彰自治区爱国拥军模范单位、拥政爱民单位和爱国拥军模范、拥政爱民模范的决定

（2011年7月29日）

2008年以来，我区各地各部队坚持以邓小平理论和“三个代表”重要思想为指导，深入贯彻落实科学发展观，认真贯彻党中央、国务院、中央军委关于做好新时期双拥工作的一系列指示精神，坚持军民融合式发展，广泛深入开展双拥工作，军地双方在各个领域的相互支持协作更加有力，军爱民，民拥军的鱼水情谊进一步巩固，形成了领导重视、行业支持、群众参与、军地互动的双拥工作新格局，为增进军政军民团结，建设富裕文明和谐新广西，全面建设小康社会作出了积极贡献，涌现出一大批具有鲜明时代特点、事迹感人的双拥先进集体和先进个人。

为表彰先进，树立典型，推动我区双拥工作广泛深入开展，自治区党委、自治区人民政府、广西军区决定授予自治区人民政府办公厅等107个单位为自治区爱国拥军模范单位，驻桂75485部队等60个单位为自治区拥政爱民模范单位，刘剑红等210人为自治区爱国拥军模范，徐茂林等100人为自治区拥政爱民模范。

希望受表彰的单位和个人，珍惜荣誉，发扬成绩，再接再厉，不断创新和丰富双拥活动的形式内容，在双拥工作中取得更优异的成绩，争取更大的光荣。全区广大军民要向模范单位和模范个人学习，牢固树立国防双拥观念，增强政治意识和大局意识，进一步巩固和发展军政军民同呼吸、共命运、心连心的良好局面，为加快实现富民强桂新跨越，推进军队现代化建设作出新的贡献。

附件：1. 自治区爱国拥军模范单位名单
2. 自治区拥政爱民模范单位名单
3. 自治区爱国拥军模范名单（个人）
4. 自治区拥政爱民模范名单（个人）

自治区爱国拥军模范单位名单

（107个）

自治区直属单位（10个）
自治区人民政府办公厅
自治区发展和改革委员会
自治区财政厅
自治区人力资源和社会保障厅
自治区国土资源厅
自治区民政厅优抚处
自治区水利厅人事教育处

自治区粮食局
自治区劳教工作管理局
广西妇幼保健院

南宁市（11个）

南宁市民政局
南宁市财政局
南宁市粮食局
南宁市人力资源和社会保障局
广西水电工程局
南宁航道管理局
青秀区民政局
兴宁区民政局
西乡塘区财政局
青秀区新竹街道办事处
西乡塘区北湖街道办事处

柳州市（13个）

柳州市委组织部
柳州市委宣传部
柳州市公安局
柳州市粮食局
柳州市人力资源和社会保障局
柳州市教育局
柳州市民政局
柳州市文化局
柳城县民政局
鹿寨县双拥办
广西柳州钢铁（集团）公司
柳南区银山街道办事处
柳州市人民医院

桂林市（15个）

象山区象山街道办事处
桂林市榕湖小学
桂林石油天然气第六建设公司
叠彩区委
雁山区双拥办
全州县民政局
灵川县民政局
兴安县双拥办
平乐县民政局
永福县双拥办
临桂县民政局
桂林市委组织部
桂林市委宣传部
桂林市军转办
桂林市双拥办

梧州市（4个）

梧州市委宣传部
梧州市民政局
梧州市工商行政管理局
梧州中恒集团股份有限公司

北海市（5个）

银海区政府
北海市民政局
北海市环境卫生管理处
北海市第一中学
广西北海喷施宝有限责任公司

防城港市（4个）

防城港市委办公室
港口区双拥办
防城区双拥办
东兴市双拥办

钦州市（4个）

钦州市交通运输局
钦州市教育局
灵山县民政局
浦北县人民医院

贵港市（6个）

贵港市民政局
贵港市商务局
贵港市中级法院
桂平市民政局
平南县民政局
港北区民政局

玉林市（4个）

玉林市卫生局
玉林军供站

玉林日报社
玉州区古定小学
百色市（8 个）
百色市民政局
右江区百色中学
田阳县人民医院
田东县民政局
平果县市场开发服务中心
靖西县民政局
那坡县民政局
隆林各族自治县民政局
贺州市（4 个）
贺州市民政局
贺州华安汽运公司
贺州高级中学
富川瑶族自治县民政局
河池市（8 个）
河池市民政局
河池市国税局
河池供电局
河池市文化广播影视管理局
河池市财政局
金城江区民政局
宜州市民政局
宜州市福龙瑶族乡弄桑村
来宾市（6 个）
来宾市民政局
兴宾区政府办公室
象州县民政局
合山市地税局
忻城县人民医院
忻城县城关镇思耕村
崇左市（4 个）
崇左市民政局
凭祥市民政局
江州区新和镇政府
崇左市国税局
南宁铁路局（1 个）
南宁铁路局玉林车务段

自治区拥政爱民模范单位名单

（60 个）

南宁市（11 个）
广西军区政治部秘书群联处
中国人民解放军 76141 部队
武鸣县人民武装部
横县人民武装部
宾阳县人民武装部
青秀区人民武装部
武警南宁市支队
武警广西总队医院
武警广西总队第二支队
武警西乡塘区消防大队
武警水电第一总队政治部秘书群联科
柳州市（7 个）
柳州军分区
融水苗族自治县人民武装部
中国人民解放军 75140 部队
中国人民解放军 75103 部队
中国人民解放军 95275 部队一大队
武警柳州市支队
武警柳州市消防支队
桂林市（9 个）
兴安县人民武装部
中国人民解放军 75122 部队
中国人民解放军 76146 部队
桂林空军学院学员二大队 204 队
中国人民解放军 75160 部队 80 分队

中国人民解放军75660部队一大队
中国人民解放军95285部队81分队
武警桂林市支队阳朔县中队
武警桂林市消防支队

梧州市（2个）

万秀区人民武装部
梧州陆军预备役工兵团

北海市（4个）

中国人民解放军75494部队
中国人民解放军91457部队
武警北海市边防支队
武警广西边防总队海警一支队

防城港市（4个）

防城区人民武装部
武警防城港市支队
中国人民解放军95246部队76分队
武警广西边防总队海警二支队

钦州市（2个）

钦州军分区
武警钦州市消防支队

贵港市（4个）

中国人民解放军75131部队
武警贵港市消防支队
桂平市人民武装部
覃塘区人民武装部

玉林市（2个）

容县人民武装部
武警玉林市消防支队

百色市（4个）

中国人民解放军75486部队
武警百色市支队
武警百色市边防支队
武警百色市消防支队

贺州市（3个）

钟山县人民武装部
武警贺州市支队
武警八步区消防大队

河池市（3个）

东兰县人民武装部
武警河池市支队
武警河池市消防支队

来宾市（2个）

象州县人民武装部
武警来宾市消防支队

崇左市（2个）

中国人民解放军75485部队
武警崇左市消防支队

南宁铁路局（1个）

驻桂林铁路军事代表办事处

自治区爱国拥军模范名单（个人）

（210名）

区直机关（10名）

刘剑红　自治区人民政府办公厅综合处处长
苏以春　自治区人民政府办公厅主任科员
武林东　自治区司法厅政治部副主任
黄有凤　自治区人力资源和社会保障厅军官转业安置工作处处长
刘兆文　自治区双拥办副主任
肖仁新　自治区地方税务局副调研员
韦秉国　自治区军粮供应中心主任
韦定国　自治区水文水资源局副局长
黄秋玲　广西国际职业技术学院副处长
张家成　自治区财政厅主任科员

南宁市（23名）

杨维超　中共武鸣县委书记
欧　波　中共横县县委书记
张先进　宾阳县人民政府县长

赵禹鹏　中共南宁市青秀区委书记
王永超　南宁市青秀区人民政府区长
刘为民　中共南宁市兴宁区委书记
魏凤君　中共南宁市江南区委书记
容康社　中共南宁市邕宁区委书记
储朝晖　中共南宁市良庆区委书记
廖伟福　南宁市西乡塘区人民政府区长
苏绍荣　南宁市民政局局长
陆广平　中共南宁市委办公厅副主任
陈　芳　南宁市编制委员会办公室副主任
李柏林　中共南宁市青秀区委副书记
官祖林　南宁市西乡塘区人民政府副区长
黄玉燕　南宁市江南区人民政府副区长
梁红英　隆安县人民政府副县长
杨胜坚　广西路桥建设有限公司董事长兼党委书记
李呈业　南宁市人民政府办公厅第三秘书科科长
陈锦容　南宁市双拥工作领导小组办公室副主任
梁恩泽　南宁市第四人民医院副院长
农乃作　南宁市西乡塘区人力资源和社会保障局局长
覃毓宁　南宁市青秀区新竹社区居委会主任

柳州市（25名）

谭淑坚　柳州市财政局局长
韦柳葵　柳州市人力资源和社会保障局军转办主任
莫宇清　共青团柳州市委员会副书记
罗仲楠　柳州市军供站军供科科长
何有成　中共柳江县委书记
覃卫国　柳江县人民政府县长
韦有绪　柳江县民政局局长
陈鸿宁　中共柳城县委书记
牛继昌　柳城县人民政府县长
龙庆革　柳城县人民政府副县长
刘　芳　中共鹿寨县委书记
覃建波　鹿寨县人民政府县长
周思泉　中共融安县委书记
梁日春　中共融水苗族自治县县委书记
杨恩维　三江县人民政府县长
潘家新　三江县民政局优抚安置股股长
黄　涛　中共柳北区委书记
孙黎明　柳北区人民政府区长
杨　义　中共城中区委书记
牛　勇　城中区人民政府区长
覃　革　中共鱼峰区委书记
张　彬　鱼峰区人民政府区长
张　云　中共柳南区区委书记
袁东升　柳南区人民政府区长
李彦卿　柳南区双拥办主任

桂林市（27名）

石春莲　中共桂林市象山区委书记
唐钟慧　桂林市象山区双拥办主任
杨玉霜　桂林市秀峰区人民政府副区长
林元琳　桂林市春城眼镜有限责任公司董事长
赵德明　中共桂林市七星区委书记
田宗新　桂林市七星区民政局副局长、双拥办主任
孙敬东　桂林市叠彩区人民政府副区长
邓集叶　桂林市叠彩区双拥办主任
廖桂生　中共桂林市雁山区委书记
葛建斌　雁山区柘木镇党委书记
高　山　全州县民政局局长
王长发　灵川县民政局局长
叶兆泉　中共临桂县委书记
文建中　中共永福县委书记
罗永东　中共荔浦县委书记
彭维标　兴安县民政局局长
李松支　阳朔县民政局局长
黄书明　中共平乐县委书记
杨通鸣　龙胜各族自治县人民政府县长
蒋树忠　恭城县双拥办负责人
王昭冕　资源县民政局局长
秦满发　灌阳县民政局局长
秦金敏　中共桂林市委组织部副部长

韦文功　桂林市民政局局长

朱名华　桂林市人力资源和社会保障局局长

钟　平　桂林市教育局局长

刘　莉　桂林市双拥办副主任

梧州市（9 名）

王　勇　梧州市双拥办副主任

叶春生　梧州市国税局局长

肖廷文　梧州市市政管理局党委副书记、市环卫处主任

张志君　梧州市人力资源和社会保障局党委书记

罗　红　蝶山区财政局局长

陈国禄　岑溪市委书记

钟展亮　中国电信梧州分公司总经理

莫杰隆　蒙山县民政局优抚股股长

黎永益　长洲区委书记

北海市（9 名）

朱甫强　合浦县民政局局长、双拥办公室主任

杨祖宁　北海市海城区人民政府地角街道办事处主任

雷德成　北海市财政局行政政法科主任科员

刘蒙平　中共北海市委宣传部理论科科长

吴少雄　北海市招生委员会办公室副主任

顾　群　北海市海城区第八小学副校长

符发钦　北海市公共汽车有限公司党支部副书记

李　波　北海市海洋之窗生物科技展览有限公司景区服务中心经理

宁定凤　北海市旺海珠宝有限公司经理

防城港市（11 名）

廖汝奋　防城港市人民政府秘书长

朱胜勇　中共东兴市委书记

覃开宏　中共上思县委书记

李树洪　港口区人民政府副区长

黄　耿　防城区政法委书记

王　华　港口区公车镇党委书记

彭艳华　防城区华石镇党委书记

邹优通　防城港市双拥办副主任

邹远力　防城港市人力资源和社会保障局秘书科科长

谢　毅　防城港务集团有限公司党委书记、总经理

彭　娴　东兴市双拥办科员

钦州市（10 名）

周忠南　钦州市民政局副局长

陈光雄　钦州市双拥办主任

黄克春　钦州市卫生局党组副书记、纪检组组长

黄乃宽　钦州市交通运输局局长

张建国　中共浦北县委书记

李一康　钦州市钦北区民政局副局长

梁小英　钦州市第三小学副校长

劳春燕　灵山县民政局副局长

沈玉平　钦州市钦南区民政局党组书记

邓宗富　钦州港经济开发区社会工作局局长

贵港市（14 名）

梁炳绍　中共贵港市委副秘书长

李育新　贵港市人民政府副秘书长

徐林庆　贵港市双拥办主任

姚启渊　中共贵港市委宣传部副部长

韩　牧　贵港市编委办副主任

刘安军　贵港市民政局副局长

麦承标　中共桂平市委书记

甘巧贞　桂平市民政局党组书记

黎　明　桂平市黎明医院院长

覃志清　中共平南县委书记

周仕志　平南县人民政府副县长

罗尚民　港北区人民政府区长

韦庆强　港南区人民政府区长

黎显开　覃塘区民政局局长

玉林市（8 名）

郭　铁　中共玉林市委员会副秘书长、办公室副主任

廖　哲　玉林市人民政府副秘书长

白光强　玉林市民政局局长

张德坚　玉林市人社局科长

梁东秀　玉林市财政局科长

陈　博　陆川县民政局局长

朱翠萍　博白县民政局副局长

梁宪霜　玉林市玉州区民政局股长

百色市（15名）

黄卫群　百色市民政局局长

谢冰皓　百色市拥军优属拥政爱民工作领导小组办公室副主任

玉云峰　中共靖西县委副书记、县长

黄　慧　右江区人民政府副区长

周建华　右江区民政局局长

李俊整　平果县人民政府副县长

李新桃　田东县人民政府副县长

蒋正辉　中共那坡县委副书记、县长

凌祖壮　中共田阳县委常委、县人民政府常务副县长

黄宗道　中共德保县委书记

梁玉生　隆林各族自治县民政局优抚股长、双拥办副主任

李祚标　中共凌云县委书记

莫便华　乐业县民政局局长

黄瑞新　田林县民政局副局长

李文斌　西林县民政局优抚股长、双拥办副主任

贺州市（9名）

黄兴燊　贺州市财政局总会计师

陀继弘　贺州市编办副主任

黄龙章　贺州市双拥办主任科员

罗　坚　贺州华安汽运公司董事长

廖成明　中共贺州市八步区委书记

夏振林　中共富川瑶族自治县县委书记

黄毅群　钟山县人民政府县长

陈有辉　昭平县人民政府县长

陈远明　平桂管理区管理委员会主任

河池市（16名）

徐迪克　河池市交通运输局局长

周　龙　河池市民政局副局长、双拥办副主任

韦　杰　建设银行河池分行监察保卫部副经理

韦　宁　河池市人力资源和社会保障局公务员管理科科长

黄光华　中共东兰县委书记

陈继勇　南丹县县长

苏志宏　中共天峨县委书记

覃荣武　中共巴马瑶族自治县县委书记

兰绍金　宜州市福龙瑶族乡弄桑村弄晓屯村民

梁元福　宜州市福龙瑶族乡弄桑村弄晓屯村民

梁元森　宜州市福龙瑶族乡弄桑村弄晓屯村民

蓝恒华　宜州市福龙瑶族乡弄桑村弄晓屯村民

兰彩值　宜州市福龙瑶族乡弄桑村弄晓屯村民

兰　柏　宜州市福龙瑶族乡弄桑村弄晓屯村民

蓝金辉　宜州市福龙瑶族乡弄桑村弄晓屯村民

兰正八　宜州市福龙瑶族乡弄桑村弄凡屯村民

来宾市（15名）

陈　春　来宾市人力资源与社会保障局劳动工资科科长

潘　江　来宾市人民医院党委书记、副院长

罗南村　来宾市第一中学校长

覃淑芬　象州县副县长

韦万留　武宣县民政局优抚安置股股长

莫运春　金秀瑶族自治县民政局局长

谢大研　忻城县县长

肖修希　兴宾区双拥办干部

梁忠实　忻城县城关镇思耕村上屯村民

莫练陶　忻城县城关镇思耕村上屯村民

蓝　甫　忻城县城关镇思耕村上屯村民

莫贤美　忻城县城关镇思耕村上屯村民

潘美开　忻城县马泗乡联团村果门屯村民

潘文顺　忻城县马泗乡马泗村弄顶屯村民

潘尚财　忻城县马泗乡马泗村弄顶屯村民

崇左市（8名）

黄　克　崇左市市长

蓝大煌　中共江州区委书记

赵　丽　龙州县县长

雷多荣　中共大新县委书记

谭丕创　中共凭祥市委书记

蓝锋杰　中共宁明县委书记

许继清　扶绥县水厂党支部书记

蓝　晓　天等县县长

南宁铁路局（1名）

邵宝林　南宁铁路局南宁车站党委书记

自治区拥政爱民模范名单（个人）

（100名）

南宁市（12名）

傅志慧　广西军区东葛路干休所卫生所所长

任　晋　广西军区南宁警备区政治部干事

李纪宏　广西陆军预备役步兵师秘书群联科科长

李　宁　中国人民解放军63760部队政治委员

许明河　中国人民解放军76141部队部队长

张传国　中国人民解放军95072部队自动化工作站站长

康超辰　中国人民解放军95178部队政治处干事

赵东海　中国人民解放军303医院院长

徐茂林　武警南宁市支队政治部主任

钟作平　武警广西总队第一支队支队长

李世军　武警广西边防总队教导大队政治委员

黄　荣　武警南宁市消防支队政治处副主任

柳州市（13名）

周建新　柳南区人民武装部政治委员

陈子侠　预备役炮兵团政治处主任

邓仲林　中国人民解放军75106部队部队长

魏宏权　中国人民解放军75107部队部队长

肖战洪　中国人民解放军75750部队政治部宣传保卫科科长

张文景　中国人民解放军96215部队政治部干事

邓志华　中国人民解放军95275部队副政治委员

蔡正安　中国人民解放军95337部队副政治委员

陈以平　中国人民解放军95261部队政治处副主任

夏国权　中国人民解放军91436部队政治委员

胡喜军　武警柳州市支队政治部主任

严立志　武警柳州边防检查站政治处主任

韦明战　武警柳州市消防支队政治委员

桂林市（17名）

张碧周　桂林警备区政治部干事

陈锡权　临桂县人民武装部政治委员

郑溢洋　中国人民解放军75121部队指导员

赵桂强　中国人民解放军75160部队副政治委员

李德祥　中国人民解放军75660部队政治部副主任

袁富寅　中国人民解放军75715部队政治处主任

刘　宾　中国人民解放军75711部队副队长

曾庆文　中国人民解放军76140部队政治部干事

陈永涛　中国人民解放军76182部队政治教导员

冀　森　桂林空军学院政治部副主任

周祚山　中国人民解放军76338部队政治处干事

田维虎　中国人民解放军76324部队政治教导员

张先锋　中国人民解放军95389部队政治处主任

郑　冲　中国人民解放军96313部队连长

王宁宇　武警桂林边防检查站政治处主任

夏和生　总参谋部通信部驻桂林地区军代室总军代表

徐和平　空军桂林干休所所长

梧州市（4名）

罗木森　岑溪市人民武装部部长

李继松　梧州陆军预备役工兵团政治委员

李周延　武警梧州市支队副参谋长

杨向荣　梧州市公安消防支队蝶山大队政治教导员

北海市（6名）

俞安辉　中国人民解放军91832部队政治部副主任

宋仲杰　武警北海市支队政治委员

杨志宇　北海军分区政治部干事

李建斌　武警北海市消防支队政治委员

吴坚忠　武警北海边防检查站政治处副主任

劳　勉　北海机场边防检查站政治处干事

防城港市（6名）

王朝伟　防城港军分区宣传保卫科科长

黄国靖　武警防城港市支队支队长

刘　敏　武警广西边防总队海警二支队机帆长

黎屹松　防城港市公安边防支队江平派出所干事

杨永峰　武警防城边防检查站二中队中队长

黄中连　武警防城港市消防支队支队长

钦州市（6名）

陈耀强　灵山县人民武装部干事

肖红元　广西预备役师步兵第三团政治委员

凌远才　武警钦州市支队政治委员

赵振宇　武警钦州市边防支队副支队长

林伯安　武警钦州边防检查站副站长

黎少林　武警浦北县消防大队大队长

贵港市（8名）

宁进斌　贵港军分区干事

黄宗轼　平南县人民武装部部长

向进良　中国人民解放军75130部队政治部秘书科科长

唐孝卫　中国人民解放军75133部队副政治委员

杨明清　中国人民解放军91241部队站长

吴晓东　中国人民解放军92056部队政治委员

丁卫鹏　中国人民解放军303医院191分院临床部干事

钟色胜　武警贵港边防检查站政治处干事

玉林市（4名）

刘　峰　北流市人民武装部部长

张晓刚　广西陆军预备役步兵师第二团政治处主任

李　平　广州军区玉林军械仓库主任

危远模　武警玉林市支队支队长

百色市（5名）

匡志文　中国人民解放军75486部队政治委员

樊道华　靖西县人民武装部政治委员

朱芳飞　武警百色市支队支队长

谢仁军　武警百色市边防支队副政治委员

韦贤日　武警百色市消防支队政治委员

贺州市（4名）

姚宇鹏　八步区人民武装部政工科科长

邓拾林　富川瑶族自治县人民武装部部长

杨永政　昭平县人民武装部部长

张庆华　中国人民解放军92987部队副台长

河池市（4名）

谌书兵　金城江区人民武装部副部长

伍贵全　中国人民解放军广西军区民兵装备仓库主任

梁大生　武警河池市支队支队长

黎文健　武警河池市消防支队支队长

来宾市（4名）

向　勇　来宾军分区司令部副团职参谋

曹大权　兴宾区人武部部长

林伟志　广西陆军预备役步兵师第一团二营营长

李　江　武警来宾市支队金秀中队政治指导员

崇左市（6名）

封景西　扶绥县人民武装部部长

仙学文　天等县人民武装部政委

刘新国　崇左市江州区人民武装部部长

龙元河　中国人民解放军75134部队副政治

委员

姚世伟　友谊关边防检查站政委

覃新宇　凭祥市隘口边防派出所干事

南宁铁路局（1 名）

万春雷　驻南宁铁路局广西沿海（地方）军事代表办事处参谋

贵州省委、贵州省人民政府、省军区关于命名表彰省双拥模范城（县）和双拥先进单位的决定

黔委〔2011〕13 号

（2011 年 3 月 31 日）

拥军优属、拥政爱民是我党我军我国人民的优良传统和特有的政治优势，坚强的军政军民团结是我们战胜一切困难、夺取革命和建设胜利的重要保证。2007 年全省第六次双拥模范城（县）命名表彰大会以来，全省广大军（警）民坚持以邓小平理论和“三个代表”重要思想为指导，深入贯彻落实科学发展观，继承和发扬双拥光荣传统，认真贯彻落实中共中央、国务院、中央军委关于做好双拥工作的一系列重要指示精神，紧密结合我省实际，通过深入开展以创建双拥模范城（县）为龙头的各项双拥活动，形成了领导高度重视、群众广泛参与、军地相互支持配合的良好局面。全省双拥工作在继承中创新、在巩固中提高、在改革中发展，取得了新的显著成绩，对服务和推进军民融合式发展，实现贵州经济社会又好又快、更好更快发展和部队全面建设做出了新的贡献。为表彰先进、宣传典型，推动拥军优属、拥政爱民工作深入持久健康发展，进一步调动广大军（警）参与双拥工作的积极性，增强双拥模范城（县）和先进单位、先进个人的自豪感、责任感，中共贵州省委、贵州省人民政府、贵州省军区决定，授予贵阳市等 42 个市、县、区为“双拥模范城（县）”荣誉称号，对贵州省民政厅等 35 个单位及乌当区人武部等 36 个单位分别表彰为“拥军优属先进单位”和“拥政爱民先进单位”。

希望被命名的双拥模范城（县）和受表彰的双拥先进单位珍惜荣誉，发扬成绩，再接再厉，不断取得双拥工作新成绩。各地各部队要以他们为榜样，深入贯彻落实科学发展观，认真落实党的十七大、十七届五中全会精神和省委十届十次全会精神，坚持军民融合式发展，着眼国家安全和发展战略全局，统筹经济建设和国防建设，与时俱进，开拓创新，进一步做好拥军优属、拥政爱民工作，不断巩固和发展军政军民同呼吸、共命运、心连心的大好局面，为实现“十二五”规划奋斗目标，加快推进全省经济社会发展的历史性跨越做出新贡献。

附：双拥模范城（县）和双拥先进单位名单

（此件发至县）

双拥模范城（县）和双拥先进单位名单

一、双拥模范城（县）42 个：

贵阳市、修文县、息烽县、花溪区、乌当区、开阳县、清镇市；遵义市、遵义县、凤冈县、习水县、桐梓县、仁怀市；六盘水市、水城县；安顺

市、平坝县、镇宁布依族苗族自治县；从江县、天柱县、凯里市、黎平县、剑河县、榕江县；兴义市、兴仁县、普安县；福泉市、都匀市、贵定县、惠水县、瓮安县、荔波县；毕节市、金沙县、织金县、大方县；思南县、铜仁市、沿河土家族自治县、石阡县、江口县。

二、拥军优属先进单位35个：

贵州省民政厅
贵州省财政厅
贵州省人力资源和社会保障厅
南明区人民政府
云岩区人民政府
小河区人民政府
白云区人民政府
红花岗区人民政府
汇川区人民政府
遵义市中港出租车公司
遵义医院
盘县人民政府
钟山区人民政府
六枝特区人民政府
西秀区人民政府
关岭布依族苗族自治县
普定县城关镇人民政府
毕节地区民政局
大方县人民政府
黔西县民政局
思南县人民政府
松桃苗族自治县人民政府
铜仁供电局
江口县民政局
台江县人民政府
麻江县人民政府
丹寨县人民政府
黔东南州民政局
黔西南州人力资源和社会保障局
贞丰县双拥办公室
晴隆县委办公室
罗甸县人民政府
龙里县人民政府
独山县人民政府
黔南州民政局

三、拥政爱民先进单位36个：

乌当区人武部
桐梓县人武部
思南县人武部
福泉市人武部
西秀区人武部
贵州预备役师炮兵团
贵州省军区民兵装备仓库
中国人民解放军第四十四医院
空军驻贵阳地区军事代表局
95567部队
78149部队
78421部队
省武警总队直属一支队
省武警总队直属二支队一中队
贵阳市武警支队十中队
遵义市武警支队习水县中队
安顺市武警支队
毕节地区武警支队直属大队
铜仁地区武警支队
黔南州武警支队五中队
黔东南州武警支队
黔西南州武警支队
六盘水市武警支队四中队
省武警总队后勤基地
贵州省公安边防总队勤务中队
贵州省公安消防总队政治部
贵阳市公安消防支队息烽县大队
遵义市公安消防支队
安顺市公安消防支队
六盘水市公安消防支队盘县大队
黔南州公安消防支队贵定县大队
黔东南州公安消防支队从江县大队
黔西南州公安消防支队望谟县大队

铜仁地区公安消防支队铜仁市大队

毕节地区公安消防支队

贵州省公安厅警卫局警卫队

贵州省双拥工作领导小组、贵州省民政厅、贵州省人力资源和社会保障厅、贵州省军区政治部关于表彰省拥军优属先进个人、拥政爱民先进个人以及烈军属和复员退伍军人先进个人的决定

黔拥〔2011〕2号

（2011年3月31日）

2007年全省第六次双拥模范城（县）命名表彰大会以来，在中共贵州省委、贵州省人民政府、贵州省军区的正确领导下，全省军（警）民高举邓小平理论和“三个代表”重要思想伟大旗帜，认真贯彻落实科学发展观，坚持走军民融合式发展路子，积极投身双拥工作实践，为增进军政军民团结和部队全面建设做出了突出贡献，涌现出了一大批具有时代特色的先进典型人物。为表彰先进，树立典型，推动拥军优属、拥政爱民工作的深入持久开展，省双拥工作领导小组、省民政厅、省人力资源和社会保障厅、省军区政治部决定表彰李忠等48名同志为“拥军优属先进个人”、周明等42名同志为“拥政爱民先进个人”，陈松等30名同志为“烈军属和复员退伍军人先进个人”。

被表彰的拥军优属先进个人、拥政爱民先进个人及烈军属和复员退伍军人先进个人是新时期我省双拥工作的优秀代表，是广大军（警）民学习的榜样。希望被表彰的同志继续发扬成绩，再接再厉，不断取得双拥工作新成绩。全省广大军（警）民要以他们为榜样，学习他们自觉维护军政军民团结，维护和谐稳定大局的政治觉悟；学习他们热爱党、热爱祖国、热爱人民、热爱人民军队的崇高精神；学习他们无私奉献、顾全大局，自觉为党、国家和军队分忧、为人民群众造福的崇高品德；学习他们与时俱进，创新工作的进取精神。

让我们紧密团结在以胡锦涛同志为总书记的党中央周围，抢抓机遇，齐心协力，坚持军民融合式发展，扎实做好新形势下的拥军优属、拥政爱民工作，进一步巩固和发展军政军民同呼吸、共命运、心连心的大好局面，为推进贵州经济社会又好又快、更好更快发展和部队全面建设做出新的更大贡献。

一、拥军优属先进个人48名：

李　忠　贵阳市委常委、副市长

谢红生　贵阳市民政局局长

石　洪　修文县委书记

黄秋斌　息烽县委书记

李晓健　遵义市民政局优抚安置科科长

曾亚鸣　遵义市军粮供应站站长

李　梅　遵义市文体局群文科科长

杨　忠　遵义县双拥办主任科员

王文玉　汇川区洗马旅社负责人

吕贵平　六盘水市工商业联合会党组书记

郭显元　六枝特区民政局局长

李　明　钟山区副区长

谢开亮　水城县人大常委会副主任、县民政局局长

胡　勇　盘县民政局副局长

吴　松　安顺市民政局社会事务和慈善促进科科长（优安科原科长）

杨福明　西秀区民政局局长

王国财　平坝县康信建筑公司项目经理

杨　艳　普定县城关镇民政办主任

黄　恩　安顺开发区西航办社会事务办主任

赵　毅　毕节地区双拥办主任

叶建虹　毕节市卫生局局长（市民政局原局长）

谢家华　黔西县政协党组成员（县民政局原局长）

马良才　金沙县民政局副局长

高　青　织金县县长

赵贡桥　石阡县委书记

刘玉伦　铜仁地区编委办主任

张兴文　铜仁市民政局局长

杨正义　德江县复兴乡社会事务办主任

洪加芝　玉屏侗族自治县平溪镇紫气山社区主任

洪金洲　凯里市委副书记、市长

罗朝明　从江县丙妹镇党委书记

王引明　凯里汽车运输总公司副总经理

吴金建　黔东南州民政局基政科科长（优安科原科长）

罗琼珍　镇远县民政局优安股股长

范　华　兴仁县县长

张　剑　贞丰县沙坪乡政府工作人员

何　武　晴隆县民政局局长

谭显荣　册亨县民政局局长

李红玉　安龙县民政局优安股负责人

高金林　黔南州委常委、都匀市委书记

严　肃　平塘县委书记

赵军华　贵州民德实业公司董事长

涂国忠　罗甸县董当乡副乡长

刘　璇　福泉市个体工商户

刘晓吾　省委办公厅一处副处长

贺杨杨　省政府办公厅七处工作人员

周可君　省公安厅政治部主任科员

韩克定　省粮食军局军粮供应办公室主任

二、拥政爱民先进个人 42 名：

周　明　花溪区人武部政委

肖宁舟　仁怀市人武部政委

冉学荣　毕节市人武部部长（织金县人武部原部长）

王兆亮　岑巩县人武部政委

李明杰　安顺军分区政治部主任（兴义军分区政治部原主任）

黄　杰　平塘县人武部政委

方奇政　盘县人武部部长

段卫星　省军区政治部秘群处副处长

王朝晖　总装工程兵驻贵阳军代室副总军事代表

张福林　95402 部队政委

杨永存　海军驻贵阳地区航空军事代表室总代表

陈　亮　96217 部队副政委

彭七明　78409 部队政治部主任

黄小祥　78088 部队 70 分队三营营长

陈天国　武警贵州省总队直属一支队工化中队中队长

周　星　武警贵州省总队直属二支队一中队指导员

王文斌　武警贵阳市支队十中队副中队长

王玉龙　武警遵义市支队习水县中队班长

肖　峰　武警安顺市支队紫云县中队指导员

周　林　武警毕节地区支队大方县中队指导员

麻东强　武警铜仁地区支队思南县中队指导员

令狐小超　武警黔南州支队五中队班长

彭　湖　武警黔东南州支队麻江县中队中队长

李书红　武警黔西南州支队政治委员

夏四红　武警六盘水市支队一中队代理排长

李松林　武警贵州省总队司令员汽车中队指导员

肖　宁　武警贵州省总队政治部秘群处处长

杨福杰　武警贵州省总队后勤部后勤基地副主任

崔艳凤　贵州省公安厅政治部现役办计划调配处处长

杨俊杰　贵州省公安边防总队政治部干事

蒋宝云　贵州省公安边防总队勤务中队指导员

胡万祥　贵阳市公安消防支队南明区大队大队长

谢　涛　遵义市公安消防支队凤冈县大队指导员

徐　忠　安顺市公安消防支队政治委员

殷华斌　六盘水市公安消防支队政治处副主任

鄢新平　黔东南州公安消防支队从江县大队副中队长

罗祖亮　黔西南州公安消防支队望谟县大队消防中队

王志强　铜仁地区公安消防支队石阡县大队

黄必开　毕节地区公安消防支队政治处主任

李世永　贵州省公安消防总队司令员警务处处长

朱晓军　贵州省公安厅警卫局警卫队副队长

简　超　贵州省公安厅警卫局政治处干事

三、烈军属和复员退伍军人先进个人30名：

陈　松　贵阳市花溪区青岩镇东街社区居民

吴忠华　贵阳市乌当区羊昌镇甲冈村村民

李　俊　贵阳市清镇市红枫湖镇社会事务办工作人员

桂　勇　开阳县金中镇茶园村村主任

唐超一　贵州省超一集团公司董事长

赵锦珠　遵义市老城小学退休教师

袁定敏　遵义县龙坪镇人民政府副主任科员

杨永刚　湄潭县银柜山茶场场长

张德华　安顺市西秀区东关办新哨村退伍军人

胡明臣　紫云布依族苗族自治县猫营镇龙场村党支部书记

黄德贤　六盘水市钟山区大湾镇海开村党支部书记

彭亮超　六盘水市鸿瑞汽车销售服务有限公司总经理

芶　平　六枝特区郎岱会镇青龙村党支部书记

张　平　纳雍县民政局救灾股股长

刘向阳　威宁县民政局优抚安置股股长

谭家立　赫章县社会救助局办公室负责人

张吉超　铜仁市鱼塘乡鱼塘村村民

张永富　铜仁全通汽车运输有限责任公司松桃分公司经理

黄建国　榕江县大十字社区居民

杨冬秀　天柱县白市镇中寨村村民

潘　林　丹寨俊建实业有限公司

韩善祥　黎平县文广局退休职工

顾友华　兴义市大不同商贸有限公司董事长

韦定录　望谟县桑郎镇八合村党支部书记

李隆科　长顺县广顺镇北场社区村民

吴春花　三都县三合镇第四社区人口与计生办主任

李　松　福泉市道坪镇道坪村村委主任

周　宇　省疾控中心车队队长

胡　旸　省招考中心

陈亚红　省教育厅办公室

西藏自治区双拥工作领导小组、自治区民政厅、西藏军区政治部关于授予双拥模范城（县）荣誉称号的决定

（2011年12月9日）

各行署、拉萨市人民政府，各县（市、区）人民政府，自治区各委、办、厅、局，西藏军区司、政、后、装，各军分区（旅）：

2007年全区第九次双拥模范城（县）命名表彰大会以来，在自治区党委、政府的正确领导下，全区党政军警民通过广泛深入持久地开展创建双拥

模范城（县）活动，进一步密切了军政军民关系，加强了军政军民团结，促进了社会主义物质文明、政治文明、精神文明建设，为实现我区经济跨越式发展和社会局势长治久安，巩固祖国西南边陲，取得了显著成绩，涌现出一批军民共建的先进典型，谱写了一曲曲新时代的颂歌。

为表彰先进，树立榜样，推动我区双拥工作的不断发展，西藏自治区人民政府、西藏军区决定，授予拉萨市等37个市、县（区）“西藏自治区双拥模范城（县）”荣誉称号。

全区各级各部门和驻藏人民解放军及武警部队要向先进典型学习，牢固树立拥军优属、拥政爱民意识，以心协力，共筑国防建设钢铁长城。同时，希望被授予双拥模范城（县）称号的市县（区），要珍惜荣誉，发扬成绩，再接再厉，为进一步推动全区双拥工作做出新的更大贡献。

附件：西藏自治区双拥模范城（县）名单

附件

西藏自治区双拥模范城（县）名单

拉萨市：拉萨市、城关区、堆龙德庆县、墨竹工卡县

日喀则地区：日喀则市、吉隆县、定结县、亚东县、岗巴县、江孜县、萨嘎县、康马县、定日县

山南地区：错那县、隆子县、乃东县、洛扎县、浪卡子县、曲松县

林芝地区：林芝地区、林芝县、波密县、察隅县、工布江达县

阿里地区：日土县、普兰县、措勤县、革吉县

昌都地区：昌都县、芒康县、贡觉县、江达县、边坝县

那曲地区：比如县、嘉黎县、申扎县、班戈县

西藏自治区双拥工作领导小组、西藏自治区民政厅、西藏军区政治部关于表彰爱国拥军模范单位拥政爱民模范单位的决定

（2011年12月9日）

各地行署、拉萨市人民政府，自治区各委、办、厅、局，人民团体：

自2007年全区第九次双拥模范城（县）命名表彰大会以来，在自治区党委、政府、西藏军区的正确领导下，我区各地各部队以邓小平理论和“三个代表”重要思想为指导，紧紧围绕改革发展稳定和军队建设，深入开展拥军优属、拥政爱民活动，群众性双拥工作蓬勃发展，全民国防教育深入扎实，军地相互支持更加有力，优抚安置政策得到较好落实，军民共建成效显著，不断激发了广大军民爱国拥军、爱民奉献的政治热情，军民携手，团结协作蔚然成风，涌现出了一大批具有时代特色的先进集体。为表彰先进，树立典型，推动拥军优属、拥政爱民工作持续深入发展，自治区双拥工作领导小组、自治区民政厅、西藏军区政治部决定，授予自治区人力资源和社会保障厅军官转业安置处等21个单位爱国拥军模范单位称号，授予西藏军区总医院等21个单位拥政爱民模范单位称号。

各地各部队要以他们为榜样，着眼于推进西藏经济跨越式发展和军队现代化建设，筹划和开展双拥工作，拓宽领域，丰富内容，提高标准，巩固和发展军政军民团结的大好局面。希望受到表彰的单位再接再厉，开拓进取，不断创造新经验，取得新成绩，为全面建设小康西藏、平安西藏、和谐西藏和推动中国特色军事变革做出新贡献。

附件：爱国拥军模范单位、拥政爱民模范单位名单

爱国拥军模范单位、拥政爱民模范单位名单

爱国拥军模范单位：

拉萨市人力资源和社会保障局

拉萨市双拥办

日喀则地区康马县民政局

日喀则地区聂拉木县樟木镇人民政府

日喀则地区财政局

山南地区双拥办

山南地区隆子县民政局

林芝地区朗县仲达镇人民政府

林芝地区墨脱县背崩乡人民政府

阿里地区象雄艺术团

昌都地委办公室

昌都地区财政局

那曲地区民政局

那曲地区移动分公司

自治区人民检察院

自治区党委宣传部国防教育办公室

自治区人力资源和社会保障厅军官转业安置处

西藏人民广播电台

自治区人工影响天气中心

自治区交通厅广宇站务有限公司柳梧汽车站

自治区交通厅公路局日喀则公路分局聂拉木公路段

拥政爱民模范单位：

西藏军区总医院

西藏军区 77561 部队

西藏军区 77678 部队

西藏军区 77680 部队

西藏军区 77629 部队

西藏军区 77643 部队

西藏军区 77663 部队

西藏军区 77556 部队

西藏军区日喀则军分区

武警西藏总队那曲地区支队

武警西藏总队林芝地区支队

武警西藏总队拉萨市支队一大队十六中队

武警西藏总队医院外一科

空军 95662 部队

公安边防总队日喀则边防支队帕里边防派出所

公安边防总队林芝边防支队鲁霞边防派出所

公安消防总队拉萨支队布达拉宫大队

公安消防总队那曲地区消防支队安多县大队

武警西藏森林总队那曲地区森林大队

武警交通第四支队

武警水电三总队拉萨指挥部

西藏自治区双拥工作领导小组、西藏自治区人力资源和社会保障厅、西藏自治区民政厅、西藏军区政治部关于表彰爱国拥军模范拥政爱民模范的决定

（2011 年 12 月 9 日）

各地行署、拉萨市人民政府，自治区各委、办、厅、局，人民团体：

自 2007 年全区第九次双拥模范城（县）命名表彰大会以来，在自治区党委、政府、西藏军区的正确领导下，全区军民坚持以邓小平理论和“三个代表”重要思想为指导，认真贯彻党中央、国务院、中央军委关于加强军政军民团结的指示精神，立足本职岗位，自觉投身双拥工作实践，为增进军政军民团结，促进我区改革发展稳定和军队建设做出了积极贡献，涌现出了一大批适应形势发展要求，具有时代特色的先进典型。为表彰先进，树立典型，更加广泛深入持久地开展拥军优属、拥政爱民活动。自治区双拥工作领导小组、自治区人力资源和社会保障厅、民政厅、西藏军区政治部决定，授予多吉平措等 12 名同志爱国拥军模范称号，授予彭燕等 12 名同志拥政爱民模范称号。

爱国拥军模范、拥政爱民模范，是全区双拥工作的优秀代表，是广大军民学习的榜样。希望受到表彰的同志戒骄戒躁，发扬成绩，再接再厉，争取更大的光荣。全区军民要学习他们热爱党、热爱祖国、热爱人民和热爱人民军队、自觉维护军政军民团结的崇高境界；学习他们无私奉献，自觉为国家和军队分忧、为人民群众造福的高尚品德；学习他们与时俱进，创造性开展工作的进取精神。努力做好新形势下拥军优属、拥政爱民工作，进一步巩固和发展同呼吸、共命运、心连心的大好局面。

附：爱国拥军模范、拥政爱民模范名单

西藏自治区双拥工作领导小组
西藏自治区人力资源和社会保障厅
西藏自治区民政厅　西藏军区政治部
二〇一一年十二月九日

爱国拥军模范、拥政爱民模范名单

爱国拥军模范：

拉萨市当雄县羊八井镇镇长多吉平措

拉萨市八廓街道办事处副主任多吉

日喀则地区岗巴县副县长巴桑旺堆

日喀则地区萨迦县民政局局长普布塔松

山南地区乃东县民政局局长普布曲珍

林芝地区米林县民政局局长才拉

林芝地区民政局优抚安置科科长杨红梅

阿里地区札达县达巴乡乡长普布次仁

那曲地区安多县人大常委会副主任、原安多县民政局局长布多

昌都地区芒康县民政局局长拉姆

西藏大学经济与管理学院党委副书记孔庆萍

西藏双拥画册责任编辑赵艳志

拥政爱民模范：

西藏军区那曲军分区门诊所护师彭燕

西藏军区 77626 部队 113 分队中士梁玉才

西藏军区 77526 部队 80 分队副政治教导员

达娃

西藏军区77616部队卫生队队长孟建明

西藏军区司令部动员处处长刘建勋

武警西藏总队政治部秘群处干事次仁桑珠

武警西藏总队区域训练基地干事伊比热衡

空军95532部队副参谋长拉巴次仁

公安边防总队普兰边防检查站站长普布旺堆

公安消防总队拉萨市消防支队色拉寺大队大队长扎西见才

武警森林总队政治部秘群科科长胡学山

武警交通第四支队二大队六中队中队长张豪

甘肃省委、甘肃省政府、甘肃省军区关于命名全省双拥模范城（县）和表彰双拥模范、双拥工作先进单位、先进个人的决定

甘发〔2011〕12号

（2011年10月9日）

2006年以来，全省军民坚持以邓小平理论和“三个代表”重要思想为指导，认真贯彻落实科学发展观，紧紧围绕全省改革发展稳定大局和部队全面建设，深入开展拥军优属、拥政爱民活动，形成了党委领导、政府主导、部门协作、军地配合、群众参与的双拥工作新格局，进一步巩固和发展了同呼吸、共命运、心连心的新型军政军民关系，尤其是在抗击“5·12”特大地震、舟曲特大山洪泥石流灾害中，军民同心同德，风雨同舟，攻坚克难，夺取了一个又一个重大胜利，为加快全省经济社会发展和部队全面建设做出了积极贡献。同时，涌现出了一批具有时代特色的双拥先进典型。

为表彰先进，树立榜样，推动全省拥军优属、拥政爱民工作更加广泛深入地开展，省委、省政府、省军区决定：授予兰州市等21个市（区）“双拥模范城”荣誉称号；授予榆中县等41个县“双拥模范县”荣誉称号；授予徐安洲等40名同志“双拥模范”荣誉称号；授予兰州市人社局等120个单位“双拥工作先进单位”荣誉称号；授予魏万君等120名同志“双拥工作先进个人”荣誉称号。

希望受到命名表彰的单位和个人珍惜荣誉，戒骄戒躁，再接再厉，开拓进取，以拥军优属、拥政爱民模范行动和表率作用，为促进我省实现跨越式发展做出更大的贡献，争取更大的光荣。全省各地、驻甘部队和广大军民要以双拥模范、先进单位、先进个人为榜样，适应新形势、新任务的要求，坚持以科学发展观为指导，着眼于推进甘肃经济社会又好又快发展和中国特色军事变革，立足基层、夯实基础，务实创新、扎实工作，不断巩固和发展军政军民团结的大好局面，促进国防建设与经济建设协调发展，为加快我省经济建设、政治建设、文化建设、社会建设和驻甘部队全面建设做出新的更大贡献！

附件：甘肃省双拥模范城（县）和双拥模范、双拥工作先进单位、先进个人名单

（此件发至县）

甘肃省双拥模范城（县）和双拥模范、双拥工作先进单位、先进个人名单

一、甘肃省双拥模范城（县）名单

（一）双拥模范城

兰州市、兰州市城关区、兰州市西固区、兰州市七里河区、兰州市安宁区、兰州市红古区、嘉峪关市、金昌市、酒泉市、玉门市、敦煌市、张掖市、武威市、白银市、天水市、天水市秦州区、天水市麦积区、平凉市、庆阳市、定西市安定区、临夏市。

（二）双拥模范县

榆中县、永登县、永昌县、金塔县、瓜州县、肃北县、民乐县、山丹县、肃南县、古浪县、天祝县、民勤县、会宁县、靖远县、景泰县、甘谷县、武山县、清水县、秦安县、崇信县、静宁县、灵台县、正宁县、镇原县、华池县、环县、临洮县、陇西县、漳县、岷县、礼县、成县、西和县、徽县、两当县、康县、夏河县、卓尼县、永靖县、康乐县、积石山县。

二、双拥模范名单

（一）爱国拥军模范

徐安洲　中石油兰州石化公司武装部副部长
金　光　甘肃温商投资集团董事长
张宝林　兰州公交集团武装部部长
郭　健　嘉峪关市新华街道办事处党委书记
宋　平　金昌市民政局局长
马建邦　甘肃巨龙供销（集团）股份有限公司总经理
王斌元　金塔县民政局局长
石作祺　张掖市甘州区小满镇镇长
张学军　武威信息工程学校校长
李光文　甘肃荣光房地产开发有限公司董事长
王　华　天水市秦州区东关街道办事处主任
蒲　军　天水市麦积区区委书记
王宗良　静宁县县委书记
张世勇　平凉市公交公司党总支副书记
高　扬　庆阳市双拥办副主任
常玉英　通渭县义岗镇东南村村民
蒋巧娥　文县嘉诚农副产品有限公司经理
李九地　迭部县洛大乡查居村村民
马正明　临夏市枹罕镇后杨村党支部书记
陈永红　中核四〇四有限公司第四分公司经理

（二）拥政爱民模范

吕　军　兰州军区联勤部政治部组织处干事
王洪来　中国人民解放军68011部队政委
张　云　中国人民解放军68315部队政治处副主任
别新宇　中国人民解放军68222部队政委
周和保　中国人民解放军68206部队71分队教导员
杨传科　中国人民解放军95844部队协理员
柴细保　中国人民解放军94129部队政治部副主任
李亚民　中国人民解放军63600部队政治部秘群处干事
李　毅　酒泉军分区政治部干事
沈永贵　会宁县人武部政委
张建峰　庆阳军分区政治部干事
李荣会　武警甘肃省总队第二支队副政委
陈春和　武警8674部队政委
李建忠　武警嘉峪关市支队政治处主任
黄晓东　武警张掖市支队政治处副主任
初占高　武警天水市麦积区中队中队长
谢文涛　武警陇南市支队政委
韩　有　武警舟曲县中队士官
管晓东　金昌市公安消防支队政治处干事
杨　华　天水市公安消防支队政委

三、双拥工作先进单位名单

(一）拥军优属工作先进单位

兰州市人社局
兰州市城关区就业局
榆中县城关镇
永登县中川镇
兰州市西固区陈坪街道办事处
兰州市安宁区刘家堡街道办事处
兰州市红古区海石湾镇
酒泉钢铁（集团）有限责任公司
金川集团公司
永昌县河西堡镇
酒泉市委宣传部
酒泉市公安局
酒泉市肃州区果园乡
酒泉市肃州区东南街道尚武街社区
玉门市民政局
肃北县教育局
张掖市民政局
张掖市人社局
张掖市甘州区火车站街道办事处
临泽县沙河镇
高台县民政局
山丹县第一中学
武威市凉州区民政局
武威市第十八中学
天祝藏族自治县华藏寺镇
古浪县土门镇
民勤县民政局
会宁县红军会宁会师旧址管理委员会
甘肃银光化学工业集团有限公司
白银市白银区四龙路街道办事处
天水市委办公室
天水市政府办公室
天水市委宣传部
天水市政法委
天水市民政局
中国建设银行天水市分行
平凉市委宣传部
平凉市民政局
平凉市公交公司
崇信县锦屏镇党委
静宁县民政局
庆阳师范学校附属小学
庆阳市财政局
环县曲子镇
正宁县榆林子镇
宁县焦村乡
镇原县临泾乡
庆城县庆城镇北关社区居委会
定西市安定区委宣传部
陇西县军用饮食供应站
定西市临洮农校
漳县民政局
岷县人社局
陇南市财政局
陇南市武都区人社局
西和县西峪乡
康县民政局
成县店村镇党委
甘南州发展改革委员会
甘南州合作市通钦街道办事处
卓尼县扎古录镇
迭部县民政局
夏河县民政局
临夏州中心血站
中国电信临夏分公司
广河县第一少年军校
康乐县胭脂镇
临夏州临夏市红园街道办事处
积石山县民政局
甘肃矿区
省发改委国民经济动员办公室
省教育厅
省工信委机关后勤服务中心
省公安厅治安警察总队派出所指导科

省国土资源厅人事处
省交通战备办公室
甘肃省歌舞剧院
省广电总台安全保卫部
兰州铁路局
中国建设银行甘肃省分行
（二）拥政爱民工作先进单位
中国人民解放军 68313 部队
中国人民解放军 68203 部队
中国人民解放军 62216 部队
中国人民解放军 68303 部队
中国人民解放军 68221 部队
中国人民解放军 68073 部队
中国人民解放军 68202 部队
中国人民解放军第七医院
中国人民解放军 95861 部队一区指控站
中国人民解放军 95876 部队
中国人民解放军 96363 部队
中国人民解放军 63600 部队安西测量站
省军区通信站
兰州警备区
阿克塞县人武部
临泽县人武部
天水预备役旅
平凉军分区政治部
庆阳军分区
庆阳市西峰区人武部
定西军分区政治部
通渭县人武部
成县人武部
文县人武部
康县人武部
省军区甘南骑兵连
武警 8670 部队
武警甘肃省总队第二支队
武警甘肃省总队第三支队
武警华池县中队
武警渭源县中队
武警永靖县中队
武警平凉市森林支队
武警陇南市森林支队
瓜州县公安消防中队
白银市公安消防支队
灵台县公安消防大队
庆阳市公安消防支队
定西市公安消防支队
甘南藏族自治州公安消防支队

四、双拥工作先进个人名单

魏万君　兰州市教育局干部
丁丙午　榆中县水务局局长
席建新　永登县城关镇党委书记
闫富莲　皋兰县西岔镇民政助理员
王立元　兰州市城关区东岗街道办事处党委书记
王茂昌　兰州市安宁区安宁西路街道办事处党委书记
吕作贵　嘉峪关市大友企业公司总经理
何奇昌　永昌县民政局副局长
陶发元　金昌市财政局副局长
郭梦林　金川集团公司高级政工师
王　瑛　酒泉市双拥办副主任
魏生功　金塔县鼎新镇党委书记
刘金香　金塔县航天镇党委书记
张华耀　中节能（甘肃）风力发电有限公司总经理
刘　英　瓜州县渊泉镇干部
纪永元　敦煌市阳关博物馆馆长
萨丽达　阿克塞县民族新村社区主任
李金花　酒泉市民政局副局长
吴哲玉　张掖市双拥办干部
王洁岚　临泽县县委书记
张奋杰　高台县人社局局长
郑树椿　山丹县位奇镇武装部部长
赵惠琴　民乐县县长
王建军　肃南县民政局局长
安玉山　武威市凉州区武南镇干部

李志刚　古浪县泗水镇镇长
仲生爱　民勤县三雷镇党委书记
徐生林　天祝藏族自治县民政局副局长
闫培庆　景泰县财政局局长
房　库　靖远煤业集团有限责任公司武装部部长
洪维政　白银市双拥办副主任
李炳忠　白银市白银区强湾乡川口村村主任
张笑青　天水市教育局副局长
胡敬东　天水市财政局副局长
郭士全　天水市人社局自主择业军转干部管理服务中心副主任
徐有祥　秦安县双拥办副主任
温利平　甘谷县县委书记
荀茂同　武山县民政局局长
王振宇　清水县县委书记
苏永平　张家川县胡川乡党委书记
任增禄　华亭县县委书记
李武战　平凉市民政局干部
魏向迥　平凉日报社新闻部主任
杨东峰　泾川县民政局局长
马广智　平凉市崆峒区清真北大寺管委会主任
闫永强　平凉市崆峒区四十里铺镇清街村党支部书记
岳士惠　庄浪县南湖乡干部
田庆林　庆城县人社局局长
李生贵　环县民政局局长
梁　鹏　华池县财政局局长
刘海宁　合水县老城镇党委书记
张文博　正宁县山河初级中学副校长
邢德道　镇原县太平镇民政助理员
安高奎　庆阳市西峰区肖金镇党委书记
李文林　定西市安定区石峡湾乡党委书记
殷瑞成　陇西县民政局局长
张维良　通渭县县委宣传部副部长
薛弘毅　漳县“八一爱民学校”校长
马勺不　岷县马勺不特色新疆拌面餐馆经理
张永安　陇南市民政局优抚安置科科长
张　洁　陇南市妇女联合会秘书科科长
胥福元　徽县民政局局长
吕宇飞　西和县姜席镇镇长
鐔　咏　成县鸡峰镇副镇长
石玉红　宕昌县双拥办副主任
李建忠　陇南市武都区城关镇武装部部长
交巴加　碌曲县郎木寺镇武装部部长
赵　琦　甘南藏族自治州合作市勒秀乡党委书记
石　磊　临潭县双拥办主任
安旭林　甘南藏族自治州人社局局长
马国兴　临夏州民政局局长
安华山　临夏市市长
王克强　临夏市民政局优抚股股长
马俊峰　广河县庄禾集镇武装部部长
马海德　康乐县民政局局长
孔维红　永靖县双拥办原专职副主任
马全胜　积石山县人民政府办公室主任
杨燕生　甘肃矿区办事处副主任
张建华　中核四〇四有限公司第一分公司保密保卫部部长
范爱国　省委组织部考核考评办公室主任
丁　禄　省委宣传部宣传处调研员
宋国林　省双拥工作领导小组办公室调研员
田艳清　省财政厅社保处副调研员
丁学德　省绿化委员会办公室综合处处长
王　珺　省民委政策法规处副处长
张　伟　省人社厅就业促进处干部
牛江晖　省司法厅兰州监狱政治处副主任
李清霞　省卫生厅医管处干部
彭延辉　省粮食局省军粮中心副主任
王战平　兰州军区政治部办公室群工处干事
靳建洲　兰州军区空军政治部秘群处干事
易成忠　中国人民解放军 68127 部队政委
孟根沙　中国人民解放军 68510 部队特务连连长
王大学　中国人民解放军 68223 部队政治处干事

杨占军　中国人民解放军68003部队政治部主任
丁　健　中国人民解放军68221部队10分队班长
张智弘　中国人民解放军68077部队政委
吕钊锋　中国人民解放军68231部队政治处干事
朱永康　中国人民解放军94119部队政治处主任
梁玉勇　中国人民解放军96422部队铁路运输营营长
熊友保　中国人民解放军63600部队铁路管理处二营教导员
于少华　省军区政治部秘群处干事
何　松　张掖军分区政治部干事
李合德　平凉军分区政治部干事
孙发义　渭源县人武部政工科科长
吴存金　环县人武部政工科科长
郑　勇　定西军分区政治部干事
郭俊强　陇南军分区政治部干事
吴勇利　临夏军分区政治部干事
赵华俊　甘肃矿区人武部政工科科长
张　峰　武警甘肃省总队政治部秘群处处长
金　磊　武警会宁县中队中队长
李世浩　武警8670部队政治部秘群科科长
王胜友　武警8673部队政委
张玉涛　武警庆阳市西峰区中队指导员
尉晨海　武警定西市支队政治处干事
刘金龙　武警陇南市森林支队合作大队教导员
苗登科　酒泉市公安消防中队中队长
郑永涛　宁县公安消防大队大队长
张　亮　成县公安消防中队指导员

甘肃省双拥工作领导小组、甘肃省军区参加和支援西部大开发领导小组关于表彰民兵预备役暨复退军人创业致富带头人先进个人的决定

甘拥〔2011〕3号

全省培养民兵预备役暨复退军人创业致富带头人活动开展以来，各地各部队认真贯彻中央“融合发展、富民强军”的一系列指示，全面落实省委、省政府、省军区决策部署，广泛深入地开展多种形式的“扶创”活动，并从政策、资金、项目等方面给予了强有力的支持。广大民兵预备役人员和复退军人积极响应号召，保持革命军人政治本色，艰苦创业，勤劳致富，涌现出了一批自主创业的企业家、种植养殖的示范户、农业产业化的领军人物，他们在带领群众共同致富、促进社会和谐稳定、加强民兵预备役建设等方面作出了突出贡献。为表彰先进，树立典型，推动“扶创”活动健康深入发展，经研究决定，对张宁等20名先进个人予以表彰。

希望受表彰的先进个人，珍惜荣誉，再接再厉，在带领广大群众共同致富中做出新的成绩。全省广大民兵预备役人员和复退军人要以他们为榜样，自强自立，创业致富，努力为建设社会主义新农村做出应有的贡献。各地各部队要继续把“扶创”活动作为事关民生的一件大事来抓，作为实现经济建设和国防建设协调发展的实际举措，作为新形势下双拥共建工作的重要载体，认真贯彻落实“庆阳会议”精神，进一步提高认识、强化责任、凝聚合力、真抓实干，以更加有力的措施确保“扶创”活动扎实推进、创新发展、取得实效。

附件：民兵预备役暨复退军人创业致富带头人先进个人名单

二〇一一年九月一日

（此件发至县级）

民兵预备役暨复退军人创业致富带头人先进个人名单

张　宁　退伍军人、兰州新通力汽车服务有限公司董事长

李多河　甘肃陆军预备役高射炮兵师第四团后装处预任副处长、安宁区东门村村委会主任

惠才旺　自主择业军官、嘉峪关鸿升建材有限公司总经理

康岩生　瓜州县八工村民兵连长、村委会主任

张廷虎　退伍军人、金塔康源油脂化工有限公司总经理

姬　鹏　退伍军人、张掖育英学校董事长

张　祯　永昌县流泉村民兵连长、永昌勤奋农机制造厂厂长

李宝学　凉州区小东河村民兵排长、武南光大农业科技推广中心主任

李光文　退伍军人、甘肃荣光房地产开发有限公司董事长

陈　鲁　临夏州民兵应急营机炮连副连长、临夏焕越建筑工程有限公司董事长

斗格加　碌曲县花格村民兵排长、村党支部书记

冯明芝　康县宋沟村民兵连指导员、村党支部书记

曹贵林　退伍军人、甘肃星辰建业公司董事长

骆牧渊　退伍军人、中盐甘肃武阳盐化有限公司企业发展顾问

胡晨光　退伍军人、天水晨光珠绣工艺画有限公司董事长

杨映泉　天水陆军预备役步兵旅汽车连预任指导员、天水元通运输有限公司董事长

靳玉国　退伍军人、静宁陇原红果品经销有限公司总经理

李鹏举　自主择业军官、庆阳新绿园种猪场总经理

杨顺发　退伍军人、庆阳顺发绒山羊繁育场场长

米玉平　退伍军人、西峰区鄢旗肴村民兵排长

甘肃省双拥工作领导小组关于表彰兰州市等 25 个市（县、区）先进双拥办公室的决定

甘拥〔2011〕4 号

近年来，在省委、省政府和省军区的正确领导下，各级双拥工作领导小组办公室以邓小平理论和“三个代表”重要思想为指导，深入贯彻落实科学发展观，紧紧围绕党的中心任务，坚持以促进地方生产力、提高部队战斗力、增强民族凝聚力为目标，认真履行职责，勇于开拓创新，不断加强自身能力建设，充分发挥了参谋助手和指导、协调、服务军地的桥梁纽带作用，为推动全省双拥工作健康发展做出了积极贡献，涌现出了一批先进双拥办公室。为鼓励先进，树立典型，进一步加强双拥办建设，促进双拥创建活动更加广泛深入地开展，省双拥工作领导小组决定对兰州市等 25 个市、县、区先进双拥办公室予以表彰。

希望受到表彰的市、县、区双拥办要保持荣誉，再接再厉，不断进取，再创佳绩，进一步发挥好组织、协调、参谋、指导和服务的职能作用，为

推动全省双拥工作创新发展做出更大的贡献。

二〇一一年九月六日

（此件发至县级）

附件：甘肃省先进双拥办公室名单

甘肃省先进双拥办公室名单

兰州市双拥办
兰州市西固区双拥办
兰州市七里河区双拥办
嘉峪关市双拥办
金昌市金川区双拥办
酒泉市双拥办
酒泉市肃州区双拥办
金塔县双拥办
民乐县双拥办
肃南县双拥办
武威市双拥办
会宁县双拥办
天水市双拥办
天水市秦州区双拥办
天水市麦积区双拥办
平凉市崆峒区双拥办
庆阳市双拥办
庆阳市西峰区双拥办
华池县双拥办
定西市安定区双拥办
礼县双拥办
两当县西坡镇双拥办
甘南藏族自治州双拥办
临夏市双拥办
甘肃矿区双拥办

青海省委、青海省人民政府、省军区关于命名双拥模范城（县）暨表彰双拥模范单位和个人的决定

（2011 年 7 月 28 日）

2008 年以来，全省各级党委、政府和驻青部队坚持以邓小平理论和“三个代表”重要思想为指导，全面贯彻落实科学发展观，按照党中央、国务院、中央军委关于加强军政军民团结的一系列重要指示精神，围绕发展社会生产力、提高部队战斗力、增强民族凝聚力，着眼推动经济建设和国防建设协调发展、促进军民融合式发展，与时俱进开展双拥模范城（县）创建活动，进一步巩固和发展了军政军民团结的良好局面，有力地促进了全省经济社会发展和军队现代化建设。广大军民继承和发扬拥军优属拥政爱民的光荣传统，立足本职工作岗位，自觉投身双拥实践，广泛开展了一系列富有时代特色和高原特点的双拥创建和军民共建活动，努力在推进军地协调发展中通力合作，在促进驻地“四个文明”建设中密切配合，在维护社会稳定、抗击自然灾害中并肩战斗，谱写了军地相互支持、军民携手并进的新篇章。特别是在我省藏区维稳、玉树抗震救灾、格尔木抗洪抢险的关键时刻，全省党政军民团结一心、顽强拼搏，不离不弃、共克时艰，战胜了一个又一个困难，夺取了一个又一个胜

利，显示了军政军民团结的强大力量，涌现出了一大批双拥工作先进典型。为了表彰先进，树立榜样，进一步激发广大军民做好双拥工作的积极性、主动性和创造性，巩固和发展军政军民团结的大好局面，省委、省政府、省军区决定：命名格尔木市等18个市、县、区为双拥模范城（县）；中共青海省委办公厅行政处等30个单位为拥军优属模范单位；湟中县人民武装部等30个单位为拥政爱民模范单位；宋红梅等30名同志为拥军优属模范个人；马晓峰等30名同志为拥政爱民模范个人。

省委、省政府、省军区希望被命名表彰的双拥模范城（县）、模范单位和模范个人，继续保持和发扬拥军优属、拥政爱民的优良传统，珍惜荣誉、勤奋工作，谦虚谨慎、再接再厉，主动适应新形势、新任务、新要求，积极探索新时期双拥工作的新思路、新途径、新办法，进一步拓展双拥工作领域，丰富双拥创建内容，创新双拥活动形式，巩固军政军民团结，以更加扎实的工作、更加务实的作风、更加创新的举措，深入开展双拥创建和军民共建活动，不断推动全省双拥工作在新的起点上健康协调发展，

省委、省政府、省军区号召，全省各级党委、政府、驻军各部队，要以先进典型为榜样，学习他们讲政治、顾大局，自觉维护和加强军政军民团结的高度政治觉悟；学习他们把军队当长城，视人民为父母，为巩固国防、振兴青海努力工作和无私奉献的崇高思想境界；学习他们为促进我省改革发展稳定和部队建设，积极探索、勇于创新的锐意进取精神；学习他们在危难之际、关键时刻，不怕牺牲、冲锋在前的无私奉献精神；学习他们相互支持、团结奋斗、求真务实，努力为部队和优抚对象办实事、做好事的良好工作作风，在全省掀起拥军优属、拥政爱民和创建双拥模范城（县）的新高潮。

省委、省政府、省军区要求，各地、各部队要以这次双拥命名表彰为契机，坚持从维护改革发展稳定大局出发，按照新时期双拥工作的总体部署和要求，进一步加强双拥工作组织领导，完善和落实双拥工作政策法规，加大双拥工作力度，深入持久地开展双拥创建和军民共建活动，努力把全省双拥工作提高到一个新水平，为推动我省跨越发展、绿色发展、和谐发展、统筹发展，加快推进富裕、文明和谐新青海建设做出新的更大贡献。

双拥模范城（县）、双拥模范单位和模范个人名单

双拥模范城（县）（共18个）

西宁市
西宁市城东区
西宁市城中区
西宁市城西区
西宁市湟中县
西宁市大通回族土族自治县
平安县
民和回族土族自治县
乐都县
格尔木市
德令哈市
共和县
贵南县
海晏县
同仁县
门源回族自治县
久治县
玉树县

拥军优属模范单位（共30个）

省委办公厅行政处
省政府办公厅行政处
省委组织部干部一处
省委宣传部宣传处

省发改委
省公安厅治安警察总队
省民政厅
省财政厅
省司法厅
省团省委
省妇联
省交通厅高管局
省人力资源和社会保障厅军转办
省第二军队离退休干部休养所
省图书馆
西宁市湟源县人民政府
西宁市城北区人民政府
西宁市民政局
海东地区民政局
民和县民政局
海西州双拥办
海西州格尔木市西城区行委
海北州民政局
海南州贵德县民政局
黄南州民政局
果洛州民政局
玉树州玉树县民政局
西宁特钢集团公司
青海物通（集团）实业有限公司
中国水利水电第四工程局有限公司

拥政爱民模范单位（共30个）

湟中县人武部
循化县人武部
德令哈市人武部
黄南军分区
玉树军分区
中国人民解放军68710部队
武警青海总队
武警青海总队一支队
武警青海总队玉树州支队
武警青海总队果洛州支队达日中队
武警青海总队海东地区支队循化中队
中国人民解放军62217部队
中国人民解放军第二十二医院
中国人民解放军62214部队
中国人民解放军62212部队
中国人民解放军68060部队
中国人民解放军68062部队
中国人民解放军陆军第四医院
省公安消防总队
省公安消防总队西宁市支队
省公安消防总队海东地区支队
省公安消防总队玉树州支队
省公安边防总队
中国人民解放军96361部队
中国人民解放军96373部队
中国人民解放军93987部队
中国人民解放军68215部队
省警卫局警卫队
青藏铁路公司驻西宁军事代表处
省公安厅政治部现役工作办公室

拥军优属模范个人（共30名）

宋红梅　西宁市城东区人民政府副区长
严　平　西宁市民政局优抚处处长
韩建华　西宁市副市长
张治军　西宁市城北区委书记
董　杰　平安县民政局局长
曹生渊　海东行署副专员
冯得科　德令哈市民政局局长
朱建平　格尔木市委书记
索　洛　祁连县民政局局长
才让太　贵德县委书记
米生兰　海北州民政局副调研员
卓玛端智　海南州民政局局长
洛　阳　玉树州民政局局长
才让端智　尖扎县民政局局长
久　西　甘德县民政局局长兼县双拥办主任
岳建华　省委办公厅常委办主任
金　宁　省政府办公厅行政处副处长
赵以鸿　省委组织部干事

田子誉　省委宣传部副调研员
王　钰　省发改委投资处副处长
更　阳　省民政厅厅长
王　政　省财政厅社保处处长
赵生秀　省人民医院副院长
马　珍　省教育厅体卫艺处副处长
宋卫忠　省民委政策法规处主任科员
周　浩　省公安厅治安警察总队副支队长
罗廷仁　省人力资源和社会保障厅军转办处长
张培海　省通信管理局网络处副处长
金生辉　青海正平公路桥梁工程集团有限公司总经理
宗康昂巷旦排尖参　塔尔寺管委会主任

拥政爱民模范个人（共 30 名）

马晓峰　青海省军区政治部秘群处处长
樊福社　青海省军区卫生办主任
申顺昌　青海省军区预备役旅炮兵团营长
王自立　青海省军区海北军分区主任
左新建　青海省军区贵南县人武部部长
刘宝双　青海省军区久治县人武部政委
杨慧亮　武警青海总队秘群处处长
夏志洁　武警青海总队二支队政委
王建国　武警青海总队海北州支队政委
赵录钧　武警青海总队西宁支队科长
寇　超　武警青海总队四支队工化中队指导员
魏敏兰　武警青海总队西宁指挥学院文化教研室讲师
朱亮洲　青藏兵站部格尔木大站股长
谭明权　青藏兵站部通信总站副政委
陈希建　青藏兵站部格尔木综合仓库班长
毕兆虎　青藏兵站部西宁综合仓库干事
王在军　兰州军区联勤部 25 分部政治部副主任
肖　庆　兰州军区湟源综合仓库政治处主任
何　敏　兰州军区解放军第四医院妇产科主任
张龙超　兰州军区湟源油料仓库政治处主任
范建超　青海省公安消防总队政治部主任
康自福　青海省公安消防总队玉树州支队支队长
任　亮　青海省公安消防总队湟中县大队副大队长
韩虎民　青海省公安消防总队循化大队副教导员
闫贵宏　青海省公安边防总队会计师
范永胜　中国人民解放军 68215 部队副政委
张利君　二炮部队海晏牧场场长
刘焱波　中国人民解放军 93987 部队
杜道静　二炮部队通信团团长
杨吉元　省警卫局警卫队副队长

宁夏回族自治区党委、宁夏回族自治区人民政府、宁夏军区关于命名表彰自治区双拥模范城（县）模范单位和先进个人的决定

宁党发〔2011〕57 号

（2011 年 12 月 7 日）

创建双拥模范城（县）活动是推进双拥工作发展、巩固军政军民团结的重要载体和有效形式。自 2008 年自治区第七次双拥工作命名表彰大会召开以来，全区各级党委、政府和驻宁部队以邓小平理论和“三个代表”重要思想为指导，全面贯彻落实科学发展观，按照党中央、国务院、中央军委

关于加强军政军民团结的一系列重要指示精神，围绕发展社会生产力、提高部队战斗力、增强民族凝聚力，着眼促进军民融合式发展，与时俱进开展双拥模范城（县）创建活动，有力地促进民族团结和社会稳定，为全区经济社会健康发展发挥了积极作用。为表彰先进，激励各地各部队积极适应新形势新任务新要求，努力开创双拥工作新局面，自治区党委、人民政府、宁夏军区决定：命名表彰银川市等12个市、县为“双拥模范城（县）”，神华宁夏煤业集团有限公司等11个单位为“爱国拥军模范单位”，中国人民解放军68612部队等9个单位为“拥政爱民模范单位”，自治区第四人民医院等18个单位为“军民共建先进单位”；姜丽娟等10名同志为“爱国拥军模范”；王志明等9名同志为“拥政爱民模范”；宁龙河等13名同志为“双拥活动优秀组织者”。

自治区党委、人民政府、宁夏军区希望被命名的双拥模范城（县）、模范单位和先进个人，珍惜荣誉，发扬成绩，再接再厉，进一步发挥典型引领和示范带动作用，主动适应新形势、新任务、新要求，为新一轮创建工作再立新功。同时，号召全区各族人民群众、驻宁部队官兵要以典型为榜样，凝心聚力，奋发进取，进一步巩固和发展军政军民团结的大好局面，为推动全区经济和国防建设健康发展做出新的更大贡献！

附件：自治区双拥模范城（县）、模范单位和先进个人名单

自治区双拥模范城（县）、模范单位和先进个人名单

一、双拥模范城（县）（12个）

银川市

石嘴山市

吴忠市

中卫市

灵武市

青铜峡市

贺兰县

平罗县

盐池县

西吉县

隆德县

中宁县

二、爱国拥军模范单位（11个）

神华宁夏煤业集团有限公司

中电投宁夏青铜峡能源铝业集团有限公司

宁夏农垦事业管理局

银川市文化广播电视局

银川市军事供应站

石嘴山市军粮供应站

吴忠市建设局

吴忠中学

青铜峡市裕民街道办事处

固原市工商行政管理局

中卫市医院

三、拥政爱民模范单位（9个）

中国人民解放军68612部队

中国人民解放军68205部队

中国人民解放军68211部队

中国人民解放军68252部队

中国人民解放军第五医院

中国人民武装警察8672部队

中国人民武装警察部队吴忠市支队

中国人民武装警察部队宁夏边防总队

中国人民武装警察部队宁夏消防总队

四、军民共建先进单位（18个）

自治区第四人民医院

自治区地税局

永宁县人民武装部

银川市西夏区第十八中学

银川市兴庆区南关清真大寺

银川市金凤区北京中路街道办事处

银川市兴庆区第三小学

石嘴山陆军预备役工兵团

平罗县城关镇清真寺

中国人民武装警察部队吴忠市消防支队利通中队

吴忠市利通区上桥镇吴南清真大寺

吴忠市利通区高闸镇

青铜峡铝业股份有限公司

彭阳县人民医院

固原市原州区逸挥基金中学

西吉县吉强镇北大寺

中宁县工商局

海原清真大寺

五、爱国拥军模范（10 名）

姜丽娟　银川市兴庆区富宁街西关社区居民

董克仁　贺兰县检察院检察长

周宁瑜　石嘴山市大武口区长城街道办事处鸣沙社区党支部书记

杨淑琴　固原市原州区逸挥基金中学校长

田学福　海原县公安局看守所所长

徐光荣　自治区财政厅社保处处长

党彦宝　宁夏宝丰能源集团有限公司董事长

张海龙　宁夏天源达实业集团有限公司董事长

马金庭　宁夏泰丰镁业有限公司总经理

张　斌　隆德县绿鲜果蔬有限责任公司总经理

六、拥政爱民模范（9 名）

王志明　武警宁夏总队石嘴山市支队政治委员

崔　涛　彭阳县人武部政治委员

郑国轩　68006 部队后勤部部长

鲍志中　93936 部队政治部秘书科正营职干事

肖　军　63726 部队政治部主任

何　健　68216 部队总工程师

方　勇　68261 部队部队长

周维华　68232 部队政治委员

曹世龙　68242 部队部队长

七、双拥活动优秀组织者（13 名）

宁龙河　银川市西夏区民政局双拥专干

张　华　石嘴山市惠农区民政局双拥专干

杨玉梅　吴忠市民政局副局长兼双拥办副主任

李海筠　吴忠市利通区胜利镇党委书记

马继慧　泾源县民政局双拥专干

张希俭　中卫市双拥办专职副主任

王　耘　自治区党委办公厅办公室主任

李　军　自治区政府办公厅秘书四处秘书

王社民　自治区双拥办专职副主任

杨　勇　宁夏军区政治部秘群处正营职干事

徐振军　武警宁夏总队政治部秘群处正营职干事

李庆兵　68079 部队政治委员

杨秀志　68262 部队政治处干事

大 事 记

1月

5日，贵州省双拥工作领导小组召开全体成员会议。会议对省民政厅副厅长、省双拥办副主任陈如昌《关于对申报全省双拥模范城（县）命名单位进行检查考核的情况报告》和《省民政厅、省人力资源和社会保障厅、省军区政治部关于召开全省第七次双拥模范城（县）命名表彰大会的请示》进行了审议。

6日，驻沪三军、武警部队政治部有关部门负责人代表部队首长和全体官兵亲切慰问住院休养的革命功臣，向每一位老人赠送了慰问品和慰问金。

7日，北京市双拥办在世纪剧院举办了首都迎新春双拥电视文艺晚会。市领导郭金龙、蔡赴朝、郑传福、丁向阳，民政部副部长孙绍骋和市双拥办及驻京部队有关领导出席晚会。优抚对象代表和驻京部队官兵2000多人观看了晚会。

7日，上海市双拥办举办2011年驻沪部队政治部领导迎春座谈会，军地双方共叙军民鱼水深情，共商双拥工作大计。

10日，安徽省委书记张宝顺、省长王三运率安徽省党政军慰问团，专程前往南京军区，向部队首长和广大官兵拜年，感谢他们为安徽经济社会发展作出的重大贡献。

10—17日，受云南省委、省政府的委派，由省民政厅郝坚峰副厅长、省老龄委王建新专职副主任、省民政厅巡视员褚正武、省民政厅副巡视员邱常林带队，驻昆部队政治部、省文化馆及州（市）县文艺团体协助，组成4个慰问团，分赴云南省保山、红河、文山、普洱、西双版纳、德宏、临沧、怒江8个边境州（市），开展了2011年春节慰问活动，把省委、省政府和全省4500多万各族群众的问候带给边防子弟兵。

11日，江西省委、省政府、省军区隆重召开了“江西省双拥模范城（县）命名表彰大会”，省委、省人大、省政府、省政协、省军区的领导出席了大会。省委常委、常务副省长、省双拥工作领导小组组长凌成兴代表省委、省政府、省军区作了重要讲话，大会由熊盛文副省长主持。全省各市（县、区）的军地领导和驻昌部队官兵共800余人参加了大会。大会命名表彰了59个双拥模范城（县、区）和5名爱国拥军模范。

13日和17日，山东省委书记、省人大常委会主任姜异康率省拥军优属慰问团，分别到青岛和潍坊走访慰问人民解放军北海舰队、驻青各部队以及驻潍各部队。省委副书记、省政协主席刘伟，省委常委、青岛市委书记李群，省委常委、宣传部长孙守刚，副省长郭兆信等省领导陪同参加有关活动。

16日下午，民政部、吉林省委、吉林省人民政府联合组团，对16集团军进行了慰问，参加人员有民政部部长李立国、副部长孙绍骋，民政部办公厅主任王来柱、优抚安置局局长邹铭、副局长杨国英，吉林省委书记孙政才、省长王儒林、副书记巴音朝鲁、副省长金振吉、省政府秘书长王云岫、副秘书长张大松、省民政厅厅长张晶、副厅长李轩等领导。陪同慰问的部队领导有总政治部副主任贾廷安，总政群工办主任汤奋，沈阳军区副政委马丙泰、政治部副主任王金祥，16集团军军长高光辉、政委王群等领导。慰问团向16集团军赠送了慰问金、写有“勇士部队育英雄”的牌匾。16集团军向民政部回赠了写有“民政为民、服务国防”的牌匾；向吉林省委省政府回赠了写有“心系国防、情注长城”的牌匾。慰问团一行还参观了16集团军军史馆。

17日，山西省委、省政府向驻晋部队全体官兵、优抚对象、军队离退休干部和转业复员退伍军人发出《慰问信》，向他们致以节日的祝贺和亲切的慰问。《慰问信》在山西日报、省电台、电视台播发。

17日，总政治部副主任贾廷安，吉林省副省长金振吉，沈阳军区副政委马丙泰，总政群工办主任汤奋，沈阳军区政治部副主任王金祥，16 集团军军长高光辉、政委王群，吉林省政府副秘书长张大松，民政厅副厅长李轩一行慰问了 16 集团军电子对抗营，参观了该营的后勤建设，并与官兵共进早餐。

17 日，上海市政府举行向驻沪三军、武警部队伤病员和驻海岛部队指战员赠送慰问品仪式，向全体官兵致以新年的问候。

18 日，北京市副市长蔡赴朝、丁向阳分别率领北京市慰问团，先后慰问了海军机关警卫营、空军指挥学院、北京卫戍区防化一团和武警北京市总队二师十一支队。

18 日，河北省委召开议军会议，传达上级军事机关有关会议精神，听取省军区工作汇报，对进一步加强国防后备力量建设问题进行研究。省委书记、省军区党委第一书记张云川，省委副书记、省长陈全国讲话。省领导和省军区领导付志方、刘德旺、赵勇、杨崇勇、臧胜业、张彦欣、苇福成、聂辰席、张越、孙瑞彬、景春华、柳宝全、宋恩华、丁振华、赵海滨、李光聚、李钟铮、邓汉桥、张圣荣等出席。

18 日，吉林省委副书记巴音朝鲁，省民政厅厅长张晶、副厅长李轩、副巡视员刘毓东走访慰问了省军区、空军航空大学，分别送去慰问金及水果。

18 日上午，中央军委授予某部红一连“党支部建设模范连”大会在洛阳召开，济南军区领导，河南省副省长秦玉海，民政厅厅长杨云、副厅长董颍生、双拥办常务副主任常伟等出席会议。

18 日，四川省双拥办主任工作会在宜宾市隆重召开。省双拥办主任、省民政厅副厅长陈克福对 2010 年全省双拥工作进行了总结，就 2011 年全省双拥工作作了重要部署，特别对新一轮全国双拥模范城（县）全省各地的创建工作提出了具体要求。省双拥办副主任、省军区政治部秘书群联处处长杨一平就 2011 年全省双拥创建工作对驻川部队提出了要求和部署。泸州市、宜宾市、遂宁市在大会介绍了各自开展双拥创建工作的先进经验。

18 日，云南省民政厅党组书记、厅长王树芬同志、省军区政治部副主任刘明军大校、省民政厅褚正武巡视员组成的慰问团，带着省委、省政府及全省各族人民和驻滇部队的深情厚谊，对部队移交云南省安置的部分干休所进行了走访慰问，驻滇部队部分后勤单位参加了慰问活动。慰问活动改变以往模式，把召开迎新春座谈会、军休服务工作调研会、入户走访等形式结合起来，对昆明市船房干休所、西山区军休中心、呈贡县干休所和玉溪市干休所军休人员进行了走访慰问，并赠送了慰问金、慰问品和定制的挂历。

19 日，吉林省军区副政委刘伯和到省民政厅拜访了省民政厅厅长张晶、纪检组长王爱平、副厅长李轩、副厅长赵守信、副巡视员刘毓东等厅领导。

19—20 日，山东省人大常委会副主任崔曰臣率省拥军优属慰问团，到烟台走访慰问驻烟部队。

20 日，吉林省委常委、省军区政委常跃，省民政厅副厅长李轩、副巡视员刘毓东，省军区后勤部副部长王亚平，长春警备区司令员张连义、政委孙超，长春市民政局副局长郑秀梅等领导来到长春市太平镇板石村，看望慰问贫困群众和希望小学，向他们送去慰问金和慰问品。

20 日，济南军区副政委王健在山东省副省长郭兆信的陪同下，到市中区党家街道办事处展东村走访慰问了部分复员军人和困难群众。向展东村赠送了帮扶金，向走访对象送上了慰问金和过节用品。

20 日，湖北省党政军领导李鸿忠、王国生、杨松、汪金玉、石宝华等，走访慰问驻鄂部队和武警官兵，向他们致以新春的祝福，与官兵畅叙军政军民深情，共话“双拥”大计和湖北省发展美好前景。晚上，湖北省举办 2011 年迎新春军民联欢晚会。来自省歌剧舞剧院、省京剧院、武汉杂技团和驻鄂解放军、武警部队的演员们表演了具有浓郁地方特色和军旅风格的文艺节目，热情讴歌了军地军民深情厚谊。

21日，吉林省副省长金振吉，省政府副秘书长张大松，省民政厅副厅长李轩、副巡视员刘毓东、优抚处副处长郭义民等慰问了省武警总队，并送去慰问金和水果。省双拥办干事何锋、于明坤参加了慰问。

21日晚，吉林省副省长金振吉在长春市华天大酒店举行了驻吉军级单位主管双拥工作领导座谈会，军地领导共话发展，共商双拥。会后，军地领导共进晚餐。省政府副秘书长张大松，省民政厅厅长张晶、副厅长李轩、副巡视员刘毓东等地方领导，省军区副政委刘伯和，16集团军副政委邵忠海、政治部主任鲁世胜、政治部副主任裴义群，31基地副政委邬欢田、副政委李永福，空军航空大学副政委胡中初、副主任赵恩德，省武警总队副政委张力农、政治部主任马铁军、副主任高峰等部队领导参加了座谈会。

22日下午，浙江省委书记、省人大常委会主任赵洪祝，省委副书记、省长吕祖善，省政协主席乔传秀等率领浙江省党政军代表团专程赴南京军区，向南京军区司令员赵克石、政委陈国令等部队首长和广大官兵拜年，感谢他们为浙江经济社会发展作出的重大贡献。

23—30日，江苏省委书记罗志军，省长李学勇，省委政法委书记林祥国，省委常委、无锡市委书记杨卫泽，省委常委、苏州市委书记蒋宏坤，副省长何权、李小敏等省领导，分别带队走访慰问了驻苏部队、边海防部队和武警部队。

24日，河南省党政代表团赴济南军区慰问并座谈，为他们送去新春佳节的问候和祝福，感谢他们为推动河南经济社会发展、促进社会和谐稳定所作的积极贡献。省党政代表团领导卢展工、郭庚茂、叶冬松、孔玉芳、曹维新、连维良、颜纪雄、毛万春、秦玉海、刘孟合等参加慰问座谈。济南军区领导范长龙、杜恒岩、冯兆举、张鹤田、刘沈扬、王健、吕建成、赵宗岐、张烈英、王军等参加了座谈会。

24—26日，重庆市领导黄奇帆、陈光国、邢元敏、张轩分别率团，到驻渝某集团军、第三军医大学、驻渝空军、总装备部重庆军代局、海军装备部重庆军代局、武警重庆总队、重庆市消防总队、重庆市边防总队、重庆警卫局、后勤工程学院、重庆通信学院、二炮军代局等驻渝部队慰问，并赠送了一批笔记本电脑。

24日，陕西省省长赵正永、副省长朱静芝带领省级相关部门负责同志，走访慰问了武警陕西总队二支队官兵，对广大官兵致以节日的问候，并送去了慰问金

24日下午，陕西省委常委、常务副省长娄勤俭、副省长郑小明在省军区司令员程兵、政委段进虎的陪同下，到省军区直属队看望慰问了广大官兵，并送去慰问金。

25日，北京日报、北京人民广播电台刊播了北京市委、市政府致驻京解放军、武警部队官兵和全市烈军属、残疾军人、复员转业退伍、军队离退休干部的《慰问信》。

25—26日，内蒙古自治区党委书记胡春华深入阿拉善盟，行程2000多公里，看望慰问驻守在阿拉善盟的边防部队、空军某基地和东风航天城的官兵们，对常年坚守在祖国边防一线的解放军官兵致以节日的问候和新春的祝福。

25日，吉林省委书记孙政才在长春市看望了部分老红军、老复员军人、伤残军人、军烈属，走访慰问了省公安消防总队、省公安边防总队官兵。省委常委、省军区政委常跃，副省长金振吉，省委副秘书长、办公厅主任高福平，省公安厅常务副厅长韩英俊，省民政厅厅长张晶等领导参加了慰问。

25日，按照黑龙江省委、省政府统一部署，组织开展由100名基层模范官兵参加的“迎新春·模范官兵喜看第二故乡新变化”活动。张伟、杨喜军、王润增、徐冰出席了活动。省双拥办代表省委、省政府向模范官兵代表赠送了慰问品。

25日，中共中央政治局委员、上海市委书记俞正声，市委副书记、市长韩正等市领导率“上海人民春节拥军慰问团”，分七路走访慰问驻沪三军和武警部队的基层单位，代表市委、市人大、市政府、市政协和全市人民向驻沪部队全体指战员，向

烈军属、残疾军人、转业复员退伍军人、军队离退休干部以及家属致以亲切慰问和节日祝福。

25 日，山东省委书记、省人大常委会主任姜异康，省委副书记、省长姜大明，省委副书记、省政协主席刘伟到济南军区、济南军区空军、省军区和省武警总队机关走访慰问，代表省委、省人大、省政府、省政协和全省人民向驻鲁部队和武警官兵表示诚挚慰问和新春祝福，并向各部队赠送了慰问金。省委常委、济南市委书记焉荣竹，省委常委、秘书长王敏，副省长郭兆信参加活动。

25 日，陕西省委副书记、省双拥工作领导小组副组长王侠，省委常委、省委宣传部长胡悦在集团军主要领导的陪同下，看望了驻陕某集团军高炮旅九连广大官兵，并送去了慰问金。

26 日上午，贵州省委副书记王富玉，省委常委、副省长黄康生、省人大常委会副主任傅传耀，省政协副主席武鸿麟代表省委、省政府对驻黔部队贵州预师、省军区第一干休所、省边防总队、省警卫局进行了慰问，给他们送去了新春的祝福和亲切的慰问。

26 日，吉林陆军预备役炮兵师召开全委会，副省长金振吉、省政府副秘书长张大松、省民政厅厅长张晶参加了会议，并送去春节慰问金。

26 日，黑龙江省副省长、省双拥工作领导小组副组长孙永波，省政府副秘书长、省双拥工作领导小组副组长、省双拥办副主任王大为，省民政厅厅长、省双拥工作领导小组副组长、省双拥办副主任杨喜军，省民政厅巡视员、省双拥办副主任王润增等省市领导慰问武警医院和 211 医院伤病员。

26 日，黑龙江省副省长、省双拥工作领导小组副组长孙永波，省政府副秘书长、省双拥工作领导小组副组长、省双拥办副主任王大为，省民政厅厅长、省双拥工作领导小组副组长、省双拥办副主任杨喜军，省民政厅巡视员、省双拥办副主任王润增等省市领导赴双城慰问关喜志烈士家属及贫困家庭、残疾人家庭、百岁老人。

26 日，福建省委书记孙春兰、省长黄小晶、省政协主席梁绮萍率福建省党政代表团专程前往南京军区，看望慰问部队官兵，共叙军地鱼水深情。南京军区领导王洪光、王教成、宋普选、秦卫江、徐德学、吴刚、蔡英挺、吴长海、杨建华、汪晓荣、周元华，南京军区空军领导乙晓光、贾延明等，省领导袁荣祥、唐国忠、杨岳、于伟国、王美香、苏增添、张志南，驻闽部队领导朱生岭出席座谈会。

26 日下午，山东省副省长郭兆信带领省公安厅、民政厅的负责同志，走访慰问省边防总队、消防总队和警卫局官兵，与部队领导亲切座谈，并分别赠送了慰问金。

26 日，陕西省委常委、省纪委书记、副省长吴登昌走访慰问了驻陕某空军部队，并送去了慰问金。

26 日，陕西省委常委、省委组织部部长李锦斌，副省长姚引良走访慰问了驻陕二炮某基地和集团军某部，并送去了慰问金。

26—27 日，新疆维吾尔自治区党委常委肖开提·依明、自治区副主席贾帕尔·阿比布拉率自治区春节慰问团赴兰州军区和兰空慰问，带去全区 2100 多万干部群众的节日问候，并赠送慰问金。

27 日，黑龙江省委、省政府举办迎新春拥军活动。省委、省政府领导班子成员，省政协、省人大主要领导及省直有关负责同志出席。省委书记吉炳轩出席晚宴，省委副书记杜家毫主持，省长王宪魁致辞，省军区司令员高潮发言，省武警总队总队长夏向庆发言。

27 日，河南省 2011 年春节军政座谈会在郑州举行。省领导与部队领导欢聚一堂，共叙鱼水深情，共迎新春佳节。省委书记、省人大常委会主任、省军区党委第一书记卢展工发表热情洋溢的讲话。座谈会由省委副书记、省长郭庚茂主持。省领导叶冬松、李克、孔玉芳、曹维新、刘春良、尹晋华、秦玉海、张大卫，部队领导刘孟合、颜纪雄、徐经年、张建华、戎贵卿、徐远林、郭斌、牛炳祥、王亚弟、王秀峰、沈涛、刘生辉、李绍山、白银、王明贵、方北群、邱祖平、时峰、张四海等参加座谈会。

28日，北京市在北京饭店召开首都军政座谈会。中共中央政治局委员、市委书记刘淇，中央军委委员、总政治部主任李继耐出席会议并讲话。市委副书记、市长郭金龙主持会议。北京市领导杜德印、王安顺、吉林、李士祥、鲁炜、刘敬民和驻京部队大单位有关领导出席会议。

28日，吉林省党政军领导春节座谈会在长春市举行。省委书记孙政才，省长王儒林，省委副书记巴音朝鲁，省委常委、常务副省长竺延风，省委常委、省委秘书长房俐，省人大常委会副主任、省人大党组书记唐宪强，副省长金振吉，省政协副主席林炎志，省政府秘书长王云岫，省政府副秘书长张大松，省民政厅厅长张晶、副厅长李轩和驻吉副军级以上领导参加了座谈会。

28日，黑龙江省委副秘书长、省双拥工作领导小组副组长、双拥办主任张伟，省民政厅巡视员、省双拥办副主任王润增，省民政厅优抚处长、省双拥办副主任徐冰等慰问肇州光荣院、安达荣院。

28日，受福建省委书记孙春兰、省长黄小晶的委托，省领导于广洲、张志南率领福建省新春拥军慰问团赴浙江宁波，看望慰问东海舰队部队官兵。东海舰队领导苏支前、岑旭、刘毅、顾礼康、严跃进、余献义出席座谈会。

28日晚，济南军区、山东省委、省政府暨济南市委、市政府在山东会堂举行2011年山东军民春节联欢晚会。山东省委书记、省人大常委会主任姜异康，省委副书记、省长姜大明，济南军区司令员范长龙、政委杜恒岩，省委副书记、省政协主席刘伟与2000多名各界代表欢聚一堂，喜迎新春佳节。省领导王仁元、王军民、王敏、柏继民、高晓兵、孙守刚、时立军、贾万志、郭兆信、李兆前、王随莲、乔延春、齐乃贵、王志民、栗甲等出席晚会。省民政厅张国琛厅长、石贤芹副厅长等厅领导参加晚会。

28日，河南省委副书记、省政协主席、组织部部长叶冬松，省委常委、郑州市委书记连维良率省直和郑州市有关部门负责同志到省军区、武警河南总队、解放军信息工程大学、解放军防空兵指挥学院，看望慰问驻豫解放军指战员、武警部队官兵、民兵预备役人员，向他们致以新春的问候和祝福。

27—28日，湖南省委书记、省人大常委会主任、省军区党委第一书记周强，省委副书记、省长徐守盛分别先后到省军区、国防科技大学、武警湖南总队、省公安消防总队看望慰问官兵，送上新春祝福。省领导指出，希望驻湘人民解放军、武警部队官兵、民兵预备役人员继续发扬光荣传统，在抓好部队建设、提高战斗力的同时，坚持以主人翁姿态，积极投身湖南科学发展、富民强省宏伟事业，为推进“四化两型”建设、维护全省改革发展稳定大局作出新的更大贡献。

28—29日，河南省委书记、省人大常委会主任卢展工与省直有关部门负责同志到驻豫部队，为他们送去新春佳节的美好祝福。

28日下午，广西壮族自治区党委、政府在南宁荔园山庄隆重举行2011年自治区党政军迎春座谈会。自治区党委、政府、人大、政协和广西军区、41集团军、武警广西总队等14个单位共60人参加了座谈。座谈会最后，举行了自治区领导向出席会议部队赠送了慰问金。

28日，四川省双拥工作领导小组副组长、省政府副省长张作哈率四川省拥军慰问团，走访慰问了武警四川省总队成都医院、大邑休养院、武警四川省森林总队和解放军452医院，亲切看望慰问了部队官兵、伤病员（休养员）和医护人员。

28日，宁夏回族自治区领导张毅、王正伟、于革胜带领新春拥军慰问组，带着宁夏人民的深情厚意和崇高敬意，走访慰问驻宁人民解放军和武警部队官兵，向他们致以新年的问候和良好的祝愿，并对他们为促进自治区经济发展和社会稳定作出的贡献表示感谢。区领导齐同生、刘慧、蔡国英、王志宏、马金虎、张小素、陈守信、陶源、屈冬玉及有关部门负责人参加了慰问活动。

28日，全国爱国拥军模范、中国十大杰出母亲、“冬古拉玛大妈”、乌恰县吉根乡护边员布茹玛汗·毛勒朵受邀出席 2011 年全国军民迎新春文艺晚会返疆。自治区副主席贾帕尔·阿比布拉、武警新疆边防总队副政委邓永林等军地领导在新疆昆仑宾馆接见布茹玛汗·毛勒朵，高度赞扬布茹玛汗·毛勒朵 40 多年如一日守边护边、爱国爱军的感人事迹，并为她赠送了 1 万元慰问金。

29 日，四川省委副书记李崇禧率省拥军优属慰问团到四川省革命伤残军人休养院看望慰问了在院休养的伤残军人和全院干部职工，并和伤残军人、离退休老同志、干部职工共同观看了伤残军人自编自演的文艺节目。

29 日，山西省双拥工作领导组全体会议在太原市召开。省委副书记、省纪委书记、省双拥工作领导组组长金道铭主持并讲话。省委常委、常务副省长、省双拥工作领导组副组长李小鹏，省委常委、省军区政委、省双拥工作领导组副组长张少华，省军区副政委曾广超，63710 部队副政委张声远等领导出席，省双拥工作领导组成员单位以及省双拥办负责同志参加会议。

29 日，山西省委、省政府、省军区召开省党政军迎春招待会，共叙鱼水深情，同商双拥大计，共同展望山西转型跨越发展的美好前景。省委书记、省人大常委会主任袁纯清，省委副书记、省长王君，省政协主席薛延忠出席招待会，省委副书记、省纪委书记金道铭出席并致辞，省委常委、常务副省长李小鹏主持，驻晋部队师以上单位领导和省双拥工作领导组负责同志共 60 人参加。招待会期间，参会人员还观看了具有山西特色的双拥文艺节目。

29 日下午，内蒙古自治区党委政府武警工作座谈会在呼和浩特召开。自治区党委书记胡春华，自治区党委副书记、自治区主席巴特尔讲话。自治区党委副书记、自治区政协主席任亚平主持会议。自治区党委常委、政法委书记邢云，自治区党委常委、秘书长符太增，自治区副主席赵黎平出席会议。武警内蒙古总队总队长张国兴、政委张如平发言。

29 日下午，安徽省举行省暨合肥市党政军负责同志座谈会。省委书记、省人大常委会主任张宝顺主持会议，省委副书记、省长王三运，省委副书记、省政协主席、省双拥工作委员会主任王明方，省军区司令员许伟分别讲话。省暨合肥市党政军及有关方面领导文可芝、唐国庆、孙金龙、詹夏来、唐承沛、袁斌、周俊、白吕、张梅山、罗亚拉、朱永和、罗忠安等出席会议。省政府秘书长梁卫国及省直有关部门、合肥市有关负责人参加会议。

29 日，河南省委副书记、省政协主席、组织部部长叶冬松率慰问团专程到济南空军机关，代表省四大班子和 1 亿河南人民向济空全体官兵表示亲切的慰问和节日的美好祝愿，并与济空主要领导进行了亲切座谈，共话军民融合发展。

29 日，河南省委副书记、省长郭庚茂带队到开封市看望慰问驻豫部队和优抚对象、困难企业、困难群众等，代表省委、省人大、省政府和省政协向他们表示新春问候，送上美好祝愿。

29 日下午，广东省委、省政府在广州珠岛宾馆隆重举行“2011 年广东省军政迎春茶话会”。中共中央政治局委员、广东省委书记汪洋，广州军区司令员徐粉林中将，广州军区政委张阳上将，省委副书记、省长、省双拥工作领导小组组长黄华华，省人大常委会主任欧广源，省政协主席黄龙云出席茶话会。徐粉林、黄华华分别在会上作了讲话。茶话会由副省长刘昆主持。出席茶话会的还有：广东省委、省政府领导同志朱明国、朱小丹、肖志恒、辛荣国、林雄、梁伟发、张广宁、雷于蓝、佟星、林木声、招玉芳，广州军区和驻粤部队领导同志郑勤、吕丁文、王治民、邢书成、蒋伟烈、高守维、刘良凯、田义功、黄嘉祥、王玉发、贾晓炜、郑卫平、阎力平、韩伟、周为民、尤海涛、蔡多文、陈俨、李世忠、何宏成、崔亚洲、雷盛武、牛跃光、王凌、殷敦平、陈怀树、杨修水、赵永平、丁晓兵、杨长中、南宁，省双拥工作领导小组成员。省民政厅领导有刘洪厅长、饶美奕副厅长。

29 日，贵州省委书记、省人大常委会主任栗战书，省委副书记、省长赵克志，省政协主席王正福，省委常委、省委秘书长张群山组成省拥军优属慰问团，代表省委、省人大、省政府、省政协走访慰问了省军区、省军区第五干休所、省消防总队和省武警总队，向部队官兵和老同志带去了新春的祝福和亲切的问候，并向他们赠送了慰问金。

30日，河北省军民迎新春双拥文艺晚会在省会河北会堂举行。河北省领导及驻冀部队领导梁滨、张彦欣、刘永瑞、聂辰席、苪福成、侯志奎、孙士彬、田向利等与省会军民欢聚一堂，共贺新春。省民政厅厅长古怀璞，副厅长张连忠、王云，省民政厅机关全体干部，厅驻石直属单位领导班子成员，厅应急分队全体人员，双拥模范城（县）代表、双拥先进集体和个人，省双拥领导小组成员单位和部分驻冀部队官兵，晚会演职人员等共1500多人参加了双拥联欢晚会。军民双拥晚会之前，河北省双拥工作领导小组、省民政厅、省军区政治部还在中国大酒店举行了迎新春招待会。

30日，吉林陆军预备役47师召开全委会，省委常委、常务副省长竺延风，省民政厅副厅长李轩参加了会议，并送去春节慰问金。

30日，江苏省军政迎春座谈会在南京举行。省领导和南京军区领导欢聚一堂，畅谈改革发展新成绩，共谋"十二五"科学发展大计，互致新春美好祝愿。31日下午，南京军区领导和江苏省领导在南京举行庆祝建国84周年军政座谈会，畅叙军民鱼水深情，共话双拥发展大计，共庆建军光辉节日。

30日下午，江苏省暨南京市在南京人民大会堂举行了春节军民联欢会，赵克石、陈国令、罗志军、李学勇等军地领导同志与近3000名各界代表欢聚一堂，共迎新春佳节。31日下午，江苏省政府、南京军区政治部、江苏省军区、南京市政府在南京人民大会堂联合举行军民联欢会，共同庆祝中国人民解放军建军84周年。

30日下午，受云南省政府曹建方副省长的委托，省政府蒋兆岗副秘书长、省民政厅王树芬厅长代表省委、省政府到省荣军康复医院看望、慰问集中供养的一、二级残疾军人和医护人员，向他们表示节日的问候，并送去慰问金。

30日，陕西省副省长景俊海走访慰问了总装驻陕某基地，并送去了慰问金。

31日，新疆维吾尔自治区在新疆迎宾馆举行驻乌师旅以上部队军政主官座谈会。自治区党委书记张春贤在座谈会上做了重要讲话。新疆军区政委王建民、武警新疆总队总队长齐保文分别代表驻疆部队官兵讲话。张春贤书记代表自治区向驻疆部队赠送慰问金。

1月开始，北京市围绕全国双拥模范城（县）创建活动，积极做好迎接全国双拥办的检查考评和各项准备工作。制定了《北京市关于迎接全国双拥办检查考核双拥模范城（县）创建工作方案》，起草了4年来北京市开展双拥模范城（县）创建工作总体情况、拥军优属、拥政爱民、为驻京部队服务、军（警）民共建、伤病残退役军人接受安置、退役士兵职业教育和技能培训、拥军优属政策落实情况等11个方面的汇报材料。召开了全市迎检工作部署会，对朝阳区、海淀区及有关街道、社区双拥创建工作进行了抽查。

1月下旬，天津市委、市政府向全市每户烈士遗属赠送200元慰问金和发放一封慰问信。

辽宁省组织开展春节期间走访慰问驻军部队活动。省主要领导分别带队，走访慰问有关驻军部队。

辽宁省召开"迎新春军政座谈会"，省主要领导和驻军首长参加。总结2010年全省双拥工作，安排2011年全省双拥工作任务。

1月受云南省委书记白恩培，省委副书记、省长秦光荣的委托，省委副书记李纪恒，省委常委、省纪委书记李汉柏，省委常委、常务副省长罗正富，副省长曹建方等率领相关职能部门负责人，分别到云南省军区、解放军77200部队、武警云南省总队、解放军96201部队走访慰问。省军区政委杨成熙，解放军77200部队部队长周小周、政委刁国新，省军区副司令员杨金奎，解放军77200部队副部队长刘亚永、赵金松，副政委黄集骧，参谋长王凯、政治部主任何平，解放军96201部队部队长周亚宁，武警云南省总队总队长王诚、政委王海亮等出席慰问座谈会。省财政厅厅长陈秋生，省民政厅厅长、省双拥办主任王树芬，省民政厅巡视员、省双拥办常务副主任褚正武等陪同走访慰问。

江西省召开了省党政军座谈会。以省党政军座谈会的形式慰问驻赣部队。省委书记苏荣、省长吴新雄等省四套班子领导和驻昌部队在职的副军以上领导、师以上单位的军政主官出席了座谈会。

江西省委常委、副省长陈达恒带队、省政府副省长熊盛文分别走访了江西省军区和江西省武警总队及部分驻昌部队，向驻昌部队赠送慰问金。

江西省委书记苏荣、原省长吴新雄率江西人民慰问团，专程赶赴南京军区走访慰问，感谢南京军区对江西的厚爱，感谢人民子弟兵为江西各项建设作出的突出贡献，向南京军区赠送慰问金。

1 月，青海省省委、省政府举行军政领导迎春座谈会。

2 月

12 日，天津市委书记张高丽，市人大常委会主任刘胜玉，市委副书记、市长黄兴国，市委副书记、市政协主席邢元敏，市委副书记何立峰分别带领市有关部门负责人组成慰问团，分五路慰问了驻津解放军、武警部队和光荣院住院老人，向驻津部队基层连队赠送了体育器械。

14 日下午，广西壮族自治区党委书记、人大常委会主任郭声琨和自治区主席马飚率领广西党政代表团走访广州军区机关。广州军区司令员徐粉林、政委张阳等与代表团一行进行了座谈。

22 日上午，济南军区授予杨强同志“抗洪抢险模范干部”荣誉称号命名大会在新乡市隆重举行。济南军区副政委吕建成，河南省委常委、省军区政委颜纪雄，河南省副省长秦玉海、驻新某部政委徐远林、省军区政治部主任吕民松、省民政厅副厅长董颖生等，新乡市军地领导和干部群众代表约 200 多人参加大会。济南军区政治部副主任刘从良宣读了授予杨强同志荣誉称号的命令，会议由省军区司令员刘孟合主持。

22 日，河南副省长刘满仓在新乡市委书记吴天君，市委常委、副市长王晓然等陪同下，到大功引黄灌溉疏通工程（顺河街引水渠）现场，看望慰问战斗在施工一线的“铁军”官兵。

23 日，山东省委常委、省军区政委南兵军，副省长贾万志赴蒙阴县、沂南县看望北京军区、兰州军区抗旱打井部队，并向官兵赠送慰问品。

25 日，河南省委副书记、省长郭庚茂在省军区副政委张守喜，省直有关部门负责同志及新乡市领导吴天君、李庆贵、岳守平、王晓然等陪同下，到封丘县田间地头检查指导抗旱浇麦工作。

25 日晚，河南省委书记、省人大常委会主任卢展工在三门峡会见前来协调兰州军区给水工程团支援河南抗旱打井工作的解放军总政治部副主任贾廷安等部队领导。卢展工代表河南省委、省政府对贾廷安亲临河南协调指导抗旱工作表示欢迎，向中央军委和兰州军区、济南军区、宁夏军区、河南省军区的领导和参加抗旱打井工作的全体指战员表示衷心感谢。

25 日下午，“2010 年广东省军地双拥业务部门迎春座谈会”在广州大厦召开，军地双拥业务部门的新老朋友欢聚一堂，共贺新春，共叙鱼水情深，共商双拥大计，共绘双拥发展蓝图。座谈会由省民政厅副厅长、省双拥办副主任饶美奕主持。省政府副秘书长、省双拥办主任颜学亮发表了热情洋溢的讲话。省双拥工作领导小组军地成员单位的有关领导和驻穗部队各大单位的群工、干部、老干、军（警）务、动员、运输、交战、卫生、劳动人事等部门的负责同志200 多人出席了座谈会，广东省20 多个拥军民间组织的负责同志列席了座谈会。

28 日，解放军总政治部副主任贾廷安一行，赴商河县引黄灌溉清淤工程现场，看望慰问参加施工的济南军区某部官兵。省委副书记、省政协主席刘伟，济南军区副司令员冯兆举，省委常委、省军区政委南兵军，副省长贾万志陪同。

3月

1日，总政治部副主任贾廷安中将一行到沂南县看望慰问兰州军区给水工程团官兵。总政群工办主任汤奋，济南军区副司令员冯兆举，山东省委常委、宣传部长孙守刚，山东省军区司令员郎剑钊，副省长郭兆信一同慰问。

1—3日，河南省民政厅副厅长、省双拥办主任董颖生、省双拥办常务副主任常伟等到三门峡灵宝市、洛阳市嵩县、新乡市封丘县，在有关市领导的陪同下深入抗旱部队所在工地，了解情况，征求意见，协调帮助部队解决实际困难。

6日，济南军区第五批赴苏丹达富尔、第八批赴苏丹瓦乌维和部队成立暨誓师大会在许昌某礼堂举行，71320部队杨玉文、卢长健、张建华、薛君等领导，省人民政府副秘书长詹洪方，许昌市市长张国晖，省民政厅副厅长董颖生，商丘市委副书记张文深，信阳市市委常委、组织部部长乔新江，副市长张继敬，省双拥办常务副主任常伟等领导和3个市民政局、双拥办负责同志及部队官兵500多人参加了大会。许昌市、商丘市、信阳市向维和官兵赠送了10万元的慰问金和部分慰问品。

9日，宁夏回族自治区军（警）民共建文明清真寺座谈会在银川召开。参会的部分市、县双拥办主任和驻宁建制团以上部队主管双拥工作的领导围绕共建清真寺工作进行了座谈讨论。自治区双拥办主任、民政厅厅长马廷礼出席会议并讲话。

11日上午，民政部副部长姜力带领民政部、发改委、教育部、财政部等部门组成的国务院救灾工作组在李江副省长、德宏州委书记赵金等领导的陪同下视察盈江抗震救灾工作，亲切看望慰问奋战在玉锦商贸公司救援一线的特勤消防官兵，对地震救援工作给予了高度赞誉和充分肯定，向参加抢险救灾的驻滇解放军、武警部队官兵致以了亲切问候和衷心感谢。

11日凌晨4时50分，云南省委书记、省人大常委会主任白恩培深入盈江地震灾区现场检查指导抗震救灾工作，并看望慰问现场救援的公安消防部队官兵。省委常委、省纪委书记李汉柏，省委常委、副省长李江，省委常委、省委政法委书记、省公安厅厅长孟苏铁，公安部消防局副局长朱力平等领导陪同慰问。

14—15日，河南省双拥宣传工作会议在开封市召开。会上，对2010年度《河南双拥工作简报》组稿先进单位信阳市双拥办、郑州市双拥办、三门峡市双拥办、新乡市双拥办、漯河市双拥办、南阳市双拥办进行了表彰，6个获奖单位从不同侧面介绍了自己做好双拥信息宣传工作的一些经验，省双拥办常务副主任常伟到会讲话，开封市民政局局长陈英利代表市双拥办致欢迎词。会议召开期间，开封市市委副书记蒋益民等领导看望了与会同志。

15日，山西省双拥工作领导组于1日将拟命名的太原市等59个省级双拥模范（县）名单在《山西日报》进行了为期15天的公示，广泛征求全省广大军民的意见。

18日下午，在云南德宏傣族景颇族自治州盈江县地震灾区视察的中共中央政治局常委、国务院总理温家宝，来到地震灾区盈江县大盈江广场灾民安置点，亲切看望在这里开展抗震抢险和医疗救援工作的驻滇解放军和武警部队官兵。

21日，山东省委书记姜异康，省委副书记、省政协主席刘伟赴商河县，看望慰问支援山东省抗旱的济南军区清淤部队官兵。

21—27日，湖南省双拥办组织全省部分市（县）双拥办以及省军区秘群处的有关同志一行16人，赴山东、上海、广东三地考察学习。

22日下午，驻滇解放军、武警部队向盈江地震灾区捐赠仪式在昆明震庄宾馆举行。云南省接受捐赠办公室、云南省慈善总会正式接受了云南省军区、77200 部队、96201 部队、武警云南省总队、昆明陆军学院、省公安边防总队、省公安消防总队、武警云南省森林总队向盈江地震灾区捐赠的 563.5 万元爱心款。捐赠仪式由省双拥办常务副主任、民政厅褚正武巡视员主持。77200 部队何平副政委、武警云南省总队卢振义副政委、96201 部队张光副政委、省公安边防总队政治部苏放主任、省公安消防总队政治部蔡建波主任、武警云南省森林总队政治部孙树民主任、昆明陆军学院政治部王道学副主任，驻滇部队 100 多名官兵、省民政厅部分干部职工代表出席。

24 日，山东省加强民兵预备役基层建设暨推广“临沭经验”现场观摩会在临沭县召开。济南军区副司令员刘沈杨，省委副书记、省政协主席刘伟，省委常委、省军区政委南兵军，副省长王随莲出席。

25 日，河南省抗旱打井军地协调会在三门峡市召开。会议就如何进一步加强军地协调与配合，做好抗旱打井工作进行会商研究。河南省军区司令员刘孟合、副司令员兼参谋长宋中贵，省政府副秘书长何平，省民政厅副厅长董颍生，省水利厅副巡视员郭坡，省防汛抗旱指挥部办公室主任王国栋，省双拥办常务副主任常伟，宁夏军区副参谋长崔文剑、给水工程团团长宋建荣，以及省直有关部门、洛阳市、三门峡市及灵宝市有关领导参加会议。

28 日，上海市政府副秘书长、市双拥工作领导小组副组长王伟，市民政局副局长华源，市公安局政治部主任俞烈，以及市政府办公厅、市双拥办有关人员前往江苏省镇江市出席南京军区授予 73016 部队 59 分队“世博安保先锋连”荣誉称号命名大会。

29 日，陕西省召开全省双拥工作领导小组全体会议。省委副书记、省双拥工作领导小组组长王侠，省军区政委段进虎，省政府副省长、省双拥工作领导小组副组长姚引良同志出席并讲话。

30 日，吉林省副省长金振吉，省政府副秘书长张大松带领民政厅、公安厅、司法厅、国家安全厅、人力资源和社会保障厅、交通运输厅相关领导赴黑龙江参加黑龙江省、吉林省、16 集团军军地“三联”工作领导小组会议。民政厅张晶厅长、副巡视员刘毓东、公安厅副厅长贺电、国家安全厅副厅长张平、司法厅政治部主任邢庆涛、人社厅副厅长刘学本、交通厅规划处处长孟昕、交警总队副总队长吕成军参加了会议。

30 日，浙江省双拥领导小组全体会议在杭州举行。浙江省委副书记、省长吕祖善出席会议并作了重要讲话。省委常委、省双拥领导小组副组长、省军区政委林恺俊，东海舰队副政委顾礼康，73011 部队副政委王新海在会上作了讲话。会议由省委常委、常务副省长陈敏尔主持。省领导茅临生、陈加元等出席会议。

30 日下午，河南省委常委、省纪委书记尹晋华在驻马店市市委书记化有勋、市长刘国庆、纪委书记贾英豪、市委秘书长武国定等领导同志陪同下来到杨靖宇将军纪念馆、确山竹沟革命纪念馆瞻仰革命先烈，缅怀革命先烈的丰功伟绩。

30 日，宁夏军区召开“百井支农富民”工程总结表彰暨支援地方经济建设工作总结部署会，总政群工办、兰州军区政治部和宁夏军区领导、驻宁建制团以上单位主官参加了会议，自治区党委常委、政府副主席、双拥工作领导小组副组长刘慧出席会议并作重要讲话。

31 日，天津市双拥办在 66178 部队召开天津市经济和社会组织拥军座谈会，市双拥工作领导小组副组长、天津警备区副政委韩宝恒，市双拥工作领导小组成员、市民政局局长张中华，市双拥办主任、市民政局副局长金海龙，市双拥办副主任、天津警备区政治部副主任马杏田，市双拥办副主任、天津警备区双拥共建主任史秀平，市双拥办副主任、市民政局副巡视员程新元出席会议。各区县双拥办主任（副主任），部分经济和社会组织代表参加了会议。

31 日，民政部在江苏徐州召开全国零散烈士纪念设施建设管理保护工作会议。民政部部长李立国到会讲话，江苏省委书记罗志军、省长李学勇就进一步做好全省相关工作提出要求，财政部副部长王军、民政部副部长孙绍骋作工作部署，江苏省委常委、政法委书记李小敏到会介绍全省工作情况。会议期间，全体会议代表瞻仰了淮海战役烈士纪念塔并敬献了花篮，组织实地考察了徐州市烈士纪念设施建设管理保护情况。

31日中午，河南省委书记、省人大常委会主任卢展工在郑州亲切会见李文祥同志先进事迹报告团成员。

31日下午，贵州省委、省政府、省军区在贵阳隆重召开全省第七次双拥模范城（县）命名表彰大会。省委书记、省人大常委会主任栗战书和成都军区副政委刘长银出席会议并讲话。省政协主席王正福出席会议。省委副书记、省双拥工作领导小组组长王富玉作全省双拥工作情况报告，省委常委李军、张群山、黄康生、谌贻琴、宋璇涛、石晓，省人大常委会副主任唐世礼、傅传耀，省军区司令员凌峰，省武警总队总队长王炳深、政委戴建国，省军区政治部主任谢武忠出席会议。石晓代表驻黔部队讲话，副省长、省双拥工作领导小组副组长辛维光主持会议。应邀出席大会的还有武警总部政治部副秘书长万卫华，成都军区政治部副秘书长曾黎明出席会议。省双拥工作领导小组成员单位、各市（州、地）党委、政府分管领导和双拥办负责同志，被命名表彰的双拥模范城（县）、双拥先进单位和个人代表以及部队官兵800余人参加了会议。大会命名了42个省级双拥模范城（县），表彰了双拥先进单位71个，双拥工作先进个人120人。

辽宁省召开全省第23次省双拥工作领导小组全体成员会议，会议总结2010年全省双拥工作，部署2011年双拥工作任务；听取了双拥模范城评选情况，安排2011年双拥模范城评选工作任务。陈希副书记出席会议并作重要讲话。

辽宁省召开全省双拥办主任会议，落实第23次全省双拥工作领导小组成员会议精神，安排和部署全年双拥工作任务。

青海省民政厅党组书记、厅长更阳检查考核西宁市双拥创建工作。

4月

1日，宁夏回族自治区、银川市各界在宁夏解放广场集会，举办“缅怀革命英烈、继承优良传统、争做时代先锋”的清明节主题活动。自治区领导崔波、冯炯华、齐同生、张乐琴向宁夏解放纪念碑敬献花篮，银川市2000余名各界代表参加祭奠活动。

2日，黑龙江省委常委、秘书长刘国中，省人大常委会副主任陈述涛、副省长孙永波、省政协副主席何小平等省市领导祭扫革命烈士墓。

6日，江苏省委副书记朱善璐专程赴省民政厅调研双拥工作。省委副秘书长李敏、副秘书长黄根清，省政府副秘书长徐国柱和省军区政治部副主任顾显强陪同调研。

10日，山东省委书记、省人大常委会主任姜异康，省委副书记、省政协主席刘伟赴沂南县看望慰问支援山东省抗旱打井的北京军区给水工程团和兰州军区给水工程团，赠送了锦旗和慰问金。

13日，天津市双拥办在市民政局召开天津市贯彻落实《双拥模范城（县）创建命名管理办法》和《全国双拥模范城（县）考评标准》学习培训会。市双拥办主任、市民政局副局长金海龙，市双拥办副主任、市民政局副巡视员程新元出席会议。各区县双拥办副主任（军地各一名）和市双拥工作职能部门负责人参加会议。会议邀请全国双拥办政研组负责人邹波就修订《双拥模范城（县）创建命名管理办法》和制定《全国双拥模范城（县）考评标准》的主要考虑和有关重点内容进行了讲解答疑。

16日下午和18日下午，江苏省委副书记朱善璐，省委常委、副省长黄莉新走访省军区和省武警总队，充分肯定部队长期以来支持地方经济社会建设所做的工作，对进一步做好拥政爱民工作提出了要求。

20 日，河南省双拥工作领导小组召开第十八次全体会议。省委副书记、省政协主席、省双拥工作领导小组组长叶冬松出席会议，就做好 2011 年双拥工作提出明确要求。省委常委、省军区政委、省双拥工作领导小组副组长颜纪雄出席会议并讲话。会议由副省长、省双拥工作领导小组副组长秦玉海主持。

21 日，河南省民政厅副厅长、省双拥办主任董颖生一行深入上蔡县专题调研退役士兵技能培训工作。

24 日，天津市双拥办协调天津市武警总队一支队三大队出动官兵 120 人，在天津市救灾物资储备库紧急装运 6000 顶救灾棉帐篷支援青海玉树抗震救灾。

25 日，孤的山战役烈士公墓揭碑仪式在河北省武安市阳邑烈士陵园隆重举行。河北省民政厅厅长古怀璞陪同民政部副部长孙绍骋一行出席仪式并为烈士公墓揭碑。民政部优抚安置局副局长杨国英，省民政厅副厅长张连忠、副巡视员郑晓铭及邯郸市副市长赵险峰等出席了揭碑仪式。武安市四套班子主要领导、驻武安市部队官兵、学生代表等约 300 人参加了仪式。

25 日，内蒙古自治区刘新乐副主席带领自治区有关部门人员，赴商都县对参加义务植树的北京军区某部官兵进行慰问。乌兰察布市委副书记、纪检书记艾丽华，市委常委、秘书长肖军，政府副市长周明虎陪同慰问。

26 日，河北省民政厅在石家庄市召开全省优抚暨零散烈士纪念设施建设管理保护工作会议。省民政厅厅长古怀璞、民政部优抚安置局副局长杨国英分别作重要讲话。顺平县、磁县、石家庄市、唐山市和秦皇岛市分别作了经验介绍。各设区市民政局局长、优抚科（处）长、22 个零散烈士纪念设施建设管理保护试点县（市）民政局局长参加了会议。

26 日，在沈阳召开军区保障社会化工作领导小组会议。吉林省副省长王化文、副秘书长张大松、省军区后勤部刘志刚部长、民政厅刘毓东副巡视员参加了会议。会议传达了国务院和军委首长讲话主要精神；总结“十一五”期间保障社会化工作情况，部署 2011 年度任务。

辽宁省组织开展“十佳双拥车站（码头）、十佳双拥广场、十佳双拥学校、十佳双拥商场”的“四个十佳”评选活动。

5 月

1 日，上海双拥艺术团分别在闸北区火车站北广场、闵行区莘庄地铁北广场、杨浦区新东宫广场、奉贤区文化广场，举行“五一”广场文艺演出，庆祝“五一”国际劳动节，讴歌党的丰功伟绩和“同呼吸、共命运、心连心”的新型军政军民关系。

4 日，上海市双拥工作领导小组召开第十二次全体扩大会议，总结了本市双拥工作的基本情况，并就进一步推进双拥工作和双拥模范先进评比表彰活动作了部署。市委副书记、市长、市双拥工作领导小组组长韩正出席并讲话，市委常委、政法委书记、市双拥工作领导小组副组长吴志明，市委常委、上海警备区政委、市双拥工作领导小组副组长朱争平出席会议并讲话。副市长张学兵、姜平，上海警备区副政委张维平，市政府副秘书长、市双拥工作领导小组副组长王伟等出席会议。

10 日，广西壮族自治区双拥工作领导小组第二十一次全体成员会议在南宁召开。自治区党委副书记、自治区双拥工作领导小组组长陈际瓦，自治区副主席、自治区双拥工作领导小组副组长高雄，广西军区副政委、自治区双拥工作领导小组副组长白念法出席会议。会议由高雄副主席主持。会议最后，自治区党委副书记、自治区双拥工作领导小组组长陈际瓦同志作了重要讲话。

10日，兰州军区双拥共建工作座谈会在省军区召开，军区李国辉副政委听取了陕西省双拥工作情况后，对陕西近年来双拥工作给予充分肯定。

12日，吉林省民政厅厅长张晶、副厅长李轩受省委、省政府委托到驻公主岭市的93363部队慰问官兵，并看望了前来慰问演出的空政文工团的演出人员。晚上，慰问团一行与部队官兵共同观看了由空政文工团精心组织的文艺演出。

12日上午，山东省双拥工作领导小组第二十六次全体会议在济南召开。省委副书记、省政协主席、省双拥工作领导小组组长刘伟，省委常委、省军区政委、省双拥工作领导小组副组长南兵军出席会议并讲话，副省长、省双拥工作领导小组副组长郭兆信主持会议。

13日上午，河南省委副书记、省政协主席叶冬松，省委常委、省军区政委颜纪雄，省委副秘书长安伟等到驻汴河南预备役某部检查指导工作。

17日上午，兰州军区政治部副主任李炳仁带领调研组在宁夏军区三楼会议室召开双拥工作座谈会，会议由宁夏军区司令员昌业廷主持，自治区双拥办、人力资源和社会保障厅、卫生厅等单位领导、银川市对口业务单位负责人及驻宁部队部分单位代表参加了座谈会。

21日，民政部部长李立国一行在河北省承德出席全国城市街道社区创先争优经验交流视频会后，来到隆化县董存瑞烈士陵园，实地考察了这里的烈士纪念设施建设管理和保护工作。民政部副部长姜力，省政府副省长宋恩华、副秘书长曹汝涛，省民政厅厅长古怀璞、副厅长张连忠，承德市委书记杨汭，市长赵风楼，市委副书记、组织部长丁锦霞等领导和隆化县负责同志陪同考察。

23日，吉林省为落实省委常委议军会议精神，在省政府423会议室召开大企业为部队捐赠电脑协调会，会议由省政府副秘书长张大松主持，省民政厅厅长张晶、省民政厅优抚处处长吴长彬、一汽集团公司党委副书记马振东、中油吉林石化分公司书记申尧民、中国移动吉林有限公司直属机关党委书记刘殿锋、中国联通吉林分公司副总经理刘铁军、一汽集团公司党委办公室副主任平华、省电力有限公司思想政治工作部主任秦岩、省烟草公司纪检组长聂树忠、吉林银行办公室副主任张忠信、吉林森工集团有限责任公司党委副书记张立群、长春欧亚集团股份有限公司党委副书记姜国臣、省慈善总会副秘书长王志勇参加了会议。

25日，山西全省双拥模范城（县、区）命名暨双拥模范单位和个人表彰大会在省城工人文化宫召开。会议新命名了59个省级双拥模范城（县），表彰了106个双拥模范单位和102个双拥模范个人。省委书记、省人大常委会主任袁纯清，省委副书记、省长王君出席会议并为受表彰代表颁奖。北京军区政治部副主任廖可铎，省委副书记、省双拥工作领导组组长金道铭讲话，省委常委、省军区政委、省双拥工作领导组副组长张少华宣读命名表彰决定。省委常委、常务副省长、省双拥工作领导组副组长李小鹏主持会议。全省双拥模范城（县）、双拥模范单位和个人代表，各市、县（市、区）双拥工作领导组组长，各市双拥办主任，以及驻并部队官兵共800余人参加了大会。

25日，浙江省烈士褒扬工作会议在杭州召开。民政厅厅长吴桂英出席、民政厅副厅长王文娟、财政厅副厅长朱忠出席会议并讲话。省革命烈士纪念馆、温州市民政局、安吉县民政局、常山县民政局、椒江区民政局5家单位介绍了烈士褒扬工作经验。

28—30日，上海市召开创建双拥模范区（县）考评集中评议会议。市委常委、政法委书记、市双拥工作领导小组副组长吴志明，市委常委、上海警备区政委、市双拥工作领导小组副组长朱争平少将出席会议并作了重要讲话。副市长姜平，市政府副秘书长、市双拥工作领导小组副组长王伟，上海警备区政治部主任田金生少将出席了集中评议会。

6 月

2 日，宁夏回族自治区退役士兵蔬菜花卉技能培训基地在隆德县挂牌成立。自治区双拥办、隆德县四套班子领导参加了揭牌仪式。自治区双拥办副主任、民政厅党组副书记、副厅长赵俊新为基地揭牌。

3 日，山东省副省长郭兆信带省政府、省民政厅、省双拥办和临沂市的同志到北京，走访解放军总政治部、民政部和北京军区，向总政首长和民政部领导汇报创建双拥模范城（县）情况，同时感谢部队对山东抗旱工作给予的关心支持。总政李继耐主任、贾廷安副主任，民政部李立国部长、孙绍骋副部长，北京军区房峰辉司令员、刘福连政委等军地领导亲切会见郭兆信副省长一行，并高度评价了山东军民抗旱夺丰收、抗旱保民生取得的突出成就。

7 日上午，全国双拥模范城（县）及爱国拥军模范单位和个人考评培训动员会在郑召开。省双拥办主任、省民政厅副厅长董颖生同志讲话，省双拥办常务副主任常伟部署了考评工作并就有关问题作了说明。省军区政治部副主任刘春辉等领导也在会上发了言。

8 日，吉林省文明办、省民政厅、省军区政治部在省民政厅太阳山部落召开军（警）民共建精神文明工作座谈会，十六集团军、空军航空大学、省武警总队、省公安厅、省边防总队、省森警总队、省交警总队相关领导受邀出席了会议。会议由省双拥办副主任、省民政厅副厅长李轩主持并简要介绍了以往双拥共建、共建精神文明活动的基本情况。

12—15 日，以全国双拥办副主任、总政治部群工办副主任李辉为组长的全国双拥模范城（县）检查考核组，对河北省创建全国双拥模范城（县）工作进行了检查。15 日，检查考核组就检查考核情况与河北省交换了意见。省双拥工作领导小组副组长、省委常委、省军区政委张彦欣，省双拥工作领导小组副组长、省政府副省长宋恩华，省军区副政委李光聚，省政府副秘书长曹汝涛，省双拥办主任、省民政厅厅长古怀璞，及有关部门负责人参加了意见交换会。

13—19 日，全国双拥工作领导小组副组长、全国双拥办主任、民政部副部长孙绍骋率全国双拥模范城（县）创建工作检查考核组到湖北省检查考核双拥模范城（县）创建工作。检查考核组采取听取当地双拥领导小组情况汇报、召开双拥领导小组成员单位座谈会、深入基层实地考察，走访优抚对象家庭等多种形式，分别对湖北省武汉、十堰、宜昌等地双拥模范城（县）创建工作情况进行了检查考核。

13—17 日，全国双拥模范城（县）检查组一行6 人，到四川检查创建全国双拥模范城（县）工作。四川省双拥工作领导小组副组长、省政府副省长张作哈代表省委、省政府和省双拥工作领导小组向全国双拥检查组全面汇报了四川省双拥工作情况，省双拥工作领导小组成员、省军区副政委祝少东代表省军区作了补充，会议由省双拥工作领导小组成员、省政府副秘书长张晋川主持，省双拥工作领导小组成员参加了会议。全国双拥检查组听取和实地检查了成都市、广安市、双流县、崇州市和邛崃市创建全国双拥模范城（县）工作情况。

14 日、15 日上午，内蒙古自治区领导同志前往武警某部驻地，代表自治区党委、政府和全区2400 万各族人民向广大武警官兵表示亲切的慰问和衷心的感谢。自治区党委书记、人大常委会主任胡春华作重要讲话，自治区及武警部队领导巴特尔、任亚平、杨斌、邢云、韩志然、符太增、赵黎平、张国兴、张如平等参加慰问活动。

15—18 日，全国双拥模范城（县）创建检查考核组在全国双拥办副主任、总政群工办副主任李辉同志的带领下，来山东省检查考核双拥模范城（县）创建情况。15 日，省委刘伟副书记、省军区南兵军政委、省政府郭兆信副省长等省领导在济南会见了检查组一行。16—18 日，省政府张传亭副秘书长带省民政厅、省军区政治部、省双拥办同志，陪同检查组在济宁检查创建情况。17 日下午，李辉副主任向省、市两级反馈了检查情况，省政府郭兆信副省长听取了情况反馈。

15—19 日，全国双拥办检查考核组由民政部优抚安置局副巡视员张俊华、解放军总后勤部政治部副秘书长戴新桥、全国双拥办政研组组长朱玉军、民政部优抚安置局退役士兵安置处副处长闫彩霞组成，先后对贵州省遵义市、贵阳市创建全国双拥模范城（县）工作情况进行了认真考核检查。省双拥办副主任、省民政厅副厅长陈如昌全程陪同考核检查。

16 日下午，由云南省民政厅主办、省军队离休退休干部安置办公室和省军队离退休人员服务中心承办的全省军休干部“读红书、唱红歌、跳红舞”系列活动在昆明连云宾馆隆重举行。云南省委常委、省纪委书记、省双拥工作领导小组副组长李汉柏，省人民政府副省长、省双拥工作领导小组副组长曹建方，省政协副主席倪慧芳，省人民政府副秘书长蒋兆岗，省民政厅党组书记、厅长王树芬，省军区副政治委员杜国胜少将，武警云南总队政治委员王海亮少将，77200 部队政治部副主任王良福大校，96201 部队副政治委员张光大校，公安厅现役办主任殷举国大校，与来自全省 16 个州市的 400 余名军休干部代表和军休服务管理机构负责人欢聚一堂，共庆党的 90 华诞。

17 日，兰州军区李国辉副政委、李炳仁副主任率领军区双拥工作调研组一行在乌鲁木齐召开了军地双拥工作座谈会。自治区党委常委肖开提·依明、兵团副司令员哈尼巴提·沙布开、新疆军区副政委马合木提·库尔班等领导参加座谈。李国辉副政委对近年来自治区双拥工作开展情况作出了高度评价，并对进一步开创双拥工作新局面提出了希望。

18—21 日，全国双拥办考核组一行 6 人，先后对安徽省合肥市、黄山市的双拥工作进行了检查考核。考核结束后，全国双拥办副主任、总政群工办副主任李辉同志代表考核组及时反馈了有关考核情况，从八个方面对安徽省双拥工作给予充分地肯定。省双拥工委领导唐承沛副省长，省军区副政委周俊和省政府宓建毅副秘书长，民政厅吴旭军厅长先后会见并参加了有关活动。省军区副政委兼政治部主任袁斌专程到黄山会见考核同志，并参加黄山市双拥汇报和检查工作。省双拥办主任、民政厅副厅长叶如强同志全程陪同并全面汇报了安徽省近年来双拥工作情况。被抽查考核的合肥市、黄山市党政军领导十分重视这次活动，主要领导参加。

22—24 日，由全国双拥工作领导小组成员、全国双拥办副主任、总政治部群工办主任汤奋率领的全国双拥创建工作检查考核组一行，到江苏检查创建全国双拥模范城（县）工作。江苏省委书记、省人大常委会主任罗志军会见了检查考核组一行。省委常委、常务副省长、省委秘书长李云峰主持汇报会并讲话。省委常委、副省长黄莉新，省军区政治部主任吕先景作工作汇报。省军区司令员孙心良、副政委刘战勤参加会见。在江苏期间，检查考核组一行先后赴南京、扬州、海门、昆山等地进行了实地检查，分别听取了徐州、盐城、泰州等市的双拥创建工作情况汇报，汤奋主任对江苏双拥模范城（县）创建工作给予了高度评价。

24—26 日，全国双拥办副主任、总政群工办副主任李辉率全国检查考核组来闽，对福建省创建全国双拥模范城（县）工作进行检查考核。26 日下午，检查考核工作反馈会在福州举行，省委常委、省军区政委朱生岭主持，省委常委、宣传部长、省双拥共建工作领导小组副组长唐国忠出席并讲话，副省长、省双拥共建工作领导小组副组长张志南出席。

25 日，在喜迎中国共产党成立 90 周年之际，宁夏回族自治区领导张毅、王正伟、于革胜、刘晓滨、齐同生分赴银川、石嘴山、吴忠、固原、中卫、自治区农垦局等地看望慰问老党员、革命烈士遗属和伤残军人，代表自治区党委、政府向他们表示亲切的慰问和崇高的敬意。自治区领导崔波、刘慧、杨春光、蔡国英、王志宏、马三刚、李锐、屈冬玉、李淑芬陪同慰问。

26 日，天津市委常委、常务副市长、市双拥工作领导小组副组长杨栋梁带领市有关部门负责人，赴北京慰问参加北京军区比武竞赛的天津警备区官兵，赠送慰问金。

28 日下午，江苏省委常委议军会议暨庆祝建党 90 周年军事活动在南京举行。省委书记、省军区党委第一书记罗志军主持议军会议并讲话。

28 日，四川省委书记、省双拥工作领导小组组长刘奇葆在省双拥办关于全国双拥检查组检查四川省创建全国双拥模范城（县）工作情况的报告上批示：近年来，四川省双拥工作取得了新的进展和新的成绩。要继续努力做好有关工作，再上新台阶，再作新贡献。

28—30 日，由全国双拥办副主任、总政群工办副主任李辉带队，全国双拥办、国家公务员局、总参军务部有关人员，在兰州军区政治部有关领导陪同下，对本省创建全国双拥模范城（县）工作进行了检查考核。

28 日，全国双拥模范城（县）考核组在民政部优抚安置局张俊华副巡视员的带领下到宁夏检查考核双拥模范城（县）创建工作。考核组一行听取了自治区双拥创建工作全面情况汇报，并深入银川、吴忠两市实地考察。自治区双拥办副主任、民政厅副厅长赵俊新，宁夏军区政治部副主任程学礼陪同考核组检查。

29 日，吉林省委在省宾馆召开全省庆祝建党 90 周年大会，省民政厅厅长张晶参加了会议。十六集团军、武警吉林省总队、空军长春指挥所共派 271 人参加了大会。

29 日，吉林省委、省政府开展“万台微机进军营”活动，在省军区举行赠送仪式。省委副书记、省政协主席巴音朝鲁，副省长王化文，省委副秘书长贺东平，省民政厅厅长张晶，省财政厅厅长邹继宏，省民政厅副厅长李轩参加了会议并向部队赠送了电脑。沈阳军区政治部主任王金祥、沈阳军区政治部组织部副部长朱天才、省军区司令员陈红海、省军区副政委刘伯和、65301 部队副政委邵忠海、省军区政治部副主任宋玉文、空军航空大学副政委胡中初、武警吉林省总队政治部副主任刘庆礼、65571 部队政委冷少杰、省森警总队副总队长杨庆福、省边防总队政治部主任孙景丰、省消防总队副政委王秋丽参加了会议。各大企业代表（一汽集团办公室、党委办公室主任孙捷、吉化集团信息部部长张卫峰、吉林移动省直机关党委副书记王海波、吉林银行监事长朱克民、省电力公司副总工程师何志江、省烟草公司纪检组长聂树忠、森工集团工会主席慕广学、吉林联通党群工作部主任赵公威）分别给驻军部队捐献了电脑。

29 日，黑龙江省委副秘书长、省双拥工作领导小组副组长、双拥办主任张伟，副主任王润增出席省军区 2011 年“千名将校助学工程”活动启动仪式。

30 日下午，内蒙古军区在某给水团营区举行欢迎仪式，迎接胜利完成赴山东、河北地区抗旱打井任务返回驻地的官兵。自治区党委常委、内蒙古军区政委吴合春出席欢迎仪式并讲话，内蒙古军区副司令员车华松出席，内蒙古军区政治部主任高红光主持欢迎仪式。

30 日，全国双拥办副主任、民政部优抚安置局副局长杨国英率全国双拥检查考核组到云南省检查考核申报新一轮全国双拥模范城（县）创建工作，并深入到昆明市、香格里拉县、楚雄市检查指导。

总政治部贾廷安副主任在完成向井冈山赠送“党指挥枪”主题雕塑活动后来到南昌，视察江西省双拥工作。15 日下午在滨江宾馆举行了会见汇报会。总政群工办汤奋主任、南京军区吴刚副政委、省军区司令员郑水成、省军区政委陶正明、副省长谢茹出席。省双拥工作领导小组副组长、省民政厅徐毅厅长向贾廷安副主任汇报了江西省的双拥工作情况。

全国双拥办检查组检查考核青海省双拥模范城（县）创建工作。

7 月

1—3 日，全国双拥模范城（县）第三检查考评组在民政部优抚安置局周铭局长的带领下，来内蒙古自治区检查考核双拥模范城（旗县）创建工作。自治区党委副秘书长胡丰、自治区政府副秘书长孙惠民陪同检查。

2 日，安徽省政府副省长、省双拥工委第一副主任唐承沛主持召开了省双拥工作委员会第二十五次全体会议，省委副书记、省政协主席、省双拥工委主任王明方出席会议并讲话。

3 日，天津市委常委、常务副市长、市双拥工作领导小组副组长杨栋梁带领市有关部门负责人，对参加北京军区比武竞赛凯旋的预备役高炮师官兵进行了慰问，向部队赠送慰问金，和部队官兵一起观看了市女领导干部艺术团的慰问演出。

3—6 日，全国双拥工作领导小组成员、全国双拥办副主任、总政治部群工办主任汤奋率全国双拥创建工作检查考核组到广东省检查创建全国双拥模范城（县）工作。在创建全国双拥模范城（县）活动情况汇报会上，副省长、省双拥工作领导小组副组长刘昆，省双拥工作领导小组副组长、省军区政委蔡多文少将，分别向检查组汇报了相关情况。省双拥办主任、省政府副秘书长颜学亮、省双拥办副主任、民政厅副厅长饶美奕出席汇报会。检查组还检查了广州、惠州两市创建模范城工作情况，汤奋对我省双拥模范城（县）创建工作给予了高度评价。

5 日，福建省代省长苏树林走访省军区，并与省军区领导汪广庆、朱生岭、王孝华、李卫国、熊安东座谈。

3—6 日，全国双拥办副主任、民政部优抚安置局副局长杨国英为组长的全国双拥办创城工作第四检查考核组一行 5 人到宁夏回族自治区进行检查考核。其间，宁夏回族自治区党委副书记、自治区双拥工作领导小组组长陈际瓦会见了检查考核组一行，检查考核组听取了自治区双拥工作情况汇报并交换意见。5 日，检查考核组还到南宁市、桂平市进行了实地考察。

5—9 日，全国双拥办在上海市检查考核双拥模范城（县）创建工作，重点抽查了浦东新区、闸北区创建工作情况，通过听取汇报、审阅资料、座谈讨论、现场查看等多种形式，检查了有代表性的双拥工作成果和双拥优抚政策的落实情况。市双拥工作领导小组副组长、市政府副秘书长王伟，市双拥工作领导小组副组长、市双拥办主任、市民政局局长马伊里，市双拥办副主任、市民政局副局长高菊兰，市双拥办副主任、上海警备区政治部副主任谢亚洪陪同检查考核。

6—8 日，黑龙江省委副秘书长、省双拥工作领导小组副组长、双拥办主任张伟，副主任王润增，省民政厅优抚处长、省双拥办副主任徐冰等赴牡丹江迎接国家双拥模范城检查组（全国双拥工作领导小组成员、民政部优安局局长邹铭，民政部优抚安置局巡视员曾惜民等）。牡丹江市委书记张晶川会见，市长林宽海汇报，主管副市长闫子忠主持汇报。

6—8 日，全国双拥模范城（县）创建工作检查考核组对重庆市双拥工作进行了全面的检查考核，并抽查了沙坪坝区、江津区基层的双拥工作，充分肯定了重庆市创建工作取得的成绩。检查考核组组长、全国双拥办副主任、总政群工办主任汤奋指出："重庆是一片双拥的热土。"组织领导体系健全，制度机制完善，宣传教育深入，双拥政策落实，特色亮点很多，许多工作走在了全国的前列。考核汇报会上，市双拥工作领导小组副组长、市委常委、市政府常务副市长马正其向检查组作了重庆市双拥模范城（县）创建工作的情况汇报。

7 日，受河南省委书记卢展工、省长郭庚茂委托，省委副书记、省政协主席叶冬松率河南省慰问团慰问济南军区集训参训首长和演习部队并举行座谈会。济南军区司令员范长龙，政委杜恒岩，副政委王健、吕建成，军区政治部主任张烈英，军区装备部部长王军等出席慰问座谈会。省军区司令员刘孟合、副省长史济春一同慰问座谈。史济春代表河南省慰问团向部队赠送慰问金。

17—21日，全国双拥模范城（县）检查考核组赴自治区，先后对喀什市、哈巴河县和乌鲁木齐市双拥创建工作进行了检查考评。

8—10日，全国双拥模范城（县）创建工作检查组到吉林省检查。检查组由全国双拥工作领导小组成员，民政部优抚安置局局长邹铭带领，民政部优抚安置局巡视员曾惜明、全国双拥办秘书组、总政群工办副师职干事王炳怀、住房和城乡建设部人事司副巡视员赵琦、全国双拥办秘书组调研员牛淑荣、民政部优抚安置局军休干部安置处调研员宋建华、沈阳军区政治部一位领导同行。下午吉林省民政厅厅长张晶、省军区政治部副主任李军、省民政厅副厅长李轩、延边州和延吉市有关领导在吉林、黑龙江交界处迎接检查组。在延边宾馆观看延吉市创建工作汇报片，听取延吉市双拥工作汇报。

8日，全国双拥模范城（县）检查考核组来湘，就湖南省创建全国双拥模范城（县）工作进行为期4天的检查考核。考核组听取了湖南省创建全国双拥模范城（县）情况汇报，并先后对长沙县和湘潭市两地的双拥模范城（县）创建工作进行考评。汇报会上，省民政厅副厅长、省双拥办主任祝青云汇报了湖南省双拥创建工作情况。全国双拥办副主任、民政部优抚安置局副局长杨国英对近几年来湖南的双拥工作以及所取得的成绩给予了充分肯定和高度评价，并就今后如何搞好双拥工作作了重要指示。副省长韩永文就全省双拥共建情况以及今后双拥工作的发展方向作了重要讲话。

9—12日，全国双拥工作检查组对山西省创建全国双拥模范城（县）工作进行了认真的检查考核。全国双拥工作检查组听取了山西省的双拥创建工作情况，并抽查太原和长治2市，逐项按照全国《双拥模范城（县）创建命名管理办法》和《全国双拥模范城（县）考评标准》进行了实地检查。

14—16日，山东省双拥办主任会议在枣庄滕州召开。

15日，安徽省双拥办组织召开了全省双拥工作会议，传达学习了全国双拥办的考核反馈意见和省双拥工委会议精神，并就新一轮全国双拥模范城（县）申报推荐工作进行了再次动员部署。

20日，天津市政府副秘书长吴初带领市民政局、市财政局有关负责同志，到北空雷达二旅燕山中心雷达站出席天津市政府援建道路、水井启用仪式，并慰问部队官兵，向雷达站赠送了笔记本电脑和投影仪。

21日上午，湖北省双拥办、省军区政治部、省直机关工委联合组织省直机关部委办厅局和中央、省属在汉企业负责人和部分驻汉部队官兵参观省军区军史馆并观看大型舞台剧《拥军妈妈罗长姐》。

22日，吉林省委副书记巴音朝鲁、省委办公厅副秘书长贺东平走访慰问空军93035部队和装甲兵技术学院。省民政厅厅长张晶、省民政厅副厅长李轩陪同，省民政厅优抚处处长吴长彬、省民政厅优抚处副处长郭义民同行。

22日，驻沪三军、武警部队政治部有关人员代表部队首长和全体官兵来到上海市民政第一精神卫生中心，亲切慰问住院治疗的复退军人，向每一位复退军人病员赠送了慰问品。

22日，全国双拥办检查考核组一行到达河南省，在郑州召开座谈会，听取了河南省双拥工作领导小组汇报。会议由省军区副政委张守喜主持，省政府副省长史济春、省委办公厅副巡视员张荣斌、省政府副秘书长寇武江、省民政厅厅长杨云、省民政厅副厅长、省双拥办主任董颖生、省军区政治部副主任刘春辉，省双拥工作领导小组有关成员单位领导，省民政厅相关业务处室负责人参加会议。会议的主要议程由省政府副省长史济春汇报全省双拥模范城（县）创建工作情况和省军区副政委张守喜汇报驻豫部队拥政爱民和征兵工作情况。

23日，浙江省双拥领导小组举办了“纪念建党90周年浙江省双拥书画艺术展”。

23日晚，湖南省“三湘激荡双拥潮”大型双拥文艺晚会在长沙隆重举行。湖南省委书记、省人大常委会主任周强，省委副书记、省长徐守盛，驻湘部队首长等党政军领导与驻长部队官兵、双拥模范城（县）及省直单位干部群众等代表共1400余人一道观看晚会。

24日，天津市委常委、市委组织部部长史莲喜，副市长只升华带领市有关部门负责人，到武警天津市总队六支队慰问武警部队官兵，向六支队赠送慰问金并和武警官兵一起观看了市女领导干部艺术团的慰问演出。

24日，河北省拥军优属协会成立大会在秦皇岛市举行。会议通过了协会章程、会费收取与使用管理办法，选举产生了协会的领导机构和理事会、常务理事会组成人员。省政协原副主席陈秀芳出席会议并当选会长，省民政厅厅长古怀璞出席会议并当选常务副会长。会议由副厅长张连忠主持，驻省民政厅纪检组长、监察专员邓小社，副巡视员郑晓铭，省军区政治部副主任刘进锋出席会议。

24—25日，在“八一”建军节即将来临之际，安徽省党政军领导孙金龙、张俊、唐承沛、刘光复、向孝民、周俊等率省直有关部门负责同志，分别深入到黄山、芜湖、合肥、滁州等地驻皖部队，向广大官兵致以节日祝贺，对人民子弟兵长期以来大力支持地方建设与发展表示衷心感谢。

25日，吉林省省长王儒林、副省长王化文、省政府办公厅秘书长李福春、省民政厅厅长张晶、省民政厅副厅长李轩走访慰问16集团军炮兵团和省军区第四干休所。省军区政治委员常跃、16集团军军长高光辉参加了慰问并对省长慰问表示衷心感谢。

25—30日，广东省委、省政府组成10个“八一”拥军慰问团，分别慰问了驻粤部队及省第一荣军医院，向人民子弟兵致以节日的祝贺。汪洋、欧广源、黄华华、黄龙云、朱明国、朱小丹、王荣、李玉妹、梁伟发等省领导分别率团慰问了驻粤部队官兵，对部队全面建设取得巨大成就表示肯定，对部队扎实开展军民共建活动、为广东经济建设和社会稳定所作的贡献表示感谢。周镇宏、张广宁、刘联华、雷于蓝、宋海、佟星、林木声、招玉芳和省双拥工作领导小组成员参加了慰问活动。

26日下午，天津市民政局在天津大礼堂召开了天津市优秀复员退伍军人表彰大会。市委书记张高丽，市委副书记、市长黄兴国亲切接见了优秀复员退伍军人代表。市委常委、市委宣传部长肖怀远，市委常委、常务副市长杨栋梁，市委常委、市委秘书长段春华，天津警备区副政委韩宝恒，副市长只升华，市政府秘书长李泉山及市民政局负责同志参加接见。大会由市政府副秘书长王敬威主持，副市长只升华出席会议并讲话。会议表彰了74名优秀复员退伍军人，并为获奖者代表颁发了荣誉证书和奖牌。优秀复员退伍军人代表李锁、王贵武、官秀华、柴宝成作了发言。

26—30日，江苏省委书记罗志军，省长李学勇，省委常委、副省长黄莉新，副省长李小敏等省领导带队走访慰问了驻苏部队和武警部队。

26日，福建省科技拥军示范基地命名大会在福州大学举行。省委常委、宣传部长、省双拥共建工作领导小组副组长唐国忠宣读了《关于命名福州大学等5个单位为福建省科技拥军示范基地的决定》并为科技拥军示范基地授牌。省军区副政委、省双拥共建工作领导小组副组长曹伯如主持命名大会。

26日，湖北省在武昌召开纪念中国人民解放军建军84周年座谈会，回顾人民军队光辉历程，畅叙军政军民鱼水深情，共谋军地建设发展大计。省委书记、省人大常委会主任李鸿忠在座谈会上讲话。省委副书记、省长王国生主持座谈会。省领导杨松、李宪生、侯长安、李春明、张岱梨、汪金玉、尹汉宁、李佑才，以及驻鄂部队领导出席座谈会。

26日，湖北省委书记、省人大常委会主任李鸿忠，省委副书记、省长王国生，省委副书记、省政协主席杨松，分别带队专程看望慰问了驻鄂部队老首长，代表省委、省政府和全省人民向他们致以节日问候和美好祝福。

26日至8月1日，新疆维吾尔自治区主席努尔·白克力、自治区双拥工作领导小组成员单位主要领导分率自治区慰问团分七个方向，看望慰问36 支驻疆部队（含边防分区、飞行大队、边防连队、独立营、武警中队、机动中队、维稳执勤部队）以及 9 个县市的 19 户军烈属、伤残军人等重点优抚对象。

27 日，《北京日报》等市内主要新闻媒体刊播了《市委、市政府、北京卫戍区关于做好 2011 年“八一”期间拥军优属拥政爱民工作的通知》。“八一”前夕，市委副书记、市政协主席、市政法委书记王安顺带队走访慰问了驻京基层部队，各区县普遍走访慰问了重点优抚对象。

27 日，河北省双拥办在石家庄市召开河北省庆“八一”军地座谈会。省双拥办主任、省民政厅厅长古怀璞出席会议并代表河北省双拥工作领导小组、省双拥办、省民政厅和全省民政系统干部职工，向驻冀部队全体指战员致以节日的问候。省会驻军军级单位政治部领导、秘书群联处负责同志及省双拥办处长出席了座谈会。省双拥办副主任、省民政厅副厅长张连忠主持会议，武警河北总队副政委张春林出席会议并致辞。

27 日，吉林省副省长竺延风在省民政厅副厅长李轩、吉林市领导的陪同下，到吉林陆军预备役47 师走访慰问，向全师官兵致以节日的祝福和亲切的问候，并赠送了慰问金。

27 日，黑龙江省副省长吕维峰，省委副秘书长、省双拥工作领导小组副组长、双拥办主任张伟，省政府副秘书长、省双拥工作领导小组副组长、省双拥办副主任王大为、省民政厅优抚处长王润增、省双拥办副主任徐冰等慰问苏宁团。吕维峰讲话，并赠送慰问品。

27 日，山东省警地“文化共建联创”活动联席会议暨签约启动仪式在武警山东总队举行。省武警总队总队长南平、政委张洪运等领导参加活动，省委宣传部、省教育厅、省民政厅等 10 家单位出席会议，并与省武警总队共同签署《开展警地“文化共建联创”活动协议书》。

27 日，河南省副省长刘满仓带队，省军区、省民政厅、省水利厅、省国土资源厅、省双拥办有关领导组成慰问团，到洛阳市慰问宁夏军区给水工程团官兵，并赠送慰问金 20 万元。在洛期间省领导与抗旱打井部队领导召开座谈会并到一线看望慰问抗旱打井部队。

27 日晚，在建军 84 周年即将来临之际，由四川省双拥工作领导小组主办，四川省双拥办、四川省民政厅、四川省军区政治部承办的庆祝建军 84 周年“2011·四川省首届双拥文艺晚会”在成都西南剧院隆重举行。本次晚会得到党政军领导高度重视，成都军区副政委赵开增，省委常委、省军区政委叶万勇，省委常委、政法委书记王怀臣，省委常委、宣传部长黄新初，副省长张作哈，63820 部队政委饶顺和，成都军区空军副政委白广忠，武警四川省总队总队长肖凤合、政委黄志远，省民政厅厅领导，省双拥工作领导小组成员单位和部分市（州）领导，总参 57 所，武警 8740 部队，武警森林、黄金、水电、边防总队，四川预高师，成都警备区等部队领导出席观看了演出。

27 日上午，受贵州省委、省政府的委托，省委副书记、省双拥工作领导小组组长王富玉，副省长、省双拥工作领导小组副组长率省拥军优属慰问团分别走访慰问了省武警总队训练基地、省消防总队培训基地和空军驻贵阳某部官兵。

28 日上午，内蒙古自治区党委常委、政法委书记邢云，自治区副主席连辑分别率领自治区党政慰问团慰问了武警内蒙古总队、内蒙古预备役师高炮团、内蒙古公安厅警卫局、北京军区给水工程团、解放军第 253 医院、内蒙古荣誉军人康复医院、内蒙古公安边防总队、武警内蒙古森林总队直属大队、武警内蒙古总队三支队、内蒙古自治区军队离退休干部休养所和内蒙古公安消防总队，为部队官兵、军队离退休干部送去了慰问品和慰问金，带去了自治区党委、政府和全区 2400 多万各族人民的关心和祝福。

28 日，吉林省委书记孙政才、省委秘书长房俐、副省长王化文、省政府办公厅副秘书长张大松、省民政厅厅长张晶、省民政厅副厅长李轩走访慰问空军航空大学、武警吉林省总队第一支队。

28日，浙江省优秀复员退伍军人代表座谈会议在杭州召开。

28—31日，广西壮族自治区领导陈际瓦、李金早、温卡华、石生龙、吴恒、梁胜利、林国强分别走访看望伤残军人、复员转业军人、军烈属等优抚对象代表，并慰问了武警广西总队第一支队官兵，畅谈军民鱼水深情，共庆“八一”建军节。

28日，重庆市民政局邀请16个驻渝部队单位领导和官兵代表，举行建军84周年座谈会，畅叙军民鱼水深情，共话双拥共建成绩，共谋双拥工作发展。市民政局局长刘涛，副局长王永武、吴秋鸿、田培忠，纪检组组长王靖，副巡视员唐万利、谭明政，民间组织管理局局长刘韵秋及相关直属单位和处室主要负责人参加会议。

28日，贵州省副省长辛维光在省军区政治部主任谢武忠的陪同下，走访慰问了空军驻贵阳某部官兵，看望了坚守工作岗位的空军官兵并下到连队与官兵亲切交谈，向部队赠送了慰问金。

28日，以军地联席座谈会的形式，军地领导共聚一堂，共商发展大计。在昌的省委常委、省军区、省武警总队军政主官、驻昌师以上单位各一名主官参加了座谈会。

29日，为庆祝中国人民解放军建军84周年，河南省“八一”军政座谈会在黄河迎宾馆召开。省领导与部队领导欢聚一堂，共叙军民鱼水深情，共商军民融合发展。省委书记、省人大常委会主任、省军区党委第一书记卢展工发表热情洋溢的讲话。座谈会由省委副书记、省长郭庚茂主持。省领导叶冬松、李克、孔玉芳、邓凯、李新民、刘春良、刘怀廉、连维良、尹晋华、毛万春、曹维新、史济春、徐济超、刘满仓、陈雪枫、赵建才，部队领导刘孟合、周和平、颜纪雄、徐经年、杨玉文、戎贵卿、徐远林、陆其杰、邬江兴、沈涛、刘生辉、方北群、沈俊等参加座谈会。省双拥工作领导小组成员单位主要负责同志参加座谈会。

29日，山西省委省政府组成“八一”慰问团，由省委书记、省人大常委会主任袁纯清，省委副书记、省长王君，省委副书记金道铭，省委常委、常务副省长李小鹏等领导分别带队，分四路慰问了驻太原市部队师以上单位，向部队全体官兵致以节日祝贺和崇高敬意，并送上慰问金。

29日，广西壮族自治区双拥模范城（县、区）命名暨双拥模范单位和个人表彰大会在南宁隆重召开。自治区四家班子领导和驻桂部队领导出席大会，并为获表彰的市县区、各单位及个人颁奖。出席大会的领导会前接见了受表彰的“4·13”营救空军飞行员有功人员代表并合影留念。

29日晚，重庆市委宣传部、重庆警备区政治部主办的“我们的队伍向太阳——重庆市庆祝中国人民解放军建军84周年文艺演出”在重庆大剧院隆重举行。国家行政学院常务副院长魏礼群、市长黄奇帆、市人大常委会主任陈光国、市政协主席邢元敏，重庆警备区司令员朱和平、市警备区政委梁冬春、驻渝某集团军军长许勇、“中国特色社会主义的重庆实践”课题调研组成员、在家市委领导、老红军、英模代表、驻渝部队官兵代表、市级有关部门负责人与重庆市各界干部群众代表一起观看了演出。

29日，四川省委书记、省双拥工作领导小组组长刘奇葆，省委副书记、省长、省双拥工作领导小组副组长蒋巨峰，副省长、省双拥工作领导小组副组长张作哈分率四川省拥军慰问团，走访慰问了77118部队、77113部队、95607部队、省武警消防总队、成都军区第一通信总站、四川省军区独立连和省武警总队一支队一大队四中队，亲切看望慰问了部队官兵，赠送了慰问金。魏宏、叶万勇、陈光志、解洪、曾清华等省领导参加了慰问活动。

29日下午，云南省庆祝中国人民解放军建军84周年暨军事日活动在空军某部举行。军地领导欢聚一堂，追忆我军历史，同庆建军节，共叙双拥情。省委副书记、省长秦光荣出席活动并讲话。省委副书记李纪恒主持军地座谈会。王学仁、罗正富、李江、张田欣、黄毅、孟苏铁、晏友琼、曹建方、王学智、王田海等省领导，以及成都军区空军副司令员战厚顺，驻滇部队领导张肖南、杨成熙、周小周、黄集骧、杨金奎、杨光跃、李继才、王诚、王海亮、那顺巴雅尔、刘本红等出席庆祝活动。出席庆祝活动的还有省双拥工作领导小组成员单位、省国防动员委员会成员单位领导及驻滇部队英模代表。

29 日上午，江西省委常委、常务副省长凌成兴，省委常委、省军区政委陶正明来到新建县，为军属万文华和熊斌烈士家中挂上“光荣军属”“光荣烈属”牌匾。为让“光荣之家”真正光荣起来，省委、省政府、省军区联合下发了《关于为全省烈军属颁发“光荣烈属”“光荣军属”牌匾的通知》，在“八一”期间为全省 21 万烈、军属挂上牌匾。

30 日上午，天津市委书记张高丽，市委副书记、市长黄兴国分别带队走访慰问了海军导航中心、空军防空混成七师导弹十七团、武警天津市总队五支队二大队、警备区直属队、武警 81 师 702 团、舟桥 85 团等驻津解放军和武警部队，向部队官兵赠送了慰问品。

30 日晚，天津市民政局在天津中影国际影城举办了天津市纪念中国人民解放军建军 84 周年电影晚会。驻津解放军和武警部队官兵、优抚对象和社会各界群众共 800 余人观看了电影《唐山大地震》。

30—31 日，受山西省委省政府委托，省双拥办慰问了驻太原市以外部队师以上单位，向部队全体官兵送去省委省政府“八一”慰问信，并赠送慰问金。

30 日下午，2011 年福建省“八一”军政座谈会在榕举行。军地双方领导欢聚一堂，共庆光辉节日，共忆光荣传统，共叙鱼水深情，共谋发展大计。省委书记孙春兰在会上发表了热情洋溢的讲话，省长苏树林主持座谈会。省领导梁绮萍、陈文清、张昌平、袁荣祥、唐国忠、杨岳、陈桦、姜信治、徐谦、王美香、叶双瑜、张志南、洪捷序、倪岳峰，驻闽部队领导汪庆广、朱生岭、姜勇、刘洪深、厉江潭、杨志斌、堵远放、王树、尹洪文、杨海、卢江辉、曹伯如、王洪光、李伍军等出席座谈会。

30 日，福建省委副书记、省纪委书记、省双拥共建工作领导小组组长陈文清，副省长、省双拥共建工作领导小组副组长张志南带领省直有关部门负责人到南京军区第二老干部服务处和福州总医院，看望慰问了部队老同志王直、何云峰、田世兴、赵华青、陈景山、熊兆仁。

31 日和 8 月 1 日，内蒙古自治区党委书记胡春华、自治区党委副书记、自治区主席巴特尔分别来到呼和浩特边防指挥学校和呼和浩特市消防支队特勤大队一中队，亲切看望慰问部队官兵，代表自治区党委、政府向广大驻区人民解放军和武警部队官兵致以节日的问候，对他们为自治区改革发展稳定事业作出的突出贡献表示衷心的感谢。

31 日，上海市委、市政府举行上海市庆祝中国人民解放军建军 84 周年座谈会。中共中央政治局委员、上海市委书记俞正声主持会议并讲话，代表中共上海市委、市人大、市政府、市政协和全市人民，向驻沪三军指战员、武警部队官兵、预备役军人和全市广大民兵致以节日的祝贺，向本市军队离退休干部、转业复退军人、革命伤残军人以及烈军属表示诚挚慰问。市委副书记、市长、市双拥工作领导小组组长韩正通报了一年来本市双拥工作的主要情况。

31 日，为庆祝中国人民解放军建军 84 周年，山东省在济南军区八一礼堂举行文艺晚会。山东省主要领导、济南军区首长出席晚会。

31 日，庆祝中国人民解放军建军 84 周年文艺晚会在宁夏人民会堂举行。自治区党政军领导张毅、王正伟、刘慧、杨春光、蔡国英、王志宏、张小素、安纯人、蔡万源、孟德恕观看演出。

31 日，新疆维吾尔自治区双拥办在乌鲁木齐市召开“五送五进”拥军活动经验推介会，自治区民政厅党组书记、自治区双拥办主任莫涓要求，全疆双拥工作要以乌鲁木齐市“五送五进”拥军活动为突破口，掀起社会化拥军活动的新热潮。

辽宁省组织全省 1000 名在乡复员军人、残疾军人和 31 户烈士遗属到荣军医院康复疗养。全省普遍开展“八一”走访慰问驻军活动。

青海省委召开常委议军会，研究加强军民融合式发展。

青海省召开双拥模范城（县）命名暨双拥模范单位和个人表彰大会。

8 月

1 日下午，福建省人大常委会召开贯彻实施《福建省拥军优属条例》座谈会。省人大常委会副主任袁锦贵、副省长张志南出席会议并讲话，省直各有关部门和省军区相关负责人参加座谈会。

1 日上午，陕西省委书记赵乐际在省委常委、西安市委书记孙清云，省委常委、省委秘书长魏民洲，省委副秘书长李兴旺，省民政厅厅长曹莉莉，省双拥办专职副主任杜赟同志陪同下看望慰问西安世园会安保部队，并送去了慰问品。

1 日下午，陕西省委副书记、省双拥工作领导小组组长王侠在省委副秘书长杨志刚、省公安厅厅长王锐的陪同下，慰问了西安市公安消防支队全体官兵，并送去了慰问品。

5 日，由自治区妇联、民政厅和内蒙古军区政治部联合举办的内蒙古第二届“好军嫂”和“兵妈妈”表彰大会暨“八一”慰问演出在呼和浩特举行。自治区副主席、自治区双拥工作领导小组副组长、自治区妇女儿童工作委员会主任连辑，内蒙古军区副司令员海力斯，武警内蒙古总队政委张如平出席表彰大会。

10 日，天津市双拥办主任金海龙、副主任程新元、优安处副处长杨连生，到青海玉树慰问 66356 部队所属的 255 野战方舱医院，赠送慰问金。

22—24 日，全国双拥办检查了北京市各区双拥创建工作资料，实地检查海淀区、朝阳区的双拥创建工作，听取了北京市双拥模范城（县）创建工作情况汇报。全国双拥办检查组长、全国双拥办副主任、总政群工办主任汤奋对北京市的创建工作给予了充分肯定。

22 日，河南省副省长刘满仓及省直有关部门负责人到三门峡、洛阳市，慰问宁夏军区给水团。

23—25 日，天津市双拥办在民政部黄金海岸老年康复中心举办了天津市双拥干部培训班，主要进行了公文写作和多媒体课件制作培训。42 名市、区双拥干部参加了培训。

25 日，宁夏军区回访答谢座谈会在郑州召开。会议由河南省军区政治部黄为忠副主任主持，副省长刘满仓讲话。省军区、省民政厅、省水利厅、省双拥办相关领导参加会议。宁夏军区向河南省委、省政府赠送感谢信。

26 日，内蒙古自治区党委、政府和内蒙古军区在呼和浩特隆重召开自治区第八次双拥模范城（旗县）和模范单位及个人命名表彰大会。自治区党委副书记、自治区政协主席任亚平出席表彰大会并讲话，自治区人大副主任赵忠、自治区副主席连辑、自治区政协副主席肖黎声、内蒙古军区副政委周宝莹、武警内蒙古总队政委张如平、内蒙古边防总队政委李炳天同志出席会议。各盟市分管领导及军分区领导、双拥办主任，自治区双拥工作领导小组成员，受表彰的模范单位和个人代表及驻呼解放军指战员和武警官兵参加了会议。

27 日，河南省委书记、省人大常委会主任卢展工会见解放军总政治部副主任贾廷安等部队领导。省委常委、秘书长刘春良、省委常委、洛阳市委书记毛万春，省军区司令员刘孟合，省军区政委周和平，省人大常委会副主任曹维新，副省长刘满仓，省政协副主席邓永俭，部队领导王健、苗华、汤奋、张建华、王志宏、管黎峰等参加会见。

28 日，兰州军区给水工程团抗旱打井竣工仪式及欢送仪式举行。解放军总政治部副主任贾廷安，济南军区副政委王健、兰州军区政治部主任苗华及部队领导汤奋、张建华、王志宏、管黎峰，河南省委常委、秘书长刘春良，省委常委、洛阳市委书记毛万春，省军区司令员刘孟合，省军区政委周和平，副省长刘满仓等出席仪式。

30 日，由吉林省文明办、省双拥办、省军区政治部联合组织召开全省军（警）民共建精神文明现场经验交流会。省民政厅副厅长李轩、优抚处副处长郭义民参加了会议。

30 日上午，宁夏军区给水工程团赴鲁豫抗旱凯旋欢迎大会在银川举行，自治区党委常委、自治区副主席刘慧，宁夏军区领导昌业廷、高雷、盛建华参加欢迎大会。宁夏军区给水工程团从 2 月 18 日奉上级命令，开赴鲁豫两省执行抗旱打井任务，历时 6 个多月，战严寒、斗酷暑，行程 60 多万公里，共在 2 省 9 个县（市、区）69 个乡镇 127 个自然村打井 136 眼，有效缓解了 300 余万农村人口饮水和 21 万多亩农田灌溉问题，取得了辉煌战果。

中旬至上旬，河北省双拥办分三个检查考评组，对石家庄市、承德市、平山县等全省拟申报全国双拥模范城（县）的 18 个市、县进行了全面检查考评，较好掌握了全省双拥创建活动的开展情况，为下一阶段的推荐申报工作提供了重要依据。并于 28 日，在省主要媒体对拟推荐的全国双拥模范城（县）、双拥模范单位和个人名单进行了公示。

9 月

1 日，空军航空大学开学典礼暨吉林长春首届航空开放日活动在大房身机场举行。吉林省委书记孙政才、空军政治委员邓昌友、清华大学党委书记胡和平等致辞。吉林省委副书记、省政协主席巴音朝鲁、省民政厅厅长张晶、省民政厅副厅长李轩参加了活动。

2 日下午，江苏省石泰峰副书记到省民政厅视察指导双拥工作。省军区政治部吕先景主任参加视察活动，省委李敏副秘书长、黄根清副秘书长及省政府徐国柱副秘书长陪同视察。

6—23 日，中央军委、总政治部和济南军区首长分别对河南省委、省政府建立完善“进入决策层面、进入政策层面、进入执行层面”的工作机制和出台的关于进一步做好军队转业干部、退休干部和伤病残军人移交安置及随军家属就业、驻豫部队官兵住房保障、军事设施保护、征兵工作的 6 个《意见》作出了重要批示，对河南拥军工作给予充分肯定，总政向全军各大单位转发了河南省支持国防和军队建设“三个进入”的经验。

6 日，济南军区政委杜恒岩批示：河南省委、政府“三个进入”强力推进支持国防和军队建设工作的经验，充分反映了各级领导站在国家利益和社会发展大局的高度支持国防和军队建设，层次高、力度大、作风实、影响好，衷心感谢河南省各级党委、政府的领导和广大人民群众。此经验向总政报告。

14—22 日，河南省双拥办举办了双拥工作研讨培训班，重点就新时期开展双拥工作的重要课题进行了集中培训和研讨交流。

15 日，济南军区刘沈扬副司令员批示：河南省的做法对当前贯彻胡主席军民融合、寓军于民思想，进一步做好双拥工作具有普遍参考借鉴作用，建议经司令员、政委签发报军委总部并转山东省军区。

17 日，中共中央政治局委员、中央军委副主席徐才厚批示：安副主任：河南省的拥军工作做得好。对其有关拥军工作的做法和经验，适当予以宣传和推广。

17 日，中央军委委员、总政治部主任李继耐批示：河南省支持国防和军队建设“三个进入”的做法，具体管用、扎实有力，富有特色、成效突出，充分体现了胡总书记关于军民融合式发展的重大战略思想，体现了省委、省政府对驻军部队的关心厚爱，我看了深受教育和启发，倍感振奋和鼓舞。

19日，中共中央政治局委员、中央军委副主席郭伯雄2次批示：长龙、恒岩同志：河南省委、省政府坚决贯彻党中央、国务院、中央军委关于国防和军队建设的决策指示，积极探索新形势下军队转业干部、退休干部、伤病残军人移交安置及随军家属就业、军事设施保护、新兵征集等工作的新途径新办法，去年以来相继出台了六个《意见》，明确了相关工作的政策规定，保证了部队和群众关心的许多问题的顺利解决，受到了驻豫部队和豫籍退伍官兵及其亲属的一致赞誉。河南省委、省政府在这方面工作中表现出的高度的政治意识、大局意识、国防意识，值得军队学习。请你们转达我对展工、庚茂同志的问候和感谢。长龙、恒岩同志：河南省的做法很好，部队要积极配合做好工作。我已在河南省的几个文件上写了看法，请你们落实。

19日，总政治部副主任贾廷安批示：呈李主任审视。群工办前一段已有一个初步宣传方案，请他们认真学习徐副主席批示要求，把宣传推广工作做好。

23日，济南军区司令员范长龙批示：郭副主席的重要批示是对河南省委、政府和省军区工作的肯定。转发到河南省，进一步做好这方面的工作。

23—27日，省委书记卢展工对省军区报送的《军委、总政和军区首长关于河南省建立完善“三个进入”工作机制强力推进支持国防和军队建设经验做法的批示抄清》分别作了重要批示。23日，省委书记卢展工批示：要以军委、总部、军区首长批示为动力，继续做好军民融合式发展的各项工作。27日，省委书记卢展工批示：感谢中央军委首长的鼓励，感谢济南军区首长的指导、支持，要继续做好我们地方应该做的工作。

30日，河北省党政军领导及社会各界代表在河北省英烈纪念园国歌广场举行“省会军民向英烈纪念碑敬献花篮”仪式。省委常委、省政府副省长杨崇勇，省委常委、省军区政委张彦欣，省委常委、宣传部长聂辰席，省委常委、石家庄市委书记孙瑞彬，省委常委、秘书长景春华，省人大常委会副主任宋长瑞，省人大常委会副主任侯志奎，省政协副主席段惠军，省政协副主席丛斌，66267部队政委薛凝冰，石家庄陆军指挥学院政委姜援朝，省民政厅党组书记、厅长古怀璞及厅党组全体成员共同出席仪式，并向英烈纪念碑敬献花篮。省政府副省长宋恩华主持仪式。

30日，河北省政府副省长宋恩华、副秘书长曹汝涛在省民政厅厅长古怀璞的陪同下，到省英烈纪念园视察指导工作。省民政厅副厅长王保珍、王云、副巡视员郑晓铭陪同视察。

10月

1日，上海市党政军领导、各民主党派、人民团体负责人和各界群众代表，怀着崇敬的心情，来到上海市人民英雄纪念塔广场，向革命先烈敬献花篮，深切缅怀先烈们的光辉业绩。

1日，上海双拥艺术团在长宁区百联西郊广场、宝山区文化馆广场、嘉定区江桥镇文化中心、崇明县城桥镇南门广场，分别举行“十一”广场文艺演出，热烈庆祝中华人民共和国成立62周年。

1日上午，赵洪祝、夏宝龙、乔传秀等浙江省党政军领导和社会各界代表在杭州云居山悼念革命先烈。省委书记、省人大常委会主任赵洪祝，省委副书记、代省长夏宝龙代表全省5443万人民，向革命烈士纪念碑敬献花篮。向革命先烈默哀、鞠躬。在《国际歌》声中，参加活动的同志绕革命烈士纪念碑一周，寄托哀思之情。省委、省人大常委会、省政府、省政协、省军区和省武警总队领导，副省以上老同志和部分烈士家属等参加悼念活动。

4日，贵州省副省长、省双拥工作领导小组副组长辛维光同志带队对北京军区赴贵州省参加抗旱打井的给水工程团进行了慰问。

5 日，贵州省委书记栗战书，省委副书记、省长赵克志，省委常委、省军区政委石晓，副省长辛维光走访慰问北京军区给水工程团赴黔抗旱打井部队。

11 日，河南省副省长刘满仓带队，民政厅厅长杨云、副厅长董颖生和省政府、水利厅相关领导参加，前往总政治部答谢看望总政相关领导。

12 日，全国双拥工作领导小组副组长、民政部部长李立国率领拥军慰问团，专程赴浙江省，慰问东海舰队执行第八批亚丁湾护航任务的“温州舰”等官兵。李部长一行在南京军区副司令员兼东海舰队司令员苏支前中将、东海舰队政治部主任刘明利少将和省双拥领导小组副组长兼办公室主任、省民政厅厅长吴桂英陪同下，登上“温州舰”，受到了部队官兵的列队欢迎。

14 日，解放军总后勤部与河南省在北京签署《关于推进应急运输与物流军民融合式发展战略合作协议》，标志着军地双方将在国家应急保障体系领域展开全面合作。中央军委委员、总后勤部部长廖锡龙会见河南省委书记卢展工、省长郭庚茂一行，并共同出席签字仪式。

17 日，吉林省新一届申报全国双拥模范城（县）汇报会在长春召开。省双拥工作领导小组副组长、副省长王化文到会并讲话。全省 14 个申报全国双拥模范城（县）的代表汇报了双拥模范城（县）创建工作情况；与会代表以无记名投票的方式进行了推荐。按照本届全国双拥模范城（县）评比国家分配吉林省的推荐名额，将遴选出 12 个市、县作为国家级双拥模范城（县）推荐对象上报至全国双拥办。

19 日，湖北省双拥工作领导小组召开全体成员会议，听取省双拥办关于全省双拥工作情况汇报；部署下一阶段双拥工作，审议通过第八届省级双拥模范城（县）、双拥工作先进单位、先进个人和推荐全国双拥模范城（县）、全国拥军模范单位和个人名单。

26 日，天宫一号/神舟八号交会对接任务内蒙古落区军地协调会在呼和浩特召开。自治区党委常委曹征海、总装备部政治部副主任贺天成讲话。内蒙古军区副司令员车华松和东风航天城、西安卫星测控中心领导通报有关情况。会议宣读了内蒙古党委办公厅、政府办公厅关于成立天宫一号/神舟八号交会对接任务内蒙古落区军地协调领导小组的通知，研究部署交会对接任务内蒙古落区的服务保障工作。

26 日，宁夏回族自治区双拥工作领导小组会议在银川召开，会议听取了《关于对全区双拥创建工作考评验收情况报告》和《全国双拥考核组检查我区双拥模范城（县）创建工作情况报告》。自治区主席、双拥工作领导小组组长王正伟主持会议并讲话。自治区党委常委、双拥工作领导小组副组长、组织部部长徐松南、政府副主席刘慧、宁夏军区政委王志宏出席会议。

27 日，上海市双拥办开展“2011 年驻沪部队师团干部看上海活动”，组织驻沪部队部分师团干部参观考察嘉定区城市规划展览馆、上海大众汽车三厂、嘉定汽车博物馆、新能源车试乘试驾中心。市双拥办副主任、市民政局副局长高菊兰，市双拥办副主任、上海警备区政治部副主任谢亚洪大校，驻沪部队的 100 余名师团职干部参加了考察活动。

29 日，八一飞行表演队“感恩之旅”全国首场巡演在山东省潍坊市举行。空军政委邓昌友，济南军区司令员范长龙、政委杜恒岩，省委书记姜异康、省长姜大明，省委副书记刘伟、副省长郭兆信和各市、有关厅局领导参加活动。

辽宁省委、省政府在省军区军官培训中心隆重举行“万台计算机进军营”活动赠送仪式。全省共援助计算机 1.4 万多台，原计划 3 年完成的任务，1 年完成，极大地促进了驻辽部队政工网建设。

11 月

6—9 日，刘满仓副省长带队、省民政厅、省水利厅、省政府办公厅、省军区政治部、洛阳市和三门峡市相关领导前往宁夏答谢抗旱打井任务部队。

7 日，《解放军报》以“大战略下的新探索”为题，一个整版解读了军民融合发展的“河南样本”，济南军区《前卫报》《河南日报》原文进行了转载，在全国全军产生了强烈反响。

7 日，由空军总医院和中华慈善总会发起的“为了我们的孩子——‘心蕾工程’感恩广西人民”活动在广西来宾市忻城县人民广场隆重举行。中华慈善总会副会长邓铜山，空军总医院政委居传震，空军某部飞行员徐守太，广西壮族自治区民政厅副厅长、广西慈善总会副会长李明，自治区双拥办副主任刘兆文以及来宾市有关领导，各界干部群众和部分先天性心脏病患儿家长代表 400 多人出席启动仪式。

10 日，安徽省委副书记、省双拥工委主任孙金龙同志主持召开了省双拥工委主任会议，听取了省双拥办主任、省民政厅副厅长叶如强就申报新一轮全国双拥模范城（县）的考核情况的汇报，研究决定了推荐安徽省申报全国双拥模范城（县）、爱国拥军模范单位和个人的名单。

13 日，山东省副省长郭兆信带有关部门同志在济南南郊宾馆向济南军区王健副政委等部队首长汇报山东省双拥工作情况，并介绍了新一届全国双拥模范城（县）考核评选工作进展情况。

15—16 日，湖南省双拥办主任暨驻军秘群处（科）长会议在耒阳召开。来自全省各地州市双拥办主任、驻湘师以上单位秘群处（科）长及耒阳市军地领导共 50 余人参加。

16 日，黑龙江省召开 2011 年第一次省双拥办主任会议。

17 日下午，在神舟八号飞船即将返回地面，于内蒙古中部草原着陆之际，自治区党委常委曹征海带队，赴西安卫星测控中心着陆场站慰问执行回收任务的全体官兵，并向他们赠送了慰问金。

21 日上午，广东省双拥工作领导小组会议在省政府召开。省军区政委、省双拥工作领导小组副组长蔡多文和副省长、省双拥工作领导小组副组长刘昆分别作出讲话。省双拥办主任、省政府副秘书长颜学亮主持会议，刘洪厅长作了全国双拥模范城（县）、爱国拥军模范单位和个人推荐名单以及省双拥模范城（县）、爱国拥军模范单位和个人的命名表彰名单有关情况的说明，省双拥工作领导小组全体成员到会。会议研究确定了全国双拥模范城（县）、爱国拥军模范单位和个人推荐名单以及省双拥模范城（县）、双拥模范单位和个人的命名表彰名单。

22 日，河南省双拥工作领导小组召开了第十九次全会，省委副书记、组织部部长邓凯，省委常委、省军区政委周和平，省委常委、省政府副省长史济春及双拥工作领导小组成员单位领导共 47 名出席会议，审议通过了推荐全国双拥模范城（县）、爱国拥军模范单位和个人名单。

22 日，陕西召开全省军民融合工作大会，安排部署《国务院 中央军委关于建立和完善军民结合寓军于民武器装备科研生产体系的若干意见》的落实工作。省长赵正永强调，要解放思想、抓住机遇、发挥优势、创新进取，建设军工强省和军民融合大省。副省长李金柱主持会议。

23 日，在安徽省滁州市召开某集团军与苏州、无锡、镇江、南京市江宁区、杭州、湖州、嘉兴、金华、宁波市象山县、滁州等三省十市（区）双拥工作联席会议第八次会议。会上，各市区领导介绍了本地双拥工作情况，驻军单位领导作了发言，无锡市滨湖区、宁波市象山县和安徽省明光市三界镇分别介绍了双拥工作经验做法。江苏、安徽、浙江省有关领导和某集团军政委王平分别作了讲话。

江苏省民政厅党组副书记、副厅长、省双拥办副主任侯学元应邀出席会议并讲话。

29 日，河南省双拥办组织召开了“双十佳”“双十大标兵”考评协调会，省委宣传部杜瑞明巡视员、总工会马露霞巡视员、国资委郑伯阳副主任、人事和社会保障厅公务员局刘京州局长、省军区政治部刘春辉副主任、省民政厅董颍生副厅长、河南省拥军优属基金会张中华理事长及省双拥办相关人员参加。对各省辖市及省直单位上报的单位和个人资料进行初审。

30 日，上海市双拥办召开了各区县双拥办主任会议暨双拥工作经验交流会，交流社会化拥军和促进军民融合式发展方面的成功经验和典型做法，听取了各区县对 2012 年双拥工作要点的意见和建议，通报了双拥考评工作情况。

12 月

2 日，河南省双拥办在许昌市鄢陵县组织召开了全省双拥宣传工作会议，对全年的双拥宣传工作进行了总结，并对“双十大标兵”“双十佳”评比表彰活动的宣传工作进行了部署安排。

4 日，江苏省委、省政府和省军区联合制定下发《关于加强新形势下征兵工作的意见》，进一步提高全省优待安置补助标准，深化退役士兵免费职业技能培训，推出多项新举措促进退役士兵就业、复学。

5 日，山西省委常委会审议通过推荐太原市、大同市、晋中市、忻州市、长治市、晋城市、运城市、侯马市、左权县、岢岚县，10 个市（县）为全国双拥模范城（县），省军转办、怀仁县民政局 2 个单位为全国爱国拥军模范单位；推荐忻州市双拥办副主任刘爱堂、长治市双拥办副主任周革萍、省民政厅双拥联络处主任科员赵斌 3 名个人为全国爱国拥军模范。

7 日，宁夏回族自治区第八次双拥工作命名表彰大会在宁夏人民会堂隆重召开。会议回顾总结了 2007 年以来全区双拥工作，命名表彰了新一届自治区级双拥模范城（县）、双拥模范单位和个人，安排部署了下一阶段全区的双拥工作。自治区党委书记、区人大常委会主任张毅出席会议并作重要讲话，自治区主席、双拥工作领导小组组长王正伟主持会议，兰州军区政治部副主任王文杰应邀出席会议并讲话，自治区领导徐松南、刘慧、蔡国英、王志宏、冯炯华、张乐琴出席大会。

8 日，安徽省双拥办组织召开了省双拥工委成员单位联络员会议。会上，省双拥办主任、省民政厅副厅长叶如强就出台《安徽省双拥工作委员会成员单位双拥工作目标考核办法》的意义、准确把握年度目标考核办法的内容和关键以及如何抓好《考核办法》的落实三个方面作了明确和说明。

13 日，为感谢自治区对天宫一号/神舟八号交会对接任务的大力支持和服务保障，解放军总装备部黄作兴副政委一行专程来自治区进行答谢慰问，召开了解放军总装备部·内蒙古自治区领导同志座谈会。解放军总装备部副政委黄作兴、自治区党委常委曹征海出席座谈会并讲话。总装备部有关单位领导于建平、贺天成、王兆耀、左凯、张海东，自治区副主席赵黎平、内蒙古军区副司令员车华松出席座谈会。

15 日，上海市政府副秘书长、市双拥工作领导小组副组长王伟，市双拥办副主任、市民政局副局长高菊兰，上海市拥军优属基金会秘书长许俊文，以及市双拥办、上海市拥军优属基金会有关部门负责人，在武警上海市总队政治部主任姬国卿大校的陪同下，来到驻江苏大丰的武警上海市总队八支队调研，现场了解部队官兵学习、生活、工作情况，并与部队领导座谈。

16 日，内蒙古自治区党委常委曹征海率自治区有关地区和部门负责同志应邀赴京参加党中央、国务院、中央军委在人民大会堂召开的庆祝天宫一号与神舟八号交会对接任务圆满成功大会。参加会议的还有自治区副主席赵黎平、内蒙古军区副司令员车华松和自治区民政厅、公安厅及乌兰察布市、阿拉善盟的有关负责同志。

22 日，河南省双拥办组织省军区政治部、省广电局、省电视台、预备役师等多家单位召开了双拥晚会协调会，筹划了举办省春节军民文艺晚会各项事宜，并结合晚会对河南省年度“十大拥军优属标兵”“十大拥政爱民标兵”“十佳双拥社区”“十佳爱国拥军企业”进行表彰颁奖。

26 日下午，广东省双拥模范城（县）命名暨双拥模范单位和个人表彰大会在广州市中山纪念堂隆重召开。中共中央政治局委员、省委书记、省军区党委第一书记汪洋出席会议并作重要讲话。会议由省委副书记、代省长、省双拥工作领导小组组长朱小丹主持。省领导徐少华、刘联华、邓维龙、许瑞生、覃卫东，部队领导田义功、张兆垠、方声坤、蔡多文等出席会议。省双拥工作领导小组成员，各地级以上市双拥工作领导小组军地负责同志、双拥办主任，获得命名表彰的新一届双拥模范城（县）、双拥模范单位和个人代表，省直机关和广州市各界干部群众代表，驻粤部队官兵代表，共约 1800 人参加了会议。

29 日，上海市举行 2012 年军地迎春座谈会。

30 日，山西省军民迎新年戏曲交响音乐会在青年宫演艺中心举行，山西省党政军领导与驻晋部队代表和省城各界近千名观众一同观看演出，喜迎 2012 年的到来。

31 日，北京市委、市政府与解放军总政联合印发了《关于深入做好新形势下北京市双拥工作的意见》，先后与总参、总后、总装、海军、军事医学科学院签署了军民融合创新发展战略合作框架协议。把驻京部队现代化建设融入首都经济社会发展体系之中。积极推进实事拥军工程，搭建了一个服务部队的窗口平台，建立了双拥共建联系人和服务部队重大事项联系人两支队伍，完善了日常联系沟通、重大事项跟踪协调和急事、特事、难事应急处置三项工作机制。

辽宁省召开全省双拥表彰大会，对全省双拥模范城（县、区）、模范单位和个人进行表彰；总结全年双拥工作，研究 2012 年双拥工作任务；筹备召开全省双拥工作领导小组成员会议和全省双拥办主任会议；筹备 2012 年春节走访慰问活动。

图书在版编目（CIP）数据

2011年全国双拥工作年鉴/全国双拥工作领导小组办公室编. —北京:中国社会出版社,2013.12

ISBN 978-7-5087-4597-8

Ⅰ.①2… Ⅱ.①全… Ⅲ.①拥政爱民—中国—2011—年鉴②拥军优属—中国—2011—年鉴
Ⅳ.①E225-54

中国版本图书馆CIP数据核字(2013)第273243号

2011年全国双拥工作年鉴

全国双拥工作领导小组办公室编

※

中国社会出版社出版发行

（北京二龙路甲33号新龙大厦·邮编100032）

中国电影出版社印刷厂印刷

全国各地新华书店经销

*

开本285mm×210mm 1/16 字数950千字 印张27.75

2014年1月第1版 第1次印刷

定价:180.00元

